v. W+V
zu meinem 70. Geburtstag
21.4.2003

Maija Plissezkaja
Ich, Maija

Maija Plissezkaja

Ich, Maija

DIE PRIMABALLERINA DES BOLSCHOI-THEATERS
ERZÄHLT AUS IHREM LEBEN
ZWISCHEN KUNST UND POLITIK

Aus dem Russischen von Bernd Rullkötter

GUSTAV LÜBBE VERLAG

Copyright © 1994 by Maija Michailowna Plissezkaja
Titel der russischen Ausgabe: Я, Майя Плисецкая ...
Originalverlag: Nowosti, 107082 Moskau
Aus dem Russischen von Bernd Rullkötter

© 1995 für die deutschsprachige Ausgabe by
Gustav Lübbe Verlag GmbH, Bergisch Gladbach
Redaktionelle Bearbeitung: Anita Krätzer, München
Fachliche Beratung: Ivo Wagner, Neukeferloh
Strichzeichnungen im Text: Wladimir Schachmeister
Fotos: Nowosti, 107082 Moskau
Umschlaggestaltung: KOMBO KommunikationsDesign GmbH, Köln,
unter Verwendung zweier Fotos von Nowosti, 107082 Moskau
Titelbild: Maija Plissezkaja. New York 1966
Satz: Dörlemann Satz, Lemförde
Gesetzt aus der Walbaum Standard von Berthold Satzsysteme
Druck und Einband: Clausen & Bosse, Leck

Alle Rechte vorbehalten. Kein Teil dieses Buches
darf ohne ausdrückliche Genehmigung
des Verlages in irgendeiner Form reproduziert
oder übermittelt werden, weder in
mechanischer noch in elektronischer Form,
einschließlich Fotokopie.

Printed in Germany
ISBN 3-7857-0774-6

1 3 2

Für Schtschedrin

Inhalt

Statt eines Vorworts 9

1 Die Datscha und die Sretenka 13
2 Im Alter von fünf Jahren 17
3 Meine Verwandten 21
4 Spitzbergen 33
5 Ich nehme Ballettunterricht 41
6 Wieder in der Schule und Vaters Verhaftung 48
7 Mutters Verschwinden 56
8 Tschimkent 61
9 Auftritt bei der Tscheka 67
10 Tschaikowskis »Impromptu« 70
11 Der Krieg 75
12 Das erste Jahr im Theater 83
13 Die Wohnung in der Schtschepkin-Straße 95
14 Ich lerne das Theater-ABC 100
15 »Raymonda« 110
16 »Schwanensee« 116
17 Jugendfestspiele 124
18 Meine Verletzungen, meine Heiler 130
19 Es geht ums Ganze 139
20 Stalins Geburtstag 146
21 »Don Quixote« und Golowanows Opern 152
22 Das Leben aus dem Koffer und das Ende
   der Stalin-Ära 158
23 Die Reise nach Indien 183
24 Die Hetzjagd 191
25 Wie ich nicht nach London reiste 205
26 Während des Londoner Gastspiels 216
27 Wie ich mich kleidete 227

28 Was der Mensch braucht 232
29 Schtschedrin 237
30 Das Leben am Kutusow-Prospekt 246
31 Ich reise nach Amerika 254
32 Dreiundsiebzig Tage 277
33 Wie wir bezahlt wurden 287
34 Pariser Begegnungen 302
35 Die Arbeit mit Jakobson 316
36 Warum ich nicht im Westen blieb 329
37 Ich werde von Marc Chagall gezeichnet 340
38 20. November 349
39 Wie »Carmen-Suite« entstand 382
40 Die Arbeit mit Roland Petit und Maurice Béjart 399
41 Exkurs 415
42 Meine eigenen Ballette 419
43 Meine eigenen Ballette (Fortsetzung) 438
44 Ich will Gerechtigkeit 451
45 In Italien 458
46 In Spanien 472
47 Kapitel ohne Überschrift 486
48 Wanderjahre 498
49 Polizeistunde 510

Personen- und Ortsregister 520

Statt eines Vorworts

Dieses Buch habe ich selbst geschrieben; deshalb hat es lange gedauert.
In den Jahren meines Bühnenlebens sind zahlreiche Märchen über mich erzählt worden. Manchmal bildete irgendeine Tatsache den Ausgangspunkt, die dann jedoch häufig in Halbwahrheiten überging und mit Lügen und blühendem Unsinn endete. Ich konnte noch von Glück sagen, wenn der Verfasser es nicht böse gemeint hatte ...

Mein vorrangiges Ziel war, der Wahrheit über mein Leben wieder zu ihrem Recht zu verhelfen. Außerdem wollte ich am Beispiel meines Lebens schildern, wie es Ballettkünstlern im ersten Land des Sozialismus erging – in einem Land, das »dem ganzen Planeten voraus« war, was den Tanz betrifft.

Aber wie sollte ich anfangen? Und womit?

Ich begann erst einmal damit, daß ich elf Tonbandkassetten vollsprach: verworren, über alles mögliche, ohne jegliche Chronologie. Dann machte sich ein Journalist, den ich kannte, daran, aus meinen Aufzeichnungen das Manuskript für ein Buch herzustellen – mein Buch. Dazu benötigte er drei Monate. Er schrieb viel, ausführlich, schwülstig und, wie ich fand, pseudogescheit. Alles wurde aus der Sicht eines Mädchens namens Margarita geschildert. Dieser – wie er glaubte, ungewöhnlich überzeugende – Schachzug war ihm eingefallen, weil ich auf einer der Tonbandkassetten beiläufig erwähnt hatte, daß mich der Name in meiner Kindheit entzückt habe.

Vielleicht hatte er sich gar keine so schlechte Geschichte ausgedacht, aber mit mir, meinen Gefühlen, meinem Gemüt, dem Kern meines Charakters hatte das rothaarige Mädchen Margarita nichts zu tun. Nur die äußeren Kennzeichen und Ereignisse stimmten überein.

Nein, das war nicht mein Buch, und ich lehnte es ab. Der Journalist war über alle Maßen beleidigt. Es kam zum Streit. Wie immer war der erste Versuch gescheitert.

Der nächste Journalist schlug den Weg des Dialogs ein. Er stellte die Fragen, und ich lieferte die Antworten. Das war recht amüsant, aber ein offenkundiges Plagiat der Gespräche zwischen Strawinski und Robert Kraft, deren Buch ich irgendwann gelesen hatte.

Als ich Galina Wischnewskaja in der Avenue Georges Mandel in Paris besuchte, horchte ich meine Gastgeberin und langjährige Freundin danach aus, wer ihr bei der Arbeit an ihrem Buch *Galina* geholfen habe. Dieses Buch hatte mir sehr gut gefallen, und ich hatte die erste russische Ausgabe mit nach Moskau genommen, um sie meinen Freunden zum Lesen zu geben. Das war damals nicht ungefährlich, denn *Galina* wurde von den Zollbeamten am Flughafen Scheremetjewo als antisowjetische Literatur eingestuft. Wenn die Wächter der kommunistischen Ideologie das Buch in meinem Koffer gefunden hätten, dann ...

Galina hob die Stimme und erklärte energisch: »Niemand hat mir geholfen. Ich habe alles selbst geschrieben. Du solltest das gleiche tun. Ganz allein. Auch ich habe mich zuerst nach Helfern umgeschaut, aber das war nutzlos. Nichts als Verwirrung. Schreib selbst!«

»Aber wie? Womit soll ich anfangen?«

»Hast du Tagebücher geführt?«

»Ja, mein ganzes Leben lang. Und jetzt auch noch.«

»Was brauchst du denn sonst noch? Setz dich hin und schreib! Fang an. Schieb's nicht auf die lange Bank. Wenn man selbst schreibt, dauert es lange. Bei mir waren's vier Jahre.«

Ein guter Ratschlag, dem ich folgen wollte.

Ich schrieb fast drei Jahre lang – nicht drei Monate, drei Jahre! Aber in diesem Zeitraum kam es in meinem Land zu ganz unwahrscheinlichen Ereignissen.

Als ich die ersten Kapitel im Februar 1991 in Angriff nahm, ging die Perestroika noch ihren holprigen Gang. Die Zensur lastete weiterhin auf uns, die »geeinte, mächtige Sowjetunion« existierte noch. Wenn ich das eine oder andere beim Namen nannte, durchfuhr mich hin und wieder der einschüchternde Gedanke: Das wird nicht gedruckt, man wird Angst haben, mich zwingen, meine Worte abzuschwächen, zu korrigieren. Aber ich schrieb trotzdem weiter.

Das Buch entstand an einem Wendepunkt zu einer neuen Epoche. Was gestern noch kühn oder gar unaussprechlich gewesen war, veraltete ganz plötzlich, von einem Tag zum anderen. Man schien darin wettzueifern, die kurz vorher noch allmächtigen Organisationen und Herrscher mit Beschimpfungen zu überhäufen. Eine neue Konjunktur hatte begonnen: die Konjunktur der zulässigen Kühnheit.

Nein, ich würde den frischgebackenen Bilderstürmern nicht nachjagen. »Sagen wir uns los von der alten Welt!« Wahrscheinlich werden wir uns bald *von neuem* lossagen!

Wie ihr wollt. Sagt euch los, gute Leute . . .

Aber alles, was nur dem Anschein nach kühn ist, veraltet am schnellsten. Und während der letzten Kapitel meines Buches spürte ich mit besonderer Klarheit, daß nun ein anderer Wind wehte. Die Menschen waren der Politik überdrüssig geworden. Niemand wollte noch mehr über die Intrigen und Gemeinheiten der Bolschewiki lesen. Sollte ich mich vielleicht ebenfalls dieser neuen Konjunktur anpassen und sämtliche Einmischungen des KGB in mein Schicksal übergehen? Sollte ich meine Erinnerungen allein auf meine teure Kunst, das Ballett, beschränken?

Nein, ich werde nichts ändern, nichts korrigieren oder glätten. Alles bleibt so, wie ich es niedergeschrieben habe. Der Leser selbst möge im Licht des stürmischen Wandels dieser drei ungewöhnlichen Jahre die nötigen Korrekturen vornehmen.

Mein Buch ist für den russischsprachigen Leser gedacht – aber gleichzeitig auch für jenen fernen westlichen Leser, der wenig über die Winkelzüge und Fieberphantasien, die Maskeraden in unserem Land, über die unglaublichen vergangenen Tage des Sowjetlebens weiß.

Ich gedenke auch der jüngsten Ereignisse, die noch ganz frisch in Erinnerung sind. Heute über sie zu lesen mag so ähnlich sein, als betrachte man die Aufzeichnung eines Eishockeyspiels, das gestern stattgefunden hat und dessen Ergebnis man bereits kennt. Aber wenn man erst in etlichen Jahren von alledem liest? Dann werden die Menschen vieles vergessen haben. Ich rufe es ins Gedächtnis zurück, denn ich war eine der Beteiligten.

Einige mir nahestehende Menschen sind im Laufe der drei Jahre, die ich hier als Gegenwart bezeichne, in der Vergangenheit verschwunden. Meine Mutter ist gestorben, ebenso wie Assaf Messerer...

Aber ich werde das Tempus der Verben nicht verändern, sondern alles, was ich der Gegenwart zugeordnet habe, unberührt lassen.

Auf geht's, lieber Leser. In Gottes Namen!

Madrid, 7. Februar 1994

1

DIE DATSCHA UND DIE SRETENKA

Viele Bücher beginnen mit Überlegungen darüber, wann sich der Autor seiner eigenen Existenz bewußt wurde: manche früher, manche später. Lohnt es sich also, nach einem anderen Anfang zu suchen?

Mit acht Monaten machte ich die ersten Schritte. Daran kann ich mich nicht erinnern, aber meine vielköpfige Verwandtschaft zeigte lautstarkes Erstaunen über meine Beweglichkeit. Dieses Erstaunen hatte zur Folge, daß ich mir meiner selbst bewußt wurde.

Meine Großmutter starb im Sommer 1929. Ich erinnere mich noch sehr genau an ihr Hinscheiden. Unsere Familie hatte damals eine Datscha in der Nähe von Moskau gemietet. Und Großmutter, bereits wachsbleich und abgemagert, lag lange in einem vernickelten, albernen Bett auf einer kleinen Wiese vor dem Haus. Ein chinesischer Arzt begann, sie zu behandeln. Er kam immer mit einem breitkrempigen, schwarzen Piratenhut auf dem Kopf und machte geheimnisvolle Handbewegungen über ihrem Körper.

In jenem Sommer schickte mir der Himmel die erste Ballettbotschaft. Hinter dem sich teilweise über einen dichten Rasen neigenden Lattenzaun stand eine zugenagelte, finstere Datscha. Sie gehörte dem Tänzer Michail Mordkin, dem Partner Anna Pawlowas. In jenem denkwürdigen Sommer war er bereits in den Westen übergewechselt. Seine Schwester, die in einem kleinen Wärterhäuschen wohnte, paßte auf die Datscha auf und pflanzte duftende russische Blumen an. Ihr betäubender Geruch ist mir bis heute im Gedächtnis geblieben.

Ich war nach Meinung aller ein eigensinniges, ungehorsames Kind. Einmal ließ ich meine ersten Sandalen den Bach hinabtreiben – anstelle von Schiffchen, die ich auf einer altertümlichen Postkarte gesehen hatte. Mama grämte sich lange, denn es war fast unmöglich, Kinderschuhe zu besorgen. Dazu mußte man durch ganz Moskau laufen. »Eine schwere Zeit, eine schwere Zeit«, jammerte Mama. Das höre ich bis zum heutigen Tag: eine schwere Zeit, eine schwere Zeit. Meine arme Heimat!

In Moskau wohnten wir an der Sretenka 23, Wohnung 3, im zweiten und zugleich letzten Stockwerk. Es war die Wohnung meines Großvaters Michail Borissowitsch Messerer, eines Zahnarztes. Sie hatte acht Zimmer, eines neben dem anderen, und alle blickten durch ungeputzte Fenster auf den Roschdestwenski-Boulevard hinaus. An den Zimmern vorbei führte ein schmaler Korridor, an den sich eine stark riechende Küche anschloß, deren einziges Fenster auf einen verschmutzten, mit Sperrholzkisten vollgestellten Hof hinausging.

Sämtliche Zimmer waren an die bereits erwachsenen Kinder meines Großvaters verteilt. Nur im allerletzten wohnte der Klaviervirtuose Alexander Zfasman. Er hatte das Moskauer Konservatorium mit Auszeichnung abgeschlossen, war jedoch auf den damals in Mode gekommenen Jazz ausgewichen und kümmerte sich nicht mehr um die klassische Musik. Zfasman war ein großer Liebhaber von »verbotenen Früchten«, um mit Gogol zu sprechen. Dauernd begaben sich seine Verehrerinnen durch den langen Korridor zu ihm. Dabei half ihnen das Halbdunkel, denn die einzige Lichtquelle war eine von Fliegenschmutz verkrustete, nackte Glühbirne unter der rissigen Decke.

Ruhelos wie ich war, streifte ich immer wieder durch den Korridor und stieß auf seine Besucherinnen. Damit ich sein Geheimnis nicht verriet, führte Zfasman häufig einen gedämpften Dialog mit mir: »Maijetschka, welche gefällt dir besser – die Schwarze oder die Blonde?«

»Die Blonde, die Blonde«, erwiderte ich stets, ohne nachzudenken.

Direkt neben der Treppe lag Großvaters Behandlungszimmer. Es war kalt und hatte krumme Dielenbretter. In ihm befanden sich ein wackliger, etwas geneigter Glasschrank mit zahnärztlichen Instrumenten und die »Hauptperson«: die Bohrmaschine. Über den aufgerissenen Mund des Patienten geneigt, trat Großvater fleißig auf ein abgewetztes Metallpedal. Dadurch wurde ein Rad mit Hilfe eines Transmissionsriemens zum Kreisen gebracht, der jede Minute absprang. Dann mußte die Behandlung unterbrochen werden.

Das Zimmer schmückte ein gußeiserner Napoleon hoch zu Roß. Er galt dem Triumph des Augenblicks – wisse, Kranker, keiner von uns lebt ewig. An der Wand hing eine große bunte, verglaste Radierung, die einen Frauenkopf mit einem schweren Bündel im Nacken zeigte. Die Wange der armen Frau war aufgeschnitten, und der Betrachter konnte sämtliche zweiunddreißig Zähne sowie die innere Anatomie des Gehirns bis hin zum Ohr bewundern. Es handelte sich um ein – nach heutigen Begriffen – surrealistisches Bild, das des großen Spaniers Salvador Dalí würdig gewesen wäre. Etwas Ähnliches sah ich vor ein paar Jahren in seinem Geburtsort, dem katalanischen Städtchen Figueras, wo sich das Dalí-Museum in den Himmel hebt. Aber damals hatte ich natürlich noch nicht von dem skandalträchtigen Künstler gehört und fürchtete mich einfach nur, in Großvaters Arbeitszimmer allein zu bleiben.

Die Wohnung hatte kein Badezimmer. Genauer gesagt, sie hatte eines, aber nicht zum Waschen. Dort hatte sich unser Kindermädchen Warja mit ihrem kräftigen, schnurrbärtigen Mann Kusma, dem Hauswart, eingerichtet. Es war immer schwierig, sich zu waschen; das Wasser mußte lange und mühsam auf einem Petroleum- und einem Primuskocher bis zur geeigneten Temperatur erhitzt werden. Der Hahn in der Küche war klauenförmig, und er versprühte eisige Spritzer durch den ganzen Raum. Um den Hahn zu besänftigen, hatte man davor ein abblätterndes Emailleschild mit der Aufschrift »Zahnarzt Messerer – Soldaten kostenlos« angebracht. Das Schild stammte von der Straße, wo es bereits seit Kriegsbeginn 1914 neben der Eingangstür geprangt hatte.

Noch eine Einzelheit von Großvaters Wohnung hat sich meiner Erinnerung eingeprägt: In dem Raum neben dem Behandlungszimmer hing eine plumpe, mit dunklem Kirschholz eingerahmte Kopie des berühmten Bildes »Fürstin Tarakanowa«. Aus dem Fenster ihrer Gefängniszelle strömte Wasser, und Mäuse huschten über das Bett, auf dem die Fürstin, mit einem dekolletierten Samtkleid angetan, in einer schönen, theatralischen Pose stand. Sie war halb besinnungslos, und die aufgelösten Haare fielen ihr auf die Schultern. Auch vor diesem Bild hatte ich Angst, aber die Fürstin tat mir sehr leid.

In einer für mich ausgesprochen schwierigen Zeit, als das KGB mich zu einer englischen Spionin erklären wollte und mich ein Einsatzwagen mit drei Prachtkerlen durch ganz Moskau verfolgte, stand auch ich manchmal nächtelang an den Fenstern in der Schtschepkin-Straße und mußte an dieses Bild und die arme Fürstin Tarakanowa denken. In meiner ohnmächtigen Verzweiflung, in meinem Schmerz über die Absurdität, die Lüge, die Gemeinheit und die Idiotie wollte ich ein Ballett mit solchen Motiven tanzen, um den Menschen meinen Kummer deutlich zu machen.

Viele Jahre später sprach ich mit Roland Petit über meine quälenden Träume.

2

Im Alter von fünf Jahren

Was für ein Mädchen war ich mit fünf Jahren? Ich hatte möhrenrote Haare, war von Sommersprossen bedeckt, hatte eine blaue Schleife im Haar, grüne Augen und weißblonde Wimpern. Meine Beine waren kräftig, meine Schenkel muskulös. Schon als kleines Kind stellte ich mich auf mein Bettchen, hielt mich an einem kalten, gekrümmten Stock fest, machte Kniebeugen und richtete mich im Takt der heiseren Stimme meines Kindermädchens Warja auf:

> Ich bin klein,
> kenn' keine Pein,
> und was an mir ist,
> bleibt bei mir ...

Es ist möglich, daß ich durch diese ständigen Übungen meine Beine stärkte. Von klein auf lief ich eifrig auf Zehenspitzen umher, so daß sich in meinen Schuhen Löcher bildeten. Ich kannte keine Müdigkeit, und es war sehr schwer, mich ins Bett zu bringen.

Aus irgendeinem Grund gefiel mir der Name Margarita. Auf die Frage: »Wie heißt du, Mädchen?« antwortete ich immer sofort: »Margarita.« Mit Vergnügen ging ich auf den Markt am Sucharew-Turm. (Der Turm wurde übrigens gesprengt, als ich drei Jahre alt war.) Auf dem Markt drängten sich lärmende Händlerinnen mit weißen Kopftüchern. Sie priesen in singendem Tonfall ihre appetitlichen Waren an – damals hatte die Sowjetmacht den Bauern die Rinderzucht noch nicht ausgetrieben. Mutter beauftragte mich – für uns beide war es eine Art Spiel –, die Buttersorten zu probieren und die beste auszusuchen. Die Händlerinnen freuten sich über mein Aussehen: rothaarig, immer zum Lachen aufgelegt, mit schelmischen Augen, aus denen Lebenslust sprühte. Und die Butter war wirklich schmackhaft.

Auf naive Weise fand ich Gefallen an Delibes' Walzer aus »Coppélia«. Er wurde bei feierlichen Anlässen immer auf dem Stretenski-Boulevard von einem Blasorchester aus Offiziersschülern dargeboten. Sie spielten nicht besonders gekonnt, aber mit Begeisterung. Als ich im Herbst einmal mit dem Kindermädchen auf dem Boulevard spazierenging, hörte ich den vertrauten Walzer plötzlich aus einem schwarzen Radiolautsprecher, der oben an einem Holzpfeiler hing. Ich entriß meine Hand dem festen Griff des Kindermädchens und begann – sogar für mich selbst unerwartet – zu tanzen. Ich improvisierte, und ein paar Schaulustige sammelten sich. Warja war empört, aber ich hörte sie nicht. Diese kurze Episode klingt vielleicht sentimental und gekünstelt, aber sie hat sich wirklich ereignet. Wenn es jemandem in fünfzig oder sechzig Jahren in den Kopf kommen sollte, einen Film über mein stürmisches Leben zu drehen, dann möchte ich die Herren Regisseure schon jetzt bitten, auf diesen Vorfall zu verzichten.

Mama war Filmschauspielerin. Sie hatte das Allunionsinstitut für Kinematographie abgeschlossen. Schräg gegenüber unserem Eckhaus war ein Kino, an dessen Fassade ein (nach meinen kindlichen Vorstellungen) gigantisches Porträt meiner Mutter in dem Stummfilm »Die Aussätzige« hing. Ich sah mir den Film zusammen mit meiner Mutter in jenem Kino an und schluchzte laut, als sie von Pferden zu Tode getrampelt wurde. Sie versuchte, mich zu trösten: »Ich bin hier, mir ist nichts passiert, ich bin neben dir.« Ich entriß ihr meine Hand und war wütend darüber, daß sie mich nicht ungestört weinen ließ.

Damit ich Gehorsam lernte, wurde ich in den Kindergarten geschickt. Er befand sich im heutigen Gebäude des Moskauer Stadtrates, aber man betrat ihn durch einen Torbogen. Damals war das Gebäude »von minderer Größe«; es hieß, daß es auf Anordnung Stalins errichtet worden sei.

Mein kollektives Leben dauerte nicht lange. Alles in mir, wahrscheinlich von Natur aus, sträubte sich gegen das »Gesellschaftsleben«. Man versuchte sofort, aus uns kleine Leninisten zu machen, die unaufhörlich über ihre »glückliche Kindheit« jubelten. Ich entfloh bei der ersten Gelegenheit, obwohl ich anderthalb Stunden benötigte, um nach Hause zu gelangen.

Die Sowjetmenschen wurden zu einer scheinheiligen Rücksichtnahme Kindern gegenüber erzogen. Eine Reihe von Autobussen bewegt sich ganz langsam auf einer Chaussee entlang. An jedem ist ein großes Stück Pappe mit der Aufschrift »Vorsicht, Kinder« angebracht. Vorne Miliz, hinten Miliz. Die Scheinwerfer sind angeschaltet. So geht es noch heutzutage zu. Gleichzeitig proben Pioniere – auf dem Höhepunkt der Verseuchung durch die Explosion in Tschernobyl – auf dem Kiewer Kreschtschatik schon den dritten oder vierten Tag stundenlang den glücklichen Marsch zur Maidemonstration; ihre Köpfe sind entblößt, und die Sonne brennt hernieder. Und der selbstzufriedene Gesundheitsminister lügt, ohne zu zögern, auf dem Fernsehschirm, daß den Kindern nicht die geringste Gefahr drohe.

Diese unheilvolle Scheinheiligkeit entstand in den Jahren meiner Kindheit. Auf meinem langen Weg durch die Stadt mußte ich mich vor vielen teilnahmsvollen Heuchlern in acht nehmen. Ich machte Ausflüchte und schloß mich mal dem einen, mal dem anderen erwachsenen Passanten an. Schließlich fand ich unser Haus. Dort herrschte Panik, denn jemand aus dem Kindergarten hatte entsetzt angerufen und gemeldet, daß ich verschwunden sei. Nach meiner kleinen Revolution wurde ich nie wieder in den Kindergarten gebracht.

Mit fünf Jahren ging ich auch zum erstenmal ins Theater. Das Stück hieß »Mit der Liebe scherzt man nicht«. An den Autor kann ich mich nicht erinnern. Es war eine dramatische Vorstellung ohne Musik oder Tanz, die mich wie ins Herz traf. Noch lange träumte ich von der Hauptdarstellerin, einer schlanken Schönheit in einem schwarzen, enganliegenden Kleid. Sie stand auf der Bühne im Scheinwerferlicht hinter einer Schirmwand und belauschte ein Gespräch, das sie nicht hören sollte. Eine ganze Woche lang war ich aufgewühlt, lärmte und ahmte sämtliche handelnden Personen nach, besonders die Frau im schwarzen Kleid. Gegen Ende der

Woche riß meiner Familie die Geduld, und Papa gab mir einen Klaps auf den Po. Ich war beleidigt.

Am nächsten Morgen schwieg ich mürrisch beim Frühstück. Vater war beunruhigt. »Maijetschka, bist du böse? Verzeih mir, ich habe nur gescherzt. Ich liebe dich doch.«

»Mit der Liebe scherzt man nicht«, erwiderte ich theatralisch in der Pose der »schwarzen Frau«.

3

Meine Verwandten

Als ich am 2. Oktober 1958 den Komponisten Rodion Schtschedrin heiratete, ließ Lilja Jurjewna Brik, die im selben Haus wie wir am Kutusow-Prospekt 12 wohnte, ihn halb scherzhaft, halb ernst wissen: »Ihre Wahl gefällt mir. Aber Maija hat einen großen Fehler: viel zu viele Verwandte überall auf der Welt.« Tatsächlich kann ich über zu wenig Verwandtschaft nicht klagen.

Wer gehörte zu meiner Familie?

Das Familienoberhaupt war mein Großvater, der Moskauer Zahnarzt Michail Borissowitsch Messerer. Seinen Namen und seinen Beruf nenne ich bereits zum zweitenmal, denn ich erinnere mich gut an seinen Charakter und weiß, daß ihm dies große Freude gemacht hätte. Er stammte aus Litauen und war an der Universität Vilnius ausgebildet worden. Litauisch war die Muttersprache der Familie. Nach Moskau siedelte Großvater – mit Kind und Kegel – im Jahre 1907 um. Sechs seiner Kinder, darunter auch meine Mutter, kamen in Vilnius zur Welt.

Großvater war von kleiner Gestalt; er hatte dichte Augenbrauen wie Breschnew, eine massige Nase, einen kahlen, runden Schädel und war wohlgenährt, um nicht zu sagen dick. Er schritt würdevoll dahin, wobei er spielerisch einen geschnitzten Stock mit einem kunstvollen Knauf schwenkte, von dem er sich selten trennte. Er hatte allen Grund, stolz zu sein, denn seine Plomben saßen überaus fest. Bei Mama haben sich drei bis heute erhalten, und sie ist schon fast neunzig Jahre alt.

Die zweitwichtigste Beschäftigung seines Lebens war die Zeugung von Kindern. Wenn sie geboren waren, galt es, ihnen Namen zu geben. Hierbei kam ihm die dritte Liebe seines Lebens zu Hilfe: die Bibel. Er hatte zwölf Kinder aus zwei Ehen. Alle erhielten von ihm klangvolle biblische Namen als Mitgift. Und allen bescherten diese Namen in unserem von Mißtrauen erfüllten Sowjetleben

Sorgen und Nöte. Aber sie klangen wirklich wie Teile eines Gedichtes:
Pnina
Asari
Mattani
Rachil
Assaf
Elischewa
Sulamith
Emanuil
Aminadaw
Erella...
Zwei weitere Männernamen waren so kompliziert, daß ich mich nicht mehr an sie erinnern kann. Aber das möge mir der Leser nicht übelnehmen, denn die wichtigsten habe ich genannt.

Pnina. Sie starb mit neun Jahren an einer Hirnhautentzündung. Großvater konnte sie nicht vergessen, und ich hörte meine ganze Kindheit hindurch von ihr. Ein Porträt des abgezehrten, langnasigen Mädchens hing über Großvaters Bett. Er versicherte, sie sei eine wahre Schönheit gewesen.

Asari. Er nahm den Bühnennamen Asari Asarin an und war ein begabter Schauspieler und Pädagoge. Als einer der ersten erhielt er bereits in den zwanziger Jahren den Titel eines Verdienten Künstlers der Republik.

Er arbeitete mit den Regisseuren Stanislawski, Nemirowitsch, Wachtangow und Meyerhold zusammen und war eng mit dem Regisseur und Schauspieler Michail Tschechow befreundet. Ihre Korrespondenz wird in unserer Familie wie eine Reliquie behandelt. Kurz vor seinem Tod wurde er für die Rolle Lenins in dem Film »Lenin im Oktober« getestet. Tatsächlich erinnerte irgend etwas an seiner Gestalt an die Silhouette des Denkmals, das dem unvergeßlichen Führer auf allen Plätzen und Straßen errichtet wurde. Auch Asari war leicht untersetzt, rundköpfig und völlig kahl. Im Jahre 1937, als er schwer unter der barbarischen Schließung des zweiten MChAT (Moskauer Künstlertheaters), wo er arbeitete, und unter der Verhaftung meines Vaters litt, starb er plötzlich an einem Herzinfarkt.

Mattani. Ein Jahr älter als Asari, nahm er ebenfalls den Namen Asarin an und arbeitete als Ökonomieprofessor. Seine erste Frau Marjana schrieb 1938 aus Eifersucht eine hysterische politische Denunziation gegen ihn. Daraufhin wurde er acht Jahre lang eingesperrt. Zuerst folterte man Mattani im Gefängnis damit, daß man ihn zwang, immer wieder drei Tage lang ununterbrochen zu stehen. Seine Beine schwollen dadurch unglaublich stark an. Man drohte, ihn in den »Fleischwolf des Gefängnisses Lefortowo« zu schicken, wenn er seine antikommunistischen Übeltaten nicht gestand und seine Komplizen nicht verriet. Aus Lefortowo kehrte damals niemand lebend zurück. Aber er ließ sich nicht einschüchtern. Nachdem er lange genug gequält worden war, sandte man ihn ins Solikamsker Konzentrationslager. Dort befand sich auch der berühmte Schauspieler Alexei Diki, der später freigelassen und vom Maly Theater (Kleinen Theater) übernommen wurde; er spielte in einem Film die Rolle Stalins und wurde dafür mit dem Stalin-Preis ausgezeichnet. Auch solche Schicksale gab es. Im Lager organisierten sie eine Art Laienspieltheater der Gefangenen, was ihnen das Leben rettete. Mattani kehrte schwer krank aus dem Lager zurück. Herz und Lunge waren in Mitleidenschaft gezogen, und er starb kurz darauf.

Bei uns zu Hause in Moskau hing lange Jahre eine Todesmaske Beethovens in Schtschedrins Arbeitszimmer. Jedesmal, wenn mein Blick darauf fiel, lief mir ein Schauer über den Rücken, denn die Maske war Mattanis Gesicht sehr ähnlich. Er starb im gleichen Alter wie Beethoven – mit siebenundfünfzig Jahren.

Rachil. Meine Mutter. Kleingewachsen, mit rundem Gesicht, von harmonischer Gestalt, mit großen braunen Augen und einer kleinen Stupsnase. Ihre rabenschwarzen Haare waren stets glatt gescheitelt und im Nacken zu raffinierten Zöpfchen zusammengesteckt. Sie hatte gerade, wenn auch nicht fürs Ballett geeignete

Beine mit kleinen Füßen. Irgend etwas an ihr erinnerte an alte persische Miniaturen. Deshalb trug man ihr in Filmen häufig Rollen als Usbekin an.

Sie erschien nicht lange, vielleicht für vier oder fünf Jahre, in sentimentalen Stummfilmen und spielte ungefähr ein Dutzend Rollen. Im Abspann der Filme trug sie den prächtigen Namen Ra Messerer. Das Leben setzte ihr arg zu: Sie war nicht nur Filmschauspielerin, sondern auch Telefonistin, Registratorin in einer Poliklinik und selbständige Masseurin.

Als modisch konnte man sie nicht bezeichnen. Jahrelang trug sie ein und dasselbe Kleid. Ich erinnere mich, daß sie sämtliche Sommermonate hindurch ein blaues Chiffongewand anhatte.

Ihr »Spleen« waren die Verwandten, nahe wie ferne. Sämtliche Verwandten sollten freundschaftlich miteinander umgehen, einander helfen, miteinander tanzen und, wenn nötig, sogar gemeinsam singen. Mit diesem Bazillus hatte sie Großvater angesteckt, der bei den Tänzen Assafs mit Sulamith in grenzenlose Rührung geriet. Meinen Vater – wie auch mich bis zum heutigen Tag – erbitterte diese Verwandtenmanie.

Ihrem Charakter nach war Mama weich und unnachgiebig zugleich, gutherzig und hartnäckig. Als man sie im Jahre 1938 verhaftete und aufforderte zu unterschreiben, daß ihr Mann ein Spion, ein Verräter, ein Saboteur, ein Verbrecher, ein Verschwörer gegen Stalin und so weiter und so weiter sei, weigerte sie sich rundweg. Das war ein für die damalige Zeit heroischer Akt.

Sie kam acht Jahre ins Gefängnis.

Assaf. Er war ein hervorragender Tänzer und gehörte für mich natürlich zum Ballett-Olymp. Assaf ersann zahlreiche technische Tricks und begründete den virtuosen Stil des klassischen männlichen Solotanzes. Als großartiger Pädagoge schaffte er es, seinen Unterricht so zu gestalten, daß er der Entwicklung der Beine förderlich war. Fast mein gesamtes Ballettleben hindurch eilte ich jeden Morgen in seine Klasse. Bei ihm trainierten Ulanowa, Wassiljew, Maximowa ... Kaum jemand weiß, daß er sich spät, erst mit sechzehn Jahren, dem Ballett widmete und bereits mit achtzehn Jahren in die Truppe des Bolschoi-Theaters aufgenommen wurde.

Er war ein stiller, ausgeglichener, freundlicher Mensch, der keiner Fliege etwas zuleide getan hätte. Aber wenn er vom Zorn übermannt wurde, scheute er sich nicht, sogar offenkundige Dummheiten von sich zu geben.

Im Theater liebten ihn alle.

Elischewa. Vereinfacht Jelisaweta oder Elja. Sie war ein Pechvogel, ihr mißlang alles. Sie trat professionell (und eindrucksvoll) auf der Bühne des dramatischen Theaters von Juri Sawadski und im Jermolowa-Theater auf. Das KGB wollte sie zwingen, Künstlerkollegen zu denunzieren, und als sie sich tränenüberströmt weigerte, jagte man sie aus dem Theater. Sie prozessierte, um ihre Stellung zurückzuerhalten, doch dem neuernannten Direktor wurde befohlen, sie wiederum zu entlassen. Das geschah viermal. Prozeß, Wiedereinstellung und neue Entlassung, Prozeß ... Sie litt herzzerreißend und starb, zu Tode gehetzt, an Speiseröhrenkrebs.

Sulamith. Abgekürzt Mita. Meine Beziehung zu ihr war höchst verworren, und es fällt mir schwer, objektiv zu sein. Aber ich werde es versuchen.

Sie ist winzig, dunkelhaarig, quecksilbrig. Wenn sie lacht, kneift sie die Augen zusammen, und ihr Gesicht legt sich in Falten. Sie hat eine laute Stimme, sucht stets Konflikte und ist äußerst ungeduldig. Eine Jägerin wäre aus ihr nicht geworden.

Als Tänzerin war sie technisch beschlagen, energisch (wie im Leben), ausdauernd, und sie tanzte im Bolschoi-Theater fast das gesamte Repertoire. Aber sie hatte kein Rhythmusgefühl.

Mita tat den Menschen viel Gutes, doch danach forderte sie dafür einen unmäßigen Preis. Deshalb ging man ihr aus dem Weg – ein vorwurfsvoller Mensch löst nichts als Bitterkeit aus.

Ich wohnte bei Mita, als meine Mutter im Gefängnis saß. Ich verehrte sie grenzenlos – manchmal vielleicht noch mehr als meine Mutter. Aber als Entschädigung für ihre gute Tat erniedrigte sie mich pausenlos, und meine Liebe schwand allmählich dahin. Sie zwang mich dazu, sie nicht mehr zu lieben. Und als es ihr endlich gelungen war, gab es kein Zurück mehr.

Sie quälte mich auf sadistische Art mit ihren Vorwürfen. Du ißt mein Brot, du schläfst in meinem Bett, du trägst meine Kleidung ... Eines Tages hielt ich es nicht mehr aus und schrieb meiner Mutter einen Brief, den ich ihr in die Verbannung nach Tschimkent schicken wollte. Ich war gerade dabei, ihn zu versiegeln, als Mita spürte, daß sie es übertrieben hatte, und mich liebkoste. Ich verzieh ihr sogleich und zerriß den Brief.

Den Höhepunkt stellte ihre Forderung dar, daß ich »Schwanensee« mit ihrem Sohn, der gerade die Ballettschule abgeschlossen hatte, tanzen solle. Alle in der Schule hörten, daß Mischa sein Debüt im Bolschoi-Theater in der Rolle des Siegfried mit der Plissezkaja geben werde. Auf meine verlegenen und schüchternen Einwände sagte Mita schroff: »Du bist mir verpflichtet. Habe ich mich etwa umsonst um deine Mutter gekümmert und mich widersetzt, als man dich ins Kinderheim stecken wollte?« Mein Bruder Alexander wohnte in all den Jahren, in denen meine Mutter von Gefängnis zu Gefängnis geschickt wurde, bei Assaf. Kein einziges Mal mußte er sich von Assaf oder dessen Frau, der Malerin Anel Sudakewitsch, Vorwürfe anhören.

Im Jahre 1979 gastierte das Bolschoi-Theater in Japan, wo sich Sulamith mit ihrem Sohn an die amerikanische Botschaft wandte und um politisches Asyl bat. Die beiden blieben im Westen.

Nun, da sich das politische Klima in Rußland geändert hat, ist mein Möchtegernpartner, mein Cousin Mischa Messerer, nach Moskau gekommen und hat Klage eingereicht, um mir die Garage wegzunehmen, die einmal Mita und ihm gehörte. Er ist vor Gericht gezogen, ohne überhaupt mit mir zu sprechen. Seine Rachegelüste schwelen weiter, nur weil ich mich »vor tausend Jahren« weigerte, mit ihm zu tanzen ...

Emanuil. Der schüchternste und schönste unter den Geschwistern Messerer. Die Natur hatte ihn – gleichsam wie eine Marquise am französischen Hof – mit einem entzückenden, koketten Muttermal auf der Wange ausgestattet. Wegen seiner stillen Art hatten alle einen Narren an ihm gefressen. Ihm fehlte jegliche Beziehung zur Kunst, und er arbeitete als Bauingenieur.

Im Jahre 1941, zu Beginn des Krieges, fingen die Deutschen an, Moskau zu bombardieren. Wenn der Luftalarm ertönte, liefen die Menschen hinunter in die Metro und in die Luftschutzräume. Doch die Behörden befahlen den Hausbewohnern auch, der Reihe nach auf den Dächern Wache zu halten und, wenn nötig, Brandbomben zu löschen. In Zeitschriften erschien häufig ein Foto des jungen Schostakowitsch – mit Feuerwehrhelm und Feuerspritze – auf dem Dach des Konservatoriums, an dem er unterrichtete. An jenem schicksalhaften Tag war Emanuil an der Reihe. Eine Sprengbombe fiel auf das Haus, und er starb mit fünfundzwanzig Jahren. Sein jüngerer Bruder Aminadaw suchte ihn in den schwelenden Ruinen und entdeckte eine ihm bekannte Hand.

Aminadaw. Der kleinste unter den Geschwistern. Mit seinem zarten Körper ähnelte er Assaf und wurde oft mit ihm verwechselt. Aber er tanzt nicht, sondern ist Elektroingenieur. Von Fürsorge allen anderen gegenüber erfüllt, hat er sein halbes Leben damit verbracht, in langen Schlangen nach Brot, Zucker, Milch, Kefir und Kartoffeln anzustehen. Dann verteilte er das, was er bekommen hatte, in Einkaufstaschen an die Verwandten. Er kochte ihnen Mahlzeiten, holte Ärzte herbei, reparierte Wasserhähne und Türschlösser.

Die Sowjetmacht quälte diesen sanften, demütigen Mann bis aufs Blut.

Seine Frau verließ ihn, weil er wegen seiner philanthropischen Unternehmungen nie zu Hause war.

Erella. Über sie weiß ich nichts. Großvater war schon sehr alt, als seine zweite Frau Raissa ein Mädchen zur Welt brachte. 1942 starb Michail Borissowitsch Messerer während der Evakuierung in der Nähe von Kuibyschew. Er war sechsundsiebzig und Erella zwei Jahre alt.

Über meine fernen Vorfahren kann ich keine Auskünfte geben. Ich weiß nur, daß sie in Litauen lebten. Mutters Großmutter mütterlicherseits – sie hieß Krewizkaja oder Krawizkaja – ist bereits in Vergessenheit geraten. Sie verbrachte einen großen Teil ihres Lebens in Kreisgerichten; um eine Verhandlung zu besuchen, ging sie jedesmal zwanzig Kilometer zu Fuß in die Kreisstadt. Das Gerichtsdrama war für sie ein Theaterersatz. Der Familienüberlieferung zufolge hatte sie Mitleid mit den Verurteilten, brachte ihnen Weißbrot und andere Speisen, drückte ihnen ihr Mitgefühl aus und steckte ihnen Zettel aus dem Saal zu. Das war ihre Leidenschaft, und niemand hatte Einwände dagegen.

Nun zu meinem Vater.
Mein Äußeres habe ich von ihm geerbt. Er war recht groß, schlank, sehnig, wohlproportioniert. Sein immer in die Stirn fallender Haarschopf glänzte rötlich, und seine graugrünen Augen – meine sind genauso – musterten jeden Gesprächspartner eindringlich und wachsam. In meiner Erinnerung sprühte sein frohsinniger Funke mit den Jahren immer seltener auf – eine schreckliche Zeit stand ihm bevor. Aber seine alten Freunde nannten ihn aus Gewohnheit immer noch bei seinem studentischen Spitznamen: »Wesselowski« (der Fröhliche). Für sie war er weiterhin der Spaßvogel, der Anstifter zu allen denkbaren Streichen, der Kartenspieler und der kühne Billardspieler. – Nicht nur ihm brach das Sowjetsystem das Rückgrat und beraubte ihn seines Lebens.
Vater stammte aus dem mit Apfelbäumen geschmückten, verstaubten Städtchen Gomel. Die Plissezkis haben ihren Ursprung in jenen weißrussischen Gebieten, die dem Betrachter durch ihre stille Schönheit das Herz abschnüren. Er wurde ganz zu Anfang des Jahrhunderts – 1901 – geboren. 1918 trat er als siebzehnjähriger Junge in die Kommunistische Partei ein. Wie alle Don Quixotes jenes Jahrgangs glaubte er inbrünstig an den (absurden und tragischen, wie heute jeder Heranwachsende weiß) Plan, die gesamte Menschheit glücklich, gütig und uneigennützig zu machen. In den zehn Jahren, bevor die Perestroika die Zungen löste, erklärte ich einem Musiker, der alles haßte, was mit dem Wort »sowjetisch«

zusammenhing, einmal heftig: »Aber mein Vater war ein ehrlicher Kommunist...« Der Musiker maß mich mit einem langen Blick, der bleiernes Mitleid ausdrückte. Es mag damals ehrliche Kommunisten gegeben haben, doch sie müssen sehr naiv gewesen sein. Vater mußte für seine Leichtgläubigkeit und seine Phantasterei teuer bezahlen. Im Alter von siebenunddreißig Jahren wurde er 1938 von Tschekisten erschossen und zwanzig Jahre später, zur Zeit des Chruschtschowschen »Tauwetters«, posthum »wegen des Fehlens eines Tatbestandes« rehabilitiert. Welch banale, alltägliche Geschichte!

Sein älterer Bruder (Lester) war bereits mit sechzehn Jahren viel weitsichtiger und zerbrach sich nicht den Kopf über verschimmelnde marxistische Theorien zur Rettung der Menschheit. Er sammelte fleißig in Gomel Äpfel, um Geld für einen Auslandspaß und eine Dampferüberfahrt zu sparen, und kam mehrere Jahre, bevor der »Sturmvogel« der blutigen Revolution aufstieg, wohlbehalten in New York an. Dort erwarb er im Gaststättenwesen ein kleines Vermögen, legte sich eine Familie zu und beehrte mich mit zwei Vettern: Stanley und Emanuel. Diese Verwandtschaftsbeziehung hielt man meinem idealistischen Vater bei nächtlichen Foltern und Verhören in den Kellern der Lubjanka vor, ebenso wie meiner verstörten Mutter, die mit einem sieben Monate alten Kleinkind in einer von schluchzenden und heulenden Frauen überfüllten Zelle des Butyrka-Gefängnisses saß, und schließlich auch mir, die ich nicht ins Ausland reisen durfte und vergeblich an alle möglichen Kanzleitüren klopfte. Damals ahnte ich nicht, daß Stanley (der russische Name Plissezki war zu der amerikanischen Variante Plesent geworden) inzwischen als Berater für juristische Fragen zur Spitze von Präsident John F. Kennedys Team gehörte. Hätte die Krake des amerikanischen Imperialismus denn eine bessere Möglichkeit haben können, als durch mich sämtliche Geheimnisse der Künstlergarderoben des Bolschoi-Theaters, den durchschnittlichen Verschleiß von Ballettschuhen auf der Bühne oder den Plan der aktuellen Proben zu erfahren?

Heute läßt sich leicht darüber scherzen, aber damals war mir nicht zum Lachen zumute.

Vaters älterer Bruder hatte sich nichtsahnend noch eine schwere Sünde auf die Seele geladen, was seine russischen Anverwandten betraf. 1934, ein paar Monate bevor Stalin seinen engen Mitarbeiter Kirow ermorden ließ, war Lester zu einem Besuch nach Moskau gekommen. Die Rolle des reichen transatlantischen Onkels bereitete ihm offensichtlich Vergnügen, und er begegnete der Ärmlichkeit unseres Moskauer Lebens mit herablassender Überlegenheit. Um seine Schmach in Grenzen zu halten, fuhr Vater mit dem Reisenden in unsere Genossenschaftsdatscha in der Siedlung Sagorjanka bei Moskau. Das Bretterhäuschen mit seinen zwei Zimmern im Schatten frisch duftender Linden war für unsere Familie ein majestätischer Luxus. Irgendwelche finsteren, graugesichtigen Männer im überfüllten Zug zur Datscha bemühten sich, Bruchstücke des Gesprächs zwischen den Brüdern aufzuschnappen. Heute ist mir klar, daß Papa die drohende Katastrophe »wegen der Verbindung mit Ausländern« voraussahnte, doch sein Charakter verbot ihm, Feigheit an den Tag zu legen.

»Verwandte im Ausland« – so wurden sie in unzähligen Fragebogen genannt – waren ein schweres Verschulden. Alle gaben sich Mühe, deren Existenz zu verbergen, da sie sonst mit einer brutalen Strafe rechnen mußten. Erst in den Jahren des Chruschtschowschen »Tauwetters« schossen ferne Verwandte plötzlich wie Pilze nach einem Regenfall aus dem Boden. Der Dirigent Juri Faijer, der sich seinen Parteigenossen gegenüber als proletarische Vollwaise ausgegeben hatte, entdeckte unerwartet seinen Bruder Miron jenseits des Ozeans. Die Schauspielerin Alla Tarassowa, eine zuverlässige Tochter der Kommunistischen Partei, erinnerte sich an einen Bruder in Paris. Es gab einen ganzen Haufen (dieses Wort benutze ich bewußt) derart Vergeßlicher. Und nun ging also ein leiblich mit uns verwandter Amerikaner in aller Offenheit 1934 durch Moskau. Damit nicht genug, nach seiner Abreise, als die Plissezkis gerade erleichtert aufatmeten, begann der naive Lester (er hatte nichts begriffen, nichts gehört, nichts gesehen), von plötzlicher Nostalgie verzehrt, Vater und seinen Schwestern vor Liebe überquellende Briefe zu schicken. Welch ein Amüsement für die Zensur!

Vaters Mutter, seine beiden Schwestern Jelisaweta und Maria und sein jüngerer Bruder Wolodja lebten damals in Leningrad. Auch ihr Schicksal war traurig.

Wolodja liebte ich sehr. Er sah gut aus, war grenzenlos mutig und überaus sportlich. Sein Geld verdiente er sich als Akrobat und Mime im Unternehmen der berühmten Bühnensängerin Klawdija Schulschenko. Das »Trio Casteglio«, mit dem er auftrat, entwikkelte mancherlei klassische Tricks. Gleich in den ersten Kriegstagen wurde er als Angehöriger eines Fallschirmjägerregiments an die Front geschickt. Am 31. Dezember 1941, seinem Geburtstag (er war zwei Jahre jünger als mein Vater), erschossen die Deutschen Wolodja aus nächster Nähe, als er mit dem Fallschirm landete.

Seine beiden Schwestern Jelisaweta und Maria hatten mehr unter dem Schicksal ihrer Verwandten zu leiden. Marias Mann (sie nannte ich Manja) Ilja Lewizki, ein bedeutender Leningrader Ingenieur, saß nach politischen Denunziationen zweimal längere Zeit im Gefängnis. Als er zum zweitenmal nur durch ein Wunder lebendig zurückkehrte, machte er sich sofort ins Schwitzbad auf. Dort ereilte ihn der Tod – an seinem ersten glücklichen Tag nach der Entlassung.

Auch Jelisawetas (die ich Lisa nannte) fünfundzwanzigjähriger Sohn Mark Jeserski fiel zu Beginn des Krieges. Wie sich später herausstellte, starb er als Held, und nach dem Sieg wurde am Ort seines Todes ein Obelisk für ihn errichtet. Lisa durfte das Grab ihres Sohnes lange nicht besuchen. Sie war herzkrank, und als sie sich mit mütterlicher Unbeugsamkeit schließlich doch heimlich dorthin begab, versagte ihr Herz.

So wirkte sich die Stalinsche Epoche auf meine Verwandten väterlicherseits aus, obwohl sie keine Parteimitglieder waren. Außer Zweifel steht, daß auch die Rußlandreise von Vaters älterem Bruder und dessen Hang zum Briefeschreiben vom NKWD verzeichnet und oftmals in entscheidenden Momenten aus dickleibigen »Personalakten« hervorgezogen wurden.

Die Folgen, die der Besuch des älteren Bruders aus Amerika hatte, dürften dem uneingeweihten Leser klarer werden, wenn ich erwähne, daß sich die Kinder und Enkel meiner Leningrader

Tanten noch beim Besuch meines amerikanischen Cousins, der in der Breschnewschen Stagnationszeit auf den Spuren seines Vaters wandelte, in alle Richtungen zerstreuten. (Der einzige Lichtblick war meine Leningrader Cousine Era Jeserskaja, Lisas Tochter, denn sie ist ein unerschrockenes, fürsorgliches, lauteres Wesen.)

Nachdem so viele auf tragische Weise von der Bildfläche verschwunden waren, verzichteten die vor Angst ernüchterten Plissezkis darauf, Briefe mit amerikanischen Briefmarken zu beantworten, und verloren die Lebensgeschichte der Familie Plesent in New York aus den Augen.

Erst 1959, nach einem meiner Briefe an Chruschtschow, der endlich seinen Adressaten erreicht hatte, empfing mich der KGB-Vorsitzende A. N. Schelepin demonstrativ in seinem einschüchternden, kalten Arbeitszimmer in der Lubjanka.

»Ihr Onkel starb am 7. April 1955 in New York. Seine beiden Söhne wohnen mit ihren Familien ebenfalls dort. Wenn Sie sich mit ihnen treffen möchten, haben wir nichts dagegen. Das ist Ihre Sache. Sie brauchen keine Angst zu haben.«

Wie haben sie all das erfahren? schoß es mir durch den Kopf. Ob man meine Verwandten sogar bei Beerdigungen beschattet hat?

Aber ich will die Tragödie meiner Familie nicht allein auf die Schuld meines Onkels mit dem amerikanischen Paß in der Tasche seiner karierten Tweedjacke zurückführen. Es handelte sich um ein ganzes Knäuel von Umständen, die mit der schmutzigen Politik zusammenstießen. Im weiteren werde ich nun ausführlicher auf die Verhaftung und die Ermordung meines Vaters eingehen.

4

Spitzbergen

Otto Juljewitsch Schmidt war ein typischer bolschewistischer Aufklärer; er hatte einen noch ausgeprägteren Bart als Karl Marx und war von Lenin als »großer Wirrkopf« bezeichnet worden, was ihn vor Stalins blutgierigen Pranken rettete. Der berühmte Forscher war 1932 Leiter der Hauptverwaltung des Nördlichen Seewegs, und damals ernannte er meinen Vater zum Generalkonsul und zum Chef der Kohlengruben in Spitzbergen.

Wir machten uns mit der ganzen Familie an den Rand der Welt auf: Vater, Mutter, mein acht Monate alter Bruder Alexander und ich. Uns stand eine langwierige Reise mit Unterbrechungen und mehrmaligem kompliziertem Umsteigen in verschiedenen Ländern bevor. Flugzeuge wurden damals von gewöhnlichen Menschen noch nicht benutzt. Der Zug fuhr über Warschau nach Berlin. In Warschau trafen Mutter und ich uns mit Großmutters Schwester, die eigens aus einer fernen litauischen Provinz herbeigereist war, um uns zu sehen. Vater und der kleine Alexander blieben im Abteil zurück.

Dann erreichten wir Berlin. Zwei Jahre später – 1934 – legte ich diesen langen Weg noch einmal zurück und hatte wiederum in Berlin mehrere Tage Aufenthalt. Bei meiner zweiten Reise flimmerte es mir bereits vor lauter Hakenkreuzen auf den Uniformärmeln der SA-Männern vor Augen. Natürlich prägten sich mir die Eindrücke, die ich als Kind von Berlin bekam, fest ein. Die grauen Häuserblocks, die auffallende Gepflegtheit der Rasen und die Präzision ihrer Kanten, die geradlinigen Straßen, die mit schäumenden Scheuerbesen gesäubert wurden, die fremdländischen Prellsteine der hohen Trottoirs, die Hosenröcke der wie aus dem Ei gepellten Modepuppen – das alles waren Wunderdinge für mich. Später sah ich mich satt an Filmen, die das Berlin jener Zeit zeigten. Alles war so, wie es sein sollte, und doch schien mir irgend etwas zu fehlen. Auch diese Dokumentarfilme prägten sich meinem Gedächtnis für immer ein.

Einen deutlichen Kontrast bildete meine erneute Begegnung mit Berlin im Jahre 1951 während der Jugendfestspiele. Überall klafften häßliche Ruinen. Es gab keine Stadt mehr, und ich erinnerte mich an ihre frühere Kraft und abschreckende Majestät.

Von Berlin aus fuhren wir mit einem bequemen Zug über Dänemark nach Norwegen. Eine gigantische Fähre verschluckte unsere Waggons, als wären sie nur ein winziger Happen. Es war wie in Jerschows Märchen, in dem ein gewaltiger Wal Dampfer mit Passagieren hinunterschluckt und sie dann nach dem Zauberspruch des dummen Iwan wieder unversehrt ausspeit.

In Oslo stiegen wir an einem strahlend hellen Tag auf einen sauberen Bahnsteig aus. Deshalb ist mir die norwegische Hauptstadt als ein fröhlicher, bunter, sonniger Ort im Gedächtnis geblieben. Wir blieben vor dem Schaufenster eines kleinen, hübschen Ladens stehen. Die üppige Besitzerin, die unser ernsthaftes Interesse bemerkte, zog Mama und mich durch die Tür, und ein winziges Glöckchen klingelte.

Hinter der Tür verbargen sich unschätzbare Reichtümer. Alle waren aus Wolle: farbenreiche, warme Kleider, weite Röcke, kokette Fausthandschuhe, Kostümchen, bestickt mit goldenen und silbernen Fäden, flauschige Jacken, wunderbar verzierte Handtaschen. Mir stockte der Atem. Mama rieb ihre zerknüllten Geldscheine zwischen den Fingern hin und her und konnte ihre Armut nicht verhehlen. Immerhin reichte das Geld für ein Kinderkostüm. Sie selbst kaufte sich nichts. Die Besitzerin, gerührt von unserer Mittellosigkeit, machte mir ein Geschenk: ein winziges Teeservice aus Porzellan, das kleine Mädchen ihren Puppen auftischen konnten. Wer weiß, wieso, aber ich habe es immer noch. Bis zum heutigen Tag steht es im Eßzimmer unserer Moskauer Wohnung.

Von Oslo aus stießen wir nach Barentsburg in See. Der Leser kann sich auf einem Globus davon überzeugen, wie lange unsere Fahrt dauerte. Zweimal im Jahr legte der sowjetische Eisbrecher

»Krassin« diesen Polarmarathon mit Passagieren an Bord zurück. Dem Kalender nach war es Sommer, aber die zwei Wochen unserer Reise hindurch herrschte ein unsäglicher Sturm. Ich weiß nicht, mit welcher Windstärke – neun, zehn, elf, zwölf – er auf uns eindrang, aber es schien, als werde uns das Innerste nach außen gekrempelt. Unser einfacher Hausrat, der in mehreren abgeschabten Koffern untergebracht war, blieb keine Minute lang an seinem Platz – es war, als hätten die Koffer Flügel.

Niemand steckte die Nase aus der Kabine. Ich bemühte mich ständig, wenigstens durch das runde, trübe Bullauge hinauszuschauen, aber außer endlosen, turmhohen Wellen konnte ich nichts erkennen. Der Kapitän des Schiffes lieh Vater ein altes Grammophon mit Kurbelantrieb, damit wir ein bißchen Unterhaltung hatten. Allerdings besaß er nur eine einzige Platte: Fragmente aus der Oper »Carmen«. Wir hielten das dauernd davonstrebende Grammophon mit der Hand fest und lauschten Hunderte von Malen Bizets großartigen Melodien. Jahrzehnte später, bei den Proben zur »Carmen-Suite«, wurden die Noten in meiner Erinnerung durch das Heulen des Sturmwindes und die krachenden Schläge der Wellen an den Schiffsrumpf ergänzt.

Das erste, was ich sah, als der Eisbrecher anlegte, war eine endlos lange, steile Holztreppe. Sie führte zu einem großen weißblauen Haus auf dem Berggipfel. Dort wohnten die Norweger. Uns wurde eine Unterkunft im Haus der sowjetischen Kolonie zugewiesen. Es lag am äußersten Rand der Siedlung, dahinter begannen sofort die Berge.

Wir hatten zwei Zimmer. In dem einen brannte im Winter ständig eine elektrische Lampe, die das Himmelsgestirn ersetzte. In den endlosen schwarzen Polarnächten fehlt den Menschen die Sonne sehr. Ich schreibe diese Zeilen in Nerja in Andalusien, im märchenhaften Süden Spaniens, wo die Mandelblüten im Februar berauschend duften und die helle Sonne die Augen blendet. Schtschedrin schreibt ein Klavierkonzert im Auftrag von Steinway, und wiederum bin ich überall von Bergen umgeben, doch von ganz anderen. Wie wunderschön ist deine Erde, Herr!

In den Gebieten jenseits des nördlichen Polarkreises hat der

Sommer einen ganz besonderen Wert: Über alles freut man sich doppelt und dreifach. Wenn die kleinen Blüten auf dem Moos erschienen, verschlug es einem vor Ergriffenheit den Atem. In diesem Moosgarten fand ich einmal einen verletzten Albatros, der nicht mehr fliegen konnte. Fünf Tage hintereinander brachte ich ihm Futter, doch am sechsten war er tot.

Alles wirkte einzigartig, zum Beispiel der Regenbogen, der sich über die Berge spannte. Am liebsten hätte ich ihn berührt und gestreichelt, denn er war so nahe, so anmutig, präzise, so schillernd: wahrhaftig dunkelblau wie eine Kornblume, rot wie Blut, orangefarben wie eine Apfelsine, grün wie das Junigras bei Moskau. Und dann die Pracht des Nordlichtes. Sechs Monate Finsternis sind schwer zu ertragen, doch der Polartag vermittelt eine unauslöschliche Freude. Sechs Monate voller Licht.

Wenn es auf Spitzbergen irgend etwas im Überfluß gab, dann war es Schnee. Sauberer, weißer, kristallener, glänzender Schnee. Ich spürte nicht, wie die Zeit verging, und lief bis Mitternacht Ski, kraxelte in die Höhe und jagte immer wieder von neuem die gewundenen Hänge hinunter. Niemandem gelang es, mich nach Hause zu rufen. Häufig tauchte in den Gesprächen die Bezeichnung »Grumant-City« auf; es war der nach Barentsburg größte Ort auf der Insel, und er beschäftigte meine kindliche Phantasie. Ich nahm mir vor, ihn auf Skiern zu erreichen. Tatsächlich brach ich auf und lief lange dahin, bis sich eine Schneewand vor mir auftürmte und nichts mehr zu sehen war. Ich war müde, wollte ausruhen und setzte mich auf meine Ski. Der Schnee verwandelte mich langsam in eine Märchengestalt, und ich fiel in einen süßen Schlummer. Inzwischen wurde ich vermißt. Mama arbeitete auf Spitzbergen als Telefonistin für Grumant-City, und sie konnte rasch Alarm schlagen. Man schickte Skiläufer mit einem Suchhund aus. Meine Retterin, die kluge Schäferhündin Jak (an ihren Namen sollte ich mich von nun an sofort erinnern, wenn man mich mitten in der Nacht aufweckte), grub mich aus einer Schneewehe aus und zerrte mich am Kragen zu den Menschen. So wurde ich zum zweitenmal geboren.

Auch die Winde von Spitzbergen sind mir im Gedächtnis geblieben. Sie konnten einen Menschen jäh umwerfen, so daß er im Schnee versank. An solchen stürmischen Tagen hielten die Menschen einander an den Händen fest und bildeten Ketten von zwanzig oder fünfundzwanzig Personen. Sie bewegten sich langsam dahin wie durch einen Schneesumpf.

An die Natur erinnere ich mich deutlicher als an die Menschen. Denn diese sahen wegen der einheitlichen, mehrschichtigen warmen Kleidung alle gleich aus, und auch die Winde gerbten ihre Gesichter auf die gleiche Art. In den Polargruben arbeiteten diejenigen, die es auf einen guten Verdienst abgesehen hatten. Nicht jeder war bereit, in eine vereiste Landschaft am Ende der Welt zu ziehen und Tag um Tag beim Licht einer Karbidlampe unter der Erde zu arbeiten und Kohlenstaub einzuatmen. Die meisten kamen mit ihren Frauen, manche sogar mit ihren Kindern.

Deshalb gab es genug »Menschenmaterial« für die Aufführung von Laienspielen. Ohne daß sie Unterstützung von außerhalb heranziehen mußten – außerhalb gab es ohnehin nur Bären und Albatrosse –, schafften es die Barentsburger sogar, Dargomyschskis Oper »Russalka« auf die Bühne zu bringen. Für die Rolle der Russalotschka, die den berühmten Puschkinschen Text (»Was Geld ist, weiß ich nicht«) vorträgt, wurde ich auserwählt. Das lag entweder an der sowjetischen Speichelleckerei oder daran, daß ich eine künstlerische Begabung hatte. Ich erkläre ganz unbescheiden, daß es mir an einer solchen Begabung nicht fehlte. Ich spielte meine winzige Rolle jedenfalls mit Bravour. Das war mein erster Auftritt auf den Brettern, die die Welt bedeuten. Erstaunlicherweise hat sich ein verblichenes Foto erhalten, das die an der Oper Mitwirkenden – also auch mich – zeigt. Pierre Cardin, der mein Fotoalbum nach Illustrationen für mein Buch durchsah, wählte auch diese Amateuraufnahme trotz ihres entsetzlichen Zustandes. Und Cardins Geschmack darf man vertrauen.

In Barentsburg lernte ich auch die sinnlose Grausamkeit der Menschen kennen. Im Frühling wurde ein hübscher Eisbär auf einer Eisscholle an den Landungsplatz getrieben. In der Nähe des offenen Wassers standen mehrere Fässer mit eingelegten Äpfeln auf einer Holzplattform. Wie in einem Zoo begann der Bär, die

Köstlichkeiten mit der Tatze aus einem Faß zu befördern. Oben von der Treppe her beobachtete ich ihn wie hypnotisiert zusammen mit einer Schar von Altersgenossen. Es war ein eleganter Bär mit einer langen rosigen Zunge und roten Äuglein. Klein, wie er war, dürfte er noch nicht ausgewachsen gewesen sein. Plötzlich ertönte ein Schuß – der Bär plumpste leblos ins Wasser und beschrieb mit seinem Körper einen blutigen Kreis... Woher war der Mann mit dem Gewehr gekommen? Weshalb hatte er das Bärenjunge erschossen? Warum? Ob es ihm um die Äpfel leid tat?

Zu Weihnachten schickten die norwegischen Behörden Vater ein Geschenk: eine mit Apfelsinen gefüllte Holzkiste. Vater gestattete mir nicht, die in nördlichen Gefilden seltenen Früchte zu genießen, und ordnete sofort an, das Paket in den Speisesaal der Bergleute bringen zu lassen. Mama machte ihm Vorwürfe: Sein eigenes Kind müsse auf Vitamine verzichten, während er die Benutzer des Speisesaals versorge. Vater warf ihr einen so zornigen Blick zu, daß sie mitten im Satz verstummte.

In dem größeren unserer beiden Zimmer stand ein Glasschrank, der mit schönen bemalten Schmuckkästchen vollgestellt war. Zwei Jahre lang flehte ich Vater immer wieder an, mir eines der Kästchen für meine Kinderspiele zu überlassen. »Sie gehören nicht mir«, erklärte Papa dann geduldig, »sondern dem Staat.«

Ich erwähne diese beiden winzigen Episoden keineswegs deshalb, um meinen Vater als Helden und Altruisten hinzustellen. Aber sein Verhalten unterschied sich so drastisch von dem der späteren Parteimitglieder, die ausnahmslos alles in ihre Herrenhäuser schleppten – gleichgültig, ob es sich um staatlichen, genossenschaftlichen Besitz oder um ein Geschenk handelte, solange es nur fett, süß oder teuer war. Mein Vater dagegen glaubte zu meinem großen Bedauern an die kommunistische Utopie. Er glaubte, daß es möglich sei, ein Gleichheitszeichen zwischen die Wörter »mein« und »dein« zu setzen. Und er konnte oder wollte nicht einsehen, daß zwischen »mein« und »dein« Millionen Lichtjahre liegen, daß das kommunistische Unterfangen der menschlichen Natur widerspricht und schadet!

Zu Beginn des unerträglich kalten Dezembers 1934 hing im Bühnenhintergrund des Bergmannsclubs, der sich im Eis von Spitzbergen verbarg, ein mit schwarzem Krepp eingefaßtes, von Bergarbeiterhand gemaltes Porträt des Leningrader Parteisekretärs Kirow. Nach seiner Ermordung wurde aus diesem Anlaß eine Zusammenkunft der gesamten Sowjetkolonie anberaumt.

Vaters Stellvertreter Pikel hielt mit vor Erregung heiserer Stimme einen wütenden Vortrag. Er galt als der beste Redner in Barentsburg. 1937 sollte Pikel zu den Hauptangeklagten in einem der vielen bestialischen Prozesse Stalins gehören und erschossen werden.

Erst jetzt, da sich mein Leben dem Ende zuneigt, ist mir ein schrecklicher Zusammenhang deutlich geworden. Pikel war Trotzkis Sekretär. Alles, was auch nur am Rande oder indirekt mit dem Wort »Trotzki« zu tun hatte, wurde von Stalin mit glühendem Eisen ausgerottet. Vater war sein ganzes Leben lang mit Pikel befreundet gewesen, und Mutter hatte mir häufig versichert, daß man sich auf seine Freundschaft verlassen könne. Als Pikel in politische Ungnade gefallen und arbeitslos geworden war, machte mein Vater den alten Freund zu seinem Stellvertreter auf Spitzbergen. Vorher war Pikel Direktor des Moskauer Tairow-Kammertheaters gewesen. Der Zusammenbruch des verdienstvollen Theaters hing, wie ich düster vermuten muß, auch mit der politischen Geschichte Pikels zusammen. Genauso fällt für mich auf Meyerholds Untergang stets ein blutiger Abglanz desselben Namens: Trotzki. Denn die Tatsache, daß Meyerhold eines seiner Schauspiele Trotzki widmete, hatte sich in Stalins tückischem, rachsüchtigem Gehirn eingenistet.

Wußte Vater, ahnte er voraus, erfüllte es ihn mit Grauen, wies er den unheilvollen Gedanken von sich, daß er für seine Freundestreue mit dem Leben bezahlen würde? Dadurch, daß er Pikel nach Spitzbergen holte, ging er ein tödliches Risiko ein.

Als das Meer wieder schiffbar wurde, trafen mit der nächsten Fahrt der »Krassin« zwei persönliche Detektive – für Vater! – ein. Ihre Auftraggeber hatten offenbar kein Gefühl für Absurditäten, denn die Namen der Detektive erinnerten an eine Provinzfarce:

Rogoschin und Rogoschan. Später tauchten sie als Zeugen der Anklage in Vaters Prozeß auf. Ich stieß in der zweiten Urkunde zur Rehabilitierung M. E. Plissezkis (»nach einer Falschanzeige erschossen«) erneut auf diese beiden Namen. Aber das war bereits im Jahre 1989. Damals in Barentsburg freundete ich mich mit ihren sympathischen Töchtern an, die zu den Jungen Pionieren gehörten ...

Ich entsinne mich, wie Pikel – vor der Zeit auf Spitzbergen – im Kreis seiner fröhlichen Familie in Moskau lebte. Ich entsinne mich seiner fülligen, lachlustigen Frau, die später ebenfalls den Märtyrertod erlitt. Und ich entsinne mich einer von oben bis unten geschmückten, blendend schönen Neujahrstanne. Die Zweige neigten sich unter dem Gewicht blitzender Spielsachen zu Boden, und die riesigen, bunten Kugeln funkelten. Ich fragte geradezu ekstatisch: »Dürfen wir die Kügelchen kaputtmachen?«

»Sicher«, erwiderte Pikel unbesorgt. Und ich schmetterte eine große Silberkugel mit einem Kreischen des Entzückens auf den Fußboden.

Doch in den Jahren 1937 und 1938 zerschmetterte Stalin zuerst Pikel und dann meinen Vater.

5

ICH NEHME BALLETTUNTERRICHT

Ich kehre zum Sommer 1934 zurück.
Nach zweijähriger Überwinterung auf Spitzbergen erhielt Vater Urlaub. Die gesamte Familie kehrte auf dem langen, ermüdenden Weg – wiederum durch ganz Europa – nach Moskau zurück. Dort wurden wir von dem nostalgischen Besuch des transatlantischen Onkels ereilt, von dem ich bereits erzählt habe. Aber eine der Hauptsorgen der Familie war, daß man beschlossen hatte, mich in die Moskauer Choreographische Lehranstalt zu schicken – vorausgesetzt, ich bestand die Prüfung. Mein Erfolg in »Russalka« hatte für die Entscheidung meiner Eltern keine unbedeutende Rolle gespielt. Zudem setzte ich ihnen tagtäglich gnadenlos zu, denn ich tanzte, schauspielerte, lärmte und mimte, als wäre unsere kleine Barentsburger Wohnung eine Theaterbühne.

An einem regnerischen Junimorgen (oder vielleicht war es erst Ende Mai) brachte mich Mita zur Aufnahmeprüfung. Aus diesem feierlichen Anlaß war ich ganz in Weiß herausgeputzt worden: ein weißes Kleidchen aus Kunstseide, weiße Söckchen, und an meine roten Zöpfe hatte man eine sorgfältig gebügelte, große weiße Schleife gebunden. Leider gab es in meiner Garderobe kein angemessenes Schuhwerk – meine flachen braunen Alltagssandalen beeinträchtigten meine Brautgewandung ein wenig.

Damals war das Land noch nicht vom »Ballett-Boom« erfaßt worden. Heute dagegen streben alle danach, sich »wie Anna Pawlowna Pawlowa« der Muse Terpsichore zu weihen, auf der Bühne des Bolschoi-Theaters für den amerikanischen Präsidenten »Schwanensee« zu tanzen und zu Gastspielen durch die Welt zu reisen. Niemand möchte mehr eine Handwerkslehre machen oder in einer Fabrik arbeiten – jeder will im Rampenlicht stehen.

Aber in jenen »Stachanowschen« Jahren träumten alle davon, als mit roten Sternen verzierte Stalinsche Falken am Firmament zu schweben, zum Pol zu driften, Flugrekorde aufzustellen, die von der paralytischen Hand des Führers vorgezeichnet worden waren, auf einer sich abspaltenden Eisscholle zu sitzen oder mit der »Tscheljuskin« ins Nordmeer vorzustoßen, um melden zu können: »Auftrag des Vaterlandes ausgeführt, teurer Genosse Stalin.«

Der Leser bilde sich selbst ein Urteil: Alle Kinder von Parteiführern waren Piloten und nahmen an sämtlichen Luftwaffenparaden in Tuschino teil. Sie gehörten in die allerersten Reihen derjenigen, die für den Leninschen Unsinn kämpften. Die beiden Söhne Stalins, Jakow und Wassili, waren Berufspiloten, ebenso wie die Kinder Mikojans und Frunses. Der Ruhm des Fliegers Tschkalow, der in den dreißiger Jahren zahlreiche Rekorde erzielte, stellte den Ruhm Alexanders des Großen, Napoleons oder Tamerlans in den Schatten. Er begann gar, dem göttlichen Jossif Wissarionowitsch persönlich Konkurrenz zu machen. Nach neuesten, vor kurzem offengelegten Dokumenten kostete dies Tschkalow, der einem Flugzeugunglück zum Opfer fiel, das Leben. – Stalin hob am liebsten Tote in den Himmel. (Diese Zeilen sind für den westlichen Leser bestimmt, denn meine Landsleute wissen natürlich seit langem über all diese Dinge Bescheid.)

Daraus, wo unsere Diktatoren ihre Sprößlinge ausbilden lassen, kann man unfehlbar auf die Epoche, ihre Orientierung und ihr Wertesystem schließen. Wenn sich heute eine Kolonne gepanzerter »SILs« und »Tschaikas« an der Frunse-Straße drängt, wo sich die Trainings-Spiegelsäle der jetzigen Ballettschule befinden, so ist ein aufrührerischer Gedanke nicht zu unterdrücken: Hat man die Ballettschule etwa von der Ecke Puschetschnaja- und Neglinnaja-Straße an die Frunse-Straße verlegt, damit die sperrigen Dienstwagen besser auf den dortigen geräumigen Parkplätzen unterkommen? Und damit die Töchterchen und Enkelinnen der Mächtigen dieser Welt aus den Limousinen steigen, das Arbeitszimmer der lächelnden, sie mit ausgebreiteten Armen erwartenden Direktorin schneller erreichen und dort ihre hochherrschaftlichen Pelze ablegen können?

Aber zurück zu meiner Prüfung. Im Jahre 1934 wurden nur wenige Anträge gestellt – ungefähr dreißig, wenn mich mein Gedächtnis nicht trügt. Jedenfalls waren es nicht Tausende wie heute. Von den Bewerbern erwartete man nur günstige körperliche Voraussetzungen, eine gute Gesundheit, Musikalität und – unbedingt! – Rhythmusgefühl. Wir schritten tänzelnd unter Musikbegleitung dahin, wobei man das Tempo häufig wechselte, um festzustellen, wie der Körper auf diese Änderungen reagierte. Besonders begehrt war ein angeborenes künstlerisches Empfinden. Mein Schicksal hing an einer unkomplizierten Révérence, die ich der Aufnahmekommission darbot.

Ich mache einen kurzen Abstecher in die Gegenwart: Im Juli 1991 händigte mir König Juan Carlos I. den höchsten Orden Spaniens aus. Ich darf mich nun *eximia doña* Maija nennen: Hofbeamte, die sich um die Etikette kümmern mußten, hatten mich schon lange vorher mit der Frage gequält, ob ich eine Dankesrede halten würde. Ich versprach: »Meine Rede wird eine Révérence sein.«

Sie hatten mißtrauisch zugestimmt, und ich hielt Wort. Sämtliche Nachrichtensendungen des Fernsehens »zitierten« tagelang meine Dankesrede, indem sie immer wieder meine tänzerische Verneigung vor dem König, Königin Sophie und der Hautevolee zeigten.

Die Aufnahmekommission wurde von dem damaligen Schuldirektor Viktor Alexandrowitsch Semjonow geleitet, dem früheren Premier danseur des Marien-Theaters. Er hatte seine Namensvetterin Marina Semjonowa, den jungen Star des ersten von Agrippina Waganowa ausgebildeten Jahrgangs, geheiratet und war mit ihr nach Moskau übergesiedelt.

Im Jahre 1976 war ich in Amerika und besuchte die legendäre Olga Spessiwzewa in einem Künstleraltersheim bei New York. (Solche Besuche mußten unter größter Geheimhaltung stattfinden, damit sie nicht zum Thema für die Berichte der KGB-Spitzel wurden, die uns in allzu großer Zahl begleiteten.) Spessiwzewa schwieg verlegen und stellte mir dann mit klarer, nicht greisenhafter, akzentfreier Stimme nur eine einzige Frage: »Lebt Witja Semjonow noch?« Ein kaum merklicher Schatten huschte über ihr edles Gesicht, das von gepflegten und – wie auf all ihren Künstlerfotos – in der Mitte gescheitelten Haaren eingerahmt war.

Nach meiner Révérence faßte »Witja Semjonow« einen willkürlichen – oder wie man später sagen würde: voluntaristischen – Entschluß: »Dieses Mädchen nehmen wir.«

Damit waren die Würfel gefallen: Ich begann mit dem Ballettunterricht.

Heute haben wir vieles von der Natürlichkeit unserer Berufswahl eingebüßt. Der tänzerische Beruf bildet dabei keine Ausnahme. Ein erfahrenes Auge kann bereits am kindlichen Körper das Potential der tänzerischen Gestalt und die künftigen Änderungen durch die listige Natur ablesen und dann die Frage beantworten, ob sich jemand zum Tänzer eignet. Heutzutage unterziehen die Eltern den Körper des Kindes vor der Aufnahmeprüfung unglaublichen Folterungen und zwingen es, der Kommission übermenschliche Wendigkeit, Biegsamkeit und Zerreißbarkeit zu demonstrieren. Dazu werden Privatlehrer und -trainer beschäftigt, Turnsäle und Schwimmhallen besucht. Das Kind erscheint vorbereitet, doch erschöpft und wie von Sinnen zur Prüfung. Alle Gewalttaten, die dem Organismus bereits in der Kindheit zugefügt wurden, haben dann zur Folge, daß die gequälten Tänzer mit vierzig Jahren zu hinkenden Invaliden werden und nur noch am Stock gehen können. Vielleicht bin ich altmodisch, aber mir ist die Auswahl der Natur lieber als Eifer und Fleiß.

Man teilte mich der Klasse Jewgenija Iwanowna Dolinskajas zu. Ihren Namen nenne ich mit besonderer Herzlichkeit. Es ist ein Erfolg, wenn der allererste Pädagoge in einem Kind Neugier und Interesse wachruft. Im Gegensatz zu den heutigen Kindern kannten wir nicht einmal die Anfangsgründe: weder die fünf Positionen noch das Plié, noch die Préparation. Sämtliche Übungen machten wir mit dem Gesicht zur Ballettstange. Damit war die erste Zeit ausgefüllt, was mir natürlich langweilig vorkam, denn ich wollte nicht lernen, sondern sofort tanzen. Aber auch Moskau wurde nicht an einem Tag erbaut.

Dolinskaja spielte gut Klavier. Und später, als sie kleine Balletts für uns inszenierte, setzte sie sich häufig an das Instrument und ließ die musikalischen Phrasen harmonisch und vernehmlich zu uns hinüberschwingen. Früher war sie im Bolschoi-Theater als Solistin in Charakterrollen aufgetreten. Sie war artistisch, attraktiv, doch etwas wuchtig. Ihre Geduld war bewundernswert, und ich erinnere mich nicht, daß sie jemals heftig auf die Begriffsstutzigkeit einer der Schülerinnen reagiert hätte.

Mir war sie freundlich gesonnen, weshalb sie mich jedesmal in ihren hübschen, anspruchslosen choreographischen Miniaturen auftreten ließ. Ich tanzte bei ihr ein fesches russisches Weib zur Musik von Knippers Lied »Poljuschko-pole«. Dazu trug ich einen langen bunten Rock, ein gesprenkeltes spitzes Tuch und Stoffstiefelchen. Ich gestikulierte, flirtete und zwinkerte – sehr zur Belustigung des Schulpublikums.

Ein anderes Stück Dolinskajas wurde von Tschaikowskis »Serenade« begleitet. Später hörte ich diese Musik in der berühmten Inszenierung von George Balanchine, und sie rief mir meine Kindheit im Ballett und Jewgenija Iwanownas Güte ins Gedächtnis zurück. In diesem Stück ließ Dolinskaja vier Mädchen auftreten; wir befanden uns in einer abstrakten Idylle, badeten als graziöse, mythologische Hirtinnen in den Sonnenstrahlen und haschten nach davonflatternden Schmetterlingen.

Dolinskaja fühlte sich zur Choreographie hingezogen. Die Schulinszenierungen halfen ihr, auch ernstere Pläne zu verwirklichen. Allerdings gestattete man ihr nie, ein abendfüllendes Programm auf die Bühne zu bringen. Dabei lief im Bolschoi-Theater lange Jahre eine »Schwanensee«-Bearbeitung, deren ersten Akt Dolinskaja inszeniert hatte. Sie wirkte auch an Opernpremieren, Tänzen und Pantomimen mit. Bis heute hat sich ihr Pastorale »La Dame de Pique« erhalten. Sie war auch für die Tänze in »Russalka« verantwortlich. Übrigens wurde meine zweite »Russalka«, in der ich auf dem Flußboden solo zwischen den Wasserpflanzen des Corps de ballet auftrat, von Jewgenija Iwanowna choreographiert.

Aber den größten Erfolg in einer Choreographie Dolinskajas teilte ich mir mit Ljona Schwatschkin in der wahrhaft pikanten Aufführung *à la russe* »Im Dorfe Maly Wanka lebte, Wanka in Tanka sich verliebte«. Schwatschkin besaß eine außergewöhnliche künstlerische Begabung und eine ebensolche humoristische Gestaltungskraft; wir wetteiferten leidenschaftlich miteinander, machten uns einen Jux, zogen Grimassen, flirteten, knabberten rhythmisch Sonnenblumenkerne, spuckten die Schale aus und gerieten in Verlegenheit . . .

Aber ich eile den Ereignissen voraus. Das geschah im dritten Studienjahr.

Ich darf meine erste Begegnung mit Leonid Wenjaminowitsch Jakobson in der ersten Klasse nicht unerwähnt lassen. Mit ihm sollte ich mein ganzes Leben lang – wenn auch mit Unterbrechungen – zusammenarbeiten. Dies halte ich für eine der glücklichen Fügungen des Schicksals. Später werde ich noch ausführlicher auf Jakobson eingehen, hier möchte ich nur von unserem ersten Treffen berichten.

Leonid Wenjaminowitsch setzte mich in seinem Ballettstück »Abrüstungskonferenz« ein. Die Musik habe ich vergessen, aber die Handlung war folgende: zehn bis zwölf Tänzer, gleichsam die UNO jener Jahre; jeder Tänzer stellt den Repräsentanten eines separaten Staates dar. Einer der Teilnehmer war Wolodja Lewaschow, der einen dummen englischen Lord mit Zylinder verkörperte. Mir fiel die Rolle des Chinesen zu, da ich am kleinsten war. Ich erschien, einen spitzen Strohhut auf dem Kopf, mit den eckigen Jakobsonschen Glissades aus den Kulissen. Da ich dauernd vor irgend etwas Angst hatte, drehte ich den Kopf mit zusammengekniffenen Augen hin und her und versteckte mich schließlich unter einem Stuhl. Auf diese Weise sollte der nichtsnutzige chinesische Herrscher, Generalissimus Tschiang Kai-schek, dargestellt werden. Wie klein, lächerlich und untüchtig er war! Seitdem ist viel Zeit vergangen, aber die Welt rüstet immer noch ständig ab, von einer Konferenz zur anderen, und bis jetzt ist unser Planet noch nicht explodiert.

Neben dem Ballettunterricht hatten wir uns täglich mit gewöhnlichen Fächern zu beschäftigen: Russisch, Mathematik, Geographie, Geschichte, Musik, Französisch. Wenn ich französische Wörter schrieb, zitterte mir die Hand. Ich hatte die größten Probleme mit dieser Sprache, auch wenn die gesamte Ballett-Terminologie auf dem Französischen gründet. Und in Musik stellte Beethovens Miniatur »Für Elise« den Höhepunkt meines Wissens dar. Sie kann ich heute noch spielen.

Das erste Jahr kam mir sehr kurz vor. Vaters Urlaub war beendet (er hatte seine Frist sogar schon überschritten), und die Rückkehr nach Spitzbergen stand bevor. Zu Hause diskutierten meine Eltern lange darüber, was aus mir werden solle, doch letztlich beschlossen sie, wieder mit der ganzen Familie nach Barentsburg zu fahren. In Moskau hätte ich keine Unterkunft gefunden, denn Mita und Assaf machten eine ausgedehnte Konzertreise, und die Schule besaß damals noch kein Wohnheim.

Wiederum Koffer, Züge, Berlin, die deutschen Rasen, die Fähre, das Schlingern des Schiffes, endlose, hohe Wellen, Schnee, die Holztreppe, Albatrosse, Frost und Wind.

6

WIEDER IN DER SCHULE UND VATERS VERHAFTUNG

Ich brauche Spitzbergen nicht noch einmal zu beschreiben. Dort hatte sich nichts verändert – abgesehen davon, daß noch mehr Schnee zu liegen schien und daß wir in eine geräumigere Wohnung umzogen.

Diesmal dauerte die Polarnacht quälend lange.

Ich lief wieder Ski und verärgerte meine Eltern. Vater wurde immer reizbarer und mürrischer. Etwas bedrückte ihn.

Bald sehnte ich mich nach dem Tanzunterricht: nach dem gespänten, sorgfältig geschrubbten Boden des Übungssaales, nach der vom Schweiß glitschigen Übungsstange, nach dem alten, an den Ecken geborstenen Spiegel, vor dem man seine ersten Posen beurteilen und korrigieren konnte, nach dem bitteren Geruch des überfüllten Saales.

Vater bemerkte meine Sehnsucht und beschloß im Frühling, mich mit dem ersten Eisbrecher zurück nach Moskau zu schicken. Ich entdeckte eine neue Route, die von Spitzbergen über Murmansk aufs Festland führte.

Mein Begleiter war ein an Skorbut erkrankter Buchhalter namens Solotoi, der die Normleistungen der Bergleute bis zur nervösen Erschöpfung zusammengerechnet hatte. Er schien dauernd irgend etwas zu zählen, und seine Lippen waren wie zu einer Reihe von Ziffern verzogen.

Auf dem Dampfer piesackte ich ihn aufs schlimmste. Ich versteckte mich, verschwand, tauchte wieder auf und wurde von neuem unsichtbar. Meine Streiche führten dazu, daß ihm seine ohnehin angeschlagene Gesundheit noch mehr zu schaffen machte.

Das Ende des ersten Schuljahres hatte ich bereits verpaßt. In der zweiten Klasse wurde Dolinskaja von Jelisaweta Pawlowna Gerdt abgelöst, die mich sechs Jahre lang unterrichtete.

Jelisaweta Pawlowna war die Tochter von Pawel Andrejewitsch Gerdt, dem Solisten Seiner Kaiserlichen Majestät. Diesen Titel trug im Marien-Theater, wenn man Jelisaweta Pawlowna glauben darf, niemand außer ihm. Unter sowjetischen Verhältnissen hätte die Auszeichnung etwa der eines Helden der Sozialistischen Arbeit entsprochen, doch unter dem Zaren aller Reußen war damit auch eine Pension von jährlich achthundert Goldrubel verbunden. Die heutigen Herrscher haben von der Zarenfamilie das Mäzenatentum im Ballettwesen übernommen, aber sie verteilen keine Pensionen.

Zurück zu meiner Lehrerin Jelisaweta Pawlowna Gerdt.

Ihre Mutter war Schaposchnikowa, eine Ballerina des Marien-Theaters (»Ich bin ganz aus dem Ballett hervorgegangen...«). Sie haßte die Sowjetmacht inbrünstig, doch in aller Stille. Meine ständige spitzfindige Frage: »Warum sind Sie 1917 nicht ausgereist?« beantwortete sie verstohlen mit den immer gleichen Worten: »Bei Silotti auf dem Schlitten war für mich kein Platz mehr.«

Jelisaweta Pawlowna war lange mit dem Dirigenten Gauk verheiratet. Mit ihm zog sie von Leningrad nach Moskau. Sie waren beide stille, edelmütige, höfliche Menschen. Aber eines schönen Tages entbrannte Gauk in Leidenschaft zu Ulanowa und war zufällig für eine gewisse Zeit sogar deren Untermieter. Jelisaweta Pawlowna öffnete sich die Pulsadern, ohne lange nachzudenken. Man konnte sie wiederbeleben, und der feige Gauk kehrte rasch an den heimischen Herd zurück. Unter Stalin war es ziemlich riskant, seine Freudschen Neigungen zu befriedigen.

Aber ich bin vom Thema abgekommen. Was für eine Lehrerin war sie? Ich zerbreche mir den Kopf. Jelisaweta Pawlowna war ein prächtiger Mensch: ausgeglichen, ohne Bosheit, wohlwollend. Bedeutende Persönlichkeiten zählten zu ihren Bekannten: Sergei Rachmaninow, der Pianist und Dirigent Alexander Silotti, der Komponist Alexander Glasunow, der Schriftsteller Alexander Kuprin, die Ballerina Tamara Karsawina, der Maler Konstantin Korowin, der Dirigent Otto Klemperer, der Dichter Alexander Blok und viele andere. Es war stets unterhaltsam, mit ihr zu plaudern, aber vom Ballett verstand sie nicht soviel wie nötig. Das wurde mir klar, nachdem ich den Scharfblick von Agrippina Waganowas Schule kennengelernt hatte. Beide waren aus dem Marien-Theater hervorgegangen; beide hatten den gleichen Drill hinter sich; beide waren von demselben Lehrer ausgebildet worden; beide atmeten die zauberhafte Luft der nördlichen Hauptstadt; beide lebten nur für das Ballett. Aber die Natur hatte Gerdt nicht mit analytischer Klugheit und professionellem Scharfsinn ausgestattet. Sie sah, was richtig und was falsch war, aber sie konnte die Gründe nicht erklären und »kein Rezept geben«. Ihre Diagnose stimmte gewöhnlich, aber die Heilkunst blieb ihr versagt.

»Du hängst an der Stange wie Wäsche an der Leine!« Aber was muß man tun, um nicht so zu hängen?

Waganowa hätte einfach gesagt: »Leg die Hände nach vorn!« Und die Ballerina hätte wie durch Zauberkraft das Gleichgewicht gefunden.

Das ist Unterricht, wie er sich gehört. Mit einem schlichten, für den Außenstehenden rätselhaften Satz läßt sich alles in Ordnung bringen. Zum Beispiel sagte Waganowa gern: »Während der ganzen Stunde drück mit dem Hintern ein imaginäres Fünfzehnkopekenstück zusammen, damit es nicht zu Boden fällt.«

Und die Ballerina lernte für ihr ganzes Leben, das Hinterteil nicht locker, sondern ganz straff zu halten. Daraus ergab sich die richtige Haltung des Körpers, der Wirbel und des Rückgrats.

Waganowa hatte – im Gegensatz zu Gerdt – Falkenaugen. Dies beweist etwa auch folgende Anekdote, die ich hörte: Die italienische Ballerina Pierina Legnani schloß am Ende des vergangenen Jahrhunderts die Coda von »Aschenbrödel« bei einem Gastspiel in Rußland mit zweiunddreißig Fouettés ab. Die aus den Kulissen zusehenden Petersburger Künstler rissen fassungslos den Mund auf – so etwas hatten sie noch nie erlebt. Am nächsten Morgen bemühten sich alle beim Training, nachdem sie sich warm gemacht hatten, wenigstens drei oder vier Fouettés zu drehen. Doch sie stürzten. (Übrigens war es Jelisaweta Pawlowna, die mir von diesem Vorfall erzählte; er war ihr von ihrem Vater Pawel Andrejewitsch geschildert worden.) Da trat Waganowa in die Mitte, nahm die vierte Position ein, murmelte ständig vor sich hin: »So hat sie es gemacht«, und brachte ohne Unterbrechung sämtliche zweiunddreißig Fouettés zustande. Eine nach der anderen ...

Mein ganzes Leben lang habe ich mich unaufhörlich nach der professionellen klassischen Schule gesehnt, die mir in meiner Kindheit versagt blieb. Manches wußte ich, anderes guckte ich mir ab, noch anderes erschloß ich mir, indem ich Ratschlägen lauschte und harte Erfahrungen sammelte. Dabei hätte ich das alles bereits im Alter von zehn bis zwölf Jahren lernen können!

Vor einigen Jahren bereitete das japanische Fernsehen zu einem meiner sehr runden »Geburtstage« einen farbenprächtigen Film über meine letzten Auftritte in Tokio vor. Man schickte mir eine Videokassette nach Moskau, und nachdem ich sie angeschaut hatte, rief ich Schtschedrin wütend zu: »Offenbar habe ich jetzt erst gelernt zu tanzen.«

Es war die Wahrheit, aber leider kam sie zu spät.

Ich möchte noch einen merkwürdigen, mit Jelisaweta Pawlowna zusammenhängenden Vorfall erwähnen, der kaum jemandem bekannt ist. Schtschedrin und ich besuchten Schostakowitsch einmal auf seiner Datscha in Schukowka. Als ich mich schon verabschiedete und meinen Mantel anzog, hörte ich plötzlich Dmitri Dmitrijewitschs ironische Frage: »Wie geht's meiner lieben Jelisaweta Pawlowna?«

»Gut.«

»Wissen Sie, ich habe ihr und Gauk einmal die Manuskripte meiner Sinfonien – der Vierten, der Fünften und der Sechsten – zur Aufbewahrung anvertraut, und Gerdt hat sie verloren.«

»Wie denn?«

»Tja, das hat sich so ergeben ...«

Am nächsten Morgen stellte ich Jelisaweta Pawlowna zur Rede: »Stimmt es, was Schostakowitsch gesagt hat?«

»Ja«, stammelte Jelisaweta Pawlowna mit ihrer infantilen, bewußt keuschen Stimme. »Alexander Wassiljewitsch und ich wurden während des Krieges in den Kaukasus evakuiert. Ich legte Dmitris Noten zusammen mit meinen besten Schuhen in den stabilsten Koffer. Es waren wunderbare Schuhe, noch nie getragen. Aber als ich mich auf dem Kursker Bahnhof im Gewimmel einmal umdrehte, rannte irgendein Räuber mit dem Koffer und meinen Schuhen davon. Solch ein Ärger. Und im Koffer waren auch Dmitris Manuskripte.«

Die Originale von Schostakowitschs Sinfonien waren unwiederbringlich verloren. So war Jelisaweta Pawlowna vor der Musikgeschichte schuldig geworden.

Wer lernte mit mir zusammen, und wie viele waren wir?

Zu meiner Klasse gehörten fünfundzwanzig bis dreißig Jungen und Mädchen. Zu meinen Freunden zählte ich Nelli Schaburowa, Lida Menschowa, Vera Logwina, Tata Tscheremschanskaja, Ida Sonina, Pruschinskaja, Cholschtschewnikowa, Erik Wolodin, Mai Wlassow, Jura Sobolew, Malyschew, Berkowitsch, Wdowtschenko, Pawel Getling und German Mjunster.

Hinter jedem Namen verbirgt sich ein eigenes Schicksal. Die Mehrzahl meiner Klassenkameradinnen trat ins Corps de ballet des Bolschoi-Theaters ein. Viele der Jungen fielen im Krieg, und die Träger deutscher Namen wurden in die Verbannung geschickt. Erik Wolodin trat als Solist in ungezählten Charakterrollen auf. Lida Menschowa mit ihrem rassigen Äußeren wurde mit der Rolle von Königinnen, Prinzessinnen und Matronen bedacht. Musa Fedjajewa tanzte auch Solopartien, und zwar recht ordentlich, aber uns allen fehlte es an professioneller Schulung.

Auch das Schicksal unserer Pädagogen war nicht erfreulich. Altgausen, unser Geographie-, und Cheister, unser Physiklehrer, fielen im Krieg. Und Boris Alexejewitsch Nurik, der uns Arithmetik eingepaukt hatte, starb unter seltsamen Umständen auf der Straße.

Nun folgen traurige, entsetzliche Ereignisse.

Im Sommer 1935 wurde Vater plötzlich nach Moskau beordert. Ich holte Mutter und Vater und meinen vierjährigen Bruder Alexander am Kasaner Bahnhof ab, der von grimmig und finster dreinblickenden Menschen überfüllt war. Wieviel Leid, wie viele Tränen sah der Bahnhofsplatz, der den munteren Namen Komsomol-Platz trug, in jenen alptraumhaften Jahren? Dort lagen seit je die drei Moskauer Hauptbahnhöfe: der Kasaner, der Jaroslawer und der

Leningrader. Die Architekten der Gebäude, Ton, Schtschussew und Schechtel, werden kaum geahnt haben, wie viele unerforschliche menschliche Schicksale im Schatten ihrer Schöpfungen auf den zum Himmel offenen Bahnsteigen untergehen sollten.

Vater wirkte zerstreut, grau im Gesicht und war in Gedanken versunken. Ich möchte mich heute nicht als Wunderkind hinstellen, das damals schon begriff, was sich in einem Gefängnisstaat abspielte. Selbst die weitsichtigsten Erwachsenen begriffen es nicht – mit Ausnahme des blutdürstigen Paranoikers Stalin.

Unvermittelt lud man Vater vor, aber nicht um ihn zu bestrafen, sondern um ihm ganz im Gegenteil eine neue Wohnung zuzuweisen und ihn mit einem hohen Posten in der Arktisverwaltung zu betrauen. Sogar ein Dienstwagen mit einem stets akkurat gekleideten, aufmerksamen, sehr aufmerksamen Chauffeur wurde ihm zugeteilt. Außerdem wurde er in einer Order des Volkskommissars für die Kohlenindustrie lobend erwähnt. Aber warum war Vater so niedergeschlagen? Welche Befürchtungen plagten ihn?

Die neue Wohnung kam mir, sogar nach dem bohèmehaften Leben in der Sretenka, seltsam vor. Sie lag in der Gagarin-Gasse 3/8, in einem alten, zweistöckigen Holzhaus. Eine knarrende Holztreppe sorgte dafür, daß sich jeder Besucher frühzeitig ankündigte, lange bevor er an die Tür klopfen konnte.

Unsere Wohnung im ersten Stock war einerseits separat, doch andererseits geteilt. Sie bestand aus einem Speise- und einem Schlafzimmer. Aber um in zwei andere »separate« Wohnungen zu gelangen, mußte man unser Speisezimmer durchqueren. Alle beobachteten einander, ob sie es wollten oder nicht, und man grüßte sich hundertmal am Tag. Übrigens folgten die beiden Nachbarfamilien Vater kurz darauf auf seinem tragischen Weg.

Eines Abends kam Vater früher als gewohnt nach Hause. Er aß nichts und ließ sich, ohne seine Kleidung abzulegen, aufs Bett sinken. Eine ganze Ewigkeit lag er regungslos da, die langen Arme hinter dem Kopf verschränkt, und starrte an die Decke. Es herrschte eine bleischwere Stille. Ich setzte mich auf den Bettrand.

»Bist du krank, Papa?«

»Man hat mich aus der Partei ausgeschlossen, Kindchen.«

Wer hatte ihn ausgeschlossen? Weshalb? Aus was für einer Partei? Warum quälte man Papa? Er war doch ein guter Mensch. In der Nacht flüsterten Vater und Mutter dumpf miteinander. Laut konnte nichts ausgesprochen werden, denn überall waren Ohren.

Damals wurde ein wahres Chaos durch die große Stalinsche Verfassung ausgelöst, die der später ermordete Bucharin zu Papier gebracht hatte. Wir hörten die Rede des Führers aus dem Bolschoi-Theater zusammen mit sämtlichen Nachbarn. Es war bereits Dezember 1936. Stalin sprach ohne Eile, er buchstabierte seine Worte geradezu mit einem fürchterlichen georgischen Akzent. Das jubelnde Publikum applaudierte immer wieder lange. Unser schwarzes Pappradio fing den Beifall nur mit Mühe auf, denn irgend etwas knisterte und knackte dauernd. Niemand – weder die Nachbarn noch wir – ließ sich ein Wort entgehen.

Das Auto mit dem adretten Chauffeur traf morgens nicht mehr ein, um Vater abzuholen. Vater blieb zu Hause, rasierte sich nur noch gelegentlich und lag stundenlang auf dem Bett. Auf Fragen antwortete er nicht, er aß keinen Bissen, magerte ab und wurde immer finsterer. Man hatte ihn entlassen.

Das Telefon, das früher, besonders nachts, ohne Unterbrechung geklingelt hatte, verstummte plötzlich. Niemand besuchte uns noch. Vater war zu einem Aussätzigen geworden, vor dem sich alle fürchteten.

Ein paar Tage vor dem Ersten Mai wurde Vater irgendwohin vorgeladen. Er kehrte mit neuen Kräften und wie verjüngt zurück. »Ich habe Gastkarten für die Kreml-Tribüne bekommen. Maijetschka, du und ich, wir gehen am 1. Mai zur Demonstration auf den Roten Platz.«

Ich blies in eine Trompete, die ich mit den Handflächen gebildet hatte. Hurra! Was für ein Kleid sollte ich tragen? Mutter machte sich daran, rasch etwas Feierliches zu nähen.

Es war die Nacht vom 30. April auf den 1. Mai 1937. Im Morgengrauen, um fünf Uhr, nur ein paar Stunden vor dem Ersten Mai, knarrte die Treppe unter dem ehernen Gewicht plötzlicher Schritte. Man war gekommen, um Vater zu verhaften.

Diese Verhaftungen im Morgengrauen sind mittlerweile immer wieder in der Literatur, in Filmen und in Theaterstücken beschrieben worden, aber es ist entsetzlich, so etwas am eigenen Leibe zu erfahren. Unbekannte Männer. Grobe Worte. Durchsuchung der ganzen Wohnung von oben bis unten. Die weinende, sich festklammernde, schwangere, aufgelöste Mutter. Der schluchzende, unausgeschlafene kleine Bruder. Der sich mit zitternden Händen anziehende, schneeweiße Vater. Die Szene war ihm peinlich. Die schockierten Gesichter der Nachbarn. Die forsche Hausverwalterin Warwara, die mit einer Papirossa zwischen den Zähnen heraufgekommen war, nutzte die Gelegenheit, sich bei den Behörden einzuschmeicheln (»Am besten wär's, euch alle zu erschießen, verdammtes Gesindel! Volksfeinde!«).

Ich mit meinen elf Jahren, abgezehrt und eingeschüchtert, konnte nicht begreifen, was sich da abspielte. Dutzende von Malen hatte ich vor dem Spiegel mein neues Kleid für die Parade auf dem Roten Platz anprobiert, das ich in drei oder vier Stunden anziehen wollte. Ich hoffte, daß alles nur ein paar Tage dauern und das Leben dann wieder seinen gewohnten Gang gehen würde. Vater versuchte, mich zu trösten – alles werde wieder gut werden...

Das letzte, was ich aus dem Mund meines Vaters hörte, bevor sich die Tür für immer hinter ihm schloß, war: »Gott sei Dank, endlich wird man die Sache klären.«

Noch heute überläuft es mich kalt, wenn ich an dem unglückseligen Eckhaus in der Gagarin-Gasse vorbeifahre. Das Gefühl des Grauens läßt mich nicht los. Das Haus selbst ist, im Gegensatz zu seinen Bewohnern, unversehrt geblieben.

7

MUTTERS VERSCHWINDEN

Die Wohnung in der Gagarin-Gasse und das Holzhäuschen in Sagorjanka wurden nicht gleich beschlagnahmt; das geschah später. Mutter mühte sich als Bittstellerin in den NKWD-Vorzimmern ab. Die Verwandten bemitleideten uns, aber nur im stillen. Schon bald nahm man uns nicht mehr zur Kenntnis, und die Verwalterin Warwara schwieg wütend.

Ich fuhr weiterhin mit der Metro, die damals nach dem Stalinschen Banditen Kaganowitsch benannt war, in die Ballettschule – morgens hin, abends zurück. Zum Glück änderte sich die Haltung mir gegenüber in der Schule nicht. Denn ich war nicht die einzige, die ein solches Leid ertragen mußte. Viele in der Klasse hatten ebenfalls ihre Eltern verloren – auf die gleiche Stalinsche Art.

Der Vater von Artemija (ihr Kosename war Atotschka) Iwanowna schied sozusagen in der Öffentlichkeit aus dem Leben. Er war ein Opfer des Prozesses gegen Sinowjew. Sein Familienname – Iwanow ist in Rußland besonders weitverbreitet – tauchte in den Zeitungen ganz am Ende einer der schwarzen Listen angeblicher Verschwörer auf. Das war wahrscheinlich kein Zufall, denn so wurde angedeutet, daß es sich um eine überaus gefährliche Massenverschwörung handele. Seid wachsam, Sowjetbürger!

Der Vater meiner Namensvetterin Maija Cholschtschewnikowa verschwand ganz einfach und ertrank – ebenfalls frühmorgens noch vor Anbruch der Dämmerung.

Galja Pruschinskajas Vater wurde wie meiner in ein Dantesches Inferno gestoßen. Auch ihn beorderte man nach Moskau, wo er zunächst freundlich behandelt wurde, doch dann hieß es: »Zehn Jahre Haft ohne Recht auf Korrespondenz«. Die gleiche Antwort erhielt meine Mutter auf ihre hartnäckigen, aber vergeblichen Fragen.

Doch es gab in der Klasse auch Schüler, deren Verwandte auf

der anderen Seite der Barrikaden standen – nicht auf jener der Angeklagten, sondern der Richter. Meine Klassenkameradin Walja Bolotowa teilte uns stolz mit, daß ihr Onkel in der Nacht zuvor in einem Lastwagen auf der Leiche Pjatakows gesessen habe. Geschieht ihm ganz recht! Die Erschossenen wurden im Schutz der Nacht zu geheimen Massengräbern transportiert.

Warum durften wir in der Schule bleiben? Weshalb wurden wir nicht ausgeschlossen? Wieso nahm man uns später ins Bolschoi-Theater auf? Diese Fragen stellte ich mir und den mir nahestehenden Menschen immer wieder. Meine Altersgenossen werden sich gut daran erinnern, was Stalin der Welt in einer seiner Reden verkündete: »Der Sohn haftet nicht für den Vater.« Und ob die Kinder für ihre Eltern hafteten! Schließlich kennen wir heute die Memoiren von Nachkommen hingerichteter Russen wie Jakir, Tuchatschewski, Rykow, Bucharin, Uborewitsch oder Kossiorow. Aber die Kinder weniger bedeutender Gestalten ließ man gewöhnlich in Ruhe. Niemand rührte uns an, doch man überwachte uns. Einmal – wenn nicht sogar zwei- oder dreimal – im Jahr wurde unser Personalbogen »aufgefrischt«. In diesen Formularen durften keine Ausflüchte gemacht werden: Wo ist dein Vater, wo ist deine Mutter, wann wurde er geboren, wo arbeitet er, nach welchem Artikel wurde er verurteilt, in welchem Jahr? Solche Fragebögen – Tausende davon – füllte ich mein ganzes Leben lang aus: vor jeder Reise von neuem. Die Fragen waren stets gleich: nach dem Vater, nach der Mutter, wo er geboren wurde, wo er arbeitet, nach welchem Artikel er verurteilt worden war.

Trotzdem bin ich dem Schicksal dankbar. Denn ich erlernte den mir liebsten Beruf, wirkte an Aufführungen mit, die hauptsächlich mit Erwachsenen besetzt waren, und trat unter den Klängen eines herrlichen Orchesters auf der märchenhaften Bolschoi-Bühne auf. Für mich wurden Tänze choreographiert. Ich arbeitete und brauchte nicht zu hungern. Die Brandmarkung als Tochter eines »Volksfeindes« hinderte mich nicht, meine Berufung zu finden. Ich entging der Hölle eines sowjetischen Waisenhauses, in das man mich hatte schicken wollen. (Daß mir dies erspart blieb, ist tatsächlich Mitas Verdienst.) Ich endete nicht in Workuta, Auschwitz oder Magadan. Man drangsalierte mich, aber man brachte mich nicht um. Ich wurde nicht in Dachau eingeäschert ...

Der Unterricht ging weiter.

Jeden Tag Training, Pliés, Tendus, Ronds de jambe, Battements, Fondus, Klavierklimpern, Schweiß, bis aufs Blut aufgescheuerte Zehen ... Arithmetik, Geographie, das von bösen Geistern verhexte Französisch, Zoologie. – Alltag, Alltag, Alltag.

Im dritten Jahr kamen neue Fächer hinzu, die nach meinem Herzen waren: Charaktertanz und historischer Tanz. Den Unterricht gestalteten zwei bildschöne Ballerinen des Bolschoi-Theaters, nämlich Nadja Kapustina und Margarita Wassiljewna Wassiljewa. Zum Charaktertanz gehörten die spanische, russische, ungarische und die Zigeunervariante. Die letztere fiel mir schwer, doch die spanischen Tänze sagten mir zu. Auf diese Anfänge gründen sich meine Carmen, mein »Don Quixote«, meine Laurencia und mein heutiges ungebundenes Leben in Spanien. Der historische Tanz dagegen war so fern von allem, was uns umgab, daß er eine Art erholsamen Ruhepol bildete.

Ich sah mir eifrig sämtliche Generalproben neuer Aufführungen im Bolschoi-Theater an, ob es nun Ballette waren oder Opern. Es herrschte die gute Tradition, eine Generalprobe für die Schule, die Kostümbildner und die Pensionäre durchzuführen. Die Künstler wußten, daß das Publikum aus Kollegen bestand, und deshalb waren sie gelöst, spielten freudig und inspiriert.

Damals war es üblich, daß auch Kinder am aktuellen Repertoire mitwirkten. Dies war eine überaus lohnende Erfahrung für uns. Ich tanzte eine Fee in »Dornröschen«, eine der Blumen in »Schneewittchen« von Rimski-Korsakow, das Kätzchen in »Der kleine Storch«.

Im Sommer wurden wir alle ins Pionierlager gebracht. Frühsport, Morgenappell, Flaggenhissung, peinigender Hörnerklang, wackere Pionierleiter, Feste, abendliche Lagerfeuer. Es war wie bei der Hitlerjugend. Ihr müßt Disziplin halten, eure Treue zum Vaterland stärken!

Mutter verkaufte eine unserer Habseligkeiten nach der anderen, damit wir überleben konnten. Sie war im siebten Monat schwanger, als man Vater abholte. Während ich zu Dunajewskis einladender Musik im sommerlichen Pionierlager marschierte, brachte Mutter im Juli meinen jüngeren Bruder zur Welt. Sie hatte keine Milch, und es fehlte ständig an Geld.

Anfang März 1938 tanzte Mita das »Dornröschen«. Ich besuchte nicht alle Auftritte meiner Tante, doch diesmal wollten Mutter und ich dabeisein. Wir beschlossen, Blumen zu kaufen – genauer gesagt, Blumen zu besorgen, denn das war, zumal im Moskauer Frühling, keine einfache Angelegenheit.

Was geschah, nachdem wir die Blumen besorgt hatten, weiß ich nicht mehr genau. Ich erinnere nur noch, daß wir kurz vor unserem Aufbruch mit den Blumen in der Hand in unserer Wohnung in der Gagarin-Gasse standen. Heute versuche ich mit aller Kraft, mir ins Gedächtnis zu rufen, wie es kam, daß ich mich am Abend plötzlich ganz allein im Theater wiederfand – ohne Mama, nur mit einem großen Strauß Krim-Mimosen. Aber meine Erinnerung versagt. Ich habe die ärgerliche Fähigkeit, mich ganz und gar in mich selbst zu versenken und rundum nichts mehr zu bemerken. Diese Eigenart gefällt mir nicht. Aber sie wurde auch an jenem Märzabend wirksam.

Die Vorstellung endet. Verbeugungen, Beifall. Wo ist Mama? Wir waren doch zusammen.

Ich gehe mit den Blumen zu Mita nach Hause, um ihr zu gratulieren. Sie wohnt in der Schtschepkin-Straße direkt hinter dem Theater. (Dort sollte auch ich später viele Jahre lang in einer Kommunalwohnung leben.) Mita nimmt die Blumen entgegen und betrachtet mich mit ernsten dunklen Augen. Dann schlägt sie mir vor, bei ihr zu übernachten. Man habe Mama zu meinem Vater gerufen, und sie sei, ohne das Ende der Vorstellung abzuwarten, mit dem Zug davongefahren.

Ich bin noch heute leichtgläubig, und damals, mit zwölf Jahren, sah ich natürlich keinen Grund, ihre Worte in Zweifel zu ziehen. Also zog ich bei Mita ein. Ich begriff nicht, daß man Mutter ebenfalls zu einer völlig unerwarteten Stunde verhaftet hatte und daß auch sie im Gefängnis war.

Lange durchschaute ich nicht, daß Mita selbst es war, die die Telegramme, die ich »von Mama« erhielt, auf dem Hauptpostamt in der Mjasnizkaja-Straße aufgab. Und erst viel später wurde mir klar, daß die widerwärtigen, kurzhaarigen Frauen – sie rochen so übel, daß nach ihrem Besuch die Lüftungsklappe geöffnet werden mußte –, die mich so hartnäckig nach Mama und Mita ausfragten, im Waisenhaus arbeiteten. Dorthin hätte ich, die Tochter eines »Volksfeindes«, eigentlich geschickt werden müssen.

Die Wohnung in der Gagarin-Gasse war versiegelt und danach mit all unserem kümmerlichen Hausrat beschlagnahmt worden. Meine Brautausstattung – Kleidchen, Söckchen, Schleifen, Sandalen – war also verlorengegangen. Wie teilten die Mörder die Möbel, das Geschirr, die Schuhe und Gerätschaften ihrer Opfer wohl unter sich auf? Nachts oder im Morgengrauen oder am hellichten Tag? Zwängten sich ihre fetten Frauen in die fremden Kleider, oder schleppte man die Sachen auf den Trödelmarkt?

Mehrere Jahre lang kannte ich nicht die ganze Wahrheit über Mutter und Vater. Ich hoffte, daß alles gut enden würde: Mutter und Vater – im Sonntagsstaat, gesund, schön, lächelnd – würden eines Tages Mitas enges Zimmer an der Schtschepkin-Straße betreten und mich freudig umarmen.

Auch meine Großmutter, die Mutter meines Vaters, erhielt gefälschte Briefe, die von ihren Töchtern, den Schwestern meines Vaters, abgeschickt wurden. Darin schrieb ihr Sohn angeblich: »Liebe Mamotschka, bei mir ist alles in Ordnung. Bald kehre ich zurück und besuche Dich in Leningrad. Wie geht es Dir?« . . .

Wie viele fromme Lügen wurden damals in unserem unglücklichen, vergessenen, gottverlassenen, von Blut überschwemmten Rußland ersonnen?

8

TSCHIMKENT

Am liebsten würde ich von »Dornröschen«- und »Schwanensee«-Aufführungen erzählen, von meinen großen Battements und meinen schönen Partnern. Aber gleichgültig, von welchem Standpunkt aus ich auf meine Kindheit zurückblicke, alles dreht sich um die Politik, um den Stalinschen Terror.

Von der traurigen Odyssee meiner Mutter erfuhr ich erst später. Sie saß mit ihrem Säugling im Butyrka-Gefängnis unweit des Moskauer Zentrums. Die Menschen gingen vorsichtig um das finstere Gebäude herum. Auch heute ist das Gefängnis noch nicht abgerissen worden; es schielt mit schmalen Gitterfenstern bedrohlich auf die Passanten herab. Jahrhundertelang wird das schreckliche Wort »Butyrka« im Gedächtnis des Volkes fortleben.

Vater lebte bereits nicht mehr; man hatte ihn am 7. Januar 1938 erschossen. Die Familie wurde erst 1989 über dieses Datum unterrichtet; dem kurzen amtlichen Dokument über seine Rehabilitierung war eine entsprechende Auskunft beigeheftet.

Aber damals verhörten die Ermittler Mutter so, als wäre Papa noch am Leben. Doch sie ließ sich nicht einschüchtern, zitterte nicht, geriet nicht in Panik, blieb fest. Dazu hatte sie, wie bereits erwähnt, den richtigen Charakter. Sie akzeptierte nichts, unterschrieb nichts, gestand nichts. Dann hörte sie: acht Jahre Gefängnis.

Vom Gefängnis aus wurden die »Volksfeindinnen« mit Viehwagen, die nur eine einzige handgroße, vergitterte Luftklappe besaßen, nach Sibirien befördert. Man teilte Mutter der vielköpfigen Gesellschaft von »Verbrecherinnen« mit Säuglingen zu. Auch ohne ihre Erzählungen kann ich mir das Kindergeschrei und den Gestank vorstellen – eine wahre Hölle. Der Waggon war so vollgestopft, daß man sich nicht hinsetzen oder umdrehen konnte. Der Zug fuhr tagelang im Schneckentempo dahin und hielt an sämtlichen Stationen. Im Flüsterton lief das Gerücht um, das Reiseziel sei Akmolinsk in Kasachstan. Aber niemandem kam es in den Sinn, daß all diese Frauen bereits Witwen waren.

Mutter kauerte direkt an der Luftklappe. In der Faust hatte sie einen winzigen Zeitungsfetzen zusammengeknüllt; darauf waren mit einem abgebrannten Streichholz Mitas Adresse sowie vier Worte gekritzelt: »Transport: Lager Akmolinsker Gebiet«. An einem leeren Bahnübergang, wo der Zug wieder für kurze Zeit haltmachte, erblickte Mutter durch die Luke eine junge, streng wirkende Frau, die eine wattierte Jacke trug und eine Eisenbahnfahne in der Hand hielt. Ihre Augen begegneten einander, und Mutter schnippte das Papierknäuel vor die Füße der Frau. Die Streckenwärterin zeigte keine Reaktion, als habe sie nichts bemerkt. Der Zug setzte sich in Bewegung ...

Gedankt sei den guten Menschen, die in meinem Land auch in den schwersten Jahren immer wieder hervorgetreten sind. Die Notiz mit dem Hilfeschrei gelangte auf unerforschlichen Wegen zur Adressatin. Entweder diese einfache Frau selbst oder eine ihr nahestehende lautere Person überbrachte meinen Verwandten – und das war 1938 eine wahre Heldentat – das von Tränen verschmierte Gekritzel meiner Mutter. Manche Menschen glaubten also doch nicht an die Existenz so vieler Saboteure, Spione und Mörder, sondern an Gutherzigkeit, Hilfsbereitschaft und Mitgefühl.

In Rußland hat man mit Orden ausgezeichnete Menschen stets hochgeschätzt, wie zum Beispiel auch aus den Erzählungen meines Lieblingsschriftstellers Nikolai Semjonowitsch Leskow hervorgeht. Damals, zum zwanzigsten Jubiläum des unsterblichen Oktober, beehrte man Assaf mit dem Orden der Roten Arbeitsfahne und Mita mit dem »Ehrenzeichen« (beides als Anerkennung für ihre schöpferischen Leistungen). In jenen Jahren gab es im Gegensatz zu heute, wo es von ihnen nur so wimmelt, wenig Ordensträger. Die beiden steckten sich die Auszeichnungen an die Brust und machten sich daran, ihrer Schwester zu helfen. Sie bestürmten sämtliche Vorzimmer mit Bitten und schrieben zahllose Gesuche. Schließlich konnten sie durchsetzen, daß Mama in eine »freie Siedlung« verlegt wurde. Diese Abschwächung der Strafe kam gerade rechtzeitig, denn im Gulag hatte man Mutter gezwungen, schwere Lasten zu schleppen und Schubkarren zu schieben, so daß sie sich einen üblen Bruch zuzog.

Mita erschien mit ihrem Orden im Knopfloch beim Lagerchef und plauderte mit ihm. So schilderte sie selbst jedenfalls ihren rettenden Besuch. Hinter dem Stacheldraht darbten sechstausend »Volksfeindinnen« – es war ein Frauenlager für die Gattinnen verhafteter Männer. Mit Auszügen aus den Gerichtsprotokollen bewaffnet, begleitete sie Mama und ihr Kleinkind in das nahegelegene kasachische Städtchen Tschimkent.

Hier kann ich selbst diese traurige Geschichte fortsetzen. Am Ende des Sommers 1939 – ich hatte Ferien – erhielt ich von den Behörden die Erlaubnis, Mama zu besuchen. Mita hatte mit Hilfe ihres Ordensbüchleins eine Eisenbahnfahrkarte gekauft, und ich trat die Reise nach Süden an.

In jenen Jahren schien die gesamte Bevölkerung ständig unterwegs zu sein. Bahnhöfe und Züge waren überfüllt. Man konnte kaum zu den Schaltern vordringen. Nicht wenige retteten ihr Leben durch vieltägige Eisenbahnfahrten: zum Beispiel von Moskau nach Wladiwostok und zurück. Der ältere Bruder einer meiner Freundinnen, ein Komsomol-Aktivist, reiste fast zwei Jahre lang mit dem Geld seiner Eltern durchs Land – und überlebte. Die Welle der von NKWD-Chef Nikolai Jeschow veranlaßten Hinrichtungen schwappte gerade zurück, als er unversehrt zu Hause eintraf. Aber nicht allen war das Glück hold. Die Tschekisten hatten ihre Fangarme weit ausgestreckt, und in den meisten Fällen konnten solche Reisen den unvermeidlichen Untergang nur hinauszögern.

Ich bestieg den Zug mit einem kleinen Bündel Wäsche und einigen Lebensmitteln für Mama. Mir stand eine lange Reise bevor. Die Verwandten hatten mich mit Geld ausgerüstet, das in einem Leinensäckchen eingenäht war und unter meiner Kleidung am Hals hing. Nimm dich vor Gaunern in acht, hatte meine Tante gewarnt. Es war ein langsamer Postzug, der an jeder kümmerlichen Station haltmachte. Seltsamerweise wurde überall mit allen möglichen Waren gehandelt. Eimer mit Äpfeln standen herum, auf ausgeblichenen Zeitungen lagen Brathühner und Speckseiten, braune Töpfe mit gedämpfter Milch drängten sich nebeneinander, Säcke mit Sonnenblumenkernen waren übereinandergehäuft, Kürbisse aufgeschichtet. Nachdem wir Kasachstan erreicht hatten, boten die Händler Kamelwolle, gedörrte Aprikosen, Rosinen, riesige Zucker- und Wassermelonen an. Was ist aus alledem geworden? Wie verarmt mein Land nun ist; was die langen Jahre sinnloser bolschewistischer Experimente aus ihm gemacht haben! Man findet kaum noch eine trockene Scheibe Brot.

Mama holte mich am Bahnhof ab. Sofort bemerkte ich ihre großen, verwirrten Augen, die die Reihe der langsamer werdenden Waggons musterten. Sie war abgemagert, gealtert und ergraut – in ihrem Gesicht spiegelte sich wider, was sie durchlebt hatte. Wir hatten einander seit fast anderthalb Jahren nicht gesehen... Ich sprang, während der Zug noch rollte, vom Trittbrett ab und warf mich ihr an den Hals. Wir beide weinten, und die Menschen auf dem Bahnhof wurden auf uns aufmerksam.

Was für eine Stadt war Tschimkent? Staub bis zum Himmel, bis zur Sonne, einstöckige Lehmhütten; schreiende Esel waren das Hauptverkehrsmittel.

Mutter hatte in einem brüchigen Hühnerstall Unterkunft gefunden, den ihr ein kränklicher, redseliger bucharischer Jude namens Isaak aus Herzensgüte für einen geringen Mietpreis überließ. Er hatte ein weißes Häuschen mit einem einzigen Zimmer, einen schmalen Gemüsegarten, eine beleibte, schweigsame, geradezu stumme Frau namens Jofa und einen winzigen Sohn, der Jakow hieß und immer bis zu den Ohren besudelt zu sein schien.

Isaak erkundigte sich nach allem und jedem – in diesem Fall, wie ich meine, nicht auf Initiative des NKWD hin, sondern aus angeborener Neugier: Wo ist Papa, weshalb hat man ihn verhaftet, seit wie vielen Jahren ist Mama verheiratet, warum bin ich so mager, esse ich Obst, wie viele Tage bin ich von Moskau aus gefahren, war es schwül im Abteil, was hatten die Schaffner bei sich, hatte sich unterwegs jemand zu mir gesetzt, war ich im

Mausoleum gewesen, was kann man in den Moskauer Geschäften kaufen, hatte ich Stalin gesehen?

Mama gab in irgendeinem Club Tanzstunden, um sich ihren Unterhalt zu verdienen. Sie führte den Tanz der vier Schwäne vor, wobei ihr ihre Erfahrung mit usbekischen Stummfilmen zustatten kam. Sie hatte keinen Tanzunterricht gehabt, doch häufig die Vorstellungen des Bolschoi-Theaters besucht und einiges im Gedächtnis behalten. Mein kleiner Bruder begann bereits zu laufen und ähnelte einem Kasachenknirps. Sein buntes Käppchen paßte zu seinem bräunlichen Gesicht. Die Fliegen, die überall in Tschimkent herumschwirrten, machten ihm arg zu schaffen. Er übte tödliche Vergeltung mit einem feuchten Handtuch, wobei er jedesmal einen Blechkrug mit Zahnputzutensilien von einem niedrigen Regal auf den Lehmboden fegte. Die drei Quadratmeter große Unterkunft war für solche Schlachten nicht geeignet.

Ich ging mit Mutter zur Anmeldung aufs Milizrevier, wo sie zweimal im Monat erscheinen mußte. Schließlich durften die Ordnungshüter sie nicht aus den Augen verlieren.

In der Stadt hatten sich viele verbannte Intelligenzler niedergelassen, eine Mischung aus Ärzten, Ingenieuren, Schriftstellern und Lehrern. Ich verstand nie völlig, weshalb Mama hier war, ob sie in der Verbannung oder in Freiheit lebte, weshalb sie sich melden mußte, warum sie nicht nach Moskau zurückkehren konnte, ob Vater zu uns kommen würde ...

In einer der unerträglich heißen Nächte konnte ich nicht schlafen. Die Fliegen setzten mir zu, und mein kleiner Bruder begann zu weinen. Mutter sprang von ihrer Liege auf und wiegte ihn vor sich hinsummend in den Armen. Ich schlummerte ein und schreckte nach einiger Zeit jäh auf. Vor dem Fensterloch zeichnete sich die Silhouette meiner Mutter deutlich ab, die jemandem mit der Faust drohte und dabei etwas murmelte.

»Was ist los, Mama?«

»Schlaf, Töchterchen, schlaf.«

Im Sommergarten wurden spätabends – tagsüber war die Hitze zu stark – Laienkonzerte aufgeführt. Auf der Bühne wie im Saal waren nur Verbannte. Bei einem der Konzerte tanzte auch ich, denn Mutter bestand darauf, daß ich vor einem Publikum auftrat, um nicht aus der Übung zu geraten.

Ein bedrückter Mann spielte auf dem Akkordeon ein Potpourri aus Tschaikowskis Balletten. Ich improvisierte, stellte mich auf die Zehenspitzen, beugte den Rumpf und vollführte Arabesques. Es war ein vager Vorgriff auf den künftigen »Sterbenden Schwan«, aber in der Lagervariante von Tschimkent, unter Akkordeonbegleitung. Als der Applaus begann, schrie eine üppige Dame aus der ersten Reihe plötzlich wütend: »Die ist zugereist. Sie sollte nicht tanzen. Das ist eine professionelle Ballerina.«

Bei dieser Veranstaltung wirkte auch ihre Tochter mit, die ebenfalls ein schweres Schicksal durchlebte und wie ich den Vater verloren hatte. Aber die erboste Frau wünschte nur ihr allein Erfolg. Menschen bleiben Menschen – für immer. Deshalb ist der Kommunismus eine realitätsferne Dummheit.

Die mir von den Behörden gewährten zwanzig Tage gingen ihrem Ende zu. Ich mußte nach Moskau zurückkehren. Meine bekümmerte Mutter, mein ernst gewordenes Brüderchen, die ganze Familie des gutmütigen Isaak und der dicken Jofa, die wieder kein einziges Wort hervorbrachte, und Mamas nichtsnutzige Ballettschüler begleiteten mich zu dem verstaubten, schmutzigen, von Fliegen übersäten Tschimkenter Bahnhof. Auf der Rückfahrt war ich mit mittelasiatischen Geschenken – Zucker- und Wassermelonen, Wolle, roten Äpfeln – beladen. Es war dem Führer aller Völker nicht gelungen, die Verwandtschaftsbande, das Streben der Menschen zueinander und die schöne Alltäglichkeit des menschlichen Miteinanders zu vernichten.

Ich fuhr wieder zum Ballett.

9

AUFTRITT BEI DER TSCHEKA

Moskau empfing mich mit schwermütigem Herbstfrost. Der Zug traf im Morgengrauen ein, und Mamas Bruder Nodja, dem es nicht gelungen war, einen der schlaftrunkenen Gepäckträger heranzuholen, schleppte sämtliche Beutel, Körbe und Wunder der kasachischen Flora auf seinem Rücken.

Ich wohnte wieder bei Mita und mein Bruder Alexander bei Assaf. Montags – am traditionellen Ruhetag des Bolschoi-Theaters und der Ballettschule – besuchte ich stets meinen achtjährigen Bruder. Er wuchs zusammen mit Assafs und Anel Sudakewitschs Sohn Boris heran. Boris Messerer ist heute ein bekannter Theaterkünstler. Er schuf das vorzügliche Bühnenbild zur »Carmen-Suite«, das für die meisten Inszenierungen überall auf der Welt übernommen wurde.

Anel, die nichts so sehr fürchtete wie eine Erkältung, wickelte die beiden Jungen in Dutzende von Kleidungsstücken ein, und sie gingen schwitzend und schwerfällig mit mir ins »Zentralny«-Kino am Puschkin-Platz. Dort lief der amerikanische Film »Der große Walzer« über den Schöpfer des klassischen Wiener Walzers, Johann Strauß. Der Film wurde sehr lange gezeigt, und jeden Montag starrten wir drei (oder manchmal auch nur Alexander und ich) unverwandt auf das lachende, glückliche, schneeweiße Gesicht der Hollywood-Sängerin Miliza Korjus. Die Untertitel des Filmes – er schien uns die Krone der Vollendung zu sein – kannten wir auswendig. Jeder hat in seiner Kindheit einen besonderen Film. Meiner war »Der große Walzer«.

Im Jahre 1966 trat ich in Los Angeles im »Shrine Auditorium« auf. Anschließend kam hinter den Kulissen eine mollige, hochgewachsene Frau, deren Gesicht ich zu kennen schien, auf mich zu. Mein Gott, es war Miliza Korjus, das Idol meiner Kindheit. Und das Idol überschüttete mich in gutem Russisch mit einem Schwall von Komplimenten. Ich tat das gleiche mit ihr. So standen wir, einander lobpreisend, eine gute Viertelstunde lang da.

Miliza wußte nicht, daß Stalin, der sein ganzes Diktatorenleben hindurch nicht gleichgültig gegenüber füllligen Sängerinnen war, nicht weniger Begeisterung für den »Großen Walzer« empfand als ich. In diesem Punkt stimmte unser Geschmack also überein. Der Führer befahl dem Filmverleih, den »Großen Walzer« auf Breitwand zu zeigen. Die Untertanen seines Reiches sollten sich zur Abwechslung an diesem Hollywood-Produkt erfreuen, für einen Moment von den verschwörerischen Intrigen der Imperialisten abgelenkt werden und sich gleichzeitig, zu den Klängen der Straußschen Melodien, dem weiblichen Charme seiner transatlantischen Angebeteten hingeben.

Miliza und ich schlossen Freundschaft. Sie war in Kiew geboren worden und hatte dort ihre Kindheit verlebt. In ihrem Blut mischten sich viele Nationalitäten, aber kulturell war sie slawisch geprägt. Eine merkwürdige Welt. Halb Hollywood spricht Russisch. Bei meinen nächsten Tourneen versuchte sie, bis zu ihrem plötzlichen Tod, keinen meiner Auftritte zu verpassen. Sie reagierte stürmisch und rief immer wieder: »Bravo!« – Ich konnte ihre wohlklingende Stimme stets im Lärm der Ballettomanen ausmachen, die sich an der Rampe drängten. Sie verließ den Saal immer als letzte. Allerdings wollte sie mir nie glauben, daß sie in den schwersten Jahren der Geschichte unseres Sklavenstaates eine unerreichbare Göttin für die ganze Nation, eine herrliche Fremde von einem anderen Planeten, ein Glücksstrahl für die Kinobesucher war. Noch heute sehe ich ihr ungläubiges, gütiges, vom Alter gezeichnetes, wunderbares Gesicht vor mir. Ich habe wirklich von dir geträumt, Miliza!

Aber die Vorstellung dauerte nur anderthalb Stunden. Vor den Kinotüren senkte sich bereits die frühe Moskauer Abenddämmerung herab. Das sowjetische Leben ging weiter.

In der Schule begannen die Proben für eine wichtige Aufführung, die auf der Bühne des NKWD-Clubs stattfinden sollte. Warum brannten die Tschekisten darauf, sich den jungen Ballettnachwuchs, die sechs bis sieben Klassen der Pädagogin Jelisaweta Pawlowna Gerdt, anzuschauen? Darüber kann man nur Vermutungen anstellen. Jedenfalls bereiteten sich alle Teilnehmer mit größtem Fleiß auf das Ereignis vor.

Jelisaweta Pawlowna war immer von meinen Fähigkeiten überzeugt gewesen, und sie vertraute mir und Mai Wlassow die Hauptpartien im dritten Akt von »Paquita« an. Das heißt, ich sollte im ersten Teil des Abends die Titelrolle tanzen. Der zweite Teil bestand ausschließlich aus Solonummern. Neben meinem eigenen Part nach der Musik von Rachmaninow, den Alexei Tschitschinadse (er arbeitete später rund zwei Jahrzehnte lang am Stanislawski-Theater und tanzte mit mir den »Schwanensee« von Wladimir Burmeister) zusammen mit dem älteren Schüler Slawa Golubin choreographiert hatte, erinnere ich mich an einen eindrucksvollen Walzer von Ravel nach Leonid Jakobsons Choreographie. Er wurde hervorragend von meiner Klassenkameradin Musa Fedjajewa getanzt.

Das NKWD war eine mächtige und keineswegs arme Organisation. Schließlich hatte es unzählige Menschen ausgeplündert. Aber für ein Orchester reichte das Geld nicht. Wir alle tanzten zu Klavierklängen; am Gerät thronte die beste Pianistin der Schule, die hagere Jekaterina Schlichting.

Alle strengten sich an, um sich vor dem grausigen Publikum auszuzeichnen. Während ich mich verbeugte, versuchte ich, die Gesichter der im Saal sitzenden Menschen zu erkennen. Waren es wirklich Menschen? Gehörten zu ihnen nicht diejenigen, die über die knarrende Treppe in der Gagarin-Gasse getrampelt waren, in unserem Wäscheschrank gestöbert, Papas Bücher auf den Regalen durchgeblättert und ihn in den Häftlingswagen gestoßen hatten? Oder diejenigen, die Mutter nach Kasachstan begleitet hatten und sie nun zwangen, sich zweimal im Monat auf dem Bezirksrevier der Miliz im staubigen Tschimkent zu melden?

10

Tschaikowskis »Impromptu«

Mutter wurde im April 1941 entlassen und kehrte endlich mit meinem jüngeren Bruder nach Moskau zurück. Bis zum Kriegsbeginn blieben noch zwei Monate. Die ganze Sippe holte sie auf dem Kasaner Bahnhof ab. Ein Meer von Tränen wurde vergossen, alle umarmten einander bis zur Erschöpfung, die Freude kannte kein Ende. Sie war vorzeitig entlassen worden. Die Bemühungen hatten genützt!

Ich war dabei, mich auf den nächsten Auftritt vorzubereiten, und wollte Mutter unbedingt beweisen, daß ich keine Zeit vergeudet hatte. Aber ich eile voraus. Mutter erkundigte sich sofort nach ihrer Ankunft, was ich Neues gelernt hätte.

Das letzte Jahr in Tschimkent war für sie nicht leicht gewesen. Bei einem ihrer Besuche auf dem Milizrevier hatte man sie mit einer gewissen Förmlichkeit in ein weiter hinten gelegenes Zimmer geleitet. Dort thronte ein stattlicher und freundlicher Mann. Er zeigte sich besorgt um ihre Gesundheit, um ihre Kinder und das Tanzstudium ihrer Tochter. Mutter ahnte nichts Gutes und igelte sich ein. Das weitere Gespräch war banal. Sie sollte den Behörden helfen und über die Stimmungen und Äußerungen ihrer Mitmenschen berichten. Was zum Beispiel dachten die verbannten Eltern ihrer Ballettschüler im Club? Wer ging bei dem Hausbesitzer Isaak ein und aus? Diese und andere Fragen müßten in schriftlicher Form – übersichtlich und akkurat – beantwortet werden. Einfacher gesagt, sie sollte als Denunziantin arbeiten.

Bereits im Butyrka-Gefängnis hatte man Mutters natürliche Hartnäckigkeit unterschätzt und ihren Widerstand nicht brechen können, und nun lehnte sie das Ansinnen des höflichen Genossen rundweg ab. Sie war erschrocken, doch sie erklärte kategorisch, sie wolle sich und ihre Kinder lieber erschießen lassen, als auf solche Vorschläge einzugehen. Wenn die Werber derart auf Granit bissen, ließen sie den Kandidaten entweder rasch ins Jenseits befördern, oder sie »nabelten sich ab«. Das letztere dauerte mehrere Monate und zehrte an Mutters Nerven.

Außerdem stellte sich ein Verehrer ein. Im Rückblick vermutete Mutter, daß auch er von den Sicherheitsorganen geschickt worden war. Man hatte sich eben für eine andere Methode entschieden. Der frischgebackene Romeo, natürlich auch ein Verbannter, war feurig und wortgewandt. Er schenkte ihr Blumen (etwa auf Staatskosten?), machte ihr einen Heiratsantrag und wollte uns drei adoptieren. »Ihr Mann weilt leider nicht mehr unter den Lebenden. Ich liebe Sie leidenschaftlich und habe mir damals in der Freiheit all Ihre Filme angesehen. Sie sind die Liebe meines Lebens, und die Kinder brauchen einen Vater.« Mutter warf ihn hinaus. Sie wollte nicht glauben, daß man Vater ermordet hatte, und wartete nicht nur in Tschimkent, sondern auch später in Moskau auf ihn. Ihr ganzes Leben lang. Jedes unerwartete Läuten an der Tür, jedes Telefonklingeln, jede unbekannte Stimme im Flur ließen sie aufschrecken. Sie wartete vergeblich...

Ich frage mich, ob ich das Drama meiner Familie übertreibe? Zeichne ich es in zu schwarzen Farben? Aber dies ist die Wahrheit, die wir durchlebten und erlitten und die Wunden in unserer Seele hinterließ. Ich möchte nichts glätten, keine gräßlichen Einzelheiten verschweigen. So lebte meine Generation – nicht besser und nicht schlechter. Man möge diejenigen verurteilen, die solche Verhältnisse verursacht haben.

In der Schule stand die Abschlußfeier bevor. Zum erstenmal sollte sie unter Begleitung des Bolschoi-Orchesters auf der Bühne der Filiale stattfinden. Früher hatte man solche Abende stets in der Schule selbst durchgeführt. Das Ereignis war auf den 21. Juni 1941, einen Sonntag, festgesetzt. Die Hauptteilnehmer waren Abschlußstudenten. Es handelte sich um eine eindrucksvolle Auswahl; zu ihr gehörten die schöne Inna Subkowskaja, die künftige Primaballerina des Kirow-Theaters, Violetta Prochorowa (nach ihrer Heirat: Elvin), Nelja Kusnezowa, Golubin und Lewaschow. Ich möchte mich nicht von meiner Schilderung jener denkwürdigen

Feier ablenken lassen, aber ich muß wiederum ein wenig vorauseilen. Violetta Prochorowa (sie entstammte der Familie, welche die in Rußland berühmte Prochorow-Manufaktur gegründet hatte) war klüger als alle anderen, denn sofort nach dem Krieg, im Jahre 1945, heiratete sie einen Engländer und siedelte in den Westen über. Nelja Kusnezowa wollte ihrem Beispiel folgen, doch sie zauderte so lange, bis sich der Eiserne Vorhang gesenkt hatte. Sie mußte aus dem Bolschoi- ans Stanislawski-Theater überwechseln, und ihre Mutter, die im Bolschoi als Platzanweiserin arbeitete, verlor ihren Posten. Neljas Amerikaner reiste allein in den Westen ab. Wer sich im richtigen Moment verliebt, darf nicht zögern.

Die Aufführung hatte drei Teile. Die Schüler der jüngeren Klassen wirkten als Entourage mit. Ich tanzte Tschaikowskis »Impromptu« nach Jakobsons Choreographie. Bei diesem überaus gelungenen Pas de trois waren Schwatschkin und Jewdokimow meine Partner.

Es ist hoffnungslos, den Tanz beschreiben zu wollen, aber ich werde es versuchen. Es war ein für Jakobson typisches Werk: einerseits Klassik, andererseits nicht. Schwatschkin und Jewdokimow hatten die Rollen von Satyrn, und ich war eine Nymphe. Die Satyrn bewegten sich, wie es sich für sie gehört, auf imaginären Hufen; in den Händen hielten sie imaginäre Panflöten. Darauf spielten sie, fast ohne die Lippen zu bewegen. Die Nymphe scherzte, zupfte die Satyrn an den Bärten, glitt an den Biegungen ihrer Arme entlang und wiegte sich mit spröden Verbeugungen. Es war ein sehr poetisches Stück.

Wir drei waren so begeistert von Jakobsons Schöpfung, daß wir bei den Proben nie an Energie verloren. Als die Durchlaufprobe unter Klavierbegleitung in der Schule stattfand, setzte sich das Publikum nur aus Pädagogen und zufällig hereinschauenden Studenten zusammen, aber wir mußten dem Applaus am Ende Einhalt gebieten. Meine geduldige Klavierlehrerin, die gutmütige Jurtschenko, die mir meine Faulheit vergeben hatte, kam mit feuchten Augen auf mich zu und küßte mich. Auch Vera Wassiljewa, die Frau Kasjan Jaroslawowitsch Goleisowskis, des großen Choreographen und Dulders (auf meine Begegnungen mit ihm werde ich noch ausführlicher eingehen), war zu Tränen gerührt. Eine großartige Tänzerin, verbrachte sie ein langes Märtyrerleben an Goleisowskis Seite. Auf bewegende Art tanzte sie als erste in Moskau die Maria in »Die Fontäne von Bachtschissarai«. Sie war ausgesprochen musikalisch. Ihre Beine glichen denen Anna Pawlowas und ihr Gesicht dem Greta Garbos. Viele, viele Jahre später fügte sie ihren Glückwünschen an meinem Jubiläumsabend hinzu: »Am allerbesten hast du damals Jakobsons Choreographie zum ›Impromptu‹ in der Schule getanzt. Besser hast du mir nie wieder gefallen.«

Lawrowskis »Walpurgisnacht«, choreographiert nach der Musik von Gounod, ist weithin bekannt – und das mit Recht. Aber dieses Werk hätte es ohne Jakobsons Choreographie zu Tschaikowskis »Impromptu« nicht gegeben. Für mich liegt Jakobsons Einfluß klar auf der Hand.

Das Moskauer Publikum reagierte mit Entzücken auf die Partie. Sie war, wenn ich unbescheiden sein darf, der Höhepunkt des Abends. Der Beifall nahm kein Ende. Mutter war im Saal, und ich konnte ihre glücklichen Augen in der Parterreloge erkennen. Sie sah mich nach der langen Trennung zum erstenmal wieder auf der Bühne der Filiale zu den Klängen eines Orchesters tanzen, das Faijer hinreißend dirigierte. Wir verneigten uns immer wieder vor dem bereits gesenkten Vorhang. Assaf gratulierte mir später mit der spöttischen Bemerkung: »Du hast dich verneigt wie ein Star. Man muß zurückhaltender sein.«

Aber dafür ist es zu spät, wenn der Saal eine gelungene Arbeit honoriert. Seit jenem Abend durchschaute ich vermutlich den hohen Wert, den Verbeugungen haben. Wie wichtig dieses Ritual ist! Noch heute halte ich es für einen Bestandteil der Aufführung. Das Publikum soll nicht nur einen Eindruck von dem Tanz, sondern auch ein Bild des Tänzers mitnehmen, der sich für die Anerkennung bedankt. Um einen kühnen Vergleich zu wagen: Der Schwanz des Kometen muß in den Händen des Zuschauers bleiben.

In Jakobsons Choreographie zu Tschaikowskis »Impromptu« genoß ich zum erstenmal in vollen Zügen die Gunst des Publikums, die Freude des Erfolgs, das berauschende Tosen des Beifalls und das Wagnis einer Premiere. Aber manche Augen waren auch neidvoll zusammengekniffen. All das begleitete mich mein ganzes Leben lang.

Heute wird mir im Rückblick bewußt, daß jener denkwürdige Vorkriegsabend auf der Bühne der Bolschoi-Filiale von besonderer Bedeutung für mich war. An jenem Tag machte ich den Schritt aus der schüchternen Ballettkindheit hinein in einen selbständigen, riskanten, doch herrlichen Beruf.

Am Morgen des nächsten Tages begann der Krieg.

Der Krieg

Der erste Kriegstag ist mir noch gut im Gedächtnis. Auf den Straßen drängten sich die Menschen neben Lautsprechern, aus denen heroische Musik und die neuesten Nachrichten erklangen. Hier und dort mußten die Straßenbahnen den Verkehr einstellen, weil große Menschenmengen auf den Schienen zum Stadtzentrum gingen. Die Gesichter spiegelten Unruhe und Spannung wider. Etliche Passanten waren angetrunken. Sogar die Unbekümmertsten begriffen, daß es im Krieg darum geht, Menschen zu töten, und daß es nur vom Schicksal abhängt, wer überlebt. Erst vor kurzem hat man die wahren Zahlen der Opfer veröffentlicht, die der schreckliche Zusammenstoß zwischen zwei mächtigen Völkern forderte. Eine erschütterte mich besonders: 97 Prozent meiner Landsleute, die 1923 – zwei Jahre vor mir – geboren wurden, kamen um oder sind verschollen.

Ich war naiv, doch tief in meinem Inneren verkrampfte sich etwas. Wir versuchten, einander zu beteuern, daß der Krieg rasch, in zwei oder drei Monaten, enden werde. Auf keinen Fall könne er länger dauern als der Krieg gegen die Finnen. Mitas Mann Boris Kusnezow dagegen war überaus pessimistisch und sagte, allerdings nur im Kreis der Familie, das Schlimmste voraus. Zum Kreis der Familie gehörte nun, neben Mita und mir, auch Mama. Nach ihrer Entlassung aus Tschimkent war sie ebenfalls bei meiner Tante eingezogen und schlief nachts, zusammen mit meinem jüngsten Bruder, auf einem Klappbett direkt neben der Tür. Alik, mein anderer Bruder, wohnte weiterhin bei Assaf.

Das Heulen der Luftschutzsirenen wurde zu einem Teil unseres Lebens. Die Deutschen bombardierten Moskau nachts. Die ganze Stadt versank in ägyptischer Finsternis. Man strich den Kreml, den Roten Platz und das Bolschoi-Theater mit Tarnfarbe an. Am Himmel schwebten Sperrballons, welche die deutschen Bomber zum

Absturz bringen sollten. Die Fenster wurden völlig mit Papier verklebt. Aber weshalb beschreibe ich das alles? Schließlich gibt es noch genug Wochenschauen aus jener Zeit.

Im Theater und an der Schule war dauernd von »Evakuierung« die Rede. Wohin würde man uns schicken? Wann? Mit oder ohne Angehörige? Mita mühte sich im Schweiße ihres Angesichts ab, das geheime Reiseziel als erste in Erfahrung zu bringen. Sie war stets »dem Fortschritt voraus« und wollte auch diesmal ihrem Prinzip treu bleiben.

An einem Septemberabend kam sie triumphierend in die Wohnung. »Das Theater fährt nach Swerdlowsk. Das hat mir Soundso...« – ihre Stimme wurde zu einem unverständlichen Flüstern – »... anvertraut. Und er weiß immer alles.«

Auf welchen Umwegen es ihr gelang, vier Fahrkarten für ein Großraumabteil im Zug Moskau–Swerdlowsk zu besorgen, konnte ich nie herausfinden. Aber sie schaffte es. Mama, meine beiden Brüder und ich machten uns von neuem auf die Reise – wiederum vom Kasaner Bahnhof aus. Wir verließen Moskau Ende September, lange vor dem von Panik erfüllten 17. Oktober 1941, als die Deutschen ganz nahe an die Hauptstadt heranrückten.

Die Zugreise und das Leben in Swerdlowsk waren die reinste Qual. Aber ich beklage mich nicht, denn alle anderen plagten sich genauso wie wir.

In Swerdlowsk kamen wir in der Wohnung des Ingenieurs Padutschew unter. In sein enges Dreizimmerquartier wies das Exekutivkomitee außer uns eine ukrainische Familie ein. Vier Frauen, vier Generationen: Urgroßmutter, Großmutter, Mutter und eine siebenjährige Tochter. Der Ingenieur selbst – ein guter, sanftmütiger Mann – hauste mit fünf Angehörigen im dritten Zimmer. Damit galt das Schema 4×4×6 – fast wie die Formation einer Fußballmannschaft.

Aber das war noch nicht alles. Eines schönen Morgens zwängte man noch zwei weitere Personen in Padutschews Wohnung: den Onkel des Ingenieurs und dessen schwergewichtige Frau. Sie kamen ebenfalls aus Moskau und waren auch »durch eine glückliche Fügung« evakuiert worden. Es scheint unglaublich, aber wir lebten friedlich zusammen, halfen einander aus, reservierten Plätze in kilometerlangen Schlangen, liehen einander einen Laib Brot oder einen Dreirubelschein bis zum nächsten Zahltag . . .

Mutter schaffte es mit größter Mühe, einen Posten in der Anmeldung einer Poliklinik zu ergattern. Ich weiß noch, wie sie in einem weißen Kittel an einem ungestrichenen Holzschalter saß. Von dort aus gab sie mir strategische Anweisungen, mich in diese oder jene Schlange zu stellen und diesen oder jenen Abschnitt der Lebensmittelkarte einzulösen.

Man mußte sich nach allem ohne Ausnahme anstellen. Die Menschen standen, standen, standen, ließen sich den Platz manchmal für kurze Zeit freihalten und kehrten zurück, standen von neuem, klatschten, jammerten, riefen einander besorgt Neuigkeiten zu. Eine stimmgewaltige, kecke Frau brüllte manchmal fortlaufende drei- oder vierstellige Nummern. Die frierenden Menschen erwiderten heiser: Zweihundertsiebenundsechzig – hier, zweihundertsiebenundsiebzig – hier . . . Neunhundertfünfundsechzig – ist verschwunden. Ausstreichen!«

So stehen meine geduldigen, gehorsamen Landsleute bis heute Schlange in den großen und kleinen Städten unserer einst reichen, doch nun ausgeplünderten, ruinierten Heimat.

Eine Schlange kann ich nicht vergessen. Mitten im Sommer wurde auf dem Hof eines Lebensmittelgeschäfts ein Lastwagen mit Apfelkisten entladen. Die Äpfel waren grün und winzig, aber seit Kriegsbeginn hatte man überhaupt keine verkauft, und sofort sammelte sich eine Menschenmenge an. Unter lauten Rufen bildete sie eine gewundene, etwa fünf Kilometer lange Schlange. Ich war weit vorn, aber auch ich erhielt keine Äpfel. Der Vorrat reichte nicht. Nie im Leben habe ich einen solchen Heißhunger auf einen Apfel verspürt. So viele schmackhaftere Sorten ich auch später zu Gesicht bekam, jene Swerdlowsker Kriegsäpfel wollen mir nicht aus dem Sinn.

Der Winter in Swerdlowsk ist grausam. Auch nach den Schneestürmen von Spitzbergen konnten sich unsere Körper nicht auf diese weit normalere Kälte einstellen. Ein Polarforscher erklärte einmal, daß der Mensch sich an alles gewöhnen könne, nur nicht an den Frost. Außerdem hatte ich nur einen Wollmantel, der kaum die Knie bedeckte. Beim stundenlangen Schlangestehen wurden mir die Beine zu Eis, und das Ballett war vergessen.

Nur der Theaterbesuch munterte mich auf. In Swerdlowsk hatte sich in jenem Kriegsjahr ein recht gutes Ensemble im Operetten- und Balletttheater versammelt. Ich erinnere mich an Meyerbeers »Les Huguenots« und an Assafjews Ballett »Sulamith« nach Kuprin, das allein in Swerdlowsk aufgeführt wurde. Die Rolle der Sulamith tanzte die Waganowa-Schülerin Nina Mladsinskaja; sie wirkte aristokratisch und war von vollkommener Gestalt. Ihr Mann war 1937 ebenfalls dem Terror zum Opfer gefallen, und Mladsinskaja selbst fand sich nach Gefängnis, Lager und sibirischer Verbannung wie durch ein Wunder am Swerdlowsker Theater wieder. Sie hatte in Leningrad großartig begonnen, und ich habe keinen Zweifel daran, daß sie, wenn sich die Umstände nicht gegen sie verschworen hätten, zur Primaballerina an ihrem heimischen Marien-Theater geworden wäre.

Auch die Swerdlowsker Operette, die jahrzehntelang als eine der besten in der Sowjetunion galt, gefiel mir sehr. Ich sah Emmerich Kalmáns gesamtes Repertoire.

Der Leser wird fragen, wie ich ins Theater gelangte. Indem ich wiederum mühsam Schlange stand und mir die billigsten Karten auf der Galerie besorgte. Ohnehin waren die Preise unglaublich niedrig. Noch bis vor kurzem kostete ein Platz in der ersten Parkettreihe des Bolschoi-Theaters nur 3 Rubel 50 Kopeken. Gleichzeitig mußte man für ein Kilo Tomaten auf dem Markt zehn bis fünfzehn Rubel ausgeben. Man hatte also die Wahl, Tomatensalat zu essen oder viermal ins Bolschoi-Theater zu gehen. In Swerdlowsk entschied ich mich für die geistige Speise.

Mita hatte sich mit ihrer Prognose geirrt. Das Bolschoi-Theater wurde nach Kuibyschew und die Ballettschule in das Städtchen Wassilsursk an der Wolga evakuiert. Dieser unglückliche Irrtum kam mich sehr teuer zu stehen. Genau ein Jahr lang – von fünfzehneinhalb bis sechzehneinhalb Jahren – konnte ich mich nicht dem Ballett widmen, sondern mußte statt dessen in Schlangen ausharren.

Allmählich wurde ich unruhig. Noch ein solches Jahr, und ich konnte dem Ballett Lebewohl sagen.

In einer auffälligen Zeitungsmeldung war zu lesen, daß der in Moskau gebliebene Teil der Truppe eine Premiere auf der Bühne der Bolschoi-Filiale aufführen würde. Das Bolschoi-Theater selbst war geschlossen. Dann erfuhr ich, daß auch der Unterricht in der Schule fortgesetzt wurde. Mir war klar, daß ich nach Moskau zurückkehren mußte. Aber wie? Dazu brauchte ich eine Spezialgenehmigung. Ich hatte keine einflußreichen Bekannten, und der Gang zu den Behörden wäre nur Zeitverschwendung gewesen. Wer hätte auf ein Mädchen gehört, das von Ballett, Training, physischer Kondition und Lehrern redete?

Daher blieb mir nur ein verzweifelter Schritt: die illegale Rückkehr nach Moskau. Mutter geriet in Panik und versuchte, mich von meinem Vorhaben abzubringen: »Man wird dich verhaften.«

»Hör auf«, eiferte ich mich. »Die Zeit vergeht, ich bin matt, steif und verknöchert...«

Es war nicht leicht, eine Fahrkarte zu kaufen, denn die Reise war teuer, und wir hatten wenig Geld. Zudem benötigte ich eine Aufenthaltsgenehmigung, um eine Karte zu erhalten. Das Schicksal kam mir in Gestalt des Schachspielers Rochlin zu Hilfe. Er war mit der Ballerina Valentina Lopuchina verheiratet, die mir ein paar Jahre später ebenfalls beistehen sollte. Beide leben nicht mehr, aber ich erinnere mich an ihre Güte und ihr Verständnis.

Der Zug aus Swerdlowsk war fünf Tage unterwegs. Während der ganzen Reise überlegte ich, ob ich an der letzten Station vor Moskau aussteigen und zu Fuß weitergehen sollte. Oder war es besser, va banque zu spielen und durch das Bahnhofsgewimmel zu schlüpfen? Ich muß wiederholen, daß ich keine Einreisegenehmigung für Moskau besaß. Ich entschied mich für das Risiko und hatte Glück. Indem ich mich einem hinkenden alten Mann anschloß und seinen Reisesack trug, worüber er sich herzlich freute, konnte ich mich der Militärpatrouille an den Bahnhofstüren entziehen. Endlich war ich in Moskau.

Mit der Straßenbahn gelangte ich nach mehrmaligem Umsteigen zu Mitas Wohnung in der Schtschepkin-Straße. Ich wußte, daß Mita nicht mit dem Theater abgefahren, sondern in Moskau geblieben war. Leider hatte ich keine Möglichkeit gehabt, ihr von meinem Plan Mitteilung zu machen, und tauchte aus heiterem Himmel bei ihr auf.

Mita selbst öffnete mir die Tür und schlug überrascht die Hände zusammen. Nach den Begrüßungen und Umarmungen fiel mein Blick auf ein Weißbrot, das auf dem runden Eßtisch lag. Ich war so ausgehungert, daß sich mir der Magen umdrehte. Auch hatte ich seit langem kein Weißbrot mehr gesehen und fast vergessen, daß so etwas existierte.

»Darf ich das Brot essen?«

Mita brach in Tränen aus.

Nachdem wir die ganze Nacht hindurch Neuigkeiten ausgetauscht hatten, gingen wir am Morgen zu zweit in das Schulgebäude an der Puschetschnaja. Mein Herz pochte wie nach einem schwierigen Solo. Aber man freute sich über mein Kommen, und niemand erkundigte sich danach, wie ich in die geschlossene Stadt zurückgekehrt sei, ob ich eine Aufenthaltsgenehmigung besäße und ob meine Mutter mich begleitet habe.

Die Abschlußklasse wurde von Maria Michailowna Leontjewa (J. P. Gerdt war evakuiert worden) geleitet, die ebenfalls früher am Marien-Theater getanzt hatte. Es ist erstaunlich, daß all meine künstlerischen Wurzeln nach Petersburg weisen, obwohl ich von Geburt und dem Charakter nach eine echte Moskauerin bin. Maria Michailowna nahm mich in ihre Klasse auf, obwohl ich ein Jahr verpaßt hatte.

»Du mußt dir eben alle Mühe geben, das Versäumte nachzuholen. Deine Begabung wird dir helfen. Ich glaube an dich.«

Ich machte mich verbissen an die Arbeit. Es war ein Vergnügen für mich, wieder an der Barre zu stehen, Kombinationen zu üben und mich im Spiegel zu beobachten. Während des Jahres in Swerdlowsk war ich in die Höhe geschossen, aber stark abgemagert. Niemand hätte mich für älter als vierzehn Jahre gehalten.

Leontjewa erwies sich als eine umgängliche, aufmerksame Lehrerin. Sie kannte die Geschichte meiner Familie und begegnete mir mit Wärme und Mitgefühl. Auf der Bühne des Marien-Theaters hatte Maria Michailowna sämtliche Soli getanzt: Pas de deux, Pas de trois und alle möglichen Feen. Sie kannte sich mit dem Ballett aus, und ihr entging keiner unserer Fehler. Besonderen Wert legte sie darauf, daß wir den Rücken auf professionelle Art gerade hielten. Maria Michailowna sprach mit einer Baßstimme, denn sie war eine leidenschaftliche Raucherin.

Von Leontjewa wurde ich etwas länger als sechs Monate unterrichtet. Der Termin des Abschlußexamens näherte sich. Von einer Bühne oder einem Orchester war keine Rede. Wir sollten im sechsten und größten Saal der Schule Solovariationen vorführen und unsere Trainingsleistungen vorher innerhalb unserer Ballettklasse zeigen. Ich bereitete zusammen mit Maria Michailowna die Variation der Herrscherin der Dryaden aus »Don Quixote« vor.

Der Tag der Prüfung war gekommen. Es war Ende März 1943. Mama wohnte immer noch in Swerdlowsk. Der Krieg ging weiter, und alle warteten auf die Eröffnung der zweiten Front. Die Menschen beschimpften die Verbündeten wegen der Verzögerung und freuten sich, wenn das Informationsbüro mitteilte, welche Städte den Deutschen wieder abgerungen worden seien. Man lauschte der klingenden Stimme des Rundfunksprechers Juri Lewitan, der die Befehle des Oberkommandierenden verlas.

Im sechsten Saal drängten sich die Menschen. Die Kommission saß an einem schmalen Tisch – bekannte Gesichter, Tendus, Battements, Cabrioles, Pointes ... Alles war äußerst sachlich, es gab keine Blumen und Ovationen. Wir Kandidaten wußten, daß man uns ins Theater aufnehmen würde, denn der in Moskau gebliebene Teil der Truppe mußte aufgefüllt werden. Aber aufgeregt waren wir natürlich trotzdem.

Dann war ich mit meiner Variation an der Reihe. Ich spannte mich wie eine Bogensehne – und hörte plötzlich fremde Musik. Unser Pianist hatte die Reihenfolge der Variationen verwechselt. Ich rührte mich nicht von der Stelle. Ein Raunen ging durch den sechsten Saal. Da gebot Leontjewa dem Konzertmeister mit einem herrischen Ruf Einhalt: »Spielen Sie die Dryade. Plissezkaja tanzt die Herrscherin.«

Alles geht gut. Die Prüfung ist bestanden, und ich erhalte die Bestnote. Die Schule liegt hinter mir. Der Krieg ist noch nicht beendet, aber nun muß ich meinen eigenen Kampf führen: um einen Platz im Leben.

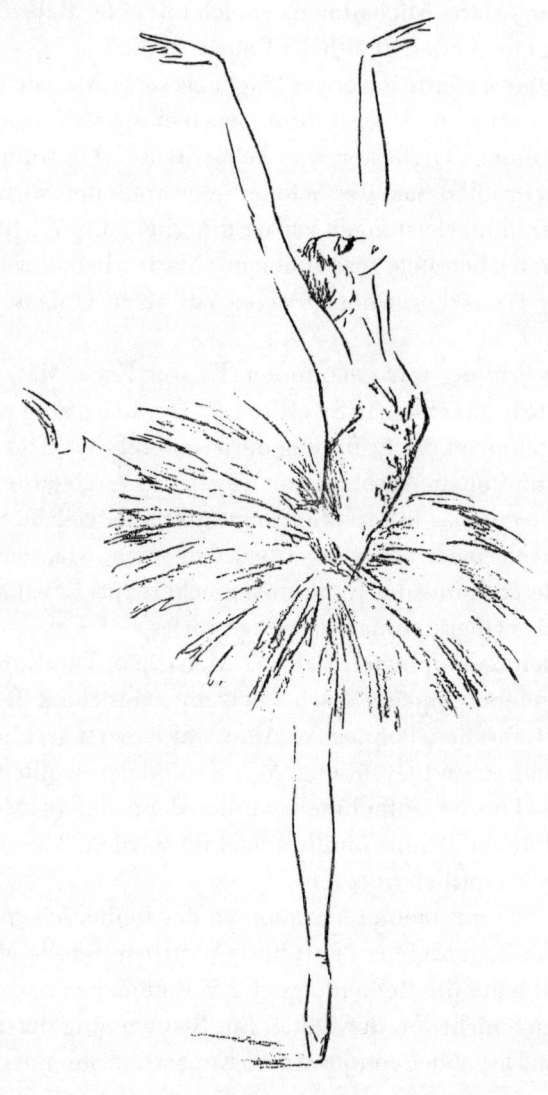

12

Das erste Jahr im Theater

Bei meinem Eintritt in die Truppe war das Theater gerade aus der Evakuierung in Kuibyschew (das inzwischen wieder Samara heißt) zurückgekehrt. Als »Zarinnen« der Bühne herrschten Marina Semjonowa und Olga Lepeschinskaja; »Großfürstinnen« waren Sulamith Messerer, Sofja Golowkina und Irina Tichomirnowa. Sie teilten das Ballettrepertoire unter sich auf. Kurz vor dem Ende ihrer Karriere standen Viktorina Kriger, Ljubow Bank, Anastassija Abramowa und Ljubow Podgorezkaja, denen keine Premieren mehr zufielen.

Die führenden Tänzer waren Alexei Jermolajew, Assaf Messerer, Michail Gabowitsch, Alexander Rudenko und Juri Kondratow.

Das Repertoire bestand aus den weltbekannten Stücken »Schwanensee«, »Der Nußknacker«, »Dornröschen«, »Don Quixote«, »Coppélia« . . .

Ein berühmter russischer Schriftsteller des letzten Jahrhunderts bemerkte einmal zornig-ironisch, man liebe das Ballett seiner Unveränderlichkeit wegen. Ich stehe nun seit fast fünfzig Jahren auf der Bühne, doch das Repertoire ist immer noch das gleiche: »Der Nußknacker«, »Don Quixote«, »Schwanensee«, »Dornröschen« . . .

Ich erhielt das niedrigste Gehalt von sechshundert Rubel. Daraus wurden nach dem Krieg nur sechzig Rubel, da man infolge der Abwertung überall eine Null gestrichen hatte.

Die Ankunft einer neuen Ballerina sorgt stets für Unruhe. Niemand will zusammenrücken. Außerdem fungierte mein Onkel Assaf Messerer während des Krieges nicht nur als Chefchoreograph, sondern auch als Ballettdirektor. Er war gewissenhaft genug, seiner Nichte keine Vorzugsbehandlung zuteil werden zu lassen, was ihn allerdings nicht daran hinderte, seine Frau Irina Tichomirnowa energisch zu fördern, sonst hätte der Haussegen schiefgehangen.

Ich geriet sofort in die Klemme. In meinem letzten Jahr an der Ballettschule, als es auf jeden Künstler ankam (die meisten Mitglieder der Truppe waren ja noch evakuiert), hatte man mir Solopartien auf der Bühne der Filiale anvertraut. Ich tanzte Pas de trois und die Bräute in »Schwanensee«, die drei Fresken im alten »Buckligen Pferdchen« von Alexander Gorski und die beiden Freundinnen Kitris in »Don Quixote«.

Zum erstenmal – nun bereits als Künstlerin des Bolschoi-Theaters – sah ich meinen Namen, mit dunkelblauer Tinte geschrieben, auf dem von Mitteilungen zugedeckten Schwarzen Brett neben dem Büro. Mir wurde befohlen, eine der acht Nymphen im polnischen Akt der Oper »Iwan Sussanin« zu tanzen. Auf dem Schwarzen Brett wurden die Künstler nicht nur über ihre Aufgaben im Repertoire, sondern auch über bedeutendere Dinge informiert: über den politischen Unterricht (die Teilnahme war obligatorisch), über die Ausgabe von Gutscheinen für Schuhe und Lebensmittel, über die Verteilung der Geschenke Roosevelts, über den Zeitpunkt der Novemberdemonstration, über die Anprobe von Kostümen in der Schneiderei, über Sitzungen des Ortskomitees ... Ich wurde wütend, doch mein Gespräch mit Assaf war sehr kurz.

»Früher habe ich nicht im Corps de ballet getanzt ...«
»Aber jetzt wirst du es tun.«
So begann mein Theaterleben.

Ich durfte nicht den Gehorsam verweigern, doch ich konnte protestieren. Statt auf die Spitzen erhob ich mich auf die halben Spitzen, ich tanzte ohne Schminke und wärmte mich vorher nicht auf. Assaf selbst übernahm die Rolle des Satyrs neben Lepeschinskaja. Wir acht sangen während der Vorstellung leise, aber hörbar zu Glinkas Walzer: »Mein Assaftschik, mein Krassawtschik«.* Ich war nicht die einzige, die Vergeltung übte.

Um das Tanzen nicht zu verlernen, wirkte ich bei unzähligen Veranstaltungen der Moskauer Clubszene mit. Dort konnte ich meinem Herzen Luft machen. Zusammen mit meinen Partnern Wjatscheslaw Golubin und Juri Kondratow tanzte ich den »Ster-

---

* Krassawtschik: »schöner Mann«, auch ironisch »Stutzer« (Anm. d. Übers.)

benden Schwan«, Glucks »Melodie« oder Rachmaninows »Elegie«. Das Honorar war kümmerlich, und wir mußten monatelang auf die Zahlung durch die Philharmoniekasse warten. Aber ich hatte keine andere Wahl, wenn ich mir Kleidung kaufen, mich ernähren und meinen Brüdern helfen wollte.

Solche Auftritte waren eine wichtige Einkommensquelle für sämtliche Künstler. An ihnen nahmen neben Anfängern sogar Stars erster Ordnung teil: Koslowski, Maksakowa, Lemeschew, Norzow vom Moskauer Künstlertheater, Katschalow, Androwskaja, Janschin, Moskwin, Scharow vom Maly-Theater, Chenkin vom Theater für Satire und Tatjana Bach, die Primadonna der Moskauer Operette.

Eine Kollegin, an die ich mich gut erinnere, ist Jekaterina Gelzer. Sie tanzte bereits nicht mehr im Theater, aber sie trat bis zu ihrem achtzigsten Lebensjahr bei diversen anderen Veranstaltungen auf. Ihre Extravaganz sprengte den Rahmen. Sie zog ihre Hüte so schief ins Gesicht, daß immer nur ein Auge zu sehen war. Am Aufschlag ihrer grauen Karakulpelzjacke befestigte sie ihren Lenin-Orden, damit die Jüngelchen – ihren eigenen Worten zufolge – mit weniger Geschrei auf der Straße hinter ihr herliefen. In der Paßabteilung der Miliz reichte sie ihr Foto aus »Schwanensee« ein: im Tutu und mit Federn. Häufig fragte sie mich mit ihrer herben, tiefen Stimme: »Kindchen, woher hast du das rote Streptozid, mit dem du dir die Haare färbst?«

Dann antwortete ich immer: »Ich färbe mir die Haare nicht, Jekaterina Wassiljewna, sie sind von Natur aus rot.«

Und sie gab stets wütend zurück: »Weißt du, wen du hier belügst?«

Die Auftritte liefen hastig und chaotisch ab, doch sie machten mir Spaß. Alle eilten schwitzend und außer Atem herbei und trieben den Conférencier nervös an, denn sie hatten unmittelbar danach bereits einen weiteren Termin für ihren nächsten Einsatz. Da mich niemand kannte, rückte mein Auftritt immer weiter ans Ende, und die Beine wurden mir kalt. Bei einer meiner allerersten Vorstellungen erkundigte sich der Conférencier hinter den Kulissen nach unseren Namen.

»Also Maija Plissezkaja und Wjatscheslaw Golubin in Rachmaninows ›Melodie‹. Richtig?«

Natürlich kündigte er uns, wie in einer alten Theateranekdote, als Maija Golubina und Wjatscheslaw Plissezki an.

Die Bühnen waren schmal, eng und ohne Tiefe, mit matter Beleuchtung und glattem, unebenem Boden. In Glucks »Melodie«, wo die Ballerina dauernd hoch oben auf den Armen ihres Partners schwebt, verschwand ich zum Erstaunen des Publikums hinter den tiefen Soffitten.

Es war ein bemerkenswertes Publikum: schlechtgekleidet, abhängig von Lebensmittelkarten, oft ungewaschen, doch gierig nach der kleinsten künstlerischen Äußerung auf der ärmlichen, hausbackenen Bühne. An diesen Abenden erhielt ich meine ersten Dacapos als Sterbender Schwan. Ich gefiel dem Publikum, und es klatschte sich die Hände wund. Bald trafen immer mehr Einladungen von den Veranstaltern ein.

Aber zurück zum Theater. Ein Hoffnungsschimmer zeichnete sich am Horizont ab: Aus Anlaß irgendeines Komsomol-Jubiläums (ich glaube, die Organisation wurde fünfundzwanzig Jahre alt) wurde im ganzen Land eine lautstarke Kampagne »zur Förderung der Jugend« eingeleitet. Man schwadronierte wie üblich drauflos, und damit erhob sich die Frage: Konnte das Theater etwa im Abseits bleiben?

Auch ich wurde gefördert. Mit dem Repetitor A. Monachow, einem früheren Tänzer aus Leningrad – er war ein strenger Herr mit dichten Augenbrauen und einer strammen Haltung, die er sich als Darsteller von Königen und Hofleuten angeeignet hatte –, studierte ich im Sommer in zwei Proben die Sprungmazurka aus der »Chopiniana« ein und tanzte sie unter donnerndem Applaus. Was das Sprungvermögen betrifft, hat mich die Natur nicht benachteiligt, und ich überflog die Bühne mit drei Jetés. So ist es bei Fokine vorgesehen, und daran halten sich alle Ballerinen. Aber ich versuchte bewußt, auf dem Höhepunkt jedes Sprunges für einen Moment in der Luft zu verharren, was die Zuschauer begeisterte. Sie begleiteten jeden Sprung mit einem Beifallscrescendo. Ich hatte nicht geahnt, daß dieser kleine Trick das Publikum derart beeindrucken würde. Bei den nächsten »Chopinianas« gingen manche Ballettomanen bereits »zur Plissezkaja«. Da kann man hochnäsig werden.

Bei der zweiten oder dritten Vorstellung entdeckte ich während meiner Verbeugungen Agrippina Jakowlewna Waganowa in der Dunkelheit der Direktorenloge. Sie war gerade erst nach Moskau gekommen und wollte sich über den Stand der Dinge im Bolschoi-Theater informieren. Meine Begegnungen und die leider nur kurze Arbeit mit Waganowa warfen all meine Begriffe von der Technik und den Gesetzen des Tanzes über den Haufen! Ich mußte meine Übungen mit ihr bald beenden, denn kurz darauf kehrte sie, da sie nicht zu Kompromissen neigte, nach Perm zurück. Dies ist für mich eine immer noch offene Wunde, und ich habe mich in jedem geeigneten oder ungeeigneten Moment meines Berufslebens und in mancher schlaflosen Nacht gefragt, wieso es mir an Entschlossenheit fehlte, ihr zu folgen und »Schwanensee« mit ihr vorzubereiten. Ihre Worte sind mir noch klar im Gedächtnis: »Komm zu mir. Wir machen ›Schwanensee‹ so, daß der Teufel neidisch wird.«

Wenn Marina Semjonowa gut aufgelegt war, vertiefte sie meine Selbstvorwürfe: »Fahr schon, bevor sie stirbt. Sonst wirst du es dir nie verzeihen.« Und ich habe es mir bis heute nicht verziehen.

Aber nun der Reihe nach. Nach der Aufführung von »Chopiniana« kam Agrippina Jakowlewna auf die Bühne. Sie hatte Gefallen an mir gefunden und verabredete für den nächsten Tag eine Probe mit mir. Wir gingen die ganze Mazurka von der ersten Bewegung bis zum Ende durch. Einige Bewegungsabläufe vergoldete sie buchstäblich, indem sie die Art der Körperdrehung sowie die Haltung des Kopfes und der Hände korrigierte. Sie schuf einen logischen, fließenden Übergang zwischen den Bewegungen, so daß die Kombinationen überzeugend miteinander verschmolzen. Auch lenkte sie meine Aufmerksamkeit auf die entscheidende Bedeutung des Absprungmoments. Der Absprung habe schön und kaum merklich zu sein. Im übrigen sagte sie wenig, sondern gestikulierte in der internationalen Ballettsprache, die nur der tanzenden Zunft verständlich ist. Sie konzentrierte sich auf die Stellen, an denen ich stockte. Alles stimmte haargenau. Es ist äußerst schwer, dem uneingeweihten Leser zu erklären, wie sich mit drei, vier Worten und einer kargen Geste ein erstaunliches Resultat erzielen läßt. Nach der Übung mit Waganowa war ich wie umgewandelt, man erkannte mich nicht wieder . . .

Monachow war beleidigt. Nun begann der für die Bühnenwelt übliche Kampf der Eitelkeiten. Und da ich meine Eigenmächtigkeit nicht bereute, schrieb Regieassistent Konowalow, der den Herrschern dieser Welt stets gefällig zu sein wünschte, eine Meldung über mich: Ich hätte die Disziplin verletzt. Meine Einwände halfen nicht, denn das Komsomol-Büro beabsichtigte, »Verantwortungslosigkeit auszurotten«, und wollte ein Exempel statuieren. Und so fand ich mich von neuem an dem schäbigen Schwarzen Brett wieder. Es hing im Erdgeschoß, und alle, die hier vorbeikamen, nahmen meine Schande und meinen ersten Konflikt mit den Vorgesetzten zur Kenntnis. Der Tadel am Schwarzen Brett kostete mich mein Geschenk von Roosevelt. Es war eine geringfügige Strafe, aber damals hätte ich Schweineschmorfleisch und einen Wollrock sehr gut gebrauchen können. Dieser Anschlag am Schwarzen Brett bildete die Grundlage meiner politischen Unzuverlässigkeit.

Im Theater herrschte eine strenge Hierarchie. Ein Platz an der Sonne – das heißt ein kleiner Trumeau mit verschließbaren Kästchen für die Verwahrung von Ballettschuhen, Trikots, Chitonen, Bändern, Stulpen und Schminke – wurde nur mit größter Zurückhaltung vergeben. Wer im ersten Jahr am Theater war, hatte sich in den dritten Stock zu scheren. Im Parkett, auf gleicher Höhe mit der Bühne, hatten sich die Stars in engen Künstlergarderoben angesiedelt.

Bei Zugluft auf hohen Stufen von einer Etage zur anderen zu eilen, ist sehr schädlich. Dadurch entzündete sich mein Knie. Nun wußte ich, daß ich mich unbedingt im Parkett niederlassen mußte. Nebenbei gesagt, im ganzen Theater gab es nur zwei schmale Lifte. Sie waren für sechs Personen vorgesehen, doch wenn sich neun, zehn, elf hineinzwängten, blieben sie mit einem Knirschen stecken und wurden dann endlos repariert.

Zum Glück fand sich eine gute Seele: unsere Solistin Walja Lopuchina, eine blonde, sympathische Frau mit schönen, ebenfalls von Waganowa trainierten Beinen und einem hohen, bogenförmigen Spann. (Übrigens wurde der in der ganzen Ballettwelt berühmte »Pas de Diane« von Waganowa speziell für Lopuchina choreographiert.) Sie bot mir an, die beiden rechten Schubladen ihres Tisches zu benutzen. Ich beschreibe den Vorfall so ausführlich, weil ich danach sechsundvierzig Jahre lang an diesem Pfeilerspiegel saß.

Gegen Ende meiner ersten Theatersaison wurde Assaf umgänglicher. Er choreographierte für mich und Rudenko einen niveauvollen Walzer nach der Musik von Benjamin Godard, der beim Publikum großen Anklang fand.

Wie es im Bühnenalltag nicht selten vorkommt, erkrankten nacheinander sämtliche Ballerinen, und es gab niemanden, der den »Nußknacker« tanzen konnte, den Wainonen ursprünglich für die Bühne der Filiale choreographiert hatte. Assaf schlug mir vor, die Rolle der Mascha in kürzester Frist zu lernen. Ich konnte mein Glück kaum fassen und stimmte zu. Tschaikowskis Musik im »Nußknacker« ist für mich bis heute ein unsagbares Vergnügen. Sie sprüht vor Schönheit, lächelnder Verschmitztheit und Bühneninstinkt. Waganowa saß erkältet zu Hause und konnte nicht zu den Proben erscheinen. Ich beriet mich nur telefonisch mit ihr.

Für die Proben war Jelisaweta Pawlowna Gerdt zuständig. Ich kannte den Pas de deux des zweiten Aktes bereits, da ich ihn im letzten Schuljahr auf der Bühne der Filiale getanzt hatte. Der Rest der Partie war ganz nach meinem Herzen, und ich prägte ihn mir in aller Schnelle ein.

Erst zur allerletzten Probe kam Waganowa in den Saal. Gerdt und sie waren einander nie freundschaftlich gesonnen gewesen. Agrippina Jakowlewna saß bis fast zum Ende der Probe schweigend da, aber nach einer trivialen Bemerkung von Gerdt hielt sie es nicht mehr aus und setzte zu einer leisen, doch kritischen Entgegnung an. Jelisaweta Pawlowna schoß das Blut ins Gesicht. So wurde nichts aus unserer gemeinsamen Arbeit, doch den »Nußknacker« tanzte ich trotzdem. (Mein Partner war Alexander Zarman, ein erfahrener und einzigartiger Tänzer. Zum Beispiel trat er in »Schwanensee« abwechselnd im Pas de trois, als Siegfried und als Narr auf. Zarman war auch ein guter Pianist, und als er in den Ruhestand getreten war, arbeitete er noch lange Jahre als Theaterregisseur.)

Da ich bereits von Jekaterina Wassiljewna Gelzer gesprochen habe, wäre es schade, wenn ich meine Eindrücke über die damaligen Bolschoi-Primaballerinen verschwiege.

Schon als Mädchen lief ich ins Theater, um Marina Semjonowa zu bewundern. All meine Schulkameradinnen verehrten sie, aber es war eine Liebe auf Distanz. Bei näherer Betrachtung erwies sie sich als eine recht üppige Frau mit gutgeformtem Kopf und kräftigem Oberkörper. Sie ließ mich an Praskowja Schemtschugowa aus den Zeiten des Leibeigenentheaters im achtzehnten Jahrhundert denken. Ich hatte natürlich nie ein Bild oder auch nur eine Lithographie der letzteren gesehen, doch in meiner Phantasie verband sich Semjonowas Äußeres mit jenem fernen Teil des russischen Theaters. Sie schien eine Leibeigene von majestätischer Gestalt zu sein. Niemand hätte sich besser für die Rolle Katharinas der Großen geeignet. Aber unsere Regisseure verschliefen die Gelegenheit. Ihr Gesicht hatte etwas Tückisches, Ungutes, und sie lächelte selten, sondern kniff höchstens abschätzig die Augen zusammen. Der auf ihrem Gesicht liegende Schatten deutete, wie ich glaubte, auf die finsteren Ereignisse in ihrem Leben hin. 1938 hatte man ihren damaligen Gatten Karachan, unseren Botschafter in der Türkei, verhaftet und erschossen und Semjonowa selbst unter Hausarrest gestellt.

Sie tanzte brillant. Ihre stählernen Beine, von Waganowa makellos trainiert, halfen ihr, ihren biegsamen Körper zu drehen und herumzuwirbeln. Semjonowa hatte zu Waganowas ersten Schülerinnen gehört, und von ihr hatte sie die technischen Gesetze des Tanzes gelernt. Viel später fragte mich Semjonowa einmal: »Hast du bemerkt, daß ich auf Pliés verzichte und daß meine Handbewegungen sehr kurz sind?« Ich war verblüfft. »Das ist Agrippinas Arbeit.«

Semjonowa hatte auf der Bühne eine hypnotische Präsenz. Sobald sie erschien, existierte kein anderer mehr. Aber sie war zänkisch, hinterlistig und barsch. Schon früh wurde sie faul, ließ das Training aus, machte sich vor dem Auftritt unter der Dusche statt an der Barre warm und nahm zu. Aber ich habe noch ihre zauberhaften Leistungen erlebt.

Lepeschinskaja dagegen entsprach keineswegs meinem Ideal. Sie war von unharmonischer Gestalt, hatte kurze Arme und Beine, und ihr Gesicht erinnerte mich immer an eine Fastnachtsmaske. Ihre winzigen Finger trugen nicht dazu bei, ihre Körperproportionen zu verbessern. Das wußte sie sehr gut, deshalb hielt sie auf der Bühne stets irgendein Requisit in den Händen: einen Schirm, einen Fächer, Tücher, Blumen. Kurz gesagt, ihre körperlichen Attribute stimmten nicht mit meiner Vorstellung von der Schönheit des weiblichen Körpers im Ballett überein. Aber sie verfügte über Leidenschaft, Elan, Dynamik und Unerschrockenheit. Ohne Zögern warf sie sich einem Partner nach langem Anlauf in die Arme. Gussew und Kondratow, die abwechselnd mit ihr einen effektvollen Walzer von Moszkowski tanzten, waren kräftige, zuverlässige Partner, denen nie ein Fehlgriff unterlief. Dem Publikum gefiel Lepeschinskajas Lebensfreude, die mir allerdings gekünstelt vorkam.

Sie war eine lautstarke Funktionärin, ein energisches, unermüdliches Parteimitglied, das allen möglichen Büros, Komitees und Präsidien angehörte. Olga Wassiljewna ließ keine Gelegenheit aus, ans Rednerpult zu treten, zum tausendstenmal ihre Mitgliedschaft in der Partei der Bolschewiki hervorzuheben und alle Anwesenden »im Licht der letzten Parteibeschlüsse« zur Vernunft zu rufen.

Außerdem war sie eine Generalsfrau. Ihr Mann, der erschreckende NKWD-General Reichman, gehörte zum engsten Kreis Berijas. Er endete natürlich, wie es sich gehört, im Gefängnis. Aber Olga Wassiljewna blieb keine Strohwitwe; ihr nächster Mann war der grauhaarige, hochmütige Antonow, Generalstabschef der UdSSR.

Im Theater fürchtete man sich zu Recht vor Lepeschinskaja, und obwohl sie jeden mit ihrem Lächeln beehrte, verstummten alle Gespräche, sobald sie auftauchte. Das galt um so mehr, wenn sie in der überfüllten Direktorenloge den Telefonhörer abhob und den unsichtbaren Teilnehmer am anderen Ende mit deutlicher, tönender Stimme fragte: »Hallo, ist dort der Kreml?«

Eine weitere Liebhaberin einflußreicher Generale war Sofja Nikolajewna Golowkina. Auch sie widmete sich lauthals der gesellschaftlichen Arbeit und bereicherte die Partei der Bolschewiki ebenfalls durch ihre Mitgliedschaft.

Tanzen konnte sie überhaupt nicht. Sie drehte schiefe Pirouetten – schief wie der Turm von Pisa –, aber sie stürzte nicht. Sie besaß weder Temperament noch Glanz. Beim Tanzen behalf sie sich, indem sie die Wangen aufblähte, als hätte sie einen Kaugummi im Mund. Ihre Partien wirkten langweilig und fad. Das Publikum litt und applaudierte spärlich. Sie war Solistin geworden, weil sie in ihrer Jugend das Ehebett mit dem ehrwürdigen Ballettmeister Fjodor Lopuchow geteilt hatte, der vor dem Krieg für kurze Zeit das Bolschoi-Ballett leitete. Die Ehe dauerte nicht lange, aber sie hinterließ durch die pikanten Geschichten, die Golowkina auf Komsomolversammlungen erzählte, eine gewisse Spur in der Geschichte des Moskauer Balletts.

Um ein wenig vorauszueilen: Nachdem sie ihre tänzerische Karriere mit einem mißlungenen Auftritt in »Don Quixote« beendet hatte, stürzte sie sich in die pädagogische Tätigkeit. Immer wieder tauchte ihr Name in den Zeitungen auf: Die einst berühmte Ballerina gibt ihre Erfahrung weiter. Die Jugend lernt von gefeierten Tänzerinnen. Weg frei für den Nachwuchs ...

Aber der Nachwuchs stammte nicht aus dem einfachen Volk. Eine besondere Begabung zum Ballett war anscheinend vor allem den Kindern und Enkeln der Machthaber dieser Welt in die Wiege gelegt worden. Der Nutzen lag auf der Hand: Man brauchte ein neues Gebäude – bitte sehr; mit einem Wintergarten – nur zu; mit Gymnastiksälen und einem Schwimmbecken – klarer Fall. Außerdem benötigte man natürlich bequeme Zufahrten für die schwarzen, gepanzerten »SILs« und »Tschaikas«.

Mit den Namen der solcherart kunstbeflissenen Würdenträger könnte ich zwei oder drei Seiten füllen. Hier sind die klangvollsten: Furzewa, Andropow, Ustinow, Gromyko, Ryschkow, Kossygin, der Ministerratsvorsitzende Tichonow, der Staatsanwalt der

UdSSR Rekunkow und – ich wage es kaum auszusprechen – Gorbatschow... Raissa Maximowna persönlich bedachte den Tempel der sowjetischen Terpsichore mit ihrer Fürsorge und unterstützte auch die Theaterschule von einem Moment zum anderen.

Aber man sollte nicht annehmen, daß der Direktor der Ballettschule nur seinem Vergnügen nachgehen und sich ständig mit hohen Herrschaften treffen kann. Was zum Beispiel wird aus den Sprößlingen derjenigen, die unser System auf irgendeinem historischen ZK-Plenum gnadenlos von den Höhen des Kreml in die Niederungen des Ruhestands geschleudert hat? Hier gilt es, den richtigen Riecher zu haben und die schwere Eichentür des Direktorenzimmers sofort vor der Nase solch eines anmaßenden Kindchens zuzuschlagen, das sich einbildet, eine neue Pawlowa oder ein neuer Nijinsky zu sein. Aber all das stand Golowkina noch bevor.

Nun zu Viktorina Kriger. Sie lebte ausschließlich für das Ballett, war hager, eckig und wie aufgeladen. Auch sie ließ allerdings keine Versammlung aus und war ebenfalls Besitzerin eines rot eingebundenen Parteiausweises. Vielleicht schloß sie sich den Kommunisten aus Furcht an, um einen Ausgleich für ihre Religiosität und die deutsche Herkunft ihrer Vorfahren (ebenso wie Gelzer und meine Lehrerin Gerdt) zu schaffen.

Während meiner ersten Saison tanzte sie wie rasend die Fee Carabosse, ohne ihre Zehen zu schonen. Untereinander gaben wir ihr den Titel »Viktorina der Stahlsocken«. Sie war unbestimmbaren Alters, roch immer nach Parfüm und war stets so gut frisiert, als hätte sie sich gerade aus dem Sessel eines Friseursalons erhoben. Ich geriet mit ihr spöttisch aneinander, aber sie war kein bißchen nachtragend und ließ mich von meinen ersten Schritten an ihrer professionellen Gunst teilhaftig werden.

Ihre Seriosität paarte sich mit panischem Aberglauben. Eine Wahrsagerin hatte ihr den Tod in einem Lift prophezeit, und seitdem mied sie jeden Fahrstuhl und kletterte selbst die höchsten Treppen zu Fuß hinauf, womit sie ihre Gesundheit beträchtlich stärkte. Wenn man im vierten Stock das Knallen von Absätzen hörte, das dröhnend aus dem Treppenaufgang ertönte, so konnte es sich nur um Kriger handeln.

Die Wahrsagerin machte ihrem Beruf keine Ehre. Viktorina Wladimirowna wurde fünfundachtzig Jahre alt und starb im Bett. Zu ihren größten Leistungen zähle ich die Stiefmutter in Prokofjews »Aschenbrödel«. Diese Rolle verkörperte sie mit Glanz und Humor.

Anastassija (Tusja mit Spitznamen) Abramowa war sehr weiblich und über alle Maßen lachlustig. Sie war anmutig, hatte große Augen und eine starke Ausstrahlung.

Wenn ich jetzt im Gedächtnis die Ballerinen jener Zeit durchgehe, so wird mir klar, daß viele von ihnen herausragende Schönheiten waren. Ljubow Bank zum Beispiel glich einer Alabasterkamee. Ich will nicht behaupten, daß es heute keine attraktiven Ballerinen mehr gibt. Vielleicht verspüre ich nur einen Hauch von Nostalgie. Aber trotzdem scheint es mir, daß ein gewisser Menschenschlag nicht mehr im Ballett zu finden ist.

Die anderen Solistinnen hinterließen fast keine künstlerische Spur in meinem Gedächtnis, aber unsere Wege kreuzten sich nur selten.

Im Jahre 1944 erhielt das Ballett einen neuen Leiter. Er sollte fast ein Vierteljahrhundert lang an unserer Spitze stehen. Leonid Michailowitsch Lawrowski war, wie so viele andere, aus Leningrad nach Moskau gekommen. Ihn begleitete seine Frau, die temperamentvolle georgische Ballerina Jelena Tschikwaidse.

Fast gleichzeitig stieß Ulanowa zu unserem Theater. Sie war mit dem Moskauer Regisseur Juri Sawadski verheiratet. Gemeinsam mit seinem Theater, dem Theater des Moskauer Sowjets, hatte man sie nach Alma-Ata evakuiert.

Das Ende des Krieges rückte näher. An einem der Ballettabende zuckte Stalins rotblonder Schnurrbart im Dunkel der gepanzerten Regierungsloge. Es war keine Illusion, denn das ganze Theater und alle Kulissen waren voll von Sicherheitskräften in Zivil, die einander glichen wie ein Ei dem anderen. Sie musterten alle Anwesenden von Kopf bis Fuß.

Die Musen versammelten sich in der Hauptstadt.

13

Die Wohnung in der Schtschepkin-Strasse

Im Jahr 1943 schloß ich nicht nur die Ballettschule ab, wurde ins Bolschoi-Theater aufgenommen und tanzte einige unbedeutende Partien, sondern ich erhielt auch meine erste Auszeichnung: Man teilte mir ein zehn Quadratmeter großes Zimmer in einer Kommunalwohnung zu, im Haus des Bolschoi-Theaters an der Schtschepkin-Straße 8. Sie war nach Michail Schtschepkin benannt, einem im vergangenen Jahrhundert berühmten Schauspieler des Maly-Theaters.

Am Theaterplatz im Zentrum Moskaus stehen drei Theater: das Bolschoi-, das Maly- und das Zentrale Kindertheater. Ich weiß nicht, wo auf der Welt es sonst noch drei Theater an einem einzigen Platz gibt. Seine Bezeichnung war also sehr angemessen; doch dann taufte man ihn in Swerdlowsk-Platz um (genauso albern wie der Name »Kirow-Ballett«).

Unser denkwürdiges Haus lag an der Rückseite der bekannten Quadriga mit dem Streitwagen des Apollo. Nachts, nach der Vorstellung, wurden mit dröhnendem Getöse sperrige, verstaubte, übelriechende Dekorationen in die Gasse hereingetragen oder hinausbefördert. Lastwagenmotoren heulten. Man schleuderte Sessel, Tische, Bäume, Türen, Wände, Fenster, Treppen, Vasen, Lüster, Balkons und Sphingen auf die Ladeflächen. Das alles wurde von saftigen Flüchen begleitet und dauerte immer bis drei oder vier Uhr morgens. So verlernte ich zu schlafen!

Mein Zimmer befand sich in einer großen, endlosen Gemeinschaftswohnung auf der zweiten Etage dieses dreistöckigen Gebäudes (im Erdgeschoß war ein Baukontor, die erste und zweite Etage überließ man Künstlern. Jetzt ist dort die Theaterkantine). Von dem langen, unübersichtlichen Korridor gingen sieben Türen ab, aber es gab neun Zimmer. In der Wohnung lebten zweiundzwanzig Personen. Sie teilten sich eine einzige Toilette, die mit einem Haken – er war aus einem einfachen Nagel zurechtgebogen worden – abgeschlossen werden mußte. In der einzigen Küche drängten sich unterschiedlich hohe, krumme, aus rohen Brettern gezimmerte Tische – jede Familie besaß einen eigenen. Es gab vier Gasherdringe, und man mußte geduldig in der Schlange warten, bis man seine Suppe kochen oder sein Teewasser erhitzen konnte. Auch das einzige Badezimmer wurde nach einem strengen Zeitplan genutzt. Zum Glück lag das Theater zu Fuß nur eine halbe Minute entfernt. Manche Mieter rannten hin, wenn sie von einem Bedürfnis geplagt wurden.

Hinter der ersten Tür verbargen sich zwei Zimmer. Dort wohnten die Sängerin Borowskaja, eine erstklassige Koloratursopranistin, ihr Mann, die Angestellte Katja und ein Spitz namens Umka. Morgens sang sie ohne Unterlaß, und sämtliche Bewohner kannten ihre Stimmübungen auswendig.

Die Borowskis führten ein Leben im Wohlstand: Petersburger Möbel, antike Kandelaber, strenge Porträts in wuchtigen Rahmen aus rotem Holz, ein Kartentischchen, über dem ein rosiger, mit Klöppelspitze verzierter Lampenschirm hing. Für mich war es der Gipfel des Chics. Früher hatte Borowskaja am Marien-Theater gesungen, doch dann hatte man sie nach Moskau eingeladen, das die besten Kräfte wie ein Magnet anzog. Besonders gut sang sie Verdis Gilda, aber leider erinnerte ihr Äußeres an einen Dackel.

Im nächsten Zimmer wohnten die drei Tschelnokows. Wie sie im Haus des Bolschoi-Theaters untergekommen waren, weiß der liebe Himmel. Das Familienoberhaupt war Pilot, und gegen Kriegsende warf er Bomben auf Berlin ab. In den Augen meiner Freundinnen vom Ballett war er von der Aureole eines Helden umgeben. Seine Frau verzehrte sich, während sie jammernd und seufzend auf ihn wartete, und ihr Sohn Serjoschka trank unmäßig.

Das dritte Zimmer gehörte Nina Tscherkasskaja vom Corps de ballet. All ihre physischen Attribute – dicke, schiefe Beine, ein schwächlicher Körper, eine krumme Papageiennase – schienen sie für das Ballett ungeeignet zu machen, aber sie arbeitete ihr ganzes Leben lang dort. Ihr Mann Wasja war ebenfalls ein starker Trinker. Im Rausch beklagte er sich in der Küche gern flüsternd über die

Ungerechtigkeit des Lebens. Er habe im Krieg gekämpft, aber zum Lohn habe man ihn gezwungen, einen unerwünschten Posten zu übernehmen; wenn er besonders gut gelaunt war, deutete er sogar an, daß er eine Spitzeltätigkeit abgelehnt habe. Nina hatte eine pockennarbige Hausangestellte namens Njura und drei matte, fette, kastrierte Kater. Alle schliefen in einem Zimmer.

Im vierten Zimmer wohnte Pjotr Andrejewitsch Gussew, der namhafte Ballettkünstler, Pädagoge – er hatte früher unsere Ballettschule geleitet – und Choreograph (im hohen Alter spielte er sogar im Film die Rolle von Marius Petipa). Später arbeitete er auch als künstlerischer Leiter des Bolschoi-Balletts. Ich erinnere mich gern an ihn, denn er lud damals Wachtang Tschabukiani ein, »Laurencia« zu inszenieren. Auch für mich waren es prächtige Tage, denn in dem Film »Meister des russischen Balletts«, in dem Gussew den Girej in »Die Fontäne von Bachtschissarai« darstellte, tanzte ich die Sarema. Seine Frau Warja Wolkowa gehörte dem Corps de ballet an; sie war schön, doch stark kurzsichtig und fast taub. In unserer halbdunklen, vom Bratkartoffeldunst vernebelten Küche mußte sie sich ständig von anderen helfen lassen, wodurch sie den Wirrwarr unseres Kollektivlebens noch verstärkte. Zu den Gussews kam eine Kinderfrau mit ihrer eigenen Tochter, um die kleine, dunkelblonde Tanja Gussewa zu betreuen. Ihre erzieherische Arbeit fand ebenfalls in der Küche statt. Sie brachte Tanja gute Manieren bei und lockte die Kleine fort von ihrem Lieblingsplatz im Korridor, wo diese sich gern auf dem Topf niederließ. Gussew selbst war ein Witzbold und sorgte oft dafür, daß die Küche vor Gelächter wackelte.

Die Nachbarn der Gussews waren meine Tante Mita und ihr Mann Boris Kusnezow, Professor für irgendwelche technischen Fächer. Er war zurückhaltend, einsilbig und blendend schön – wenn er in Hollywood geboren worden wäre, hätte er Robert Taylor ausgestochen.

In den beiden Eckzimmern, die auf die laute Petrowka-Straße hinausgingen, wohnte die Familie des dramatischen Tenors Fedotow. Er sang die Starpartien in klassischen Opern, und zwar ausgezeichnet. Wie es sich für Tenöre gehört, war er wohlgenährt. Seine

Frau war Deutsche und unterrichtete in der Schule ihre Muttersprache. Im Krieg gab sie sich als Estin aus, da man alle Deutschen »vorsichtshalber« nach Sibirien schickte. Die Täuschung fiel ihr nicht schwer, denn ihre Hausangestellte Alma war tatsächlich Estin und sprach unsäglich schlecht Russisch.

Große Sorgen machte uns allen Rudik, der Sohn der Fedotows. Er mußte unter Qualen Klavierunterricht nehmen und spielte jahrelang ein und dasselbe Stück, wobei er immer wieder an einer bestimmten Stelle steckenblieb. Durch die dünne, ein wenig geneigte Wand war er so deutlich zu hören, daß ich den Eindruck hatte, er begleite Borowskaja direkt in meinem Zimmer. Fast unerträglich wurde es, als er Gesangstunden erhielt und die Mieter sich etwas anhören mußten, was wie ein krampfhafter, betäubender Schrei klang. Eines schönen Tages hatte die Folter ein Ende, denn Rudik begeisterte sich fürs Kino. Seine zahlreichen Ehefrauen blieben nie lange bei ihm, denn seine Stimme ging auch ihnen auf die Nerven. Aber ihre Streitereien trugen häufig dazu bei, die ohnehin vielfältigen Geräusche in unserer Wohnung zu bereichern.*

Das tägliche »Phonogramm« unseres Lebens wäre unvollständig, wenn ich nicht das einzige, unaufhörlich schrill klingelnde Telefon erwähnte, das im Korridor angeschraubt war. Niemand, der uns anrief, schien auf die Zeit zu achten. Es klingelte tief in der Nacht und am frühesten Morgen. – Wir wurden über die kleinsten Details im Leben aller anderen Bewohner unterrichtet.

Auch Gäste stellten sich ein. Manchmal stieß ich im Korridor auf die Schriftsteller Leonow, Katajew, Wischnewski und Kirsanow – der letztere entführte zwei Bände meiner Puschkin-Gesamtausgabe, denen ich noch heute nachtrauere –, den Satiriker Laskin, den Violinisten Madatow, den Filmregisseur Roman Karmen und den Pianisten Gilels ...

---

* Die meisten meiner Mitmieter zogen nach dem Krieg in das erste genossenschaftliche Theatergebäude an der Gorki-Straße um. Das Schicksal fügte es, daß mein Mann und ich Borowskaja 1963 ihre drei Zimmer umfassende Genossenschaftswohnung abkauften, wo wir bis heute leben. Vor uns hatte der Dirigent Kirill Kondraschin die Wohnung gemietet.

Das Nachbarskind, ein lebhafter Junge, raste den lieben langen Tag halsbrecherisch auf einem selbstgemachten Fahrrad durch den Korridor, wobei er auf dem Weg zwischen der Küche und seinem Zimmer ständig unachtsame Mieter anstieß. Pjotr Gussew, der ein Nickerchen liebte, sprang ab und zu hinaus auf den Korridor und forderte mit nervöser, sich überschlagender Stimme sofortige Ruhe. Der Junge war empfindlich und reagierte auf Gussews Eskapaden mit beleidigenden Flugblättern, die er den Mietern unter der Tür hindurchschob.

Hier wohnte ich bis 1955, als man mir die Zweizimmerwohnung Nummer 24 des Dirigenten Faijer auf demselben Treppenabsatz zuwies.

14

Ich lerne das Theater-ABC

Lawrowski begann mit »Giselle«.
Adolphe Adams Ballett lief seit langem in Leningrad, doch in Moskau feierte es Premiere. Lawrowski inszenierte »Giselle« für Ulanowa, die sich dem Theater, wie erwähnt, fast gleichzeitig mit ihm angeschlossen hatte.

Das erste Mal sah ich Ulanowa im Jahre 1939. Ribbentrop war zur Unterzeichnung des unglückseligen deutsch-sowjetischen Nichtangriffspaktes nach Moskau gekommen. Hohe Gäste wurden damals wie heute ins Ballett geführt, denn wenigstens dort schien alles in Ordnung zu sein. In Moskau gab es zu jener Zeit keine »Superstars«. Semjonowa galt noch als Frau eines »Volksfeindes«, und es hätte sich nicht geziemt, sie zur Feier der deutsch-sowjetischen Freundschaft auftreten zu lassen. Einer der Würdenträger hatte den Einfall, Ulanowa mit ihrem Partner Sergejew aus Leningrad herbeizurufen. – Sogar Funktionäre haben manchmal einen Geistesblitz!

Galina Sergejewna und ich wurden einander häufig gegenübergestellt. Man hat uns miteinander verglichen, üble Nachrede über uns geführt und uns dem Klatsch ausgesetzt. Ich möchte meinen ersten Eindruck von ihr wahrheitsgetreu wiedergeben.

Ihre Linien verblüfften mich; hier hatte sie nicht ihresgleichen. Ihre Arabesques wurden gleichsam mit einem feinen Stift in den Raum gezeichnet. Sie besaß ungewöhnlich ausdrucksvolle Füße, und ihre Arme beschrieben ideal ausgerichtete, geschliffene Posen. Ich hatte das Gefühl, daß sie sich selbst ständig wie von außen beobachtete. In allem zeigten sich Vollkommenheit und sorgsame Überlegung. Der Unterschied zwischen der Leningrader und der Moskauer Schule fiel mir stark ins Auge, denn während der gesamten Vorstellung »pfuschte« sie kein einziges Mal, was sich die Moskauerinnen dauernd gestatteten.

Ich gab Odette im »weißen« Akt den Vorzug. Die Stille der Darstellung war Ulanowas Charakter näher als die Selbstsicherheit und Dämonie, welche die Tochter des bösen Zauberers an den Tag legt. Allerdings sah sie mit ihrer straffen, lackierten schwarzen Perücke sehr schön aus. Im »schwarzen« Akt unterschieden sich ihr Chic und ihr Schwung meiner Ansicht nach nicht genug von jenem des weißen Schwanes. Es fehlte an Kontrast. Mir fiel sofort auf, daß dieselbe Ballerina beide Gestalten tanzte. Später strebte ich in dieser Rolle stets danach, den Zuschauer irrezuführen – jedenfalls für zwei, drei oder vier Minuten. Aber ich will Ulanowa nicht deshalb Vorwürfe machen, weil sie Ulanowa blieb.

Auch die Atmosphäre dieser Vorstellung hat sich mir eingeprägt. Es gelang mir, eine Karte für den ersten Rang zu ergattern. Ribbentrop saß ganz in der Nähe in der »Zarenloge« (wie die zentrale Loge des Theaters traditionsgemäß noch heute genannt wird). Er war grauhaarig, straff, wie von edlem Geblüt. Ein großer Ring an seiner Hand strahlte so sehr, daß man geblendet wurde. Er spielte bewußt mit den Lichtreflexen seiner hochkarätigen Kostbarkeit, indem er seine langfingrigen Hände gebieterisch auf den Logenrand legte. Was wurde aus diesem Ring, als man Ribbentrop in Nürnberg hinrichtete? Damals, noch auf dem Höhepunkt der Macht, betrachtete Ribbentrop die Bühne wohlwollend und aufmerksam und geizte nicht mit Applaus für Ulanowa.

Meinen zweiten Eindruck von Ulanowa erhielt ich 1940, bei dem zehntägigen Fest der Leningrader Kunst in Moskau. Den bolschewistischen Führern gefielen solche demonstrativen Feiern. Wahrscheinlich hatten sie ähnliches für die ganze Menschheit vorgesehen. Aber würde ein Franzose an einer Feier der Marseiller Kunst in der Opéra in Paris teilnehmen wollen? Diese Art von Veranstaltung entsprach der Lügenhaftigkeit unseres ganzen Lebens. Auf der Filmleinwand in den »Kubankosaken« die sich unter Speisen biegenden Tafeln, doch im Leben Hunger, Schmutz, Finsternis, Wodka. In der Theorie Völkerfreundschaft, Völkerfreundschaft, doch im Leben Messerstecherei, Gemetzel, Dunkelmännertum, Rassismus.

Aber auch diese zwanghafte Vorführung von Kunst hatte ihre gute Seite. Dafür mobilisierte man die schöpferischen Kräfte bis zum äußersten. Alle gingen an die Grenze ihrer Möglichkeiten (wer weiß, sonst gibt's keinen Orden, oder man wird nicht zum Abschlußbankett eingeladen). Sogar Krankheiten wurden verdrängt. Gleichgültig, ob du 42 Grad Fieber hast, tanze, flattere, lächele. Außerdem zog man zu diesen Feiern die allerbesten Künstler heran.

So steht mir dieses Feuerwerk des Leningrader Balletts vor Augen, das ich in jenem letzten Vorkriegsjahr bewundern konnte.

»Romeo und Julia« lief zum erstenmal in Moskau. Ulanowa tanzte die Julia. Dieser Abend wurde für die Moskauer zu einer echten künstlerischen Sensation. Das ganze Ensemble war erlesen, doch Ulanowa überragte alle.

Ich hatte damit gerechnet, ein Ballett wie viele andere zu erleben, obwohl das hohe Lob für die Inszenierung auch an meine Ohren gedrungen war. Aber das Schauspiel bewegte mich tief.

Vieles war neu und ungewohnt – vor allem die Partie der Ballerina. Ulanowa ging niemals von der Darstellung des Sujets zu den Bewegungen über, die jeder Ballettklasse bekannt sind: Plié, Passé, à la seconde, Arabesque ... All diese Bewegungen gab es natürlich, aber ich bemerkte sie nicht. Das Shakespearesche Drama wurde von ihr außerhalb des »Ballettwortschatzes« erzählt. Wer hatte das Verdienst daran? Die Regisseure, Prokofjew, die großartigen Lehren der Schule Waganowas oder Galina Sergejewna selbst? Alles trug dazu bei, aber entscheidend war wohl die göttliche Begabung.

Dies sind meine ersten Eindrücke von Ulanowa. Später werde ich mich noch ausführlicher mit ihr beschäftigen.

Kehren wir zu »Giselle« zurück.

Lawrowski inspizierte die Truppe. Emsig besuchte er das morgendliche Training und musterte jeden mit stechenden Äugelchen. Er war immer diszipliniert, frisch rasiert, geschniegelt und gebügelt. Sein Rücken war dem breiten Ballettspiegel zugewandt, und manchmal schielte er wütend zu dem Pianisten hinüber, der, nervös über die Anwesenheit des neuen Chefs, ab und zu an den

Tasten vorbeigriff. Und wir sahen im Spiegelbild den säuberlich gekämmten Hinterkopf Lawrowskis.

Mit der Rolle der Giselle gab es für ihn genausowenig Probleme wie mit der des Herzogs Albrecht. Ulanowa hatte sich Michail Gabowitsch – einen eleganten, schönen Tänzer und teilnahmsvollen Mann – zum Partner erkoren.

Mir und Ljalja Wanke teilte Lawrowski die Rollen der beiden Wilis zu. Wir waren einander ähnlich, was das ovale Gesicht und die straffe Figur anging. Später trennten sich unsere Wege, und sie spielte die Gräfin Capulet in sämtlichen Vorführungen, in denen ich die Julia tanzte. Wir beide erhielten jeweils ein kleines Solo. Meine Variation bereitete ich mit Waganowa vor. Sie zeigte mir eine Methode zur Ausführung des Renversé, durch die ich Beifall entfachte. Wenn man den Körper richtig koordiniert, ist buchstäblich alles möglich. Wir sind jedoch unwissend und handeln zu oft intuitiv.

Lawrowski schien mit uns beiden zufrieden zu sein. Für mich war die Wilis eine originelle Skizze für die von mir erträumte Rolle der Myrtha. Aber zunächst muß ich von meinen letzten Übungen mit Waganowa erzählen.

Für kurze Zeit hielt sie Unterricht ab, den ich eifrig besuchte. Aber sehr bald, nachdem sie sich endgültig mit Lawrowski zerstritten hatte, reiste Agrippina Jakowlewna ab. Später tauschten wir bei unseren seltenen Begegnungen nur noch Belanglosigkeiten über das Wetter und das Befinden aus. Allerdings war ich 1951 in Leningrad doch noch einmal in ihrem genialen Unterricht. Damals tanzte ich »Schwanensee« im Marien-Theater. Waganowa kam in beiden Pausen zu mir, gab mir ein paar Ratschläge und lud mich für den nächsten Morgen in ihre Klasse ein. Dort hörte ich das aus ihrem Mund höchste Lob: »Gar nicht übel.«

In ihrer Klasse wurde sie gefürchtet, denn sie war anspruchsvoll und unerbittlich. Alle versuchten, ihrem kleinsten Wink zu folgen, denn man wußte ihren Unterricht zu schätzen. Agrippina Jakowlewna lispelte ein wenig und gab den Ballerinen Spitznamen, die nicht leicht abzuschütteln waren.

Mich nannte sie »den roten Raben« – wegen meiner Haarfarbe

und deshalb, weil ich einige der Kombinationen in ihrer Klasse verträumt hatte. Sie mußte ihre Anweisungen wiederholen, was ihr äußerst zuwider war. Ich weiß, daß meine angeborene Unkonzentriertheit viele verärgern kann. Erstaunlich war nur, daß sich Agrippina Jakowlewna damit abfand, ohne auch nur die Stimme zu heben. Walja Lopuchina, die sich den Platz in der Garderobe schwesterlich mit mir teilte, sagte einmal: »Gruschka verhält sich unglaublich dir gegenüber. Eine andere hätte sie schon längst aus dem Unterricht gejagt.«

Ich sah die Myrtha als eine Gestalt aus dem Jenseits. Auf keinen Fall wollte ich sie als »Friedhofsdirektorin« tanzen, welche die Wilis zum Leben erweckt. Sie durfte nicht lebhaft und durchschnittlich sein, sondern sie sollte dem Publikum eisige Kälte und Entsetzen vermitteln. In meiner Kindheit las mir meine Tante Elja ein Venusmärchen vor: Eine Marmorstatue in einem alten Schloßpark verliebt sich in einen Jüngling. Und er, der einer Altersgenossin versprochen ist, streift seinen Verlobungsring im Scherz über den Marmorfinger. Natürlich nimmt das alles ein böses Ende – etwa wie im »Steinernen Gast«, nur mit umgekehrten Vorzeichen. Ich hatte die Geschichte nie vergessen und nahm mir nun vor, eine Marmorgöttin zu tanzen. Das heißt nicht, daß ich die Bewegungen eigenmächtig geändert hätte, aber ich versuchte, jedem Pas einen besonderen Sinn zu verleihen. Alle Arabesques und jeder Port de bras sollten von majestätischer Erhabenheit, Bedeutung, Magie und Rätselhaftigkeit erfüllt sein.

Die Myrtha brachte meine künstlerische Begegnung mit Ulanowa. Nun konnte ich sie aus nächster Nähe, von der Bühne her, nicht aus einem Publikumssessel, betrachten.

Im zweiten Akt gelang es Galina Sergejewna, zu einem Schatten zu werden. Der Ausdruck der Augen, die Mimik und die Gesten wirkten körperlos. Bisweilen wurde ich so sehr von der Handlung hingerissen, daß ich glaubte, es nicht mehr mit Ulanowa, sondern mit einem durch Zauberei wiederbelebten, schwebenden Frauenkörper zu tun zu haben. Sie schien den Boden kaum zu berühren.

Es ist eine seltene Gabe, auf der Bühne gewichtslos zu sein.

Stets hört man das Geräusch der Ballettschuhe auf dem Boden. Wie ich bemerkte, tanzte Ulanowa den zweiten Akt von »Giselle« in weichen Schuhen, um selbst die geringste Ablenkung von der Gestalt zu verhindern. Bei der Probe wandte sie sich mit ihrer leisen Stimme über den Orchestergraben hinweg an den Dirigenten Faijer: »Lassen Sie am Ende meiner Variation die Trommel weg. Das stört mich.« Aber im Grunde ging es nicht um die Schuhe oder die Trommel. Während der gesamten Vorstellung hatte ich das Gefühl, daß sie den Boden seltener berührte, als es nach den Newtonschen Gesetzen der Schwerkraft unerläßlich wäre.

Lawrowski – ich weiß nicht, warum – setzte mich nur zusammen mit Ulanowa als Myrtha ein. Mit anderen Giselles hatte ich nichts zu tun, womit ich zufrieden war. Ich selbst kam nie dazu, die Rolle der Giselle zu tanzen. Es ist wohl die einzige Hauptrolle des klassischen Repertoires, die ich ausgelassen habe.

Auf die Frage, weshalb ich nie die Giselle getanzt habe, fällt mir noch immer keine überzeugende Antwort ein. Wenn ich es unbedingt gewollt hätte, wäre mir die Rolle wahrscheinlich zugeteilt worden, aber irgend etwas in mir sträubte sich.

Als nächstes war »Raymonda« an der Reihe, aber nicht sofort. Zuerst folgte der Alltag des Theaterlebens: Training, Proben, Auftritte, Kränkungen. Es dürfte aus heutiger Sicht interessant sein, wie ich das ABC des Bolschoi-Theaters erlernte.

In der Mitte der zweiten Saison erhielt ich eine Gehaltserhöhung: von sechshundert auf ganze tausend Rubel (woraus nach der Neubewertung hundert Rubel wurden). Ich wurde im Repertoire häufig eingesetzt. Neben der erwähnten Rolle wies man mir die Fliederfee, die Herrscherin der Dryaden in »Don Quixote« und den Glöckchentanz in »Die Fontäne von Bachtschissarai« zu, den Ballettmeister Rostislaw Sacharow für mich choreographierte. Hinzu kam Prokofjews »Aschenbrödel«, in dem ich die Fee des Herbstes – ebenfalls zum erstenmal und nach Sacharow – tanzte.

Vor der »Aschenbrödel«-Premiere schien das Theater einer Explosion nahe zu sein. Die Musik, die noch niemand auf dem Planeten gehört hatte, war ungewohnt. Deshalb rebellierten die

Orchestermitglieder fast gegen Prokofjew – vielleicht aus Faulheit oder aufgrund des marxistischen Dogmas, daß die Kunst dem Volk gehöre. Schon früher hatte man seine Partituren in unserem Theater vereinfacht. Ein Lehrbuchbeispiel war »Romeo und Julia«, das der Musiker Boris Pogrebow für die Bedürfnisse träger und tauber Tänzer umorchestriert hatte.

Prokofjew erschien auf zwei Proben, biß die Zähne zusammen und schwieg klugerweise. Er tat mir leid, denn »Aschenbrödel« war ganz nach meinem Herzen. In der Musik, welche die Fee des Herbstes begleitete, hörte ich das Rascheln welkender, im Wind wirbelnder Blätter, Nieselregen und Sehnsucht. Viel später führte »Aschenbrödel« mich mit Rodion Schtschedrin zusammen.

In der Wohnung meiner Freunde Lilja Jurjewna Brik und Wassili Abragowitsch Katanjan gab es ein Tonbandgerät – damals eine große Seltenheit. Katanjan begann, eine kleine Phonothek mit Stimmaufzeichnungen der Freunde des Hauses anzulegen. Die Natur hat mich zum Glück mit einem guten musikalischen Gehör ausgestattet, und ich sang den Briks zum Spaß fast das gesamte »Aschenbrödel« für ihre Phonothek vor. Mit Schtschedrin war ich damals noch nicht bekannt, aber auch er war ein häufiger Gast in der dritten Etage des alten, liftlosen Moskauer Hauses in der Staropeskowski-Gasse. Die Briks spielten ihm meinen »choreographischen« Gesang vor – ich imitierte nicht nur Pogrebows Trommel, sondern auch die klingenden Flöten und die fesselnden, herben Melodien von Prokofjew. Von den Briks erfuhr ich, daß Schtschedrin begeistert gewesen sei. Und das war der Anfang...

Eine andere Ursache des drohenden Premierengewitters war die ewige Frage: Wer tanzt die Premiere? Ulanowa und Lepeschinskaja hatten die Rolle einstudiert, während man Semjonowa ferngehalten hatte. Für Ulanowa sprach die Tanzkunst, für Lepeschinskaja die Direktion. Ulanowa siegte, und nach ihrem Premierenauftritt schrieb Schostakowitsch eine lobende Rezension, in der er auch mich erwähnte.

Ulanowa und Lepeschinskaja kleideten sich in einer geräumigen Garderobe im Parkett um. Außer ihnen waren dort auch Tina Galezkaja, Tschidson, Ljulja Tscherkassowa und Jelena

Michailowna Iljuschtschenko untergebracht. Im Theater nannte man diese Garderobe das »Schlangenknäuel«, denn dort wurden alle gnadenlos, auf giftige Art durchgehechelt.

Später probte ich mit Iljuschtschenko (die mit dem berühmten Filmregisseur Sergei Jutkewitsch verheiratet war) einige meiner Partien und hörte, wie sie den Zurückbleibenden beim Hinausgehen von der Schwelle her erklärte: »Ich habe vier Männer und elf Abtreibungen gehabt. Verwechselt das nicht.« Als sich zwei Tänzerinnen um das Recht auf eine Solistenrolle zankten, mahnte sie: »Macht keinen Lärm, Mädchen, wir sind hier doch alle miteinander verwandt.«

Aber Ulanowa schwieg stets. Sie wußte besser als alle anderen, daß Schweigen Gold ist.

In den Tagen des Leningrader Festes wurde ich Zeugin folgenden Vorfalls: Einige Tage vor der Eröffnung wurde Galina Sergejewna in die Ballettschule an der Puschetschnaja verschlagen. Ich plauderte mit einer Schar von Freundinnen auf der Treppe, die von schreienden Kindern überflutet war. Wir hatten Pause. Ulanowa schob sich unbemerkt durch die schwere Eingangstür. Es war ein kalter Frühling, und sie trug einen grauen Eichhörnchenpelz. Wir verstummten mitten im Satz.

Sie ging die Stufen hinauf in das Reich unseres finsteren Pförtners Kusma und näherte sich der Garderobe. Aber der wachsame Ordnungshüter – überfüttert mit hysterischen Warnungen des Rundfunks und der Presse vor angeblich an jeder Ecke lauernden Spionen – packte die »Unbekannte« sofort am Ärmel. »Wohin willst du, Bürgerin?« Jede andere hätte sofort ihren Namen genannt, zumal wenn sie damit so hätte auftrumpfen können wie Ulanowa. Aber Galina Sergejewna ließ sich nicht auf den ungleichen Kampf ein, sondern wich zurück und erstarrte. Die Rettung kam in Gestalt von jemandem, der sich lautstark für sie einsetzte und dem Ordnungshüter Vorwürfe wegen seiner »choreographischen Unbildung« machte.

Aber zurück zum Theater.

Das Zentrum des Weltalls war die Direktorenloge. Sie erreichte man nur durch Aufgang Nummer 16, den »Direktorenaufgang«.

Künstler durften sich dort nicht umziehen, obwohl es in der Loge eine komfortable, geräumige Garderobe gab.

Zwei Marmortreppen mit Teppichläufern führten hinauf. In jenen Stalinschen Zeiten war auf den Teppichen kein Stäubchen zu sehen. Über die obere Treppe gelangte der eingeschüchterte Besucher zu den Direktorenbüros, über die untere in die mit rotem, gemustertem Atlas ausgekleidete Loge. Dort standen mehrere Sessel mit goldenen Armlehnen, ein Marmortisch mit einem silbernen Schwan, der Jahrhunderte überstanden hatte, und in der Ecke ein Marmorkamin mit einem Spiegel. Darauf ruhte, ebenfalls seit Jahrhunderten, eine wuchtige, vergoldete, inkrustierte Uhr mit verbogenem Schlagwerk. Aber vor kurzem gelang es jemandem, sie zu stehlen. Wie der Dieb dies bewerkstelligte, ist mir unerklärlich, denn man benötigte drei Recken von märchenhafter Kraft, um die Uhr anzuheben und durch das ganze Theater hinauszutragen.

In den Zeiten, an die ich mich erinnere, liefen stets einige Personen in Zivil lautlos und langsam – wie die Schemen in »Giselle« – durch die Loge. Die diensthabenden Logenschließer trugen zwar die Uniform des Bolschoi-Theaters, aber sie gehörten derselben Behörde wie die Zivilisten an: der Sicherheitsbehörde. Es war schließlich das Staatstheater!

Es war immer gespenstisch, den der Direktion vorbehaltenen Bereich zu betreten, denn man wurde mit Blicken gemustert, die durch Mark und Bein gingen.

Als Sekretärin der Direktorenloge amtierte die kluge, füllige, konzentrierte Serafina Jakowlewna Kowaljowa. Sie hatte sich perfekt auf die feierliche Umgebung eingestellt und arbeitete hier mehr als ein Vierteljahrhundert lang. Sie kannte alle und wußte alles. Heute wäre dies die Aufgabe eines Computers. Sie durfte sich auch zum Essen nie lange von ihrem Kampfposten entfernen, aber die Schtschepkin-Straße 8 war ja nebenan. Dort wohnte der gastfreundliche, mit mächtigen Personen befreundete Dirigent Faijer. Er säuselte dauernd: »Ich liebe die Dire-e-e-ktion.«

Jeder Eingang hatte eine besondere Funktion. Heute darf man das Gebäude betreten oder verlassen, wo es einem gefällt, aber damals mußte jeder die ihm zugewiesene Tür benutzen. »Guten Tag, Maija Michailowna«, grüßte mich der Türhüter. Doch dann vertiefte er sich in meinen Theaterausweis mit dem freiheitlichen sowjetischen Wappen und verglich das Bild mit meinem Gesicht. Stimmt, sie ist es. Gehen Sie bitte durch. Alles sehr höflich und bedächtig, ohne Eile.

Der Krieg ging einem siegreichen Ende entgegen.
 Im Auditorium blitzten Uniformknöpfe. Es war peinlich, in Zivil zu erscheinen. Viele Künstlerinnen versuchten, dem Zug der Zeit gerecht zu werden. Manche verließen ihre »Vorkriegsehemänner« und heirateten Hals über Kopf einen General. Alla Tarassowa, Stalins Lieblingsschauspielerin am Moskauer Künstlertheater, ließ den großen Mimen Iwan Moskwin im Stich und war nun auf Kreml-Empfängen an der Seite des forschen Fliegergenerals Alexander Semjonowitsch (der ihr bis an die Schulter reichte) zu bewundern. Auch am Bolschoi-Theater wurde Jagd auf Generale gemacht – je mehr Sterne, desto besser. An unserem Aufgang Nummer 21 funkelten Generalslitzen und knarrten auf Hochglanz polierte Stiefel. Man durfte nicht hinter der Mode zurückbleiben, denn auch unser Generalissimus liebte es, wie Augenzeugen berichteten, mit neuen, chromledernen Stiefeln zu knirschen.
 Ich begann mit den Proben für »Raymonda«. Mir stand der Sinn nicht nach Generalen, denn ich war noch Jungfrau. Von den Schwierigkeiten bei »Raymonda« ist im nächsten Kapitel die Rede.

15

»Raymonda«

Als ich mit der Arbeit an diesem Buch begann, las ich als erstes meine spärlichen Notizen aufmerksam durch. Mit den Aufzeichnungen hatte ich nach einer beiläufigen Bemerkung Ulanowas begonnen, daß sie über all ihre Vorstellungen »Buch führe«. Danach tat ich – natürlich mit einigen Versäumnissen – das gleiche. Heute würde ich viele Akzente anders setzen, aber die Notizen waren eine unschätzbar wertvolle Hilfe für mich. In ihnen finde ich Hinweise auf Kummer und Ungereimtheiten sowie auf herzlose, widerwärtige Menschen. Es war mühsam, die Theaterleiter hinaufzuklettern, aber das Erreichte ist um so kostbarer.

Der Krieg war beendet. Salute, Menschenmengen, Freude, Tränen. Im letzten Kriegsjahr hatte das Komsomol-Büro mich und andere Künstler des Theaters häufig zu Auftritten in Militärlazaretten entsandt. Ich lehnte nie ab, denn wir gehörten alle ohne Ausnahme – ich betone: ohne Ausnahme – dem Komsomol an. Man trat ihm automatisch mit vierzehn Jahren bei. Wir alle unterzogen uns dem schlichten Aufnahmeritual innerhalb der Ballettschule. Jeder versprach, »der Heimat treu zu dienen«, »die kommunistische Zukunft« durch seine Arbeit »näherzubringen«, »die Pläne der Partei auszuführen«. Und jeder führte sie im Rahmen seiner Möglichkeiten aus ...

Während dieser Lazarettauftritte tanzte ich stets mit voller Kraft und mit aufrichtiger Hingabe. Die Gesichter der verkrüppelten Jungen, umrahmt von unsauberen Verbänden, waren klar, schutzlos, offen. Alles, was wir ihnen vortrugen, nahmen sie ernsthaft und freudig auf, als lauschten sie dem Gesang Schaljapins, als tanzten Pawlowa oder Nijinsky, als spielten Liszt oder Paganini für sie. Diese Jungen, deren Augen einen fragenden Ausdruck hatten, taten mir leid.

»Raymonda« fiel mir durch eine glückliche Fügung zu. Die neuerliche Kampagne zur »Förderung der Jugend« zwang die Theaterdirektion, meinen Namen auf die Liste der Tänzer von Glasunows Ballett zu setzen. Die Premiere war bereits vorüber, und ich kam später hinzu.

Lawrowski wies mir Rudenko (Jean de Brienne) und Gussew (Abderam) als Partner zu. Ihr Repetitor war Jelisaweta Pawlowna Gerdt. Sie hatte einst die Raymonda getanzt und erinnerte sich gut an ihren Part. Zudem war Glasunow ein wenig verliebt in sie gewesen, hatte ihr Blumen geschickt und sie in einer Troika, unter einer Bärenfelldecke, durch das winterliche Petersburg gefahren. Sie gab ein bißchen verlegen zu, daß Glasunow ihr die Pizzicato-Variation im zweiten Akt gewidmet hatte. Aber ihre Probenarbeit war langweilig, und ihre Bemerkungen gingen an der Sache vorbei: »Steck nicht die Zunge raus, zupf das Band zurecht...« Ohne Gussews Ratschläge, die Jelisaweta Pawlowna verärgerten, hätte ich das gesamte Ballett hindurch mit gekrümmtem Rücken getanzt. Dabei muß Raymondas majestätische Haltung unbedingt vom Anfang bis zum Ende deutlich werden.

Gussew arbeitete hervorragend. Er schlug vor, einige Hebungen komplizierter und moderner zu gestalten. Ich war hingerissen. Aber bei einer schwierigen Drehung stürzte er, nachdem er mich beinahe fallen gelassen hätte, mit dem Gesicht nach unten zu Boden. Er heulte wie ein Tier, denn er hatte Krämpfe in der Wade und im Oberschenkel. Die Proben wurden unterbrochen.

»Liebe Nachbarin, das könnte auch in der Vorstellung passieren. Ich würde dich im Stich lassen. Das wäre eine Schande. Nimm dir einen anderen Partner.«

Damit verließ Gussew die Bühne.

Leicht gesagt. Der Chefballettmeister bestimmte die Partner, kein anderer.

Hier muß ich leider noch eine handelnde Person in meine Erzählung einführen.

Der Leiter der Balletttruppe war Schaschkin – Genosse Sergei Wladimirowitsch Schaschkin. Er gehörte zu jener vielköpfigen Menge prinzipienloser, schlüpfriger Funktionäre, die das Sowjetsystem hervorbrachte. Der Parteiausweis in der Tasche ersetzte jegliche Fähigkeit.

Er begann als Tänzer des Corps de ballet, aber darüber findet man keine Einzelheiten. Seine Gestalt war quadratisch, klein und massig; er hatte einen großen Kopf und eine Nase, die das halbe Gesicht einnahm. Auf keiner Versammlung wurden wir von seinen pathetischen Reden verschont. Schaschkins Eifer blieb nicht unbemerkt, und man beförderte ihn auf einen Führungsposten, nämlich den des Leiters der Balletttruppe. Er nutzte seine erhebliche Macht, um sich ständig vor uns großzutun. Später arbeitete er als stellvertretender Direktor des Staatlichen Konzertverbandes, wo es ihm ebenfalls gelang, sich unbeliebt zu machen.

Meine Bitte um einen Partnerwechsel wurde von ihm als eigenwillige Laune interpretiert. Entsprechend unterrichtete er Lawrowski, was er stets mit verschlagener »Zuverlässigkeit« tat. Dieser erklärte: »Gussew soll Kräfte sammeln, dann kannst du weiterproben.« Die Wartezeit dauerte, wie mir schien, unendlich lange. Erst als Gussew nach Leningrad übersiedelte, machte Lawrowski Alexei Nikolajewitsch Jermolajew zu meinem Partner. Die Proben gingen weiter, aber wir hatten viel Zeit verloren.

Ich möchte auf den Seiten meiner Autobiographie mit niemandem abrechnen, aber andererseits kann ich nicht nur auf die Intrigen anonymer Gegner hinweisen, sondern ich werde ihre Namen und ihre Funktion nennen. Zu einer offenen Feldschlacht mit Schaschkin kam es nie, aber er quälte mich gnadenlos durch Hunderte kaum nachweisbarer Schikanen. Mal mußte eine Ballerina ausgewechselt werden, die gerade eine kleine, doch schwierige Partie erlernt hatte – und wiederum verschoben sich die Proben für »Raymonda«; mal waren eine ganze Woche lang sämtliche Pianisten beschäftigt – wieder verschoben sich die Proben; mal mußte ich mich drei Stunden lang im Autobus durchrütteln lassen, um an einer Art Laienkonzert der Parteiorganisation für »ländliche Werktätige« teilzunehmen – und wieder verschoben sich die Proben.

Ich zerbreche mir den Kopf darüber, womit ich seine Feindschaft geweckt haben könnte. Es ging nicht um persönliche Unvereinbarkeit oder unterschiedliche Geschmäcker, sondern er führte zweifellos irgendeinen unguten Befehl aus. In jenen belastenden Monaten spürte ich, wie ich in ein unsichtbares Spinnennetz verstrickt wurde.

Unvermittelt tauchte eine leidenschaftliche Verehrerin meines Talentes auf. Sie nannte sich Polja, doch in ihrem Paß, in den ich zufällig einen Blick werfen konnte, stand der Name Tamara. Ohne Unterlaß räumte sie mein Zimmer an der Schtschepkin-Straße auf, scheuerte den ausgeblichenen Fußboden, sortierte Sachen im Schrank, kochte Mittagessen, wusch das Geschirr ab . . . Sie weigerte sich schroff, Geld für ihre Arbeit zu nehmen – das alles tue sie aus Liebe zur Kunst. Und selbstverständlich wollte sie mich nach meinen politischen Ansichten, meiner Familie und meinen Freunden ausfragen. Ich blieb stumm, und sie verschwand genauso unvermittelt, wie sie gekommen war. Spurlos.

Fünfzehn Jahre später spürte ich bei einem Empfang in einer ausländischen Botschaft einen stechenden Blick im Rücken. Ich wirbelte herum und schaute jener unbekümmerten Polja-Tamara in die Augen, die in der Schtschepkin-Straße den Fußboden gesäubert hatte. Sie war schlank, gut frisiert und elegant gekleidet. Wir begrüßten einander, doch dann ging sie hinaus, und ich sah sie nie wieder.

Meine Klassenkameradin Tata Tscheremschanskaja, deren Existenz ich völlig vergessen hatte, stattete mir, ohne mich vorher anzurufen, einen Besuch ab – einfach so, ohne Anlaß. Auch sie erkundigte sich nach dem Schicksal meines Vaters, nach meiner Mutter, meiner Stimmung, danach, ob ich Groll hegte. Und auch sie verschwand für immer.

Aber ich möchte zu den Proben zurückkehren. Jermolajew unterschied sich sehr von Gussew. Er stellte sich im voraus auf die Reaktion des Publikums ein, berücksichtigte den Effekt jeder Pose auf die Zuschauer, kontrollierte sich selbst und seine Partnerin pedantisch – gleichsam von außen. Er war in die Musik vertieft, aber wir arbeiteten harmonisch zusammen.

Rudenko dagegen drückte sich immer wieder aus Faulheit. Zu jeder Probe verspätete er sich. Dann erklärte er langatmig, wer ihn wo aufgehalten habe. Es tue ihm aufrichtig leid. Danach wärmte er sich müde auf, wobei er etwas Unverständliches vor sich hinbrummelte. Ich wurde nervös, und sogar die unerschütterliche Jelisaweta Pawlowna verlor die Geduld. »Also, Sascha, fang schon an.« Das Orchester wurde, wie bei den meisten Balletten, von Faijer dirigiert. Zwar löste er selten stürmische Ovationen aus, doch Faijer war ein Ballettkenner. Er erschien stets zu den Klavierproben, prüfte das Tempo und konnte einem vergeßlichen Tänzer die erforderliche Kombination soufflieren. Sein musikalisches Gedächtnis war beispiellos; er kannte sämtliche Ballette, auch »Raymonda«, ohne Partitur auswendig. Dieses Gedächtnis half ihm am Ende seines künstlerischen Weges, als er erblindete. Auch dann dirigierte er noch – laut über das ganze Parterre hinwegschnaufend – sowohl klassische Werke als auch neue Ballette von Prokofjew oder Chatschaturjan. Er liebte es, langsam wie eine Schnecke durch die Theaterkulissen zu schreiten, wobei er die Arme weit spreizte. Seine Blindenführerinnen (er wurde nie von Männern geführt) waren stets außerordentlich hübsch. Wenn Faijer das Klappern von Absätzen hörte, befühlte er den Oberkörper des ihm entgegenkommenden Opfers sehr gründlich, stellte dessen Identität fest und entließ es dann in die Freiheit.

Der Tag der so lange erwarteten Premiere ist angebrochen. Jelisaweta Pawlowna trägt ein strenges, schwarzes Kleid und ein Perlenkollier; der finstere Gauk sitzt im Bogengang der Direktorenloge. Faijer begibt sich gravitätisch zum Dirigentenpult. Jermolajew überprüft zum hundertstenmal seine falkenhaften Posen. Rudenko murmelt dem Bühnenregisseur etwas zu. Ich reibe meine blaßroten Schuhe neben der ersten Kulisse mit Kolophonium ein und ziehe die Bänder fest. Schaschkins faßförmiger Schatten gleitet vorbei. Lawrowski, geschniegelt und gebügelt wie ein englischer Dandy, küßt mich auf die Wange und wünscht mir Erfolg.
Musik.
Raymonda tritt hinaus.
Meine Premiere – wiewohl das Ballett selbst keine Premiere feiert – verläuft unter tosendem Beifall. In der Zeitschrift *Ogonjok*

wird von den Siegen des Moskauer Fußballteams »Dynamo« in England berichtet, und auf derselben Seite erscheinen nach den Porträts der Spieler Bobrow, Beskow, Chomitsch und Semitschastny meine sechs Ballettposen aus »Raymonda«. Ein siebtes Bild zeigt mich »im Zivilleben«: mit einem törichten, verlegenen halben Lächeln. »Aufnahme von G. Kapustjanski.« Daneben steht eine kleine Notiz über das Erscheinen einer neuen Ballerina in der Truppe des Bolschoi-Theaters. Ich bin glücklich wie ein Kind.

Eine Woche später bringt mir der Briefträger ein Bündel verschiedenfarbiger Umschläge in die Schtschepkin-Straße. Die Verfasser bieten mir Herz und Hand an, gestehen mir ihre Liebe, bitten mich um Kredit oder geben sich als meine Verwandten aus. Offenbar bin ich berühmt geworden.

16

»SCHWANENSEE«

Tschaikowskis »Schwanensee« spielte eine entscheidende Rolle in meinem Leben. Ich tanzte das Ballett mehr als achthundertmal und dreißig Jahre lang: von 1947 bis 1977. Diese Zahlen erinnern an das Geburts- und Todesdatum auf einem Grabstein – dreißig Jahre sind ein ganzes Leben.

Hier sind die wichtigsten Städte, in denen »Schwanensee« unter meiner Mitwirkung aufgeführt wurde: Moskau, New York, Charkow, Paris, Leningrad, Buenos Aires, Minsk, Helsinki, Kiew, London, Odessa, Mailand, Riga, Washington, Ufa, Rom, Sofia, Tokio, Vancouver, München, Tbilissi, Baku, Jerewan, Montreal, Köln, Warschau, Los Angeles, Sydney, Melbourne, Philadelphia, Budapest, Kairo, Mexiko, San Franzisko, Seattle, Berlin, Detroit, Prag, Belgrad, Pittsburgh, Taschkent, Chicago, Kasan, Toronto, Osaka, Bukarest, Lima, Peking ...

Im Bolschoi-Theater tanzte ich drei Versionen von »Schwanensee«, dazu die Neuinszenierung von Burmeister im Stanislawski-Theater, Berjosows Variante an der Mailänder Scala und Wachtang Tschabukianis Fassung in Tbilissi.

Der schwerhörige Ballettmeister Julius Raisinger gab bei dem fleißigen Pjotr Iljitsch Tschaikowski auf Vorrat Kompositionen für zwei Ballette in Auftrag (die erste »Schwanensee«-Inszenierung war bekanntlich ein Mißerfolg und blieb nicht im Repertoire). Und heute will jeder Regisseur seine Klugheit beweisen, indem er die Szenenfolge umstellt, Streichungen vornimmt, ganze musikalische Episoden ausläßt, Wesentliches verstümmelt, Dinge hinzufügt, verlängert, verändert, rasche Tempi zu langsamen macht und umgekehrt. Es ist eine Katastrophe. Verachtet Pjotr Iljitsch die Ignoranten nur, oder dreht er sich im Grabe um?

Bei alldem werden die entscheidenden tänzerischen Episoden – der »schwarze«, der »weiße« Pas de deux, der Auftritt der

Bräute, der Pas de trois, die drei Schwäne, der Tanz der kleinen Schwäne – von den genialen Pionieren Petipa, Gorski oder Iwanow übernommen. Die »eigenständige Vision« geht über prätentiöse Neuerungen vor dem Hintergrund des unkomplizierten Sujets nicht hinaus. Doch mit großen Lettern wird verkündet: »Inszenierung von Soundso«, als brauche man die längst verstorbenen Petipa, Gorski und Iwanow nicht zu berücksichtigen. Keiner der gelehrten Ballettkritiker tritt für die Verstorbenen ein, niemanden plagt das Gewissen – »man hat uns die Scham wie einen Blinddarm entfernt« (Wosnessenski). Die Truppe ist so sehr durch ihren kleinen Napoleon eingeschüchtert, daß sie schweigt, wenn sich der Usurpator als Urheber der Musik ausgibt. Wer den Mund aufmacht, wird nie an Auslandstourneen teilnehmen und ewig zu Hause sitzen. Da ist es klüger, kein Wort zu sagen.

Man kann mir Vorwürfe machen, weil ich Versionen von »Schwanensee« getanzt habe, die mir nicht gefielen. Ich hätte stolz ablehnen sollen. Aber wir Tänzer sind sklavisch vom Diktat des Chefballettmeisters abhängig. Er ist für uns vor allem ein Vorgesetzter, erst in zweiter Linie ein Schöpfer. Vater, Sohn und Heiliger Geist. Sämtliche Rebellionen gegen den Leiter enden mit dem Ausschluß des Betreffenden aus dem Alltagsrepertoire. Eine Ballerina ohne Praxis, ohne Bühnenlicht gerät im Nu aus der Form. Das ist der Tod.

Aber ich bin vom Thema abgekommen.

Bis heute meine ich, daß »Schwanensee« der Prüfstein für jede Ballerina ist. In diesem Ballett kann sie sich nicht verstecken, kann nichts verbergen. Alles wird deutlich: zwei Charaktere – übrigens wurden der »schwarze« und der »weiße« Akt früher von verschiedenen Ballerinen getanzt –, die ganze Palette der Farben und technischen Prüfungen, die Kunst der Verkörperung, die Dramatik des Finales. Das Ballett fordert den Einsatz aller geistigen und körperlichen Kräfte. Halbherzig kann man »Schwanensee« nicht tanzen. Nach diesem Ballett fühlte ich mich jedesmal entleert, als sei mein Inneres nach außen gewendet. Erst zwei oder drei Tage später kam ich wieder zu mir.

Auch für mich selbst ist es interessant zu überprüfen, wie die

Arbeit an meinem ersten »Schwanensee« verlief. Hier sind ein paar kurze Auszüge aus meinem Tagebuch der Jahre 1946 und 1947.

6. September 1946. »Ich würde sehr gern ›Schwanensee‹ tanzen, aber Lawrowski sagt, daß ich für die Rolle der tückischen, verführerischen Odile nicht geeignet bin.«

4. Oktober. »Trotzdem habe ich angefangen, mit Gerdt zu proben. Preobraschenski ist der Prinz.«

5. November. »Lawrowski verweigert mir ›Schwanensee‹ immer noch. Ich müsse zuerst erwachsen werden!«

». . . Wir haben am 20. Januar 1947 wieder begonnen und dann wieder bis März aufgehört.«

»Am 13. April fand die Durchlaufprobe im zweiten Saal statt.«

»Am 27. April 1947 tanzte ich meine ›Schwanensee‹-Premiere. Es war eine Matinee. Ich konnte selbst nicht glauben, daß sich mein Traum erfüllt hatte. Alle an der Aufführung Beteiligten applaudierten mir nach jedem Akt.«

Ich verzichte darauf, die kleinen und großen Intrigen, Schaschkins neue (wenn auch diesmal nicht so schwerwiegende) Schikanen und die üblichen Gemeinheiten des Theaters zu beschreiben. Das Theater ist keine Kirche. Und sogar in der Kirche gibt es wahrscheinlich einen Jago.

Die Proben begannen mit dem »weißen« Adagio. Allerdings wurde es damals einfach nur als Adagio des zweiten Aktes bezeichnet. Die Unterscheidung zwischen einem »schwarzen« und einem »weißen« Akt kam aus dem Westen. Ausländische Ensembles, die seit Ende der fünfziger Jahre bei uns gastierten, benannten Odile, die Tochter des bösen Zauberers Rotbart, in den »schwarzen Schwan« um, und diese Unterscheidung bürgerte sich auch bei uns ein.

Das Adagio erlernte ich rasch, da ich bereits zu Odettes Gefährtinnen und später zu den »drei großen Schwänen« gehört und mir die Bewegungen der Hauptdarstellerin seit langem eingeprägt hatte. Das Finale des Aktes, Odettes Abgang, improvisierte ich einfach, und Jelisaweta Pawlowna sagte: »Laß das so. Du scheinst wirklich davonzuschwimmen. Das gefällt dem Publikum bestimmt.« Bei der Durchlaufprobe gab ich mir Mühe, die Weite und die wellenförmigen Bewegungen der Schwingen hervorzuheben. Eine der anderen Tänzerinnen sagte leise, doch hörbar: »Dieser Abgang wird für Plissezkaja Früchte tragen.«

Trotzdem hatte ich nicht damit gerechnet, daß man mir bei der Premiere an dieser Stelle applaudieren würde – und zwar heftig. Und auch bei meinen weiteren mehr als achthundert Auftritten auf allen Kontinenten wurde Tschaikowskis leise, abklingende, poetische Musik hier stets von Beifall überdeckt.

Der dritte, also der »schwarze« Akt verlief weniger reibungslos. Er ist in technischer Hinsicht schwieriger und komplizierter, besonders was die Solo-Variation betrifft. Zu diesem Zeitpunkt ist man schon recht erschöpft und tritt während einer Pause in die Bühnenmitte. Grelles, blendendes Licht. Sämtliche handelnden Personen füllen die Bühne. Nun gilt es zu zeigen, was man kann – es ist wie eine Prüfung oder ein Wettbewerb. In den Augen der Truppe spiegelt sich die brennende Frage: In welcher Verfassung befindet sich die Ballerina? Das Publikum ist nicht zu sehen. Zeit anzufangen . . .

Petipa (gewöhnlich wird die Variation nach seiner Inszenierung getanzt) sah vor: »zwei Drehungen auf der Ferse, das Bein streckt sich, Drehung zur Attitude . . .« – da floß die Tinte in Strömen. Bei der letzten Pose wird einem dunkel vor Augen, aber man hat noch zwei Codas vor sich: ein Fouetté und zwei schnelle Diagonalen. Später ersetzte ich das Fouetté, das bei mir nicht stabil war (ein Ausbildungsmangel), durch einen raschen Kreis. Aber bei der Durchlaufprobe und der Premiere schaffte ich sie »genau auf dem Punkt«.

Der vierte Akt bot keine großen Schwierigkeiten. Man ist erleichtert, weil das Wichtigste hinter einem liegt und man kaum noch technische Hürden zu bewältigen hat. Hier kommt es vornehmlich auf die Poesie und das Ergreifende der dramatischen Gestaltung an. Die Schlußmusik des Balletts beflügelt die Künstler durch ihre Spannung. Tschaikowskis berühmtes Schwanenthema erklingt mit voller Kraft.

Zu meiner Premiere versammelte sich, obwohl es eine Matinee war, fast die ganze Moskauer Theaterwelt. Nach der Orchesterprobe hatte sich das Gerücht verbreitet, daß es sich lohne, Plissezkaja in »Schwanensee« anzuschauen. Im Saal saßen viele Prominente. Sergei Eisenstein bat die Tänzerin Susanna Swjagina, mir sein Kompliment zu übermitteln: »Sagen Sie Maija, daß sie ein prächtiges Mädchen ist.« Auch sämtliche Vertreter des Balletts waren erschienen, um mich zu begutachten.

Lawrowski gefiel meine Arbeit, und er setzte mich danach bei allen mehr oder weniger wichtigen Anlässen ein: zu Festlichkeiten oder beim Besuch hoher Gäste.

Unter denen, die ich mit »Schwanensee« unterhielt, waren: Marschall Tito, Jawaharlal Nehru und Indira Gandhi, der Schah des Iran Mohammed Resa Pahlewi, der amerikanische General George Marshall, der ägyptische Präsident Nasser, der afghanische Präsident Daud Khan, der später einem Anschlag zum Opfer fiel, der Kaiser von Äthiopien Haile Selassi, Prinz Sihanouk von Kambodscha... Ich muß die Liste hier beenden, denn sie würde sich über eine ganze Seite erstrecken. Aber über einen hohen Gast möchte ich ausführlicher berichten.

Mao Tse-tung, der Große Steuermann der Völker des Ostens, machte Moskau seine Aufwartung. Was sollte man ihm bieten? Kein Zweifel: das revolutionäre Ballett »Roter Mohn«. Aber wann der Parteiführer eintreffen würde, blieb offen. Die Direktion mußte von einem Tag auf den anderen bereit sein, deshalb standen Ulanowa und Lepeschinskaja abwechselnd zur Verfügung. Aber Mao kam nicht. Plötzlich, an einem Sonntag, rief Lawrowski an: »Morgen gibt es keinen freien Tag. Du tanzt ›Schwanensee‹ für Mao Tsetung. Laß uns nicht sitzen.« Die Vorstellung würde am Montag, dem 13. Februar 1950, stattfinden.

An jenem Tag wurden die Sicherheitsmaßnahmen verzehnfacht, denn möglicherweise würde Stalin mit seinem Busenfreund im Theater auftauchen. Ein Sonderausweis, den die eifrigen Ordnungshüter über Nacht hatten drucken lassen, wurde ohne Ausnahme an allen Türen überprüft. Ich mußte ihn an der Brust, im Oberteil meines Tutus, bei mir tragen.

Natürlich muß man sich vor »Schwanensee« besonders gut aufwärmen. Immer wieder ziehe ich den glänzenden Pappausweis aus dem Oberteil hervor, zeige ihn den Sicherheitsbeamten und stecke ihn zurück. Es gilt, zum Übungssaal in der fünften Etage vorzudringen. Auch dort steht ein stummer Wächter mit schlaff herunterhängender Jacke. Ich wärme mich auf, und er wendet kein Auge von mir, aber sein Blick ist streng, achtsam, geschlechtslos. Danach muß ich den Ausweis denselben Wächtern zum zweitenmal unter die Nase halten.

Stalin erscheint nicht. Die Erfordernisse der Weltrevolution haben den Führer des Proletariats von der Choreographie abgelenkt. Aber der breitwangige Mao sitzt in der Zarenloge.

Auch neben der Bühne – dort, wo das Kästchen mit dem Kolophonium steht – wachen unpersönliche, geschlechtslose Tschekisten, durchbohren mich mit den Augen und vergleichen meine verdächtige Miene immer wieder mit dem Ausweisbild.

Ich tanze den ganzen »Schwanensee« – die beiden Adagios, die Variationen, den Abgang, die Fouettés – mit dem Sonderausweis an der Brust. Dabei kann ich den Gedanken nicht verdrängen: Wenn der Ausweis bei den Chaînés oder den Cabrioles nun plötzlich hinausrutscht, werden die Schützen in den Logen ihn vielleicht für einen neumodischen Sprengapparat halten und das Feuer auf mich eröffnen? Bei Kafka ist es nicht schlimmer ...

Am Ende der Vorstellung läßt der gerührte Mao einen gewaltigen Korb mit weißen Nelken auf die Bühne schicken. Wir erfahren, daß sich der Vorsitzende selbst »Schwanensee« gewünscht hat. Für einen rechtgläubigen Chinesen ist roter Mohn ein Symbol des Rauschgiftes und der Sünde. Nicht alles, was rot glänzt, ist revolutionär ...

In »Schwanensee« hatte ich zahlreiche Partner. Ich darf nicht versäumen, ihnen ein Wort des Lobes zu widmen.

Der erste war Wladimir Preobraschenski, der die Vorbereitungsarbeit mit mir durchführte. Wenn man ein neues Ballett erlernt, ist die Geduld des Partners, der seine Partie bereits früher getanzt hat, sehr viel wert. Wolodja nahm die Scherereien – die Unterbrechung und Verschiebung der Proben, die Neubesetzungen – gelassen hin. Wenn ich nervös wurde, versuchte er, mich zu beruhigen. Er legte sich mit Schaschkin an und machte ihm laute Vorwürfe. Nicht einmal vor einem Streit mit Lawrowski hatte er Angst.

Preobraschenski war von äußerst athletischer Gestalt, und einige erfolgreiche Moskauer Bildhauer machten ihn zu ihrem Modell. Die halbnackten Athleten der U-Bahnstationen und der Kulturparks, die Darstellungen artiger, schöner Arbeiter und tapferer Krieger mit freimütigen Gesichtern – sie alle hatten erschreckende Ähnlichkeit mit meinem ersten »Schwanensee«-Partner. Er hielt mich zuverlässig und sorgsam fest.

Slawa Golubin war meine erste Liebe. »Schwanensee« war für uns mehr als nur eine von vielen Festvorführungen. Er begann als Solist in mehreren Balletten, wandte sich dann jedoch dem Alkohol zu, was seine Karriere und sein Leben zerstörte. Mit dreiunddreißig Jahren hängte er sich am Wasserrohr in der Toilette seiner Wohnung auf. Noch ein bitteres Menschenschicksal . . .

Juri Kondratow, der ebenfalls früh aus dem Leben schied, hielt seine Partnerin so zuverlässig wie kaum ein anderer. Er hatte ein seltenes, angeborenes Gefühl für das Gleichgewicht der Ballerina. Mit ihm konnte ich zehn oder zwölf Pirouetten drehen und noch mehr, wenn Tschaikowskis Musik es zugelassen hätte.

Nachdem ich ausreisen durfte, tanzte ich »Schwanensee« am häufigsten mit Nikolai Fadejewitsch. Er war aristokratisch und unerschütterlich. Ich tanzte besonders gern mit ihm, weil unsere Charaktere einander ergänzten. Es war unmöglich, ihn aus der Fassung zu bringen. Während einer Probe sprach er nie mehr als zehn Worte. Seine Ausgeglichenheit wirkte wohltuend auf mich. Leider wurde er mit den Jahren zu schwer. Seine kulinarischen Neigungen und sein ständiger Appetit blieben nicht ohne Folgen.

Alexander Godunow war kräftig, stolz, hochgewachsen. Sein strohblonder Haarschopf, der ihn einem Skandinavier ähneln ließ, wehte bei seinen unvergleichlichen Pirouetten in der Luft. Er hielt seine Partnerinnen nicht so gut, wie er tanzte. Sascha war treu, anständig und trotz seines männlichen Äußeren völlig wehrlos. Seine sensationelle Flucht aus dem »kommunistischen Paradies« wurde durch seine kümmerliche Existenz am Bolschoi-Theater ausgelöst. Man quälte ihn, ließ ihn ebenfalls lange nicht ins Aus-

land reisen und gab ihm keine Rollen. Er hatte häufig keine einzige Kopeke, was für ihn angesichts seiner Großzügigkeit und seines Stolzes unerträglich war. Erst kurz vor seiner Flucht erhielt er ein eigenes Plätzchen. Ich hatte einen Siegfried, einen Wronski und einen Don José verloren. Ich hoffe, daß das Schicksal dir nun gnädiger ist, Sascha!
Noch ein Sascha.
Alexander Bogatyrjow.
Er war schön wie ein griechischer Gott, romantisch und von idealem Körperbau. Ein tadelloser, aufmerksamer Partner. Seine eigenen Soli waren ihm nicht so wichtig wie der Komfort der Ballerina. Er war ein unermüdlicher Kämpfer für die Wahrheit und trat, ohne sich selbst zu schonen, für alle Geschmähten ein. Der Theaterapparat und seine Leiter überschütteten Bogatyrjow mit einem Schwall von Andeutungen, Lügen und Verleumdungen. Er verteidigte sich bis zum Letzten, doch der ungleiche Kampf kostete ihn seine geistige und körperliche Kraft. Nur zwei- oder dreimal im Monat ließ man ihn auftreten, und auch dann nur »im Notfall«. Er trat unverzeihlich früh von der Bühne ab.

Leonid Schdanow, Juri Gofman, Maris Liepa, Wladimir Tichonow und Alexei Tschitschinadse im Stanislawski-Theater, John Markowski in Leningrad, Nikolai Apuchtin und Waleri Kowtun in Kiew, Konstantin Sergejew in China – das waren meine Partner in »Schwanensee«. Ob ich jemanden vergessen habe?

Vermutlich tanzte ich »Schwanensee« nicht makellos. Es gab gelungene Vorstellungen und weniger gelungene. Aber meine Manier, meine Prinzipien und gewisse tänzerische Neuheiten bürgerten sich ein. Der »Plissezkaja-Stil« ging um die Welt, wie ich sagen darf. Ab und zu sehe ich auf der Bühne oder auf dem Fernsehschirm mein gebrochenes Spiegelbild: die geneigten Handflächen, die Schwanenellenbogen, den erhobenen Kopf, den zurückgeworfenen Körper, die äußerste Bemühung um die fixierten Posen.
Darüber freue ich mich.
Und darüber bin ich traurig.

17

JUGENDFESTSPIELE

Durch »Schwanensee« war meine Position am Theater erheblich gestärkt worden. Auf der kurzen Nachkriegsliste mit den »zu Hoffnungen berechtigenden Talenten« wurde ich, was das Ballett anging, stets an erster Stelle genannt.

Eine Zeitung nach der anderen druckte dieselben Namen, wodurch die Auswahl der Teilnehmer für die im Sommer 1947 in Prag anstehenden Weltfestspiele der demokratischen Jugend vorweggenommen wurde. Das Freundschaftsfest der Jugend der »sozialistischen Bruderländer« sollte nach dem Plan der Kreml-Führer eine grandiose Show à la Hollywood werden und der Welt deutlich machen, was für ein wunderbares, glückliches Leben die Menschen im Stalinschen Völkergefängnis führten. Alle zwei Jahre würde man einer anderen Hauptstadt des versklavten Osteuropa den Staffelstab für die Fortsetzung dieser teuflischen Übung überreichen.

Ich berechtigte also zu Hoffnungen. Die Reise nach Prag würde meine erste »Auslandstournee« sein. Es galt, die entsprechenden Papiere zu beschaffen. Was bedeutete das? Der prophetische Schriftsteller Saltykow-Schtschedrin meinte bereits im neunzehnten Jahrhundert: Der russische Mensch besteht aus einer Seele, einem Körper und aus Formularen. Das galt 1947 in ganz besonderem Maße ...

Zunächst mußte ein vierseitiger Fragebogen ausgefüllt werden. Man erkundigte sich nach allem möglichen: War der Antragsteller in Kriegsgefangenschaft gewesen? Hatte er in dem von Deutschland besetzten Gebiet gelebt? Wie lange? Herkunft der Eltern? Mädchenname der Mutter? Ihre Dienstliste? Und natürlich alle Einzelheiten über den Vater.

Wir Auserwählten mußten den Fragebogen gemeinsam in einem Zimmer des Komsomolbüros ausfüllen, das mit verblichenen roten »Wanderfahnen« geschmückt war. Ich saß in der Klemme. Es war unmöglich, das Schicksal meines Vaters zu verschweigen, aber wenn ich die Wahrheit schrieb, würde ich nirgendwohin reisen. Meine Nachbarn kritzelten emsig, während ich immer noch zögerte. Dann schrieb ich die Wahrheit, aber mit allerlei Klecksen, um sie unleserlich zu machen. Vermutlich würde es mir nicht helfen.

Ich habe recht gehabt. Alle fliegen ab, während ich in Moskau bleibe. Einen Tag später lädt man mich zu einem Gespräch ins Zentralkomitee des Komsomols. Ich drehe und winde mich bei allen Fragen, um nicht zuviel auszuplaudern. Und es gelingt. Am nächsten Morgen fliege ich den anderen nach Prag hinterher. Ich werde von einem geschniegelten Komsomolangestellten begleitet, der die ganze Zeit schweigt und dann plötzlich hervorstößt: »Sind Sie schon seit langem mit Lepeschinskaja verfeindet?«

Ich lächele schuldbewußt. Was hat das zu bedeuten? Lepeschinskaja gehört ebenfalls zu unserer Mannschaft und ist bereits in Prag. Bis heute kann ich den Sinn jener Worte nicht enträtseln.

Außer uns Moskauern hatten sich in Prag Tänzer aus Leningrad, Kiew, Tbilissi und Taschkent eingefunden – »Völkerfreundschaft«. Ausländer fehlten, also an wem sollten wir uns messen? Nur die Sportler und Musiker hielten Wettbewerbe ab. Die sowjetischen Musiker durften nicht verärgert werden, und man erkannte ihnen alle ersten Plätze zu. Sie kehrten alle als Sieger zurück, sie hatten die Hoffnungen erfüllt. Immerhin blitzte der Stern Mstislaw Rostropowitschs in Prag zum erstenmal hell auf.

Die Tänzer sollten – ohne Rivalitäten – wie üblich vor einem Publikum auftreten. Bei der ersten Probe des »weißen« Adagios von »Schwanensee« prallte mein Ellenbogen nach einer mißlungenen Pirouette mit voller Wucht auf Golubins Nase. Ein gräßlicher Laut – sein Nasenbein war gebrochen. Golubin mußte sich die Wunde nähen lassen und kehrte nach Moskau zurück. Ich tanzte mit Kondratow.

In jenem Jahr wirkte Prag noch wohlhabend. Die kleinen Privatläden und Märkte litten nicht unter Warenmangel. Aber man gab uns kein Geld, da wir nach Komsomolzenart gruppenweise abgefüttert wurden. Wir konnten nur gaffen und uns die Lippen lecken. Es war ein spürbarer Kontrast zu unseren Lebensverhältnissen; die Moskauer Schlinge hatte sich noch nicht um den Hals der Tschechen gelegt. Allerdings sollte es nicht mehr lange dauern. Es war verboten, einzeln »in die Stadt« zu gehen. Wir mußten Gruppen von mindestens drei Personen bilden, so daß jeweils eine die beiden anderen bespitzeln konnte. Während der Fahrt mit dem Autobus wurde zum hundertstenmal mißtönend, aber ergeben Anatoli Nowikows Hymne der demokratischen Jugend angestimmt: »Kinder verschiedener Völker, wir leben für den Traum vom Frieden.« Es gab genug Spione, die darauf achteten, ob man sang. Wer schwieg, lehnte den Text offenbar ab und wurde als unzuverlässig eingestuft.

Es kam zu vielen Begegnungen in Fabriken und Betrieben. Reden ohne Ende – mal auf russisch, mal auf tschechisch, mal in nie gehörten Sprachen. Dann Aufführungen: Volkstanzensembles, Kosakentänze, Ziehharmonikas, fröhliches Gehopse. Dazwischen wurden zwei oder drei Ballettauftritte eingeschoben. Ich war an der Reihe. Danach ein Gesangs-, Geigen- oder Violoncellosolo. Es geht uns gut. Auch die Klassik wird bei uns hochgeschätzt, und das »progressive Sowjetsystem« bringt Stars im Übermaß hervor. Gegen Ende allgemeine Verbrüderung. Die Anwesenden fassen einander freundschaftlich an der Hand, singen von neuem Nowikows Hymne und skandieren begeistert: »Stalin, Stalin, Frieden, Frieden, Freundschaft, Freundschaft . . .«

Noch im Tutu, mit Federn angetan und ohne mich abgeschminkt zu haben, nehme ich einen hochaufgeschossenen Griechen und eine hübsche Griechin – sie haben die Nationalflagge auf der Bluse – an der Hand und schließe mich dem Gesang an. Ich verdoppele meine Anstrengungen, als ich ganz in der Nähe die wachsamen Augen des geschniegelten Komsomolangestellten bemerke. Er wird unzweifelhaft einen Bericht über mich schreiben – darüber, wie ich mich während meiner ersten Auslandsreise benommen habe.

Die Busse brachten uns auch in die Stadien, wo wir unsere Mannschaft anfeuern sollten. Hier konnten wir uns immer wieder die neue Nationalhymne der Sowjetunion anhören, denn unsere Landsleute siegten unaufhörlich. Tatsächlich gab es bei uns viele begabte Athleten: blond, mit asketischen Bauerngesichtern, von Schweiß und Wind gegerbt, fanatisch in den Wettbewerb vertieft. Diese Jungen gefielen mir, aber in den Frauenwettbewerben siegten manchmal Hermaphroditen. Damals fanden vor den Festspielen noch keine Geschlechtsprüfungen statt. Manche Sportlerinnen hatten zwar Hügelchen auf der Brust, waren aber sonst die reinsten Mannsbilder. Wenn so eine in die Frauentoilette geht und dich mustert, dann vergißt du dein Geschäft und stürzt Hals über Kopf hinaus.

Zwei Jahre später war ich in Budapest und danach auf den Berliner Festspielen, doch die in Prag eingeführten Abläufe waren die gleichen. In Budapest wurde zwar eine Art Wettbewerb abgehalten, aber nur unter uns. Am Ende verkündete man, daß sich fünf Tänzer den ersten Preis teilten – eine Goldmedaille für fünf Personen in alphabetischer Reihenfolge. Auch ich war unter den Gewinnern, die alle aus Moskau kamen. Ein erstklassiges Paar aus Tbilissi erhielt Silber – man mußte eben aus der Hauptstadt stammen – und teilte die Medaille ebenfalls mit der ganzen Mannschaft.

Diese schwachsinnige, untertänige Politik – die Verleihung sämtlicher Preise an sowjetische Teilnehmer – hielt sich über lange Jahre hinweg. Nur den Abgesandten des Landes der Sowjets ist es vergönnt, gut zu tanzen, zu singen, Klavier zu spielen oder im Zirkus auf dem Hochseil zu laufen. Alle übrigen, wie sehr sie sich auch bemühen mögen, können den Teilnehmern aus der Heimat des Sozialismus nicht gleichkommen. Den sozialistischen Brüdern kann manchmal der zweite Preis zufallen, aber die Mitwirkenden aus der Welt des Imperialismus brauchen sich keine Hoffnungen zu machen – Gott behüte. Bei den Kapitalisten steht es schlecht um die Bildung, bei ihnen wird sogar Talent mit Geld erworben. Käufliche Schurken sind das!

Die erste Schwalbe der Vernunft war Van Cliburns Sieg auf dem Tschaikowski-Pianistenwettbewerb in Moskau. Aber nach welchen Kämpfen! Ich weiß, welche Schlachten Emil Gilels (der

Juryvorsitzende) hinter den Kulissen ausfechten mußte, welche Ultimaten, Forderungen, Ausfälle er zu überwinden hatte. Wir wohnten lange Jahre im selben Genossenschaftsgebäude an der Gorki-Straße und unterhielten uns vor dem Haus manchmal rasch über die letzten Neuigkeiten. Man rief ihn zum Minister, warf ihm Mangel an Patriotismus vor, versuchte, ihn zu demütigen und zu bedrohen. Zumindest solle er den ersten Platz zwischen Van Cliburn und einem sowjetischen Pianisten aufteilen. Sein Einwand, daß Cliburn allen übrigen bei weitem überlegen sei, verfing natürlich nicht.

Das gleiche galt für die Welt des Tanzes. Dies kann ich als zweimaliges Jurymitglied bei Moskauer Ballettwettbewerben bezeugen. Man studierte unsere Bewertungen jeweils am selben Abend sorgfältig im Kulturministerium und machte Meldung »nach oben«. Die Abstimmung war geheim, aber sie wurde überwacht. Wir werden sehen, was für ein Patriot du bist, wie sehr du Rußland liebst. Die ministeriellen Manipulationen umfaßten auch die ausländischen Jurymitglieder. Damit sie nicht »aus der Rolle fielen«, bewirteten die persönlichen Dolmetscher jedes Mitglied mit Kilos schwarzen Kaviars und einem Gläschen besten Wodkas nach dem anderen – auf Staatskosten, wie sich versteht. Hin und wieder kämpften ausländische Vertreter für Gerechtigkeit, aber das geschah nicht oft. Dann verdoppelte man die Kaviarportionen und stellte dem Gast einen bequemeren Wagen mit noch weicherer Federung zur Verfügung. Daraufhin fanden die Meuterer ihr Gleichgewicht wieder und machten keine Dummheiten mehr. Nur der Ballettdirektor Jerome Robbins erklärte einmal in letzter Minute gelassen, daß er nicht abstimmen werde, da er die Vorgänge nicht durchschaue. Das war eine seltene Ausnahme.

Die »Objektivität« sowjetischer Wettbewerbe ist sprichwörtlich geworden. Ausländische Bewerber verzichteten schließlich auf eine Teilnahme. Danach erschienen nur noch plumpe Millionärskinder und überhitzte Fanatiker. Keine zehn Pferde konnten würdige Teilnehmer zu uns bringen.

Auf den ersten ausländischen Festspielen strebten alle danach, der Obrigkeit ihre Loyalität und ihre Ergebenheit den »unsterblichen Ideen des Kommunismus« gegenüber zu beweisen. Auch wenn ein Sowjetvertreter den größten Blödsinn äußerte, pflichtete man ihm nickend bei. Aber wenn jemand am Ausland oder an den Ausländern etwas zu loben fand, so mußte er sofort mit Vorwürfen rechnen. Ich freute mich einmal laut, als ich durch das Autobusfenster einen flauschigen Bernhardiner entdeckte, doch unser Leiter, der Choreograph Sacharow, wies mich sofort zurecht: »Plissezkaja, lassen Sie sich nicht von einem ausländischen Hund bezaubern. Unsere Hunde sind rassiger.« Es klang absurd, aber niemand lächelte. Die Hälfte der Passagiere bestand aus Delegationsbegleitern. Wir waren von Augen und Ohren umgeben, und wer sich etwas zuschulden kommen ließ, konnte nach Hause geschickt werden, um nie wieder ins Ausland zu reisen. Vor dieser Strafe fürchtete man sich am meisten, denn sie hing einem das ganze Leben lang an.

Während der Berliner Festspiele tanzte ich den »Sterbenden Schwan« auf den zusammengerückten Ladeflächen von vier Lastwagen. Später wiederholte ich den Auftritt auf einem frisch gemähten Rasen. Danach waren meine Ballettschuhe grün wie die Fußbekleidung eines Waldteufels.

1951 kam mich in Berlin auch Kummer an. Durch dieselben, damals noch unversehrten Straßen war ich mit Vater gegangen, ohne zu ahnen, was das Schicksal für uns bereithielt ...

Ich habe von den Jugendfestspielen erzählt, weil sie mir meine ersten Auftritte im Ausland bescherten.

Meine Verletzungen, meine Heiler

Am 16. April 1958 lief im Bolschoi-Theater die »Chopiniana« mit Marina Semjonowa in der Hauptrolle. Ich tanzte eine Mazurka. Nichts deutete auf eine Katastrophe hin. Aber während der letzten Coda, bei der die Solisten nacheinander Sissonnes ausführen, sprang Semjonowa mit aller Gewalt auf mein Bein. Ich stürze. Ein scharfer, durchdringender Schmerz. Ich kann nicht aufstehen. Alle weichen mir aus und tanzen weiter. Ein unerträglicher Schmerz im rechten Sprunggelenk. Ich muß mir den Fuß heftig verknackst haben. Alle tanzen, und ich liege am Boden.

Mein rechtes Sprunggelenk schwillt vor meinen Augen unmäßig an – wie in einem Zeichentrickfilm. Ich rege mich nicht. Zum Glück wird sich der Vorhang in wenig mehr als einer Minute schließen. Aber eine ganze Ewigkeit scheint zu vergehen.

Der Vorhang schließt sich. Ich werde hinter die Kulissen getragen. Die Solisten verneigen sich. Dumpf höre ich den Beifall des Publikums.

Slawa Golubin und Rudenko, die ihre Hände zu einer Art Sessel verschränkt haben, tragen mich in die Garderobe. Das Sprunggelenk – blau und aufgebläht – ist schrecklich anzusehen. Ob es ein Sehnenriß ist? Im Theater gibt es keinen Arzt. Ich muß nach Hause in die Schtschepkin-Straße, glücklicherweise nur um die Ecke. Ich werde in meine Wohnung getragen und krümme mich vor Schmerzen.

In der Ballettschule hatte ich an einer Verletzung der linken Kniegelenksehne gelitten. Heute meine ich, daß die falsche Beinstellung daran schuld war. Wenn sich der Fuß nicht auf den kleinen, sondern auf den großen Zeh stützt, dreht sich das ganze Bein nach innen, und das Knie wird belastet.

Mit vierzehn Jahren lief ich den berühmtesten Moskauer

Orthopäden die Türen ein und flehte sie an, mich zu heilen. Heute hängen ihre Porträts überall an den Wänden traumatologischer Kliniken, und auch an denen des Zentralinstituts für Traumatologie und Orthopädie (ZITO). Der hochgepriesene Professor Bom, bei dem ich durch Vermittlung seiner Tochter Tata (sie war in der letzten Klasse der Ballettschule) einen Termin bekam, untersuchte mein Knie gründlich. Überall, wo er drückte, tat es weh. Er wollte, daß ich ein tiefes Plié machte, aber ich konnte es nicht. Bom schüttelte bedauernd den Kopf und meinte: »Du mußt den Beruf wechseln, Kindchen. Ballerina kannst du nicht werden. Das Knie ist nicht zu kurieren.«

Heute sind von all jenen Koryphäen nur rosige Legenden und strenge Porträts auf nach Karbol riechenden Korridoren übriggeblieben. Aber ich tanze noch – seit siebenundvierzig Jahren. Ich springe, biege den Körper, drehe mich. Das Knie hat all das ausgehalten. Welch ein Glück, daß ich nicht auf den Rat des großen Meisters hörte, sondern zu »Wunderheilern« ging.

Meine Rettung war der Masseur Nikita Grigorjewitsch Schum. Er behandelte Sportler, und jemand hatte ihn mir empfohlen. Meine letzte Chance. Ein Hüne mit forkenartigen Händen. In den zwanziger Jahren war er, mit einer roten Maske vor den Augen, im Zirkus als Ringer aufgetreten. Beim Aufwärmen legte er einmal den großen Ringermeister Iwan Poddubny aufs Kreuz. Der unbesiegte Champion wurde so wütend, daß er Nikita packte und ihn gegen alle Regeln über die Absperrung schleuderte. Nikitas Schlüsselbein brach wie ein Streichholz und blieb sein ganzes Leben lang krumm.

Schum empfing seine Patienten – natürlich illegal, denn Naturheiler durften in Stalins materialistischem Paradies nicht praktizieren – unweit des Belorussischen Bahnhofs in einem winzigen, fensterlosen Zimmer unter einer Treppe.

Nikita Grigorjewitsch tastete mein Knie anderthalb Stunden lang in aller Ruhe ab. In der gespannten Stille hörte ich nur die Schritte der Mieter auf der Treppe. Dann erklärte er gewichtig: »Du mußt zwei Wochen lang täglich für drei bis vier Stunden zu mir kommen. Das Knie wird heilen, und du wirst wieder tanzen.«

Zwei volle Wochen lang zauberte er an meinem angeblich hoffnungslosen Knie herum. Er massierte und richtete es, wärmte es mit Paraffin, machte Kompressen, kühlte es ab, dehnte und behandelte es mit frisch zubereiteten Kräuteraufgüssen. Alles gemessen, ohne Eile. Manchmal erkundigte er sich nach dem Ballett und nach meiner Familie, aber seine Stimme war nur selten zu hören. Da ich ihm in medizinischer und auch in menschlicher Hinsicht vertraute, erzählte ich ihm von den Heimsuchungen meiner Verwandten. Am fünfzehnten Tag gestattete er mir, mit der Arbeit zu beginnen. Das Knie war noch etwas wackelig, aber völlig gesund. Ich weinte vor Freude.

Von einer Bezahlung war keine Rede. Meine Onkel und Tanten sammelten einen kleinen Betrag, und ich brachte Nikita Grigorjewitsch das Geld einige Tage nach der Heilung in einer Tüte, die ich aus einem Theaterplakat gefaltet hatte. Ohne die Tüte zu öffnen, wies er das Geld ruhig und ohne jede Pose zurück. »Du wirst es selber brauchen. Ich werde von den Fußballern bezahlt. Zum Leben und für den Tabak reicht es.«

Auch andere Tänzer wandten sich an ihn, und er half allen auf wunderbare Weise. Nach dem Krieg erhielt er eine Anstellung als Masseur am Bolschoi-Theater. Inzwischen hatte er sich eine Familie zugelegt und wohnte in einem etwas größeren Zimmer. Es sah aus wie die Unterkunft eines Hexenmeisters. Überall an der Decke hingen getrocknete Heilkräuter, die fast bis zum Boden reichten. Seine rundgesichtige, füllige Frau, die genauso schweigsam war wie der Hausherr, bewegte sich geschickt zwischen den Kräutern hindurch, ohne ein einziges zu berühren. Ihre und Nikitas kleine Tochter Olga folgte ihr wie ein Schatten. Ein würziger, betäubender Geruch erfüllte das Zimmer.

Die Künstler vergötterten Schum. Wenn seine mächtige Gestalt zwischen den Kulissen auftrat, tanzten wir kühner, ohne Bedenken. Nikita ist im Theater, und wenn etwas passiert, wird er uns helfen! Sein plötzlicher Tod im Jahre 1954 war für uns alle ein schwerer Schlag. Solche Menschen dürfen nicht sterben!

Als wir zur Totenmesse gingen, sahen wir ein Meer von Blumen. Ulanowa, für die er ebenfalls immer wieder Wunder gewirkt hatte, legte einen riesigen Kranz auf seinen Sarg. Auf den Seiten meines Buches erscheinen viele schlechte, bösartige Menschen. Unser sowjetisches Gefängnisleben hat zahllose Schurken hervorgebracht und ihre Zahl ständig erhöht. Aber auf dieser Seite gedenke ich des gütigsten Menschen, der Leidende selbstlos und wirkungsvoll heilte.

Zurück zu meinem geschwollenen, blau angelaufenen Fuß. Schum war nicht in Moskau. Irgendeine Fußballmannschaft mit einem allmächtigen Gönner von der Partei hatte die Direktion bewogen, ihr den Masseur für eine wichtige Reise zuzuteilen. An wen sollte ich mich wenden? Außer Schum traute ich niemandem. Also wartete ich ab und nervte meine Besucher mit der ständigen Frage, ob Nikita Grigorjewitsch zurückgekehrt sei.

Mein ganzes Bühnenleben hindurch bin ich nicht von Verletzungen verschont geblieben. Ich riß mir einen Wadenmuskel, klemmte mir einen Rückennerv ein, renkte mir das Fußgelenk aus, brach mir Zehen und Füße. Jede dieser Verletzungen kostete mich Premieren, Filmaufnahmen oder Gastspielreisen. Jede war eine Tragödie. Ich möchte die Aufmerksamkeit des Lesers nicht allzulange auf mein berufliches Mißgeschick lenken, aber eine Episode soll noch geschildert werden.

Es ist mir gelungen, auf der Bühne des Bolschoi-Theaters in drei ganz unterschiedlichen Inszenierungen von Chatschaturjans »Spartacus« zu tanzen. Premieren sind bei uns in letzter Zeit rar geworden. Wir wiederholen uns dauernd, und wenn wir dieses oder jenes umkrempeln – sieh da, eine neue Lesart –, blähen wir uns vor Stolz auf.

Ich begann mit der verschlagenen Kurtisane Ägina (Choreographie: Igor Moissejew), übernahm danach die Rolle der Phrygia, der treuen Frau des Sklavenführers (Choreographie: Leonid Jakobson; das ganze Ballett auf halber Spitze) und kehrte dann zu der bestechlichen Ägina zurück (hier möchte ich auf den Namen des Choreographen verzichten). Die dritte Version wurde geradezu in den Himmel gehoben, denn ihr hatten die altersschwachen Mitglieder des Breschnewschen Politbüros ihren öden »Revolutionsgeschmack« aufgezwungen. Der hundertfach mit Orden geschmückte, büschelbrauige Generalsekretär soll die Ähnlichkeit zwischen dem Rebellen Spartacus und den von der Propaganda geschaffenen Lügengestalten der bolschewistischen Führer »weise hervorgehoben« haben. Mit anderen Worten, die Kommunisten seien nicht plötzlich vom Mars heruntergekommen, sondern hätten eine Ahnenreihe, die bis in die vorchristliche Zeit zurückreiche. Wer nicht laut hurra schrie, weil er das kommunistische Pathos in der Geschichte des antiken Rom nicht zu erkennen vermochte, der mußte wohl ein Volksfeind sein.

Bei den Proben sträubte sich mein Körper. Die Choreographie kam mir künstlich, unlogisch vor. Aber ich wollte nicht aufgeben, damit es nicht hieß, mit mir sei es vorbei. Beim Adagio mit Crassus mußte ich während einer Attitude-Position die Fußspitze in die Hand nehmen und mich von meinem Partner, der mich hielt, abstoßen. Die Rückenmuskeln verdrehten sich dabei wie Stricke. Nachdem ich die unglückliche Bewegung zehnmal wiederholt hatte, zog ich mir einen Muskelfaserriß zu. Trotzdem tanzte ich fünf Vorstellungen weiter, aber das Gefühl, daß mir ein Stück Holz im Rücken steckte, wollte nicht weichen. Beim Tanzen dachte ich immer wieder besorgt daran, was aus meinem Rücken werden würde.

Das war 1978. Mir stand eine interessante Reise nach Argentinien bevor; dort würde die Fußballweltmeisterschaft stattfinden. Mein Ruhm war auf dem Höhepunkt, ich hatte Argentinien bereits besucht, und das dortige Publikum wußte mich zu schätzen. Die Veranstalter der Weltmeisterschaft kamen auf den Einfall, daß Maija Plissezkaja den symbolischen Anstoß zum ersten Spiel machen solle. Ich stimmte begeistert zu.

Drei Tage vor dem Abflug packte ich meine Sachen und zerrte einen Koffer von dem hohen Zwischengeschoß. In meinem Rücken rührte sich etwas, und ich wurde mißtrauisch. Aber nichts schien geschehen zu sein. In der Nacht überfiel mich jedoch ein unerträglicher Schmerz – er war so stechend, daß meine Zähne aufeinanderschlugen und ich wie von einem Fiebertaumel geschüttelt wurde.

Schtschedrin rief einen Unfallwagen. Eine teilnahmsvolle Ärztin gab mir mehrere Spritzen. Von einer Reise war keine Rede mehr. Ich verlor das Bewußtsein. Schtschedrin setzte sich ans Telefon und versuchte, einen genialen Spezialisten zu finden. Katja Maximowna, die gerade ein schweres Rückenleiden hinter sich hatte, gab ihm Wladimir Iwanowitsch Lutschkows Telefonnummer. Schtschedrin verabredete sich am Telefon mit dem Arzt und brachte ihn zu mir. Lutschkow machte einen ausgezeichneten Eindruck auf mich. »In zwei Tagen werden Sie fliegen. Wir fangen jetzt gleich mit der Behandlung an.«

Tatsächlich gelang es ihm, den Schmerz zu lindern, und ich machte mich humpelnd ans andere Ende der Welt auf.

Schon nach den ersten vier Flugstunden kehrte der Schmerz zurück. In Paris wurde zwischengelandet. Dort wartete ich den ganzen Tag hingestreckt in der Wohnung unseres mitfühlenden Diplomaten N. N. Afanasjewski (seine Frau Larissa hatte früher Geige im Orchester des Bolschoi-Theaters gespielt) auf den Weiterflug. Am späten Abend wurde ich – bereits halbtot – zum Flughafen gefahren und in eine Maschine der argentinischen Fluggesellschaft gesetzt. Die zwanzigstündige Reise nach Buenos Aires war eine solche Folter für mich, daß mir die Zähne wieder aufeinanderschlugen. Beim Empfang war man entsetzt über mein Aussehen. Was sollte aus der Weltmeisterschaft und den Vorstellungen werden? Der Impresario raufte sich die Haare. »Bankrott, Ruin!«

Ich lag im Hotel »Esmeralda« und schielte mit einem Auge auf den Fernsehschirm, wo die Eröffnung der Weltmeisterschaft, die nun ohne mich stattfand, gezeigt wurde. Ein örtlicher Arzt hatte mir eine barbarische Spritze in die Hüfte gegeben, und danach hatte ich den ganzen Tag lang vor Schmerz das Hotel zusammengeschrien. Schtschedrin und ich besprachen uns am Telefon, und er überschüttete Lutschkow mit Fragen. Aber dessen telefonische Ratschläge blieben ohne Wirkung. Vielleicht hätte Lutschkow mir an Ort und Stelle helfen können, aber ein sowjetischer Arzt benötigte damals ein halbes Jahr, um ein Visum für Argentinien zu erhalten. Danach rief Schtschedrin in Melbourne an, wo der legendäre Chiropraktiker Frank Foster wohnte. Er hatte mich 1970 während einer Australientournee wie durch ein Wunder auf die Beine gebracht. Jetzt erklärte er sich sofort bereit, zu mir zu fliegen, und bezahlte das teure Ticket sogar aus eigener Tasche. Solche Menschen gibt es also auch noch!

Franks Behandlung half mir, und ich tanzte, allerdings behutsam, mit halber Kraft. Der Impresario, der bemüht war, seine Finanzen zu bereinigen, erklärte der Presse, daß Plissezkaja genesen sei und das versprochene Programm zweimal im Teatro Colón tanzen werde. Wer seine Karten noch nicht zurückgegeben habe, könne sie nun benutzen.

Die Journalisten drängten sich im Trainingssaal und berichteten detailliert über mein Befinden. Welch ein Aufsehen!

Frank Foster machte zum letztenmal im Schwimmbecken Übungen mit mir, gab seinen Segen und flog zurück nach Australien. Er konnte seiner Klinik nicht länger fernbleiben, denn die Patienten protestierten bereits.

Der Tag der Vorstellung. Alle waren nervös. Ich ließ mir nichts anmerken, aber im tiefsten Inneren wußte ich, daß ich dieses Risiko niemals hätte eingehen dürfen. Meine Rückennerven waren noch nicht ausgeheilt, und ich hätte lieber nach Moskau fliegen sollen, als mich auf Abenteuer einzulassen.

Ich schminkte mich, wärmte mich auf, machte Lockerungsübungen. Alles schien normal zu sein. Dann wollte ich mir für die erste Partie den Chiton der Isadora anziehen. Und plötzlich, direkt neben der Tür, stürzte ich, durch den jähen Schmerz einer Ohnmacht nahe, wie ein angeschossener Vogel zu Boden. Mein rechtes Knie war völlig taub geworden. Es war nicht auszuhalten!

Ein betrübter Vertreter der Theaterdirektion trat vor den geschlossenen Vorhang und gab dem Publikum – im Saal war es grabesstill geworden – bekannt: »Die Vorstellung fällt leider aus. Ein Unfallwagen hat Plissezkaja soeben ins Krankenhaus gebracht.«

Ein Seufzen ging durch den Saal. Ich selbst erfuhr dies alles später aus dem Mund meines Partners Waleri Kowtun.

Man brachte mich auf einer Trage nach Moskau zurück, und ich legte mich für einen ganzen Monat ins Krankenhaus, wo ich von Lutschkow behandelt wurde.

Wladimir Iwanowitsch kümmerte sich gründlich um mich. Er löste zahlreiche Blockierungen bei mir, worauf er sich meisterhaft verstand, und schickte mich dann zu Streckungsübungen und Radonbädern ins Sanatorium von Pjatigorsk.

Diese unerfreuliche Geschichte ließe sich noch lange ausführen. Es dauerte einige Zeit, bis ich die schwere Krise überwunden hatte. Erst drei Monate später gestattete Lutschkow mir, mich auf die Zehenspitzen zu stellen, und nach vier Monaten durfte ich den »Sterbenden Schwan« in einem gemischten Programm tanzen. Lutschkow saß in der ersten Parkettreihe, und durch ein kleines Loch im Vorhang sah ich vor meinem Auftritt sein vor gespannter Erwartung starres Gesicht. Der fähige Arzt machte sich mehr Sorgen als ich mir selbst. So etwas vergißt man nicht.

Eine Verletzung jagte die andere. Jeder Muskelriß und jede mühsame Genesung könnte ein Buch füllen ...

Die Premiere von »Die Möwe« in Florenz bestritt ich mit einem gebrochenen zweiten Zeh des linken Fußes. Vor jeder Probe und jeder Vorstellung vereiste ich den Zeh mit Chloräthyl und brauchte dann eine geschlagene Stunde, um den Fuß in den Ballettschuh zu pressen.

Wiederum »Die Möwe«, diesmal bereits in Moskau. Bei den »Flügen«, die die Vorstellung eröffnen, werde ich in einem schwarzen Samtwürfel von vier, für das Publikum unsichtbaren Kavalieren in schwarzen Kostümen, schwarzen Masken und schwarzen Handschuhen hochgehoben und hinuntergesenkt. Das ganze Adagio verläuft in undurchdringlicher Dunkelheit, das Scheinwerferlicht fällt nur auf einen Teil meines Oberkörpers und auf die ausgebreiteten Arme. Bei der ersten Drehung stolpert einer der vier – Ljowa Trubtschikow – und hält meinen Fuß einen Moment zu lang fest. Die Folge ist eine teuflische Verrenkung. Während einer zweiminütigen Pause wird der Fuß hinter den Kulissen mit Chloräthyl vereist, man legt mir einen strammen Verband an, und ich, in kalten Schweiß gebadet, tanze die ganze Vorstellung auf watteweichen Beinen.

Noch eine – die tausendste – Neuinszenierung von »Schwanensee«. Ich habe mich auf der Oberbühne – dort weht ein kühler Luftzug – verplaudert und beginne meine Übung mit eiskalten Beinen. Ein stechender Schmerz – ein Riß in der Wade. Michail Gabowitsch junior trägt mich nach unten. Der Masseur Gotowizki, stets im Alkoholtran, behandelt die Verletzung mit Chloräthyl, das bis zum Knochen durchdringt. Der offenen, nässenden, hochroten Wunde ist nicht beizukommen. Man kann mir erst einen Gipsverband anlegen, als die Haut zu heilen anfängt. Verlorene Zeit. Wie gemartert wälze ich mich zu Hause im Bett. Ich muß auf Krücken zur Toilette hinken. Der Chirurg Goljachowski kommt zwei-, dreimal am Tag durch ganz Moskau aus dem ZITO zu mir. Fünf Monate sind aus meinem Leben gestrichen ...

Wie viele Tage mußte ich fern von der Bühne, im Abseits, verbringen! Eine schreckliche Zahl. Und wie schwer ist es, die Kraft zu finden, um wieder aus der Asche aufzuerstehen!

19

Es geht ums Ganze

Zurück zu meinem Theaterleben im Jahre 1948. Im Mai, gegen Ende der Saison – es war meine fünfte –, wurde ein neuer Direktor ernannt: Alexander Wassiljewitsch Solodownikow. Durch seine Herrschaft verfinsterte sich meine berufliche Existenz schlagartig. Schon vorher hatte ich an die Grenze meiner Kräfte gehen müssen, aber die nun sofort von der Direktion zu spürende Feindlichkeit sorgte dafür, daß mein Leben zu einem täglichen ungleichen Kampf wurde. Heute vermute ich, daß eine noch höher stehende Person für die Hindernisse, die mir in den Weg gelegt wurden, verantwortlich war. Aber damals schien mir Solodownikow an allem schuld zu sein.

Der Direktor war ein unansehnlicher, gebeugter Mann mit einer großen Brille und einem ständig zerknitterten Anzug mit abstehenden Taschen. Er trug immer ein weißes Hemd und eine Krawatte. Man konnte sich seinen Namen auf jedem Verzeichnis von Produktionsaktivisten vorstellen. Er trennte sich nie von seiner Aktentasche und fügte sich damit in das Bild des sprichwörtlichen Sowjetfunktionärs.

Solodownikow leitete seine »Anti-Plissezkaja-Tätigkeit« mit einem Zeitungsartikel über den Nachwuchs des Bolschoi-Theaters ein. All meine Kolleginnen wurden gestreichelt, hoch gelobt, mit guten Wünschen bedacht, während er mich nicht einmal erwähnte. Wenn man damals eine der nicht gerade zahlreichen Zeitungen aufschlug, mußte man zwischen den Zeilen lesen können – ganz nach chinesischer Manier. Wer wird vor wem genannt, wer mit dem Initial, wer mit dem Vornamen? Wem sind ein Adjektiv oder sogar ein Halbsatz gewidmet? Wer ist »talentiert«, wer »begabt«, wer einfach nur »jung«. Mein Foto war in der Zeitschrift *Ogonjok* erschienen; ich hatte »Schwanensee« getanzt und bei den Weltjugendfestspielen eine Goldmedaille errungen, aber plötzlich hatte ich mich in Luft aufgelöst.

Der Theaterwelt entging Solodownikows Artikel nicht. Manche waren empört, manche zeigten Unverständnis, manche bekundeten ihr Mitgefühl, und manche begannen, mir auszuweichen. Später wiederholten sich diese Dinge häufig, noch dazu in größerem Maßstab.

Ich wollte den Direktor zur Rede stellen, um Klarheit zu gewinnen. Aber es war schwer, an den Zerberussen vorbei in sein Büro zu gelangen. Dutzende von Malen erläuterte ich, worum es ging, aus welchem Anlaß ich mit ihm reden mußte.

Dann endlich die langerwartete Audienz. Seine Brillengläser funkeln, er runzelt die Stirn.

»Welcher Artikel? Ach so. Aber der ist über den Nachwuchs. Sie sind doch eine erfahrene Meisterin und stehen, was das Repertoire betrifft, an erster Stelle.«

Ich erwidere hastig, daß die im Artikel genannten Künstlerinnen zehn bis fünfzehn Jahre älter als ich seien und schon Ehrentitel erhalten hätten, während ich dem Theater erst im fünften Jahr angehöre. Solodownikow erhebt sich hinter seinem Schreibtisch. Das Gespräch ist beendet. Er muß sich um Staatsangelegenheiten kümmern...

Der vorherige Direktor, Fjodor Pimenowitsch Bondarenko, in dessen Ära meine ersten Jahre fielen, hatte sich nicht in Details (wer tanzt oder singt was, wer hat ein Solo?) eingemischt. Er war ein zugänglicher, sanftmütiger Mensch, und 1948 gab es für einen solchen »Liberalen« am Bolschoi-Theater keinen Platz mehr. Gerade hatte man mit den Schriftstellern Soschtschenko und Achmatowa abgerechnet und »formalistische« Komponisten wie Schostakowitsch, Prokofjew oder Chatschaturjan bestraft. Auch im Theater mußten jetzt Ordnung geschaffen und die Disziplin verstärkt werden. Solodownikow krempelte die Ärmel hoch und machte sich mit rasendem Eifer an die Arbeit. Ich weiß nicht, was sich in der Oper abspielte, aber im Ballett steckte er nun die Nase in jede Kleinigkeit. Lawrowski konnte nicht mehr allein über die Rollenvergabe entscheiden. Hier war ein scharfes Parteiauge erforderlich. Sonst könnte ja jeder kommen, womöglich jemand mit einer anrüchigen familiären Vergangenheit.

Aber die Ballettmeister bemühten sich weiterhin, mich in den Stücken einzusetzen und den »Generalplan zum Aufbau des Balletts« (Solodownikows Formulierung) zu umgehen. Sacharow übertrug mir die angenehme Rolle der Gorislawa in »Ruslan und Ludmila«. Damit war die erste Bresche in Solodownikows Bastion geschlagen. Den Tänzen in der Oper widmete der Parteiritter nicht die gebührende Aufmerksamkeit. Auch wenn Künstlerinnen erkrankten, mußte ich einspringen, etwa in »Schwanensee« für die lange unpäßliche Semjonowa. Sogar die eiserne Golowkina, aus der man, um mit dem damals in den Schulen widerhallenden Vers Nikolai Tichonows zu sprechen, bolschewistische Nägel hätte schmieden können, erkältete sich, zog sich eine schwere Angina zu und trat mir die Raymonda ab.

Ich bleibe unverwüstlich! Gewiß, hin und wieder weist man mir eine der Bräute in »Schwanensee« oder andere nicht für eine Ballerina bestimmte Partien zu. Aber wenn ich meinen Namen am Anschlagbrett lese, reiße ich die Mitteilung ab und gebe vor, mich schlecht zu fühlen. Es geht ums Ganze.

Und dann der Komsomol. Einmal verpasse ich frühmorgens den Marxismus-Leninismus-Unterricht, den man den unwissenden Künstlern angedeihen läßt. Zur Strafe werde ich als unpolitische Person, als böswilliges Element abgestempelt. Ich murmele etwas zu meiner Rechtfertigung (schließlich habe ich am Abend vor dem Unterricht einen anstrengenden Auftritt gehabt), aber meine Worte werden vom Lärm der allgemeinen Kritik übertönt. Danach prangt mein Name – als abschreckendes Beispiel – einen guten Monat lang am Anschlagbrett.

Am 10. Januar 1949 hat Faijer Geburtstag. Ich begegne ihm auf unserem Treppenabsatz, und er hat Mitleid mit mir und lädt mich am Abend zu seiner Geburtstagsfeier ein. Gestern noch hat er »Raymonda« mit mir in der Hauptrolle dirigiert. Es war ein Triumph.

Wer sind die Gäste?

Der Dirigent Golowanow und seine Frau, die Sängerin Neschdanowa, der Flugzeugkonstrukteur Jakowlew, der Sänger Lemeschew und Jekaterina Wassiljewna Gelzer. Die Tafel biegt sich unter Krabben, Wodka und schwarzem Kaviar. Der Kampf gegen den Kosmopolitismus hat seinen Höhepunkt erreicht, aber das darf bei solchen Gelagen vergessen werden.

Es klingelt. Solodownikow, der sich den Pelzmantel im Vorzimmer ausgezogen hat, kommt herein und gibt allen die Hand. Bei meinem Anblick erlischt sein falsches Lächeln. Er wendet sich Faijer zu, als wolle er fragen: »Wie soll ich das verstehen?« Der verwirrte Faijer erklärt hastig: »Sie ist unsere Nachbarin, unsere Nachbarin, unsere Nachbarin...«

Die alberne Szene ärgert mich so sehr, daß ich zehn Minuten später leise verschwinde, ohne mich zu verabschieden. Warum werde ich so behandelt? Ich lasse mich nicht einschüchtern. Es geht ums Ganze!

Aber in jener Saison hatte ich mehr Zeit als gewöhnlich. Kasjan Jaroslawowitsch Goleisowskis Vorschlag, einige zusätzliche Tanzpartien einzustudieren und im Tschaikowski-Saal vorzuführen, nahm ich mit Freuden an. Es galt, den Stier bei den Hörnern zu packen. Unsere Proben begannen mit Chopins Sechstem Walzer.

1992 wäre Goleisowski hundert Jahre alt geworden. Er war eine schillernde Gestalt, die in der Geschichte des russischen Balletts nicht ihresgleichen hatte: ein Experimentator, ein Erfinder, ein Phantast, ein Original, ein Sonderling. Das größte Aufsehen erregte Kasjan Goleisowski in den zwanziger Jahren. Damals choreographierte er »Joseph der Schöne« nach der Musik von Sergei Wassilenko. (Übrigens studierte Schtschedrins Vater, Konstantin Michailowitsch, am Moskauer Konservatorium bei Wassilenko.)

»Joseph der Schöne« war eine Sensation. Aber schon 1916, noch vor dem bolschewistischen Umsturz, hatte Kasjan Jaroslawowitsch die orthodoxe Welt durch eine Massenshow mit halbnackten Mädchen schockiert, die mit verschlungenen Händen extravagante, wellenförmige Bewegungen vollführten. Über zwanzig Jahre später zeigte man in Hollywood Shows mit ähnlichen »Girls«, doch erfunden hatte sie Goleisowski in Rußland.

Und was tat dieser schöpferische Mensch in den dreißiger und vierziger Jahren? Er arbeitete als Nachtwächter in einem Lebensmittelgeschäft. Im Stalinschen Imperium gab es keine Arbeitslosen; jeder Bürger war *verpflichtet*, einen Posten zu übernehmen. Aber wer stellte schon einen schädlichen Modernisten ein, einen Freidenker, der nichts vom sozialistischen Realismus wissen wollte? Seine Frau Vera Pawlowna Wassiljewa tanzte im Bolschoi-Ballett. Ihr Gehalt und der Nachtwächterlohn ermöglichten den beiden, eine kümmerliche Existenz zu fristen und ihren Sohn, den Ikonenmaler Nikita, großzuziehen.

1959 reiste ich zu einem Konzert Schtschedrins nach Leningrad und wurde im Hotel »Jewropeiskaja« ernstlich krank. Während ich im Bett lag, erzählte mir ein Stubenmädchen – sie hatte erfahren, daß ich Ballerina bin – von dem Moskauer Choreographen Goleisowski, der eine Woche zuvor auf derselben Etage gewohnt habe (die Laientruppe eines reichen Clubs hatte ihn zu irgendeiner Inszenierung hinzugezogen).

»Was für ein interessanter Mann! Wieviel er gesehen hat, durch die ganze Welt ist er gereist. Ein paar Jahre lang hat er in Spanien gelebt, und dort kennt er jedes Schloß.«

Goleisowski fuhr zwar jeden Sommer in das Dörfchen Bjochowo an der Oka, wo er Pilze und seltsame Wurzeln sammelte, aber sonst hatte er Moskau und Petersburg nie verlassen. Er war der klassische Fall eines »Visa-Unwürdigen«. Aber seine blühende Phantasie trug ihn durch die Welt, so daß er jahrelang in Spanien lebte, durch die Gassen von Paris schlenderte, in den Pagoden von Thailand betete, den Anblick chinesischer Schönheiten auskostete und mit den Eingeborenen in Australien auf die Jagd ging. Er log niemals, aber er phantasierte stets hemmungslos.

So betrüblich es ist, meine Individualität verhinderte eine tänzerische Romanze mit dem großen Goleisowski. Er behandelte den Tänzer wie einen Blinden, während er selbst den Blindenführer spielte. Mein aufsässiges Wesen sträubte sich gegen diese Anmaßung, und ich stritt mich ständig mit dem Choreographen.

Insgesamt arbeiteten wir länger als drei Monate an der Vorbereitung der Aufführung, die aus fünf Ballettnummern bestand. Es handelte sich um »Dornröschen« in einer wunderlichen Interpretation mit einem schwachsinnigen Prinzen Désiré (Leonid Schdanow). In der Mitte des Stücks spielte Juri Brjuschkow einen Walzer von Chopin. Ich war eine Wolke, die bald um die Musiker herumglitt und sich bald an den Flügel schmiegte. Als nächstes kam ein Tanz zur Musik von Alexander Skrjabin, den Goleisowski sein ganzes Leben lang vergöttert hatte. Es folgten Miniaturen von Anatoli Ljadow und ein alberner Tanz (Herr, vergib uns unsere Sünden) mit einer sowjetischen Thematik. Aber ohne ein Zugeständnis an den Patriotismus hätte die Aufführung nicht stattfinden können.

Mein Partner in dieser Szene war der wuchtige, athletische Lapauri. Er stellte einen widerlichen Faschisten und ich eine kühne Partisanin dar. Zehn Minuten lang wälzten wir uns auf dem Boden, krochen hintereinander her, versteckten uns, kämpften miteinander. Am Ende erwürgte ich ihn, wie es sich für einen unbesiegbaren sowjetischen Krieger gehört. Ich erhob mich und warf das Sackgewand ab. Das Publikum sah nun, daß der siegreiche Held eine Frau war. Sogar Lilja Jurjewna Brik, der nichts Künstlerisches fremd war und die sämtliche Futuristen des Jahrhunderts zur Genüge kannte (der Journalist Wladimir Orlow und seine Frau Ljusja hatten uns ein Jahr zuvor zusammengebracht), vermochte nicht, der Szene irgend etwas abzugewinnen.

Aber ich bin dem Schicksal dankbar für die drei wunderbaren Monate der Arbeit mit Goleisowski. Diese Zeit half mir voranzukommen!

1959 choreographierte Kasjan Jaroslawowitsch für mich einen spanischen Tanz nach der Musik von Schtschedrin. Die Premiere fand ebenfalls im Tschaikowski-Saal statt, und Rodion selbst saß am Klavier (das Stück gehört heute zum Standardrepertoire und wurde vom Komponisten als »Hommage à Albéniz« bezeichnet). Aber wiederum wurde kein Meisterwerk geboren.

Durch »Schwanensee« verbesserte sich meine berufliche Lage dann grundlegend. Zu einer der Vorstellungen, bei denen ich einspringen mußte, erschien der damalige Kulturminister Lebedew. Eigentlich lautete sein Titel »Vorsitzender des Komitees für künstlerische Angelegenheiten beim Sowjet der Volkskommissare der UdSSR«. Er war der absolute Herrscher über sämtliche Künstler.

An jenem Abend war die Atmosphäre aufgeladen wie bei einer Premiere. Das Publikum war fasziniert und applaudierte ohne Unterlaß. Blumen, Bravorufe. Auch Lebedew gefiel die Vorstellung. Er lobte mich über den grünen Klee. Aus dritter Hand erfuhr ich, daß unser einflußreicher Vorsitzender »die junge Ballerina M. Plissezkaja« in die Reihe der Künstler aufgenommen hatte, die sein Komitee für die feierliche Gala im Kreml zu Stalins siebzigstem Geburtstag empfehlen wollte. Bis zur Feier, Ende Dezember, würde ein ganzer Monat vergehen, und man konnte alles noch zweihundertmal umstoßen. Aber irgend etwas in meinem Inneren bestärkte mich in der Gewißheit, daß ich teilnehmen und siegen würde.

Es geht ums Ganze ...

20

Stalins Geburtstag

Die Historiker haben sich dieses Datum eingeprägt: den 21. Dezember 1949. Die Kommunistenführer aller Kontinente überschlugen sich in ihrem schurkischen Eifer, den Geburtstag des blutigen Tyrannen so grandios wie möglich zu feiern. Den verblüfften Werktätigen wurde Stunde um Stunde mitgeteilt, daß dieser Tag wichtiger sei als der Geburtstag Christi. Bei unseren sowjetischen Brudervölkern zerbrach man sich den Kopf darüber, welche Überraschungen man dem Wohltäter der Menschheit zu dem hehren Fest bereiten könne. Sogar ein Museum für die Geschenke an den lorbeerumkränzten Gebieter wurde eröffnet. Fluten von Telegrammen und Briefen, adressiert an den »lieben Jossif Wissarionowitsch«, überschwemmten die Zeitungen. Alle wetteiferten in ihrer Lobhudelei darum, die richtigen Worte zu finden, damit sie dem schnurrbärtigen, pockennarbigen Diktator ihre Unterwürfigkeit um so hündischer beteuern konnten. Dichter verfaßten Oden, Komponisten schrieben Lieder, Weberinnen fertigten Gobelins, und Künstler träumten davon, am Jubiläumskonzert der Regierung mitzuwirken.

So scheint es mir heute. Aber damals war ich vor allem an meiner eigenen Mitwirkung an dem Jubiläumswirrwarr interessiert.

Immer wieder neue Nachrichten trafen ein. Mal stand mein Name auf der erhabenen Liste, mal verschwand er, dann tauchte er wieder auf. Natürlich wurde daran gedacht, daß ich eine Partie aus »Schwanensee« tanzen sollte. Das hatte Lebedew beschlossen, aber es kam anders.

Für die Titelrolle des »Don Quixote« hatte das Theater den großen Tänzer Wachtang Tschabukiani aus Tbilissi eingeladen, dessen Ruhm dem Ulanowas oder Semjonowas gleichkam. Schließlich sollten alle bedeutenden Georgier dem großen Landsmann ihre Kunst am Festtag des Planeten darbieten.

Die ganze erste Garnitur war im Einsatz, und niemand blieb übrig für die zweitrangige, doch markante Rolle der Straßentänzerin. Tscherkassowa, unsere sprungstarke Solistin, kränkelte. Wieder einmal sollte ich als Lückenbüßerin dienen!

Nach zwei Proben hatte ich mir den Part der »Tänzerin« angeeignet. Ich trug ein hastig ersonnenes pechschwarzes Rüschenkostüm mit roten Volants (früher war die »Tänzerin« in einer weißen Bluse mit Münzkette und in einem grünen Rock aufgetreten) und führte die Szene unter donnerndem Applaus vor. Die Beine waren mir leicht, ich sprang bis zum Firmament, und das Publikum jauchzte. Vielleicht würde ich den Generalissimus zu seinem siebzigsten Geburtstag mit einem Meistersprung erfreuen.

Schaschkin rief mich in sein schäbiges Arbeitszimmer neben dem Büro.

»Dir wird eine ganz große Ehre zuteil. Du wirst am 22. Dezember an der Veranstaltung im Kreml teilnehmen. Im Auftrag des Kollegiums.«

(Was für ein »Kollegium«?)

»Du tanzt die Sprungvariation aus ›Don Quixote‹. Proben jeden Tag im großen Saal des Konservatoriums.«

Damit begann ein vielstündiges Warten. Wir hockten den lieben langen Tag – ohne Training oder Frühstück – auf den knarrenden Sesseln des Konservatoriums, bis wir aufgerufen wurden. Das Parterre war voll von konzentrierten, aufmerksamen Beobachtern. Die Kommission, das Kollegium, das NKWD – alle waren vertreten. Sie verglichen die Physiognomien der Künstler mit ihren »Privatakten« aus der Personalabteilung.

Jeder Auftritt wurde hundertmal durchgepaukt. Man probte die Verbeugungen, die Abgänge, die Révérencen vor dem kleingewachsenen Gott.

Koslowski und Michailow wiederholten ihr Duett – ein Volkslied – ein ums andere Mal mit ganzer Kraft, bis ihre Stimmen zu brechen schienen, aber sie durften nicht nachlassen. Vera Dawydowa, zu welcher der Heerführer aller Völker in heimlicher Liebe entbrannt sein sollte (in Moskau blühten die Gerüchte), trug immer wieder eine samtweiche Arie vor. Die Arien waren in dem Bemühen, genau die richtige zu finden, dauernd geändert worden.

Die schwere, stämmige Walerija Barsowa – sie besaß den bekanntesten Koloratursopran jener Zeit – wickelte fröstelnd einen Orenburger Schal um sich. Ihre Stimme war müde und heiser geworden, denn der Saal des Konservatoriums gehörte nicht zu den am besten beheizten in Moskau. Olga Lepeschinskaja schmachtete in einer Ecke. Keine Regierungsveranstaltung fand ohne sie statt. Stalin hatte (wiederum Gerüchten zufolge) eine Schwäche für sie und nannte sie »die Libelle«. Außerdem vergaßen die Veranstalter niemals, daß der fürchterliche Mann der Ballerina ein Mitkämpfer des Kannibalen Berija war. Vor NKWD-Generalen hatte man heillose Angst.

Mir war das Glück nicht hold. Die Sprungvariation dauerte nur vierzig Sekunden, so daß der Jubilar und die geladenen Gäste kaum Zeit haben würden, das neue Talent wahrzunehmen und dessen Technik zu bewundern. Am nächsten Tag befahl man mir, mein Solo zu wiederholen. Beim zweitenmal sprang ich mit dem anderen Bein ab. Auch jetzt überzeugte meine Leistung mich nicht. Die Musik erinnerte an die Klänge einer Drehorgel.

Am folgenden Tag saß ich nur da und wurde nicht aufgerufen. Anscheinend würde ich nichts mit der Feier zu tun haben.

Dann schlug Lawrowski der Kommission eine »künstlerische« Lösung vor: Der Pianist solle eine Sprungvariation aus »Laurencia« spielen, zu der ich zweimal das Solo aus »Don Quixote« vorführen würde. Die gelehrten Häupter waren einverstanden, aber ich mußte nun nicht nur tanzen, sondern auch als Ballettmeisterin tätig werden. Immerhin war die Bühne des Konservatoriums breit und frei, so daß ich mit vollem Einsatz springen konnte. Ich würde es versuchen, denn ich konnte mir nicht leisten, von der Veranstaltung ausgeschlossen zu werden. Man würde mich auslachen und zertrampeln: Sie eignet sich für so etwas nicht, hat wohl Dreck am Stecken ...

Kommission und Kollegium waren zufrieden. Man fragte mich, ob es nicht besser sei, ein rotes Röckchen zu tragen. Schließlich sei es ein großer, ein »roter« Tag für die Menschheit. Ich stimmte natürlich zu. Auch wenn man mir vorgeschlagen hätte, in einem Tarnkittel zu tanzen, wäre ich dazu bereit gewesen. Es gab keinen Weg zurück, wenn ich nicht verhöhnt und zermalmt werden wollte.

»Welche Farbe wird Ihr Kopfputz haben, Genossin Plissezkaja? Und Ihr Make-up? An was für eine Frisur haben Sie gedacht?« Für alles interessierten sie sich, die mißtrauischen Ungeheuer.

Die Feier würde einen Tag nach Stalins eigentlichem Geburtsdatum stattfinden. Nun galt es, der Reihe nach mit den Kleinigkeiten, den Details und meinen Ängsten fertig zu werden.

Die Veranstaltung sollte um 18 oder 19 Uhr beginnen, doch wir hatten bereits pünktlich um 12 Uhr im Theater zu erscheinen, damit wir uns dort schminken und die Kostüme anziehen konnten. Wir protestierten, daß wir uns verkühlen und nicht in der besten Verfassung sein würden. Die Opernsänger würden Fracks bzw. lange Abendkleider tragen, für uns hingegen sei es problematisch, sechs Stunden lang in Tutus und mit nackten Schenkeln zu warten. Wir erhielten die Erlaubnis, uns erst im Kreml umzuziehen. Uns begleitete eine Schar von Parasiten, in deren Gesichtern sich Ergebenheit und Eifer spiegelten.

Wir schminkten uns, zogen die Augenbrauen nach, richteten unsere Frisur. Ich befestigte eine rote Rose seitlich an meinem Haar. Die Wächter schienen die Blume mit den Augen abzutasten – ist sie auch wirklich aus Papier.

Danach saßen wir lange in der Direktionsloge und schwiegen feierlich. Jeder bemühte sich, in seiner Miene ein aufrichtiges inneres Beben erkennen zu lassen. Wir alle sind Superpatrioten, aber wer ist der beste ...

Wir fahren los.

Am Kremltor eine gründliche Überprüfung. Halblaute Gespräche. Sorgfältig, ohne Eile mustert man den Inhalt der Taschen: Trikot, Schuhe mit Bändern, Schuhhorn. Die Noten der Musikanten werden von vorn bis hinten durchgeblättert. Nichts Verdächtiges. Wir dürfen weiter.

An der Künstlereinfahrt wird die Prozedur mit doppelter Sorgfalt wiederholt. Man vergleicht den Passierschein mit einer Liste, die Liste mit den Angaben des Leiters (in jedem Auto sitzt einer), den Passierschein wiederum mit einem Theaterdokument, das wir alle bei uns haben. Ein prüfender Blick auf das Foto und auf die Realität, dann auf den Stempel mit den Worten »22. Dezember, Kreml«.

Durchfahren.

Wir fahren durch.

Man verteilt uns auf die engen Künstlergarderoben, an deren Türen unsere Namen stehen. Wieder eine lange Kontrolle. Die Zeit bis zum Auftritt zieht sich endlos hin.

Ich frage Lepeschinskaja flüsternd, ob es eine Toilette gibt. Ja, nebenan. Ich gehe hinaus, und die Wächter auf dem Korridor schrecken zusammen. Schuldbewußt schleiche ich zur Toilette. Wenigstens dort ist niemand, es sei denn, jemand hat sich irgendwo versteckt.

Abwechselnd lockern wir uns, auf den Tisch gestützt, in unserem Kämmerchen auf. Zu zweit würden wir nicht nebeneinanderpassen. Nun sind wir mehr oder weniger bereit.

Sämtliche Garderoben durchschreitet General Wlassik, der Chef von Stalins Leibgarde, höchstpersönlich in Begleitung eines Trupps disziplinierter, schlanker Adjutanten. Er grüßt nicht, sondern schaut allen unverwandt bis ins tiefste Innere, so daß einem das Blut in den Adern gefriert.

Die Aufführung beginnt.

Die Feier findet im Georgssaal des Kreml statt. Die Künstler schlüpfen der Reihe nach durch eine von zwei blonden Grenadieren halb geöffnete, schwere schmiedeeiserne Tür. Auf dem Korridor warten zahlreiche bohrende Augen, brennend wie Scheinwerfer.

Sogar das Kästchen mit dem Kolophonium wird von einem Spezialposten bewacht. Zitternd reibe ich meine Schuhe ein. Ich bin zu Tode erschrocken, und mir steht nicht der Sinn nach einem Bühnenauftritt. Balakschejew dirigiert das Orchester. Wie im Unterbewußtsein höre ich meinen Namen. Irina Michailowna Golowina, über deren Rang und Funktion ich nur Vermutungen anstellen kann, flüstert panisch: »Gib dein Bestes, Maijetschka...« Die Tür öffnet sich halb, und ich schlüpfe hindurch.

Blendendes Licht.

Alles ist golden.

In der ersten Reihe bemerke ich das – durch meine Angst und das grelle Licht verschwommene – schnurrbärtige Profil des Imperators; er thront, den Rücken halb zur Bühne gewandt, an einer langen Festtafel. Neben ihm sitzt Mao. Ich nehme die Préparations-Position ein, das Klavier ertönt. Wenn es doch schon vorbei wäre!

Der erste Sprung. Eine Katastrophe. Der Parkettboden ist auf Hochglanz poliert worden. Nur nicht ausrutschen, nur nicht hinfallen. Das ist das einzige, woran ich denke.

Ich weiß nicht, ob ich gut oder schlecht tanze. Aber ich halte die Balance und stürze nicht. Ich höre dumpfen Beifall. Stalin, zur Seite geneigt, spricht mit Mao. Zwischen ihnen, wie auf einem Abziehbild, erscheint das Gesicht eines namenlosen Dolmetschers. Worüber unterhalten sich die Lenker der Geschicke? Ich verbeuge mich, lächele starr und schlüpfe, wie befohlen, sofort wieder durch die ein wenig geöffnete weißgoldene Tür.

Niemand reagiert. Alle sind bereits von dem nächsten Auftritt in Anspruch genommen. Entkräftet taumele ich zurück in mein Kämmerchen und bleibe lange unbeweglich vor dem Spiegel sitzen. Das abgezehrte Gesicht scheint nicht mir zu gehören. Ich löse die rote Rose aus meinem Haar, versuche trotz meiner Ermattung, Atem zu schöpfen, und ziehe mich um.

In den Morgenzeitungen findet man ein kurzes TASS-Kommuniqué über das Fest im Kreml. Auch mein Name wird erwähnt. Das ist ein Erfolg. Nun kann ich für meine Zukunft kämpfen. Wer weiß, vielleicht läßt man mich etwas Neues tanzen.

»Don Quixote« und Golowanows Opern

Das Neue war »Don Quixote«. Nach der Straßentänzerin erlernte ich nun die Rolle der Kitri. Diese Partie durchzieht – wie »Schwanensee« – mein ganzes Leben. Außerdem wies man mir die Perserin in »Chowanschtschina« mit Nikolai Semjonowitsch Golowanow am Pult zu.

Nach der »Weihnachtsgala« zu Stalins siebzigstem Geburtstag traten meine Gegner etwas leiser auf. Schaschkin begann, mich als erster zu grüßen, und verzog seine dünnen Lippen sogar zu einer Art Lächeln, als wolle er sagen: Plissezkaja hat uns nicht im Stich gelassen, sie hat sich prächtig gehalten (die Kunde von der gewachsten Bühne im Georgssaal des Kreml war ins Bolschoi vorgedrungen). Sogar Solodownikow schaute bei einer meiner Vorstellungen kurz in die Direktorenloge hinein und winkte mir »liebenswürdig« zu.

Ich nahm meinen Mut zusammen und führte mit dem Ballettdirektor ein für mich demütigendes Gespräch über eine Gehaltserhöhung. Seit 1945 hatte man mein Gehalt eingefroren. Obwohl ich inzwischen die Rolle einer führenden Ballerina übernommen hatte, zahlte man mir nicht mehr als einer drittrangigen Solistin. Wenn ich meine Tagebuchnotizen aus jenen Jahren durchblättere, stoße ich auf den traurigen Satz: »Die Bräute ... im dritten Akt *meines* ›Schwanensee‹ ... bekommen ganze tausend Rubel mehr als ich.« Allerdings war mein Entschluß, um eine Gehaltserhöhung zu bitten, weniger materiell motiviert, denn ich ließ wie früher keine Chance aus, an den erschöpfenden Zusatzauftritten teilzunehmen. Sie waren die Haupteinnahmequelle meiner Familie. Worauf es mir vor allem ankam, war das Prestige, die Frage meiner Stellung in der Balletthierarchie.

Man lächelte mir nun zwar häufiger zu, doch meine bescheidene Bitte wurde übergangen. Ja, ja, natürlich, wir werden es nicht vergessen, wir schätzen Sie, aber zum gegenwärtigen Zeitpunkt ist es schwierig, verstehen Sie. Wir werden uns bemühen, nachdenken, machen Sie sich keine Sorgen ... Leeres Gerede.

Aber die Kitri gab man mir ohne bürokratische Verzögerung. Ich stürzte mich kopfüber in die Arbeit. Repetitor war Jelena Michailowna Iljuschtschenko, die ich bereits erwähnt habe. Sie war scharfzüngig und unerschütterlich; meistens trug sie etwas »Kariertes«. Bei den Proben rühmte sie mich als eine »Naturgewalt«, aber sie achtete sorgfältig darauf, daß wir uns an die Vorgaben des Choreographen hielten. Eigenmächtigkeiten bestrafte sie mit heiligem Zorn. Mein Partner war Juri Kondratow.

Die Theaterplakate wurden alle zehn Tage – dreimal im Monat – gedruckt. Als das Plakat für die Zeit vom 1. bis zum 10. März 1950 herauskam, sah ich meinen Namen für die Rolle der Kitri in »Don Quixote« am 10. März und war außer mir vor Freude. Ich würde die Kitri tatsächlich tanzen, ohne daß man mir wie üblich Steine in den Weg legte!

Die Vorstellung war ein Erfolg. Ich war voller Energie, denn es ist leichter, zu arbeiten und zu proben, wenn man nicht täglich mit Schikanen zu kämpfen hat. Die Erwähnung meines Namens in dem TASS-Kommuniqué über die Gala zu Stalins Geburtstag war rund sechs Monate lang eine große Hilfe für mich.

Während der Premiere kam es zu einigen kuriosen Vorfällen. Im ersten Akt verlor ich das Gleichgewicht, als ich eine Variation in der Diagonale beendete, und fand mich genau im Einklang mit der Musik auf dem Boden wieder. Oft durchläuft man hundert Proben, ohne eine solche Präzision zu erreichen. Das Publikum wußte meine Geistesgegenwart zu schätzen und klatschte heftig. In der Szene »Der Traum« verspätete ich mich beim Beginn meines Auftritts um acht Takte, denn die Regisseure hatten mir nicht mitgeteilt, daß »Der Traum« unmittelbar nach »Der Wald« einsetzen würde. Aber alles ging glatt, denn während des neunten Taktes wandte Amor mir das Gesicht zu, und ich erschien, als hätte er mich gerufen. Beim Pas de deux des Finales drehte ich achtundzwanzig vorzügliche Fouettés, doch bei den letzten vier wurde ich seitlich abgetrieben, so daß ich mich mit der Endpose nicht genau im Bühnenzentrum befand.

Ich mußte mich immer wieder verbeugen. Nachdem sich der Vorhang geschlossen hatte, klatschten sämtliche Mitglieder der Truppe wie rasend Beifall. Ulanowa kam hinter die Kulissen, sagte einige freundliche Worte und schenkte mir ein Buch über Marie Taglioni. Auf das Titelblatt hatte sie geschrieben: »Ich wünsche Maija Plissezkaja ein großartiges Leben in der Kunst.« Sie war sehr lebhaft und aufgeregt.

Es gab einen weiteren Zuschauer, von dem ich erst später erfuhr. Der dreizehnjährige Rudolf Nurejew war an jenem Abend zufällig auf der Durchreise in Moskau. Als mir Petersburger Freunde davon erzählten, erkundigte ich mich nach seiner Reaktion.

»Nurejew hat nach dem ersten Akt geweint«, lautete die Antwort.

Bei einer späteren Begegnung fragte ich Rudi, ob dies die Wahrheit oder nur eine freundschaftliche Übertreibung gewesen sei.

»Es ist nicht wahr. Ich habe nicht geweint, sondern geschluchzt. Vor Glück. Sie haben ein Feuer auf der Bühne entzündet.«

Und »Chowanschtschina«.

In jenen Jahren arbeitete der imposante Musiker Golowanow als Chefdirigent am Theater. Seine Frau war die legendäre Sängerin Antonina Wassiljewna Neschdanowa (eine Straße im Zentrum Moskaus, in der auch Schostakowitsch, Chatschaturjan und viele andere Größen wohnten, trägt heute ihren Namen).

Golowanow hatte eine Rechnung mit dem Sowjetsystem zu begleichen. Er stammte aus der Geistlichkeit und trug immer einen altmodischen schwarzen Gehrock, der mit einem Waschbärpelz gefüttert war, und eine Fliege. Zwar war er am Moskauer Konservatorium von Wassilenko zum Komponisten ausgebildet worden, doch er begeisterte sich für den Dirigentenberuf und hatte in der Interpretation der russischen Musik nicht seinesgleichen. Anfang der dreißiger Jahre attackierte Stalin ihn in einem vernichtenden Artikel, in dem er die diktatorischen Anwandlungen Golowanows verurteilte. (Aber welcher Dirigent ist kein Diktator?) Welch ein Glück, gute Leute, schien Stalin sagen zu wollen, daß ihr in dem demokratischsten, freiheitlichsten Land der Welt lebt. Wir werden niemandem gestatten, die Gleichberechtigung im Arbeiter-und-Bauern-Staat zu mißachten.

Wie durch ein Wunder landete Golowanow nicht im Gefängnis. Vielleicht hatte ihn der Ruhm seiner Frau geschützt, oder vielleicht hatte sich Stalin eines anderen besonnen. Der Tyrann liebte es, mit seinen Opfern Katz und Maus zu spielen. Außerdem gefiel es ihm, seinen Hofstaat mit begabten Künstlern zu schmükken, sogar wenn diese den Grafentitel trugen (wie etwa die Schriftsteller Alexei Tolstoi und Alexander Ignatjew) oder Sprößlinge der Geistlichkeit waren (wie zum Beispiel der Dirigent Golowanow und der Sänger Maxim Dormidontowitsch Michailow).

Golowanow wurde nicht eingesperrt, aber natürlich entlassen, denn es ging nicht an, daß sich vorrevolutionäre Herrschaften seiner Art im bedeutendsten Theater des Landes einnisteten. Er arbeitete zunächst beim Rundfunk, doch dann kehrte er plötzlich zum Theater zurück. Was sich hinter den politischen Kulissen abgespielt hatte, konnte ich nicht ergründen. Jedenfalls übernahm Golowanow zum zweitenmal den Stab des Chefdirigenten.

Nikolai Semjonowitsch war bereits in »Sadko« auf mich aufmerksam geworden. Ich tanzte in dem »Unterwasserakt« von Rimski-Korsakows Oper die Variation des Nadelfisches nach Lawrowskis Choreographie. Er muß mit meinem musikalischen Gespür einverstanden gewesen sein, denn während er für die meisten Mitwirkenden nur unflätige Flüche übrig hatte, ging er mit mir liebenswürdig und freundlich um. Einmal brüllte er Vera Dawydowa, der von Stalin so geschätzten Sängerin, über das Orchester hinweg zu: »Wieso heulen Sie denn wie eine Wölfin?«

Die von Stalins Speicheleckern verwöhnte Sängerin rannte unter Tränen aus der Probe.

Und Veronika Borissenko, die beleibte, vollbusige Kontraaltistin, die das Herz des Chefideologen Andrei Schdanow gewonnen hatte (dieser schämte sich nicht, in Generalsuniform herumzulaufen), mußte sich die bissige Bemerkung anhören: »Die Generale, die Ihnen den Hof machen, meinen wohl, daß Sie sauber singen. Aber ich sage Ihnen, daß Sie zu keiner lebendigen Note fähig sind.«

Auch Borissenko trippelte unter Tränen aus dem Saal. Es ist kaum zu glauben, aber Golowanow blieb ungeschoren.

Er war es, der mich für die Rolle der Perserin in »Chowanschtschina« auswählte. Schtschedrin beteuert bis heute, daß mir die Natur ein absolutes Gehör geschenkt habe. Dabei kenne ich (fast) keine Noten. Absolut oder nicht, mein Gehör ermöglicht mir, Melodien im Gedächtnis zu behalten und Halbtöne im Spiel des Orchesters zu unterscheiden. Diese Musikalität nahm Golowanow offenbar für mich ein.

Die Tänze in »Chowanschtschina« choreographierte Sergei Koren. Er ist als ein unvergleichlicher Mercutio in Lawrowskis Moskauer »Romeo-und-Julia«-Inszenierung in die Geschichte des russischen Balletts eingegangen. Seine Erfahrungen als Ballettmeister waren begrenzt, aber »Chowanschtschina« ist ihm meiner Ansicht nach gelungen.

Sergei Gawrilowitsch konzentrierte die gesamte Partie auf mich. Nach dem Befehl Iwan Chowanskis, die persischen Gefangenen zu rufen, sollte ich, im Anschluß an das weibliche Corps de ballet, als erste in den Bojarengemächern des aufständischen Moskauer Fürsten erscheinen. In der Musik kamen Sehnsucht, Zärtlichkeit und Leidenschaft zum Ausdruck (das Wort »Sex« kannten Koren und ich damals noch nicht). Meine Körpermitte war nach Art einer Bauchtänzerin nackt, ich trug einen Chiffonschal, klatschte am Anfang in die Hände, als hielte ich ein Tamburin, und umkreiste Chowanski, um seine Leidenschaft zu entfachen. Ein großes Crescendo. Ich bewegte mich wie eine Lotusblüte im Wind, der Fürst verlor die Beherrschung und stürzte auf mich zu. Der Chor stimmte seinen Lobgesang an – und plötzlich wurde Chowanski ein Messer in den Rücken gestoßen. Der Aufstand war niedergeschlagen.

Korens Choreographie gefiel mir sehr, und auch die Musik war ungewöhnlich schön. Aber als die Orchesterproben unter Golowanows Leitung begannen, bekam ich eine Gänsehaut am ganzen Körper. Auf dem musikalischen Höhepunkt, den ich begierig im Laufe des gesamten Abends erwartete, lief mir ein Schauer über den Rücken. Dafür machte ich allein Mussorgskis Musik verantwortlich. Aber als Golowanow eines Tages von einem anderen Dirigenten abgelöst wurde, blieb der Schauer aus. Dieselbe Musik, dasselbe Tempo, dasselbe Orchester – aber nichts. Damals begriff ich, wie wichtig der Dirigent ist.

Lepeschinskaja, die sich der Arbeit später als ich anschloß, probte die Rolle der Perserin ebenfalls. Bei den letzten Orchesterproben erwies sich Golowanow als Gentleman. Die ganze Oper wurde in einem Zug durchgespielt, nur die Perserin ließ er wiederholen – einmal mit Lepeschinskaja, einmal mit mir. Die Hauptproben kamen, und Golowanow sprach sich offen für mich aus. Daraufhin übertrug man mir drei Hauptproben, die Premiere und die zweite Vorstellung. Er hatte wirklich vor niemandem Angst.

Im selben Jahr starb Antonina Wassiljewna Neschdanowa. Nikolai Semjonowitsch hatte sein ganzes Leben mit ihr verbracht, obwohl sie viel älter war als er. Golowanow reagierte mit Depressionen auf den Tod seiner Frau. Am 9. Oktober sollte im Theater eine Vorstellung zu ihrem Andenken stattfinden. Golowanow begegnete mir auf einem Korridor und bat mich, daran mitzuwirken. Es schien mir angebracht zu sein, den »Sterbenden Schwan« zu tanzen.

In der Tiefe der Bühne, vor einem weißen Hintergrund, hing ein riesiges, mit Blumen reich geschmücktes Porträt Antonina Wassiljewnas. Kurz vor dem Finale des »Sterbenden Schwanes« streckte ich, den Rücken zum Saal, die Hände zu ihr aus, als wolle ich mich von ihr verabschieden. Langsam erlosch das Licht. Golowanow war gerührt.

Kurz darauf starb auch Nikolai Semjonowitsch. Ich bewahre die Erinnerung an ihn.

22

DAS LEBEN AUS DEM KOFFER UND
DAS ENDE DER STALIN-ÄRA

Die nächsten beiden Spielzeiten brachten nichts Besonderes für mich. Aber ich trat häufig auf: im Theater und vor allem bei diversen anderen Veranstaltungen. Letztere verlangten, daß ich kreuz und quer durchs Land reiste, um Geld zu verdienen. Nach Norden, Westen, Süden, Osten. Es gab noch keine Düsenmaschinen, und der Flug von Moskau nach Jerewan zum Beispiel dauerte vierzehn Stunden. Heute klingt so etwas unglaublich.

Der Komfort war typisch sowjetisch. Ätzender Benzin- und Schweißgeruch, betäubender Motorenlärm, nicht abschließbare Toilettentüren. Schmutz. Zigarettenstummel. Hülsen von Sonnenblumenkernen. Unser Essen mußten wir mitnehmen, und das Geschirr wurde in der Luft durchgeschüttelt.

Zu den Gastspielen trafen wir immer in letzter Minute ein. Das Publikum war schon im Saal, und ich, nach dem Gerüttel noch ganz benommen, befestigte mir während der Fahrt vom Flughafen die Schwanenfedern am Kopf.

Und man denke an die sowjetischen Hotels jener Zeit. Warmes Wasser gab es nur zwei Stunden am Tag, und es war stets so rotbraun, daß man die Spuren später zu Hause nicht auswaschen konnte. Die Seife brachten wir selbst mit. In einem Kämmerchen stand eine rostige Kanne mit heißem Wasser, und ein zerbeulter Becher war mit einer Kette daran befestigt. Dieser kümmerliche Raum diente auch als Hotelbüfett. Auf jedem Stockwerk lauerte eine Etagenfrau (manchmal auch zwei). Sie durchbohrten die Gäste mit bösartigen Blicken – hat die zugereiste Schauspielerin etwa einen Kissenbezug oder einen Vorhang gestohlen, hat etwa jemand ihr Zimmer betreten, um die kommunistische Moral zu untergraben? Bei der Abreise zählten, überprüften, verzeichneten sie alles. Und ohne Ausnahme fanden in jedem Hotel gerade Instandsetzungsarbeiten statt. Hämmer klopften von Sonnenaufgang an, als wolle man einem Nägel in den armen Schädel treiben. Diese Instandsetzungsarbeiten haben mich mein ganzes Leben lang – überall auf der Welt – verfolgt.

Ich machte Hunderte von Reisen: zur Oper von Charkow, zum siebten Jahrestag der Smolensker Befreiung von den Deutschen, zum Jubiläum des Stalinschen Gartenbauers Mitschurin, der dem Herrscher der Völker versprochen hatte, Gerste und Weinstöcke zu züchten, die selbst in der Tundra an der Küste des Nördlichen Eismeers Frucht tragen würden. Minsk, Riga, Tallin und Rjasan, Brjansk, Kaluga, Leningrad, Kiew und Serpuchow, Orjol.

Diese Aufzählung mag genügen. Nur Sibirien ließ ich aus. Der Flug dauerte zu lange, das Wort hatte einen schrecklichen Klang, und nichts zog mich dorthin.

Aber im allgemeinen hatte ich keine Wahl. Von dem kargen Theaterhonorar konnte man nicht leben, und jeder Gastauftritt wurde in bar bezahlt. Die Belastung war kaum zu ertragen, aber dafür bekam man Geld auf die Hand.

Am schwierigsten war es, die nötige Zeit zwischen dem Repertoire und den Proben zu finden. Ich versuchte immer, die Reisen um den Montag – unseren freien Tag – herum zu planen. Aber in Rußland ist das Flugwetter im Herbst, Winter und Frühjahr schlecht. Der Abflug verzögert sich. Du sitzt im vollgespuckten Wartesaal. Wanzen stechen, du frierst, bist nervös – schließlich darfst du die morgendliche Probe nicht versäumen ...

Im Frühling begann man auch im Bolschoi mit Instandsetzungsarbeiten. Die Truppe trat währenddessen im Grünen Theater des Gorki-Kulturparks auf. Später drehte man in Hollywood einen Kinohit über Spione aller Schattierungen und Nationalitäten mit dem Titel »Gorki-Park«. Wenn die Drehbuchautoren von Hollywood gewußt hätten, daß Ulanowa den »Roten Mohn« und ich »Schwanensee« im Grünen Theater tanzten, wären sie vielleicht in der Lage gewesen, ihrer Phantasie vollends die Zügel schießen zu lassen.

Die Moskauer Abende sind kalt und häufig auch feucht. Wir mußten uns heimlich etwas Warmes anziehen. Ulanowa trug unter ihrem chinesischen Seidenpyjama eine Wolljacke, und ich tanzte hin und wieder mit zwei Trikots. Meine Verehrer waren erbittert, weil ich scheinbar zugenommen hatte.

In diesen Jahren unternahm ich wenig Neues. Ich tanzte Sarema in »Die Fontäne von Bachtschissarai« und die Walpurgisnachtszene in »Faust«. Außerdem probte ich für das Ballett »Rubinrote Sterne«, das Lawrowski produzierte. Die Musik hatte Andrei Melitonowitsch Balantschiwadse geschrieben, der Bruder des großen Choreographen George Balanchine. Balantschiwadse hatte sein ganzes Leben in Georgien verbracht (ich ging später in der kleinen New Yorker Straße unweit des Broadway spazieren, die den Namen des amerikanischen Balanchine trägt). Stalins Eiserner Vorhang trennte die Brüder über Jahrzehnte hinweg voneinander. Erst in den Jahren der Breschnewschen Stagnation konnten sie einander wiedersehen. Der Choreograph hatte sich verwirklichen können, während der Komponist sogar mit einem unschuldigen Ballett gescheitert war.

Das Sujet des Balletts war wenig überzeugend, denn man hatte es den Forderungen des Sowjetregimes untertänig angepaßt. Die Handlung spielte im Kaukasus. Die Heldin hieß Dscheiran; ihre Rolle wurde natürlich mit Lawrowskis Frau Jelena Tschikwaidse besetzt. Ich gehörte zum zweiten Ensemble, und Tschikwaidse hatte die Hauptarbeit zu leisten.

Im Mittelpunkt stand eine Dreierbeziehung; einer der Rivalen war Russe, der andere Georgier. Die Front, große Taten, heroischer Untergang, unverbrüchliche Treue des Mädchens, siegreiche Rückkehr. Kurz, es ging um die »unzerstörbare Völkerfreundschaft«, die der weitblickende Stalin verkündete. Heute ist diese Freundschaft explodiert und blutgetränkt, aber damals saßen alle friedlich vor den Mündungen der Maschinengewehre und bestärkten den Potentaten in seinem marxistischen Wahn.

Es war schwierig, die Handlung auf einer offenkundigen Lüge aufzubauen. Der nervöse Lawrowski änderte den Kern des Konflikts immer wieder: Mal fiel der Russe, mal der Georgier, mal wollte sich Dscheiran von einem Felsen stürzen, mal kehrten beide unversehrt von der Front zurück.

Die Künstler wurden vollends irregemacht, als Michail Gabo-

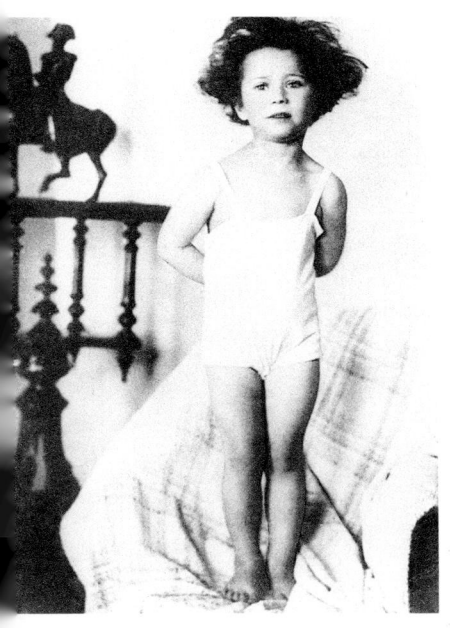

1 *(links)* Im zahnärztlichen Behandlungszimmer des Großvaters an der Sretenka. Moskau 1927

2 *(unten)* Mit den Eltern. Moskau 1928

3 Vor der Reise nach Spitzbergen mit der Mutter und dem Bruder Alexander. 1932

4 Maija Plissezkaja mit acht Jahren. Spitzbergen 1933

5 *(oben)* Mit Jekaterina Schlichting und Kasjan Goleisowski. Moskau 1949

6 *(links)* Tschaikowskis »Impromptu«. Probe in der Schule. Moskau 1941

7 *(linke Seite oben)* Mit dem Corps de ballet bei der Probe zu »Raymonda«. Rom 1984

8 *(linke Seite unten)* Probe zu »Maria Stuart«. Teatro de la Zarzuela. Madrid 1988

9 *(oben)* Bei der Probe. In der Mitte Jacqueline Kennedy mit Tochter Caroline. New York 1962

10 *(links)* Mit dem Choreographen José Granero bei der Probe zu »Maria Stuart«. Teatro de la Zarzuela. Madrid 1988

11 *(linke Seite oben)* Nach der Aufführung von »Boléro« mit Maurice Béjart. Paris 1978

12 *(linke Seite unten)* Beim Training. Leipzig 1970

13 *(oben)* »Laurencia«. Bolschoi-Theater. 1956

14 *(links)* »Raymonda«. Bolschoi-Theater. 1945

Folgende Seite:

15 *(oben links)* Ballettmeister Leonid Jakobson

16 *(oben Mitte)* Mit dem kubanischen Choreographen Alberto Alonso bei der Inszenierung von »Carmen-Suite«. Bolschoi-Theater. 1967

17 *(oben rechts)* Mit Ballettmeister Alexander Radunski bei der Probe zu Rodion Schtschedrins Ballett »Das bucklige Pferdchen«. Moskau 1960

18 *(unten links)* Bei der Probe zu »Schwanensee« mit Nikolai Fadejetschew. Théâtre de l'Opéra. Paris 1961

19 *(unten Mitte)* Ballettmeister Assaf Messerer

20 *(unten rechts)* Der französische Choreograph Roland Petit (links) produziert »La Rose malade«. Partner Rudy Bryans. Bolschoi-Theater. 1973

21 Myrtha in »Giselle«. Bolschoi-Theater. 1956

22 Feuervogel in dem gleichnamigen Ballett von Igor Strawinski. Bolschoi-Theater. 1964

23 *(oben)* Sarema in »Die Fontäne von Bachtschissarai«. Bolschoi-Theater. 1949

24 *(links)* New York 1966

25 *(rechts)* »Tanz der Perserinnen« aus Modest Mussorgskis Oper »Chowanschtschina«. Bolschoi-Theater. 1963

26 *(unten)* Als Kitri in »Don Quixote«. Bolschoi-Theater. 1964

27 *(oben)* »Phèdre«. Choreographie Serge Lifar. Théâtre de France-Odéon. Paris 1983

28 *(links)* Bei den Aufnahmen zu dem Ballettfilm »Die Dame mit dem Hündchen«. Choreographie Maija Plissezkaja. Moskau 1986

29 *(linke Seite oben links)* Als Zarentochter in »Das bucklige Pferdchen« von Rodion Schtschedrin. Bolschoi-Theater. 1965

30 *(linke Seite oben rechts)* »Die Möwe«. Bolschoi-Theater. 1980

31 *(linke Seite unten)* Mit Jorge Donn in »Leda«. Palais de Congrès. Paris 1979

32–33 »Die Möwe«. In der Rolle des Trepljow Alexander Bogatyrjow. Bolschoi-Theater. 1980

34–35 Als Ägina in der Szene »Fest in der Villa des Crassus«. Nikolai Fadejetschew in der Rolle des Harmodius. Choreographie Igor Moissejew. Bolschoi-Theater. 1958

witsch die Achillessehne riß und die Hauptrolle in aller Eile einem anderen übertragen werden mußte, nämlich Juri Schdanow.

Mit Ach und Krach wurde schließlich eine Orchesterprobe vor Zuschauern abgehalten, der unbemerkt eine vierköpfige ZK-Kommission beiwohnte. Nach dem Verbot von Muradelis Oper »Die große Freundschaft«, dem Parteibeschluß von 1948 über die Formalisten in der Musik, nach den üblen Reden des »Kulturpapstes« Andrei Schdanow und der Aberkennung der bürgerlichen Ehrenrechte im Falle von Prokofjew, Schostakowitsch, Chatschaturjan und Mjaskowski war die Kommission selbst von Furcht gepackt. Wieder spielte die Handlung im Kaukasus, wieder hatte der Komponist einen georgischen Namen, wieder, wieder ...

Die Vorstellung wurde abgesetzt. Man hielt es für einen Segen, daß die Premiere nicht stattfand, doch eine Menge Geld war verschleudert worden.

Wie stand es um die Wachsamkeit der Leitung? Wo war sie? Hatte sie geschlafen? Theaterdirektor Solodownikow und Lebedew, der Vorsitzende des Komitees für künstlerische Angelegenheiten, verloren ihre Posten. Im ersten Fall freute ich mich, weil ein Feind gestürzt worden war, im zweiten tat es mir leid, denn Lebedew hatte sich mir immer gewogen gezeigt. Immerhin, ein Unentschieden, 1:1. Ihre Sessel übernahmen die erfahrenen Funktionäre Anissimow und Bespalow.

Die Geschichte der »Großen Freundschaft« ist weithin bekannt, aber von dem öffentlichen Verbot anderer Vorstellungen im Bolschoi-Theater wissen nur wenige. Dabei fiel das Parteiorgan *Prawda* auch über die Opern »Bogdan Chmelnizki«, »Von ganzem Herzen« und das Ballett »Rubinrote Sterne« her, mit dem ich am Rande zu tun hatte. Ob ich etwas vergessen habe?

Im Mai 1951 stand das hundertfünfundsiebzigjährige Jubiläum des Bolschoi-Theaters an.

Jubiläen sind in Rußland stets von großer Bedeutung. Nach rechts und links werden Titel, Prämien, Orden und Ehrenurkunden ausgeteilt. Sobald sich ein rundes Datum abzeichnet, geraten die Menschen außer sich vor Sorge, eine Chance zu verpassen. Das nächste Jubiläum liegt in der Ferne, und dann könnte man zu alt sein. Es kommt zu wüsten Intrigen und Unterstellungen, und etliche scheuen sich nicht einmal, verleumderische Briefe zu schreiben. Wer flink ist, schlägt sich auf einem Empfang zu einem wichtigen Parteifunktionär durch, um alle übrigen mit Schmutz zu überschütten. Auch unserem Theaterjubiläum gingen häufig wechselnde Denunziationen voraus.

Das Ballett hatte mich für den Titel einer »Verdienten Künstlerin« vorgeschlagen, aber die Komsomolorganisation protestierte heftig; ich sei politisch unreif und eigensinnig. Die Gewerkschaftsorganisation hingegen sprach sich für mich aus; schließlich hätte ich Lazarette besucht und sei bei Patenschaftsveranstaltungen der Partei aufgetreten.

Das Tauziehen begann.

Die neue Leitung war auf meinen Namen in der TASS-Meldung über die Mitwirkenden an Stalins Geburtstagskonzert aufmerksam geworden, und dies gab den Ausschlag: Am 27. Mai 1951 stieg ich ein paar Stufen höher, denn ich erhielt den Titel »Verdiente Künstlerin der Russischen Föderation«. Die Liste der Ausgezeichneten wurde unüberhörbar im Rundfunk verlesen, und danach erschien mein Name auf sämtlichen Programmen und Plakaten nur noch zusammen mit diesem Titel.

In Leningrad hatten zudem die Dreharbeiten für den ersten sowjetischen Ballettfilm, »Meister des russischen Balletts«, begonnen. Videokassetten des Filmes sind heute auch in Europa und Amerika erhältlich. Das Schicksal war mir hold, und ich wurde in dem Streifen in der Rolle der Sarema, zusammen mit Ulanowa als Maria, verewigt.

Aber während mir das Schicksal zulächelte, hatte es für die unvergleichliche Leningrader Ballerina Alla Schelest – sie war ebenfalls Waganowa-Schülerin, und eine der begabtesten – nur eine Grimasse bereit. Schelest hatte sich bereits auf die Dreharbeiten vorbereitet, in deren Mittelpunkt das Kirow-Theater stand, doch ein paar Tage zuvor erlitt sie einen Autounfall. Ihre Arme und Beine blieben unversehrt, aber die Windschutzscheibe splitterte und zerschnitt ihr das Gesicht; außerdem brach sie sich die Nase.

Da sie so unmöglich in dem Film auftreten konnte, wurde ich rasch aus Moskau herbeigerufen.

In Interviews hat man mir überall auf der Welt immer wieder die gleiche Frage gestellt: »Wen halten Sie für die begnadetste Ballettänzerin?« Und immer habe ich drei Namen genannt: Semjonowa, Ulanowa und Schelest. Bessere Ballerinen habe ich nie gesehen. Pawlowa und Spessiwzewa konnte ich zu ihren Lebzeiten nicht bewundern. Angesichts der überlieferten primitiven Filmszenen und Fotografien kann ich die beiden jedoch als große Tänzerinnen bezeichnen. Aber die Frage galt meinen unmittelbaren Eindrücken als Zuschauerin, und deshalb mußte ich antworten: Semjonowa, Ulanowa und Schelest.

Ulanowa und Semjonowa sind zur Legende geworden. Ihre Namen bedürfen keines Kommentars. Alla Schelest dagegen ist kaum bekannt. Man erkundigte sich immer wieder: »Wer ist die dritte? Schelest? Aus dem Kirow-Theater? Wie buchstabiert man den Namen?«

Das Leben ist begabten Menschen gegenüber ungerecht. Aber ein Dichter, Komponist oder Maler kann sich noch Jahrhunderte später durchsetzen (wenn er die nötige Explosivkraft hat). Schuberts »Unvollendete« lag zweiundfünfzig Jahre lang unter dem Dach eines Wiener Hauses, aber dadurch wurde das Meisterwerk nicht beeinträchtigt. Als van Gogh seine »Sonnenblumen« gemalt hatte, wurde er ausgelacht, doch darauf kam es nicht an. Der Wert des Bildes stieg ins Unermeßliche, nachdem es anerkannt worden war. Die Dichterin Marina Zwetajewa hängte sich in Jelabuga auf. Niemand wußte ihre Werke zu schätzen. Aber dann kam ihre Zeit. Heute blickt Marinas trauriges Gesicht überall auf der Welt aus den Schaufenstern von Buchhandlungen.

Nach dem Tod einer Ballerina hingegen bleibt nichts als Leere. Diejenigen, die ihr applaudiert und ihr Rosenkörbe geschickt haben, liegen bereits im Grab. Sie können den neuen Ballettomanen ihr Entzücken nicht mehr vermitteln.

In ganz seltenen Fällen – nur dann, wenn eine Ballerina genial war – verrät allerdings selbst eine altmodische Fotografie dem Kenner noch alles Nötige.

Es gibt viele Rollen, in denen ich Alla Schelest nicht vergessen kann: Giselle, Ägina, Sarema. In »Das blinde Mädchen«, choreographiert von Jakobson, ließ sie mich sogar weinen. Und wie schwer ist es, einer Kollegin Tränen abzupressen! Aber Schelests Bühnenschicksal verlief unglücklich. Stets wurden ihre Triumphe im letzten Moment verhindert. Sie selbst erzählte halb im Spaß, daß ihr Unglück begonnen habe, als sie sich, neun Jahre alt, mit einem gleichaltrigen Jungen ins Kino aufmachte. Sie trug ihr hellrotes Sonntagskleid und umklammerte das Geld, das die Eltern ihr für Süßigkeiten und die Karte gegeben hatten. Plötzlich stieß der Junge Alla in eine lehmige Pfütze, entriß ihr das Geld und flüchtete kichernd. Sie blieb durchnäßt im klebrigen Lehm sitzen und schluchzte bitter. – Und genauso sei ihr späteres Leben verlaufen . . .

Ihre besten Jahre fielen in die Zeit, als niemand aus Rußland ausreisen durfte. Sie trat selten in Premieren auf, denn der künstlerische Leiter des Kirow-Balletts war Sergejew, der seine Frau Natalja Dudinskaja ein ums andere Mal bevorzugte. Knapp über vierzig Jahre alt, ging Schelest schließlich unbemerkt in den Ruhestand.

Schelest besaß eine ungewöhnliche Darstellungskraft. Auf der Bühne war sie von göttlicher Schönheit, aber nach der Vorstellung schien sie zu erlöschen. Wenn sie sich abgeschminkt und geduscht hatte und die Menge ihrer Verehrer am schmalen Künstlerausgang durchquerte, erkannte sie niemand mehr.

Doch zurück zum Bolschoi-Theater: Vor den vereisten Fenstern des Theaters und des Hauses in der Schtschepkin-Straße 8 war die Stalin-Ära auch 1953 noch nicht abgeklungen. Es galt, die »Ärzteverschwörung« gegen Stalin, den Skandal um die »Mörder in weißen Kitteln«, aufzudecken. Wie es der Zufall und das NKWD wollten, waren sämtliche Verschwörer Juden und damit Agenten des Zionismus. Schreckliche Gerüchte machten die Runde: Stalin beabsichtige, sämtliche Juden in den Fernen Osten, nach Birobidschan, umzusiedeln. Er hatte bereits ganze Völker in einer einzigen Nacht abtransportieren lassen – die Wolgadeutschen, die

Krimtataren, die Tschetschenen und Inguschen. In dieser Hinsicht besaßen die sowjetischen Straforgane also hinreichende Erfahrungen.

Die Otolaryngologin Walja Feldman wurde aus der Poliklinik des Bolschoi-Theaters hinausgeworfen. Dabei schworen die Opernsänger auf sie, weil sie sämtliche Stimmbandprobleme beheben konnte.

Aber darf denn die Tochter von Professor Feldman – einem Mörder, der in allen Zeitungen auf der schwarzen Liste steht und bereits im Gefängnis sitzt – in einer staatstragenden Einrichtung arbeiten? Genosse Jakowlew, der Parteiorganisator des Theaters (der natürlich vom NKWD und vom ZK abgeordnet worden war), schüttelte auf einer vielköpfigen Künstlerversammlung im Beethoven-Saal des Bolschoi die Fäuste:»Wachsamkeit, Wachsamkeit und nochmals Wachsamkeit. Die Feinde sind nicht weit, die Tochter des Mörders Feldman hat sich in unserer Poliklinik eingenistet.«

Aber der Herrgott war barmherzig. Am 2. März 1953 verlas Rundfunksprecher Lewitan mit eisiger Stimme eine Meldung über die Gesundheit des wirklichen Mörders – Stalin. Anscheinend würde er uns bald als Waisen zurücklassen.

Für den 4. März war ich in »Raymonda« angekündigt. Würde die Vorstellung stattfinden oder abgesetzt werden? Niemand wußte eine Antwort. Schaschkin, vor Eifer abgemagert, drehte immer wieder die Wählscheibe des Telefons. Aber kein Befehl »von oben« traf ein.

Zu guter Letzt tanzte ich »Raymonda«. Einer meiner Bekannten, dem ich Karten an der Kasse hinterlegt hatte, blieb dem Theater fern. Er hatte es mit der Angst zu tun bekommen. Wenn das wundertätige Genie nun gesund wurde und die Nachbarn meldeten, daß er sich im entscheidenden, tragischsten Moment der Geschichte mit seiner Familie beim Ballett vergnügt hatte ...

Am 5. März starb Stalin. Endlose Menschenmengen strömten zum Säulensaal, in dem man seinen schwächlichen, schnurrbärtigen Körper aufgebahrt hatte. Als Mitwirkende an Stalins Geburtstagsgala erhielt ich einen »Vorzugspassierschein«.

An der Metrostation »Ochotny rjad« gegenüber dem Theater konnte ich, nachdem ich meinen Passierschein einer Doppelreihe von Soldaten vorgewiesen hatte, in das Menschenmeer eintauchen. Der Säulensaal, in dem die sowjetischen Führer nach bolschewistischer Tradition ausgerufen und beweint wurden, war mit schwarzem Krepp verkleidet. Auf der Bühne, hinter einem schwarzen Mullvorhang, der die Silhouette des Dirigenten verschwimmen ließ, spielte ein Sinfonieorchester. Getragene, klassische Musik war zu hören – wahrscheinlich Beethoven. Ich näherte mich dem Sarg und wischte mir, von der entfesselten Propaganda überwältigt, eine Träne ab. Wie sollen wir jetzt weiterleben? Wir sind zum Untergang verurteilt!

Plötzlich sagte ein Mann hinter mir halblaut: »Nun hat keiner mehr vor dir Angst.«

Ich war so entsetzt, daß ich mich nicht einmal umdrehte. Vermutlich wollte man mich provozieren, auf die Probe stellen.

Am Abend setzte ich mich mit kummervoller, dem Anlaß entsprechender Miene an den Tisch. Aber Mutter klapperte mit den Tellern und verbarg ihre Freude nicht. »Endlich ist der Tyrann krepiert.«

Wie schrecklich, so etwas laut zu sagen! Ich schauderte zusammen.

Eine neue Ära begann – eine Ära ohne Stalin.

23

DIE REISE NACH INDIEN

Im schmuddeligen Herbst 1953 wurde ich in die Neglinnaja-Straße zum Genossen N. N. Bespalow vorgeladen. Mittlerweile hatten wir kein Komitee für künstlerische Angelegenheiten mehr, sondern ein Kulturministerium. Das Land bewegte sich mit Siebenmeilenschritten auf den Kommunismus zu, und mit Ministerien würde man noch raschere Fortschritte machen als mit Komitees. Außerdem war nach Stalins Tod der ehemalige Partisan Panteleimon Ponomarenko zum Kulturminister ernannt worden. Während des Krieges hatte die von ihm geführte Partisaneneinheit waghalsig zwei deutsche Militärzüge zum Entgleisen gebracht. Da war es bis zur Kunst nicht weit. Aber Ponomarenko schwebte am Himmel, während Bespalow an der Neglinnaja, zwei Straßen vom Bolschoi-Theater entfernt, saß und über uns Sterbliche gebot (er war entweder Stellvertreter oder Erster Stellvertreter des Ministers).

In einem gewundenen Gespräch möchte Bespalow herausfinden, ob ich reif genug für eine *wirkliche* Reise ins Ausland bin. Die Jugendfestspiele in Prag, Budapest und Berlin waren sozusagen Proben, bei denen mein sozialistisches Bewußtsein gefestigt wurde.

Umständlich fragt er, welches politische System Indien besitze, wie die Hauptstadt heiße, ob die indische Arbeiterklasse zahlreich sei. Dann platzt er heraus: »Wir sind hier zu dem Entschluß gekommen, Sie in die Künstlergruppe für eine zweimonatige Reise durch Indien aufzunehmen. Sind Sie dem gewachsen? Ich habe die Leitung.«

Ich wäre auch Australien, Neuseeland oder sogar den Fidschiinseln gewachsen gewesen. Aber dorthin wollte man vorerst nicht reisen, denn ihre Völker hatten den gerechten Kampf für die soziale Gleichheit noch nicht begonnen. Die Inder dagegen rührten sich und beobachteten, nachdem sie das englische Joch gerade abgeworfen hatten, voller Interesse, wie sich die Morgenröte des glücklichen Lebens über den großen Nachbarn – ich meine die Sowjetunion – ergoß.

Die Unterredung mit N. N. Bespalow war erst der Anfang. Für die Reise benötigte ich zwei schriftliche Empfehlungen von Parteimitgliedern. Michail Gabowitsch und Olga Moissejewa, eine Angehörige des Corps de ballet, verbürgten sich für mich. Falls ich etwas anrichtete, würde man ihnen die Haut abziehen. Und wieder Formulare mit Hunderten von Fragen, medizinische Atteste, Genehmigungen aller möglichen Büros. Aber ich schlüpfte durch das Nadelöhr und wurde in die Reisegruppe aufgenommen.

Sechsunddreißig Glückspilze waren ausgewählt worden: die Bolschoi-Sänger Maxim Dormidontowitsch Michailow und Leokadija Maslennikowa; der Pianist Juri Brjuschkow; die Violinistin Kawersnewa; eine Gruppe von russischen Volkstänzern aus dem Pjatnizki-Chor; der aserbaidschanische Sänger Beibutow (östliche Volksmelodien); die usbekische Tänzerin Turgunbajewa (begleitet von einem Tamburin); mein Partner auf dieser Reise, Juri Gofman; die Schwestern Fjodorow, damals populäre Volkssängerinnen.

Man plante also ein überaus gemischtes Programm, das vier Stunden dauern und den zarten Indern viel Kraft abfordern würde, es sich bis zum Ende anzusehen. Aber sie hielten tapfer durch.

Und die Begleiter: Bespalow selbst; der unersetzliche Schaschkin; eine spitznasige Dolmetscherin; ein flinker Buchhalter, der die kümmerlichen Spesen verteilte; noch jemand ... und zwei offizielle Vertreter der Staatssicherheit: Schtscherbakow und, glaube ich, Stoljarow.

Die beiden letzteren bescherten mir ernste Probleme. Denn nach der Indienreise mußte ich sechs Jahre lang in der Sowjetunion bleiben.

An einem eiskalten Dezembertag fuhr unsere sechsunddreißigköpfige Delegation aus Moskau mit dem Zug nach Wien ab. Dort stiegen wir in einen anderen Zug nach Rom um, und von Rom aus flogen wir (über Karatschi) nach Delhi. Aber immerhin wurden uns zwei Tage in Rom geschenkt. Nach Spitzbergen, Tschimkent und Swerdlowsk war der Besuch in der Ewigen Stadt – wenn auch innerhalb eines sechsunddreißigköpfigen Kollektivs – eine Wonne für mich.

In Delhi stiegen wir bei fünfunddreißig Grad Wärme die Gangway hinunter. Dunkeläugige indische Schönheiten in Saris legten sechsunddreißig Kränze um sechsunddreißig sowjetische Hälse. Eine unbekannte Sprache. Das Brummen von Dolmetschern, sich verneigende Gastgeber. Bespalow hielt die Antwortrede, wobei er den verstorbenen Stalin mit jedem zweiten Wort erwähnte, aber ohne das frühere Zittern, nur noch pro forma. Nach der sechstägigen Reise aus Moskau fuhr man uns ins Hotel. In zwei Tagen sollte der erste Auftritt stattfinden.

Die großzügigen Inder stellten jedem Künstler mit einem Titel (also auch mir als »Verdienter Künstlerin«) ein Einzelzimmer zur Verfügung. Welche Freiheit! – Doch ich hatte mich geirrt. Im Nachbarzimmer wohnten die Tschekisten Schtscherbakow und Stoljarow. An den zweiten erinnere ich mich nur verschwommen, denn er war jemand anderem auf den Fersen. Schtscherbakow dagegen war eindeutig mir als Aufpasser zugeteilt worden. Meine Tür brauchte nur zu knarren, und er steckte den Kopf aus seinem Zimmer, maß mich mit einem Blick und folgte mir überallhin.

Die Bewachung war ekelhaft und sehr belastend. Wenn ich ein Geschäft betrat, schien Schtscherbakow sofort aus dem Boden zu wachsen. Er schaute mir über die Schulter, atmete geräuschvoll und prüfte, wofür ich mich interessierte.

»Sie gehen in viele Geschäfte. Überhaupt müssen Sie sich beim Einkaufen beeilen. Das hier ist nicht Moskau«, belehrte mich Schtscherbakow im Hotelfoyer und kam mit seinem schweißbedeckten Gesicht ganz nahe an mich heran. Er roch übel aus dem Mund.

Nach einem Empfang plaudere ich noch mit den beliebten Filmschauspielern Raji Kapur und Nargis. Sie wollen sich zur Erinnerung mit mir fotografieren lassen. Schtscherbakow tritt nervös von einem Fuß auf den anderen und schielt wütend auf das Zifferblatt seiner Uhr.

»Man darf sich nicht von der Gruppe absondern. Sie sind schließlich im Kollektiv. Und Sie schwatzen zu lange«, tadelt er mich während der Rückfahrt im Auto.

Ich ziehe mir in einem Museum, etwas abseits, einen Schuh aus, der im Laufe des Tages zu eng geworden ist, und setze mich auf eine Bank.

»Wieder haben Sie sich von allen abgesondert. Und es gehört sich nicht, die Schuhe auszuziehen. Sie müssen sie besser putzen, die sind ganz verstaubt«, zischt Schtscherbakow mir ins Ohr, sobald wir wieder auf der sonnenüberfluteten Straße sind.

Einige Male bin ich explodiert. Kein Mensch kann zwei Monate lang solche Moralpredigten ertragen. Nach jeder Explosion wurde mein Überwacher finsterer und boshafter. Ich wußte, daß ich eine Dummheit gemacht hatte, die mich teuer zu stehen kommen würde. Aber das Ausmaß der Vergeltung war mir immer noch nicht klar.

Wir reisten in zahlreiche Städte und gaben jeden Tag Vorstellungen. Was das klassische Repertoire anging, so war meinem »Sterbenden Schwan« ein ständiger Erfolg beschieden. Sämtliche übrigen Partien, auch meine eigenen (ich tanzte den Pas de deux aus »Don Quixote«, einen Walzer von Chatschaturjan und ein Adagio aus »Aschenbrödel«), wurden vom Publikum bestenfalls höflich aufgenommen.

Die Inder verschmähen Alkohol, doch Michailow sang nichts als Trinklieder. Seine mächtige Stimme erschreckte das Publikum, und der Sänger tat noch ein übriges, indem er mit seiner Mimik das letzte Stadium der Trunkenheit darstellte. Die Inder verkrochen sich verständnislos in ihren Sesseln.

Die lange Arie aus »Die verkaufte Braut«, die Maslennikowa schluchzend vortrug, stieß ebenfalls auf wenig Mitgefühl. Bei den Violin- und Klavierminiaturen gähnten die Zuhörer heimlich und scharrten mit den Füßen.

Trotzdem bereitete man uns überall einen liebenswürdigen, herzlichen Empfang.

Dreimal besuchte auch Jawaharlal Nehru unsere Vorstellungen. Einmal wurde er von Indira Gandhi und deren Sohn Rajiv begleitet, der inzwischen von der Bombe einer Terroristin zerrissen worden ist.

Nach einer der Vorstellungen in Delhi saß ich beim Empfang, wie es das Protokoll wollte, rechts von Nehru. Der Premierminister rief einen indischen Dolmetscher heran und stellte mir mehrere interessante Fragen. Ob ich zum Beispiel wisse, daß der Schwan das treueste Lebewesen auf der Erde sei; wenn das Männchen umgekommen sei, erhebe sich das Weibchen hoch in den Himmel und stürze sich, ohne die Flügel zu öffnen, in die Tiefe und zerschelle auf dem Boden. Das Familiengefühl der Schwäne könne der Menschheit als Vorbild dienen.

Man brachte ein dampfendes, würziges Pilaugericht, und Nehru bediente sich mit Hilfe seiner schmalen, aristokratischen Finger. Mit einer Geste forderte er mich auf, seinem Beispiel zu folgen. Der hinter uns sitzende, zu einer Mumie erstarrte Dolmetscher übersetzte: »Diese Speise mit Messer und Gabel zu essen ist so, als würde man sich mit Hilfe eines Dolmetschers lieben.«

Nun langte auch ich genußvoll mit den Fingern zu. Mir blieb allerdings der Bissen im Halse stecken, als ich merkte, wie mich Schtscherbakow von der anderen Seite des Tisches her musterte. Der Spitzel war so wachsam, daß er seine Speise zu vergessen schien.

Später tauchte Schtscherbakow lautlos wie ein Luchs neben mir auf. »Worüber hat der Premierminister mit Ihnen gesprochen? Warum haben Sie nicht unseren *sowjetischen* Dolmetscher herbeigerufen?«

»Nehru hat sich nach Ihnen erkundigt.«

»Soll das ein Witz sein, oder...«

»Alle essen, nur einer rührt nichts an. Ist er vielleicht religiös und muß fasten?«

Schtscherbakow begriff, daß ich ihn auf den Arm nahm. Er erbleichte vor Wut.

Aber das dicke Ende kam in Bombay.

Nach der ersten Aufführung drang die frühere Waganowa-Schülerin Worobjowa, die den verblüfften indischen Wächtern ausgewichen war, zu mir vor. Was hatte sie hier zu suchen? Das

Schicksal hat russische Menschen über die ganze Welt verstreut. Etliche Jahre später begegnete ich »im Krieg verschollenen« Soldaten in Taiwan, in Nordirland und Peru. Sie hatten sich in weitester Ferne versteckt, um den Spürhunden Stalins zu entgehen. Denn ihnen stand nicht der Sinn danach, den Kopf auf den Richtblock zu legen, Gold an der Kolyma zu waschen oder jenseits des Polarkreises zu verrecken.

Ich kannte Worobjowa nicht. Unser kurzes Gespräch in Bombay war das erste und letzte, das wir je miteinander führten. Nachdem sie sich hastig vorgestellt und mir erklärt hatte, daß sie seit dem Krieg in Indien lebe, umarmte sie mich unter einem Tränenschwall und überschüttete mich mit Komplimenten. Ihre Emotionen waren durch die Begegnung mit dem klassischen Ballett, mit der Muttersprache und fast vergessenen Landsleuten freigesetzt worden. Ich trug einen Leinenkittel, Pantoffeln an den nackten Füßen, hatte mich gerade erst abgetrocknet und hörte ihrer stockenden Rede verlegen zu. Im Überschwang der Gefühle reichte Worobjowa mir ihr mit indischem Brokat besticktes, grünes Samttäschchen. Es enthielt Bonbons.

»Das ist alles, was ich bei mir habe. Nehmen Sie es zum Andenken.«

Da erschien Schtscherbakow auf der Türschwelle.

Worobjowa umarmte mich zum Abschied noch einmal und eilte hinaus.

»Was hat Ihnen diese Verräterin zugesteckt? Weshalb haben Sie es angenommen? Warum haben Sie mit ihr gesprochen? Die Bonbons sind wahrscheinlich vergiftet. Das ist eine äußerst gefährliche Provokation.«

Schtscherbakow war in Rage, aber auch entzückt. Na endlich! Tückische Pläne von Emigranten, Bestechung, Gift. Nun konnte er etwas nach Moskau melden. Die Sternstunde der Reise: Er hatte eine Provokateurin unschädlich gemacht. Der Arbeiterstaat hatte nicht umsonst Tagegelder für ihn ausgegeben, er würde alles mit Zinseszinsen zurückzahlen. Und auch mit einer Beförderung durfte er rechnen.

Diese Spitzel – Parasiten, die kein einziges Wort irgendeiner anderen Sprache beherrschten – fehlten auf keiner Reise (erst 1990 wurde diese unsägliche Tradition beendet). Sie suchten den kleinsten Anlaß, irgendein Vorkommnis aufzublähen, sich eine Geschichte auszudenken, sich selbst als Helden erscheinen zu lassen und die Künstler anzuschwärzen. Da wollte mal wieder einer das Weite suchen, und wenn wir und unsere Wachsamkeit nicht gewesen wären ...

Bis heute weiß ich nicht, ob Schtscherbakow übereifrig einen Befehl ausführte oder ob er ein Sadist war, der nur seinem Instinkt gehorchte. Ich würde viel dafür geben, wenn ich wenigstens einen kurzen Blick in meine dicke KGB-Akte werfen könnte!

Wieviel Energie mir diese ehr- und gewissenlosen Menschen gestohlen haben. Natürlich konnten sie in meinem Fall leicht auf ihre Kosten kommen: Ich hatte eine ungünstige Biographie, war widerspenstig, ungeduldig, schwer zu beeinflussen und von überschäumendem Temperament. Schtscherbakow und Stoljarow hatten meine Akte bestimmt gründlich studiert.

Schtscherbakow entriß mir das grüne Täschchen. Er packte die Bonbons und schleuderte sie durch das geöffnete Fenster in die Nacht hinaus.

»Und das Täschchen werde ich überprüfen.«

Ich ließ den Kopf hängen. Auf der Straße war es dunkel, aber ein Bonbon glänzte neben einer Laterne. Sollte ich sie aufheben, wenn wir hinuntergingen? Sie konnten nicht vergiftet sein. Worobjowa hatte klare, aufrichtige Augen.

Aber die Bonbons blieben auf dem Pflaster liegen. Ich hatte Angst, ungehorsam zu sein.

Am nächsten Tag fand in Bombay eine weitere Veranstaltung zu Ehren der sowjetisch-indischen Freundschaft statt. Michailow schüchterte die Inder wieder mit seinen russischen Trinkliedern ein, Beibutow sang süße Fiorituren, die Mädchen des Pjatnizki-Chores ließen ihre Sarafane verführerisch blitzen und schlugen mit den Absätzen einen unglaublichen Trommelwirbel. Brjuschkow spielte langgezogene Melodien von Chopin, und ich tanzte meinen »Sterbenden Schwan«. Die Gastspiele gingen weiter.

Außerdem mußten wir unsere Einkäufe erledigen. Wenn ich das wichtigste Ziel jeder russischen Auslandsreise – sich einzukleiden, sich einzudecken, sich auszustaffieren – nicht erwähnte, würde ich mich an der Wahrheit versündigen.

Niemand schreibt gewöhnlich über dieses abscheuliche, verbotene Thema, denn die erniedrigende Hast durch die Geschäfte war eine Schande. Aber wer hatte die Schuld daran? Wir, verängstigt, geduckt, arm, die wir mit den primitiven heimatlichen Produkten in überfüllten Warenhäusern vorliebnehmen mußten? Oder unsere Führung, anmaßend, heuchlerisch, verlogen, die in hochwertigen Kammgarnanzügen aus speziellen ZK-Werkstätten herumlief?

Wir hatten auf Auslandsreisen immer nur lächerlich wenig Geld zur Verfügung. Und mit diesem kümmerlichen Betrag galt es, zahllose Wünsche zu erfüllen.

Braucht man Schuhe? Gewiß. Einen Übergangsmantel? Unbedingt. Einen anständigen Koffer? Ein langjähriger Traum. Eine schmeichelnde Seidenbluse unter einem strengen Kostüm? Sie muß für ein Viertel des Preises gefunden werden. Und Geschenke für die Verwandtschaft? Sie sind unerläßlich. Souvenirs für die Freunde? Auf jeden Fall ... Also zerbrach man sich den Kopf: nachts, im Autobus und sogar auf der Bühne. Und irgendwie schaffte man es, alles mögliche zu besorgen. Das ist Einsteins Relativitätstheorie, bezogen auf Dienstreisen von Bürgern des ersten Landes des Sozialismus!

Die beiden Monate in Indien gingen zu Ende. Alles, was ich mit den Spesenrupien gekauft hatte, war in einer festen neuen Reisetasche untergebracht. Neben Souvenirs und anderen Kleinigkeiten enthielt sie auch geblümte Brokatstoffe, aus denen ich mir Sonntagskleider nähen würde.

Die Rückreise. Wiederum sechs Tage. Wiederum Delhi, Karatschi, Rom. Eisenbahn, Wien, Eisenbahn.

Das verschneite, eingefrorene Moskau. Ich war in den düsteren russischen Winter zurückgekehrt. Das war meine erste Auslandsreise.

1954, ein neues Jahr. Was erwartete mich?

24

DIE HETZJAGD

Ja, was erwartete mich? Ein erster Schritt zur Überwindung der allgemeinen Erstarrung wurde getan: Chruschtschow, der sich der Unterstützung Marschall Schukows versichert hatte, konnte Berija, den Chef des Staatssicherheitsdienstes, mit einem Präventivschlag von der historischen Bühne fegen. Berija wurde verhaftet und erschossen. (Der Staatsstreich ging im Bolschoi-Theater mit einer neuen Premiere einher: der Oper »Die Dekabristen« von Juri Schaporin.)

In Moskau stellten sich immer häufiger ausländische Staatsoberhäupter ein. Das »Tauwetter« hatte begonnen. Sie alle wurden zum Ballett ins Bolschoi-Theater geführt, meistens zu einer Vorstellung von »Schwanensee«. Fahnen wurden hochgezogen, Nationalhymnen gespielt, der Saal war beleuchtet. Alle erhoben sich. Chruschtschow saß stets neben den hohen Gästen in der Loge. Die Staatsoberhäupter winkten den Moskauern mit einem schwächlichen Händchen aus der Zarenloge zu – Friede, Freundschaft. Welch gute Menschen! Die vergoldeten Kandelaber erloschen, und Pjotr Iljitsch Tschaikowskis Musik ertönte.

Nikita Sergejewitsch konnte »Schwanensee« kaum noch ertragen. Gegen Ende seiner Herrschaft beklagte er sich bei mir auf einem Empfang: »Wenn ich daran denke, daß ich mir heute abend wieder ›Schwanensee‹ ansehen muß, dann wird mir übel. Ein wunderbares Ballett, aber es gibt eine Grenze. Da träumt man nachts abwechselnd von weißen Tutus und Panzern.«

Solche Scherze liebten unsere Führer.

Wo Gäste sind, dort gibt es auch Empfänge. Es wurde zu einer neuen Moskauer Mode, solche Feierlichkeiten zu besuchen. Wenn ausländische Botschaften in der Stalin-Ära zu besonderen Anlässen Einladungen für berühmte Künstler an die Adresse der Theaterdirektion geschickt hatten, so waren die Schreiben stets im Sieb der NKWD-Sonderabteilungen steckengeblieben. Niemand, der bei Verstand war, hätte sich übrigens einfallen lassen, eine Botschaft zu betreten. Dazu hätte man lebensmüde sein müssen, denn von dorthin führte der direkte Weg nach Sibirien.

Eines Tages wurde ich während der Probe über das Diensttelefon angerufen. Nach fünfmaligen Entschuldigungen hieß es: »Maija Michailowna, man hat Sie für Donnerstag eingeladen. Seien Sie so gut, wenn Sie fertig sind, in der Direktorenloge vorbeizukommen.«

Ich ging in die Direktorenloge und hörte den Rat: »Der Besuch empfiehlt sich nicht. Aber entscheiden Sie selbst. Vorsichtshalber haben wir schon geantwortet, daß Sie beschäftigt sind. Aber entscheiden Sie selbst.«

Ich muß unwillkürlich daran denken, wie die angetrunkenen Mitglieder des Politbüros den populären Tenor Sergei Lemeschew mit Bitten bestürmten, dies oder jenes zu singen. Damals beendete der friedliebende Demokrat Stalin das Gezänk der Parteibrüder mit den unparteiischen Worten: »Hört auf, den Künstler zu nötigen. Er soll singen, was ihm einfällt. Ich nehme an, daß er uns etwas aus ›Rigoletto‹ zum Besten geben möchte.«

Manchmal war es auch umgekehrt.

»Ein Anruf aus dem Außenministerium, Maija Michailowna. Es ist sehr wichtig, daß Sie morgen auf einem Empfang bei den Franzosen erscheinen. Der Botschafter ist ein großer Verehrer von Ihnen.«

Ich drehte und wendete mich und verwies auf eine bereits angesetzte Probe. Solche Empfänge konnten einem nur Unannehmlichkeiten bereiten.

»Wir bitten Sie, die Probe zu verlegen. Die Direktion wird Ihnen entgegenkommen. Sie müssen unbedingt den Empfang besuchen!«

Zu spät begriff ich, daß die beiden mächtigen Organisationen – das KGB und das Außenministerium – unterschiedliche Interessen hatten. Das Außenministerium benötigte diese trivialen Veranstaltungen für seine von langer Hand geplanten diplomatischen Intrigen. Gleichzeitig machte das KGB seine eigene finstere Arbeit: Es beobachtete, hörte ab, denunzierte. Und ich wurde zum Objekt der Aktionen beider Behörden.

Das KGB fügte meinem überquellenden Dossier dauernd kompromittierendes Material hinzu: Sie pflegt Freundschaft mit Ausländern, redet zuviel, erlaubt sich Freiheiten, fühlt sich belästigt von der Parteipolitik – und auch ihr Dekolleté ist zweifelhaft, wie die Frau des hochverehrten Genossen Soundso mißbilligend äußert. (Aber die Frau des hochverehrten Genossen Soundso hat die Ausmaße einer Seekuh; in ihrem Abendkleid ließen sich mühelos alle sechs kleinen Schwäne unterbringen.)

Neben den Nomenklatura-Gattinnen bin ich tatsächlich ein weißer Rabe. Wie ich mich auch hinsetze, lächele oder mich bewege, die Parteifrauen wüten eifersüchtig, denn sie selbst trampeln herum wie Nashörner. Nach jedem Empfang habe ich das Gefühl, mir mehr Feinde und, vor allem, Feindinnen gemacht zu haben.

Allmählich begann im Theater ein frischer Wind zu wehen. Man plante Gastspielreisen in die Schweiz und dann nach Frankreich. Beide Male stand mein Name auf der Teilnehmerliste, doch dann wurde er im letzten Moment gestrichen. Andere fuhren, weil »das Theater Sie unbedingt braucht«. So lautete die offizielle Erklärung. Ich würde ein andermal reisen.

Vorläufig hatte ich noch kein Mißtrauen geschöpft. Ich war in Indien gewesen, hatte mir zwei Brokatkleider genäht, und meine Sonntagsschuhe waren noch nicht abgetragen. Auch in Moskau mußte die Kunst schließlich zur Schau gestellt werden. Mal begleitete Chruschtschow Bundeskanzler Adenauer, mal den Zeitungsmagnaten Hearst, mal den finnischen Staatspräsidenten Kekkonen ins Theater. Und ich war von den neuen Arbeiten hingerissen.

Lawrowski choreographierte »Die steinerne Blume«, Prokofjews posthum veröffentlichtes Werk. Dieser hatte die Partitur an seinem Todestag, dem 5. März 1953, beendet. So entschlief der große Komponist am selben Tag wie der große Henker Stalin. Das sei Prokofjews letzte sarkastische Handlung gewesen, witzelte man im Orchester.

Ich tanzte die Königin des Kupferberges, Ulanowa die Katharina und Jermolajew den Dorfschulzen Sewerjan. Ein Meisterwerk war Lawrowski nicht gelungen. Die Tänze waren einförmig und charakterlos. Und auch die Hauptrolle des Edelsteinschleifers Danila (er wurde von Preobraschenski dargestellt) schien eher in eine Pantomime zu passen. Danila klopfte dauernd mit einem Hämmerchen auf die flachen Theaterhügel, in denen die Malachitschätze des Urals verborgen sein sollten. Dies hatte nur zur Folge, daß er uralten Kulissenstaub aufwirbelte, und er kam kaum zum Tanzen. Auch die Massenszenen waren schlaff und matt. Aber die kraftvolle Gestaltung der Herrscherin der Berge, untermalt von Prokofjews lockenden Posaunenstößen, faszinierte mich sehr. Vielleicht steht mir die Bemerkung nicht zu, aber die Rolle der Königin erwies sich als die gelungenste und einprägsamste von allen.

Auf der Bühne der Bolschoi-Filiale choreographierte Jakobson für mich »Schuraleh« zur Musik des tatarischen Komponisten Jarullin. Der Komponist lebt seit langem nicht mehr. Er fiel als junger Mann bereits in den ersten Kriegsmonaten an der Front. Seine Kollegen und Freunde hatten ihm eingeredet, daß es unmöglich sei, im Hinterland zu bleiben und Noten zu kritzeln. Die Heimat müsse verteidigt werden. Und so wurde Jarullin als Angehöriger der »Volkswehr« hingemetzelt.

Die Premiere von »Schuraleh« fand am 29. Januar 1955 statt. Ich tanzte das Vogel-Mädchen Suimbike, Lewaschow übernahm mit Leidenschaft die Rolle des bösen Waldschrats, und Juri Kondratow, mein ständiger Partner jener Jahre, tanzte den Helden Ali-Batyr. Jakobsons Ballett wurde vom Publikum sehr wohlwollend aufgenommen. Wie immer zeigte er sich auch in »Schuraleh« originell und erfindungsreich. Ich verzichte darauf, die vielen Innovationen aufzuführen, sondern möchte nur erwähnen, daß er mir eine interessante Verwandlung zur Aufgabe machte: Bald war ich ein gewöhnliches Dorfmädchen, bald ein bekümmerter Vogel mit langen Flügeln. Die Verwandlung wurde nur mit plastischen

Bewegungen, mit tänzerischen Mitteln und einigen Lichteffekten erzielt.

Drei weitere Reisen rauschten an mir vorbei: in die Niederlande, nach Griechenland und nach China.

Dabei wiederholte sich das bereits bekannte Spiel bis zum Überdruß. Nach der Versicherung »Sie gehören der Gastspielgruppe an« wurden im letzten Moment andere ins Ausland geschickt. Die Argumente waren immer die gleichen: Das ganze Repertoire hänge von mir ab, im nächsten Monat erwarte man hohe Gäste, die Moskauer wünschten, mich zu sehen, das Theater, das Theater, das Theater... Aber die Augen der neuen Ballettaufseherin Alla Zabel, die mir jedesmal die albernen »Erklärungen« übermittelte, waren bleiern und verlogen. Ich begann, Verdacht zu schöpfen.

Damals nahm ich naiverweise an, es handele sich um die Machenschaften von neidischen Theaterleuten. Vielleicht wollten meine lieben Kolleginnen nicht, daß mir »weltweite Anerkennung« zuteil wurde. Vielleicht agierte einer der »Mächtigen« im Theater gegen mich, vielleicht sogar jemand im Kulturministerium.

Es gelingt mir, ein Gespräch mit dem Direktor (bis September 1955 war es Anissimow) zu vereinbaren. Er protestiert nervös: »Ich bitte Sie, Maija Michailowna, ich bitte Sie! Wir alle lieben und schätzen Sie. Sie sind unser ganzer Stolz. Von böser Absicht kann keine Rede sein, es hat sich eben so ergeben. Bei der nächsten Reise sind Sie ganz bestimmt dabei. Ich schwöre es.«

»Alle werfen mir schiefe Blicke zu, Alexander Iwanowitsch. Die Sache wird mir peinlich.«

»Sie werden fahren, Maija Michailowna, ganz sicher.«

Die Zeit vergeht. Das Ministerium lädt mich zu einer Gastspielreise mit Kondratow nach Schweden und Finnland ein. Ich besorge mir mühsam alle Unterlagen – der Direktor hat mir schließlich sein Wort gegeben. Noch zwei Tage. Meine indische Reisetasche ist bereits gepackt. Mama befürchtet, daß ich zuwenig warme Sachen mitnehme. In Skandinavien sei doch schon Winter...

Einen Tag vor der Abreise erscheint Zabel im Übungssaal. Sie hat nun Schaschkins Posten übernommen, der befördert worden ist. Alla Zabel war Charaktertänzerin; in meinen »Schwanensees« führte sie manchmal den »spanischen Tanz« vor, aber sie zeichnete sich stärker in der Parteiarbeit aus. Nun ist sie im Ruhestand und Leiterin.

»Ich muß Sie enttäuschen. Ihr Visum ist nicht rechtzeitig fertig geworden. An Ihrer Stelle reist Strutschkowa mit Kondratow. Raissa Stepanowna ist gerade von einer Auslandstournee zurückgekehrt, und ihre Dokumente sind in Ordnung.«

Mir bricht das Herz. Wozu habe ich all die Papiere gesammelt? Warum habe ich mich mit Anissimow abgemüht? Wieso habe ich gehofft?

Ich lasse die Probe platzen und laufe in die Schtschepkin-Straße. Ich werde den Minister anrufen. Ein Hohn. Schurken. Lügner.

Es war ein neuer Minister. Der Philosoph Alexandrow hatte den Partisanen Ponomarenko abgelöst. Der Philosoph hielt sich nicht lange, aber er schaffte es, für beträchtliche Unordnung zu sorgen. Ein Skandal führte zu seiner Entlassung, denn es war bekannt geworden, daß er sich die dunklen Moskauer Nächte durch Sexorgien mit jungen, attraktiven sowjetischen Filmschauspielerinnen aufhellte. Wer konnte dem geliebten Minister denn einen Wunsch abschlagen? Zum Glück teilte der kleinwüchsige, kahlköpfige Philosoph Rubens' Geschmack für füllige Frauenkörper. Hagere, knochige Ballerinenfiguren stachelten die Gelüste des Ministers nicht an. Dem Bolschoi-Ballett blieb die Unschuld erhalten.

Zwei Tage lang rufe ich von morgens bis abends an und erbittere die Sekretärinnen des Ministers. Aber ich gebe nicht auf. Ich werde einen Monat, ein Jahr lang anrufen, bis Er Selbst den Hörer abnimmt. Endlich höre ich in der knisternden Leitung Alexandrows Stimmchen: »Regen Sie sich nicht auf. Das klären wir. Wir helfen Ihnen.«

Ich bitte Alexandrow, mich zu einem persönlichen Gespräch zu empfangen. Er soll erfahren, daß mein Gehalt immer noch niedriger ist als das aller anderen. Und auch, daß meine Altersgenossen – zum Beispiel Kondratow und Strutschkowa – große Einzelwohnungen in Stalinschen Hochhäusern bekommen haben, während ich immer noch in der Schtschepkin-Straße eingezwängt bin.

Der Minister will mich zwei Tage später um sechzehn Uhr empfangen. Ich mache mir Notizen, um keine meiner Klagen zu vergessen.

Um 15.50 Uhr bin ich bereits im Vorzimmer und warte nervös. Genau um sechzehn Uhr öffnet mir die Sekretärin die Tür. Hinter dem Schreibtisch erhebt sich ein unansehnlicher, farbloser Mann, der mich an den gestiefelten Kater erinnert. Er schnurrt: »Das ist ein Mißverständnis. Kein Grund zur Unruhe. Sie sind unsere große Hoffnung. Alle ausländischen Staatsoberhäupter sind entzückt von Ihrem Talent. Wir lassen nicht zu, daß man Sie beleidigt. Ich habe Sie in ›Don Quixote‹ gesehen und bin stolz darauf, daß der menschliche Körper solche Schönheit und Eleganz in sich birgt.«

Der Minister versteht es meisterhaft, Komplimente zu säuseln. Ich platze mit meinen Beschwerden über das Gehalt und die Wohnung heraus, denn ich fürchte, daß Alexandrow mir nicht bis zu Ende zuhören wird. Er wiegelt ab und verspricht mir Milch und Honig. Ermutigt verlasse ich sein Büro und lächele der Sekretärin zu. Nur das Politbüro und Gott der Herr stehen über dem Minister. Meine Sache ist also nicht hoffnungslos.

Aber vier Tage später wurde Alexandrow entlassen. All meine erniedrigenden Anstalten waren für die Katz gewesen. Der Kater hatte umsonst geschnurrt. Mußte ich etwa wieder von vorn anfangen?

Der frühere Komsomolführer Nikolai Alexandrowitsch Michailow rückte auf den Ministerposten nach. Er war ein trockener, kühler Mann mit lockigem Haarschopf und proletarischem Äußeren. Das Schicksal hatte mich auf Jugendfestspielen mehrere Male mit ihm zusammengebracht. Deshalb wußte ich, daß bei ihm – dem diensteifrigen, treuen Parteisoldaten – nichts zu erreichen war.

Während ich mir meine nächsten Schritte überlegte, lud mich der französische Botschafter auf einem Empfang nach Paris ein. »Sie werden sehnsüchtig erwartet. Der Erfolg steht fest.« Das Drehbuch blieb unverändert: An meiner Stelle reiste Irina Tichomirnowa. Ich blieb zu Hause, trank Tee und drehte Däumchen.

Das Unglaubliche war, daß ich weiterhin bei allen ehrenvollen Vorstellungen vor wichtigen ausländischen Besuchern und unseren Herrschern eingesetzt wurde: in »Schwanensee«, »Die Fontäne von Bachtschissarai«, »Die Steinerne Blume« und »Schuraleh«.

Jeder Gast hatte eine Menge Journalisten, Geschäftsleute und einflußreiche Politiker bei sich, und die Berichte gingen sofort um die Welt. In »Nowosti dnja« (unserer Wochenschau) zeigte man vor jeder Filmvorführung Szenen aus meinen Tänzen. Mein Ruhm wuchs.

Und an den Tagen der Staatsbesuche: Empfänge, Empfänge. Mal beweisen die Ausländer, mal unsere Regierenden ihre Gastfreundlichkeit. Unweigerlich werde ich eingeladen. Lobpreisungen und Gespräche, Gespräche, Gespräche. Warum sind Sie noch nie bei uns gewesen? Kommen Sie, wir haben gute Theater. Das Publikum erwartet Sie. Warum? Was konnte ich darauf antworten?

Meine jüngeren russischen Leser sollen nicht glauben, daß ich übertreibe oder den Verstand verloren habe. Unser ganzes Leben zu jener Zeit war abscheulich und absurd. Mir selbst fällt es heute schwer zu glauben, daß sich dies alles wirklich abgespielt hat. All die Männer mit den Namen, die an altgriechische Heerführer, an Senatoren und Götter denken lassen – Alexandrow, Michailow, Chraptschenko, Bespalow, Kaftanow, Twerdochlebow, Wartanjan, Solodownikow, Schauro, Simjanin, Kucharski, Sacharow –, sie alle waren einfache, elende, ungebildete Sterbliche. Aber sie hatten Macht. Die Treibriemen der Macht führten zum Kreml und zu den Sicherheitsorganen. Und wir reagierten mit Furcht, Untertänigkeit, Schweigsamkeit, Feigheit und unbedingtem Gehorsam. Denn uns war es beschieden, in einem Gefängnis geboren zu werden.

Am 5. Oktober 1955 tanze ich für den kanadischen Premierminister Pearson in »Don Quixote«. Ein Riesenerfolg! Wie üblich gibt die kanadische Botschaft am nächsten Tag einen Empfang. Das Telefon klingelt – ich müsse unbedingt dabeisein. Sobald ich eintrete, überschütten Pearson und sein Gefolge mich mit honigsüßen Komplimenten. Und wieder die Frage: Warum treten Sie nicht in Kanada auf? Ein kanadischer Impresario sei zur Hand, und um eine Verzögerung zu vermeiden, solle ich ihm mein Repertoire nennen. Warum auch nicht? Wer weiß, vielleicht klappt's ja.

Ich setze mich an einen Tisch und fange an: »Dornröschen«, »Schwanensee«... Eine ganze Seite kommt zustande. Die zahlreichen Tschekisten, die hier wie überall herumstapfen, beobachten mich mit Luchsaugen, als gäbe ich einen Plan der Rüstungsfabriken preis. Aber was hätte ich tun sollen? Sollte ich etwa behaupten, daß ich des Schreibens nicht mächtig sei?

Ein paar Tage später, am 10. Oktober, hielt das Innenministerium einen Empfang in seiner Villa an der Alexei-Tolstoi-Straße ab. (Alle Daten sind in meinen Tagebüchern verzeichnet.) Am Eingang stand Wjatscheslaw Michailowitsch Molotow, unser Außenminister. Sein Kneifer funkelte, sein Schnurrbart knisterte. Er drückte mir lange und schmerzhaft die Hand. Dann stammelte er: »Es freut mich, Sie begrüßen zu dürfen, Maija Michailowna. Sie haben vorzüglich getanzt. Unser Gast spricht nur noch von Ihnen. Sie haben den Kanadiern sehr gut gefallen.«

Ich lächelte säuerlich, denn die Hand tat mir immer noch weh.

Pearson bemerkte mich und kam mir sofort entgegen. Wieder sprach er mir seine Anerkennung aus.

Der kanadische Premierminister war für unsere Wächter an jenem Tag das Zentrum des Universums. Eine Schar der Anwesenden folgte ihm auf dem Fuße. Zum erstenmal sah ich den früheren Ministerpräsidenten Malenkow, das Politbüromitglied Kaganowitsch, den *Prawda*-Herausgeber Schepilow und das Mitglied des ZK-Präsidiums Perwuchin ganz aus der Nähe. Ich betrachtete ihre feisten Mienen, die ich von tausend Zeitungsfotos kannte. Welch abstoßende Gesichter...

Und plötzlich schlägt Molotow vor, die Gläser auf meine Gesundheit und auf die Kunst zu erheben – auf die Kunst im allgemeinen, planetarisch gesprochen.

Pearson stößt mit ihm an. Die Führer nicken einmütig und leeren ihre Champagnergläser. Perwuchin – ein treuer Leninist, der wie ein Meteor am sowjetischen Parteihimmel auftauchte und bald genauso schnell in Vergessenheit geriet – bekundet dem Kanadier sein Bedauern darüber, daß dieser meinen »Schwanensee« nicht gesehen habe. Ich nutze den Moment und erkläre Perwuchin überstürzt, daß man mir keine Auslandsreisen genehmige.

Er ist verdutzt. Sein freundlicher Gesichtsausdruck ändert sich schlagartig. Rasch zieht er sich zurück, doch dabei entgegnet er noch: »Ich werde versuchen, mit dem Minister zu sprechen.«

Die Tage vergehen. Ich höre nichts.

Meine Freunde drängen mich, Präsident Woroschilow einen Brief zu schreiben und ihn um eine Audienz zu bitten. Sie haben gehört, daß er irgend jemandem geholfen habe. Ein paar Tage später werde ich aus seinem Vorzimmer angerufen: »Was wollen Sie denn eigentlich? In Ihrem Brief haben Sie Ihr Anliegen nicht erwähnt. Worum geht es?«

»Ich bitte ja gerade deshalb um einen Termin, weil ich Kliment Jefremowitsch alles persönlich erzählen möchte.«

»In Ordnung. Wir machen ihm Meldung.«

Ein kurzes Summen im Hörer. Dann Grabesstille, keine Antwort.

Ein feierlicher Empfang im Kreml. Der norwegische Ministerpräsident Gerhardsen besuchte Moskau. Man hatte ihm »Die Fontäne von Bachtschissarai« unter Ulanowas und meiner Mitwirkung gezeigt.

Ich war so bedrückt, daß ich in meiner Verzweiflung beschloß, mich fast wie im Theater herauszuputzen. Sollten sie mich doch anstarren. Ich zog ein bodenlanges Brokatkleid mit einem völlig offenen Ballettmieder an, über das ich salopp einen breiten Tüllschal legte. Welch ein Auftritt – alle Blicke waren auf mich gerichtet.

Ministerpräsident Bulganin begrüßte die Gäste am Kopf einer endlos langen Treppe vor dem Eingang in den Georgssaal. Er hatte »Die Fontäne von Bachtschissarai« gesehen und machte mir ein dem Anlaß entsprechendes Kompliment, während er mir die Hand drückte. Dabei schaute er mich unverwandt an, und ich hatte den Eindruck, daß sich alle miteinander verschworen hatten, um etwas vor mir zu verbergen. Oder war mein Argwohn übertrieben?

Einige Tage später trat Bulganin persönlich in der norwegischen Botschaft auf mich zu. Er hatte den Mund noch nicht geöffnet, als ich ihn – sogar für mich selbst unerwartet – jäh ansprach: »Ich werde schwer beleidigt, Nikolai Alexandrowitsch. Sehr schwer. Man läßt mich nicht ins Ausland reisen. Was habe ich mir zuschulden kommen lassen?«

Bulganin hob die Augen und erwiderte fast nach Art Turgenews: »Und ich dachte, daß Sie glücklich seien.«

Es ging nicht anders, ich mußte meinem angestauten Zorn Luft machen. »Man hat mich mit einem Reiseverbot belegt. Alle Solisten dürfen reisen, nur ich nicht. Und die anderen fahren auf meine persönlichen Einladungen.«

»Wieso haben Sie mir früher nie davon erzählt?«

Wie denn? Es war meine zweite Begegnung mit ihm.

Ich erklärte, daß die Ballettkunst jungen Menschen vorbehalten sei. Wenn ich den Einladungen nicht jetzt Folge leistete, könne es zu spät werden. Man tue mir weh. Was werde mir denn vorgeworfen?

Bulganin runzelte die Stirn, doch er hörte mir bis zu Ende zu.

»Ich habe mir alles gemerkt. Die Sache wird aufgeklärt.«

Hier möchte ich die Beschreibung meiner Versuche, der Wahrheit auf den Grund zu gehen, unterbrechen. Die Lösung war so fern wie eh und je. Ich mußte Atem schöpfen.

Im Theater kam es wieder zu Veränderungen. Unser neuer Direktor wurde der Komponist Tschulaki, und Gussew, mein früherer Nachbar in der Schtschepkin-Straße, löste Lawrowski ab. Drei Jahre später würde Lawrowski zurückkehren, aber unter

Gussews Leitung konnte ich mein Repertoire bereichern. Ich begann, »Laurencia« nach Lope de Vegas »Schafsquelle« zu proben; die Choreographie stammte von Wachtang Tschabukiani.

. . . Zur Zeit habe ich in Madrid eine Wohnung in der Lope-de-Vega-Straße 47, genau gegenüber dem Prado, gemietet. Welche Scherze sich das Leben erlaubt! Nebenan liegt die Cervantes-Straße. – Hat es sich vielleicht doch gelohnt, »Don Quixote« für Premierminister Pearson zu tanzen? Damals hätte ich mir – eingeschüchtert, betrogen, verwirrt wie ein Vogel im Käfig – in meinen kühnsten Träumen nicht ausmalen können, daß ich eines Tages, ohne irgend jemanden fragen zu müssen, durch Madrid spazieren würde. Nur schade, daß es so lange gedauert hat . . .

Und wie ging es weiter?

Am letzten Tag des Jahres 1956 wurde ich zu einem Neujahrsball in den Kreml eingeladen. Wieder putzte ich mich nach Theatermanier grell, fast provozierend heraus. Mein Ballkleid war aus weißen Spitzen. Ausländer umgaben mich und bestürmten mich mit Fragen, als hätten sie etwas gewittert. Ich tat alles mit einem Scherz ab.

Hier sprach ich zum erstenmal mit Chruschtschow. Er kam mit seinem Ratgeber Anastas Mikojan auf mich zu und drückte mir lächelnd die Hand. Seine Wodkafahne war einen Meter weit zu riechen.

»Ich habe Sie so oft aus der Ferne gesehen, und nun möchte ich Sie mir aus der Nähe angucken. Auf der Bühne sind Sie groß und stattlich, aber hier nur ein mageres Hühnchen.«

Mikojan kicherte unterwürfig. »Ich bin wirklich erstaunt.«

Chruschtschow wiederholte mit trunkener Stimme: »Wirklich erstaunt.«

Mikojan schmeichelte: »Ich wollte sagen: entzückt.«

Chruschtschow: »Das ist was anderes.«

(Dieses Zitat stammt aus meinem Tagebuch. Ich schwöre, daß ich nichts davon verändert habe. Der Leser möge das Benehmen und den Intellekt der bolschewistischen Führer selbst beurteilen!)

Vielleicht hätte ich Chruschtschow anvertrauen sollen, daß mir kein Auslandsvisum gewährt wurde, aber irgend etwas hielt mich zurück. Es wäre kleinlich, demütigend gewesen.

Bulganin forderte mich zum Tanzen auf. Alle Funktionärsfratzen verzogen sich vor Rührung. Ach, wie wunderbar. Ach, wie schön. Ein toller Kerl, unser Ministerpräsident. Wie geschickt er tanzt. Nicht schlechter als die berühmte Ballerina des Bolschoi-Balletts. Eine Szene wie aus Gogols Romanen.

Nikolai Alexandrowitsch kam nicht auf meine Bitte zu sprechen, obwohl er reichlich Zeit gehabt hätte, sich darum zu kümmern. Dabei drängte jede Minute.

Sein grauer Bart zitterte, und er äußerte sich nur einsilbig. Ich knirschte mit den Zähnen – sollte ich ihn fragen, schweigen, ihn erinnern, eine Andeutung machen? Mein Stolz ließ es nicht zu, und ich verließ den Saal mit leeren Händen. Wie Aschenbrödel.

Aber meine flüchtigen Begegnungen mit den Staatsführern setzten sich fort. Die Premiere von »Laurencia« kam zur rechten Zeit. Und in den Tagen des XX. Parteitags (auf dem Stalins Personenkult kritisiert wurde) erschienen Chruschtschow, Bulganin, Mikojan und Woroschilow nach der Vorstellung mit Blumen auf der Bühne. Auch ihre ausländischen Freunde Maurice Thorez, Palmiro Togliatti und Dolores Ibarruri – die Generalsekretäre der französischen, italienischen und spanischen KP – hatten sie mitgebracht. Alle gaben mir lächelnd die Hand, und ich fragte mich (mein Komplex war inzwischen unverkennbar), ob ich zur Antwort ebenfalls lächeln oder erklären sollte, daß ich immer noch keine Reiseerlaubnis hatte. Ich dachte an nichts anderes mehr.

Im Mai tanzte ich für den französischen Ministerpräsidenten Guy Mollet und seinen Außenminister Christian Pineau. Im Juni ließ man mir eine Auszeichnung zukommen, aber davon hatte ich schon genug. Ein Berg von Einladungen sammelte sich an. Alle Kollegen begaben sich auf Reisen, nur ich saß nun fast seit drei Jahren zu Hause. Am stärksten quälte mich die Ungewißheit, was die Ursache für mein Reiseverbot war und wer es verhängt hatte! Ich gelangte zu dem unerfreulichen Schluß: das KGB, gestützt auf die Meldungen meines indischen Aufpassers Schtscherbakow.

Mitas zweiter Mann, der kühne Motorradfahrer Grischa Lewitin, der mit den unterschiedlichsten Personen befreundet war, brachte mich eines Abends aus der Fassung: »Gestern hat mir jemand *von den Organen* ins Ohr geflüstert: ›Deine berühmte Verwandte, die Ballerina Maija, wird niemals irgendwohin fahren. Das Verbot steht fest.‹«

Die Bestätigung folgte bald. Das Bolschoi-Ballett sollte im Herbst in voller Besetzung nach England fliegen. Für die Gastspiele hatte man »Romeo und Julia«, »Schwanensee«, »Die Fontäne von Bachtschissarai« und »Giselle« ausgewählt. Zwei davon waren »meine« Stücke.

Mitte Juli 1956 druckte die *Literaturzeitung* eine ausführliche Notiz über die *grande tournée* des Bolschoi-Balletts nach Großbritannien. Alle Vorstellungen und die Namen sämtlicher Solisten, mit Ulanowa an der Spitze, waren aufgeführt. Nur ich stand nicht auf der Liste.

25

WIE ICH NICHT NACH LONDON REISTE

Die Ausländer werden uns retten«, lautete Igor Moissejews Beschwörungsformel, mit der er auch mich zu trösten versuchte. Irgend jemanden würden die Ausländer vielleicht retten, aber mir bereiteten sie nur Kummer.

Auf einem der Empfänge trat ein blonder, gutaussehender junger Mann auf mich zu. Er stellte sich in fließendem Russisch vor. »John Morgan, Zweiter Sekretär der englischen Botschaft. Ich schwärme für das Ballett und bin ein großer Verehrer von Ihnen.« Morgan war ein interessanter Gesprächspartner. Er kannte sich im Ballett gut aus, vor allem im englischen: wo welche Premiere stattgefunden hatte, wer mit wem zerstritten war oder den Partner gewechselt hatte. Auch über den neuesten Klatsch, was unsere Violetta Prochorowa-Elvin anging, war er informiert. Ich hörte ihm fasziniert zu.

»Und wann werden Sie das nächste Mal tanzen?«

»Übermorgen, im Tschaikowski-Saal. Ich tanze einen Walzer von Johann Strauß nach der Choreographie von Goleisowski.«

Morgan fragte: »Wie kann ich eine Karte bekommen? Können Sie mir nicht helfen?«

Ich hinterließ zwei Karten auf den Namen »Morgan« bei der Aufsicht.

Unter den Blumensträußen, die mir nach der Vorstellung überreicht wurden, war einer aus weißem Flieder mit der Visitenkarte eines Sekretärs der britischen Botschaft in Moskau.

Auf dem nächsten Empfang unterhielten wir uns bereits wie alte Bekannte. Ich dankte ihm für den Flieder, und Morgan sagte, daß ihm Goleisowskis Stück gefallen habe. Und plötzlich...

»Weshalb heißt es, daß Sie nicht nach London kommen werden? Wie ist das möglich?«

Weil das KGB meinen Namen mit einem Verbot belegt habe, erwiderte ich – genau wie den meines Bruders Alexander. (Diese Neuigkeit hatte mir Pjotr Andrejewitsch Gussew gerade unter dem Siegel strengster Verschwiegenheit anvertraut. Und nun hatte ich mich verplappert.)

Morgan zuckte ganz nach englischer Art mit keiner Wimper. Er schien nichts gehört zu haben.

»Würden Sie mir gestatten, Sie mit unserem Botschafter bekannt zu machen?«

Was war das – ein Hilfsangebot? Eine neue Bürde? Eine Falle?

Der Botschafter, William Hayter, war ein nicht mehr junger, hochgewachsener Gentleman, ein echter englischer Lord. Er sprach recht gut russisch. »Unsere Seite wünscht sich sehr, daß Sie uns besuchen. Das britische Publikum sollte Ihren ›Schwanensee‹ sehen. Wir werden uns dafür einsetzen.«

Angesichts der »britischen Unterstützung« machte ich einen unbedachten, überstürzten Schritt. Ich schrieb Direktor Tschulaki einen ultimativen Brief. Falls mein Bruder Alexander Plissezki von der Großbritannienreise ausgeschlossen werde (von mir selbst sprach ich nicht), bäte ich darum, mich dann und dann von der Arbeit am Bolschoi-Theater zu entbinden. Im übrigen würde ich in Urlaub fahren.

Der Brief war natürlich unklug, aber ich empfand ihn als Aufschrei: Wollte man meinen Bruder – er ist sechs Jahre jünger als ich – etwa auch in die ägyptische Finsternis stürzen?

Gewiß, es handelte sich um einen hysterischen Anfall. Was würde ich ohne das Ballett tun? Hühner züchten, Kohl anpflanzen? Aber man hatte mich zum Äußersten getrieben.

In einem halbminütigen Telefongespräch teilte Zabel mir trokken mit, daß meine Bitte erfüllt worden sei. Meine Arbeit am Theater sei beendet, und ich solle meinen Ausweis abgeben.

Es stand schlecht.

Ich verbrachte den August in Leningrad bei meiner Cousine Era. Sie hatte immer eine beruhigende Wirkung auf mich, fast wie Baldrian.

Mehrere Male ging ich kreuz und quer durch die Eremitage.

Sehr lange blieb ich in Puschkins Haus an der Moika stehen, wo der Dichter nach seinem tödlichen Duell dahingeschieden war. Ich besuchte Waganowas Grab und vergoß Tränen um sie.

Mitte August forderte man mich in einem Telegramm auf, nach Moskau zu kommen. Minister Michailow wolle mich sprechen. Nach einigem Zögern brach ich auf.

Aber das Gespräch war versöhnlich. Wieso hätte ich Bedingungen gestellt? Die Reise meines Bruders – das sei ein ganz anderes Thema. Ich solle meinen unhöflichen Brief zurücknehmen, denn das Theater könne nicht auf mich verzichten.

Sobald ich aus dem Ministerium zurückgekehrt war, rief mich Zabel in der Schtschepkin-Straße an: Am 20. August begännen die Proben für London. Ich hätte im Theater zu sein, denn dort sei mein Arbeitsplatz. Ob ich nach London reiste oder nicht, sei nicht ihre Sache, aber ich müsse zu den Proben erscheinen.

Am ersten Tag wurde anstelle der Proben eine vielköpfige, lautstarke »Reisekonferenz« abgehalten. Man nahm mich buchstäblich am Arm und führte mich wie zufällig dorthin. Ich solle das Wort ergreifen, wurde geflüstert. Wozu? Es gelte, mein Verhalten zu beurteilen. Ach, die Bolschewiki liebten es so sehr, wenn jemand Reue bekundete! Wenn er sich erniedrigte, im Staub wälzte ...

Der damalige Parteiorganisator des Theaters, der Waldhornist Polech – stets pomadisiert und mit einer Schleife angetan, schließlich war er Künstler –, sprach als erster und fiel mit der ganzen Kraft der Partei über mich her. Ich sei launenhaft, hochmütig, und mein Benehmen gereiche dem Künstlerberuf zur Schande.

Geschlagene drei Stunden redete man Unsinn und machte mir Vorwürfe. Ich wurde wiederum aufgefordert, mich zu äußern, doch ich kniff die Lippen zusammen und schwieg. Gegen Ende war ich der Versammlung so überdrüssig, daß ich einfach hinausging.

Aber ich nahm an zwei vollständigen Bühnenproben von »Schwanensee« teil. Vor der dritten erklärte Zabel: »Jetzt probt Karelskaja. Sie fahren nicht. Das ist beschlossen.«

Nach dieser subtilen chinesischen Folter wurde mir schwarz vor Augen. Sofort wählte ich in der Schtschepkin-Straße eine

Telefonnummer nach der anderen: Bulganin, Molotow, Mikojan, Schepilow, Michailow. Nur Chruschtschow versuchte ich nicht anzurufen – seine Nummer bewahrte ich mir für den Notfall auf. (Aber konnte es einen noch schlimmeren Notfall geben?) Keiner hob den Hörer ab, keiner ließ einen Gehilfen oder Sekretär zurückrufen. In meiner Verzweiflung wählte ich Morgans Nummer – sie stand auf seiner Visitenkarte – in der britischen Botschaft.

Die Vermittlung meldete sich. Ich bat, mich zu John Morgan, dem Zweiten Sekretär, durchzustellen.

»Just a moment.«

Ein Klicken. Morgan nahm den Hörer ab. Ich überfiel ihn mit einem unverständlichen Wortschwall.

»Wo wohnen Sie? Schtschepkin-Straße 8? Direkt hinter dem Theater? Ich habe gerade ein paar ganz neue Bücher für Sie – über das englische Ballett. Kann ich sie heute vorbeibringen? Sagen wir, um halb sieben, gleich nach der Arbeit.«

Ich bekam es mit der Angst zu tun. Die Botschaftsleitungen wurden wahrscheinlich abgehört. Gott weiß, was sich die Lauscher einbildeten. Ich durfte einen jungen Mann nicht allein empfangen.

Verstört versuchte ich, bei Freunden anzurufen, und erreichte schließlich den grippekranken Nikolai Simatschow.

»Kolja, sei so gut, heute abend gegen sechs vorbeizukommen. Man bringt mir neue Bücher über das englische Ballett. Wir können sie gemeinsam durchsehen.«

Er war einverstanden.

Insgesamt wurde ich nur zweimal von Morgan besucht: an jenem Abend und drei Tage später. Bei beiden kurzen Besuchen war ich nicht allein zu Hause. Dafür gibt es noch lebende Zeugen, die bei klarem Verstand sind und ein ausgezeichnetes Gedächtnis besitzen. Wir sprachen fast gar nicht über das Londoner Gastspiel, denn Morgan war der Meinung, daß ich bestimmt dabeisein würde. Im übrigen blätterten wir die Bücher durch, führten alltägliche Gespräche und tranken georgischen Tee mit Kirschkonfitüre.

Aber unsere Begegnungen hatten Folgen: Danach war mir stets – vierundzwanzig Stunden am Tag – ein Dienstwagen des KGB auf den Fersen.

Das Auto hatte immer drei Insassen, deren Silhouetten sich vor der untergehenden Moskauer Herbstsonne deutlich abzeichneten. Wenn ich in das Lebensmittelgeschäft »Jelisejewski«, in Reparaturwerkstätten oder auf eine Ausstellung ging, bremste der Wagen in einiger Entfernung. Wenn ich herauskam und mich in ein Taxi setzte oder von Bekannten mitgenommen wurde, sah ich im Rückspiegel, daß ich keinen Moment lang aus den Augen gelassen wurde. Meine Verfolger begleiteten mich nach Hause und blieben dann stundenlang auf der Straße stehen. Ganz wie in einem Krimi.

Zuerst glaubte ich, es mit neuen Verehrern zu tun zu haben. Dann wurde ich unruhig. Waren es vielleicht Banditen? Aber Grischa Lewitin erkannte am Nummernschild sogleich, daß es sich um einen KGB-Wagen handelte. »Da haben wir den Salat.«

Der Knoten wurde immer fester geschnürt.

Morgan verschwand. Er rief nicht mehr an und erschien nicht auf Empfängen. War er freiwillig abgereist, oder hatte man ihn dazu gezwungen? Ich hatte große Angst, aber ich traute mich nicht, die Engländer anzurufen. Gebranntes Kind scheut das Feuer.

Erst acht Jahre später, als man mir Auslandsreisen wieder gestattet hatte, traf ich bei einem Gastspiel in London heimlich mit Morgan zusammen. Der Leser braucht nicht die Ohren zu spitzen – heimlich, was das KGB, nicht jedoch, was die rotwangige Mrs. Morgan und ihre drei kleinen Kinder anging. Die Familie wohnte in einem gepflegten, von Rasen umgebenen Haus in einem Londoner Vorort. Wie ich nun hörte, hatte Morgan sein Auto am Maly-Theater geparkt, bevor er mich in der Schtschepkin-Straße aufsuchte. Die Tatsache, daß der Wagen in einiger Entfernung abgestellt war, muß bei den Tschekisten Verwirrung ausgelöst haben, bevor sie zu der verhängnisvollen Schlußfolgerung kamen: Eine heiße Liebe – Plissezkaja will in England bleiben und um politisches Asyl bitten. Oder vielleicht dachten sie auch an Spionage: Plissezkaja ist eine neue Mata Hari . . .

Aber im Theater fanden sich etliche ungehorsame Personen, und fünfundvierzig von ihnen unterzeichneten einen Brief zu meiner Verteidigung an Kulturminister Michailow. Darin hieß es, Plissezkaja sei die führende Solistin des Repertoires, und nur ihr Mitwirken könne den Erfolg des Gastspiels garantieren. Zu den Unterzeichnern gehörten auch klingende Namen: Ulanowa, Lawrowski, Faijer. Vielen Dank! Wenn ihr nur gewußt hättet, daß der Adressat ein anderer hätte sein müssen, nämlich der KGB-Vorsitzende Serow am Dserschinski-Platz. Der Brief konnte mich zwar nicht aus meiner Not retten, aber er sorgte dafür, daß das Flämmchen der Hoffnung nicht erlosch.

Am späten Abend rief Faijer plötzlich an und bat mich zu sich. Ich sprang in ein Taxi und fuhr los, gefolgt von dem Auto der KGB-Wächter.

Flüsternd und in gebührender Entfernung von seinem eigenen Telefon teilte Faijer mir mit, daß man eine Antwort auf den Brief erhalten habe – keine schriftliche, doch immerhin eine mündliche. So vage er sich auch ausdrückte, mir wurde klar, daß ich Michailow ein *Reueschreiben* aushändigen sollte – je schneller, desto besser.

In der Nacht konnte ich nicht schlafen, denn ich zerbrach mir den Kopf: Was konnte ich bereuen und wem gegenüber, ohne meine Würde zu verlieren? Schließlich verfaßte ich wohl oder übel einige Zeilen. Wie hätte der Leser an meiner Stelle gehandelt? Es tut mir aufrichtig leid, daß ich meine Notizen nicht aufbewahrt habe, denn ich kann mich einfach nicht mehr daran erinnern, welche Fehler – außer meinem taktlosen Ultimatum – ich mir zur Last legte.

Am nächsten Tag brach ich mein Gelübde, nie wieder die Nase in eine Botschaft zu stecken, und machte mich zu den Indonesiern auf. Sukarno weilte gerade auf Staatsbesuch in Moskau. Aus dem Theater hatte man nur mich eingeladen. Jetzt war ich eine umstürzlerische Person!

Der erste, dem ich schon an der Tür begegnete, war Michailow – eine Fügung des Schicksals offenbar. Sofort zog ich den Brief aus meiner Handtasche hervor. Hier ist es, mein Reuebekenntnis. Michailow packte den Brief mit seiner Pranke und brummelte etwas Unverständliches.

Einige Tage später ließ er mich in sein Büro kommen und hielt mir einen bedächtigen Vortrag: »Es ist ein guter Brief. Tapfer und klug. Sie haben Mut. Aber ist darin wirklich alles erschöpfend dargelegt? Vielleicht haben Sie etwas vergessen oder verborgen? Sind Sie sich tatsächlich über Ihre Handlungen im klaren, Maija Michailowna? Die Ausländer haben ein besonderes Interesse an Ihnen. Das muß berücksichtigt werden.«

Er sprach mit ebenmäßiger, schleppender Stimme, gleichsam ohne Punkt und Komma; nur der Buchstabe »R« blieb ihm manchmal in der Kehle stecken. Der Minister fand offensichtlich Gefallen an seiner eigenen Rede. Durch einen Knopfdruck rief er seinen Sekretär herbei.

»Lassen Sie bitte die Genossen Pachomow und Stepanow zu uns kommen.«

Wassili Iwanowitsch Pachomow war Michailows Stellvertreter und bereits zum Leiter der Londoner Reisegruppe ernannt worden. Einige Jahre später wurde er Direktor des Bolschoi-Theaters (er wird auf diesen Seiten noch ab und zu auftauchen). Stepanow, übrigens ein aufgeschlossener, mitfühlender Mann, war für die ausländischen Angelegenheiten des Ministeriums zuständig.

Die Rede ging weiter.

»Sie haben ein großes Talent, Maija Michailowna – ein echtes Talent. Und was lehrte uns Genosse Lenin? Er lehrte uns, daß man Talente hüten muß. Deshalb habe ich all meine verantwortungsvollen Aufgaben zurückgestellt, um mich mit Ihnen zu treffen. Ich begreife, daß Sie viel durchmachen und nachts vielleicht nicht schlafen. Aber ich erlaube mir die Frage, wer von uns stärker leidet: Sie oder ich, Kulturminister Michailow?«

Ich trage Michailow heute nichts nach. Im Grunde war er genauso ein Sklave auf den sowjetischen Galeeren wie ich, nur zwei, drei Decks höher. Es hing nicht von ihm ab, ob ich nach London reisen oder zu Hause bleiben würde. Die Entscheidung traf eine andere Behörde: das KGB.

Im Korridor des Ministeriums traf ich auf Michailows Frau Raissa Timofejewna. Sie war unberechenbar, aber auf bäuerliche Art mitleidig, und sie mischte sich lautstark in die Angelegenheiten ihres Mannes ein.

Raissa Timofejewna umfaßte mich mit beiden Händen – die

Ministerfrau war eine riesige Dame – und brüllte mir ins Ohr: »Nikolai Alexandrowitsch hat mit der Sache nichts zu tun, wir beide mögen Sie sehr gern. Aber beim Staatssicherheitsdienst, bei Serow, liegt ein Haufen Meldungen über Sie. Mit ihm müssen Sie reden. Er entscheidet alles.«

Niedergeschlagen steuerte ich auf die Garderobe zu, um meinen Regenmantel zu holen. Das Wetter in Moskau entsprach meiner Stimmung: Matsch, Schmutz, Pfützen, schlammige Straßen. In meinen Schläfen pochte es, und in meinem Kopf wirbelten die Tiraden herum, die ich mir hatte anhören müssen. Im Gedränge der Garderobe rief mir jemand einen munteren Gruß zu. Es war Viktor Petrowitsch Gontar, Chruschtschows Schwiegersohn und Direktor der Kiewer Oper. Bei ihm hatte ich am Ende der Saison »Schwanensee« getanzt. Er erkundigte sich nach meinem Befinden und half mir in den Mantel.

»Die Nachricht, daß Sie in Moskau gequält werden, ist schon bis ins heilige Kiew vorgedrungen. Ich habe mich am Mittagstisch bei Zar Nikita für Sie eingesetzt. Laß sie doch fahren – sie verschwindet schon nicht. Das alles hat sich Wanka Serow ausgedacht. Ist übereifrig, der Scheißkerl.«

Wieder dieser unheilschwere Name: Serow. Alles konzentriert sich auf ihn.

»Viktor Petrowitsch, glauben Sie, daß ich mit Serow sprechen könnte? Auch Raissa Timofejewna hat heute schon . . .«

»Sie wollen's doch nicht auf die lange Bank schieben? Los, rufen wir ihn direkt aus dem Ministerium über die ›Mühle‹ an.«

Dem westlichen Leser muß erklärt werden, daß die Bürokraten die direkt an das Regierungsnetz angeschlossenen Telefone als »Mühlen« bezeichneten. Es waren cremefarbene, bauchige Apparate mit dem sowjetischen Hoheitszeichen in der Mitte der Wählscheibe. Diese Erfindung Edisons, für den Parteibedarf vervollkommnet, wurde nur bei Angehörigen der höchsten sowjetischen Nomenklatura aufgestellt – bei der »treuesten«, »zuverlässigsten« Elite.

Mit dem Regenmantel unter dem Arm steigen wir in die zweite Etage hinauf. Gontar läßt die Türen knallen – er macht nicht viel

Federlesens, denn man weiß ja, wessen Schwiegersohn er ist – und schaut in die Büros. Gebieterisch betritt er Stepanows Vorzimmer.

»Wolodka hat eine ›Mühle‹. Er ist kein Feigling und weigert sich bestimmt nicht.«

Aber die geschulte Sekretärin, die sich ehrfurchtsvoll ein wenig erhoben hat, meldet: »Viktor Petrowitsch, leider ist Wladimir Timofejewitsch beim Minister. Soll ich ihn wissen lassen, daß Sie hier sind?«

»Maija und ich warten im Büro. Wir haben keine Eile.«

Niemand wagte damals, Gontar zu widersprechen. Die vertrackte sowjetische Subordination! Gontar war nur Theaterdirektor, aber der Mann von Chruschtschows Tochter aus erster Ehe. Solche Verwandtschaftsbeziehungen kannte man in den Ministerien besser als den Kirchenkalender, besser sogar als Stalins *Kurzen Lehrgang der Geschichte der Kommunistischen Partei*.

Nachdem Gontar die Tür geöffnet hat, packt er, ohne zu zögern, den Hörer der »Mühle«. In einem säuberlichen Notizbuch, das (zu meinem Glück oder Unglück) neben dem Telefon liegt, findet er eine vierstellige Nummer. Er wählt, drückt mir den Hörer ans Ohr und gibt mir durch eine Geste zu verstehen, daß er »nicht im Zimmer« sei.

Am anderen Ende wird sofort geantwortet: »Serow hier.«

Vor Überraschung vergesse ich, daß Serow mit Vor- und Vatersnamen Iwan Alexandrowitsch heißt.

»Guten Tag, hier spricht Plissezkaja.«

Serow erwidert meinen Gruß nicht. »Woher rufen Sie an? Wer hat Ihnen meine Nummer gegeben?«

Seine Stimme ist heiser und wütend. Der Hörer vibriert. Gontar kann jedes Wort verstehen.

»Ich rufe aus dem Kulturministerium an . . .«

Serow unterbricht mich barsch: »Was wollen Sie von mir?«

»Ich möchte mit Ihnen reden . . .«

»Worüber?«

»Man läßt mich nicht ins Ausland reisen – nach London . . .«

»Und was habe ich damit zu tun?«

Ich werde nervös, und meine Stimme beginnt zu zittern. Er spricht mit mir wie ein Flegel!
»Alle sagen, daß Sie mich nicht reisen lassen ...«
»Wer sind alle?«
»Alle ...«
»Also wer?«
Ich verliere die Selbstbeherrschung, meine Stimmbänder scheinen mir nicht mehr zu gehorchen. Es ist, als sage eine Fremde: »Raissa Timofejewna Michailowna.«
Nun klingt seine Stimme schon wie die eines Markthändlers, der Gewürzgurken verkauft: »Die hat's gerade nötig! Die Entscheidung trifft Michailow, ich habe nichts damit zu tun!«
Er wirft den Hörer hin, das Gespräch ist beendet.
Gontar und ich schauen einander bedrückt an. Es hat nicht geklappt. Serow ist ein abgefeimter Bandit.

Eine halbe Stunde später wurde die »Mühle« bei Stepanow abgeholt. Man warf die völlig unschuldige Sekretärin auf die Straße. Das KGB hatte sofort ermittelt, wessen Telefon ich benutzt hatte. Wie durch ein Wunder blieb Stepanow auf seinem Posten (da meine »Sabotage« in seiner Abwesenheit stattgefunden hatte), und es gereicht ihm zur Ehre, daß er mir meine Unbesonnenheit niemals zum Vorwurf machte.

Gontar, mein lieber, gutmütiger Viktor Petrowitsch, hatte sich zwar wie ein Elefant im Porzellanladen benommen, aber ich schulde ihm Dank, denn er gehörte zu denen, die Mitgefühl zeigten. Doch obwohl er Chruschtschows Schwiegersohn war, kam er nicht ungeschoren davon. Ich weiß nicht, was Serow weitermeldete, aber Gontar durfte mehr als zwei Jahre lang die Schwelle zu den Zarengemächern nicht überschreiten. Außerdem wurden ihm, dem Unruhestifter, die Auslandsreisen gestrichen.

Auch weiterhin rollte der KGB-Wagen Tag um Tag in Moskau hinter mir her. Man begann, mir aus dem Weg zu gehen, als wäre ich verseucht. Weiterhin wurde ich zu Empfängen eingeladen, aber ich besuchte sie fast nie mehr. Als ich mich einmal doch in den Kreml aufmachte – vielleicht würde sich einer der Herrschenden dazu herablassen, mit mir über mein Schicksal zu sprechen –, mußte ich später allein durch Moskau nach Hause gehen. Niemand nahm mich mit dem Auto mit, obwohl ich mich früher der Angebote nicht hatte erwehren können.

Am 1. und 2. Oktober 1956 flog meine Truppe nach London. Kaum jemand vom Moskauer Ballettvölkchen blieb zurück. Nur ich . . .

So sah das »Tauwetter« in jenem Jahr in Rußland aus.

Während des Londoner Gastspiels

Die »Haupttruppe« eröffnete die Londoner Saison des Bolschoi-Balletts mit einem Erfolg. Die Pechvögel, die kurz vor der Pensionierung standen oder sich Verletzungen zugezogen hatten, waren zu Hause geblieben. Und auch ich saß bekümmert in Moskau.

Auf meine beiden »flehenden« Telegramme an Chruschtschow, auf meine an ihn, an Bulganin und Schepilow gerichteten Briefe erhielt ich keine Antwort. Keiner der Führer wollte mit mir sprechen.

Immerhin teilte ich mein Schicksal mit etlichen anderen, die wie ich Opfer des ungleichen Kampfes geworden waren und nun auf der »Ersatzbank« saßen.

In den ersten Tagen hörte das Telefon nicht auf zu klingeln. Aufdringliche englische Journalisten witterten eine Sensation – weshalb war ich in Moskau geblieben? Ich nahm den Hörer nicht ab. Mutter wehrte sich redlich und flocht ein Lügengespinst nach dem anderen, aber dann wurde es auch ihr zuviel. Schließlich verstummte das Telefon.

Um die üblen Gedanken zu vertreiben, beschloß ich, »Schwanensee« mit dem in Moskau zurückgebliebenen Teil der Truppe zu tanzen. Außerdem wollte ich der Welt zeigen, daß ich gesund und in bester Form war. Damit würden die Mutmaßungen wieder angefacht werden.

Die nicht nach London gereisten Direktionsmitglieder waren einverstanden. Ich weiß nicht, was in ihnen vorging, aber sie stimmten sofort zu. Wahrscheinlich glaubten sie, es sei leichter, den naiven Ausländern klarzumachen, daß ich »in Moskau benötigt würde«, als eine vermeintliche Krankheit von mir vorzuschieben.

Die Plakate wurden ausgehängt.

Aber die Funktionäre hatten sich verrechnet...
Die Nachricht verbreitete sich unversehens durch Moskau. Alles drängte sich an den Kassen, um Karten für den 12. Oktober zu erhalten. Jeder wußte, daß nun statt einer Oper ein Ballett angesetzt war: »Schwanensee« mit der in Moskau festgehaltenen Plissezkaja.

Im Sowjetleben entwickelte sich eine bis dahin unbekannte Form der raschesten Informationsübermittlung. Sie war schneller als das Licht! Wie hatte die viele Millionen umfassende Stadtbevölkerung in Windeseile erfahren, wohin »man unbedingt gehen muß«, wo eine Sensation im künstlerischen Leben bevorstand?

Meine mürrischen Kollegen wurden plötzlich munter und probten energisch. Wer seine Rolle noch nicht konnte, eignete sie sich blitzartig an.

Aber auch unsere »Gegner« schlummerten nicht. Mein Telefon wurde wieder lebendig. Ein Anruf nach dem anderen. Und man bat mich nicht nur um Eintrittskarten. Außerdem wurde aus den Ministerien »Alarm geschlagen«. »Sie müssen einen demonstrativen Erfolg, einen ›Ärgernis erregenden‹ Triumph, vermeiden.« Die Anrufer – ihre Namen mögen künftige Generationen interessieren – waren Abolimow, Zelikowski, Wartanjan, Apostolow...

Dann meldete sich Furzewa. Sie war damals Mitglied des Politbüros.

»Maija Michailowna, Jekaterina Alexejewna Furzewa möchte mit Ihnen sprechen. Ich verbinde.«

Als ich früher versuchte, die Würdenträger in den Ministerien zu erreichen, hatten mich die Sekretäre und Sekretärinnen stets mit eisiger Stimme abgewiesen. Und auch Furzewa hatte nie den Hörer abgehoben. Aber nun schien sie plötzlich Zeit zu haben. Und wie freundlich ihre Sekretärin war!

»Maija, wir müssen uns sehen und miteinander reden. Über Ihren Auftritt morgen. Kommen Sie heute um fünf zu mir. Erster ZK-Eingang am Alten Platz. Ihr Passierschein ist schon ausgestellt. Vergessen Sie Ihren Paß nicht. Bis später.«

Ich betrat den Partei-Bienenkorb zum erstenmal. Sämtliche Begründer des Marxismus stierten mich von den silbrigen Wänden her an: Lenin, Marx selbst, Chruschtschow, Bulganin, wieder Lenin ...

Hinter einem breiten, mit Papieren überhäuften Tisch erhob sich eine anmutige Frau mittleren Alters und kam mir entgegen. Sie hatte ein müdes, etwas schiefes Lächeln, war sorgfältig frisiert, mit einem festen, hellen Knoten im Nacken, und trug ein graues, asketisches Kostüm.

»Da sind Sie also. Unsere berühmte Ballerina.«

Wir unterhielten uns anderthalb Stunden lang über alle möglichen Themen miteinander. Aber der rote Faden, der sich durch das ganze Gespräch zog, war folgender: Ich müsse etwas unternehmen, damit die Vorstellung kein Erfolg werde.

»Ich kann nur eines tun, Jekaterina Alexejewna: überhaupt nicht tanzen.«

Da begann diese sympathische Frau, ungereimtes Zeug zu reden. »Sie müssen all Ihre Verehrerinnen und Verehrer anrufen und ihnen erklären, daß die ausländische Presse vertreten sein wird. Es könnte zu einer politischen Provokation kommen. Das würde unserer sozialistischen Heimat schaden.«

Und so weiter, und so weiter ...

Ich konnte nur wiederholen: »Wenn Sie wollen, tanze ich eben nicht, Jekaterina Alexejewna.«

Noch ein paar Anmerkungen zu Furzewa, denn sie darf nicht nur beiläufig erwähnt werden. Sie war in unserem von Nullen geprägten Staat eine schillernde Gestalt. Und ihr Leben nahm ein tragisches Ende: Sie vergiftete sich mit Zyankali. Ihr grenzenloser Ehrgeiz trieb sie aufs Sterbebett.

Nach ihrer Politbüromitgliedschaft wurde Furzewa zur Kulturministerin »degradiert«. Sie war Michailows Nachfolgerin. Unsere Lebenswege sollten sich rund fünfzehn Jahre lang kreuzen; ich stritt mich, kämpfte, versöhnte mich mit Furzewa. Es ist unmöglich, sie nur in Schwarz zu malen. Jekaterina Alexejewna hatte viele Nuancen.

Ihr Äußeres hätte nicht slawischer sein können, aber ihr Name war überaus selten. Sie erzählte den Schmeichlern in fröhlicher Runde gern, wie beliebt sie sei. Besonders in Deutschland, denn dort sammelten sich stets Menschenmengen um sie, und alle lächelten und wiederholten dauernd ihren Namen. (Natürlich hatten ihre ministeriellen Schildträger sie nicht wissen lassen, daß die Fröhlichkeit der Deutschen möglicherweise andere Gründe hatte.)

Jedenfalls war Furzewa ein *lebendiges* Wesen, keine Amtspuppe aus Pappmaché. Man konnte sie rühren, umstimmen, sie beeindrucken und in Rage bringen. Dann griff sie sofort zum Telefonhörer und machte irgendeinem eingefleischten Bürokraten die Hölle heiß. Aber dem KGB-Ungeheuer konnte auch sie sich nicht widersetzen.

Schließlich kniff sie die graublauen Augen zusammen, straffte sich und fragte mich ohne Umschweife: »Sie sollen gesagt haben, daß man bei uns nicht aus Gründen der Überzeugung, sondern der Karriere wegen in die Partei eintritt?«

»Ich erinnere mich nicht. Aber wenn es in Serows Notizen steht...«

Sie fuhr zusammen. Unwillkürlich schaute sie in die Zimmerecken. Ob dort vielleicht auch Mikrophone waren?

Noch ein »Schwanensee«. – Diesmal, während ich in Ungnade war! Das Theater war bis zum letzten Platz gefüllt. Durch den Vorhang hindurch – das Licht im Saal war noch nicht erloschen – sah ich die brodelnde Menschenmenge. Das Murmeln des Publikums glich dem Summen eines riesigen Bienenschwarms. Das Orchester hatte bereits Platz genommen und spielte sich ein. In den Seitenlogen drängten sich Menschentrauben, in den Durchgängen der oberen Ränge, wo den Besuchern das Geld weniger locker saß, konnte man sich kaum bewegen. Im Parkett eine Vielzahl bekannter Gesichter – ganz Moskau war gekommen, um sich mit mir solidarisch zu erklären, mich zu unterstützen. Ich war eine Art Dissidentin geworden, eine der ersten...

Jemand berührte mich leicht am Rücken. Der Regieassistent Sascha Sokolow.

»Sieh mal, dort in der ersten Reihe, links von der Mitte, sitzt Serow mit seiner Frau.«

Ich betrachtete das farblose Eunuchengesicht und die schütteren flachsblonden Haare. Plötzlich hatte ich eine gespenstische Assoziation: Wie ähnlich er Jeschow sah, dem Stalinschen »Volkskommissar des Todes« (dessen Fotos waren vor 1937 Tag um Tag in den Zeitungen erschienen). Der Henkerberuf oder die Natur schien die beiden einander angeglichen zu haben.

Größeren Erfolg hatte ich mit »Schwanensee« nie wieder im Leben. Höchstens im fernen Argentinien sollte sich etwas Vergleichbares abspielen – aber ohne politische Nuancen. Das dortige Publikum spendet majestätische Ovationen.

Von Anfang an – nach dem Sprung, als ich in der ersten Schwanenpose, in der vierten Position, erstarrte – brach im Saal ekstatischer Beifall aus. Wie durch einen Wasserfall vernahm ich die Silben der Rufe: »... ra-a-wo«, »av-i-i-issimo.«

Es wurde Zeit für die Glissades, aber die Musik konnte den Lärm nicht übertönen. Ich wollte es der Obrigkeit zeigen. Sollte doch Serow und seiner Frau die Gallenblase platzen!

Ein oder zwei Minuten lang (eine bewegungslose Minute ist im Theater eine ganze Ewigkeit) war ich erstarrt und rührte keinen Finger. Der Beifall und die Rufe verstärkten sich. Schließlich erwachte ich zum Leben, und die Vorstellung setzte sich fort.

Nach dem Adagio trat ich sechsmal zur Verbeugung hinaus, nach der Variation viermal. Das ganze Ballett hindurch ging es so weiter. Ich ermüdete nicht, denn bei den Verbeugungen konnte ich mich zur Genüge erholen und Atem schöpfen. Was sich am Ende der Akte und nach dem letzten Vorhang ereignete, ist nicht zu beschreiben: ein Sturm, ein Tosen, ein Vulkanausbruch.

Das, was die Behörden befürchtet hatten, war eingetreten: eine De-mon-stra-tion!

Später erzählten mir Freunde, daß sich in jeder Loge muskulöse Recken befunden hätten. Sie packten Zuschauer, die übermäßig applaudierten, an den Händen und stießen sie zurück von der Brüstung. Wer allzu laut schrie, wurde sogar ins Foyer geschleppt. Aber die Opfer leisteten Widerstand, umklammerten die Beine der Zurückbleibenden, strampelten und kratzten. Im dritten Akt ließ man die »Saboteure« in Ruhe – das Gerangel hatte einfach überhandgenommen. Nur die Logenschließer mit den vergoldeten Litzen baten das Publikum kläglich, »die Vorstellung nicht zu stören« und ihrer Zufriedenheit auf disziplinierte Weise Ausdruck zu verleihen. Nämlich erst dann, wenn sich der Vorhang mit den eingestickten Daten aller großen Revolutionen, den Worten »Proletarier aller Länder, vereinigt euch« und der Notenzeile der Stalinschen Hymne geschlossen habe.

Serow selbst und seine Reaktion auf die Ereignisse konnte ich von der Bühne her nicht erkennen. Als die Lichter im Saal angingen, überfluteten Massen rasender Moskauer die ersten Reihen des Parketts und damit auch den kleinen General. Meine Freunde berichteten, er habe selten auf die Bühne geschaut. Schließlich war er »aus beruflichen Gründen«, wenn auch in Zivil, ins Theater gekommen. Immer wieder blickte er sich zu den Logen um, wo seine Männer die Sowjetmacht verteidigten. Mit gespitzten Ohren lauschte er den Geräuschen der Kämpfe in der Finsternis. Zweifellos hatte der tapfere Armeegeneral einen steifen Hals, als er sich nach Hause begab.

Am nächsten Morgen rief mich Furzewa von neuem zu sich. Sie war außer sich, aber es gelang ihr, sich zu beherrschen.

»Was soll das, Maija, Sie haben Ihr Wort nicht gehalten. Sie haben nicht mit Ihren Verehrern geredet.«

»Und das habe ich Ihnen auch nicht versprochen, Jekaterina Alexejewna. Sie müssen sich getäuscht haben.«

Diesmal zog sich das Gespräch über zweieinviertel Stunden hin.

Aber ich darf nicht vergessen, daß nur zwei der Machthaber die Kühnheit aufbrachten, mit mir zu reden – wenn auch ohne Sinn und Verstand. Eine geöffnete Tür, eine menschliche Stimme waren in jener Zeit, in der ich wie eine Aussätzige behandelt wurde, ein Trost für mich. Der eine mutige Mensch war Furzewa, der andere Polikarpow.

Dmitri Alexejewitsch Polikarpow leitete damals die ZK-Kulturabteilung (nach seinem Tod übernahm Schauro den Posten für die Dauer der »Stagnationsjahre«). Auf einen Denunziationsbrief gegen Polikarpow hatte Stalin scherzhaft geschrieben: »Den Dummkopf entfernen.« Die Straforgane beschlossen, mit der Erschießung des »Dummkopfs« ein wenig zu warten und seinem Intellekt zunächst ein bißchen auf die Sprünge zu helfen. Man schickte Polikarpow in eine für solche Zwecke gedachte »Akademie«. Und dort überlebte er – Todesurteile müssen eben unzweideutig sein, lieber Genosse Stalin . . .

Polikarpow war aus Litauen in den Obersten Sowjet gewählt worden. Als er danach in Riga eintraf, entsandten die vor Ergriffenheit stumpfsinnig gewordenen Speichellecker sämtliche schwarzen Regierungslimousinen zum Bahnhof. Polikarpow war aufrichtig empört und stieg mit seinem Köfferchen in die Straßenbahn. Die Regierungslimousinen schlichen bis zum ZK-Hotel hinter dem öffentlichen Verkehrsmittel her.

Furzewas letzte Frage lautete: »Wann ist Ihre nächste Vorstellung?«

»Am sechzehnten.«

»Können Sie diesmal die Klatscher und Schreihälse besänftigen, damit keine neuen Demonstrationen stattfinden?«

Ich antwortete nicht und verließ ihr Büro.

Aber das KGB bemühte sich, die Ballettomanen mit bewährten Methoden zu »besänftigen«. Man begann noch am selben Abend, etliche meiner Verehrer und Verehrerinnen – einen nach dem anderen – in das Moskauer Milizrevier an der Petrowka 38 vorzuladen. Die auf den Benachrichtigungen vermerkte Adresse sollte verdeutlichen, daß es sich nicht um eine politische Angelegenheit, sondern um »Rowdytum« handele: Die Schreihälse hätten die von den Behörden sorgsam gehütete Abendruhe der Moskauer gestört, die nach ihrem Arbeitstag im Theater erschienen seien.

Die Betreffenden wurden viele Stunden lang festgehalten und eingeschüchtert. Offenbar sollte eine Verschwörung aufgedeckt werden. Man fragte sie, ob ich ihnen die Karten gekauft und ihnen Anweisungen gegeben hätte.

Nach den Erzählungen zu urteilen, ließen sich die Verdächtigten nicht von ihrer Position abbringen: »Schwanensee« mit Plissezkaja sei eben ein Ereignis. Weshalb habe man sie nicht nach

London reisen lassen? Seit wann sei es ein Vergehen, im Theater zu klatschen? Überhaupt gebe es nichts zu gestehen. Sie hätten Karten und Blumen mit ihrem sauer verdienten Geld gekauft, und niemand könne ein Publikum zwingen, zu klatschen, Bravo zu rufen und Blumen zu werfen, wenn schwach getanzt werde.

Nach den Verhören im Milizrevier schloß ich mit einigen von ihnen Freundschaft fürs ganze Leben, zum Beispiel mit Schura Krasnogorowa, Nelja Nossowa, Waleri Golowizer und Jura Pronin. Schura Krasnogorowa wurde mehr als acht Stunden lang »vernommen«. Unter die allgemeinen Fragen wurden wie beiläufig Provokationen eingestreut: Wer Plissezkaja besuche, worüber die Gäste redeten . . .

Aber die zweite Vorstellung – am 16. Oktober – fand trotz allem statt. Dazu trug allen Ernstes die sowjetische Friedenspolitik bei. Der japanische Ministerpräsident Ichiro Hatoyama traf ein, und Chruschtschow begleitete ihn ins Theater. Der Arme hatte »Schwanensee« seit langem nicht mehr gesehen, und wahrscheinlich sehnte er sich nach dem Stück.

Auch diese Vorstellung wurde von betäubendem Applaus begleitet. Sogar Chruschtschow schien gerührt zu sein. Nikita Sergejewitsch war rot angelaufen, lächelte, verließ die Loge nicht und schickte Blumen auf die Bühne.

Kürzlich erwähnte ein Journalist – er hat sich sein ganzes Leben lang bemüht, keinen einzigen meiner Auftritte zu verpassen –, daß jene »Schwanensee«-Vorführungen die Krönung meiner Karriere gewesen seien. Meine Auftritte seien so sehr von Unruhe, Emotionen und innerer Nervosität erfüllt gewesen, daß ich mich später nie wieder über ihr Niveau erhoben hätte.

Der nächste »Schwanensee« war für den 18. Oktober angesetzt. Diesmal erschien der afghanische Präsident Mohammed Daud. Neben ihm in der Loge saß wieder unsere geliebte Regierung: Chruschtschow (haben wir Mitleid mit ihm), Bulganin, Perwuchin. Applaus, Lächeln, Grüße . . .

Aber in jenen Tagen, ebenfalls im Oktober 1956, versammelten sich dieselben Lenker unserer Geschicke, die mir nach der Vorstellung stehend in den Logen applaudiert hatten, in ihrem meuchlerischen Politbüro, um sich einen halbgaren Vortrag von General Serow anzuhören. Thema war die Ballerina Plissezkaja, die für die englische Spionageabwehr arbeite.

Niemand fragte danach, wie das möglich sei. Niemand erklärte, daß Serows Vermutungen bodenloser Unsinn sein müßten, denn die Ballerina könne keine Fremdsprachen und wisse nicht das geringste über die Verteidigung der Sowjetunion. Sie sei nur über Theaterintrigen auf dem laufenden. Aber man beschloß, Serows Behauptungen zu akzeptieren und die Beobachtungen fortzusetzen. Die Ballerina sei zwar nicht zu entlassen, aber ihr sei auch kein Ausreisevisum zu gewähren. (In Chruschtschows Memoiren finden sich Hinweise auf meine unerfreuliche Geschichte und die Swjatoslaw Richters, der lange auf ähnliche Weise gepeinigt wurde.)

Ich hörte von dieser gespenstischen Sitzung von Mädchen aus dem Moissejew-Ensemble, welche sich die Söhne der Parteibonzen einmütig als Ehefrauen auserkoren hatten (tatsächlich war jede einzelne eine Schönheit, denn Moissejew wußte, wen er in seinem Ensemble gebrauchen konnte). Die Männer flüsterten ihren »Ballettfrauen« den neuesten Klatsch über deren unglückselige Kollegin aus dem Bolschoi-Theater zu. Sie tanze auch, aber ... In Rußland haben Frauen nie Geheimnisse bewahren können. Voller Aufregung teilte mir eine nach der anderen alle Einzelheiten mit. Ein sowjetisches Theater des Absurden!

Übrigens traf ich doch noch mit Serow zusammen – allerdings erst zwanzig Jahre später.

Schtschedrin und ich waren unterwegs, um den Violinisten Leonid Kogan auf seiner Datscha in Archangelskoje zu besuchen. Leonid Borissowitsch hatte sich das Haus gerade gekauft und all seine Freunde zur Besichtigung eingeladen. Wir verfuhren uns im Gewirr der unübersichtlich verstreuten Gebäude mit den hohen Zäunen. Mußten wir nach rechts abbiegen oder geradeaus weiterfahren?

Zum Glück stakste ein kleiner Mann in einem verschlissenen blauen Trainingsanzug am Straßenrand dahin. In der Hand hielt er einen Tennisschläger im Futteral. Der Nacken des Männchens war säuberlich rasiert.

Wir hielten an, Schtschedrin öffnete das Seitenfenster ein wenig, grüßte höflich und fragte: »Ist hier in der Nähe die Datscha von Leonid Borissowitsch Kogan? Ist dies der richtige Weg? Oder müssen wir nach rechts abbiegen?«

Der Sportler wandte uns das Gesicht zu – und mich durchfuhr eine Ahnung. Solche Gesichter vergißt man bis ans Lebensende nicht.

»Was für ein Kogan? Gibt's hier nicht. Das sind Regierungsdatschas. Sie irren sich.«

Schtschedrin spürte die Unfreundlichkeit des Mannes und gab Gas. Ich hatte Angst, mich umzuschauen, und zischte: »Das war Serow. Er lebt also noch?«

Bei Leonid Kogan angekommen, stelle ich ihm sofort die Frage: Kann es wirklich sein?

»Dein Gedächtnis trügt dich nicht. Armeegeneral a. D. Serow wohnt in der Nähe. Jeden Tag spielt er mit seinen Kumpanen Tennis. Er will uns überleben, der Mörder.«

Prophetische Worte. Serow überlebte Kogan tatsächlich.

Zurück zum Jahre 1956. Der KGB-Wagen blieb mir weiterhin auf den Fersen, aber ich begann, mich daran zu gewöhnen. Nun kam mir die Sache eher lächerlich als bedrohlich vor. Sogar die Silhouetten der Männer wurden mir vertraut. Mit einem Blick konnte ich feststellen, welche Brigade gerade Dienst hatte. Ein Wächter lächelte mir einmal verlegen-verschmitzt durch die Windschutzscheibe zu – was soll man machen, Dienst ist Dienst ...

Am 29. Oktober sollte ich in Tula tanzen, in der Heimat von Leskows genialem Linkshänder. Das Geld war knapp, und ich mußte unbedingt etwas hinzuverdienen. Mittlerweile entfernte ich mich nicht mehr allzu weit von Moskau, aber ich reiste häufig: nach Rjasan, Kowrow, Brjansk, Tambow, Wladimir ... Für längere Reisen fehlte mir die Zeit.

Ich wußte, daß »Schwanensee« am selben Tag in London aufgeführt werden würde. Und ich durfte in Tula auftreten!

Mir schmerzten die Beine. Die Belastungen machten sich nun schließlich doch bemerkbar. Am Vortag hatte ich mir, als ich über die Treppe zum Zug eilte, die Wade gezerrt. Es war, als hätte ein Hund zugeschnappt. Wenn der Muskel bloß nicht reißt! Am 1. November war ich in Moskau wieder mit »Schwanensee« an der Reihe – diesmal für den syrischen Präsidenten Schukri al-Kuwatli. Auch Chruschtschow würde wieder dabeisein.

Es wäre schön, den zweiten Akt anders zu tanzen. Soll ich mir etwas einfallen lassen?

Wie ich mich kleidete

Wenn ich auf der Straße im Menschengewimmel eine entsagungsvolle Nonne in ihrer gestärkten Tracht oder einen flotten, geschniegelten Leutnant sehe, stelle ich mir immer vor, wie sie aussehen würden, wenn die Nonne zum Beispiel ein tiefdekolletiertes Kleid von Pierre Cardin trüge oder wenn der Leutnant eine verschmutzte, ärmellose Jacke und eine bauschige, ölverschmierte Wattehose anhätte.

Wieviel die Kleidung für die Menschen bedeutet! Manieren allein genügen nicht. Die äußere Hülle formt das Bild, das man abgibt. Nach ihr schließen wir zurück auf die Persönlichkeit. Und die Kleidung diktiert auch das Verhalten der anderen.

Wie kleidete ich mich? Wo und bei wem kaufte ich meine Garderobe? Im GUM waren ja seit Ewigkeiten keine brauchbaren Kleider mehr zu finden.

Es war einmal eine Zauberin namens Klara, die wohnte in Moskau. Eigentlich war sie eher eine Unternehmerin als eine Zauberin. Klara besuchte Schauspieler – hauptsächlich solche, die nicht ausreisen durften – in ihren Wohnungen. Sie hatte immer eine Tasche von imposanten Ausmaßen bei sich, in der sie den Inhalt eines ganzen Kleiderschrankes unterbringen konnte: Abendkleider und Alltagskleider, Mäntel, Pelerinen, Schuhe, Blusen, Unterwäsche, Handtäschchen ...

Sämtliche Schätze Klaras waren importiert und von guter Qualität. Die Frauen sowjetischer Diplomaten verkauften ihr regelmäßig Markenartikel. Der Schmuggelpfad war fest ausgetreten.

Die Sachen waren stets neu und trugen die rosigen Etiketten westlicher Firmen. Nur die Preise waren alles andere als rosig – jedes Teil kam mir sagenhaft teuer vor. Aber wer wollte in Lumpen herumlaufen? Ich mußte mich genauso gut anziehen wie alle, die ins Ausland reisen durften. Schließlich stand ich im Blickfeld der Öffentlichkeit.

Allerdings ging von den ungetragenen Sachen ein leichter, etwas bitterer Schweißgeruch aus. Klaras junge Tochter probierte die ganze Garderobe an, bevor sich ihre Mutter aufmachte, um die Schauspieler und Schauspielerinnen zu besuchen.

Alles, was ich trug, hatte ich bei Klara gekauft – zum dreifachen Preis, denn sie war keine Altruistin.

Wenn ein Kleidungsstück nicht paßte, faltete Klara es sorgfältig zusammen, legte es zurück in ihre Zaubertasche und verkündete feierlich: »Damit werde ich mich noch befassen.«

Sie wußte, daß jedes Stück unweigerlich einen Käufer finden würde.

Ich habe schon erwähnt, daß meine auffällige, manchmal fast für die Bühne geeignete Kleidung meine Rebellion, meine Herausforderung an das System war. Sogar unsere stumpfsinnigen Führer spürten, daß hier etwas Ungewöhnliches vor sich ging. In jenen Jahren bemerkte Chruschtschow ein wenig vorwurfsvoll: »Sie ziehen sich viel zu schön an. Führen Sie ein üppiges Leben?«

Schwieriger war es mit den Pelzen. Soviel ich auch in den Clubs tanzte, Klaras Rauchwaren konnte ich mir nicht leisten. Sieben Jahre hintereinander mußte ich dem Schnee und Frost des russischen Winters in Mitas altem Karakulmanteau trotzen. Schließlich war er so abgeschabt, daß ich den Theaterkürschner Mirkin um Hilfe bitten mußte. Er fügte an den Seiten graue Mantelstoffkeile ein. Aus den Resten konnte sogar noch ein Karakulhut für mich geschneidert werden!

Damals wurde ich für modisch gehalten, aber ein wirkliches Modegefühl legte ich mir erst viel später zu.

1966 kehrte ich aus Paris zurück, wo mir Nadja Léger einen schwarzen Maxipelz – ebenfalls aus Karakulfell – mit abgesteppten Lederapplikationen geschenkt hatte. Als ich damit bekleidet in der Gorki-Straße aus dem Haus ging, um ein Taxi heranzuwinken, bekreuzigte sich die erste, bei meinem Anblick verwirrte Moskauerin nach orthodoxer Art und heulte wütend: »Herrgott, was für eine Sünderin...«

Was Maxipelze betraf, war ich in Moskau eine Bahnbrecherin. Noch später lernte ich durch Vermittlung von Nadja Léger Pierre Cardin kennen. Ich besuchte die glanzvollen Modenschauen des großen, unvergleichlichen, unermüdlich erfinderischen Mannes und begriff, daß Mode eine Kunst ist: voll von Geheimnissen, Unausgesprochenem, Magie.

Ich bin überzeugt davon, daß meine Ballette »Anna Karenina«, »Die Möwe« und »Die Dame mit dem Hündchen« dank Cardins Kostümen Anerkennung erfahren haben. Ohne seine subtile Phantasie, die dem Zuschauer einen wahrheitsgetreuen Eindruck von den Epochen Tolstois und Tschechows verschaffte, hätte ich meinen Traum nicht verwirklichen können.

Während der Arbeit an »Anna Karenina« wurde ich plötzlich wieder nach Paris verschlagen. Beim Essen erzählte ich Cardin von meinen Nöten mit den Kostümen. Zu Tolstois Zeiten hüllten sich die Frauen in lange, bis zum Boden reichende, enganliegende Kleider, an denen noch dazu hinten eine schwere, abstehende Turnüre angebracht war. In einem solchen Aufzug kann man kaum gehen, geschweige denn tanzen. Aber ich wollte die Handlung auf keinen Fall ins Abstrakte verlagern. Wer könnte sich denn Anna Karenina in einem Trainingstrikot vorstellen!

Ohne jede Hoffnung sprach ich meine Gedanken laut aus: »Wenn Sie, Pierre, die Kostüme für ›Anna‹ anfertigen könnten. Das wäre wunderbar...«

Cardins Augen leuchteten auf. »Ich weiß, wie man die Sache lösen kann. Folgendes...«

Und eine Woche später war ich zur Anprobe in Cardins Boutique an der Avenue Matignon. Pierre selbst prüfte kritisch jede Naht und jede Falte. Dabei bat er mich dauernd: »Heben Sie das Bein zur Arabesque, zur Attitude. Biegen Sie den Körper. Ist das bequem? Beengt das Kostüm Ihre Bewegungen nicht? Spüren Sie es? Es soll Ihnen passen wie Ihre eigene Haut.«

Pierre kreierte zehn Kostüme für »Anna Karenina« – eines schöner als das andere. Es sind Meisterwerke, die man in Museen ausstellen müßte.

Zur Premiere schickte Cardin mir mehrere Firmenschachteln

mit den fertigen, kostbaren Kostümen nach Moskau. Ich kann die Schachteln nicht vergessen: altertümlich – unsere Urgroßväter verwahrten ihre Zylinder in solchen Behältern –, schneeweiß, mit breiten Schmuckbändern und Schleifen. Dazu die beiden Worte: »PIERRE CARDIN«.

Seine technische Lösung war ganz einfach. Er hatte die Seitenfalten an den Kleidern der Petersburger Modedamen ein wenig nach oben zur Taille verlagert und so den Beinen Spielraum verschafft, ohne die weibliche Silhouette jener Zeit zu verändern. Jede Bewegung war möglich geworden, und anstelle der Turnüren verwandte Cardin breite, aber luftige Schleifen mit einem sich zum Boden kringelnden Band. (Außerdem entwarf er meinen Pelzmantel, der ein Ensemble mit einem Samtmuff, gekrönt von einer schwarzen Atlasrose, bildete. In dieser Gewandung begegnete ich, mitten in einem Schneesturm, Wronski zum erstenmal auf dem Perron eines Moskauer Bahnhofs.)

Die Farbpalette der Kostüme war von strahlender Kraft. Schwarzer Samt mit einer Gazeschleife für den Ball, Fliederfarben für den Salon der Fürstin Betsy, weiße Flügel, die kaum den entblößten Körper bedeckten, für Annas »Sündenfall«-Szene, gelbes Schottenmuster mit Straußenfedern für das »Pferderennen«, Schokoladenbraun für den Garten der Wredes, Himmelblau für den glücklichen italienischen Pas de deux ... Alle Kostüme kann ich gar nicht aufzählen.

Und was für Kleider Cardin für meine »Möwe« schuf! Und für »Die Dame mit dem Hündchen«! In diesem Fall war es nur ein einziges Kleid, aber was für eines!

Sämtliche wertvollen Theaterkostüme (Cardin schneiderte auch Kinokostüme für mich, zum Beispiel für den Film »Frühlingswogen« nach dem Roman von Turgenew) waren königliche Geschenke.

Mein lieber, uneigennütziger Pierre! Wie kann ich dir mit Worten meine Gefühle ausdrücken?

Aber auf den Plakaten des Bolschoi-Theaters erschien Cardins Name nicht. Man hatte ihn vergessen. Alle Kostüme stammten offenbar aus sowjetischen Ateliers.

Das Kulturministerium hatte der Direktion in panischer Angst verboten, den Namen eines Ausländers zu nennen – schon gar nicht einen so bedeutenden wie den Cardins.

Pierre zuckte mit keiner Wimper. Wenn man wollte, daß er anonym blieb – auch gut. Seine Zeit würde kommen.

Erst Jahre später wurde er nach und nach, zuerst auf Gastspielreisen, in Petitschrift als Schöpfer der Kostüme von »Anna Karenina« genannt. Dann druckte man seinen Namen auch im Programm des Bolschoi-Theaters. So öffnete sich der Eiserne Vorhang allmählich, bis Cardin im Sommer 1991 auf dem Moskauer Roten Platz sogar eine Modenschau abhalten konnte. Ich stand neben ihm und traute meinen Augen nicht. Am liebsten hätte ich ihn gebeten, mich kräftig zu kneifen, damit ich sicher sein konnte, daß es kein Traum war.

Aber vorläufig . . .

. . . Im Winter 1957 wurde ich in einem russischen Zug durchgerüttelt, der monoton eine Schwelle nach der anderen hinter sich ließ. Vor den beschlagenen Scheiben tobte ein Sturm. Krumme Werstpfosten glitten vorbei. Streckenwärter mit gelben Flaggen. Ich trug meinen Karakulpelz mit den Seitenkeilen aus Mantelstoff. Die Karakulmütze war mir durch das Rumpeln des Zuges in die Augen gerutscht. Ich dämmerte vor mich hin.

Das Abteil war ungeheizt und vollgeraucht. Ich hatte noch eine lange Reise vor mir. Am Abend – ich fuhr nach Kowrow – würde ich bei zwei Veranstaltungen mit je fünf Auftritten mitwirken (Fragmente aus »Schwanensee«, die Variation der Raymonda, Glucks »Melodie«, den dritten Akt der »Fontäne von Bachtschissarai« und den in Wahrheit unsterblichen »Sterbenden Schwan«).

Ich fühlte mich nicht wohl. Irgendwo hatte ich eine Grippe erwischt. Nur gut, daß das Fieber bisher ausgeblieben war.

Aber heute würde ich ein Honorar erhalten und mir wieder etwas von Klaras Sachen kaufen können . . .

28

WAS DER MENSCH BRAUCHT

Mein Tagebuch des Jahres 1957 enthält nur Kummer und Trübsal. Bis April 1959 durfte ich das Land nicht verlassen. Ich schrieb weiterhin bald wütende, bald um Mitleid heischende Gesuche, doch *alle* blieben ohne Antwort. Alle ohne Ausnahme. Die Begegnungen mit den Führern waren jetzt seltener geworden. Ich vermied vielköpfige Zusammenkünfte, zu denen auch Ausländer erschienen. Vielleicht konnten neue Lügen in mein Dossier aufgenommen werden! Der alte Unsinn genügte mir bereits.

Ganz ohne Gespräch mit den Mächtigen dieser Welt ging es natürlich nicht, aber ich hörte nur Ausflüchte. Wie eine heiße Kartoffel wurde mein Fall von einem zum anderen weitergereicht. Es lohnt sich nicht, all die Reisen aufzuzählen, von denen man mich ausschloß.

Pjotr Andrejewitsch Gussew war seines Postens enthoben worden. Irgendwie war die Kunde an KGB-Ohren gedrungen, daß der künstlerische Leiter kein Geheimnis bewahren könne. Für einen solchen Mann gab es in dem mit Seide ausgeschlagenen Chefzimmer keinen Platz. Gussew entfernte sich nach Leningrad, und Lawrowski kehrte ins Theater zurück.

Inzwischen hatte Igor Moissejew – zum erstenmal im Bolschoi-Theater – mit der Inszenierung des »Spartacus« begonnen. Ich studierte die Ägina ein.

Das sklavische Moskauer Ballettvolk ließ diese Arbeit Moissejews nicht ohne Vorsatz, wie ich glaube, in der Abstellkammer verschwinden. Das war ungerecht. Der Bazillus der Speichelleckerei hatte vielen das Gewissen und das Urteilsvermögen geraubt: »Das Stück ist Moissejew nicht gelungen. Weg damit ...« Aber heute gilt es als Meisterwerk.

Die Zeit rückt alles zurecht, auch wenn es lange dauert ...

Die Rolle von Moissejews Ägina war außergewöhnlich schön. Ich schreibe mit Vergnügen über sie.

Die Inszenierung war üppig und großzügig. Mit Geld wurde nicht gegeizt, die Regierung ließ es dem Theater mit vollen Händen zukommen.

Ich erschien in der Villa des Crassus mit Hilfe eines Aufzugs durch eine Falltür, inmitten der regenbogenfarbenen Strahlen eines echten Springbrunnens. An den Gladiatorenduellen nahmen sämtliche Männer der Truppe teil. Alles war in lodernde Farben getaucht. Faijer überschüttete das Publikum so kräftig mit Chatschaturjans Tutti, daß die Trommelfelle bebten. Die luxuriösen Kostüme schillerten vor Perlmutter und den bunten Stickereien aus Theaterjuwelen. Der Swerdlowsk-Platz schien Hollywood zu ähneln.

Die Choreographie war lebendig, irdisch, effektvoll. Meine Pas de deux mit Harmodius (Fadejetschew) stießen an die Grenze des Zulässigen – nach den Maßstäben jener Zeit, versteht sich. Die Zuschauer hielten den Atem an: Ob das nicht verboten wird?

In der letzten Szene trat ich in einem Goldhelm mit langen Federn, einem funkelnden Kettenhemd und einem smaragdgrünen Chiffontutu auf. Ich stieg über eine Marmortreppe den Schiffen der Piraten entgegen (was hatten Piraten dort zu suchen?). Wie Pallas Athene aus den Basreliefs der Akropolis.

Spartacus selbst war sozusagen die Achillesferse des Stückes. Moissejew zielte auf die physische Gestalt des Spartacus ab, die in vielen römischen Chroniken zuverlässig belegt ist: Der Anführer des Sklavenaufstandes war ein muskulöser Athlet.

Einen solchen Giganten gab es im Theater: Dmitri Begak. Nur um das Tanzen stand es schlecht bei ihm. Moissejew beschloß, die Partie des Spartacus auf den Rahmen der tänzerischen Möglichkeiten Begaks zu beschränken. Aber er verrechnete sich. In der Oper muß gesungen, im Ballett getanzt werden. Etwas anderes kommt nicht in Frage.

Am deutlichsten zeigte sich Moissejews Erfindergeist beim Pas de deux. Während der Proben schlug Igor Alexandrowitsch zahlreiche komplizierte Hebungen vor. Sie gelangen im Eifer der ersten Ausführung, zumal wenn die Muskeln gut durchgewärmt waren. Aber am nächsten Tag bedurfte es großer Anstrengung, um Chatschaturjans Melodien mit ihnen zu krönen.

Eine Hebung wollte allerdings nicht gelingen. Bei der ersten Durchlaufprobe hatte sie allgemeines Entzücken hervorgerufen. Nach hohen Sprüngen sollte ich mich zuletzt auf die Hüfte meines Partners schwingen, die Pose der Arabesque einnehmen und mich dann in der Mitte durchbiegen. Wendung, Wechsel der Hände, Kuß über den Rücken hinweg. Und danach . . .

Nein, es ist verhängnisvoll, ein Ballett nacherzählen zu wollen. Man glaube mir, daß die Folge der Kombinationen sehr vertrackt, aber überaus schön und eindrucksvoll war, wenn sie zustande kam.

Moissejew konzentrierte all diese Besonderheiten auf die Gestalt der Ägina. Sie ist eine Kurtisane, und Moissejew nutzte diesen Umstand, um Biegungen, Schmachten, Sehnsucht, Umarmungen zu zeigen. Aber dabei ließ ihn sein Geschmack niemals im Stich.

Das Stück dauerte eine Ewigkeit. Chatschaturjan ließ nicht zu, daß auch nur ein einziger Takt gestrichen wurde. Eine Schlacht begann, in der Moissejew leider unterlag. Das Ballett zog sich über mehr als vier Stunden hin. Ein Gericht mag noch so schmackhaft sein, aber wenn man zuviel davon ißt, wird einem übel . . .

Habe ich meine Situation vielleicht allzu negativ beschrieben?

Aber ging man denn gut mit mir um? Ich war so sehr in die Enge getrieben worden, daß es keinen einzigen Tag gab, an dem ich nicht Selbstmordgedanken hegte. Es fiel mir jedoch schwer, mich für einen Weg ins Jenseits zu entscheiden. Sich aufzuhängen, sich aus dem Fenster zu stürzen, sich vor einen Zug zu werfen – all das war unästhetisch und schmerzhaft. Der Anblick würde abscheulich sein.

Der Leser mag die Achseln zucken: Nun gut, sechs Jahre lang durfte sie nicht ins Ausland. Aber ist das alles? Sie jammert zu sehr, hat eben schwache Nerven. Man hat sie nicht ins Gefängnis gesteckt, ihr nicht verboten zu tanzen, sie zu Empfängen eingeladen, ihr Titel verliehen, sie hatte ein Einkommen, kleidete sich nach der Mode. Was brauchte sie denn noch?

Genau, was braucht der Mensch? Was andere brauchen, weiß ich nicht. Ich kann nur von mir selbst sprechen.

Ich will keine Sklavin sein. Ich will nicht, daß fremde Menschen über mein Schicksal bestimmen. Ich will nicht in einem Käfig leben, nicht einmal, wenn er aus Platin ist.

Wenn ich eine interessante Einladung erhalte, möchte ich dorthin gehen, fahren oder fliegen dürfen.

Ich fordere Gleichberechtigung. Wenn mein Theater eine Gastspielreise macht, möchte ich dabeisein. Ich möchte nicht verschmäht, für aussätzig erklärt, gebrandmarkt werden. Ich kann mich nicht damit abfinden, wenn alle vor mir davonlaufen, mir ausweichen, sich fürchten, mit mir zu sprechen.

Ich will nicht verbergen müssen, was ich denke. Es ist beschämend, mich vor Denunziationen in acht nehmen zu müssen. Ich kann es auch nicht ausstehen, beschattet zu werden.

Ich will den Kopf nicht beugen, und ich werde es nicht, dazu bin ich nicht geboren worden.

Tagtäglich war ich Menschenmassen ausgesetzt. Tausende von Augen durchbohrten mich. Probe, Training, Vorstellung, Ateliers, Theaterbüfett ... Ich arbeitete im Theater, also mußte ich lächeln, Unbekümmertheit, Sorglosigkeit vortäuschen. Alles ist normal, liebe Kollegen. In bester Ordnung. Gleichzeitig schien meine Seele von Tigern in Stücke gerissen zu werden. Man kann sich eine Woche oder einen Monat lang zusammenreißen – aber sechs Jahre lang? Zweitausendeinhundertneunzig Tage? Das Leben war für mich damals unerträglich schwer und beschämend.

Die Zeit heilt alle Wunden. Heute kann ich gelassener auf jene Jahre zurückblicken. Aber wenn du nicht weißt, was dich morgen erwartet, wie du dich retten kannst, wie du dir die Ballettkunst erhalten sollst, dann gibt es nur Finsternis und kein Licht am Ende des Tunnels.

Den Beginn des neuen Jahres – 1958 – erlebte ich in Tbilissi, der schönen, gastfreundlichen Stadt, die nun von sinnlosem Gemetzel gnadenlos entstellt worden ist. Damals überlegte ich mir ernsthaft, ob ich nicht von Moskau nach Tbilissi übersiedeln sollte. Solange Serow KGB-Chef war, würde man mich nicht in Ruhe lassen. Ich nahm Gespräche mit Wachtang Tschabukiani über ein mögliches Repertoire auf. Wir faßten sogar einen Termin ins Auge: nach den ersten Aufführungen von Moissejews »Spartacus«. Aber das Schicksal fügte es anders.

29

SCHTSCHEDRIN

Am 11. März 1958 lief im Bolschoi-Theater die Premiere von »Spartacus«. Die Zeit der Proben vor der Moskauer Inszenierung hatte sich so lange hingezogen, daß Jakobson, der in Leningrad Chatschaturjans Partitur später als Moissejew in Angriff genommen hatte, letztlich als erster am Ziel war. Er verzichtete allerdings nicht auf Kürzungen. Während Chatschaturjan sein Werk in Moskau gegen alle Anschläge Moissejews verteidigte, brachte Jakobson die dicke Partitur in Leningrad auf ein elegantes Maß.

Als der Komponist Jakobsons »Spartacus« gesehen hatte, brach ein öffentlicher Skandal aus. Der hartnäckige Jakobson und der stolze Chatschaturjan traten auf dem Schlachtfeld des Kirow-Theaters gegeneinander an. Chatschaturjan grüßte den Choreographen mehrere Jahre lang nicht, reichte ihm nicht die Hand, sprach über ihn in der dritten Person und wandte sich nur über Vertrauensleute an ihn, als hätte er es mit einem Verbrecher im Gerichtssaal zu tun: »Bürger Jakobson . . .«.

Zur Premiere im Bolschoi-Theater erschien ganz Moskau, jedenfalls das Moskau des Theaters und der Musik. Ich hatte mehrere meiner Bekannten eingeladen und an der Kasse Karten für sie hinterlassen. Zwei Karten waren auf den Namen »Schtschedrin« reserviert. Einige Tage vor dem Premierenabend waren wir einander bei Lilja Jurjewna Brik begegnet, und ich hatte begeistert von meiner neuen Arbeit erzählt. Auf seine Bitte hin hatte ich ihm versprochen, Karten zu besorgen.

1955, als der französische Schauspieler Gérard Philipe nach Moskau gekommen war, hatten wir einander bei den Briks kennengelernt. Hier ist meine Tagebucheintragung vom 25. Oktober: »Heute war ich bei Lilja Brik. Sie hatte Gérard Philipe mit seiner Frau und [den Filmhistoriker] Georges Sadoul zu Gast. Alle waren sehr nett und freundlich. Das Ehepaar äußerte sein Bedauern darüber, mich nicht auf der Bühne gesehen zu haben, aber ich ›tröstete‹ die beiden und schenkte ihnen signierte Fotos von mir (sehr schlechte, gute gab es nicht). Weitere Gäste waren nicht dort (außer dem Komponisten Schtschedrin).«

An diesem »französischen« Herbstabend spielte Schtschedrin zur Freude der Anwesenden zahlreiche seiner Kompositionen auf dem Bechstein-Flügel der Briks. Ein Funke gegenseitigen Interesses flammte zwischen uns auf, aber er erlosch sofort. Es war bereits nach Mitternacht, als wir auseinandergingen, und Rodion brachte die Gäste mit seinem »Pobeda« nach Hause. Ich stieg an der Schtschepkin-Straße als letzte aus. Nachdem ich mich bereits verabschiedet hatte, bat ich ihn, mir die Noten der Titelmelodie von Charlie Chaplins Film »Rampenlicht« nach einer Schallplatte aufzuschreiben. Die Melodie gefiel mir sehr, und ich hatte bereits mit Goleisowski über eine Partie zum Thema des Filmes gesprochen. Goleisowski griff meinen Gedanken auf, aber wie sollten wir uns die Noten beschaffen? Schtschedrin war einverstanden. Einige Tage später schickte er mir den Klavierauszug. Aber im letzten Moment kam etwas dazwischen, und der Tanz sollte nie das Licht der Welt erblicken.

In den folgenden Jahren gab es einige flüchtige Begegnungen zwischen Schtschedrin und mir. Wir tauschten scherzhafte Bemerkungen aus, aber ich hatte den Eindruck, daß er mir wegen seiner vergeblichen Arbeit zürnte.

Nun also hatten wir März 1958. Die Premiere von »Spartacus« war ein Erfolg; allen Mitwirkenden wurde donnernder Applaus zuteil.

Am nächsten Morgen rief Schtschedrin mich an und machte mir Komplimente. Er fuhr fort: »Ich arbeite mit Radunski an einem neuen ›Buckligen Pferdchen‹ für Ihr Theater. Radunski informiert mich nach Kräften über die Ballettkunst, und er möchte unbedingt, daß ich mehrere Male zum Training komme. Wäre das wirklich nützlich? Und wann sind Sie an der Reihe? Um elf? Werden Sie morgen beim Training sein?«

Am folgenden Morgen sahen wir einander im Übungssaal.

Schtschedrin und Radunski setzten sich neben den Spiegel, und das Training begann.
 Ich trug ein schwarzes, enganliegendes Trikot – als eine der ersten trainierte ich in einem Obertrikot. Es stammte aus Frankreich, und ich hatte es natürlich bei der unermüdlichen Klara erworben (damals war es noch üblich, zum Training und zur Probe in Chitonen zu erscheinen).
 Das Obertrikot brachte die Vorzüge meiner Figur zur Geltung. Befriedigt betrachtete ich mein Spiegelbild. Zuerst die verführerischen Tänze Äginas und nun ein sechzigminütiges Training in einer den Oberkörper so straff umhüllenden Gewandung! Ein Sturm Freudscher Motive fiel über Schtschedrin her.
 Ich machte es ihm noch schwerer. »Heute habe ich noch zwei Proben. Im ersten Saal. Möchten Sie zusehen?«
 Schtschedrin stockte. »Vielen Dank. Für einen Tag habe ich reichlich Eindrücke gesammelt.«
 Aber am Abend rief er an und lud mich zu einer Fahrt durch Moskau ein. Der alte Freud hatte doch gesiegt.
 Ich stimmte sofort zu. Alles endete damit, daß wir, während ich diese Zeilen schreibe, schon fast fünfunddreißig Jahre beisammen sind.
 Wir trafen uns im Komponistenhaus an der Ogarjow-Straße, wo Schtschedrin mit seiner Mutter wohnte, und bei mir in der Schtschepkin-Straße.
 In jenem Jahr wurde uns ein kalter Frühling beschert. Nachts hörten wir, wie die durchgefrorenen Tschekisten, die mich immer noch mit dem Auto verfolgten, den Motor unter Detonationen anließen, um sich aufzuwärmen. Anscheinend wurden die Ventile in der KGB-Werkstatt nicht ordnungsgemäß eingestellt.
 Die unerwartete Liebesgeschichte lenkte mich von den Gedanken an Tbilissi und von einer Reise nach Frankreich und Belgien ab. Die Tournee kam zustande, aber ich blieb wieder zu Hause. Daran konnte ich mich nicht gewöhnen. Aber diesmal war der Schlag nicht ganz so schmerzhaft. Wenn man einen Menschen neben sich hat, mit dem man Kummer und Freude teilen kann, wird das Leben heiterer, heller, hoffnungsvoller. Zu zweit

werden wir einen Weg aus den Katakomben finden – ganz bestimmt!

Mehrere Tage vor dem Abflug der Truppe nach Paris (sie brach am 25. Mai auf) machte Minister Michailow den Reisenden auf einer Versammlung des Theaters blauen Dunst vor. Auf die Frage, weshalb Plissezkaja nicht mitkomme, erwiderte er: »Genossen, Plissezkaja tritt vielleicht eine andere, nicht minder wichtige Reise an.«
Ein Raunen ging durch den Saal. Was konnte wichtiger sein als Aufführungen in der Opéra? Würde man Plissezkaja zum Mars schicken, damit sie die Marsbewohner mit Schwanentänzen unterhielt? Etwa vierzig Personen, die mich früher nicht mehr gekannt hatten, begrüßten mich mit einemmal freundschaftlich auf den Korridoren. Da war sie wieder, unsere eingefleischte russische Niedertracht!
Michailows Logik war äußerst fadenscheinig. »Schwanensee« wurde am 31. Mai, am 2. und 7. Juni in der Opéra aufgeführt, während ich erst am 14. Juni zu der »wichtigen Reise« nach Prag abflog. Trotzdem, es war ein kleiner Schritt aus der Hoffnungslosigkeit hinaus. Ein neuer Auslandspaß knisterte in meinen Händen. Zoll, Grenzer, eine fremde Sprache, Geschäfte, verlockende tschechische Glaswaren ... Ich konnte für kurze Zeit auf Klara verzichten.

Der Tanzabend in Prag und in anderen Städten wurde als »Abend mit Ballettsolisten des Bolschoi-Theaters« angekündigt. Wir selbst nannten uns »das Bolschoi-Strafbataillon«. Alle ohne Ausnahme hatten nicht nach Paris reisen dürfen. Anscheinend durften wir die brüderliche tschechische Volksdemokratie besuchen, weil man uns nicht über alle Maßen erbittern wollte. Außerdem konnten wir nicht fliehen, denn die Grenze war ebenfalls mit sowjetischen Schlössern versperrt.
Auf jener Reise tanzte ich meistens drei Partien: Dvořáks »Melodie«, Fragmente aus »Schwanensee« und – wer hätte es gedacht – den »Sterbenden Schwan«.
Dvořáks bezaubernde Musik – die derjenigen Tschaikowskis ähnelt – war schon immer nach meinem Geschmack gewesen. Ein

paar Tage vor meiner Reise hatte ich beschlossen, etwas aus dem »tschechischen Repertoire« zu tanzen. Die Tschechen würden sich freuen, nicht wahr? Natürlich Dvořák. Ich nahm die Musik seiner »Melodie« und choreographierte während einer einzigen Probe einen Pas de deux. Mein Partner war Dmitri Begak, der ebenfalls nicht in Paris gewesen war. Die Partie wurde in einem Zug fertig und fand großen Anklang beim Publikum.

Während meines »tschechischen Monats« war Schtschedrin nach Sortawala gefahren. Dort, am Ufer des Ladoga-Sees, befand sich eine Erholungsstätte für Moskauer Komponisten.

Nachdem ich in der Tschechoslowakei Gastgeschenke angesammelt hatte, machte ich mich nach Karelien auf. Das Auto meiner Beobachter begleitete mich bis zum Leningrader Bahnhof und... löste sich in Luft auf. Fuhren sie ebenfalls in Urlaub? Oder würden sie mir in den Wäldern und an den Seen nachspüren?

Schtschedrin, gebräunt und sommersprossiger als sonst, holte mich am Bahnsteig von Sortawala ab. Wir hatten fast die gleiche – rote – Haarfarbe. Ob die Natur beschlossen hatte, uns besonders stark miteinander zu verbinden?

Mein Abteilnachbar zeigte mit dem Finger durch das geöffnete Fenster. »Dort ist Ihr Bruder mit einem Blumenstrauß.«

Der Sommer in Sortawala war eine Zeit der Glücks. Wir wohnten in einer winzigen Hütte direkt am Wald, unter Granitfindlingen, fern von allen Menschen. Das Häuschen bestand aus einem einzigen Zimmer von sieben oder acht Quadratmetern. Der ganze Wald diente als Toilette, der Ladoga-See als Bad. Die Mücken verschonten uns nicht. Nachts rieben sich Elche an unseren Bretterwänden. Bei Regen war es kühl in der Hütte, die nicht beheizt werden konnte. Das Dach ließ ab und zu Wasser durch, aber unser Leben war von Freude erfüllt. Was braucht der Mensch letzten Endes, ihr weisen Philosophen – das ist die ewige Frage.

Gegen Ende August wurde eine neue Unruhe in mir wach. Es gab Anzeichen dafür, daß ich schwanger war. Ich mußte nach Moskau zurückkehren. Oder sollte ich vielleicht ein Kind zur Welt bringen und mich vom Ballett trennen? Das wäre schade gewesen. Nach »Spartacus« und der tschechischen Tournee war ich schlank und in guter Form. Ich wollte noch etwas abwarten. Vor die Wahl gestellt, zu tanzen oder Kinder aufzuziehen, entschied ich mich für das erstere. Schtschedrin war nicht entzückt, aber er stimmte mir zu. In Moskau bestätigte mein Arzt, daß ich schwanger war. Aber eine Abtreibung war nicht vor Oktober möglich.

Unerwartet für uns selbst begannen wir eine weite Reise. Wir wollten zu zweit mit Schtschedrins Auto nach Sotschi fahren. Dort konnte ich die Thermalquellen von Mazesta nutzen, denn das Knie tat mir weh. Die Truppe versammelte sich alljährlich am 26. August, aber in diesem Jahr brauchte das Ballett – wegen der Gastspielreise nach Frankreich – erst einen ganzen Monat später einzutreffen.

In jenen jungen Jahren schrieb Rodion viel Filmmusik, für die er nicht schlecht bezahlt wurde. Deshalb konnte er sich ein Auto leisten.

Wir brachen auf. Die Fahrt führte uns durch Tula, Mzensk, Charkow, Rostow und Noworossisk. In all diesen Städten hatte ich früher getanzt. Von Hotels wurden wir nicht aufgenommen, da wir in unseren Pässen keinen Ehestempel hatten. Fahrt dorthin zurück, ihr ledigen Gäste, woher ihr gekommen seid.

Wir mußten im Auto schlafen. Bei unserer ersten Übernachtung am Straßenrand in Mzensk stellten wir unsere Provianttasche zur Abkühlung unter den Kotflügel. Es war schrecklich eng im Auto, und die Brathühner würden schlecht werden. Wir waren von tiefster Schwärze umgeben. Stille, keine Seele. Wir schlummerten süß.

Am Morgen, kurz nach der Dämmerung, öffneten wir die Tür. Vor der Weiterfahrt würde uns das Frühstück guttun. Aber die Tasche war spurlos verschwunden. Wer hatte sie nachts ohne das geringste Geräusch forttragen können? Vielleicht irgendein Tier?

Da wir kein Essen hatten, fuhren wir zum nächsten Bahnhofsrestaurant. Es war, wie wir gehört hatten, rund um die Uhr geöffnet. Allerdings ließen die Speisen zu wünschen übrig: Kartoffeln mit schwarzen Rändern, Kompott mit Fliegen, altbackenes Brot, ungewaschenes Geschirr. Ich merkte, wie mich Schtschedrin neugierig betrachtete. Würde die Ballerina aufbrausen, ihrer Empörung freien Lauf lassen? Doch ich aß mit vollen Backen. Mein ganzes Leben lang habe ich einen ungeheuren Appetit gehabt.

Es ging weiter. Am Straßenrand kauften wir Wassermelonen direkt vom Feld und deckten uns mit Äpfeln ein.

Beim nächstenmal übernachteten wir in der Steppe hinter Rostow. Noch bei Tageslicht rollten wir von der Straße an einen Teich, wuschen uns die Hände und taten uns am Obst gütlich. Die Reste legten wir neben das Auto und bedeckten sie mit Zweigen. Der gestrige Verlust hatte uns ein wenig besorgt gemacht. Zu Unrecht natürlich. Wer würde Wassermelonen haben wollen? Ringsum gab es Melonenfelder. Niemand war zu sehen.

Wir zogen die Vorhänge vor den Fenstern zu und schlummerten süß.

Am Morgen wollten wir ein Stück Wassermelone essen. Wir schoben die Zweige beiseite – nichts. Weder Melonen noch Äpfel. Es war die Höhe!

Die dritte Nacht verbrachten wir am Strand bei Archipowka. In ein paar Metern Entfernung plätscherte das Schwarze Meer.

Diesmal hatten wir es riskiert, gebratene Rebhühner auf dem Noworossisker Markt zu kaufen. Im Kofferraum konnten wir sie nicht unterbringen, denn dort standen Benzinkanister, deren Geruch die Rebhühner verderben würde. (Während der ganzen Fahrt tankten wir nur einmal in Belgorod, sonst war unterwegs nirgendwo Benzin zu finden.)

Rodion verbrachte eine gute Stunde damit, eine Falle für die Räuber anzulegen, falls sie einen neuen Anschlag planten. Ein Emailletopf, in dem die Rebhühner ruhten, hing an einer dicken Schnur knapp über dem Boden. Ein Faden mit einem Glöckchen daran führte vom Topf über die Windschutzscheibe ins Wageninnere und war über Nacht an Schtschedrins Bein festgebunden. Wir hielten uns für ausgemachte Genies. Wenn jemand einen Anschlag auf unsere Rebhühner wagte – obwohl am Strand keine Seele zu entdecken war –, würde Rodion sofort aufwachen und zur Abschreckung mit einer Startpistole auf die Räuber schießen.

Da wir unseren Proviant vollauf geschützt wähnten, schliefen wir noch süßer als sonst.

Am Morgen war meine erste Frage: »Ist noch alles da? Können wir frühstücken?«
Schtschedrin prüfte die Spannung der Schnur. Das Glöckchen klingelte, und er frohlockte: »Der Topf ist unversehrt. Ich spüre sein Gewicht. Wir können schmausen.«
Wir standen auf, um zunächst zu baden und uns dann den Rebhühnern zu widmen.
Mutter Gottes! Statt des Topfes hing ein Stein an der Schnur. Dazu eine mit Bleistift geschriebene Notiz: »Vielen Dank.«
Mütterchen Rußland!
Wir fuhren weiter nach Mazesta, wo ich zehn Heilbäder nahm. Der Schmerz im Knie ließ nach. Nun zurück.
Weder in Karelien noch an der Promenade von Sotschi wurde ich beschattet. Genauer gesagt, wir merkten nichts. Niemand fuhr hinter uns her, niemand schien uns zu beobachten. Ich dachte sogar, daß man sich vor allem Sorgen um meinen Umgang mit Ausländern in der Hauptstadt machte. Aber all die Räubereien? Hatten die Tschekisten etwa unsere Leckerbissen vertilgt? Bis heute kann ich diese Frage nicht beantworten.
In der Umgebung von Moskau erwartete uns bereits der Herbst. Die Bäume waren mit purpurroten Blättern geschmückt. Morgens herrschte Frost. Tau auf den Feldern. Welch eine Schönheit!
Das war unsere Hochzeitsreise.

Nach Moskau zurückgekehrt, begaben wir uns am 2. Oktober 1958 aufs Standesamt. Zur Eheschließung. Heute gebe ich zu, daß ich die Initiative ergriffen hatte. Schtschedrin wollte auf offizielle Ehebande verzichten. Aber meine Intuition sagte mir, daß man mich weniger quälen würde, wenn ich verheiratet war. Das war mehrfach angedeutet worden. Furzewa hatte sogar offen gesagt: »Heiraten Sie, man wird Ihnen stärker vertrauen.« Sogar eine neue Wohnung wurde mir versprochen.
Das Moskauer Bezirksstandesamt. Ein düsterer Raum ohne Fenster. Ein Schreibtisch mit einer Decke darauf. Eine gehetzte, strenge Frau reichte uns die erforderlichen Formulare.

»Gehen Sie auf den Korridor und füllen Sie das aus. Kommen Sie dann zu mir zurück.«

Wir füllten die Papiere aus – daran waren wir gewöhnt. Die Fragen kannten wir seit langem: Vater, Mutter, Geburtsjahr, Arbeitsplatz... Andere hatte man sich noch nicht einfallen lassen. Wir kehrten zurück.

Die Dame schaute uns nicht an, sondern vertiefte sich in unsere Papiere. Sie führte einen Bleistift an den Zeilen entlang.

Plötzlich hob sie die Augen. »Sie sind die Ballerina Maija Plissezkaja? Ich bin noch nie im Bolschoi-Theater gewesen. Dabei ist Moskau meine Geburtsstadt. Könnten Sie mir vielleicht zu Karten verhelfen?«

Ich versprach es und schrieb mir ihre Telefonnummer auf.

Die Dame wurde lebhafter, kam hinter ihrem Schreibtisch hervor und drückte uns die Hände. »Mögen Sie auf demselben Kissen alt werden. Herzlichen Glückwunsch!«

Sie drückte rechteckige, violette Stempel in unsere beiden Pässe und schrieb mit Tusche: »Eheschließung registriert... 2. Oktober 1958... Stadt Moskau.«

Nun durften wir gemeinsam in einem Hotel übernachten. Ein Fortschritt.

Außerdem erhielten wir eine Heiratsurkunde. Sie war aus gemustertem Stempelpapier und trug das sowjetische Hoheitszeichen in der Mitte.

Wir treten auf die Straße hinaus. Ein feuchter Moskauer Herbsttag: Matsch, Wind, leichter Nieselregen. Wir patschen durch eine schmutzige Pfütze und steuern das nächste Lebensmittelgeschäft an. Am Abend kommen ein paar Freunde zu Besuch, und wir brauchen Wodka und Champagner für unser Hochzeitsmahl.

Eine unfreundliche alte Frau – sie trägt ein Wollkleid, aus dem nur die Nase und der zahnlose Mund hervorlugen – knufft mich wütend in die Seite. »Fräulein, Sie haben sich nicht angestellt!«

Schtschedrin belehrt sie großmütig: »Das ist kein Fräulein. Das ist meine Frau.«

30

DAS LEBEN AM KUTUSOW-PROSPEKT

Ich muß mit prosaischen Wohnungsangelegenheiten beginnen. Den ganzen Sommer hindurch, während ich in Prag, in Sortawala und Mazesta war, hatte Mama um eine Wohnung gekämpft. Sie war, wie ich bereits erwähnt habe, ein stiller, aber zäher und hartnäckiger Mensch. Es machte ihr große Sorgen, daß ich wegen des mitternächtlichen Donnerns der Theaterdekorationen direkt unter meinem Fenster an Schlaflosigkeit litt.

Und sie schaffte es! Als Hochzeitsgeschenk überreichte sie mir die Zuweisung für eine neue Wohnung.

Schtschedrin und ich zogen rasch in die neue Unterkunft am Kutusow-Prospekt um. Die Wohnung war winzig; sie umfaßte zwei kleine Zimmer und eine Küche auf insgesamt 28,5 Quadratmetern.

Einen Flur gab es nicht. Mit einem kurzen Anlauf hätte man mühelos vom Treppenabsatz auf unser Ehelager im Schlafzimmer springen können. Aber die Lage war günstig: nebenan die Moskwa, gegenüber das Hotel »Ukraina« und rundum jede Menge Geschäfte. Unter den Fenstern war kein Theaterlärm zu hören. Wir hatten einen eigenen bescheidenen Balkon, von dem aus Schtschedrin an »roten Feiertagen« Unanständigkeiten in armenischer Sprache (sie war ihm von Musikern in Armenien beigebracht worden) zu unserem Etagennachbarn, dem Trompeter Asarjan, hinüberbrüllte, wodurch dieser in unbeschreibliche Verlegenheit geriet.

Wir ließen uns zu dritt in der neuen Wohnung nieder: Schtschedrin und ich und unsere Hausangestellte Jekaterina Alexejewna Schamkowa (Katja).

Sie hatte schon früher, als Rodions Vater Konstantin Michailowitsch noch lebte, für die Schtschedrins gearbeitet. Später, nach einem Streit mit Rodions Mutter, war sie zu einer Moskauer Offiziersfamilie übergewechselt.

Am zweiten Morgen unseres neuen Lebens, als Schtschedrin es fertiggebracht hatte, sich ein Spiegelei über die Hose zu kippen, setzte er sich erbost ins Auto, um Katja zu holen. Er tauchte ohne jede Warnung bei der wohlanständigen Familie auf, warf Katjas spärliche Habseligkeiten in einen Koffer, legte ihr einen Mantel um und entführte sie unter dem Heulen der Offiziersfrau, die laut nach den Gesetzeshütern schrie, zu uns an den Kutusow-Prospekt. Der russische Mensch ist geneigt, sich dem Schicksal und dem Druck zu fügen.

Katja schlief in der Küche neben dem Gasherd, wo sie sich nachts ein Klappbett aufstellte. Morgens verwandelte sich ihr Schlafgemach in eine Stätte der Kochkunst, abends wieder in ein Schlafzimmer...

Ich habe viele Jahrzehnte mit Katja verbracht und möchte deshalb ausführlicher von ihr erzählen.

Sie stammt aus dem Dorf Uspenskoje bei Arsamas, unweit von Nischni Nowgorod. Als siebzehnjähriges Mädchen, nachdem der Krieg gerade begonnen hatte, wurde Katja in eine Rüstungsfabrik geschickt, wo sie Patronen herstellen mußte. Die Pulverlager waren bis zum Bersten gefüllt, und das Werk, das häufig bombardiert wurde, hätte jederzeit in die Luft fliegen können. Während der schlimmsten Bombardierung rannten die Kolchosmädchen in alle Richtungen davon.

Katja stieg über den Stacheldraht, der das Verteidigungsobjekt umgab (die Arbeiterinnen lebten wie Häftlinge), und machte sich zusammen mit einer Gefährtin in ihr Heimatdorf auf. Bis dorthin waren es vierzig Kilometer. In der nächsten Nacht gelangten die Mädchen – natürlich zu Fuß und auf Schleichwegen – zu den Hütten ihrer Eltern. Zu Hause freute man sich und erschrak dann: Katja Schamkowa war eine Deserteurin!

Die Furcht war begründet. Eine NKWD-Patrouille begann, mit der Miliz durch die Dörfer zu fahren, um die Deserteurinnen zu fangen. Viele wurden erwischt, aber manche konnten sich lange in den Gärten und Wäldern verstecken. Alle fürchteten sich, in die Fabrik zurückzukehren.

Es ist eine lange Geschichte, ich muß mich kürzer fassen.

Katja entkam den Verfolgern ganze vier Jahre lang. Sie übernachtete in Holzverschlägen, Scheunen, Schuppen und Heuschobern. Einmal stach ein Suchkommando mit Heugabeln in den Schober, in dem sie sich versteckt hatte. Zu ihrem Glück waren die beiden bevollmächtigten Milizionäre herzkrank. Sie hatten nicht die Kraft, eine ausdauernde siebzehnjährige Bäuerin einzuholen, schossen mit Revolvern hinter ihr her und verfehlten sie.

Schließlich wurde Katja aber doch gefangen und als Verbrecherin vor Gericht gestellt. Sie erhielt fünf Jahre. Eines davon saß sie in dem schrecklichen Gefängnis von Gorki ab, doch durch die Amnestie nach dem Sieg wurde sie vorzeitig in die Freiheit entlassen.

Allerdings ist Freiheit in Rußland stets ein relativer Begriff. Die »freie« Katja wurde dazu abgeordnet, Torf zu stechen, Holz zu fällen und Baumstümpfe zu roden. Es war ein qualvolles Leben. Mit Hilfe einer gefälschten Bescheinigung, die ihr der Buchhalter im Kolchoskontor für einen Liter Selbstgebrannten ausgestellt hatte, wurde Katja aus der Kolchose entlassen. Sie eilte in die Hauptstadt, um dort als Hausangestellte zu arbeiten. In den Dörfern ging die Kunde um, daß man auf der ganzen Welt nichts Besseres finden könne. Der Zufall führte sie zur Familie Schtschedrin...

Wir verbrachten alle freien Abende in unserem Wohnhaus am Kutusow-Prospekt. In einem anderen Aufgang wohnten auch Lilja Jurjewna Brik und ihr letzter Mann, Wassili Abragowitsch Katanjan, die ihre »fahrstuhllose« Unterkunft am Arbat gegen die hiesige Bleibe eingetauscht hatten. Schon früher waren wir eng befreundet gewesen – Schtschedrin schrieb die Musik zu Katanjans Stück »Sie kannten Majakowski« und zu dem gleichnamigen Film, während Wassili Abragowitsch das Libretto für Schtschedrins erste Oper »Nicht nur Liebe« verfaßte –, und nun kamen wir einander noch näher.

Die Briks unterhielten einen faszinierenden künstlerischen Salon, wie es sie vor der Revolution in Rußland in großer Zahl gegeben hatte. Aber die Bolschewiki hatten brutal mit allen »intellektuellen Sperenzchen« aufgeräumt und das russische »Salonvolk« zu seinen Ahnen, in die Gefängnisse und nach Sibirien geschickt. Gegen Ende der fünfziger Jahre dürfte dies daher der einzige Salon in Moskau gewesen sein.

In den letzten Jahren ist bei uns und im Westen recht viel Literatur über Lilja Brik erschienen. Deshalb genügt es, wenn ich sie nur mit wenigen Worten beschreibe.

Lilja Brik war die Muse und Geliebte Majakowskis. Er widmete ihr seine sämtlichen Werke. Liljas Schwester ist die französische Schriftstellerin Elsa Triolet, die Frau des großen französischen Dichters Louis Aragon. Beide Schwestern haben Geschmack bewiesen.

Lilja war mit Pasternak, Pablo Neruda, Chagall, Fernand Léger, Meyerhold, Eisenstein, Chlebnikow, Nasym Chikmet und Isadora Duncan befreundet – mit allen, die zur »linken Kunstfront« gehörten. Sie fertigte Skulpturen an, arbeitete als Filmschauspielerin und war die Geliebte des Tschekisten Agranow (des Stellvertreters von GPU-Chef Jagoda), mit dessen Pistole sich Majakowski schließlich erschoß. Lilja war auch die Lebensgefährtin von Witali Primakow, dem Kosakenbefehlshaber, den Stalin 1937 erschießen ließ.

Um ihren Namen rankt sich ein Gewirr von Gemeinheiten, Kritik, Haß, Vorwürfen, Mutmaßungen, Klatsch und böswilligem Geschwätz. Lilja, die ihrem Leben selbst ein Ende setzte, war eine komplizierte, widersprüchliche, ungewöhnliche Persönlichkeit. Ich habe kein Recht, ein Urteil über sie zu fällen.

Für mich war das Wichtigste, daß Lilja das Ballett sehr liebte. In ihrer Jugend hatte sie klassischen Tanz studiert. Sie zeigte mir stolz vergilbte Fotos, auf denen sie *sur les pointes* in einem Schwanentutu verewigt war. Bei der ersten Durchsicht der Bilder stichelte ich: »Die linke Ferse ist nicht richtig nach außen gedreht.«

»Ich wollte Sie in Erstaunen versetzen, und Sie reden von meiner Ferse.«

Lilja und Katanjan ließen keinen meiner Auftritte aus und schickten jedesmal riesige Blumenkörbe auf die Bühne.

Durch einen persönlichen Beschluß Stalins erhielt Lilja Brik ein Drittel von Majakowskis Erbe (seine Mutter und seine Schwester bekamen die beiden anderen Drittel). Sie war so vermögend, daß sie das Geld mit vollen Händen ausgeben konnte. Zum Beispiel bezahlte sie stets das Taxi, wenn sie Freunde zu sich einlud.

Aber eines schönen Tages wurde Lilja plötzlich zur Bettlerin. Chruschtschow, der unberechenbare Herrscher, befahl ohne jede Warnung, die Zahlungen an die Erben Majakowskis, Gorkis und Alexei Tolstois einzustellen. Ewig sind in Rußland nur der Kummer und die Tränen. Lilja saß jetzt auf dem trockenen und begann, ihre Sachen zu verkaufen. Gleichmütig resümierte sie: »In der ersten Hälfte unseres Lebens kaufen wir ein, in der zweiten verkaufen wir.«

Aber sogar in dieser Situation verteilte Lilja immer noch königliche Geschenke. In jenen geldlosen Jahren verehrte sie mir beispielsweise Brillantohrringe, die ich noch heute besitze.

Und das Ballett?

Die Regisseurin Vera Strojewa begann im Filmstudio Mosfilm mit den Dreharbeiten für »Chowanschtschina« nach Mussorgskis Oper, die Schostakowitsch – dicht am Original bleibend – neu instrumentiert hatte. Ich sollte die Perserin spielen. Strojewa, eine krankhaft dicke, unbewegliche Frau mit entwaffnendem Lächeln, plante einen entscheidenden Schritt zur sexuellen Aufklärung des Sowjetvolkes.

»Maija, ich möchte Sie mit nackter Brust filmen. Ihre Brust soll die schönste im Theater sein. Bitte, kommen Sie morgen um drei ins Theater. Unser Kameramann muß Ihre Brust sehen und für ein bezauberndes rosiges Licht sorgen. Ich werde auch dabeisein.«

Ich flehte: »Vera Pawlowna, meine Güte, ich möchte sehr gern bei Ihnen mitspielen, aber in einer Pluderhose und mit einem leichten, gestickten Mieder – wie im Theater. Mein nackter Bauch genügt, um den Fürsten Chowanski und die sowjetischen Werktätigen zu betören. Der künstlerische Sowjet von Mosfilm würde eine nackte Brust sowieso nicht genehmigen und die Szene herausschneiden lassen. Warum soll ich umsonst frieren? Im Studio zieht es.«

Am Abend entbrannten die Debatten am Kutusow-Prospekt. Schtschedrin war wütend und eifersüchtig. Er schlug mir vor, die Dreharbeiten abzusagen. Lilja Brik dagegen nahm Strojewas Neuerung mit Entzücken auf. Sie wollte, daß ich auch noch die Pluderhose auszog. Katanjan wahrte Neutralität.

Aber in der Nacht hatte ich plötzlich Fieber und Schluckbeschwerden: Angina. Die »rosige Probe« mit dem Kameramann fiel ganz von selbst aus. Eine Woche später erschien ich, von der Bettruhe ein wenig schwerer geworden und in Schals eingehüllt, zu abendlichen Dreharbeiten bei Mosfilm. Länger konnte ich es nicht hinauszögern, denn die Kulisse von Chowanskis Gemächern mußte im Pavillon abgebaut werden. Strojewa versuchte trotz meiner jämmerlichen Verfassung, auf »topless« zu bestehen, allerdings nur schwach. Ich weigerte mich. Die sexuelle Revolution war unrühmlich gescheitert, und ich trat in meinem gewohnten Theaterkostüm auf.

Im Theater steckte man aufgeregt die Köpfe zusammen, um über eine dreimonatige Tournee durch die USA zu munkeln. Dann kam der Impresario Sol Hurok nach Moskau, um das Repertoire, die Solisten und das Reklamematerial auszusuchen. Ich weiß, daß er sich beharrlich nach mir erkundigte und auf den Kulturminister einredete. Dummerweise ahnte auch er nicht, daß das KGB für den Fall zuständig war. Er schlug vor, eine Kaution zu stellen. Man antwortete: »Eine schwierige Angelegenheit. Stützen Sie Ihre Werbung besser auf andere Künstler.«

Und dann ein Blitz aus heiterem Himmel: Serow wurde Knall auf Fall entlassen. Dem Guten war Oberst Oleg Penkowski durch die Finger geschlüpft, der den Gegnern sämtliche Staatsgeheimnisse über den sowjetischen Raketentreibstoff verraten hatte. Statt einen ausgewachsenen Spion zu beobachten, hatten die KGB-Helden beharrlich meine Ballettspuren verfolgt. Dreimal am Tag waren die wachhabenden Parasiten abgelöst worden!

Chruschtschow setzte Schelepin, der Michailow als Komsomolführer nachgefolgt war, auf den KGB-Thron. Derselbe Schelepin sollte es seinem Wohltäter Nikita Sergejewitsch 1964 hundertfach vergelten, indem er diesen von der Macht entfernte und unter Hausarrest stellte.

Ich war einst im selben Zug wie Schelepin zu einem der Jugendfestspiele gereist. Nach einem grandiosen Gelage mit Bier und Wodka spazierte der Komsomolführer nur mit der Unterhose bekleidet durch den Zug; seine Socken waren ihm über die Füße gerutscht und wedelten auf und ab wie die Schwimmflossen eines Tauchers. Er führte eine Inspektion des ihm anvertrauten Kollektivs durch. Die »Abgesandten der sowjetischen Jugend« im Festspielzug betrachteten ihren Chef mit zärtlichen Augen und nannten ihn hinter seinem Rücken den »eisernen Schurik«.

Und nun war der »eiserne Schurik« als Oberhaupt der Sicherheitsorgane an der Spitze der bolschewistischen Sprossenleiter angekommen. – Sollte ich nicht anfangen, mich wieder um die Wahrheit zu bemühen? Vielleicht konnte ich mit dem »eisernen Schurik« über »Schwanensee« sprechen.

Auf dem Kutusow-Prospekt herrschte Winter. Die Moskwa war zugefroren. Überall Schnee. Dampf stieg von Menschen und Autos auf. Das neue Jahr würde bald anbrechen.

Wir würden bei den Briks feiern. Seit 1959 war es für Schtschedrin und mich zur Tradition geworden, die Neujahrsnacht bei Lilja Jurjewna zu verbringen. Gute anderthalb Jahrzehnte lang hielten wir diese Tradition getreulich ein.

Kurz vor Neujahr waren Louis Aragon und Elsa Triolet in Moskau eingetroffen. Auch sie würden bei Lilja sein.

31. Dezember 1958. In wenigen Stunden würde das Jahr 1959 beginnen. Wir fuhren mit dem Lift hinauf, der von tauenden Schneemustern und Tannennadeln verziert war, und klingelten an der Wohnung 431 unseres Gebäudes. Katanjan, in einem schwarzen Gehrock, öffnete die Tür. Die Aragons waren bereits da. Wir stampften im engen Flur mit den Füßen auf und gingen hindurch zum Tisch, der sich unter Delikatessen bog. Liljas Angestellte Nadeschda Wassiljewna brachte aus der Küche einen Berg dampfender roter Piroggen herein, die sie selbst gebacken hatte.

Neben jedem Besteck lag ein Geschenk: neben meinem ein Parfümfläschchen »Bandit«, neben Schtschedrins ein Fläschchen Eau de Cologne »Dior« und die neueste französische Platte von Strawinski. Diese Geschenke hatte Elsa Jurjewna aus Paris mitgebracht. Seither ziehe ich den Duft von »Bandit« dem aller anderen Pariser Parfüms vor.

Beim Essen wendet sich das Gespräch auch meinem sechsjährigen »Westverbot« zu. Aragon – er hat ein explosives Temperament – ist empört. Er sagt, daß Chruschtschow ihn empfangen wolle. Wladimir Lebedew, der für literarische Angelegenheiten und für die übrigen künstlerischen Ministerien zuständige Assistent des Generalsekretärs, habe mit ihm Kontakt aufgenommen.

»Werde Kamerad Lebedew alles erzählen. Antwort verlangen. Bei Chruschtschow beschweren«, radebrecht der wütende Aragon.

Seine Russischkenntnisse sind erheiternd und fragmentarisch. Wenn ihm irgend etwas nicht einfällt, wechselt er ungestüm ins Französische über. Dann dolmetscht Lilja für ihn.

Sie schlägt vor, Chruschtschow einen erklärenden Brief zu schreiben, den ihm Aragoscha (so nennt sie ihren Schwager) persönlich übergeben soll.

»Serow war Ihnen gegenüber voreingenommen. Verbrecher! Dummkopf! Der Neue wird zuerst den guten Mann spielen wollen und sich auf Gespräche einlassen.«

Die Uhr schlägt zwölfmal. In den Gläsern schäumt Champagner der Marke »Veuve Clicquot« (ebenfalls aus Elsas Gepäck). Während der zwölf Schläge schaut Aragon Elsa unverwandt an. Lilja und Wassili, Rodion und ich betrachten einander genauso.

Wir stoßen an.

Wir küssen einander.

Wird uns das neue Jahr gewogen sein?

31

ICH REISE NACH AMERIKA

Chruschtschow konnte Aragon dann doch nicht empfangen. Staatsmänner können nicht allzuviel Zeit für Literaten erübrigen. Wir hatten den »erklärenden Brief« also umsonst geschrieben. Aragon gab ihn Lilja Jurjewna beim Abschied auf dem Belorussischen Bahnhof zurück. Und wie wir uns abgemüht hatten! Der Brief war die Frucht kollektiver Arbeit. Drei Schriftsteller hatten sich an ihm beteiligt: Aragon, Triolet und Katanjan; außerdem Schtschedrin und Lilja. Von meinen Vorschlägen blieb nur die Anrede übrig: »Verehrter Nikita Sergejewitsch!«

Ich könnte mir die Haare raufen, denn der Brief ging beim Umzug in eine neue Wohnung verloren. Er hätte in die Gesamtausgabe der Werke Aragons und Elsa Triolets aufgenommen werden können – das wäre ein Gewinn für die Forschung gewesen.

Ich versuchte, mich ganz auf meine Arbeit zu konzentrieren, und studierte »Die steinerne Blume« ein. Am liebsten hätte ich mich gar nicht mit der für April geplanten Amerikareise befaßt, aber es war unmöglich, sich den brodelnden Gerüchten zu entziehen: Der fliegt, diese bleibt hier, jene steht auf der Reserveliste... Tränen, Klagen. Und je näher der April rückte, desto stärker entluden sich die Leidenschaften.

Lilja Jurjewna gestattete mir nicht, untätig und unter Qualen abzuwarten. »Mit Aragoscha hat's nicht geklappt. Wir müssen einen anderen Weg suchen!«

Ohne mein Wissen hatten Lilja, Katanjan und Schtschedrin den Plan einer »Frühlingsoffensive« ausgearbeitet. Rodion sollte um jeden Preis einen Termin bei Schelepin durchsetzen und diesen über die bisherigen Ereignisse und ihre Unsinnigkeit ins Bild setzen. Katanjan fügte hinzu: »Ein Gespräch mit Schelepins Stellvertreter wäre auch nicht schlecht.«

Majakowski hat in seinen Erinnerungen eingestanden, daß Lilja immer und in allem recht gehabt habe. Und nun widersprach sie: »Keine Stellvertreter. Wir brauchen nur den ersten Mann. Bei uns ist die Entfernung zwischen dem ersten und dem zweiten so groß wie die zwischen dem ersten und dem vierzigsten in England.«

Irgendwo im Untergrund beschaffte sie sich die Telefonnummer des Vorzimmers von Schelepin am Dserschinski-Platz (die städtische Nummer, nicht die der »Mühle«). Lilja Jurjewna hatte immer noch weitreichende Beziehungen.

Sofort wählte Schtschedrin, noch in der Wohnung der Briks, die geheimnisvollen Ziffern. Lilja lauschte dem Gespräch am zweiten Hörer, und auch Wassili Abragowitsch schnappte einiges auf.

Schtschedrin stellte sich vor, erklärte in kurzen Zügen, worum es ging, und bat um einen Termin. Vom anderen Ende her wurde er aufgefordert, für alle Fälle seine Telefonnummer zu hinterlassen. Dann verabschiedete man sich höflich.

Lilja war unzufrieden. »Sie waren zu schüchtern«, sagte sie ärgerlich. »Ohne Feuer. So kriegt man keinen Termin zustande. Ich habe mich umsonst abgerackert, um die Telefonnummer zu besorgen.«

Aber zum erstenmal in ihrem Leben hatte sich Lilja geirrt. Zwei Tage später klingelte morgens das Telefon. Eine tiefe Männerstimme fragte nach Rodion Konstantinowitsch Schtschedrin. Ich reichte Rodion den Hörer. Wir erhielten so viele Anrufe, daß ich der Baßstimme keine besondere Bedeutung zumaß. Der Plan »Frühlingsoffensive« war heimlich, hinter meinem Rücken, ausgeheckt worden, und ich ahnte nicht, daß er mein Schicksal entscheiden würde. Auch mein sechster Sinn ließ mich im Stich.

Mit halbem Ohr hörte ich, daß Schtschedrin sich einen mir unbekannten Namen bestätigen ließ. Dann machte ich mich zu Katja in die Küche auf, um Tee zu trinken.

Schtschedrin eilte, ohne meine Abfahrt ins Theater abzuwarten, sogleich zu den Briks. Das war ungewöhnlich, denn unsere Freundschaft wurde hauptsächlich abends gepflegt.

Das weitere gebe ich mit Rodions Worten wieder. Der frühe Anruf kam aus der Lubjanka, aus dem Vorzimmer Schelepins. Der KGB-Vorsitzende sei sehr beschäftigt, aber sein Stellvertreter Jewgeni Petrowitsch Pitowranow sei zu einem Gespräch bereit. Rodion probte den ihm bevorstehenden Hamletmonolog zum letztenmal bei den Briks und begab sich zum Dserschinski-Platz.

Pitowranow hörte ihm aufmerksam zu, ohne ihn ein einziges Mal zu unterbrechen. Dann stellte er Fragen. Rodion sagte später, daß sich Pitowranow – wie Tolstois Hadschi Murat – aufs Zuhören verstanden habe. Ich brauche Rodions Vortrag nicht zu wiederholen, denn er betraf die dem Leser bekannte, in den vorigen Kapiteln geschilderte »Odyssee meiner Nichtreise«.

Die »Verschwörer« weihten mich ein, und Schtschedrin berichtete: »Mir schien, Pitowranow glaubt mir, daß du nicht fliehen wirst. – Hauen Sie mir die Hand ab! Er musterte mich durch und durch.«

Das Ergebnis der Unterredung war: Ich sollte Chruschtschow noch einen Brief schreiben, einen sehr persönlichen, aufrichtigen, kritischen, wie sich Pitowranow ausdrückte (kritisch mir selbst gegenüber natürlich); einen überzeugenden (das hatte ich doch schon seit sechs Jahren versucht) und kurzen (daß Kürze die Schwester der Begabung ist, wie Tschechow philosophiert, hatte ich bereits an den Schaltern des Moskauer Telegraphenamtes begriffen, von wo ich der Regierung meine Petitionen schickte, welche die Adressaten allerdings nie erreichten).

Neu und vor allem menschlich war Pitowranows Versprechen, meinen Brief an Chruschtschow weiterzuleiten.

Jewgeni Petrowitsch hielt sein Wort. Sein KGB-Kollege, Chruschtschows Assistent Wladimir Lebedew, händigte den Brief »Zar Nikita« persönlich aus. Aber das alles erfuhr ich erst sehr viel später.

Der Brief wurde sofort geschrieben und Pitowranows Sekretär übergeben. Dann galt es abzuwarten.

36 *(links)* »Der sterbende Schwan«. Tokio 1993

37 *(unten)* »Der sterbende Schwan«. Bolschoi-Theater. 1976

38–41 »La Rose malade«. Partner Rudy Bryans. Choreograph Roland Petit. Paris 1973

42–44   »Boléro«. Choreograph Maurice Béjart.
Théâtre de la Monnaie. Brüssel 1975

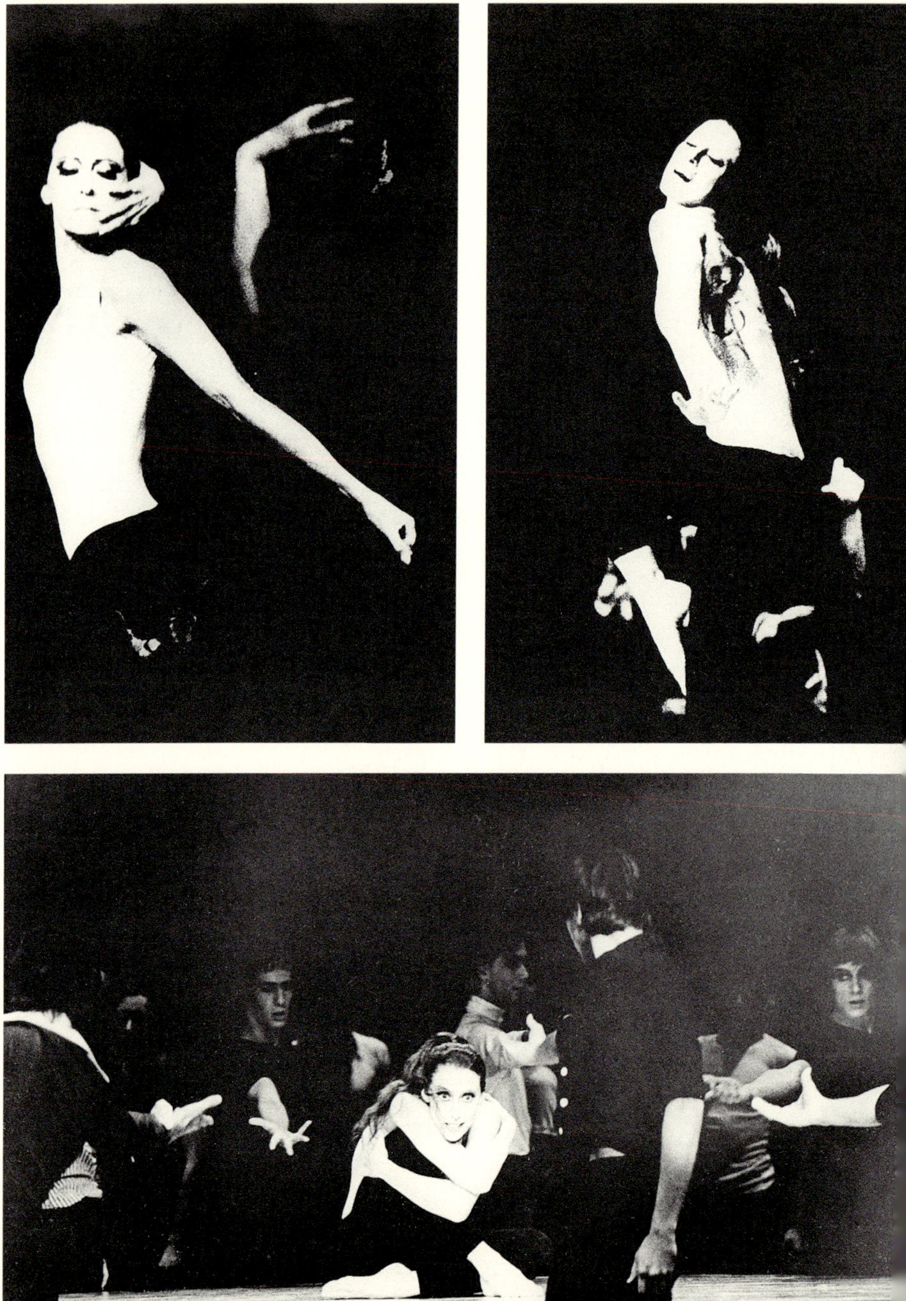

45 »Isadora«. Choreograph Maurice Béjart. Bolschoi-Theater. 1978

46 *(linke Seite oben)*
Teatro de la Zarzuela.
Torero Hans Tino,
Don José Ricardo
Franco. Madrid 1988

47 *(linke Seite unten)*
Maris Liepa als
Wronski. Bolschoi-
Theater. 1973

48 *(oben links)*
Streckenwärter Juri
Wladimirow. Bolschoi-
Theater. 1974

49 *(oben rechts)*
»Anna Karenina«. Musik Rodion Schtschedrin. Choreographie
Maija Plissezkaja. Kostüme Pierre Cardin.
Bolschoi-Theater. 1972

50 *(links)* »Isadora«.
Choreograph Maurice
Béjart. Bolschoi-Theater. 1978

(obere Reihe von links nach rechts)

51 »Carmen-Suite«. Musik Bizet//Schtschedrin. Torero Sergei Radtschenko. Avignon 1971

52 Alexander Godunow als Don José. Bolschoi-Theater. 1979

53 In der Rolle der Odette. Bolschoi-Theater 1970

»Schwanensee«. Erster Auftritt in Paris. 1961

(ere Reihe von links nach rechts)

Odile. Bolschoi-Theater. 1969

56 »Schwanensee«. Bolschoi-Theater. 1976

57 In der Rolle der Anna mit Alexander Godunow. Bolschoi-Theater. 1979

58 *(oben links)* »Die Irre von Chaillot«. Jubiläumsabend am 10. Oktober 1993

59 *(oben rechts)* »Carmen-Suite«. Bolschoi-Theater. 1993

60 *(rechts)* »Carmen-Suite«. Torero Sergei Radtschenko

61 *(links)* »Der sterbende Schwan«. Begleitet von Mstislaw Rostropowitsch

62 *(unten)* Zwei Carmen – Maija Plissezkaja und Arantxa Argueles

63 *(oben)* Mit dem Choreographen Julio López. Buenos Aires 1990

64 *(rechts)* Venedig 1964

65 *(rechte Seite oben links)* Rückkehr aus Frankreich. 1961

66 *(rechte Seite oben rechts)* Aufnahme aus dem Ballettfilm »Anna Karenina«. 1973

67 *(rechte Seite unten)* Akropolis. Athen 1985

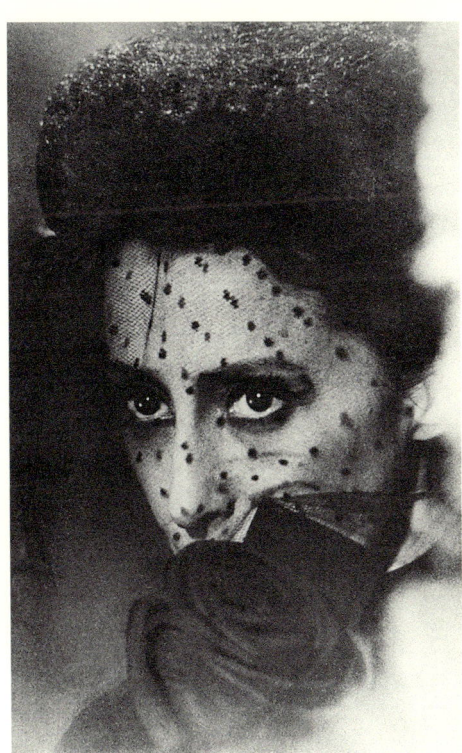

68 *(linke Seite oben)* Mit Ballettschülern auf dem Flughafen von Taipeh. 1990

69 *(linke Seite unten links)* Mit Pierre Cardin bei der Kostümanprobe für »Anna Karenina«. Paris 1972

70 *(linke Seite unten rechts)* New York 1993

71 *(oben)* Mit John F. Kennedy. Washington 1962

72 *(links)* Die Truppe des Bolschoi-Theaters beim Empfang im Weißen Haus. In der Mitte Jacqueline Kennedy, neben ihr der Impresario Sol Hurok. Washington 1962

73 Bei den Aufnahmen zu dem Film »Maija Plissezkaja«. Brüssel 1979

Heute durchlebt meine Heimat leider eine Epoche der schwärzesten Undankbarkeit. Die Menschen haben alle guten Taten vergessen, die ihnen früher von anderen erwiesen wurden. Es ist nicht opportun, auch nur am Rande zu erwähnen, daß jemand dir irgendwann geholfen hat. Sogar seine Lehrer vergißt man. – Offenbar ist heute jeder Autodidakt. Jeder hat sofort die fünfte Position eingenommen und begonnen zu tanzen. (Das Virus der Vergeßlichkeit hat Waganowas Schülerinnen besonders stark heimgesucht. Arme Agrippina Jakowlewna!)

Ich jedoch habe nicht vergessen, daß Jewgeni Petrowitsch Pitowranow Anteil an meinem verworrenen Schicksal nahm. Sowohl 1959 als auch später. Ja, er arbeitete im Generalsrang für das KGB. Heutzutage ist das KGB für uns eine schreckliche, gesichtslose Tarantel, die Millionen Menschen zu Tode gestochen hat. Dieses Ungeheuer brachte etliche meiner Verwandten und Freunde um. Aber auch beim KGB gab es *unterschiedliche* Menschen – man möge mich steinigen, aber davon bin ich überzeugt: Schurken, Blutsauger, Henker, Soldaten, die widerspruchslos jeglichen Befehl ausführten, und Sadisten – doch es gab auch Ausnahmen, und die Umstände haben mich mit einigen von ihnen zusammengeführt.

Pitowranow war kurze Zeit Chef der sowjetischen Spionageabwehr gewesen, unser Admiral Canaris sozusagen. 1952 wurde er aufgrund einer üblen Denunziation verhaftet und zum Tod durch Erschießung verurteilt. Außerdem folterte man ihn in den Kellern ebenjener Lubjanka. Seine Frau Jelisaweta Wassiljewna mußte sich währenddessen mit drei kleinen Kindern durchschlagen, indem sie die Bücher der häuslichen Bibliothek verkaufte. Die Tapferkeit, mit der er den Verhören standhielt, und Stalins Tod retteten Pitowranow das Leben.

Ich kenne nicht sämtliche Windungen seiner Biographie, aber ich weiß – ich spüre es –, daß die Tragik seines eigenen Lebens ihn aufgeschlossen für mein Geschick machte. Und wenn Schelepin einen anderen Stellvertreter gehabt hätte? Einen abgebrühten, gefühllosen, gleichgültigen Gauner? Und wenn die widerwärtigen Überwacher noch jahrelang hinter mir hergeschlichen wären? Vielleicht hätte ich mich dann eines finsteren Tages aus dem Fenster gestürzt oder zu einer Handvoll Schlaftabletten gegriffen.

Die amerikanische Ausgabe des Buches *KGB* von John Barron, die mir vor anderthalb Jahrzehnten in die Hände fiel, enthält am Anfang die Beschreibung eines Frühlingsabends in Cannes. Im Zentrum steht ein großer, charmanter, mit einem eleganten Smoking bekleideter Russe, der auf dem Tennisplatz glänzt, sich in der Poesie auskennt und die französischen Frauen bezaubert. Der Autor warnt jedoch davor, sich von dem Charme dieses Mannes fesseln zu lassen, denn es handelte sich um den KGB-General Pitowranow. Charme hatte dieser Mann tatsächlich: Agent 007, aber mit dunkelblondem Haar und Brille!

Einige Tage nach Abgabe des Briefes rief Pitowranow uns zu Hause an.

»Maija Michailowna, hier ist General Pitowranow. Unser Vorsitzender Alexander Nikolajewitsch Schelepin wird Sie morgen früh um zehn Uhr empfangen. Sie kennen ihn doch schon? Ihr Passierschein wird hinterlegt in ...«

Da war das Happy-End.

Oder nicht?

Ich trat in den düsteren, schmutzigroten Aufgang. Ein katzbuckelnder Adjutant erwartete mich mit einem Passierschein an der geschmacklosen, wuchtigen Marmortreppe. Zwei milchbärtige Wachtposten – sie trugen neue Schirmmützen mit blauem Rand (solche Schirmmützen werden heute am Brandenburger Tor an neugierige Touristen verkauft) – verglichen meinen Paß sorgfältig mit dem Passierschein.

Der Adjutant trieb die Wachtposten nicht zur Eile an. Schließlich dienten sie einer wichtigen Einrichtung.

Wir gingen weiter. Ich fröstelte an Armen und Beinen. Ein Grauen packte mich. Wie viele hatte man hier ...

Durch welche Aufgänge?

Durch diese Korridore?

Diese Treppe hinauf?

Wo ist der Abstieg hinunter zu den Höllenkellern? Wo fanden die Erschießungen statt?

Der Adjutant öffnete eine imposante Tür. Ein geräumiges Vorzimmer. Gehilfen und Sekretäre saßen an Tischen mit zahllosen Telefonen. Hier liefen schließlich Fäden aus dem ganzen Land zusammen.

Genau um zehn Uhr kommt ein hochgewachsener, schlanker Mann – hinter seiner Brille schauen aufmerksame Augen hervor – durch die Tür.

»Guten Morgen, Maija Michailowna. Ich bin General Pitowranow. Gestern habe ich Sie angerufen. Sie sind pünktlich. Alexander Nikolajewitsch erwartet Sie.«

Schelepin trägt einen schwarzen Anzug, ein weißes Hemd und eine kirschrote Krawatte. Von oben war befohlen worden, daß Politbüromitglieder und die wichtigsten anderen Parteibonzen einen dunklen Anzug und ein weißes Hemd zu tragen hätten. So könne man die Fotokorrespondenten beeindrucken, und das Volk bekomme den geliebten Führer in all seiner offiziellen Majestät zu Gesicht.

An den Füßen trägt er schwarze Halbschuhe. Voller Ärger über mich selbst begreife ich, daß meine Gehässigkeit fehl am Platze ist: Dauernd warte ich auf die herabgerutschten Socken, die wie Schwimmflossen im Festspielzug flattern.

Schelepin verzieht ein wenig seinen Mund mit den dünnen, unfreundlichen Lippen.

»Nehmen Sie Platz, Maija Michailowna. Seit den Festspielen haben wir einander lange nicht mehr gesehen.«

Ich setze mich hin.

»An Ihren Mann erinnere ich mich noch von den Warschauer Festspielen her. Er bekam einen Preis für ›Das bucklige Pferdchen‹.«

Sowjetische Bosse schlichen stets um den heißen Brei herum und kamen erst ganz am Ende zur Sache.

Aber nun scheint es soweit zu sein. Mein Körper ist angespannt. In drei Tagen fliegt die Maschine nach Amerika. Wird man mir wieder eins auswischen – oder?

»Nikita Sergejewitsch hat Ihren Brief gelesen und uns gebeten, uns um die Sache zu kümmern. Wir haben uns beratschlagt und glauben, daß Sie zusammen mit den anderen Genossen über den Ozean geschickt werden sollten.«

Mein Herz macht einen Sprung. Würde man mich wirklich reisen lassen?

»Nikita Sergejewitsch glaubt Ihnen, und auch wir haben keinen Grund, Ihnen nicht zu trauen. Vieles von dem, was sich gegen Sie angesammelt hat, ist dummes Zeug. Mißgunst der Kollegen, professioneller Neid sozusagen. Aber auch Sie haben viele Fehler begangen. Sie müssen Ihre Äußerungen und Handlungen prüfen.«

Ich kann immer noch nicht an meine Erlösung glauben. Wo ist der Haken? Plötzlich fährt Schelepin fort:

»Ihr Onkel, Herr Plesent, ist am 7. April 1955 in New York gestorben. Er hatte zwei verheiratete Söhne. Wir werden Ihnen keine Hindernisse in den Weg legen, wenn Sie Ihre Verwandten besuchen wollen. Das ist Ihre Sache.«

(Die meisten dieser Einzelheiten habe ich im dritten Kapitel bereits erwähnt.)

Bereits auf der Schwelle bittet der Vorsitzende mich, Schtschedrin zu grüßen. Er verzieht die dünnen Lippen zu einer Art Lächeln. »Er soll in aller Ruhe seine Klavierkonzerte spielen. Wir werden ihm die Hände nicht als Pfand abhacken. Aber wenn Sie nicht zurückkehren . . .« Er droht mit dem Finger.

Schwarzer Humor.

Zu Hause packe ich fieberhaft meinen Koffer. Diesmal habe ich mir keine Zahnbürste auf Vorrat zugelegt – um das Glück nicht herauszufordern.

John Martins Rezension in der *New York Times* nach meinem ersten Auftritt in der Metropolitan Opera endet mit den Worten: SPASIBO* NIKITA SERGEEVITCH!

---

* Danke (Anm. d. Übers.)

32

Dreiundsiebzig Tage

April 1959. Ich war dreiunddreißig Jahre und ein paar Monate alt. Zum erstenmal im Leben würde ich mit meinem Theater eine wirkliche Gastspielreise machen. Die ganze Tournee sollte dreiundsiebzig Tage dauern und durch die wichtigsten Städte Amerikas führen.

Ich sitze bereits mit der Truppe im Flugzeug und verdrehe den Hals, um durch das Fenster auf die schmelzenden Felder am Rande Moskaus zu schauen. Die Piloten wärmen die Triebwerke an, und die Maschine rollt zur Startbahn.

Wenn man mich hinauswerfen will, ist es noch nicht zu spät. Auch solche Fälle kommen vor . . .

Das Flugzeug steigt hinauf zum Aprilhimmel – er ist in Rußland stets der »höchste« des Jahres.

Wir fliegen, hol's der Teufel!

Schtschedrin war wie eine Art Geisel in Moskau zurückgeblieben. »Die Hände abhacken« – war das nur eine Redensart, oder war es ernst gemeint gewesen?

Ich tanzte auf dieser Gastspielreise »Schwanensee«, »Die steinerne Blume« und »Walpurgisnacht«, während Ulanowa in »Romeo und Julia«, »Giselle« und in verschiedenen Choreographien zu Konzertstücken auftrat. Wir beide standen im Mittelpunkt der Aufmerksamkeit. Mir gegenüber war auch das politische Interesse angeheizt worden, denn die Ballettwelt und die Journalisten wußten, daß ich lange keine Ausreisegenehmigung gehabt hatte.

Und nun fürchteten die Sowjetbehörden vielleicht, daß ich fliehen würde. Aber weder Rodion noch ich träumten jemals auch nur im entferntesten von einer Flucht in den Westen. Heute, im Rückblick, könnten wir vortäuschen, daß uns die Furcht vor dem totalitären Ungeheuer zurückhielt. Aber um der Wahrheit die Ehre zu geben, in jenen Jahren hatte ich nicht die geringsten Fluchtgedanken.

War ich eine Närrin? Ja! Heute mache ich mir Vorwürfe – und nicht zum erstenmal, aufrichtig gesagt.

Wir waren im bodenlosen Labyrinth des Stalinschen Systems geboren worden. Rund um die Uhr waren wir einer aggressiven Lüge ausgesetzt. Sie drang in Augen, Ohren, Nase, Poren und Hirn ein, so daß wir völlig abstumpften. Einer der stillen Bolschoi-Künstler – gemartert von der kommunistischen Propaganda und nun plötzlich mit der Truppe jenseits des Ozeans angelangt, wo ihn die Überfülle in den Geschäften und Schaufenstern wie eine Lawine überrollte (dabei hatte man ihm eingepaukt, daß alle Amerikaner mit ausgestreckter Hand dastehen und um Almosen bitten) – verlor buchstäblich den Verstand. Eine wahre Geschichte, an der unser Sowjetleben schuld war. Die Verwirrtheit des Mannes ließ sich nicht zügeln. Er flehte die Theaterleitung und die herbeigeeilten Mitarbeiter der sowjetischen Botschaft an, ihn unverzüglich in die Heimat, in die UdSSR, zurückzuschicken. Dort verstehe er alles, denn die Situation sei logisch. Aber hier? Man ließ ihn tatsächlich sofort zurückkehren.

Der Flug führte – mit Zwischenlandungen – über Skandinavien. Im Inneren der Maschine herrschte Feiertagsstimmung. Euphorie, Scherze, Gelächter. Wir fliegen, hol's der Teufel!

Am New Yorker Flughafen – damals war er noch nicht nach Kennedy benannt – erwartete uns ein lärmender Empfang: Auslandskorrespondenten, Fragen, Blitzlichter, langstielige Rosen, Zigarrengeruch, zwanglose Zollbeamte. Der erste Besuch des Bolschoi-Balletts in Amerika.

Sol Hurok, in einem schwarzen Veloursmantel, drängte sich zu mir durch. Er streckte mir die Hände entgegen und küßte mich auf die Wangen.

»Da sind Sie! Man hat Sie hinausgelassen! Die haben wohl auf mich gehört?«

Die unausrottbare Naivität der Ausländer!

Unsere Premiere, mit Ulanowa, war »Romeo und Julia«. Danach würde ich mit »Schwanensee« an der Reihe sein. Wir bereiteten uns fleißig vor.

Die Truppe wurde im Hotel »Governor Clinton« an der Seventh Avenue untergebracht. Zur alten Metropolitan Opera war es nicht weit. Wir konnten zu Fuß gehen, aber in Gruppen. Allein die Straße zu betreten, war verboten. Ka-te-go-risch! Die New Yorker Bevölkerung besteht ausnahmslos aus FBI-Agenten. Sie haben Zivil angezogen, eine sorglose Miene aufgesetzt und sind auf Provokationen aus, um den Kommunismus zu schwächen. Sobald der richtige Moment kommt, nehmen sie ihr Opfer aufs Korn. Wenn jemand von uns allein auf die Seventh Avenue hinausgeht, wird er sofort für seinen politischen Leichtsinn bezahlen müssen.

Erst im Hotel ließ meine Reiseeuphorie nach. Ich bemerkte, daß ich von allen Seiten überwacht wurde.

Man hatte mir mein Zimmer im »Governor Clinton« – so hoffte man – mit subtiler List zugeteilt. Die Ballerina Plissezkaja durfte Chruschtschows Vertrauen nicht enttäuschen. Aber sogar einem Kleinkind wäre aufgefallen, daß ein Zimmernachbar einer der KGB-Begleiter war. Die anderen gehörten zum Bolschoi-Ballett, aber wie es der Zufall wollte, kannte ihre Neugier keine Grenzen.

Bald klopfte jemand morgens an, weil er seine Zahnpasta in Moskau vergessen hatte. Bald mußte eine Nachbarin ihren Tee in meinem Zimmer kochen, weil das Abendessen zu salzig gewesen war. Bald konnte ein Dritter nur mein Telefon benutzen, weil der Apparat in seinem eigenen Zimmer plötzlich nicht mehr funktionierte ... Von Spaziergängen, dem Theater und Empfängen ganz zu schweigen. Immer war ich wie zufällig von Menschen umringt: Soll ich für Sie dolmetschen, Maija Michailowna? Ihnen beim Einkaufen helfen? Ihre Sachen nach unten tragen?

So ging es während der gesamten Reise weiter, an allen dreiundsiebzig Tagen. Welch ein plumpes Verhalten!

Aber es wird Zeit, vom Ballett zu sprechen.

Der Abend der »Schwanensee«-Premiere war angebrochen. Ich war so aufgeregt, als müsse ich eine Prüfung ablegen. Man hatte mein Erscheinen an die große Glocke gehängt, allerlei zusammengeschrieben und Mitgefühl gezeigt – aber wenn ich nun plötzlich schlecht tanzte oder dem Publikum nicht gefiel?

Die ausgezeichnete Bühne der alten Met war eine Hilfe: elastisch, geräumig, mit idealem Gefälle zur Rampe hin. Besser ist vielleicht nur die Bühne des Bolschoi-Theaters. Dort sind die Proportionen und die Bauweise ideal auf den klassischen Tanz abgestimmt. Dachte ich deshalb vielleicht nicht an eine Flucht?

Wie wichtig das Bühnengefälle ist! Im Bolschoi-Theater beträgt es zwei Meter. Der Zuschauer merkt nichts davon, aber der Körper spürt es (den Gesetzen der Schwerkraft zufolge). Und ob!

Die alten Ballettmeister verstanden es, das Bühnengefälle bei ihren Inszenierungen zu nutzen. Die weisen Klassiker kannten vielerlei Tricks. Gelzer erklärte mir (sie hatte es von Petipa gehört), daß Diagonalen beim Tanz am besten von der oberen zur unteren Ecke zurückzulegen seien. Im umgekehrten Fall verliere der Künstler an Größe – eine optische Täuschung.

Die Bühne der Mailänder Scala wurde für die Oper gebaut; das Gefälle ist überhöht (dafür hört sich die Sängerstimme im Saal klangvoller an). In »Schwanensee« hatte ich dort bei den Drehungen am Ende des »schwarzen« Aktes immer Mühe, mich »bergauf« zu bewegen. Und auf dem Weg »bergab« wurde ich so rasch dahingetrieben, daß ich meine ganze Willenskraft aufbieten mußte, um das Tempo einzuhalten! Natürlich handelt es sich um winzige Unterschiede, aber jede Ballerina muß auf einer unbekannten Bühne die »Akzente« ihres Körpers korrigieren.

Die Bühne des Bolschoi-Theaters hatten die russischen Herrscher für das Ballett vorgesehen. Nicht umsonst ließen sich die Romanows auf Amouren mit Tänzerinnen ein. Die Schwächen der Monarchen hatten ihre Vorzüge für uns.

Mein erster amerikanischer »Schwanensee«.

Die Aufführung verlief glatt, ohne Fehler. Fadejetschew und ich gaben uns große Mühe, genau wie die anderen Solisten und das

Corps de ballet. Faijer – mit einem amerikanischen Orchester – dirigierte temperamentvoll. Ich war zufrieden.

Was sonst war bemerkenswert an meinem amerikanischen Debüt? Das Publikum. Es war fachkundig und sehr freundlich. Die New Yorker Zuschauer schonten ihre Handflächen und Stimmbänder nicht. Am Ende der Akte mußten wir ungezählte Male vor den Vorhang der Met treten. Mein »Schwanenabgang« am Schluß des »weißen« Aktes wurde von einer solchen Ovation begleitet, daß ich den musikalischen Faden verlor. Außer den Kanonaden des Beifalls und dem Sturm gellender Schreie war nichts zu hören. Keine einzige Note des Orchesters! Deshalb mußte ich bei den letzten Schritten meinem inneren Gehör folgen.

Nach der Vorstellung versammelte sich eine Schar von Anhängern und Anhängerinnen am Künstlereingang. Autogramme, Lächeln – alles so, wie es sein soll. Einige von ihnen begleiteten mich während der gesamten Reise, über den ganzen Kontinent hinweg. Und danach auch mein ganzes Leben lang.

Eine getreue Verehrerin – Alissa Wrbska, Gott habe sie selig, sie ist vor kurzem gestorben – löste beim KGB Verwirrung und Unruhe aus. Schließlich konnte mir doch niemand nur aus Liebe zum Ballett nachreisen. Man begann, mir mit den Netzen des FBI zu drohen. Als ich unbeeindruckt blieb, wechselte einer der Begleiter (sein Name war Tschernyschow) die Waffen.

»Wir haben Informationen darüber, Maija Michailowna, daß Ihre neue Verehrerin Alissa Lesbierin ist. Nehmen Sie sich in acht. Sie müssen sie sich vom Leibe halten.«

»Aber ich bin keine Lesbierin.«

Danach ließ man mich in Ruhe.

Die Pressestimmen waren begeistert. Walter Terry, der damals, glaube ich, für die *Herald Tribune* schrieb, verglich mich mit Maria Callas: »Plissezkaja ist die Callas des Balletts.«

Aber wer war das? Ich fragte Iljuschtschenko, die sich in allem auskannte. »Mach dich nicht lächerlich. Das ist eine Sängerin. Keine Fragen mehr, damit du deine Unwissenheit nicht zur Schau stellst...«

Eine Unmenge von Empfängen: reich, elitär, feierlich. Abendkleider, Limousinen, Smokings, eiskalter Champagner, Berühmtheiten. Ich wurde den bedeutendsten Künstlern der Vereinigten Staaten vorgestellt. Wenn ich doch nur Englisch hätte sprechen können! Entweder dolmetschte jemand der in der Nähe Stehenden (und natürlich standen dauernd viele in meiner Nähe), oder ich konnte nur lächeln, statt zu antworten.

Ich schloß Freundschaft mit Leonard Bernstein – eine Beziehung, die bis in die letzten Tage seines Lebens andauerte. Er spielte Schtschedrins Musik. 1989 erhielten Bernstein und ich gemeinsam in Rom den »Via-Condotti«-Preis. Dabei machte sich Lenny über meine »Vielsprachigkeit« lustig. »Was, Maija, hast du immer noch nicht Englisch gelernt?«

Mit Arthur Rubinstein konnte ich mich leichter verständigen, denn er sprach Russisch. Als er in Moskau gastierte, schaute ich nach dem Konzert in den verdunkelten Konservatoriumssaal des Bolschoi-Theaters.

»Ich hätte gedacht, daß Sie nach einem solchen Konzert völlig erschöpft sein würden. Aber Sie sind taufrisch.«

»Meine Kräfte reichen noch, um mit Ihnen einen Pas de deux zu tanzen.« Ohne zu zögern, hob mich Rubinstein in die Luft und machte mehrere Drehungen.

Gene Kelly, den ich vor einigen Monaten in Los Angeles – im Haus von Gregory und Veronica Peck – wiedersah, erinnerte mich daran, daß wir 1959 die halbverrückte Idee hatten, gemeinsam in einem Musical aufzutreten. Aber daraus konnte nichts werden, denn in jenen Jahren war ich noch eine Gefangene.

Zu einer kniffligen Improvisation von Ella Fitzgerald – sie hatte sich die Melodie mir zu Ehren ausgedacht – tanzte ich etwas Teuflisches: eine Mischung aus Boogie-Woogie und russischem Volkstanz.

John Steinbeck wurde in den Tagen seiner Moskauer Pilgerreise von Rodion und mir an der Gorki-Straße mit Kalbsbeinsülze und gesäuertem Meerrettich bewirtet. Dieses Gericht schmeckte dem berühmten Schriftsteller ausgezeichnet. 1959 – in Amerika – hatte Steinbeck mir durch eine Dolmetscherin mitgeteilt, daß die

Geschehnisse hinter den Ballettkulissen die Grundlage für einen äußerst interessanten dramatischen Roman bilden könnten.

Das sind einige der New Yorker Größen, die ich in jenem denkwürdigen Jahr kennenlernte.

In Hollywood begegnete ich Mary Pickford, Humphrey Bogart, Frank Sinatra, Clark Gable, Audrey Hepburn, Henry Fonda, Yma Sumac.

In San Francisco wollte ein berühmter amerikanischer Künstler ein Ölporträt von mir (in Lebensgröße) anfertigen; er war mir heiß empfohlen worden. Dreimal redete ich auf unseren Leiter ein, damit er mir, zusammen mit einer Dolmetscherin und einem Sonderbegleiter, gestattete, einen freien Tag im Atelier des Künstlers zu verbringen. Endlich erhielt ich die Erlaubnis. Ich hatte alle anderen Termine verschoben, mir die Haare gewaschen, ein Tutu und Ballettschuhe angezogen. Dann verschnürte ich die hellroten Bänder. (»Wenn Sie Maija Plissezkaja sind, weshalb tragen Sie dann kein Tutu?« war ich einmal von einem kleinen Mädchen in Vilnius gefragt worden.)

Drei Stunden lang stand ich Modell. Schließlich lockerte ich meinen gefühllos gewordenen Rücken und warf einen Blick auf die Staffelei: ein schartiger weißblauer Fleck, der sich über die ganze Leinwand zog. Wo waren meine frischgewaschenen roten Haare?

Und was war mit meinen amerikanischen Verwandten?

Am zweiten Probentag in der Met nahm mich Edward Perper, Huroks Schwiegersohn, beiseite. Er arbeitete in der Firma seines Schwiegervaters und sprach fließend Russisch. Seine Miene drückte eine nicht zu verkennende Verlegenheit aus.

»Maija, sagen Ihnen folgende drei Namen etwas: Michail, Lester, Stanley?«

»Natürlich. Michail war mein Vater, Lester sein älterer Bruder, und Stanley ist Lesters Sohn.«

»Sie wissen, daß Sie in New York Verwandte haben?«

»Ja.«

»Wollen Sie sich mit ihnen treffen? Das wird Ihnen doch nicht schaden?«

»Es hat mir schon geschadet. Aber ich möchte mich mit ihnen treffen. Heute oder morgen. Es sind doch meine Verwandten.« Edward traten Tränen in die Augen.

Am nächsten Tag bringt Perper meinen Cousin Stanley Plesent hinter die Kulissen.

Er spricht nicht Russisch, und ich spreche nicht Englisch. Etwas Nebelhaftes, gleichsam ein Teil der Familienchronik, ist über den Ozean getragen worden. Wir sind gleichaltrig und sogar beide im November geboren worden: ich in Moskau, er in New York. Stanley ist ein erfolgreicher Jurist und das Oberhaupt einer vielköpfigen, in Eintracht lebenden Familie. Er gehört zum Beraterteam von John F. Kennedy in Washington und ist speziell zu dem Treffen mit mir angereist. Ich bin eine Ballerina des Bolschoi-Balletts und tanze für ausländische Staatsoberhäupter – an einem Platz, der nach dem Bolschewiken Swerdlow benannt wurde. Hin und wieder plaudere ich mit den Kremlführern. Welche Rätsel uns das Leben aufgibt!

Als erstes sagt mein Cousin: »Mein Vater hat sich den Film ›Meister des russischen Balletts‹ achtmal angesehen. Deine ›Fontäne von Bachtschissarai‹ hat ihm sehr gefallen. Der Film ist bei uns gelaufen. Wahrscheinlich weißt du nicht, daß Vater tot ist.«

»Doch. Er ist am 7. April 1955 gestorben.«

Stanley erstarrt. »Woher weißt du das? Wer hat dir das gesagt?«

Nach der Probe, der Stanley fasziniert zusieht, begeben wir uns zum Lunch. Edward Perper ist beschäftigt. Wer kann dolmetschen? Einer aus der Kompanie der Moskauer Dolmetscher, der uns nicht aus den Augen läßt, bietet seine Hilfe an. Welche Aufgabe mochte er sonst noch haben?

Anderthalb Wochen später, bereits nach meinem »Schwanensee« und meiner »Steinernen Blume« und nach einer ausgezeichneten Presse, feierte die New Yorker Kolonie meiner amerikanischen Verwandten im Haus von Onkel Philipp (er, zweiundneunzig Jahre alt, war mein Onkel dritten Grades) ein lärmendes, zehn Stunden dauerndes Fest. Das große Haus in Greenwich Village war bis zum Bersten voll. Waren all diese Menschen wirklich meine Verwandten? Ich versuchte, die Anwesenden zu zählen, aber ich geriet durcheinander. Der Onkel nickte befriedigt: Es stimmt... Wie hätte sich meine Mutter gefreut, diese Idylle miterleben zu können.

Bei diesem Verwandtschaftsfest war ich endlich allein, ohne offizielle Begleitung. Aber die Moskauer Schreiberlinge konnten ihrer Behörde ohnehin schon genug melden.

Alles lief prächtig.

Trotzdem zählte ich die Tage. Es blieben noch siebenundvierzig, sechsundvierzig ... einunddreißig, dreißig, neunundzwanzig ... zwanzig, neunzehn, achtzehn, siebzehn ...

Rodion zählte in Moskau ebenfalls die Tage. Von Katja hörte ich, daß neben dem Telefon eine Tafel mit dreiundsiebzig Ziffern hing. Jeden Tag wurde eine durchgestrichen.

Wir sprachen lange miteinander – fast jeden zweiten Tag. Und wenn die gereizten Moskauer Telefonistinnen häufig genug die Verbindung herstellten, sogar zweimal am Tag. Das KGB-Personal, das unsere Gespräche belauschte, war vermutlich überfordert! Katja ging unter Wehklagen zur Sparkasse neben dem Hotel »Ukraina«, um die astronomischen Rechnungen zu bezahlen. Dort machte man sich jedesmal über sie lustig. Plissezkaja mußte ihren Mann wirklich betört haben ...

Dann blieben noch drei, zwei Tage. Und dann der letzte, besonders lange.

Wir kehrten nach Moskau zurück.

Niemand hatte das Weite gesucht, alle waren unversehrt. Im Herbst würde man mich wohlwollend unter die Volkskünstlerinnen der UdSSR einreihen. Das war der höchste Titel, der mir im Land der Sowjets zuteil werden konnte. Eine Art Dank dafür, daß ich mich nicht aus dem Staube gemacht hatte.

Aber jetzt, im heißen Juni, in dem schwülen, engen Flughafengebäude von Wnukowo, halte ich ungeduldig in der aufgeregten Menge Ausschau nach Schtschedrins liebem Gesicht. Seit dreiundsiebzig Tagen haben wir einander vermißt. Eine ganze Ewigkeit.

Dort steht er mit einem riesigen Strauß hellroter Pfingstrosen. Die Blumen duften so stark, daß mir der Kopf schwirrt.

Seit jenem Tag werde ich durch den herben, berauschenden Pfingstrosenduft in das Jahr 1959 zurückversetzt. In die langen, glücklichen, unter Aufsicht verbrachten dreiundsiebzig Tage meiner Entdeckung Amerikas.

33

WIE WIR BEZAHLT WURDEN

Im Jahr 1959 erhielt ich in Amerika pro Vorstellung vierzig Dollar – und an den Tagen, an denen ich nicht tanzte, überhaupt nichts. Den Mitgliedern des Corps de ballet wurden täglich fünf Dollar ausgehändigt – »Plagegelder«, wie es ironisch hieß. (Als ich später in den Vereinigten Staaten in »Die Dame mit dem Hündchen« auftrat, zahlte man allein dem Besitzer des Hundes, der mit mir auf der Bühne erschien, siebenhundert Dollar pro Aufführung. Aber das nur am Rande.)

Die finanziellen Abrechnungen mit den Künstlern waren im Sowjetstaat stets ein großes Geheimnis. Man verbot kategorisch jegliches Gespräch – vor allem natürlich mit Ausländern – über dieses heikle Thema. Angeblich flossen die von uns verdienten Summen in die Staatskasse, um die dringenden Bedürfnisse der sozialistischen Großmacht zu befriedigen. – Um Castro und sein Volk zu ernähren? Um Weizen zu kaufen? Um Spione anzuwerben?

Später sickerte durch, was mit den Devisen angestellt worden war. Zum Beispiel machte sich der Sohn Kirilenkos – des zweimaligen Helden der Sozialistischen Arbeit, des früheren ZK-Sekretärs und Politbüromitglieds – mit einer flotten Bande von Faulenzern regelmäßig in die Savannen Afrikas auf, um dort auf die Jagd zu gehen. Sie schossen Elefanten, Nashörner, Wasserbüffel und andere wilde Tiere. Damit sich die Sprößlinge der Parteibonzen amüsieren konnten, nahm man den Künstlern das im Schweiße ihres Angesichts verdiente Geld ab und verkaufte außerdem Zobelpelze, alte Skythengerätschaften und wertvolle Gemälde für ein Ei und ein Butterbrot. Und auch die Sportler mußten zu diesem Zweck auf ihre Prämien verzichten.

Wie kann man mit fünf Dollar täglich existieren, die Wünsche der Familie erfüllen und seinen Freunden Geschenke kaufen? Ein Rätsel.

Nicht selten fielen Künstler vor Hunger in Ohnmacht – sogar auf der Bühne während einer Vorstellung. (»Wir sind ein Schattentheater«, wurde gewitzelt.) Hurok begriff sofort, daß die Moskauer Künstler unter diesen Umständen nicht bis ans Ende der Gastspielreise durchhalten würden. Er begann, die Truppe mit kostenlosen Mahlzeiten zu versorgen. Danach wurden die Wangen wieder rosig und rund, und alle tanzten prächtig. Wunderbar!

Als Auslandsreisen zu einer normalen Erscheinung wurden und so umsichtige Impresarios wie Hurok nicht mehr zu finden waren, fingen die Künstler des Bolschoi-Balletts an, sich die Koffer mit haltbaren Lebensmitteln vollzustopfen: Konserven, geräucherte Würste, Schmelzkäse, Grütze. Ein gewöhnlicher Sterblicher hätte einen solchen Proviantkoffer nicht von der Stelle bewegen können, aber die durch Hebungen gekräftigten Tänzer wurden mit dem gewaltigen Gewicht mühelos fertig.

Ein Hindernis für die vorsorglichen Reisenden war der Zoll. Wenn man hier Pech hatte und alles beschlagnahmt wurde ...

Dies hat sich uns allen so sehr eingeprägt, daß ich vielleicht gar nicht darüber zu schreiben brauche, aber ich möchte, daß künftige Generationen von unseren Demütigungen erfahren.

Die Hotelzimmer in Amerika und England verwandelten sich in Garküchen. Würzige Düfte wehten durch die Korridore mondäner Hotels. Der Geruch von Erbsensuppe aus der Dose ereilte die mit Chanel- und Dior-Parfüms besprühten Ladies und Gentlemen. Die sowjetischen Künstler waren eingetroffen!

Gegen Ende der Reisen, wenn die Moskauer Vorräte zur Neige gingen, wandten sich die Tänzer den örtlichen Halbkonserven zu. Besonderen Anklang fand Katzen- und Hundefutter – billig und reich an Vitaminen. Nach einem solchen Gericht barst man vor Kraft. Zwischen zwei Hotelbügeleisen ließen sich für Hunde gedachte Steaks lecker zubereiten. Im Badezimmer kochte man Würstchen. Dampf verbreitete sich unter den Türen hindurch auf den Etagen, so daß die Fenster beschlugen. Die Hotelleitung geriet in Panik, denn infolge der kollektiv eingeschalteten Tauchsieder sprangen die Sicherungen heraus, und die Lifte blieben stehen. Alle Bitten halfen nicht – wir Englisch, Mademoiselle, don't understand. Kapiert?

Leskow schreibt irgendwo, daß das russische Volk stets Wunder an Einfallsreichtum vollbracht habe, besonders in Zeiten starker Bedrängnis. Bitte sehr...

Jeder Dollar »Tagegeld« war streng verplant. Einer meiner Partner erwiderte auf den Vorschlag, in einem Café essen zu gehen, mit entwaffnender Aufrichtigkeit: »Das kann ich nicht. Die Bissen würden mir im Halse steckenbleiben. Wenn ich einen Salat äße, hätte ich das Gefühl, auf dem Schuh meines Sohnes zu kauen.«

Ein Heuschreckenschwarm fiel über die Hotels her, die ein skandinavisches Büfett zu bieten hatten. In wenigen Minuten war alles ausgetrunken und ratzekahl aufgegessen. Alle, die sich verspätet oder verschlafen hatten, bedrohten das Personal, verlangten neue Portionen, redeten den Angestellten ins Gewissen.

Eine ausgemachte Schande.

Ich beschreibe das, was ich selbst – mit meinem eigenen Bolschoi-Theater – erlebt habe. Aber das gleiche galt auch für andere sowjetische Künstler, die sich auf Tournee befanden. Die Unterschiede beschränkten sich auf Nuancen. Zum Beispiel erhielten die Mitwirkenden des georgischen Volkstanzensembles nur drei Dollar Tagegeld.

Wer war schuld an der Schmach? Die verelendeten, versklavten Künstler oder diejenigen, welche die unmoralischen Gesetze ausgedacht und sie verabschiedet hatten? Während die Tänzer Hundefutter auf Hotelbügeleisen brieten, verließen unsere Führer – die Mitglieder und Kandidaten des ZK-Politbüros der KPdSU – ihre Häuser nur mit »persönlichen Speisen« in verzinkten, plombierten Kästen (wer weiß, jemand hätte den treuen Leninisten vergiften oder ihm eine Magenverstimmung bescheren können). Spezielle Wächter in speziellen Automobilen begleiteten den Würdenträger überallhin – wenn er nun plötzlich Hunger bekäme?

Solotourneen wurden von der Staatlichen Konzertvereinigung Goskonzert »abgewickelt«. Goskonzert verfügte in einem Sechstel der Welt über das Staatsmonopol für jeden Künstler. Diese Organisation war die reinste Ausgeburt der Hölle.

Ich will nicht jeden anschwärzen, der für Goskonzert tätig war, aber hier handelte es sich wirklich um das Reich der gegenseitigen Gefälligkeiten. Die brutalste sizilianische Mafia ist im Vergleich mit der Goskonzert-Mafia eine Anstalt für höhere Töchter, eine karitative Einrichtung. Wie viele Künstlerschicksale wurden durch sie zerstört, wie viele Hoffnungen durch sie begraben.

Der erste Schritt auf einem langen Weg: Goskonzert erhielt von einem ausländischen Impresario eine Einladung für Ballerina X, für den Pianisten Y, für den Sänger Z. Aber durfte dem Betreffenden mitgeteilt werden, daß die Einladung wohlbehalten eingetroffen war, daß sie bereits ein oder zwei Wochen ohne Antwort auf einem Funktionärsschreibtisch in der Neglinnaja 14 – hier residierte Goskonzert – lag? War der Künstler der Einladung würdig? Konnte man ihn als eine politisch reife Persönlichkeit bezeichnen? Hatte er der Abteilungsleiterin, die, sagen wir, für Deutschland und Österreich zuständig war, bei der letzten Begegnung freundlich zugelächelt? Wußte er, daß er von der Summe, die man ihm nach den staatlichen Abzügen gnädig überlassen hatte, einen Batzen für Geschenke an die wohltätige Abteilungsleiterin abzweigen mußte? Hatte er daran gedacht, sich höflich flüsternd danach zu erkundigen, welchen besonderen Wunsch die Wohltäterin gerade hatte? War ihm klar, daß er die Größe und die Maße der Abteilungsleiterin herausfinden mußte, um ihr Winterstiefel, Sommerpumps, ein warmes Mäntelchen oder einen Regenmantel zu besorgen? Hatte er in Erfahrung gebracht, welches französische Parfüm sie bevorzugte?

Einige zynische Impresarios verkündeten selbstgefällig kichernd: »Dieser Goskonzert-Abteilungsleiter bekommt ein Monatsgehalt von mir, aber nicht in Rubeln, versteht sich. Jener Abteilungsleiterin habe ich eine Genossenschaftswohnung gekauft.«

Mir fallen tausend Beispiele ein.

Jedem Goskonzert-Direktor – und sie wechselten dauernd, da ihnen ihre Habgier immer wieder zum Verhängnis wurde – war ein offizieller KGB-Stellvertreter zugeordnet. Wahrhaftige Kenner der schönen Künste . . . Ich erwähne nur einen: Golowin. Genosse Golowin, Stellvertretender Goskonzert-Direktor, erwies sich nach der Übernahme seines Postens im Kulturministerium plötzlich als Sammler neuer Anzüge. Woher hatte ein Bauernsohn ein so hochherrschaftliches Hobby? Es gefiel ihm, sich Stoffe anzuschauen, sich Farben auszuwählen und zur Anprobe zu gehen. Natürlich immer an der New Yorker Fifth Avenue oder am Londoner Strand. Hurok erzählte mir, daß er nach jedem Besuch Golowins in Amerika eine stattliche Rechnung für die Anfertigung von sieben bis zehn teuren Anzügen erhalten habe. Und er beglich die Rechnungen, ohne zu murren. Geschäft ist Geschäft.

Die Krönung des Ganzen war, daß Genosse Golowin stets denselben grauen, schäbigen Anzug trug, wenn er in seinem Büro in der Neglinnaja 14 erschien. Bescheiden, nach Leninscher Art. Ob er sich nachts in seinen neuen Anzügen bewunderte?

Jeder Künstler erhielt vor jeder Reise ermüdende Instruktionen – nicht nur darüber, wie er sich zu verhalten hatte, wohin er mit wem gehen durfte, welche Antworten er auf Pressekonferenzen geben sollte. Zusätzlich wurde er ermahnt, die aktuelle Parteipolitik und die Beschlüsse des letzten historischen KPdSU-Kongresses darzulegen und die unvergleichliche Weisheit, die engelhafte Friedensliebe des jeweiligen Führers zu rühmen. Außerdem informierte man ihn darüber, wieviel er von seinen Honoraren auszuhändigen hatte. Es war die reinste Universität. Aber damit nicht genug.

David Oistrach, ein außerordentlich verdienter, höflicher, zurückhaltender Mann, schilderte mir, mit welchen Aufgaben ihn die Goskonzert-Verwaltung betraut hatte. Man argwöhnte, daß irgendein Impresario einen Teil der Honorare unterschlug. Die Säle, in denen Oistrach auftrat, seien geräumiger, als der Impresario Moskau mitteilte. Folglich erhielt der große Violinist den einfachen Auftrag, die Plätze in den Philharmoniesälen zu zählen.

David Oistrach widersetzte sich verblüfft. »Wann soll ich das tun? Die Zeit ist knapp und mit Proben ausgefüllt.«

»Während des Konzerts, David Fjodorowitsch, wenn das Orchester allein spielt. Wir müssen herausfinden, ob Goskonzert in Zukunft mit diesem Impresario zusammenarbeiten kann.«

Es klingt wie ein Witz, aber es war die schmutzige Wahrheit. In neunundneunzig Prozent der Fälle stellte Goskonzert dem Künstler einen Begleiter an die Seite (Oistrach war eine Ausnahme). Angeblich sollte der Begleiter während der Reise und im Hotel dem Künstler behilflich sein, das Geld zählen und lästige Verehrer fernhalten. Und in Wirklichkeit?

In Wirklichkeit sah es ganz anders aus. Ich möchte ein Beispiel aus meiner eigenen Erfahrung liefern.

Ich flog mit meinem Partner Boris Jefimow nach Florenz, um »La Rose malade« auf einer Gala zu tanzen. Unser Begleiter war Genosse Viktor Berjosny, ein Goskonzert-Angestellter. Berjosny war ein fröhlicher Bursche, flink, kontaktfreudig, blauäugig, mit einem ständigen Lächeln.

Für die Festspielleitung war Viktor Berjosny ein Blitz aus heiterem Himmel. »Für Signora Plissezkaja und ihren Partner sind Hotelzimmer reserviert. Für Signor... Goskonzert allerdings...«

Berjosny zog eigenmächtig in Jefimows Einzelzimmer, in dem sich die beiden das Bett teilen mußten. »Macht nichts, Boris, wir kommen schon zurecht. Schließlich sind wir Freunde, oder?«

Signor Goskonzert schnarchte so laut, daß die Wände auf der ganzen Etage wackelten. Jefimow erschien unausgeschlafen und matt zu den Proben, weshalb ihm die Hebungen mißglückten. Nur gut, daß unser kühner Goskonzert-Begleiter wenigstens keine homosexuellen Neigungen hatte. Die schiefen Blicke des Hotelpersonals auf die beiden Männer, die sich ein Einzelbett teilten, waren unberechtigt.

Als erstes räumte Genosse Berjosny den Inhalt der Minibar aus und füllte den Kühlschrank mit Dosen schwarzen Kaviars. »Damit sie in der italienischen Sonne nicht verderben.«

»Wie hast du's geschafft, Viktor, das alles durch den Zoll zu schleppen?« fragte Jefimow verwundert.

»Ich habe eine Bescheinigung vom Ministerium für den Zoll am Flughaften Scheremetjewo. Deshalb kann ich einen Durchgang benutzen, an dem man nicht überprüft wird.«

Er verschwand häufig für längere Zeit, und der Kaviarvorrat schmolz allmählich dahin. Für unsere Proben und Auftritte allerdings interessierte er sich nicht.

Vor der Premiere war mein Partner wieder zu Kräften gekommen, und die Hebungen bereiteten ihm keine Mühe. Jefimow hatte sich an das Schnarchen gewöhnt.

Nach unserer letzten Vorstellung wird ein Empfang gegeben – von Berjosny wiederum keine Spur. Signor Goskonzert ist überaus beschäftigt. Theaterdirektor Alberti, ein zartfühlender Aristokrat, lädt mich zu einem weiteren Gastspiel – in drei Monaten – ein.

»Aber bitte, kommen Sie ohne Partner. Was aus Ihrem Repertoire können Sie solo tanzen? ›Isadora‹?«

Ich bin einverstanden.

»Goskonzert schröpft uns tüchtig: siebentausendzweihundert Dollar pro ›Rose‹. Ich hoffe, daß Sie ohne Partner nicht so teuer sein werden. Die Festspielbesucher lieben Sie, aber Sie verstehen...«

»Was, für siebentausendzweihundert Dollar? Ich habe eine Kopie des Goskonzert-Vertrages über viertausend.«

»Schön wär's! Siebentausendzweihundert Dollar pro Auftritt.«

»Das ist ein Mißverständnis. Hier...«

Ich ziehe die russische Fassung des Vertrages, die man mir in Moskau ausgehändigt hat, aus der Handtasche. Alberti liest kein Russisch, aber er sieht die Ziffern: 4000 Dollar. Er ruft seinen Buchhalter. »Holen Sie mir Plissezkajas Vertrag.« (Unseren verblüffenden Dialog übersetzt Jewgeni Poljakow, der seit einigen Jahren als Leiter des dortigen Balletts in Florenz arbeitet.)

Der Buchhalter bringt die Papiere.

»Wieso hat Plissezkaja zwei Verträge? Über viertausend und über dreitausendzweihundert?«

Der Mann gestikuliert wild und erklärt den Sachverhalt. Ich wende mich an Poljakow. Was ist los?

»Aus irgendeinem Grund hat Goskonzert darum gebeten, die Summe zu teilen. Auch für den hiesigen Impresario Giancarlo Carena ist das günstiger.« Welch ein Durcheinander!

Am nächsten Morgen hält Alberti eine Art Konferenz ab. Er verlangt, daß unser Goskonzert-Begleiter ebenfalls erscheint. Berjosny sitzt mit hochrotem Kopf und bedrückter Miene da. Er wischt sich den Schweiß mit der Handfläche von der Stirn und faselt kläglich: »Ich bin ein kleiner Mann, ich bin ein kleiner Mann. Mir ist nichts erklärt worden. Ich bin ein kleiner Mann.«

In Moskau eingetroffen, wurden Jefimow und ich gründlich von den Zollbeamten befragt: Wieviel Geld hatten wir im Gepäck? Wieviel davon gehörte uns? Ich hatte laut Vertrag das Recht, pro Auftritt dreihundert Dollar für mich zu behalten (es war bereits 1981). Jefimow bezog ein Tagegeld von zwölf Dollar. Davon konnte er sich kaum ein Fleischgericht leisten. Und wer kann tanzen, wenn er sich nur von Kaffee und Sandwiches ernährt? Aber Berjosny, der nicht tanzte und nicht probte, erhielt dafür, daß er in einem fremden Bett schnarchte und schwarz mit Kaviar handelte, ebenfalls zwölf Dollar.

Wir bemerkten, wie unser kleiner Mann, Signor Berjosny, elf sperrige Kartons, fast so groß wie er selbst, durch den Diplomatengang befördern ließ. Er flüsterte dem schweißgebadeten Gepäckträger etwas zu, hastete hin und her und schaute sich verstohlen um: Hatten wir die Zollkontrolle bereits hinter uns oder nicht?

Ich forderte von Goskonzert und vom Kulturministerium eine Erklärung. Aber weder der damalige Goskonzert-Direktor Kondraschow noch der stellvertretende Kulturminister Barabasch konnten mir helfen. Sie versprachen, die Angelegenheit zu prüfen, und wechselten das Thema. Bis heute blieb eine Antwort aus. Die Sache ist offenbar versandet.

Ich erzählte Katja Maximowa von der Farce. Sie war verwundert über meine Naivität. »Haben Sie das zum erstenmal festgestellt? Goskonzert schließt seit langem zwei Verträge ab: einen für die Staatskasse, den zweiten für die eigene Tasche. Die Beute wird unter den hohen Amtsträgern im Ministerium und bei Goskonzert aufgeteilt.«

»Und die Kartons?«

»In den Kartons waren Video- und Fernsehgeräte.«

Für die ministeriellen Amtsträger war es offenbar anschaulicher, ihre Informationen über den Aufschwung des entwickelten Sozialismus über *japanische* Fernsehschirme zu erhalten.

Eine weitere Aufgabe der Künstler bestand darin, das erwirtschaftete Geld von einem Land zum anderen, von einem Hotel zum anderen mit sich zu schleppen. Es galt, die Scheine in verschließbaren Koffern zu verstecken und die Summen immer wieder nachzuzählen. Goskonzert hatte wenig Vertrauen zu Schecks – man gab Cash den Vorzug.

Zum Beispiel brachte ich einmal vierzigtausend Dollar sowie etliche Francs und Finnmark mit nach Moskau. Ich war gemeinsam mit Roland Petits Truppe aufgetreten und hatte Fernsehaufnahmen in Marseille hinter mir. Von dort reiste ich zur Aufführung der »Carmen-Suite« nach Finnland. Drei Solisten des Bolschoi-Balletts erwarteten mich bereits in Helsinki.

Die Franzosen zahlten mir das Honorar am letzten Tag vor meiner Abreise aus und überreichten mir alle möglichen Bescheinigungen, darunter eine der Bank über den Dollar-Franc-Kurs am Tag der Honorarerstattung. Wenn ein Künstler versäumte, eine derartige Quittung vorzulegen, wurde eine hohe Geldstrafe fällig.

Es war Samstag. Das sowjetische Konsulat war geschlossen, die Diplomaten hatten sich zum Angeln aufgemacht. Ich mußte das Geld wohl oder übel in meinen Koffer legen, den ich in Marseille aufgeben und in Helsinki zurückerhalten würde. Nach französischem Gesetz durften nicht mehr als fünftausend Franc in bar (wenn ich mich recht erinnere) exportiert werden. Es war riskant, das gesamte Honorar für die Gastspielreise mitzunehmen. Manchmal prüften die Zollbeamten das Handgepäck der Passagiere. Andererseits war es mir unheimlich, das Geld mit dem Reisegepäck aufzugeben. Was, wenn der Koffer bei der Zwischenlandung verlorenginge?

Zum Glück gab es keine Probleme. Das Geld gelangte nach Helsinki, und ich verwahrte es in einem verschließbaren Koffer in meinem Hotelzimmer. Von Zeit zu Zeit zählte ich alles nach, was ich bei Goskonzert abliefern mußte. Nach der »Carmen-Suite« waren zu den Dollars und Francs noch Finnmark hinzugekommen.

Ich flog allein nach Moskau zurück, denn meine drei Partner reisten nach dem Willen von Goskonzert mit dem Zug. Im Laufe des Monats hatten sich allerlei Sachen angesammelt. Ich bat daher Sergei Radtschenko (den ewigen Torero), meine geräumige Ballettasche im Zug mitzunehmen. Sie enthielt Kostüme, Kopfputz, Ballettschuhe und Trainingstrikots.

In Moskau nahmen die Erzählungen kein Ende, denn ich hatte viele neue Eindrücke gewonnen. Wir saßen in der Küche und tranken Tee. Schtschedrin teilte mir Moskauer Neuigkeiten mit, und Katja schnatterte über die Marktpreise. Die Stimmung war prächtig.

Vor dem Schlafengehen beschloß ich, die Koffer auszupacken. Am nächsten Morgen würde ich sofort zu Goskonzert fahren und das Geld abliefern. Dann würde mir leichter ums Herz sein.

In dem großen Koffer, in dem ich während der ganzen Reise die Honorare verwahrt hatte, war jedoch plötzlich kein Geld mehr zu finden. Ein kalter Schauer lief mir den Rücken hinunter. Zusammen mit Rodion stöberte ich den Inhalt durch – ein Stück nach dem anderen. Nichts.

Nervös öffnete ich den zweiten, weichen Stoffkoffer. Dort konnte es nicht sein, aber wir beide knieten trotzdem gespannt vor dem zweiten Koffer nieder und durchsuchten ihn langsam mit eiskalten Händen. Nichts.

Ich krempelte das Täschchen um, das ich im Flugzeug bei mir gehabt hatte. Es war gar nicht groß genug, um das Geld aufzunehmen. Aber vielleicht geschah ein Wunder? Nichts.

Wieder suchten wir in dem großen Koffer, betasteten ihn wie Blinde im Zeitlupentempo. Nichts.

Noch einmal. Wieder den zweiten Koffer. Nichts.

Das Geld war verschwunden!

Wo war es gestohlen worden? In dem ruhigen Hotel in Helsinki? War es das nette Stubenmädchen, das mir auf der Schwelle meines Zimmers so freundlich zugelächelt und die Sträuße meiner Theaterblumen so sorgfältig auf die Vasen verteilt hatte? Oder war es der mürrische Albino, der vorgestern den Hahn meiner Dusche repariert hatte?

Oder war es am Flughafen passiert? Hatte man den Koffer geöffnet, das Geld herausgeholt und ihn wieder abgeschlossen? Wie auch immer. Es war verschwunden.

An welchem Flughafen? In Helsinki? Oder bei uns, in Scheremetjewo? Wahrscheinlich bei uns. »In Rußland wird gestohlen«, schrieb bereits Karamsin.

Was nun? Sollte ich Goskonzert die Wahrheit sagen? Daß das Geld gestohlen worden war? Würde man mir Glauben schenken? Niemals. Die Wahrheit würde wie eine Lüge klingen. Man würde mich in der ganzen Welt als Hochstaplerin und Diebin verleumden.

Aber gehörte das Geld nicht mir? Hatte ich es denn nicht durch meine Auftritte verdient?

Mein guter Name war wichtiger als das Geld. Es gab nur einen einzigen Ausweg: Ich mußte einen Kredit aufnehmen. Aber die Summe, die Goskonzert zustand, kam uns astronomisch vor: insgesamt rund fünfundsechzigtausend Dollar. Ein Vermögen. Wir würden den Kredit bis ans Ende unserer Tage abbezahlen müssen, aber es gab keine andere Möglichkeit.

Wen konnten wir um Hilfe bitten?

Wir verfielen auf Nadja Léger. Sie war begütert und großzügig. Nadja würde mir glauben und mich retten.

Eine schlaflose Nacht. Hunderte von Malen überlegte ich, wo ich das Geld zuletzt gesehen hatte, in welchem Moment mich das Unglück ereilt hatte. Ich ließ einen Tag nach dem anderen vor meinem inneren Auge ablaufen. Wir beratschlagten uns immer wieder. Höchstwahrscheinlich war es am Flughafen Scheremetjewo geschehen.

Am Morgen brachte mir mein Bruder Alexander meine Balletttasche. Er hatte Radtschenko, Fadejetschew und Lawrenjuk in aller Frühe auf dem Leningrader Bahnhof abgeholt. Seinem Bericht zufolge hatte Radtschenko an der Grenze mit unseren Zollbeamten eine Schlacht ausgetragen. Er hatte unvorsichtigerweise erwähnt, daß er Maija Plissezkajas Tasche mit Ballettkostümen bei sich habe. Die Zollbeamten ereiferten sich, denn es sei ungesetzlich, für eine andere Person bestimmte Gegenstände mit sich zu führen.

»Das Ballett, Maija Plissezkaja – na und? Ein Verstoß gegen die Gesetze. Wir müssen die Tasche beschlagnahmen.«

Radtschenko hatte es mit größter Mühe geschafft, die strengen Gesetzeshüter umzustimmen. Die Tasche war nur mit einem Reißverschluß gesichert, und die Zollbeamten kramten lange darin herum. Nachdem sie sich davon überzeugt hatten, daß die Tasche außer Ballettaccessoires nichts Verdächtiges enthielt, gaben sie Radtschenko das Gepäckstück – knurrend und mit einer Verwarnung – zurück. Er mußte versprechen, in Zukunft keine Sachen, die anderen Personen gehörten, über die Grenze zu transportieren.

Ich nahm meine Trainingskleidung heraus. Heute wollte ich noch nicht zu Goskonzert fahren, um mich zu rechtfertigen. Es war am besten, das ärgerliche Gespräch ein paar Tage hinauszuzögern, denn zuerst mußte ich mit Nadja Léger Verbindung aufnehmen. Ich hoffte, mich beim Training von den finsteren Gedanken ablenken zu können.

Aber was war da in dem länglichen, zugeschnürten Bündel mit dem Garn, der Schere und den Ballettbändern?

Aha, eine Flasche erlesener, abgelagerter »Framboise«, die mir Gaston Defferre, der Bürgermeister von Marseille, aus seinem eigenen Weinkeller geschenkt hatte. Damit sie nicht zerbrach, hatte ich sie mit Garn und Bändern gepolstert. Ich wollte sie Rodion zeigen. Am Abend würden wir die Flasche entkorken und unseren Kummer mit dem alten französischen Getränk betäuben.

Und was lag unter der Flasche? Oh, ihr Götter, ihr gesegneten Götter! Das verdammte Geld für Goskonzert: mehrere Päckchen, die mit farbigen Gummibändern zusammengebunden waren. Dollars, Francs, Finnmark. Dazu sämtliche Quittungen und Bescheinigungen. Ein Schlag durchfuhr mich, und plötzlich fiel mir alles wieder ein. Ich hatte die Endabrechnung der finnischen

Oper ein paar Tage vor meiner Abreise erhalten und die vorherigen Honorare aus dem verschließbaren großen Koffer genommen, um alles zusammen zu verstauen. Aber in jenem Moment hatte der finnische Albino, der den Hahn der Dusche reparieren wollte, an die Zimmertür geklopft. In meiner Verwirrung hatte ich das Goskonzert-Geld unter die Flasche geschoben und es dann natürlich vergessen. Später hatte ich das Geld immer noch in dem abschließbaren Koffer gewähnt. Oh, meine gesegneten Götter und meine wachsamen, doch stumpfsinnigen sowjetischen Gesetzeshüter an der Grenze – ihr habt meine ewige Dankbarkeit verdient!

Als ich Radtschenko von meinem glücklichen Fund erzählte, schien er den Boden unter den Füßen zu verlieren. Er erbleichte und war einer Ohnmacht nahe. Wenn eine Zöllnerhand die fünfundsechzigtausend Dollar unter der Flasche »Framboise« ertastet hätte, wären ein Skandal, eine Verhandlung wegen Schmuggels und Devisenvergehens und eine Gefängnisstrafe unvermeidlich gewesen.

Dieses Kapitel hat sich in die Länge gezogen. Aber ich kann nicht anders, als noch ein wenig bei unseren beschämenden Erfahrungen zu verweilen. Ich kann die zahllosen Quälereien und Demütigungen nicht vergessen. Jeder Reisetag wurde durch Verletzungen unserer Menschenwürde, unserer Selbstachtung und Ehre verdunkelt. Entsetzlich war auch, daß wir vieles für abstoßend und ekelhaft hielten, doch gleichzeitig meinten, es sei normal. Damit die Sklaven ihre Sklaverei als Norm empfanden, hatte Stalin sechzig Millionen Menschen umgebracht. Es gab keine Familie im Land, die nicht direkt oder indirekt von der Axt des Stalinschen Terrors berührt worden war. Furcht war der Zement des Systems, und sie ging als Hauptbestandteil in das Erbgut der nächsten Generation ein.

Und die Ausländer, die netten, wohlfrisierten, parfümierten, geschniegelten Ausländer? Die freien Menschen der freien Welt – protestierten sie vielleicht?

Sämtliche Impresarios aller Kontinente, die sich nach einer Zusammenarbeit mit der Sowjetunion drängten, wußten viel besser als wir – ich kann es beschwören –, wie Goskonzert und das Kulturministerium mit den sowjetischen Künstlern umsprangen. Aber die Impresarios mischten bei diesem teuflischen, unehrlichen Spiel fleißig mit. Sie drückten ein Auge zu, begünstigten die Gefängniswärter und nutzten die Gemeinheit des Kommunismus, um sich die Taschen zu füllen. Auf diese Weise konnten sie Inseln, Schlösser, Jachten und Hotels erwerben. Gleichzeitig wurde Goskonzert im Staatshaushalt als *verlustbringende* Organisation ausgewiesen, die von der Regierung angeblich Subventionen in Millionenhöhe bezog!

Nichts hätte einträglicher sein können als das Geschäft mit sowjetischen Künstlern. Wenn ein neuer Anzug für einen Sammler maßgeschneidert wurde, wenn man den Frauen angereister Funktionäre kleine Geschenke oder Kleidungsstücke kaufte, wenn man die zukünftigen Vertragspartner in teuren Restaurants mit Kaviar, Wodka und Langusten vollstopfte, dann ließen sich diese Aufwendungen natürlich von der Steuer absetzen (nachdem man den Anschein fürstlicher Gastfreundschaft erweckt hatte). Der kaum ausgenüchterte, halbgebildete, ungehobelte sowjetische Parteivertreter meldete seinen Vorgesetzten in Moskau darauf sofort nach der Rückkehr, welch ein treuer Freund der Sowjetunion, welch ein uneigennütziger Propagandist der sowjetischen Kunst sein westlicher Gastgeber sei. Dieser habe eine Vorzugsbehandlung verdient. – Ein primitives Spiel.

Heute, da der Kommunismus Gott sei Dank verendet ist, sind es nicht etwa die früheren Mitglieder der KPdSU, die dem toten Ungeheuer am meisten nachtrauern, sondern ihre Kumpane: unsere guten, altruistischen Impresarios. Natürlich trauern sie, denn sie haben nun keine Möglichkeit mehr, in trüben sozialistischen Gewässern goldene Fische zu fangen.

Aber einige machen noch heute gute Miene zum bösen Spiel. Sie geben Interviews und verfassen Memoiren, in denen es heißt, sie hätten für Freiheit und Menschenrechte gekämpft, die von den Kommunisten gehetzten Künstler verteidigt und sie zu Gastspielen eingeladen. Und wie sah dein Bankkonto damals aus, mein Lieber? Um wie viele Nullen wuchs es an? Das verschweigen die

Verfechter der Freiheit. Solche Banalitäten interessieren doch niemanden ...

Wenn einmal das Tribunal der Geschichte über die Verbrechen des Kommunismus stattfindet, wenn der Nürnberger Prozeß über die KPdSU endlich beginnt, dann möchte ich, falls ich es noch erlebe, die Stimme erheben und die Ankläger auffordern: Vergeßt die Kollaborateure, die Komplizen nicht! Ohne ihre Hilfe wäre der Kommunismus schon viel früher von der historischen Bühne gefegt worden.

34

Pariser Begegnungen

Ich war ein Siebenmonatskind.
Nachdem Mutter mich in einem kleinen Entbindungsheim an der Bolschaja-Tschernyschewskaja-Gasse im Moskauer Zentrum zur Welt gebracht hatte, sagte die Hebamme, um sie aufzumuntern: »Dein Töchterchen ist kerngesund. Sie wird noch nach Paris fahren. Denk an meine Worte.«
Das war der Familienlegende nach der erste Kommentar zu meinem Erscheinen auf der Welt.
Die Hebamme hatte sich nicht geirrt. Im Oktober 1961 traf ich in Paris ein.
Die Opéra hatte meinen Partner Fadejetschew und mich eingeladen, drei »Schwanensees« nach Wladimir Burmeisters Inszenierung zu tanzen. Burmeister hatte seine Interpretation zum erstenmal im April 1953 auf der Bühne des Moskauer Stanislawski-Nemirowitsch-Dantschenko-Musiktheaters vorgestellt und sie 1960 nach Paris gebracht. Ich kannte die Neufassung bereits von früheren Auftritten her, aber Fadejetschew war nicht mit ihr vertraut. Da die Zeit nicht reichte, das gesamte Ballett neu zu lernen, ersetzten wir Burmeisters Pas de deux im dritten Akt durch unsere übliche Bolschoi-Variante. Davon abgesehen hielten wir uns an die Neufassung. Nur gut, daß sich unser Choreograph in jenen Tagen nicht in Paris aufhielt. Er war ein empfindlicher Mann und hätte solche Freizügigkeiten niemals geduldet.
Die Franzosen zögerten ein wenig, erhoben aber keinen Einspruch, obwohl das Orchester die Musik unseres Pas de deux spielen mußte. Vorsichtshalber hatten wir die Partitur und die Orchestrierung mitgebracht. Der berühmte französische Komponist Georges Auric, der bald den Direktorensessel der Opéra einnehmen sollte, begrüßte unsere Neuerung sogar, weil sich die Musik dieses Pas de deux besser mit dem Ganzen verbinde.

Ich wohnte nur in den ersten beiden Tagen im Hotel »Scribe« am Boulevard des Capucines, wohin man Fadejetschew und mich vom Flughafen aus gebracht hatte. Elsa Triolet holte mich fast mit Gewalt in ihre zweistöckige Wohnung an der Rue de Varenne. Unsere Botschaftsangestellten machten saure Gesichter, weil ich bei den Aragons wohnte. Aber Aragon war Kommunist, Chefredakteur der kommunistischen Zeitung *Lettres françaises* und mit Picasso und Thorez befreundet, weshalb die Botschaftsvertreter sich fügen mußten. Ich konnte ein freies, nahezu französisches Leben führen. Und als ich nach Moskau zurückgekehrt war, wurde ich nicht bestraft!

Elsa nahm aktiv Anteil an meinem »französischen Leben«, sogar an den Proben in der Opéra. Sie dolmetschte für mich bei Gesprächen, Interviews und Telefonaten. Mit einer solchen Blindenführerin geht man in Paris nicht verloren!

Zur ersten Vorstellung erschien ganz Paris, wie mir Elsa versicherte. Ich war natürlich aufgeregt, aber nur in Maßen, denn einen Tag vor »Schwanensee« hatte ich zufällig beobachtet, wie die französische Ballerina Josette Amiel die gleiche Partie wie ich probte. Entweder strengte sie sich nicht besonders an, oder die Partie sagte ihr nicht zu. Jedenfalls beruhigte ich mich schlagartig und dachte sogar: Ich werd's euch zeigen. Selbstzufriedenheit endet gewöhnlich mit einer Blamage. Auch ich war nicht selten ein Opfer der Überschätzung meiner Kräfte geworden, aber diesmal leistete mir meine Zuversicht zum Glück gute Dienste, denn ich verlor kein Quentchen an Energie oder Konzentration durch Aufregung.

Der Leser wird vielleicht spötteln: Ja, es war wieder ein großer Erfolg, der Beifall fand kein Ende. Aber was sonst kann ich schreiben, wenn es den Tatsachen entspricht? Und der Schauplatz war Paris, nicht Tula . . .

Marc Sacharowitsch Chagall sagte eines Tages zu mir: »In Paris habe ich mir meinen Namen gemacht. Hier schafft man es entweder – oder man schafft es nicht.« Anscheinend traf für mich das erstere zu. Die Presse sprach von siebenundzwanzig Vorhängen am Ende des Balletts. Für Paris war das nicht schlecht.

Warum gefiel ich den Franzosen? Diese Frage richtete ich an ein gutes Dutzend »Superfranzosen«: an Louis Aragon, Roland Petit, Jean Vilar, Yvette Chauviré, Jean Babilée... Sie alle stimmten in einem Punkt überein: Es gelinge mir, die Aufmerksamkeit des Publikums von der abstrakten Technik auf die Seele und die Bildhaftigkeit zu lenken. Während ich das Finale des zweiten Aktes tanzte, hefteten sich die Blicke auf die Zeichnung meiner Schwanenhände, auf die Biegung meines Halses. Niemand bemerkte, daß meine Pas de bourrée nicht gerade vollkommen waren. Viele Ballerinen der Opéra konnten die Pas de bourrée subtiler, wendiger, mit einer besseren Streckung des Spanns ausführen. Aber konnten sie mit den Händen und der Haltung des Halses Tschaikowskis Motiv sichtbar werden lassen?

Heute gibt es schon für Zwanzigjährige keine technischen Schwierigkeiten mehr. Eine korrekt ausgebildete Ballerina tanzt mittlerweile alles wie am Schnürchen. Doppelte Fouettés – mit Vergnügen. Fünf Solopirouetten auf der Spitze – kein Problem.

Zu Anbruch des »silbernen Zeitalters« der russischen Poesie fragte Alexander Blok ironisch: »Wer, Herrschaften, schreibt heutzutage schlechte Verse? Alle bringen es fertig, nur gute zu schreiben.«

Natürlich hat der Sport zur raschen technischen Entwicklung des klassischen Balletts beigetragen, ebenso wie die Videokamera. Ich selbst machte jähe Fortschritte, nachdem ich die Möglichkeit erhalten hatte, mich selbst beim Tanz während des Trainings und auf der Bühne zu beobachten. Aber nichts bringt mich von meiner Überzeugung ab, daß die Welt mit Technik allein nicht zu erobern ist. Heute und in hundertfünfzig oder zweihundert Jahren muß mit dem Tanz, genau wie früher, vor allem die Seele angerührt werden. Er soll Mitgefühl, Tränen oder eine Gänsehaut hervorrufen.

Das Leben bei Aragon und Elsa war bemerkenswert. Beide wachten im Morgengrauen auf, tranken jeweils eine Tasse schwarzen Kaffees und schrieben, halb im Bett sitzend, bis Mittag. In diesen Stunden existierte ich für sie nicht. Sie beantworteten keine Fra-

gen, und sie kümmerten sich nicht um die Türklingel oder das Telefon. Bevor ich in den ersten Tagen zum Training fuhr, versuchte ich, ihnen höflich zu sagen, daß ich fort müsse. Die Tür könne ich selbst schließen, auf Wiedersehen ...
Stille. Nur Seufzer und das Kratzen von Federhaltern.
Aragon arbeitete damals an einer Geschichte der UdSSR und war ganz in seine Recherchen und Schlußfolgerungen vertieft. Als ich eines Tages aus dem Theater zurückkehrte, klingelte ich lange und klopfte dann laut. Niemand rührte sich. Endlich öffnete sich die Tür, und auf der Schwelle stand der grauhaarige Aragon im Adamskostüm. Er murmelte etwas vor sich hin, würdigte mich keines Blickes und eilte zurück in sein Arbeitszimmer.
Zweimal fuhren wir zum Landhaus der Aragons, einer früheren Mühle. Das Haus hatte einen gewaltigen Kamin, in dem stundenlang trockene Holzscheite glommen und knackten. Auf einem schweren Holztisch standen Schüsseln mit Obst und mit Elsas unvermeidlichen Salaten. Auf uralten Kerzenhaltern flackerten die Flämmchen massiver Kerzen. Unter den hohen Dachstühlen gurrten zwei weiße Tauben. Das gemessene Plätschern von Wasser begleitete sie. Die Aragons hatten in ihrem Testament verfügt, sich hier an ihrer geliebten Mühle beerdigen zu lassen.
Heute liegen dort zwei Gräber.
Ich bin viele Male nach Paris gereist. Neben »Schwanensee« führte ich dem dortigen Publikum auch Béjarts »Isadora«, »Leda«, »Boléro«, Lifars »Phèdre«, Roland Petits und meine eigenen Ballette – »Anna Karenina«, »Die Dame mit dem Hündchen«, »Carmen-Suite« – sowie andere kürzere Ballettstücke vor.

Nach meinem ersten Auftritt in »Schwanensee« hatte ich eine ungewöhnliche Besucherin, die speziell zu der Aufführung angereist war: Ingrid Bergman.
Meine offizielle Dolmetscherin in jenen Tagen war Madame Lothar. Sie, die in den zwanziger Jahren dem russischen Dichter Wladimir Majakowski eine Abfuhr erteilt hatte, war nun ein wenig taub und vergeßlich. Deshalb ließ ich mir immer häufiger von Elsa helfen und achtete nicht so sehr auf Madame Lothars Mitteilun-

gen. Einmal flüsterte sie mir kaum hörbar zu, daß irgendeine Filmdiva (den Namen konnte ich nicht verstehen) mich treffen wolle. Die Schauspielerin sei für einen Abend nach Paris gekommen, um sich die Vorstellung anzuschauen und um mit mir zu sprechen.

Als ich mich nach den letzten Verbeugungen müde abgeschminkt hatte und unter der Dusche stand, rief Madame Lothar mir ungeduldig zu, ich solle mich beeilen. Diesmal konnte ich – der Lärm der Dusche war zu stark – den Namen der Schauspielerin nicht hören.

Gedankenversunken betrat ich mit Madame Lothar den verdunkelten Nebensaal von »Maxim's«, wo niemand zu sitzen schien. Aber dann erhob sich jemand an einem fernen Tischchen und kam mir entgegen: Ingrid Bergman. Sie umarmte mich und setzte auf französisch zu einer Erklärung an, von der Madame Lothar kaum ein Zehntel übersetzen konnte. In Ingrids Augen standen Tränen.

»Ohne ein einziges Wort haben Sie von der Liebe erzählt. Sie haben göttliche Hände. Ich habe jegliches Zeitgefühl verloren. Wie ich lese, werden Sie von der russischen Regierung verfolgt. Unsere beiden Fotos waren auf derselben Seite in der amerikanischen Ausgabe von *Vogue*: Sie in einem blutroten Chiton, mein Gesicht im Profil. Zufällig sah ich unsere Bilder bei Kerzenlicht ganz dicht nebeneinander. Wir mußten uns treffen. Das Schicksal wollte es so. Entfliehen Sie dem Kommunismus. Ich helfe Ihnen.«

Das war der Sinn ihrer Worte. Jedenfalls klang es so aus dem Mund von Madame Lothar.

Ich erwiderte, unsere unerwartete Begegnung sei ergreifend für mich, ich hätte ihre Filme gesehen, sie sei so schön und majestätisch ...

»Welche Filme haben Sie gesehen?«

In meiner Überraschung – wir standen immer noch in der Mitte des abgedunkelten Saales – fiel mir nur einer ein. »Das Haus der Lady Alquist«.«

Ich hatte ihn mir zweimal bei geschlossenen Vorführungen im Moskauer Kinohaus angeschaut. Natürlich kannte ich noch weitere ihrer Filme – ihr Gesicht war mir sofort vertraut gewesen –, aber mein Gedächtnis ließ mich schmählich im Stich. Ich murmelte, daß ich mich nicht erinnern könne.

»Nur ›Das Haus der Lady Alquist‹? Das ist schon so lange her. Und ›Lieben Sie Brahms?‹ – Kennen Sie den?«

»Lieben Sie Brahms?« hatte ich nie gesehen, denn ausländische Filme wurden damals selten bei uns gezeigt. Aber ich schlug die Augen nieder und nickte.

»Und ›Anastasia‹? Da geht es schließlich um Rußland.«

Nun sagte ich die Wahrheit. Nein.

Bergman führte mich zu ihrem Tisch. Dort saß ein konzentrierter Herr. Ich wußte nicht, wer er war. Ihr Mann? Ein Freund?

Bis zum Ende des Abendessens gab der konzentrierte Herr fast kein Wort von sich. Ingrid redete so rasch, daß Madame Lothar ihrem Tempo kaum folgen konnte. Sie erzählte von Anastasia, deren geheimnisvollem Schicksal, von ihrem Glauben an diese schöne Legende und an die wunderbare Rettung, von Rußland, zu dem sie sich seit langem hingezogen fühle, von ihrem Traum, »Anna Karenina« auf andere, ihre eigene Weise zu spielen.

»Würden Sie sie nicht auch gern spielen? Oder kann man sie tanzen? Könnten Sie ihre dramatische Geschichte ohne Worte erzählen?«

1962, als John F. Kennedy die Truppe des Bolschoi-Balletts im Weißen Haus empfing, sollte mich Jacqueline mit den Worten begrüßen: »Sie sind ganz wie Anna Karenina.« Das war der zweite prophetische Hinweis auf meine Zukunft. Vielleicht ließen die Pelze, in denen mich die beiden Frauen sahen, sie an Tolstois faszinierende Gestalt denken. Bei dem Treffen mit Ingrid Bergman trug ich einen weißen Pelzumhang aus Elsa Triolets Garderobe. Elsa hatte es gern, wenn ich ihre Sachen »leihweise« anzog. Vor Jacqueline erschien ich in einem schwarzen Mantel mit Nerzbesätzen und mit einem ebenfalls schwarzen Hütchen.

Zwar ging ich nicht auf Ingrid Bergmans Ratschlag ein, in den Westen überzuwechseln (dabei wäre der Zeitpunkt sehr günstig gewesen), aber unser Gespräch über »Anna Karenina« konnte ich nicht vergessen.

In den siebziger Jahren sah ich mir »Herbstsonate« an, einen ihrer letzten Filme. Damals lag die Premiere meiner »Anna Karenina« bereits hinter mir. Ich weidete mich an Ingrids bereits von Alter und Krankheit angerührtem, aber immer noch bezauberndem, königlichem Antlitz, und Wellen widerstreitender Gefühle schnürten mir den Hals zu ... Meine weise, großartige Ingrid!

In demselben Raum von »Maxim's« wurde ich einem kauzigen Künstler vorgestellt, der auf russisch mit mir radebrechte. Die Familie Alphand – ihr Oberhaupt war ein Minister der französischen Regierung – hatte mich zum Lunch ins »Maxim's« eingeladen. Der Maître d'hôtel führte uns an denselben Tisch, an dem ich mit Ingrid Bergman zu Abend gegessen hatte. Oder kam es mir nur so vor? Es herrschte hellstes Tageslicht. Mit dem Rücken zu mir thronte ein aristokratischer, schnurrbärtiger Monsieur von reifen Jahren mit einer sehr jungen Begleiterin, einer hochgewachsenen, schönen Blondine, deren Haar über den nackten Rücken fiel.

Unser Minister hatte sich ein wenig verspätet, und während er sich unserem Tisch näherte, begrüßte er den Monsieur neben uns: »Bonjour, Salvador.«

Wir wurden einander vorgestellt. Unser Nachbar war Salvador Dalí, und seine Begleiterin hieß Michelle. Als Dalí hörte, daß ich Russin sei, sagte er: »Boschija korowka uleti na nebo dam tebe chleba.«*

Alle lachten laut.

»Balerina. Maija. Rossija...«

»Sie sprechen Russisch? Das hätte ich nicht erwartet.«

»Galja. Schenschtschina. Lenin. Rossija. Balet.«

Dalí machte nach jedem Wort, das er mit Mühe aus seinem spanischen Kehlkopf hervorbrachte, einen Punkt. Dabei vibrierte und zuckte der berühmte Schnurrbart. Die schöne Blondine wartete ungeduldig, indem sie mit den Absätzen auf den Boden klopfte und mit den schweren Armbändern an den schlanken Handgelenken spielte.

---

* »Göttliche Kuh, flieg in den Himmel, ich gebe dir Brot.« (Anm. d. Übers.)

Als sich Dalí, der altmodisch Kratzfüße gemacht und allen Damen die Hand geküßt hatte, feierlich und auf theatralische Weise entfernte (ganz wie der König im Vorspiel von »Dornröschen«), kontrastierte sein gerader Rücken stark mit den ehrfürchtig gekrümmten Gestalten des Maître d'hôtel und der Garçons, die den Maler zur Tür begleiteten.

Alphand neigte sich zu mir und fragte mit gedämpfter Stimme: »Haben Sie bemerkt, daß Michelle ein Mann ist?«
»Ein Mann? Das kann doch nicht wahr sein.«
»Aber das ist nur eine Extravaganz, die Verblüffung wecken soll. Die beiden haben nichts miteinander.«

Hinzu kam die bunte, laute, entfesselte Ballettwelt von Paris.

Serge Lifar stürmte nach dem »weißen« Akt von »Schwanensee« in meine Künstlergarderobe.

»Sie erinnern mich an Olga Spessiwzewa. Das war die beste Ballerina aller Zeiten. Olga tanzte, wie Sie, mit der Seele, nicht mit dem Körper. Na ja, mit dem Körper auch. Einem herrlichen Körper...«

Im ersten Moment begriff ich nicht, daß ich es mit Lifar zu tun hatte. Ich wich schroff vor dem ungenierten, lauten Besucher zurück. Aber bald wurde mir klar, wer vor mir stand.

»Wie oft habe ich mit Olenka getanzt, wie oft habe ich eingesehen, daß sie nicht ihresgleichen hat.«

Nun machte Lifar sämtliche berühmten Ballettstars der Vergangenheit und Gegenwart nieder. Mein Taktgefühl hindert mich, die Namen seiner unglücklichen Opfer zu nennen.

»Olenka – Herr, vergib mir meine Sünden – war leidenschaftlich in mich verliebt. Aber glauben Sie mir, nicht deshalb bin ich von ihr begeistert. Sie war ein wahrer Engel.«

(Als ich Olga Spessiwzewa am Ende unserer Begegnung im Künstleraltersheim der Tolstoi-Stiftung bei New York mit gehässiger Neugier fragte, ob Lifar ein guter Partner gewesen sei, lächelte sie sanft und antwortete leise: »Ein schlechter.«)

Nach dem »schwarzen« Akt platzte Lifar wieder, ohne anzuklopfen, bei mir herein. Ich war nicht angezogen, hüllte mich rasch in ein Handtuch und mußte fröstelnd eine gute Viertelstunde lang zuhören, während er sein Loblied auf Spessiwzewa fortsetzte.

Ganz plötzlich wandte er sich dem Thema Politik zu. »Ich gehe Sowjetbürgern aus dem Weg. Alle sind NKWD-Agenten, alle ohne Ausnahme. Die Schurken. Ich vertraue nur Ihnen. Solche Schwanenflügel können keiner Spitzelin gehören.«

Unwillkürlich schielte ich auf meine bleichen, entblößten Schultern.

»Ich habe natürlich gelesen, daß man Angst hatte, Sie ins Ausland reisen zu lassen. 1956 bin ich speziell nach London gefahren, um Sie zu sehen. Warum, zum Teufel, hocken Sie immer noch in Moskau? Bleiben Sie hier. Wollen wir morgen zur Polizei gehen?«

Ich flehte: »Sergei Michailowitsch, ich habe kaum noch Zeit, mein weißes Tutu anzuziehen. Ich bitte Sie . . .«

Madame Lothar schob ihre stattliche Gestalt auf Lifar zu. Aber er fuhr fort: »Die Bolschewiki werden mir das Telegramm nie verzeihen, das ich Hitler schickte, als die Wehrmacht meine Heimatstadt Kiew erobert hatte. Ich konnte doch nicht wissen, daß die Deutschen solche Greueltaten verüben würden! . . . Ich habe viele Briefe von Puschkin, seine Reliquien.«

Auf all meinen Frankreichreisen verbrachte ich mehr als hundert Stunden mit Lifar. Er ließ mich in seiner »Phèdre« auftreten, erzählte fesselnd von Diaghilew, Porzellan- und Ikonenmalerei und führte mich zu Fuß durch ganz Paris. Die Geheimnisse der kleinsten Gasse schienen ihm vertraut zu sein, er war mein Vergil in den Katakomben der Pariser Métro.

Ich habe Lifar nie tanzen sehen und kann nicht beurteilen, was für einen Partner er abgab. Aber ich habe nach seiner Choreographie getanzt, und ich bin überzeugt davon, daß sich Béjart und Roland Petit ohne seine »Phèdre«, »Icare«, »Suite en blanc« oder »Daphnis und Chloé« (er schuf mehr als zweihundert Ballette) ganz anders entwickelt hätten.

Am nächsten Tag stand Lifar nach dem Training am Künstlerausgang der Opéra. »Coco Chanel erwartet uns. Ich habe ihr von Ihnen erzählt. Fahren wir.«

Ich war verblüfft über sein neuerliches Erscheinen. Aber eine Begegnung mit Chanel?
»Leider bin ich schon verabredet. Es wäre mir peinlich, wenn ich nicht . . .«
»Ich bin arm und habe kein Geld für ein Geschenk, das Ihrer würdig wäre. Alles, was ich verdiene, gebe ich für mein Puschkin-Archiv aus. Das Treffen mit Coco ist mein Geschenk an Sie. Also los. Man wartet auf uns.«

Gehorsam legte ich einen Schritt zu. Wir stiegen in die Métro hinunter.

Lifar hat die Wahrheit gesagt: Wir werden in Chanels Boutique erwartet.

Die aufrechte, abgezehrte, strenge Gastgeberin, die von schönen, langgliedrigen Mannequins umgeben ist, streckt mir zur Begrüßung zwei faltige, sehnige Hände entgegen. Die Haut an den Gelenken verrät Cocos Alter: Sie ist über achtzig. Die Modenschau des Hauses Coco Chanel für die Herbst-Winter-Saison beginnt für zwei Zuschauer – für mich und Lifar. Es ist die erste französische Kollektion meines Lebens, die mir vorgeführt wird, und ich darf sie sogar aus nächster Nähe betrachten.

Die Mannequins bemühen sich, den Rhythmus einer vagen Melodie aufzunehmen, die Coco halblaut vor sich hinsingt.

Sie ist unzufrieden. Es folgt eine wütende französische Tirade. Die Vorführung wird unterbrochen. Die Modeschöpferin erhebt sich aus ihrem Sessel.

»Ihr müßt den Rücken eleganter runden. Schultern nach vorn. Becken nach vorn. Kürzere Schritte.«

Sie demonstriert, was sie meint. Ein Wunder. Plötzlich ist sie kaum zwanzig Jahre alt. So graziös und keusch bewegt sie sich.

»Suchen Sie sich etwas aus, Maija. Was Sie wollen.«

Ich stammele unentschlossen vor mich hin.

»Dann werde ich es für Sie tun. Die weiße Uniformjacke, die Jeanette anhat – sie gehört Ihnen.«

Coco Chanels Geschenk hängt noch heute in meinem Kleiderschrank. Ich trage es zu festlichen Anlässen. Am erstaunlichsten ist, daß der Schnitt und die Form auch heute noch modern sind. Feste, durchgesteppte weiße Seide; dunkelblaue, schmale, gerade Achselschnüre; goldene, halbmilitärische Knöpfe, die sich schmuckvoll vom Weiß abheben. Unter der Jacke zieht man einen geraden, enganliegenden Trägerrock an.

»Jeanette, ziehen Sie die Jacke aus. Maija soll sie uns vorführen. Mal sehen, ob eine russische Ballerina die Kleidung des Hauses Chanel tragen kann.«

Die braunäugige Jeanette hilft mir in die weiße Uniformjacke, und ich trete vor die Zuschauer. Coco summt vor sich hin. Ich gebe mir Mühe, ihren Gang nachzuahmen.

Nach einer Diagonalen und zwei Kreisen bricht Chanel in Beifall aus. »Jetzt glaube ich Serge, daß Sie eine Ballerina sind. Wollen Sie für mich arbeiten? Einverstanden?«

Lifar triumphiert, daß ich diese heikle Prüfung bestanden habe. Sofort verstärkt sich die Herzlichkeit unserer Beziehung.

»Serge, Maija, gehen wir zu mir in den ersten Stock.«

Chanels Wohnung ist luxuriös und mit ausgesuchtem Geschmack eingerichtet: bemalte chinesische Wandschirme aus dem neunzehnten Jahrhundert (ein ganzes Zimmer voll), Bourbonenmöbel (in einem zweiten Zimmer), mit Inkrustationen verzierte Marie-Antoinette-Trumeaus, Gobelins der italienischen Renaissance...

»Möchten Sie meine Armbandsammlung sehen? Serge, habe ich Ihnen nie davon erzählt?«

Ein hübscher junger Amor und ein anmutiges Hirtenmädchen bringen ein altertümliches Kästchen herein. Es enthält ungeahnte Schätze. Amor öffnet den mit Perlmutter beschlagenen Deckel, und das Hirtenmädchen holt – mit beschwörenden Bewegungen wie ein Fakir – ein Armband nach dem anderen hervor. Es legt die Schmuckstücke um Chanels Handgelenke, und zwei oder drei auch um meine. Dabei gurrt es schmachtend vor sich hin.

In den schmalen Bändern aus Platin und Weißgold glänzen Smaragde, Brillanten, Saphire, Granate und Rubine – so groß wie die Fingernägel einer Frau. In mir kommt der Verdacht auf, daß es sich um Theaterschmuck handeln könnte.

Coco durchschaut meinen Argwohn.

»Das Armband mit den Smaragden ist ein Geschenk aus Rußland, von Großfürst Dmitri Pawlowitsch, dem Cousin Ihres Zaren Nikolaus II. Wir hatten eine lange Liebesaffäre«, sagt sie verschwörerisch. »Und das Rubinarmband hat Marie-Antoinette gehört, genauso wie meine Lieblingskette. Bringt sie her!«

Amor verschwindet lautlos wie eine Katze hinter einer niedrigen, getarnten Tür.

Kurz darauf legt sich Coco ein Rubingeschmeide von unvergleichlicher Schönheit um den Hals.

An meinem letzten Abend in Paris gehen Elsa und ich ins »Folies-Bergère«. Aragon hat uns begleiten wollen, aber die Probleme der Beziehung zwischen Bucharin und Kamenew hielten ihn offenbar an seinem Schreibtisch in der Rue de Varenne fest.

Die barbusigen Tänzerinnen erkannten mich, stellten mich dem Publikum vor und schenkten mir einen Strauß roter Gladiolen. Eine Rede wurde gehalten, und die Tänzerinnen applaudierten, so daß ihre nackten Brüste zitterten. Die verführerischste stieg die Stufen von der Bühne zum Saal hinunter, um mich zu küssen. Elsa übersetzte ihre Grußworte in groben Zügen und recht mürrisch.

»Unsere Liletschka liebt es, die Brust zu entblößen. Sie hätte mit Ihnen ins ›Folies-Bergère‹ gehen sollen. Schließlich bin ich eine ernsthafte französische Schriftstellerin. Morgen werden in den Zeitungen schreckliche Fotos mit albernen Unterschriften erscheinen.«

Nach meiner Ankunft in Moskau fragte Lilja Jurjewna Brik sofort, statt mich zu begrüßen: »Na, hat Elinka viele Gemeinheiten über mich erzählt?«

Und welche Gemeinheiten mochten die Botschaftsangestellten aus Paris über mich gemeldet haben?

Am 14. April 1992, als ich gerade an diesem Pariser Kapitel arbeitete, veröffentlichte die Moskauer Zeitung *Komsomolskaja Prawda* mehrere denunziatorische Unterlagen aus geheimen ZK-Archiven. Es war, als hätten die Journalisten ihre unterhaltsamen Informationen genau in den Tagen enthüllen wollen, in denen ich mich mit diesem Kapitel abmühte. Die Geheimakte trug die Überschrift »Über unrichtiges Verhalten auf Dienstreisen ins Ausland«. »6. 7. 1977. Botschaft der UdSSR in Frankreich. Geheim. An den Kulturminister, Genossen P. N. Demitschew.

Sehr geehrter Pjotr Nilowitsch,
gestatten Sie uns, Ihnen einige Fragen vorzulegen, die sich durch die Veröffentlichung von Interviews mit M. M. Plissezkaja in bourgeoisen Zeitschriften stellen. Diese Interviews wurden französischen Journalisten im Juni diesen Jahres gegeben, als sich M. M. Plissezkaja mit der Balletttruppe des Staatlichen Akademischen Bolschoi-Theaters in Frankreich aufhielt. Erstens äußerte M. M. Plissezkaja Überlegungen über die Stagnation in unserer Ballettkunst, über deren angebliche Verknöcherung und konservative Haltung. Zweitens kritisierte M. M. Plissezkaja das Bolschoi-Theater ... Drittens überschüttete M. M. Plissezkaja zeitgenössische westliche Ballettmeister, vor allem M. Béjart, mit Lob (unverdientermaßen unserer Meinung nach) ... Wie uns Genossin Butrowa mitteilte, sprach sie aus Anlaß der Interviews mehrere Male mit M. M. Plissezkaja. Die Reaktion der Ballerina war leider nicht selbstkritisch. Vermutlich wäre es nützlich, eine Unterredung verantwortlicher Personen mit M. M. Plissezkaja durchzuführen, die eine Autorität für sie darstellen, wobei die ganze Angelegenheit vorläufig nicht an die Öffentlichkeit dringen sollte ...

Botschafter der UdSSR in Frankreich, S. Tscherwonenko.«

Diese Zeilen wurden 1977 zusammengeschmiert! Nachdem ich zum zwanzigsten- oder fünfundzwanzigstenmal nach Paris gereist war ... Nachdem man mir die höchsten Insignien der Sowjetunion verliehen hatte ... Nachdem ich mit französischen Orden ausgezeichnet worden war (später würde mir Präsident Mitterrand noch den Orden der Ehrenlegion an mein schwarzes Cardin-Kostüm heften, und man würde mir das Ehrendoktordiplom der Sorbonne überreichen) ... Nachdem ich seit langem von der Ballettwelt anerkannt war ...

Was mögen die Botschaftsspitzel über meine erste Parisreise im Oktober 1961 zusammengefaselt haben?

Ich halte ein Taxi an der Ecke Place de l'Opéra, Rue de la Paix an und reiche dem bejahrten, aber militärisch straffen Fahrer einen Zettel mit einer Adresse am anderen Seine-Ufer. Unterwegs – wir müssen uns durch einen Höllenverkehr winden – schweigen wir beide. Am Ziel hole ich – wie alle Frauen dieser Welt – ein paar zerknüllte Scheine aus meinem Täschchen hervor. Plötzlich sagt er in reinstem, altmodischem Russisch: »Von Ihnen, Frau Plissezkaja, nehme ich kein Geld. Anstelle eines Blumenstraußes...«
Paris hat mich akzeptiert.

35

DIE ARBEIT MIT JAKOBSON

Der Pariser Traum war zu Ende gegangen. Ich wachte in Moskau auf.
Es wimmelte von ausländischen Besuchern. Auf Wunsch der Regierung wurde ein »Schwanensee« nach dem anderen aufgeführt. Der große Märtyrer Chruschtschow kannte das Ballett vermutlich schon auswendig! Was hätte die Sowjetmacht nur ohne Tschaikowskis »Schwanensee« getan?

Am 23. Dezember 1961 feierte ich mit Fadejetschew wieder einmal eine »Schwanensee«-Premiere, und zwar im Kreml-Kongreßpalast. Das geschmacklose Gebäude, das sich an die alten, orthodoxen Kreml-Kirchen anschließt, war für Parteikonferenzen, Jubiläumssitzungen des Obersten Sowjets und für internationale Zusammenkünfte vorgesehen. Aber die Regierung kann nicht täglich konferieren, weshalb der Palast dem Bolschoi-Theater übergeben wurde. Sechstausend Zuschauer hatten die Möglichkeit, sich dort unsere Aufführungen anzusehen.

Nach einer »Schwanensee«-Vorstellung für den König von Laos folgte ein Empfang. Schtschedrin war im ehrwürdigen Kiew mit Konzerten beschäftigt, und ich machte mich allein zu der Festlichkeit auf. Nun brachten mir unsere Machthaber wieder Wohlwollen und Aufmerksamkeit entgegen. Die Ballerina ist nicht geflüchtet, also gehört sie zu uns ...

Der ausgelassene Breschnew, der seine Grübchen und seine dichten Augenbrauen kokett spielen läßt, bietet mir an, mich nach Hause zu fahren. Der Staatsmann flirtet. Wenn ich das Angebot ausschlage, wird er mir die Kränkung lange nachtragen. Tatsächlich haben Breschnew und ich das gleiche Ziel: den Kutusow-Prospekt.

Als Präsidiumsvorsitzender des Obersten Sowjets der UdSSR ist er der zweite Mann im Staat. Sein Auto – schwarz und geräumig wie ein Leichenwagen – ist gepanzert, wie es sein Status verlangt. Eine zweite Limousine mit Leibwächtern folgt uns.

Leonid Iljitsch hat zur Feier der »ewigen« sowjetisch-laotischen Freundschaft erhebliche Alkoholmengen hinuntergekippt. Mit kräftiger Stimme deklamiert er ein Gedicht von Jessenin:
»Alles vergeht wie's Apfelbaumes Dunst,
Bald mir entfleucht der Jugend Gunst...«
Er schnieft. Breschnew ist sehr sentimental. Ein weiterer Leibwächter, der neben dem Chauffeur sitzt, dreht sich um und nickt mir vertrauensvoll zu, als wolle er sagen: »Welch ein gebildeter Staatsmann ist dem Land beschert worden!« Ein flinker Blick streift dann über mein Täschchen. Ich könnte ja Dynamit oder eine Granate darin versteckt haben. Einen so gebildeten Staatsmann darf das Land nicht verlieren... Bei diesen verbrecherischen Ballerinen muß man auf alles gefaßt sein.

Nachdem er Jessenin deklamiert hat, stimmt Breschnew ein Lied an. Musikliebhaber ist er auch. Pfeifend ertönt »Es tobt und stöhnt der breite Dnjepr«. Gleichzeitig packt der Staatsmann mein Knie wie mit einer Bärenpranke.

Ich rücke in die Ecke und – wir sind fast angekommen – rufe besorgt: »Leonid Iljitsch, hier darf man nicht links abbiegen! Chauffeur!«

»Ich, Maija Michailowna, darf es«, krächzt der Poesiefreund selbstzufrieden.

Der Verkehr kommt zum Stehen. Ein Posten salutiert. Die beiden schwarzen Limousinen rasen bei Rot über die Kreuzung und biegen mit quietschenden Reifen nach links ab.

Der Staatsmann beginnt ein Gespräch über weltliche Themen.

»Mit welchem neuen Stück werden Sie Ihre Verehrer in dieser Saison erfreuen?«

»Ich habe mit den Proben für ›Spartacus‹ begonnen.«

»Aha, ›Spartacus‹, kenne ich.«

»Haben Sie Moissejews oder Jakobsons Inszenierung gesehen?«

»Johannson? Das ist doch ein Eishockeyspieler, oder?«

»Jakobson. Leonid Wenjaminowitsch. Ein hervorragender Choreograph.«

Wir haben meine Hausnummer erreicht. Ich stürze Hals über Kopf zu meinem Aufgang und rufe zurück: »Vielen Dank. Auf Wiedersehen. Sehen Sie sich den neuen ›Spartacus‹ an.«

Im Theater probten wir Tag und Nacht. Hurok, der Jakobsons »Spartacus« in Leningrad gesehen hatte, wollte das Stück auf unserer Herbstreise durch Amerika vorstellen. Falls die Premiere im Bolschoi-Theater bis April stattfand, konnte man die Kulissen noch rechtzeitig über den Ozean befördern.

Außerdem machte Hurok zur Bedingung, daß ich an dem Ballett mitwirkte. Zwei Abgesandte des Theaters, Preobraschenski und Nikitina, waren nach Leningrad gereist und ließen die Direktion nach ihrer Rückkehr wissen, daß Plissezkaja die Rolle der Phrygia spielen solle.

Ich studierte die Phrygia ein. Meine Proben leitete Maria Nikolajewna Schamschewa. Sie kam vom Leningrader Marien-Theater und hatte ein phänomenales choreographisches Gedächtnis. Auch ihre Ausbildung – durch Waganowa – war vorzüglich.

Wie immer bei Jakobson war jede Note von einer Bewegung begleitet. Da Chatschaturjan eine Unmenge Noten geschrieben hatte – vielleicht sogar mehr als nötig –, waren Tausende von Bewegungen erforderlich. Ich mußte mir alle einprägen, ungewöhnlich wie sie waren – keine Rede von Pirouetten, Développés und Jetés en tournant. Das meiste war eine Neuschöpfung Jakobsons.

In meinem ganzen Leben bin ich nur wenigen Choreographen begegnet, die ein gottgegebenes Talent zum Ersinnen von Tänzen besaßen. Dieses Talent wird kaum jemandem in die Wiege gelegt! Jemand kann ein glänzender Tänzer, ein kluger, gebildeter, belesener Mensch mit einem guten Gehör, doch ein kümmerlicher Choreograph sein.

Soll ich mich selbst als Beispiel anführen? Ich hatte Gelegenheit, in Rom und Madrid »Raymonda« zu inszenieren. Nachdem ich zunächst die großartigsten Neuerungen angestrebt hatte, kam ich am Ende zu der demütigen Erkenntnis, daß es sich nicht lohnt, Gutes noch besser machen zu wollen. Zuerst wollte ich den spanischen Tanz im zweiten Akt von »Raymonda« *sur la pointe* ausführen, mich drehen und mir neue Tricks einfallen lassen. Aber dann kehrte ich zu Gorskis Version zurück und behielt nur meine Idee für den Charaktertanz bei. Und ehrlich gesagt, ich konnte Gorski nicht das Wasser reichen.

Jakobson war ein begnadeter Choreograph, dagegen nur ein mittelmäßiger Tänzer. In meiner Jugend sah ich ihn auf der Bühne des Bolschoi-Theaters in mehreren episodischen Rollen. Nur der Part eines Mannes mit einer Balalaika, in welcher der Tänzer sich nicht durch Sprünge, sondern durch Humor auszeichnete, ist mir im Gedächtnis geblieben.

Die ermüdende Arbeit mit Schamschewa wurde von den erfrischenden Eingriffen Jakobsons unterbrochen. Wenn es zu Stockungen kam, schlug er unzählige Varianten vor; seine Phantasie kannte keine Grenzen. Und er stützte sich nicht auf lange Vorbereitungen, sondern er improvisierte an Ort und Stelle – fast wie Mozart.

Andererseits bestand er auf der strikten Einhaltung der von ihm festgelegten Choreographie. In dieser Hinsicht war er hartnäckig und pedantisch. Wie war dieser Zug mit seinen ausschweifenden Improvisationen und seiner Phantasie zu vereinbaren?

Ich sollte die Klage Phrygias im letzten Akt einstudieren. Die Vorlage verlangte, daß sie mehr als die Hälfte dieser Szene gehend, kriechend und springend bestritt, aber auf den Knien! Ich weigerte mich lautstark, denn mein krankes Knie reagiert empfindlich auf solche Extravaganzen. Ich kann mir nicht leisten, es zu überanstrengen.

Meine Argumente überzeugten Jakobson. Er schlug mehr als hundert neue Varianten vor, eine besser als die andere. Allein auf der Basis seiner flüchtigen Anregungen hätte man ein ganz neues, wunderbares Ballett choreographieren können. Das einzige Problem bestand nun darin, sich für einen der Vorschläge zu entscheiden.

Jakobsons »Spartacus« zeichnet sich, wie jedes seiner Ballette, durch ein untrügliches Stilgefühl aus. Darin hatte er nicht seinesgleichen. Er schlüpfte buchstäblich in die Haut, in das Schicksal, in die Epoche seiner Helden. Wie konnte die Römerin Phrygia stumm über der Leiche ihres Geliebten schluchzen? Sollte sie sich die Haare raufen, die Hände vor die Brust schlagen, ihre Kleidung zerreißen, die Hände ringen, die Rüstung küssen, sich mit dem Blut des ermordeten Gemahls beschmieren?

Am 4. April 1962 fand die Premiere von Jakobsons »Spartacus« im Bolschoi-Theater statt. Das Moskauer Theaterpublikum war gespalten: für Jakobson, gegen Jakobson.

Es war die übliche Situation: auf der einen Seite seine Verehrer, auf der anderen seine Feinde. Sein ganzes schöpferisches Leben hindurch gehörten alle Vorgesetzten, Direktoren und Kunstbefehlshaber zu den letzteren. Immer wieder mußte Jakobson ihre Eingriffe und Beschimpfungen ertragen.

In offiziellen Kreisen hatte Leonid Wenjaminowitsch einen zweifelhaften Ruf. Man stufte ihn als Linksabweichler, als Formalisten ein. Sein Talent und sein Erfindungsreichtum waren nicht zu leugnen. Aber was war mit seinen Ansichten?

Jakobsons Begabung fügte sich nicht in das gewohnte bürokratische Schema. Ja, er hatte Interesse am Revolutionsmotiv: »Die Zwölf« nach Blok, »Die Wanze« nach Majakowski. Das war lobenswert. Aber weshalb brachte er jüdische Siedlungsmotive und von Chagall übernommene Sujets auf die Bühne? Und warum soviel Erotik? Wirkte es nicht zersetzend auf die Moral der sowjetischen Jugend, wenn der Pas de deux vor aller Augen den Freuden der Liebe gewidmet war wie im »Rodin-Triptychon«?

Pionieren wird es in jedem Gesellschaftssystem schwergemacht, aber in einem totalitären durchleiden sie Höllenqualen. Jede neue Inszenierung mußte Jakobson den Behörden abringen. Und danach wurde sie stets angegriffen, verworfen, abgetan. Eine Jakobsonsche Premiere war unweigerlich eine Überwindung von Widerständen, ein Skandal, eine Nervenprobe.

Leonid Wenjaminowitsch besaß ein Notizheftchen, in das er Urteile über sich eintragen ließ. Ernsthaft oder zum Spaß sammelte er Originalhandschriften. Oder waren die Lobesworte in dem Heftchen für ihn vielleicht ein Balsam, eine Entschädigung für alle Widrigkeiten und Nackenschläge des Lebens? Für das finstere Unverständnis seiner Zeitgenossen?

Als wir Jakobsons »Spartacus« schließlich in Amerika aufführten – er begleitete uns, es war seine erste Auslandsreise –, war es eine der bittersten Erfahrungen für mich, wie brutal die amerikanische Presse über ihn herzog. Dabei ging es nie um das Wesentliche, sondern nur um Albernheiten. Die satten Kritiker, die sich in berühmten Zeitungen eingenistet hatten, konnten Jakobsons Genialität nicht begreifen, hatten kein Gespür für das Martyrium seines schöpferischen Schicksals.

Wie oft wiederholt sich die beschämende, stereotype Geschichte: Solange ein Künstler am Leben ist, wird er in den Schmutz getrampelt, verachtet, zurückgestoßen, doch nach seinem Tod erinnert man sich sofort voller Rührung daran, welche Äußerungen er gemacht hat, in welcher Kneipe er sein Bier trank und auf welchen Wegen er gern spazierengegangen ist.

Heute gibt es überall auf der Welt, natürlich auch in den USA, Leonid-Jakobson-Gesellschaften, alle möglichen Stiftungen und Gedenkstätten. Aber damals, im Jahre 1962?

Ich habe erlebt, wie sehr Jakobson litt, während die uns begleitenden Ministerialbeamten in Schadenfreude schwelgten: Sehen Sie mal, wie man Ihre westlichen Neuerungen verrissen hat, Herr Jakobson . . .

Leonid Wenjaminowitsch versuchte, sich nicht anmerken zu lassen, wie entmutigt und niedergedrückt er war. Er setzte eine Maske gleichgültiger Unbekümmertheit auf. Aber nach der letzten »Spartacus«-Aufführung in New York – in den anderen Städten war das Stück bereits vorzeitig abgesetzt worden – kam Jakobson in meine Künstlergarderobe in der Metropolitan Opera, ließ sich auf einen kleinen Hocker aus der Requisite sinken und begann plötzlich, lautlos zu weinen. Dicke Tränen quollen aus seinen blauen Augen.

»Maika, du warst heute unvergleichlich. Die Klage ist dir mit solcher Energie gelungen, daß ich . . .«

»Leonid Wenjaminowitsch, achten Sie nicht auf die Kritiker. Sie haben doch gesehen, wie das Publikum geklatscht hat und den Saal nicht verlassen wollte.«

»Ich habe Angst, daß meine Verfolger in Moskau und Leningrad nun einen gewaltigen Trumpf in der Hand haben.«

Die Schneiderin Njura Saizewa kam herein, um meinen Phrygia-Chiton abzuholen, aber als sie sah, daß ich ihn noch nicht ausgezogen hatte, schloß sie leise die Tür.

»Die Kritiker schreiben, daß zu wenig getanzt wird. Dabei besteht das Stück nur aus Tänzen, es gibt keine einzige nichttänzerische Bewegung, keine einzige Pantomime.«

»Sie hatten nichts als Fouettés und Pirouetten erwartet.«

»Es ist das ›tänzerischste‹ all meiner Ballette! Übermorgen werde ich nach Hause geschickt, denn ›Spartacus‹ läuft nicht mehr. Ich möchte dich zur Erinnerung in deiner Garderobe – und in deinem Chiton – aufnehmen. Deine Tänze habe ich heute aus den Kulissen gefilmt. Allerdings war das Licht kümmerlich. Hoffentlich kommt etwas dabei heraus.«

Jakobson hatte all seine amerikanischen Tagegelder gespart, um sich eine kleine Acht-Millimeter-Filmkamera und – auf Vorrat – mehrere Kodakfilme zu kaufen.

»Die Kamera wird mir bei der Arbeit sehr nützlich sein. In der Sowjetunion habe ich kein Geld für solchen Luxus.«

Sein ganzes Leben lang war Jakobson arm gewesen. Wegen der ständigen Kämpfe und Streitereien mit dem Kulturministerium und dem Leningrader Gebietskomitee bezog der Choreograph ein kümmerliches Gehalt. Die Sowjetmacht verstand es, einen unbotmäßigen Künstler auch finanziell zu unterdrücken! Eine Hilfe war das Einkommen seiner Frau Irina, die am Marien-Theater tanzte. Aber als sich die Schlinge der materiellen Not immer enger zusammenzog, brachte der Volkstanz die Rettung: Jakobson machte sich nach Kischinjow in Moldawien auf, zu dem berühmten Ensemble »Schok«. Die Zuschauer waren entzückt über das Flair, die Unverfälschtheit und Ursprünglichkeit der moldawischen Tänze, aber niemandem wäre der Gedanke gekommen, daß Leonid Jakobson für die Choreographie verantwortlich war. Als Stilist war er unübertroffen.

Die Moldawier bezahlten ihn großzügig und stellten nur eine einzige Bedingung: Der Choreograph müsse anonym bleiben. Jakobson fügte sich, ohne zu murren. Auch die Familie eines Genies kann nicht von Luft und Liebe leben.

Als ich der Realisierung meiner Idee einer tanzenden Anna Karenina sehr nahe gekommen war, wandte ich mich – ein wenig verängstigt, da ich meinen eigenen Kräften nicht recht vertraute – an Jakobson.

»Fang an, Maika, du wirst's schon schaffen. Und wenn du steckenbleibst, werde ich dir helfen.«

Ich begann mit meinen eigenen Solotänzen: Mazurka auf dem Ball, »Schneesturm«, Schlußszenen.

Um meine Leistung überprüfen zu lassen, verabredete ich mich telefonisch mit Jakobson und fuhr zu ihm nach Leningrad.

Gegen Ende seines Lebens war es Leonid Wenjaminowitsch allen Widerständen zum Trotz gelungen, sich ein eigenes Balletttheater aufzubauen. Der Name »Choreographische Miniaturen« deutete bereits darauf hin, daß es sich um ein Kammertheater handelte. Aber es gehörte ihm. Man muß sich vorstellen, was das für Jakobson bedeutete! Im Schweiße seines Angesichts hatte er der Stadtverwaltung ein schmales Gebäude mit zwei Probesälen an der Majakowski-Straße abgerungen. An seinen winzigen Inszenierungen wirkten vorzügliche Künstler mit, die an seine Begabung glaubten. Sogar Alla Ossipenko und John Markowski, die Stars des Kirow-Theaters, verzichteten auf ansehnliche Honorare, um für Jakobson zu arbeiten.

Schtschedrin machte Tonbandaufzeichnungen der Musikfragmente von »Anna Karenina«, und ich nahm das Band mit nach Leningrad.

Bevor er sich meine Skizzen ansah, wollte Leonid Wenjaminowitsch die Musik hören. Ein Techniker schaltete das Band ein.

Aber Jakobson konnte nicht auf seinem Platz sitzen bleiben. Beim neunten oder zehnten Takt sprang er auf und begann, langsam zur Musik zu tanzen, wobei er sich den Handrücken vor die Augen hielt. Seine Gedanken hatten nicht das geringste mit meinen eigenen gemeinsam. Meine Schöpfung verblaßte vor meinem inneren Auge.

Er improvisierte bis zum Ende von Rodions Aufzeichnung. Die

Anwesenden wurden von Jakobsons ungezügelter Phantasie verzaubert, mit der er ein Wunder schuf.

Jakobson erstarrte bei der letzten Note und fragte mich: »Maika, hast du alles behalten?«

»Natürlich nicht.«

»Wenn du es behalten hättest, könnte das der Schlüssel für das ganze Stück sein. Aber du bist eben zu faul!«

Ich mußte mich auflockern, um meine eigenen Einfälle zu demonstrieren. Aber durfte ich Jakobsons Inspiration vergessen?

»Leonid Wenjaminowitsch, improvisieren Sie noch einmal. Wir werden Sie aufnehmen. Wo ist Ihre amerikanische Filmkamera? Funktioniert sie noch?«

Die Kamera war unversehrt, und wir fanden auch einen sowjetischen Acht-Millimeter-Schwarzweißfilm. Meine Leningrader Cousine Era, die mich begleitete, verstand etwas von Filmaufnahmen. Sie machte sich bereit.

Der Techniker schaltete das Tonband ein. Jakobson begann zu improvisieren, aber ganz anders als vorher. Irgend etwas bremste seine Inspiration. Vielleicht war das Surren der Kamera schuld, vielleicht die lange Suche nach einem Film, vielleicht . . .

Irgend etwas fehlte. Das Wunder wiederholte sich nicht.

Jakobson spürte es selbst und meinte erbittert zu Era: »Belichten Sie den Film und werfen Sie ihn weg! Morgen machen wir das Ganze noch einmal mit klarem Kopf.«

»Morgen muß ich schon wieder in Moskau sein.«

»Du hast es immer so eilig! Gut, dann nächstes Mal.«

Leonid Wenjaminowitschs Stimme enthielt einen Vorwurf, der mir bis heute zu schaffen macht.

Ich begann mit meiner Vorführung. Jakobson machte nur einige unwesentliche Bemerkungen dazu. Er war von seinen Stimmungen abhängig, und nun trauerte er der Tatsache nach, daß *seine* Vision von Anna Karenina untergegangen war.

Era warf den Film natürlich nicht fort, sondern ließ ihn entwickeln und schickte ihn mir per Expreß nach Moskau. Außerdem sandte sie mir einen winzigen Schneidetisch, damit ich »schöne

Augenblicke« einfangen und jede Bewegung vor- und zurücklaufen lassen konnte.

Der Film ist ausgetrocknet und hat sich verkrümmt, aber er liegt bis heute in einem Schreibschrank in unserer Moskauer Wohnung.

Viele von Jakobsons Vorschlägen, die er bei unserer viel zu kurzen Leningrader Begegnung in der Majakowski-Straße gemacht hatte, nutzte ich trotz alledem. Ich bezog sie in meine eigenen Gedanken mit ein und entwickelte und verlängerte etliche Kombinationen. Aber ich bin untröstlich darüber, daß ich mich für die Probe im Bolschoi-Theater nicht krank meldete und etwas länger in Leningrad blieb. Ich hätte meine ganze Energie aufbieten müssen, um Jakobsons Anna-Karenina-Version wieder zum Leben zu erwecken.

Unsere nächste Begegnung kam erst viel später als geplant zustande, bei den Aufnahmen zu dem Film »Der blaue Vogel«. Ich sollte mit Godunow die Rollen von Wasser und Feuer nach Jakobsons Choreographie tanzen.

Mir fiel sofort auf, daß Jakobson abgemagert war. Auch schien er reizbarer geworden zu sein.

»Sind Sie gesund, Leonid Wenjaminowitsch?«

»Mein Ensemble und ich sind völlig mit den Nerven fertig. Das Leningrader Gebietskomitee ist verrückt geworden. Jedes Ballett wird erst einmal verboten. Dann muß man um jede Unterstützung feilschen und an fleischfarbenen Trikots sogar Zwickel anbringen lassen. Sie haben einfach Angst vor dem nackten Körper und jeder Andeutung von Sex. Ob die Parteileute Pelze anhaben, wenn sie Kinder machen?«

Voller Sorge betrachtete ich Jakobsons eingefallene Augen, die ihre frühere Bläue verloren hatten. Seine Haut wirkte gelblich und leblos.

»Sind Sie gesund, Leonid Wenjaminowitsch?«

»Es geht mir nicht besonders gut. Ich war bei mehreren Ärzten, aber sie haben nichts gefunden. Wahrscheinlich macht sich das Alter bemerkbar. Aber nur meine Nerven und mein Körper sind strapaziert. Ich inszeniere sehr viel, und meiner Meinung nach arbeite ich besser als früher!«

Der Film wurde leider nicht zu Ende gedreht. Dabei waren Jakobsons Ideen für Godunow und mich von einmaliger Schönheit. Unser Tanz stellte die Wechselbeziehung zwischen Wasser und Feuer dar. Ich schäumte, strömte, stürzte als Wasserfall in die Tiefe und bespritzte das Feuer. Godunow knisterte, wich zurück und blitzte auf. Und das alles nur mit choreographischen Mitteln.

Jakobson wurde ins Krankenhaus gebracht, in einen Saal mit zehn Patienten. Die Untersuchungsgeräte stammten aus der Steinzeit, Medikamente gab es nicht, die Injektionsnadeln mußten immer wieder verwendet werden und wurden auf einem Elektroherd abgekocht. Schmutz, Gestank, Stöhnen der Kranken. Die Flure waren mit Betten vollgestellt. Apathie und Gefühllosigkeit des medizinischen Personals. Gott verhüte, daß ein gewöhnlicher Mensch in eine gewöhnliche sowjetische Klinik gerät. Selbst wer gesund ist, wird sich sehr rasch von dieser Welt verabschieden.

Irina Jakobson – sie glättete im Rahmen ihrer Kräfte alle Unbilden für Leonid Wenjaminowitsch – fuhr in aller Eile zum Ministerium in Moskau. Sie schaffte es, zu Kulturminister Demitschew vorzudringen (er war der Nachfolger von Furzewa geworden, nachdem diese mit Zyankali Selbstmord begangen hatte).

Pjotr Nilowitsch Demitschew reagierte sofort auf Irinas Klage. Er ließ Jakobson in die Klinik im Moskauer Stadtteil Kunzewo einweisen. Dazu war er als Politbüromitglied bevollmächtigt. Auf diese Weise wurde die strenge Hierarchie des Sowjetsystems umgangen.

Ich muß erwähnen, daß Demitschew auch Schtschedrin zweimal in Kunzewo unterbrachte, als Rodion Herzbeschwerden hatte. Hierbei wurde die Parteietikette ebenfalls verletzt, denn Schtschedrin war nie Mitglied gewesen. Ich werde das Gute, das Demitschew uns tat, nie vergessen.

Die erste gründliche Untersuchung erbrachte, daß Jakobson an verschlepptem Magenkrebs litt. Die Nervenbelastungen, die Verbote, die Verhöhnungen hatten ihre Spuren hinterlassen. Nun, da Jakobson endlich über eine mobile Balletttruppe verfügte, siechte er entkräftet, aber bei klarem Verstand dahin – im Kreml-Krankenhaus in Kunzewo.

Aber sogar auf dem Krankenlager konnte er seine schöpferische Phantasie nicht zügeln. Er vertraute Irina, die nicht von seiner Seite wich, Hunderte neuer Ideen, choreographischer Projekte und Träume an. Aber es war zu spät. Sein qualvolles Leben endete unter Qualen.

Am 17. Oktober 1975 starb Jakobson. Seine Asche wurde nach Leningrad gebracht und auf dem Seraphimfriedhof beigesetzt.

Weshalb habe ich meiner Arbeit und meinen Begegnungen mit Jakobson ein eigenes Kapitel gewidmet?

Weil ich mit ihm häufiger und länger zusammenarbeitete als mit allen anderen Choreographen. Mein erster Bühnenauftritt, 1934, die erste für mich geschaffene Rolle in dem neuen Ballett »Abrüstungskonferenz« (ich tanzte einen chinesischen Kriegshetzer) verbinden sich mit Jakobson, von dem die Choreographie stammte. Das gleiche gilt für mehrere abendfüllende Ballette, einzelne Tanznummern und unvollendete Inszenierungen.

Mein Entzücken bei den Premieren der »Choreographischen Miniaturen«. Choreographie Jakobson.

Schtschedrins »Ausgelassene Tschastuschki« im Kirow-Theater. Choreographie Jakobson.

Filmaufnahmen. Choreographie Jakobson.

Choreographie Jakobson ...

Aber es war mehr. Jakobsons Schicksal – wie übrigens auch das Schicksal Goleisowskis, des anderen großen Ballettmeisters meines Landes – war meiner Meinung nach tragisch, nicht weniger tragisch als das der Millionen, die in sowjetischen Gefängnissen saßen oder im Gulag vermoderten. Er war ein vor Schaffenskraft glühender Mann, der sich nicht ungehemmt ausdrücken durfte. Er durfte den Menschen nicht mitteilen, was seine flammende Phantasie sah, hörte und fühlte. Man verstopfte ihm den Mund und band ihm die Hände.

Jeden Tag rannte er mit dem Kopf gegen die Verbote der Sowjetideologie an, gegen die Stumpfheit und den Eifer ihrer

Verkünder. Um zu überleben, um sein Talent zu bewahren, um die schöpferische Zukunft seines Sohnes Nikolai nicht zu gefährden, mußte er Kompromisse schließen. Es waren Kompromisse, keine Kapitulationen. – Hört ihr mich, ihr westlichen Analytiker, ihr unbeugsamen Richter mit den wässerigen politisierten Hirnen? Schließt ihr sie nicht auch Tag für Tag?

Das System war gnadenlos, todbringend. Wer sich offen dagegen auflehnte, geriet in höchste Gefahr. Heute wissen wir, daß man Solschenizyn im Gewühl eines Warenhauses in Rostow eine Giftspritze verabreichte, daß Wladimir Woinowitsch in einem Hotelzimmer vergiftete Zigaretten untergeschoben wurden.

Jakobson kochte im eigenen Saft, abgeschnitten von der Menschheit, von den Entdeckungen und Errungenschaften der Weltkultur, von den Werken seiner westlichen Kollegen. Zu alledem mußte er sich den Kopf darüber zerbrechen, wie er seine Familie ernähren, wie er Kleidung und Lebensmittel beschaffen konnte . . .

Und dennoch brachte er erstaunliche Meisterwerke hervor, die sowohl den ungebildeten Breschnew wie ihren zu Tode gehetzten Schöpfer überleben werden.

36

Warum ich nicht im Westen blieb

Ich begann im Februar 1991 in Spanien, dieses Buch zu schreiben. Bevor ich zur Feder griff, blätterte ich meine Tagebücher durch und las meine Briefe an Schtschedrin noch einmal.

Die Zeit rast dahin wie ein Meteor. Innerhalb von Tagen gehen Epochen unter. Die Welt ist heute eine ganz andere. Wie wird sie morgen sein?

Heutzutage werde ich in jedem Interview zuallererst gefragt: »Warum sind Sie nicht im Westen geblieben?«

Ich werde jetzt versuchen, allen – auch mir selbst – diese Frage zu beantworten.

Meiner Generation wurde permanent eingebleut, daß wir im Krieg, an der Front seien. Wer zum Feind überlief, war ein Verräter, und solche Deserteure wurden mit dem Tode bestraft. Das verkündeten sämtliche Filme, Dramen, Radiosendungen und Zeitungen.

Als ich meine Mutter fragte, weshalb wir 1934 nicht im Westen geblieben seien – schließlich hielten wir uns damals auf norwegischem Gebiet auf –, antwortete sie: »Wenn ich so etwas auch nur mit einer Silbe erwähnt hätte, wäre ich sofort mit euch Kindern hinausgeworfen worden. Mischa wollte auf keinen Fall zum Verräter werden.«

So lautete der Ehrenkodex in der Zeit unserer betrogenen Väter.

Das Ausland schien weiter entfernt zu sein als der Planet Mars. Ausländer waren wie Abgesandte aus einer anderen Welt.

Nachdem ich 1959 Amerika für mich entdeckt hatte, erkannte ich – trotz Kontrollen und Beschattung, Proben und Aufführungen –, daß die Amerikaner frei und wir unfrei waren. Sie lebten im Wohlstand, wir lebten in Armut; sie hatten jeglichen Komfort, wir hatten nichts als Not. Hätte ich also gleich zur Polizei laufen und um politisches Asyl bitten sollen?

In Moskau lebten meine Verwandten. An ihnen hätte man sich gerächt. In Moskau war Schtschedrin. Er diente als Geisel. Ich zählte die Tage bis zu unserem Wiedersehen. Wie konnte ich dem Komfort zuliebe fliehen?

Heute schreibe ich solche Zeilen, aber damals dachte ich kaum je an Flucht. Natürlich hatte ich wie jeder ab und zu einen naiven Traum, einen schüchternen Wunsch, mir eine neue Existenz aufzubauen. Wie ungebunden und schön das Leben hier war. Rodion und ich könnten Geld verdienen und uns ein Haus auf einem Hügel hinter einer Kastanienallee kaufen. Wir würden glücklich und in Freuden leben. Aber würde man das dulden? Man konnte einen Autounfall arrangieren, um mir die Beine zermalmen zu lassen. Sollte ich dann in der Subway um Almosen bitten, um zu überleben?

Das ist meine erste Erklärung: schlicht und einfach Furcht. Ich hatte Angst, daß man mich ermorden würde. Die Fälle, in denen Überläufern etwas zustieß, sind nicht zu zählen.

1961 ging die Blitzmeldung um die Welt, daß Rudolf Nurejew im Westen geblieben war. Er bat am Pariser Flughafen um politisches Asyl, als man ihn von der Kirow-Truppe, die nach London fliegen sollte, trennte und ihn gewaltsam in die Sowjetunion zurückschicken wollte. Damit wäre sein künstlerisches Leben beendet gewesen. Er hätte *nie wieder irgendwohin* reisen dürfen.

In einer ähnlichen Situation hätte ich ganz genauso gehandelt – und wahrscheinlich noch lauter geschrien.

Aber mein Leben war noch nicht beendet, es hatte gerade erst begonnen. Nach sechsjährigem Eingesperrtsein konnte ich nun endlich Auslandstourneen machen. Und durch Ulanowas Rückzug von der Bühne war ich – eine beneidenswerte Lage – die erste Ballerina des Bolschoi-Theaters geworden. Auch dieser Umstand hielt mich zurück. Vielleicht wäre es unseren berühmten Flüchtlingen in meiner Lage nicht anders ergangen. Trotzdem geriet ich jedesmal in Versuchung . . .

Auf meiner zweiten amerikanischen Gastspielreise im Jahre 1962 wurde mir ein märchenhaft schöner Strauß orangefarbener und violetter Rosen ins Hotelzimmer gebracht. Es war eine Farbtönung, die ich noch nie gesehen hatte. Ein winziges Kuvert mit einer Notiz lag dem Strauß bei. Es war ein Gruß von Nurejew. Er beglückwünschte mich zu meinem Erfolg und hoffte, daß wir irgendwann gemeinsam tanzen würden. Da er keine Telefonnummer oder Adresse angegeben hatte, konnte ich mich nicht bei ihm bedanken. Doch hätte ich es gewagt, ihn anzurufen? Ich weiß es nicht.

Unsere Propaganda stellte ihn als eine solche Ausgeburt der Hölle dar, daß Sowjetbürger Angst hatten, den Namen »Nurejew« auch nur laut auszusprechen. Jeglicher Kontakt mit dem unvergleichlichen Tänzer hätte die allerschlimmsten Folgen gehabt. Jahrzehnte später ist das alles schwer zu glauben, aber wer damals gelebt hat ...

Ich bat das Zimmermädchen um eine große Vase, stutzte die Rosenstiele und stellte die Blumen etwas abseits von den Theatergeschenken hin. Niemandem gegenüber erwähnte ich den Strauß.

Am nächsten Tag kam unerwartet einer unserer Begleiter aus Moskau zu mir. Ein belangloses Gespräch, neugierige Blicke. Eine Überprüfung also.

»Ach, was für herrliche Blumen. Die orangefarbenen sind am schönsten. Von wem sind die?«

Ich errötete und stammelte irgendeine Antwort. Den Namen Nurejew erwähnte ich natürlich nicht.

Manche haben ein absolutes Gehör, und der Spitzel hatte einen absoluten Geruchssinn.

»Wissen Sie, daß Nurejew in New York aufgetaucht ist?«

Ich verneinte.

»Es ist wirklich schade um ihn. Welch ein Tänzer. Hier im Westen geht er zugrunde.«

Und dauernd atmete er den Duft von Rudis Strauß ein.

»Und wenn er Ihnen nun plötzlich Blumen schickt? Was würden Sie damit anfangen?«

Es gruselte mich. Wollte er mich provozieren, oder wußte er etwas?

So lebten wir damals – von Angst verzehrt.

Inzwischen wurde in den Medien berichtet, daß das KGB auf

Befehl von oben plante, einen Unfall für Nurejew zu arrangieren, bei dem er sich die Beine brechen sollte. Ein Gerücht, aber ein plausibles.

1963 reiste ich endlich nach England – sieben Jahre nach dem ersten Gastspiel meines Bolschoi-Theaters! Svetlana Beriosova, die Primaballerina des Sadler's Wells Ballet in Covent Garden, rief an und lud mich zu einem späten Abendessen bei sich zu Hause ein. Sie warnte mich vor: »Maija, außerdem kommen Margot Fonteyn und... Nurejew. Das stört Sie doch nicht? Wenn ja, habe ich Verständnis.«

Ich sagte sofort zu. Im vergangenen Jahr hatte sich die Schärfe meiner ersten Reaktion abgeschwächt (später erklärte ich mich sogar bereit, Reisetaschen und Filme für Rudi an seine Mutter und Schwester weiterzuleiten).

Aber wie konnte ich das Hotel am Abend unbemerkt verlassen? Das ewige Problem. Ich lud Fadejetschew ein, mich zu begleiten. Er war ein anständiger Mensch, der mich nicht verraten würde, und zu zweit würden wir uns den aufmerksamen Augen leichter entziehen können.

Mit Margot hatte ich bereits 1960 in Finnland Bekanntschaft geschlossen, wo sie bei den Ballettfestspielen »Giselle« tanzte, während ich in »Schwanensee« auftrat. Zwischen uns entwickelte sich sofort eine einfache, natürliche Beziehung, als hätten wir einander ein ganzes Leben lang gekannt.

Svetlana holte uns an einem vorher verabredeten Treffpunkt im Hotel ab, und wir brachen auf. Margot und Rudi wirkten in einer Abendvorstellung mit und waren noch nicht eingetroffen.

Beriosovas Mann, ein pakistanischer Grenadier, bereitete das Essen zu. Sämtliche Gewürze Londons durchzogen die Wohnung. Fadejetschew kostete vor.

Es klingelt. Nurejew tritt ein. Margot Fonteyn bemerke ich zunächst nicht.

Rudi und ich umarmen einander stürmisch. Eine Ewigkeit ist vergangen. So werden alltägliche Begegnungen – verdammte Politiker! – plötzlich zu hochemotionalen Ereignissen.

»Sie haben meine Blumen in New York bekommen?«
Wir siezen einander immer noch.
»Ja, und ob. Vielen Dank.«
»Und den Brief auch? Werden wir gemeinsam tanzen?«
Erst jetzt sehe ich Margot Fonteyn, die geduldig auf den Begrüßungskuß wartet.

Rudi lächelt. »Ich flöße meinen früheren Landsleuten eine solche Angst ein. Sie sind die kühnste von allen.«

Auch Kolja ist kein Feigling. Man wird uns zusammen aufhängen.

Margot trägt ein schwarzes, wahrscheinlich französisches Kostüm. Aber ich verzichte darauf, Margot Fonteyns Garderobe zu beschreiben und ihr Porträt zu zeichnen. Sie ist so berühmt, jeder ihrer Schritte ist so bekannt, daß ich nur wenige Worte über ihren Charakter sagen möchte.

Wir haben häufig gemeinsam an Galavorstellungen in Japan und Australien mitgewirkt. Sie erstaunte mich immer durch ihre untadeligen Manieren und ihre perfekte Höflichkeit. Einem höflicheren Menschen – und nicht nur in unserer flegelhaften Ballettwelt – bin ich nie begegnet.

Ich beneidete sie darum, wie geschickt sie mit Menschen umgehen konnte – und auch mit der Presse. Phantasielose Journalisten belästigten sie immer wieder – ob in Australien oder Japan – mit der Frage: »Wann werden Sie von der Bühne abtreten?« Heute wetteifert man darum, auch mir diese Frage zu stellen. Meine Antwort ist schroff: »Mit hundertsieben Jahren, früher nicht.« Margot dagegen setzte ihr bezauberndstes Lächeln auf, als höre sie diese tiefsinnige Frage zum erstenmal. »Ich habe mich noch nicht entschieden.«

Mir teilte sie einmal mit, daß sie so lange auftreten werde, wie man ihr Einladungen schicke.

»Sogar im Rollstuhl werde ich noch auf die Bühne fahren. Ich brauche das Geld für die Ärzte meines Mannes.«

Mit Rollstühlen hatte ihre Familie leider nur zu viele Erfahrungen.

Wir verbrachten einen unvergeßlichen Abend miteinander.

Rudi schenkte mir zur Erinnerung ein dickes Buch mit Reproduktionen von Goya-Gemälden. Wie hatte er ein solches Gewicht zu Svetlanas Haus mitschleppen können? Das kostbare Buch ist noch heute unversehrt, und ich verwahre es sorgsam.

Um Svetlana Beriosova nicht von neuem Chauffeurspflichten aufzubürden, fuhren Fadejetschew und ich mit einem Taxi zurück zum Hotel. Kolja trug mein zentnerschweres Buch.

Im Hotelfoyer lauerten ungeachtet der späten Stunde vertraute Personen.

»Wo habt ihr euch nur so lange herumgetrieben, liebe Freunde? Aber wir wissen es natürlich: bei Beriosova. Stimmt's?«

Kolja hätte Rudis Geschenk vor Schreck beinahe zu Boden fallen lassen.

»Auch wir hätten Frau Beriosova gern besucht, aber ein ungebetener Gast ist schlimmer als ein Tatar.«

»Aber nicht schlimmer als ein Baschkire«, witzelte ein anderer mit gebleckten Zähnen.

Hatten sie diesen unbeholfenen Scherz vorbereitet, oder handelte es sich um eine Improvisation?

Wir schwiegen und taten so, als hätten wir den Hinweis auf Rudis Herkunft nicht verstanden.

»Und was ist das für ein dickbauchiges Buch? Wohl ein Geschenk?«

Der aufmerksame Wächter entriß den Goya-Band Fadejetschews Händen und blätterte ihn durch.

»Einmalig schön. Ob da jemand das Buch nicht verderben wollte und deshalb keine Widmung hineingeschrieben hat?«

Der kluge Rudi hatte bewußt auf eine Widmung verzichtet. »Goya hat ein Bild über den Krieg gemalt, und auch bei uns herrscht Krieg. Ich werde nichts schreiben. Sie wissen ohnehin Bescheid.«

Später beruhigten wir uns mit dem Gedanken, daß man uns nur hatte auf den Zahn fühlen wollen. Wenn die Wächter sicher gewesen wären, hätte man Fadejetschew und mich auf der Stelle – und für immer – nach Moskau zurückgeschickt.

All diese Einzelheiten sollen jüngeren Lesern verdeutlichen, weshalb ich Angst hatte, im Westen zu bleiben, weshalb ich um mein Leben fürchtete. Gewiß durchlitten Nurejew und Baryschnikow manchen Alptraum. Keiner der beiden äußerte im Westen ein ungutes Wort über das verbrecherische Sowjetsystem; sie beschränkten sich auf die Erklärung, daß sie ein neues, zeitgenössisches Repertoire hätten tanzen wollen und deshalb geflohen seien. Sie verhielten sich richtig, denn sonst wären sie im Nu umgebracht worden.

Neben seinen heimischen Spitzeln hatte das KGB ein weitverzweigtes Netz *ideologischer* Informanten im Westen. Diese waren aus »Gesinnungseifer« so gefällig wie möglich.

In einem europäischen Buchladen, in dem russische Emigrantenliteratur angeboten wurde, leistete ein unauffälliger, bebrillter Verkäufer der Sowjetunion unermüdliche Dienste. Nicht des Geldes, sondern einer idiotischen Idee wegen lieferte er der Sowjetbotschaft heimlich hinter dem Tresen aufgenommene Fotos derjenigen, die sich für Neuerscheinungen der russischen Auslandsverlage Possev oder YMKA-Press interessierten. Später sollte sie ihre Neugier auf antisowjetische Emigrantenliteratur teuer zu stehen kommen.

Damals wurde mir in London ein völlig ernstgemeinter Vorschlag gemacht. Fonteyn stellte mir einen Mann vor, der sich Mister Somer nannte. Er sprach mit starkem Akzent, aber fließend Russisch.

»Möchten Sie nicht hier in England einen Vertrag schließen, sagen wir für fünf Jahre? Sie bekommen ein Jahreshonorar von...«

Mr. Somer nannte eine für meine Moskauer Ohren verblüffende Summe.

»Für fünf Jahre? Und Schtschedrin? Ich werde ihn nicht verlassen.«

»Für ihn finden wir auch etwas. Also? Bleiben Sie?«

Ach, diese Geheimdienste. Oder war er vielleicht sogar von der Lubjanka geschickt worden? Man hatte die arme Ballerina verwirrt.

Solche Herren sollten mir noch oft begegnen. Nur ihre Methoden, ihre Akzente und die (immer größer werdenden) Summen änderten sich.

In jenen Londoner Tagen fiel die englische Presse über mich her. Nach der Verehrung durch das Moskauer Publikum und dem begeisterten Empfang durch Amerikaner und Franzosen war ich auf Sätze wie die folgenden nicht vorbereitet: »Madam PLI sucht uns heim«, »Die Tochter eines Kneipenwirts ist ihrem Herzen offenbar näher«, »Wird es nicht Zeit, den armen Vogel zu begraben?« Heute weiß ich, daß es dumm ist, auf die Sticheleien der Presse zu reagieren. Aber man muß verstehen, daß mir solche Erfahrungen 1963 völlig fremd waren. Das Publikum jubelte, doch die Presse versetzte mir Nasenstüber. Ich war wütend auf das ganze englische Imperium samt seiner Königsfamilie.

Und plötzlich hieß es: Wollen Sie nicht bei uns bleiben? – Ein zufälliges Zusammentreffen? Schicksal? Mein Charakter? Vielleicht hätte ich die mir in England zugefügten blauen Flecken nicht erwähnen sollen, aber ich möchte die Wahrheit schreiben. Zum Teufel mit der rosaroten Brille!

Schtschedrin war einer der Gründe dafür, daß ich nicht im Westen blieb.

Wir machten nur selten gemeinsame Reisen. Mal war ich unterwegs, mal er, aber ich natürlich weit häufiger. Jene seltenen Fälle, in denen wir uns beide gleichzeitig im Ausland aufhielten, wurden von unseren Behörden sorgfältig arrangiert, und die Entscheidung wurde gewöhnlich in den Höhen des Zentralkomitees getroffen – immer im letzten Moment, als werde uns ein unerwartetes Weihnachtsgeschenk überreicht.

Immerhin gab es genug Momente, in denen wir den Rubikon hätten überschreiten können, aber wir konnten uns nicht dazu durchringen!

Die Ursache liegt tiefer, als es den Anschein hat.

Während ich mich leicht an Ortswechsel, an das Hotelleben und an Umzüge gewöhnte, war Schtschedrin ein sehr häuslicher Mensch. Jede Reise, auch die faszinierendste, war eine Last für ihn. Eherne, wenn auch unsichtbare Bande verknüpften ihn mit Rußland, mit der russischen Kultur, der Geschichte und den Bräuchen des Landes. Es wäre nicht leicht gewesen, ihn von Rußland loszureißen. Jede neue Schmähung seines Volkes schmerzte ihn. Er war kein unbeteiligter Beobachter.

Ein Leben ohne Schtschedrin konnte ich mir nicht vorstellen, nicht einmal in einem Kristallschloß auf den Kanarischen Inseln. Tag für Tag gaben wir Unsummen für Telefonate aus, was unsere Haushaltskasse stark in Mitleidenschaft zog. Aber unsere Trennungen wurden verkürzt und verschönt, wenn wir die Stimme des anderen hörten.

Ich konnte und wollte unsere Beziehung nicht beenden. Und Schtschedrin aus Rußland zu entführen wäre eine Grausamkeit gewesen, zu der ich nicht imstande war.

Mein Gewissen war ein zweiter Grund dafür, daß ich nicht im Westen blieb.

Ich hätte Menschen, die an meine Anständigkeit und Ehrlichkeit glaubten, betrügen müssen. Denn ohne Betrug war eine Flucht unmöglich.

Man würde meinen Freunden vorhalten: »Seht ihr, wir hatten recht, der ehrlosen Gaunerin ist nicht zu trauen.« Wie hätten Männer wie Serow triumphiert und den Zeigefinger erhoben. »Man darf nie jemandem Glauben schenken! Aber das Narrenpack wollte nicht auf mich hören.« Nein, diese Freude wollte ich meinen Feinden nicht machen.

Es mag naiv klingen, aber sogar vor Chruschtschow hätte ich mich geschämt. Und vor Jewgeni Petrowitsch Pitowranow.

Im Oktober 1959, nach meiner ersten Amerikareise, ließ Chruschtschow die chinesischen Parteiwürdenträger hinter sich stehen und kam auf mich zu. Seine zusammengekniffenen Augen funkelten. Sein rundes Gesicht drückte völlige Zufriedenheit aus. »Herrlich, daß du zurückgekehrt bist und mich nicht zum Trottel gemacht hast. Ich habe mich nicht in dir geirrt.«

Aber warum hätte ich mich vor Chruschtschow schämen sollen? Schließlich war er es gewesen, der Raketen nach Kuba geschickt und bei dem Hungerstreik in Nowotscherkassk befohlen hatte, auf die Arbeiter zu schießen.

Das alles ist mir klar. Aber der Mensch – wenn auch vielleicht nicht jeder – besitzt ein mit Worten schwer zu beschreibendes Verantwortungsbewußtsein oder, um es anders zu nennen, eine gewisse Schamhaftigkeit.

Sind solche Gefühle dem Leben hinderlich? Von meinem heutigen Standpunkt aus erkenne ich, daß sie wenig Nutzen bringen. Unverschämte Menschen blühen und gedeihen, während verantwortungsbewußte viel mehr Probleme zu bewältigen haben.

Zu Puschkins Zeiten war das Ehrenwort eines Adligen verläßlicher als ein Safe in einer Schweizer Bank. Zum Beispiel blieben die Dekabristen 1825 nach ihrer gescheiterten Verschwörung ihrem Wort treu. Sie belogen Zar Nikolaus nicht und machten keine Ausflüchte, um sich ihrem Zuchthausschicksal zu entziehen.

Und in den ersten Jahren nach dem Oktoberumsturz von 1917 entließ Tscheka-Chef Felix Dserschinski eine Gruppe russischer adliger Anarchisten, die ihr Ehrenwort gegeben hatten, aus dem Gefängnis. Sie hatten versprochen, am nächsten Tag, nach der Beerdigung eines ihrer Kameraden, zurückzukehren. Und alle ohne Ausnahme hielten ihr Wort, obwohl sie es dem Chef einer Bande von Ungeheuern gegeben hatten und obwohl sie genau wußten, daß man sie im Gefängnis erschießen würde. Waren das ebenfalls Narren?

Die Antwort muß ich schuldig bleiben ...

Die unglaublich schöne Bühne des Bolschoi-Theaters war auch einer der Gründe dafür, daß ich nicht im Westen blieb.

Ich habe in allen berühmten Theatern der Welt getanzt, aber eine so angenehme Bühne wie die des Bolschoi dürfte im ganzen Universum nicht zu finden sein!

Wenn ich vor meinem Entrée in der Kulisse stand und auf den Einsatz der Musik wartete, überlief mich jedesmal ein Schauer der Freude – ein unvergleichliches Glücksgefühl erfüllte meinen ganzen Körper. Noch drei Takte. Noch zwei. Noch einer. Da ist mein Einsatz. Ich betrete *meine* Bühne ...

Für mich war sie ein lebendiges, vertrautes Wesen. Ich sprach mit ihr und drückte ihr meinen Dank aus. Jedes Brett, jede Kerbe hatte ich bei meinen Tänzen berührt. Die Bühne des Bolschoi löste in mir ein Gefühl der Geborgenheit aus. Wie ein Fußballer trat und trete ich am liebsten in meinem Heimstadion auf.

Habe ich dem Leser die am Anfang des Kapitels gestellte Frage beantwortet?

Mir nicht.

Vielleicht werden die nächsten Generationen frei und ungebunden leben, wie Schwäne und Kraniche. Ohne Visa, Gesuche, Ausreisekommissionen, Stempel, idiotische Zeitbeschränkungen, beschwerliche Fragebögen. Vielleicht wird man den Ballerinen der Zukunft dann nicht mehr täglich die aufdringliche Frage stellen: »Warum sind Sie nicht im Westen geblieben?«

37

Ich werde von Marc Chagall gezeichnet

»Das ist die erste Position?«
»Nein, die zweite.«
»Und wie sieht die erste aus?«
Ich zeige Chagall die erste Ballettposition.
»Das kann ich auch.«
Marc Sacharowitsch verdreht die Beine, aber er kann die für seinen Körper unnatürliche Stellung nicht einhalten und stolpert.
»So etwas. Und was braucht ein Tänzer noch?«
»Einen hohen Spann.«
»Habe ich einen hohen Spann?«
Chagall zieht den Schuh aus, krempelt die Seidenhose hoch und zeigt mir seinen Spann.
»Na ja, nicht so hoch wie bei Anna Pawlowna, aber ... es könnte reichen.«
Seine Frau Valentina Grigorjewna, Wawa genannt, mahnt: »Für dich, Markuschka, ist es ein bißchen spät, zum Ballett zu gehen. Bleib bei der Malerei. Das Tanzen überlaß Maija.«
Chagall interessiert sich für alles, und er liebt es, seine Besucher auszufragen. Genauso gründlich spricht er mit Schtschedrin über Flöten, Violinschlüssel und Dirigenten.
Unsere Unterhaltung findet in Saint-Paul-de-Vence im Süden Frankreichs statt. Wir sitzen in einem üppig blühenden Garten im Schatten eines Orangenbaumes. Die großen Früchte leuchten verlockend. Aber sie müssen noch reifen, es ist erst Juli.
Wawa bittet uns zum Tee ins Haus. Auf dem Kalender im Flur steht das Jahr 1965.
Nadja Léger hatte die engen Kurven der Chaussee am Meer in ihrem donnernden Pontiac verwegen hinter sich gelassen und uns zu den Chagalls gebracht.
Sie war in dem belorussischen Dörfchen Sembino zur Welt

gekommen. Barfüßig hütete sie Kühe und lief in die Gemeindeschule. Damals war sie noch nicht Nadja Léger, sondern ein braunhäutiges Mädchen mit abstehenden Zöpfchen und hieß Nadeschda Chodassewitsch. Ihr Interesse an der Malerei veranlaßte sie, sich 1927 zu Fuß nach Warschau aufzumachen, als man auf Bauernpfaden noch von einem Land ins andere gelangen konnte. Später begab sie sich nach Paris, denn polnische Experten hatten ihr erklärt, daß man die Malerei bei den Franzosen erlernen müsse.

Zusammen mit dem jungen, schönen Maler Georges Boquier, den sie Hals über Kopf geheiratet hatte, besuchte sie Fernand Légers Atelier. Wie es sich für einen französischen Künstler gehört, warf Léger sofort ein Auge auf die schlanke, anmutige Gestalt der jungen Slawin mit den kräftigen Waden. Nadja hatte eine fast mongolische Gesichtsform, straff zu einem Knoten gebundenes Haar und ein pikantes Entennäschen. So stellte Léger sie auf zahlreichen Gemälden dar.

Bald wurde Nadeschda Chodassewitsch Boquier zu Madame Nadja Léger.

Welche mystische Kraft zog französische und spanische Künstler zu russischen Frauen hin? Picasso zu Chochlowa, Salvador Dalí zu Gala...

Ich hatte Nadja bereits während meines ersten Besuchs in der französischen Hauptstadt bei den Aragons kennengelernt. Wenn die Aragons Nadja zum Abendessen erwarteten, setzte Elsa stets ein gekochtes Hühnchen aufs Menü. Sonst wäre der belorussische Magen hungrig geblieben. Wenn Nadja einen Besuch versäumte, sagte Elsa immer: »Wir haben Nadja ›seit einem Hühnchen‹ nicht mehr gesehen.«

Fernand Léger und Nadja waren inbrünstige Kommunisten (nicht einmal die Tatsache, daß ihr Bruder 1937 wegen ihrer Flucht nach Polen und Frankreich erschossen worden war, hatte sie von dem kommunistischen Virus geheilt). In jenem Frühling hatte Nadja Rodion und mir private Einladungen geschickt. Sie waren an Kulturministerin Furzewa adressiert. Diese holte bei allen erforderlichen Stellen Rat und Genehmigungen ein und gab schließlich ihren Segen zu unserer dreißigtägigen Reise – »auf Verantwortung von Nadja Léger«. Unsere Behörden vertrauten der kommunistischen Familie, Nadja hatte dem französischen Widerstand angehört und war eine enge Freundin des sowjetischen Botschafters. Bis zur Mitte der achtziger Jahre war dies unsere freizügigste Reise.

Nadja war Chagall nicht nur durch dessen Freundschaft mit Léger, sondern auch durch die gemeinsame belorussische Herkunft nähergekommen. Von Witebsk nach Sembino ist es nur ein Katzensprung. Marc Sacharowitsch war entzückt darüber, daß mein Vater ebenfalls aus Belorußland stammte.

Im Oktober 1961 waren die Chagalls nicht zu meinen Auftritten gekommen – sie hielten sich nur selten in ihrer Pariser Wohnung auf –, aber sie hatten allerlei Gutes über mich gehört. Auch die wohlwollenden Rezensionen in der französischen Presse waren ihnen aufgefallen.

Bei Tisch bemerkt Wawa, daß Chagall heute weniger arbeite als sonst.

»Es sieht ihm nicht ähnlich, sich länger als eine Stunde von der Arbeit loszureißen – egal, wer uns besucht.«

»Da irrst du dich. Heute arbeite ich den ganzen Tag. Ich schleiche mich ans Ballett heran.«

Ich wußte, daß Chagall die Dekors zu Balletten von Balanchine, Lifar und Skibine gemalt hatte. Der Entwurf zu »Daphnis und Chloé« war in den Illustrationen unserer Ballettlexika zu bewundern.

»Was heißt heranschleichen? Ich verstehe nicht.«

Chagall erzählt, daß er zur Zeit an einem Panneau für die neue Metropolitan Opera in New York arbeite. Es sei die Fortsetzung seines Deckengemäldes für die Pariser Opéra, das er 1963 im Auftrag von André Malraux ausgeführt habe.

»Ich möchte dort verschiedene Künste, Tiere und Musen darstellen. Auch das Ballett. Maija, könnten Sie mir ein paar Bewegungen zeigen?«

»Soll ich Modell stehen? Für Chagall? Aber gern.«

Wir gehen in den ersten Stock. Später mußte ein Aufzug für

den Künstler eingebaut werden, da ihn ein Leistenbruch plagte. Schtschedrin und Nadja bleiben mit Wawa zurück.

»Wir werden euch rufen.«

Ein geräumiges, helles Atelier. Nichts unterscheidet es von anderen Ateliers, die ich kenne. In einer Reihe angeordnete Leinwände auf Blendrahmen. Farbspritzer. Bücher auf dem Fußboden. Fetzen aus verschiedenfarbenen Stoffen. Verschmierte Pinsel.

»Welche Haltung interessiert Sie, Marc Sacharowitsch? Vielleicht eine Arabesque? Oder eine Attitude?«

»Ich möchte eine ganz einfache Bewegung sehen. Und bitte, lösen Sie Ihr Haar.«

Ich beginne mit einer schlichten Improvisation. Zuerst mehrere Ports de bras, dann ziehe ich die Schuhe aus und gehe barfuß – auf hoher halber Spitze – zum Pas de bourrée über. Ich drehe mich um die eigene Achse und lege die Bewegungen fest.

Chagall wirft mit einem Kohlestift rasche Linien auf sein Zeichenpapier. Seine Augen sind zusammengekniffen wie die eines zielenden Jägers, sein Mund ist halb geöffnet. Ich kann nicht sehen, was er zeichnet, und folge der Bewegung seiner leichten Hand aus dem Augenwinkel. Auch sie vollführt einen Tanz. Die Hand hält inne, und ich bleibe stehen.

»Es ist langweilig ohne Musik. Ich bin sehr gehemmt. Haben Sie ein Radio, Marc Sacharowitsch?«

Chagall antwortet nicht. Er ist zu konzentriert.

»Wenn das Ihr Radio ist, Marc Sacharowitsch, dann lassen Sie uns irgendeine Melodie suchen.«

»Verzeihung. Was haben Sie gesagt?«

»Stellen wir das Radio an. Das ist leichter für mich.«

Chagall stellt einen Sender nach dem anderen ein, um geeignete Musik zu finden. Er dreht das schwarze, gezackte Rädchen des Transistors. Nichts als französische Vorträge oder Fetzen kommerzieller Jazzmusik, die die Werbung untermalen. Dann die letzten Nachrichten.

Und plötzlich die zarte, elegische Melodie einer Geige mit Orchesterbegleitung. Nun ist meine Improvisation sinnvoll und poetisch. Wie sehr mir die Musik hilft!

Ich tanze, und Chagall macht schweigend Skizzen. Wir sind beide entrückt.

Ich weiß nicht, wie lange es dauert. Mit einemmal unterbricht Chagall das Schweigen. »Welch herrliche Musik. Wer ist das?«

Ich höre auf zu tanzen und erwidere, daß ich die Musik ebenfalls nicht kenne.

»Rufen Sie Schtschedrin, vielleicht weiß er es.«

Ich hole Rodion.

»Das ist ein Konzert von Mendelssohn. Eine prächtige Aufnahme. Wer spielt? Man wird es am Ende sagen.«

Der Sprecher nennt Yehudi Menuhins Namen. Im Frühjahr 1991 sollte der Maestro mich zu seinem Jubiläumskonzert nach London einladen, wo er auch eine neue Komposition Schtschedrins dirigierte. Bei dieser Gelegenheit erzählte ich ihm von meinem Tanz zu seiner Musik in Chagalls Atelier.

Chagall bittet mich, ihm noch einige der »klassischsten« Posen vorzuführen. Ich erfülle seinen Wunsch.

»Wissen Sie, Ihr Tanz zu Mendelssohns Musik war zauberhaft. Wenn der Pinsel nur wiedergeben könnte, was das Auge sieht. Oder ist es vielleicht besser, daß er es nicht kann?«

Es ist faszinierend, Chagall zuzuhören. Er legt seine Gedanken mit biblischer Gemessenheit dar.

Er schildert seine Jugend in seiner Heimatstadt Witebsk. Später stolzierte er als Kommissar in Reithosen und Lederjacke umher und ließ Pflastersteine und Häuserwände anmalen. Die Ideen der Weltrevolution hatten ihn in ihren Bann geschlagen.

»Und war ich etwa der einzige?« Er wendet sich Nadja zu. »Fernand Léger schickte der ersten Sowjetregierung einen Brief, in dem er vorschlug, die gesamte Bevölkerung mit fröhlicher, bunter Arbeitskleidung nach seinen Entwürfen auszustatten. Wenn die Arbeit ein Fest war, sollte auch die Kleidung festlich sein. Dafür verlangte er keinen einzigen Centime. Später bot Arnold Schönberg an, alle kostenlos in Musik zu unterrichten, und Corbusier wollte in Rußland Sonnenstädte bauen. Ihnen antwortete man nicht einmal. Und ich sagte dem Sekretär des Gouvernementskomitees in Witebsk, daß wir ein Museum bräuchten. Wir brauchen kein Museum, sondern eine Brücke, Genosse Chagall, wurde mir geantwortet. Da verließ ich das Land, und nun bin ich hier, in Vence.«

Ich kann lügnerische Memoirenschreiber nicht ausstehen, denen Berühmtheiten des öffentlichen Lebens unerklärlicherweise ihr Herz ausschütten – in langen Monologen, die gleichsam von einem verborgenen Tonbandgerät aufgezeichnet worden sind. Ich habe in meinem Tagebuch nur die Umrisse der Themen festgehalten, die Chagall an jenem heißen Julitag anschnitt. Später begegnete ich Marc Sacharowitsch und Wawa noch etliche Male: in New York und Moskau, in Paris und von neuem in Saint-Paul-de-Vence. Aber so entwaffnend freimütig war Chagall nur am Tag unseres ersten Zusammentreffens.

Ich wiederhole, es war 1965, der Eiserne Vorhang hatte sich gerade ein wenig gehoben, und Schtschedrin und ich gehörten zu den ersten Boten, deren Erscheinen auf die bevorstehenden Änderungen hinwies. Und für Chagall war es bestimmt interessant, sich in seiner Muttersprache mit einer Ballerina und einem Musiker zu unterhalten, die nicht französische, sondern sowjetische Pässe besaßen. Er wußte, daß wir ein paar Tage später in die Heimat, nach Rußland, zurückkehren würden...

Chagall schenkt uns von ihm signierte Lithographien und eine gewaltige akademische Monographie, auf deren Deckblatt er kreuz und quer mit bunten Farbstiften schreibt: »Für Maija und Rodion... zur Erinnerung... in Liebe... Vence... Marc Chagall.« Außerdem verehrt er uns frühe Keramikarbeiten.

Ich reiche ihm eine Gedenkmedaille mit meinem Abbild, hergestellt von Jelena Alexandrowna Janson-Maniser.

Chagall betrachtet die Medaille lange und gründlich von allen Seiten.

»Realistisch, aber schön.«

Die nächsten zehn Monate verstreichen rasch.

Im Mai 1966 esse ich in New York mit Chagall zu Mittag. Sol Hurok hat uns in ein feudales Restaurant eingeladen. Marc Sacharowitsch ist dabei, sein Panneau für die neue Metropolitan Opera zu vollenden. Und ich soll morgen in der Abschlußvorstellung der alten Met auftreten. Deshalb dreht sich das Tischgespräch um das Theater und um Künstler.

Chagall ist heute schlechter Laune. Nach einer ungeschickten Äußerung Huroks fällt er jäh über den Impresario her.

»Hurok, Sie sind ein absoluter Laie. Sie verstehen nicht das geringste von der Kunst. Weshalb beschäftigen Sie sich damit?«

»Ich habe Anna Pawlowa und Schaljapin hierhergebracht...«

»Das hätten Sie lieber lassen sollen.«

Hurok ist beleidigt. »Ich zeige Amerika zum drittenmal das Bolschoi-Ballett. Und ich habe Plissezkaja zum drittenmal hierhergeholt.«

» Na und... Morgen sehe ich mir Maija an. Und den Impresario Hurok werde ich auf meinem Panneau im Gewand eines Wucherers darstellen.« Chagall geht zu seiner üblichen Ironie über. »Ich werde den Spuren Michelangelos folgen.«

Der nächste Tag ist der 8. Mai, ein Sonntag: die letzte Vorstellung auf der Bühne der alten Metropolitan Opera. Am Morgen des 9. Mai wird man das Theater sprengen.

Ich hatte im Laufe der Gala zwei Auftritte: als »Sterbender Schwan« und als Kitri im ersten Akt von »Don Quixote«. Mein »Sterbender Schwan« beschloß den ersten, feierlichen Teil.

Die Rede hielt John Martin. Er zählte sämtliche Ereignisse auf, die während eines ganzen Jahrhunderts in den Wänden dieses herrlichen Theaters stattgefunden hatten. Auf einer riesigen Leinwand wurden Diapositive der Stars gezeigt, die hier aufgetreten waren. Ich betrachtete Martins Dias von der Seite her und beugte mich gleichzeitig zum Plié, um mich nicht abzukühlen.

Endlich kündigte Martin mich an. Saint-Saëns, »Der Sterbende Schwan«. Violinsolo Isaac Stern.

Stern wurde von einem Orchester begleitet. Man applaudierte so stark, daß wir zu einer Zugabe genötigt waren. Isaac, den ich zur Verbeugung hinausgeführt hatte, blieb auf der Bühne. Das Orchester im Orchestergraben. Faijer am Pult. Stern im Lichtkegel an der Rampe. Zum zweitenmal setzte ich zum Pas de bourrée an.

Nach der Pause stürmten wir los mit »Don Quixote«. Mein Partner war Tichonow.

»Losstürmen« ist genau das richtige Wort! Bei dem doppelten »Sterbenden Schwan« hatte ich mich gut aufgewärmt und mich auch während der Pause nicht allzu sehr abgekühlt. Die elektrisch aufgeladene Atmosphäre peitschte meinen Körper zu Leistungen, die ihm bis dahin unmöglich gewesen waren.

Eine große Polonaise krönte den Abend. Alle, die mitgewirkt hatten, und die alte Garde der Met betraten die legendäre Bühne paarweise zum letztenmal. Zu den Paaren gehörten Martha Graham, Alicia Markova, Alexandra Danilowa, Wladimirow, der Partner Anna Pawlowas, Anton Dolin, Jerome Robbins, Agnes de Mille, Tamara Tumanowa, Igor Juskewitsch ... Das Publikum erhob sich. Ich sah den grauköpfigen Chagall und Wawa. Sie klatschten mit allen anderen.

Als ich 1968 zu einem weiteren Gastspiel in New York eintreffe, laufen die Vorstellungen bereits in der neuen Metropolitan Opera.

Ich eile zur Probe, aber auf dem Fontänenplatz bleibe ich wie angewurzelt stehen und werfe den Kopf in den Nacken. Chagalls majestätisches Panneau. Die linke Seite ist orangerot; ein fliegender Sonnenengel mit Posaune, ein kornblumenblauer Zarewitsch Iwan, der auf einem grünen Violoncello spielt, Paradiesvögel, ein zweiköpfiges Wesen mit einer Mandoline am Pferdekinn, eine glänzende Geige mit Bogen an einem blau funkelnden Baum.

Und genau in der Mitte eine füllige, vollbusige Tänzerin mit aufgelösten roten Haaren, die mühsam die erste Position eingenommen hat. Sie ist so verkrümmt, als würde sie jeden Moment zu Boden stürzen.

In der linken oberen Ecke eine bunte Schar von Ballerinen – mit straffen Schenkeln und Wespentaillen – in unterschiedlichen Posen. Die eine springt, die andere ist erstarrt, die dritte steht auf Spitze, die vierte hat die Arme zu einem sanften Kranz verschränkt, die fünfte bereitet sich mit einem hageren Partner auf eine Drehung vor.

Und eine muß ich sein: gekrümmt, die Hüften vorgebeugt, gespannt wie eine Saite, die Hände hinter die Schulterblätter gehoben, die Füße in der zweiten Position. So etwas habe ich Chagall tatsächlich zur Musik von Mendelssohn vorgeführt. Marc Sacharowitsch hat den Moment eingefangen. Der von Chagall attackierte Hurok aber ist nirgends zu sehen.

Ich habe wenig Ähnlichkeit mit den Tänzerinnen auf dem Bild; aber wenn man es lange und gründlich betrachtet, wird deutlich, daß die Hand des großen Künstlers irgend etwas von mir festgehalten hat. Irgend etwas . . .

Bei unserer nächsten Begegnung fragt mich Chagall aus, ob ich das Panneau gesehen und die Darstellungen von mir erkannt hätte.
»Werden Sie mir noch einmal Modell stehen?«
»Ja natürlich, Marc Sacharowitsch. Ich liebe Sie sehr.«

20. November

Im Madrider Fernsehen lief eine Sendung über Valentina Koschuba, eine russische Ballerina aus längst vergangenen, legendären Zeiten. Seit 1914 gehörte sie zu Diaghilews Truppe. Sie war die herausragende Schönheit unter seinen Tänzerinnen. Ich war an der Sendung beteiligt und machte Koschuba die dem Anlaß entsprechenden Komplimente. Die Journalisten hingegen bestürmten sie mit einer »heiklen« Frage: War sie die Geliebte des spanischen Königs Alfons XIII. gewesen? Das bestritt Koschuba energisch. Gewiß, er sei ein wenig verliebt in sie gewesen, habe ihr Blumen und königliche Geschenke gesandt, aber Intimitäten? Nein, dazu sei es nicht gekommen. Schließlich meinte eine Journalistin: »In Ihrem Alter, hochverehrte Señora [Koschuba wurde neunzig!], wäre es besser, uns etwas vorzulügen, denn der König lebt seit langem nicht mehr. Für die Zuschauer aber wäre es viel interessanter.«

»Aber weshalb soll ich die Unwahrheit sagen?« ereiferte sich Koschuba.

Die Familie Kennedy lernte ich 1962 kennen, in den Tagen meiner zweiten Amerikatournee.

Am 12. November kam das Bolschoi-Ballett in die amerikanische Hauptstadt. Vor Washington waren wir in New York, Philadelphia, Los Angeles, San Francisco, Chicago, Detroit und Cleveland gewesen. Es war die Zeit der Kubakrise.

Ich hatte gerade mein sauberes Hotelzimmer bezogen, die Hähne der Badewanne aufgedreht und freute mich auf das kommende Vergnügen. Aber plötzlich klingelte das Telefon, und Pokarschewski, unser Chef, rief mich nach unten.

»Haben Sie sich von der Reise ausgeruht?« Ohne eine Antwort abzuwarten, packte er mich am Ellenbogen und zog mich zum

Ausgang.«»Wir fahren zu einer Pressekonferenz. Die Zeitungsleute wollen Sie sehen. Nach Kuba ist das wichtig. Aber ich bitte Sie, zurückhaltende und vorsichtige Antworten zu geben. Unsere Dolmetscher werden Ihnen dabei helfen.«
Nach der Pressekonferenz macht sich eine ganze Schar von uns zur sowjetischen Botschaft auf. Dort findet, wie es das Protokoll gebietet, ein Empfang statt.

Unser Botschafter, Anatoli Dobrynin, führt einen schlanken, hochgewachsenen Amerikaner auf mich zu. Sein Gesicht kommt mir vertraut vor.

»Justizminister Robert Kennedy hat mich gebeten, Sie miteinander bekannt zu machen. Herr Minister, Maija Plissezkaja . . .«
Dobrynin dolmetscht bei dem sich anschließenden Gespräch. Robert Kennedy sagt, er habe mich 1955 in Moskau in »Schwanensee« gesehen und sei sehr beeindruckt gewesen. Nun habe er aus den Zeitungen erfahren, daß ich in Washington tanzen würde.

»Morgen kann ich die Vorstellung nicht besuchen, aber der Präsident kommt mit seiner Gattin.«

Als Antwort fällt mir nur ein: »Ich kenne Sie auch.«
Kennedy lächelt verlegen.

»Ich habe in der Zeitschrift *Amerika* gelesen, daß Sie im November 1925 geboren wurden. Genau wie ich. Und an welchem Tag?«

Er ist verblüfft über die plötzliche Wendung des Gesprächs.
»Am zwanzigsten.«

»Am zwanzigsten? Dann sind wir sozusagen Zwillinge. Das ist auch mein Geburtstag.«

In meinem ganzen Leben bin ich nur einem einzigen Menschen begegnet, dessen Geburtsdatum genau mit meinem übereinstimmte. Das war Robert Kennedy.

Der Minister ist gerührt und küßt mich unbeholfen auf die Wange. Sogar Dobrynin staunt über das Zusammentreffen und reibt sich die Nasenwurzel.

»Und wo werden Sie an Ihrem Geburtstag sein?« fragt Robert Kennedy.

»In Boston, glaube ich . . .«

»Das stimmt, in Boston«, bestätigt Pokarschewski, der wie aus dem Boden neben uns aufgeschossen ist, mit einem Nicken seines rotblonden Schädels.

Kennedy will der Kette der Zufälligkeiten weiter nachgehen und erläutert: »Boston ist meine Heimatstadt. Und was werden Sie am Abend des zwanzigsten tun?«

»Wahrscheinlich wieder ›Schwanensee‹ tanzen ...«

»Ganz richtig, ›Schwanensee‹. Maija tanzt ›Schwanensee‹ am zwanzigsten in Boston«, triumphiert Pokarschewski. Er hat die Gelegenheit nicht verpaßt, Botschafter Dobrynin seine Informiertheit und seine Gedächtnisstärke zu demonstrieren. Man hatte ihn aufs Geratewohl für die Leitung der Tournee ausgewählt, obwohl er nicht im Theater arbeitete. Aber wie rasch er sich eingefuchst hat! Wenn Dobrynin dies an die richtige Stelle weitermeldete, würde dem Wunderkind eine Beförderung winken.

»Ich werde Ihnen ein Geschenk schicken«, sagt Robert Kennedy.

»Ich Ihnen auch«, höre ich mich automatisch und übereilt versprechen.

Am folgenden Morgen – es war der Tag meines ersten Washingtoner »Schwanensees« – ging ich wie üblich zum Training, um mich zu lockern. Denn ich versuchte, am Tag einer Vorstellung nie meine Routine zu ändern.

Im Saal waren Zuschauer: Jacqueline Kennedy und die kleine Caroline, begleitet von einem Gefolge aus Dolmetschern, Leibwächtern und auf unnatürlich höfliche Art dienernden Bolschoi-Funktionären.

Ich fühlte mich nicht besonders gut, da ich ein wenig erkältet war; außerdem fiel die Washingtoner Premiere mit dem Beginn meiner Periode zusammen. Aber beim Anblick von Jacquelines schönem, großäugigem Velázquez-Gesicht, das durch die Spiegel im Ballettsaal vervielfacht wurde, wahrte ich Disziplin und führte das Training – sogar einschließlich der Sprungkombinationen – zu Ende.

Danach wurden wir einander vorgestellt, und ich gab Caroline einige meiner schwarzweißen Ballettdias, die ich in meinem Täschchen mitgebracht hatte.

Bevor der Vorhang am Abend hochging, spielte man die Nationalhymnen, denn der Präsident war anwesend. Nach der Kubakrise sollte sein Besuch einer russischen Ballettvorführung offenkundig ein politischer Schritt zur Versöhnung mit der Sowjetunion sein. Deshalb waren unsere Botschaftsangehörigen so elektrisiert, deshalb liefen die sowjetischen Korrespondenten und die Theaterfunktionäre so fieberhaft herum.

Der Vorhang hatte sich nach dem zweiten Akt kaum gesenkt, als der Präsident und seine Frau bereits auf der Bühne erschienen – eine bemerkenswerte Geste. Jacqueline und ich küßten einander wie alte Freundinnen. Ich hinterließ Schminkespuren auf ihrer erhitzten Wange.

Der Präsident gratulierte mir unter Lobpreisungen und sagte, Caroline sei ganz entzückt von meinen Dias. »Sie hat Jacqueline und mir erklärt, daß sie auch Ballerina werden will. Sie wäre die erste in unserer Familie.«

Er habe von meiner gestrigen Begegnung mit seinem Bruder und von der Identität unserer Geburtstage gehört.

Da tauchte wieder Pokarschewskis rotblonder Schädel auf. Unser Chef trat mir mit seinen breiten Füßen auf die Zehen, stieß mich mit der Schulter ein wenig von den Kennedys fort und legte mir so unauffällig wie möglich einen Band mit dem Titel *Das Bolschoi-Ballett* in die Hände. Das dickleibige Buch, mehr als zehn Jahre zuvor in Moskau herausgegeben, enthielt vor allem unscharfe Fotos von Künstlern, die längst im Ruhestand waren. Die Druckerschwärze hinterließ Flecken an den Handflächen, und von dem Band ging der bei sowjetischen Büchern übliche Leimgeruch aus. Den ganzen dritten Akt hindurch spürte ich den Geruch an meinen schwarzen Schwanenfedern. Mein Partner dachte vermutlich, Odile, die Tochter des bösen Zauberers, habe zuviel Roquefort gegessen. Und der arme Präsident! Er hat das Buch noch länger als ich in den Händen gehalten.

Am nächsten Morgen empfing John F. Kennedy das Bolschoi-Ensemble im Weißen Haus. Wieder überschüttete er mich mit

74 Mit dem Choreographen George Balanchine. Moskau 1975

75 Mit dem Choreographen der »West Side Story«, Jerome Robbins. New York 1988

76 *(linke Seite oben)* König Juan Carlos I. von Spanien überreicht Maija Plissezkaja die Medaille in Gold für Verdienste um die schönen Künste. 1991

77 *(linke Seite unten)* Mit Marc Chagall. Saint-Paul-de-Vence 1965

78–79 Im Künstleraltersheim der Tolstoi-Stiftung. Mit der Ballerina Olga Spessiwzewa (links) und der Tochter L. N. Tolstois, Alexandra (unten). New York 1976

80 Mit der indischen Filmschauspielerin Nargis. Delhi 1953

81 Beglückwünschung durch die spanische Königin Sophie anläßlich der Eröffnung des neuen Theaters in San Xavier. 1988

82 *(oben)* Yvette Chauviré, Maija Plissezkaja, Rodion Schtschedrin und der Komponist Georges Auric mit Gattin. Théâtre de l'Opéra. Paris 1975

83 *(links)* Zu Gast bei den Aragons in Paris. Mit Elsa Triolet (links). 1961

84 *(oben)* In der Wohnung von Coco Chanel. Links der Choreograph Serge Lifar. Paris 1961

85 *(unten)* Mit Louis Aragon. Paris 1973

86 *(rechte Seite oben links)* Der französische Präsident François Mitterrand überreicht Maï Plissezkaja den Orden der Ehrenlegion. 1986

(oben rechts) Jacques Chirac, Bürgermeister der französischen Hauptstadt, überreicht Maija Plissezkaja die Medaille von Paris in Gold. 1977

88 *(unten)* Verleihung des französischen Ordens für Literatur und Kunst (»Kommandeursorden«). Rechts Innenminister Gaston Defferre. Paris 1985

89 *(oben links)* In der Pause von »Schwanensee«. Bolschoi-Theater. 1962

90 *(oben rechts)* Das erste Foto mit Rodion Schtschedrin. Warschau 1960

91 *(unten)* Bei der Probe zu »Die Dame mit dem Hündchen«. Im Hintergrund Boris Jefimow. Bolschoi-Theater. 1985

2 *(oben)* Nach der Premiere von »Anna Karena«. Boston 1988

3 *(unten links)* Rodion Schtschedrin und Maija Plissezkaja in ihrer Moskauer Wohnung. 1968

94 *(unten rechts)* Rodion Schtschedrin. Moskauer Konservatorium. 1970

95 *(oben links)* Auf dem Bankett aus Anlaß der Premiere von »Die Möwe«. Moskau 1980

96 *(oben rechts)* Zu Hause nach der Premiere von »Die Möwe«. Moskau 1980

97 *(unten)* Nach Auftritten des deutschen Violinisten Ulf Hoelscher. Moskau 1985

(oben) Mit Rudolf Nurejew (links) und dem Impresario Michael Edgley (Mitte). Sydney 1977

99 *(unten)* Mit der spanischen Sängerin Montserrat Caballé. Perelada 1989

100 *(linke Seite oben)* Rektor Viktor Sadownitschi überreicht Maija Plissezkaja das Diplom eines Professors ehrenhalber der Moskauer Staatsuniversität. 1993

101 *(linke Seite unten)* Mit Serge Lifar und Jekaterina Furzewa auf dem Ersten Internationalen Wettbewerb für Ballettkünstler in Moskau. 1969

102 *(oben)* Mit Juri Gagarin in der Pause von »Schwanensee«. Kreml-Kongreßpalast. Moskau 1961

103 *(links)* Mit Dmitri Schostakowitsch. Moskauer Konservatorium. 1972

104 *(linke Seite oben links)* Beim Skilaufen. 1963

105 *(linke Seite oben rechts)* Am Strand von Suchumi. 1981

106 *(linke Seite unten)* Mit Michael Douglas und Jack Lemmon. Hollywood 1990

107 *(oben)* Mit Michail Baryschnikow. New York 1988

108 *(links)* Mit Gregory Peck (links) und Walter Matthau (rechts). Hollywood 1992

109 Blumen nach einer Vorstellung von
»Carmen-Suite«. Bolschoi-Theater. 1985

Komplimenten. Ich protestierte naiv, daß ich zu gehemmt getanzt hätte; es tue mir leid, daß Jacqueline und er ausgerechnet zu dieser Vorführung gekommen seien. Das Washingtoner Theater war damals recht beengt und hatte eine schlüpfrige, unbequeme Bühne.

»Sie waren unvergleichlich. Ich hatte das Gefühl, von einer Kugel getroffen zu werden.« (Genauso übersetzte unser Kulturattaché die Worte des Präsidenten. Welch eine Prophezeiung!)

In der Nacht zuvor hatte ich eine Schlaftablette nehmen müssen, um einschlummern zu können, und nun, nach einem Glas Dubonnet auf nüchternen Magen, war ich recht beschwipst.

»Wann treten Sie das nächste Mal auf?« fragte der Präsident höflich.

»Morgen.«

»Und was wird gegeben?«

»›La Bayadère‹ und ›Der sterbende Schwan‹. Kommen Sie mit Jacqueline. Ich werde besser tanzen.«

In Wirklichkeit stand »Giselle« auf dem Programm. Ich hatte alles verwechselt. Angeheitert wie ich war, gestikulierte ich besonders heftig, meine Pelzmütze war schräg zur Seite gerutscht, mein Haar hatte sich gelöst. Hier, im Weißen Haus, wies Jacqueline Kennedy auf meine Zukunft hin: »Sie sind ganz wie Anna Karenina.«

Der 20. November, unser Geburtstag, kam näher. Die Bolschoi-Leitung zeigte plötzlich ein »väterliches« Interesse an mir.

»Was möchten Sie Robert Kennedy am Zwanzigsten schenken?«

Ja, was? Und wie?

In honigsüßen Tönen setzte man mir auseinander, daß man zufällig einen verzierten russischen Samowar als Geburtstagsgeschenk für einen unserer Genossen mitgebracht habe. Aber sei es nicht ratsamer, Robert Kennedy damit zu beehren? Für den Genossen könne man mit Hilfe des Botschaftspersonals etwas anderes finden. Ich solle einen freundschaftlichen Gruß – natürlich auf russisch – für den Minister zu Papier bringen, und man werde ihm die Botschaft am Zwanzigsten zusammen mit dem

Samowar übermitteln. Er werde begeistert sein, denn der Samowar sei sozusagen ein Museumsstück.

»Ist er sehr groß?«

»Klein ist er nicht, Maija Michailowna, keineswegs, und auch nicht billig.«

»Und wieso habe ich ihn im Gepäck? Was soll der Minister denken? Zeigen Sie mir das gute Stück.«

Der Samowar erwies sich, wie ich vermutet hatte, als gewaltig: Er war so groß wie ein Kind. Wo hätte ich ein solches Objekt in Amerika finden können? Und für wen wäre es bestimmt gewesen, wenn ich es von zu Hause mitgeschleppt hätte?

Ich lehnte ab, allen Überredungsversuchen zum Trotz. Immerhin schrieb ich ein paar kurze Grußworte und legte ihnen ein halbes Dutzend Holzlöffelchen bei. Sie waren nicht wertvoll, aber dafür gehörten sie mir.

Enttäuscht darüber, daß ich ihren Samowar nicht akzeptiert hatte, machten sich unsere Funktionäre daran, Robert Kennedy meine Notiz überbringen zu lassen.

Am 20. November weckt mich ein lautes, anhaltendes Pochen an der Tür meines Hotelzimmers in Boston (das Telefon hatte ich am Abend wie üblich abgestellt).

Ich reibe mir die Augen und öffne fluchend die Tür. Davor erblicke ich einen riesigen, leicht schwankenden Strauß duftender weißer Lilien. Der Hotelbote, der die Blumen trägt, ist hinter ihnen kaum zu erkennen. Ein zweiter Bote reicht mir eine elegante Schatulle, die mit breiten Brokatbändern verschnürt ist, und einen Briefumschlag.

Der Brief ist von Robert Kennedy. Er gratuliert mir heute als erster.

Ich löse die Bänder und öffne das Schächtelchen. Auf einem himbeerroten Samtkissen liegt ein herrliches Goldarmband mit zwei juwelenbesetzten Berlocken. Auf der einen ist unser Sternzeichen, der Skorpion, auf der anderen der Erzengel Michael abgebildet, der den Drachen mit seinem Speer tötet.

Etwas später ruft mich Robert persönlich an. Ich stöbere in

meinem trägen Morgengedächtnis nach ein paar englischen Worten, um ihm antworten zu können, aber ich kann nur wie eine Zweijährige stammeln: »Thank you ... also ... best wishes.« Welch ein Unglück, sprachlos zu sein! Das Sowjetsystem mit seiner unausrottbaren Schwerfälligkeit hat mich dazu gemacht.

Als ich zum Üben gehen wollte, stieß ich mit einem dritten Boten zusammen, der mir einen Kasten Wein von Robert Kennedy aushändigte. Nun durchbrach ich meine Routine und lockerte mich vor einem Auftritt nicht auf.

Im Saal wurde ich feierlich empfangen: mit prächtigen Kuchen, einem Blumenkorb, einer Glückwunschkarte, die alle Funktionäre unterzeichnet hatten, und einem Geburtstagsgruß von Botschafter Dobrynin. Pokarschewski hielt eine erhabene Rede: »Unsere liebe Maija Michailowna. Sie ...« Ich sei so begabt und einzigartig – fast brach er in Gesang aus. Der Goldzahn im Mund unseres Chefs funkelte mir schmeichlerisch zu. So war es also, wenn man seinen Geburtstag mit dem des Justizministers der Vereinigten Staaten teilte!

Am Abend kam der dritte Kennedy – Edward – ins Theater. Am Ende der Aufführung stieg er auf die Bühne, sagte: »Fantastic!« und küßte mich auf beide Wangen. Im Auftrag seines Bruders Bobby, wie er mir erklärte.

Später gab Hurok mir zu Ehren einen Empfang und überreichte mir ein Telegramm von Rodion. Wir feierten bis tief in die Nacht hinein. Lieder, Tänze, alle lieben mich, allen bin ich teuer ...

Der Oberkellner glitt an unseren Tisch. »Telefon, Miss Maija.« Pokarschewski hielt mitten im Satz gespannt inne.

Ich nehme den Hörer in der kleinen Kabine neben der Bar in die Hand. Es ist wieder Robert Kennedy. Er redet lange und leidenschaftlich auf mich ein, aber ich verstehe kein Wort. Der gebildete westliche Leser wird es nicht begreifen können. Wieder lege ich meine Platte auf: »Thank you ... also ... best wishes.« Der Minister hält mich wahrscheinlich für eine vollkommene Närrin. Mit einem solchen Vokabular kann man nicht einmal flirten.

Einige Tage vor meinem nächsten Geburtstag, den ich diesmal

in der Heimat, in Moskau, feierte, ließ Robert Kennedy wiederum von sich hören.

Der stellvertretende Ministerratsvorsitzende Anastas Iwanowitsch Mikojan, der gerade aus Amerika zurückgekehrt war, schickte einen seiner Assistenten zu mir. Dieser überbrachte mir Robert Kennedys Geburtstagsgeschenk: fünf fliederfarbene Porzellannelken von majestätischer Schönheit. Ihre Stengel, Blätter und Blüten sahen derartig echt aus, daß ich automatisch den Kopf neigte, um ihr Aroma einzuatmen. Dann erst merkte ich zu meiner Verblüffung, daß ich es mit einem Kunstwerk zu tun hatte.

Seitdem stehen die Nelken in einer Vase auf dem Nachttisch in unserer Moskauer Wohnung ...

Zwei Tage nach meinem Geburtstag hatten wir Gäste. Wir labten uns an Katjas Speisen, und ich befürchtete, bei meinem kommenden Auftritt nicht in mein Tutu zu passen. Das Telefon klingelte, und jemand rief: »Stellt den Fernseher an. Man hat auf John Kennedy geschossen!«

Wir ließen kein Auge vom Fernsehschirm. Der Präsident war ermordet worden ... Arme Jacqueline ... Noch heute spüre ich die Erstarrung, die mich an jenem nassen, entsetzlichen Moskauer Abend packte. Wer? Warum? Die Schurken!

Die nächste Amerikareise des Bolschoi-Balletts fand im Frühjahr 1966 statt. Zum 20. November suchten Robert Kennedy und ich – wie es bereits einer lieb gewordenen Tradition entsprach – eine Gelegenheit, einander zu gratulieren. Selbstverständlich achtete das KGB auf den Inhalt unserer Glückwünsche.

Eine Woche vor dem Abflug nach New York bestellte mich Michail Nikolajewitsch Anastasjew in sein Büro. Er war damals erster stellvertretender Direktor des Theaters und sollte die Amerikatournee des Jahres 1966 leiten.

An Anastasjew habe ich positive Erinnerungen. Er war ein erfolgloser Musiker, der Bruder eines bedeutenden Theaterkritikers, ein zuvorkommender und verständnisvoller Mann, der, wie mir schien, von bürokratischen Fesseln eingeengt wurde. Er fand ein schlimmes Ende: Nachdem er von der Partei öffentlich wegen seiner leidenschaftlichen Affäre mit einer halb so alten Frau gemaßregelt worden war, stürzte er sich aus dem Fenster. Andere mögen sagen, daß Anastasjew ihnen nur Steine in den Weg gelegt habe. Das will ich nicht bestreiten, aber mir gegenüber war er gutherzig.

»Maija Michailowna, darf ich Ihnen Michail Wladimirowitsch vorstellen? Er wird auf der Reise einer meiner Stellvertreter sein.«

Natürlich besaß Michail Wladimirowitsch einen Nachnamen, doch er hatte ihn sozusagen abgelegt, nachdem er zu seinem hohen Amt aufgestiegen war. In meinem Gedächtnis vermischen sich all unsere Heerführer ohne Familiennamen – hier ein Michail Wladimirowitsch, da ein Sergei Iwanowitsch, dort ein Iwan Danilowitsch und so weiter.

Der neue Heerführer öffnete den von Zahnlücken verunstalteten Mund. »Maija Michailowna, vorgestern habe ich mir ›Dornröschen‹ angesehen. Was für eine großartige Künstlerin Sie sind! Wie viele Eindrücke ich mitgenommen habe!« Er hatte seinem gekünstelten Entzücken Luft gemacht und kam zur Sache. Seine graue Miene deutete auf einen verschlagenen Plan hin.

»Wissen Sie, ich habe gerade eine Enzyklopädie durchgeblättert und bin dabei auf ein erstaunliches Zusammentreffen gestoßen. Anscheinend teilen Sie Ihren Geburtstag mit Senator Kennedy? Sie sind zwei bedeutende Persönlichkeiten...«

Welch ein albernes Spiel, welch ein Theater. Die Hälfte der amerikanischen Bevölkerung kannte diese Tatsache seit langem!

»Wissen Sie, es wäre gut, Maija Michailowna«, fuhr der Heerführer ohne Familiennamen fort, »wenn Sie sich mit Robert Kennedy anfreunden könnten.«

Wir alle waren peinlich berührt: Anastasjew, ich, sogar der Urheber des großen Plans zum Aufbau einer unverbrüchlichen Freundschaft über den Ozean hinweg.

Als die neue Gastspielreise des Bolschoi-Balletts durch Amerika ein paar Tage später begann, gab ich mir Mühe, Michail Wladimirowitsch nicht unter die Augen zu geraten, ihm überhaupt, wo immer möglich, aus dem Weg zu gehen. Nichts war geschehen, aber das Gefühl der Peinlichkeit verließ mich nicht. Ich war übler Laune.

Fedorenko, der UN-Repräsentant der UdSSR, gab am 20. Mai uns zu Ehren einen Empfang. Wer war erschienen? Ich schreibe die Namen aus meinem Tagebuch ab: Leonard Bernstein, Jerome Robbins, Mike Nichols, verschiedene Botschafter mit ihren Gattinnen, Hurok, Anastasjew, Jacqueline Kennedy, Robert Kennedy ... und natürlich auch Michail Wladimirowitsch. Er beherrschte keine Sprache außer der russischen (oder besser der sowjetischen), doch seine Aktivität auf dem Empfang hatte nicht ihresgleichen. Sein Gesicht war von roten Flecken bedeckt, der Schweiß tröpfelte ihm von der Stirn ins Champagnerglas, seine Hände zitterten. Ein Cocktailwürstchen nach dem anderen fiel ihm auf den Boden. Und er blieb stets dicht an meiner Seite. Schließlich mußte er eine verantwortungsvolle Aufgabe erledigen.

Robert Kennedy kam herein, bemerkte mich sofort und stürzte mir entgegen. Wir küßten und umarmten einander zur Begrüßung. Mit Fedorenkos Hilfe kam es zu einer lebhaften Plauderei. Der von Flecken übersäte Michail Wladimirowitsch stand neben uns wie ein Götze. Er lauschte, schnaufte, regte sich auf, verspritzte Champagner. Kennedy schielte dauernd zu ihm hinüber – wer ist die stumme Gestalt? Wenn ich mich wirklich mit jemandem hätte »anfreunden« wollen, dann wäre nicht nur ein Senator aus dem Staat New York, sondern auch jeder Türsteher von dem gewissenhaften Michail Wladimirowitsch abgeschreckt worden.

Kennedy und ich verabredeten, uns am nächsten Tag um dreizehn Uhr nach der Probe im »Governor Clinton« zu treffen, damit er mir New York zeigen konnte. Dann brachte Bob einen Trinkspruch auf die Kunst aus, auf die Völkerfreundschaft, auf die Abgesandten Rußlands, auf Maija Plissezkaja, die bessere Arbeit leiste als alle Diplomaten ...

Wir hoben die Gläser, und bei dieser Gelegenheit goß mir der Kuppler aus der Lubjanka seinen mit Schweiß gemischten Champagner über das Kleid.

Am nächsten Tag verspätete ich mich um fünfundzwanzig Minuten, aber Robert Kennedy wartete geduldig. Er war mit einem

Chauffeur gekommen, der direkt am Hoteleingang geparkt hatte. Als Bob mich heraneilen sah, stieg er aus dem Wagen und überreichte mir einen Strauß weißer Tulpen.

Hinter der Glastür des »Clinton« war das konzentrierte Gesicht Michail Wladimirowitschs zu erkennen. Seine verkniffene Miene drückte Zufriedenheit aus – alles lief wie geschmiert.

Nachdem Kennedy mich begrüßt hat, höre ich das Wort »Lunch«. Wahrscheinlich lädt er mich zum Essen ein. Das trifft sich sehr gut, denn nach dem Training und der Probe habe ich großen Appetit. Ich stimme zu.

Wir setzen uns ins Auto. Michail Wladimirowitschs obere Körperhälfte schiebt sich durch die Hoteltür. Sind sie noch da?

Wir fahren zu einem Restaurant. Nach einem schmackhaften Essen bummeln wir zu zweit durch New York. Viele Passanten erkennen den Senator. Wir bleiben vor der Auslage von »Tiffany's« stehen. Bob nimmt meine Hand und führt mich in das Geschäft. Wir schauen uns in dem imposanten Saal um, und in der Uhrenabteilung verlangsamt Bob seine Schritte. Er kauft mir einen Wecker in einem Lederfutteral – einen altmodischen, aufziehbaren Wecker ohne Batterien. Ein stiller Vorwurf wegen meiner Verspätung. Das Gespräch kommt nicht in Gang, ohne Dolmetscher sind wir hilflos.

Wir kehren zum Auto zurück und setzen die Stadtrundfahrt fort. Die Tulpen sind verwelkt ...

Zu guter Letzt bleiben wir in einem New Yorker Verkehrsstau stecken. Ich werde nervös, denn ich darf die Abendvorstellung nicht versäumen. Auch Bob scheint meiner Gesellschaft überdrüssig zu sein. Trotzdem treffen wir einander noch einige Male.

Jacqueline Kennedy gab mir zu Ehren eine Soiree. In einem strengen schwarzen Kleid begrüßte sie ihre Gäste. Ich betrachtete ihr blasses, wunderbares Velázquez-Gesicht. Dabei stellte ich mir die Frage, wer von uns Anna Arkadjewna Karenina wirklich am ähnlichsten sei.

Mit Balanchine ließen sich amüsante Gespräche führen. Er war mit Ljusja Dawydowa gekommen, seiner Testamentsvollstreckerin und glühenden Verehrerin. Im aristokratischen Tonfall der ersten russischen Emigration titulierte Ljusja ihn als »Göttlein«. Balanchine nahm den unirdischen Kosenamen ohne Murren hin.

»Maija, wer ist Ihr Pädagoge?« fragt Balanchine plötzlich.

»Auf dieser Reise?«

»Nein, überhaupt. Wer paßt auf Sie auf?«

Ich werde verlegen. Das KGB paßt auf mich auf. Michail Wladimirowitsch hat mich bis zur Haustür von Jacqueline Kennedy gebracht. So lieb es ihm gewesen wäre, ohne Einladung konnte er bei der Präsidentenwitwe nicht eintreten. Vielleicht steht er sich draußen noch immer die Beine in den Bauch.

»Einen bestimmten Pädagogen kann ich nicht nennen. Ich habe bei Gerdt studiert, gehe in Assaf Messerers Unterricht und probe mit Iljuschtschenko oder Semjonowa. Aber im Grunde habe ich meinen eigenen Kopf.«

»Nicht übel. Aber seien Sie mir nicht böse, Maija – Sie brauchen einen guten Pädagogen.«

Robert Kennedy erschien als einer der letzten mit seiner Frau Ethel. An jenem Abend dolmetschte Ljusja Dawydowa für mich.

In meinem Tagebuch steht, daß von Vietnam, dem damals aktuellsten Thema, die Rede war. Bob fragte, wie ich das Problem aus der Ferne, aus Rußland, einschätzte. Ich erwiderte, es tue mir leid um die jungen Amerikaner, die in den Reisfeldern und Sümpfen umkamen.

»Mir tut es auch leid um die jungen Vietnamesen. Wenn ich zum Präsidenten gewählt werde, werde ich dieses teuflische Gemetzel sofort beenden. Soll ich 1968 kandidieren?«

Meine Antwort ist in meinem Tagebuch verzeichnet: »Why not?«

Nach der Soiree bei Jacqueline bringen mich Robert und Ethel zurück zum »Clinton«. Wir verabschieden uns am beleuchteten Eingang voneinander. In der Nähe – bemüht, den Schatten nicht zu verlassen – spaziert Michail Wladimirowitsch mit gekrümmtem Rücken hin und her. Er ist unzufrieden und ärgert sich über die begriffsstutzige Ethel – was hat sie denn hier zu suchen?

Am nächsten Tag besuche ich Robert und Ethel zu Hause. Es wimmelt von Kindern. Ein Höllenlärm. Einer der Sprößlinge hat sich erkältet und hustet dumpf. Bob nimmt ihn auf den Arm. Ein kleines Mädchen zupft an Ethels Kleid – ein dringendes Anliegen. Drei ältere Kinder brechen zum Reiten auf. Das übliche amerikanische Familienleben ...

Ich besichtige den New Yorker Wohnsitz der Kennedys. Eine Fotografie der beiden Brüder – des Präsidenten und Roberts – nimmt mich gefangen. Die beiden sitzen einander in der Pose von Rodins »Denker« gegenüber, mit dem Profil zum Betrachter. Die Köpfe sind geneigt, die Hände auf den Knien verschränkt, die Gesichter niedergeschlagen. Der Trübsinn, der von dem Bild ausgeht, wird durch das gedämpfte und diffuse Licht noch betont.

»Ein schönes Foto«, kommentiere ich, »nur sehr traurig. Als habe John sein Schicksal vorausgeahnt. Und Sie, Bob?«

»Wer kann sein Schicksal vorhersagen?«

Heute ist Semjon Semjonow für die Übersetzung zuständig: ein fröhlicher, flinker kleiner Mann, der früher im russischen Ballett von Monte Carlo getanzt hat. Inzwischen arbeitet er, verantwortlich für den Ballettbereich, in Huroks Agentur.

»Darf ich Ihnen dieses Bild schenken?« Bob nimmt das prophetische, mit einem dunklen Holzrahmen versehene Foto von der Wand.

Bob Kennedy kam noch mehrere Male zu meinen Auftritten. Der geizige Hurok knurrte: »Senatoren sollten sich an der Kasse Karten kaufen und nicht durch den Nebeneingang schlüpfen. Diese Tür ist für meine Künstler bestimmt. Wieso lungert er wie ein Jüngelchen hinter den Kulissen herum und lenkt eine Ballerina von der Arbeit ab?«

So verstrichen meine New Yorker Tage.

Was mag es gewesen sein? Ein Flirt, ein Spiel?

Ein gewisser Reiz war da, ein Interesse, Neugier, die Anziehungskraft des Neuen und Ungewohnten, ein Erstaunen über die seltsame Gleichzeitigkeit unseres Erscheinens auf der Erde.

Ich habe Salongespräche über eine Beziehung zwischen Robert Kennedy und Marilyn Monroe gehört, darüber, daß er ein wahrer Don Juan gewesen sei. Was ist die Wahrheit? Ist es Verleumdung?

Hat es einfach nur mit dem Neid auf ungewöhnliche, begabte, hervorragende Menschen zu tun? Mit dem Wunsch, andere zu besudeln? Ich weiß es nicht. Aber ich weiß, daß Robert Kennedy mir gegenüber romantisch, erhaben, edel und völlig keusch war. Ohne Übergriffe, ohne Frivolität. Und ich hatte ihm keinen Grund gegeben, sich anders zu verhalten. Wie Valentina Koschuba im Madrider Fernsehen muß ich das Publikum enttäuschen: »So etwas ist nicht geschehen.«

Außerdem war da Michail Wladimirowitschs Schatten, der sich an meine Fersen geheftet hatte. Er erzeugte bei mir ein beängstigendes Ziehen in der Herzgrube, als sei ich in eine unsaubere Verschwörung hineingezogen worden. – Wenn man als Lockvogel benutzt wird, erkalten ohnehin alle Gefühle.

Eine neue Begegnung mit Robert Kennedy war mir 1968 nicht mehr beschieden.

Die Tournee des Bolschoi-Balletts begann Ende Mai – wiederum in New York. Diesmal waren wir nicht im »Governor Clinton«, sondern im »Empire« am Lincoln Square untergebracht, ganz in der Nähe der neuen Metropolitan Opera. Nun konnte ich Chagalls Panneau durchs Fenster meines Hotelzimmers betrachten und immer wieder versuchen, eine Ähnlichkeit zwischen mir und den abgebildeten rothaarigen Ballerinen festzustellen (zu diesem Zweck wechselte ich sogar mein Zimmer).

Robert Kennedy rief mich am ersten Abend im Hotel an. Er hatte den Entschluß gefaßt, für die Präsidentschaft zu kandidieren, und mußte zahlreiche Bundesstaaten aufsuchen. Anfang Juni würde er in New York sein, und am Elften wollten wir gemeinsam zu Abend essen.

Die Nachricht, daß Robert Kennedy für die Präsidentschaft kandidierte, hatte die intrigante Behörde des unvergessenen Wladimirowitsch aufgeschreckt. Die Scherereien fingen bereits in Moskau an: Maija Plissezkaja müsse dem Kandidaten ein dem großen Anlaß entsprechendes Geschenk überbringen, den künftigen Präsidenten durch die Weite der russischen Seele verblüffen, »die Kontakte und die Freundschaft fortsetzen und vertiefen«.

Man redete von einem Samowar (sowjetische Spione haben wenig Phantasie) und von Kaviar, einer Menge Kaviar. Der Samowar war diesmal von gigantischen Ausmaßen – etwa so groß wie ein kräftiger Junge, allerdings viel schwerer: antik, bauchig, messingfarben, mit einem verschnörkelten Hahn. Man zeigte ihn mir verstohlen in den Werkstätten des Bolschoi-Theaters, wo ich mir Ballettschuhe anfertigen ließ, und informierte mich sanft, daß er in meinem Namen verschickt werden würde.

Ich verlor die Beherrschung: »Zum Teufel mit euren Samowaren! Schickt ihn im Namen der Direktion ab. Ich will damit nichts zu tun haben.«

Inzwischen beschäftigten sich Mitarbeiter der sowjetischen UN-Vertretung mit der »Samowar-Angelegenheit«. Sie waren von ganz anderem Kaliber als der unvergeßliche stumme Götze Michail Wladimirowitsch. Denn schließlich besteht ein gewisser Unterschied zwischen einem Senator und einem Präsidentschaftskandidaten.

Aber der Samowar war umsonst über den Ozean geschleppt worden. Wo ist er heute? Wohin mag er verschwunden sein? Sicher ist nur, daß die Mitarbeiter den Kaviar selber aufgegessen haben ... eine Menge Kaviar.

Auf Robert Kennedy wurde am 5. Juni in Los Angeles geschossen. Am 6. Juni starb er.

Am Abend des 6. Juni habe ich eine Vorstellung in der neuen Met. Ich soll »Dornröschen« tanzen. Pas de deux. Aber mir bricht das Herz. Ich muß etwas tun. Aufschreien! Meinen Schmerz verkünden.

Vor der Aufführung betritt ein Direktionsmitglied der Met die Bühne und erklärt: »Zum Zeichen der Trauer und zum Gedenken an Robert Kennedy wird Maija Plissezkaja außerprogrammäßig den ›Sterbenden Schwan‹ nach der Musik von Saint-Saëns tanzen. Choreographie Michail Fokine.«

Langsam öffnet sich der Vorhang. Das Publikum steht leise auf. Aber ich höre von der Bühne her, daß alle aufstehen.

Eiskalte Stille. Die vier einleitenden Harfen-Arpeggios, die Soloklänge eines Violoncellos. Ich versenke mich in den Tanz. Der

Scheinwerfer hebt meine Hände, meine Unterarme und meinen Hals aus der Dunkelheit hervor.

Die Menschen sind erstarrt, niemand rührt sich. Gedämpfte Schluchzgeräusche vermischen sich wie Tränenbäche mit der Musik.

Der Tanz ist beendet. Lange ruht der Scheinwerfer auf meiner letzten Todespose. Er erlischt...

Kein Beifall. Kummervolle Stille. Die Menschen stehen wortlos da. Ganz langsam fällt der Vorhang über die dunkle Bühne.

»Stille, du bist das Beste von allem, was ich gehört habe«, schrieb Boris Pasternak. Und das Schrecklichste, dachte ich an jenem Abend.

Es ist wieder Juni.

Vierundzwanzig Jahre später: Juni 1992.

Ich bin als Mrs. Rodion Schtschedrin in Washington. Morgen findet im Kennedy Center die Premiere von Rodions neuem Fortepiano-Konzert statt, das er im Süden Spaniens, in Nerja, geschrieben hat. Der Solist ist Nikolai Petrow, der Dirigent Mstislaw Rostropowitsch. Nun besitzt die amerikanische Hauptstadt ein herrliches Theater, einen herrlichen Konzertsaal.

Alle anderen sind bei der Probe. Ich nehme ein Taxi. »Arlington Cemetery, please.«

Ich habe einen riesigen Strauß weißer Lilien in den Händen. Langsam gehe ich auf einem gepflegten Pfad an zahllosen weißen Obelisken entlang. Ein schwüler Sonnentag. Gruppen japanischer Touristen mit Fotoapparaten.

Der Pfad führt den Hang eines breiten Hügels hinauf. Ich bleibe stehen. John F. Kennedys Grab. Die ewige Flamme ist im blendenden Sonnenlicht kaum zu erkennen. Auf der schwarzen Grabtafel sehe ich den Namen des Präsidenten und ein kleines, eingekerbtes schwarzes Kreuz.

Ich lasse eine Lilie fallen. Sie landet auf den von Unkraut überwucherten Steinplatten am Grab.

Gott hab dich selig, John!

In der Nähe ist Roberts Grab. Ich sehe es zum erstenmal. Auf einer kleinen Marmortafel ist mit goldener Schrift auf weißem Untergrund eingraviert: »Robert Francis Kennedy« und darunter »1925–1968«. Ich wußte nicht, daß sein zweiter Vorname Francis war.

Zwei Meter von der Grabplatte entfernt steht ein schmales weißes Kreuz. Sein schmaler Schatten fällt wie ein Bleistiftstrich auf den Marmor und durchschneidet den Namen Robert genau in der Mitte. Auf dem Namen Francis liegt eine einzige weiße, lebende Nelke. Von einer Menschenseele, oder weil es der Etikette entspricht? Der Rasen ist sorgfältig gemäht, aber die Spur der Mähmaschine ist so deutlich zu sehen wie die Narbe in einem Gesicht.

Ich werfe die Blumen mit kräftigem Schwung hin. Wie weißer Schnee bedecken sie die Grabplatte und die Erde um sie herum.

Gott hab dich selig, Bob!

Wie »Carmen-Suite« entstand

Immer wieder tanzte ich das alte Repertoire. Von neuem »Schwanensee«, von neuem »Don Quixote«, von neuem »Dornröschen« ... Wieder »Schwanensee«, wieder »Don Quixote«, wieder »Dornröschen« ... Erneut »Schwanensee«, erneut ...
Sollte es bis ans Ende meiner Ballettage so weitergehen? Immer nur »Schwanensee«? Allmählich wurde ich unruhig und unzufrieden. Ich mußte etwas Neues unternehmen – unbedingt.
Aber was und mit wem? Und wo?
Ich hatte schon immer die Carmen tanzen wollen. Natürlich nicht seit frühester Kindheit, aber schon so lange, daß ich mich an den ersten Impuls nicht mehr erinnern konnte. Sollte ich mir selbst etwas einfallen lassen? Der Gedanke an *meine eigene* Carmen war stets in mir lebendig. Mit wem ich auch über meine Träume sprach, als erstes erwähnte ich immer die Gestalt der Carmen ...
Ich umriß die Handlung in groben Zügen nach Mérimées Novelle und Bizets Oper: Carmen, Don José, Blume, Liebe, Torero, Eifersucht, Karten, Dolch, Tod ... Ganz naiv. Dann beschloß ich, meinen Plan Schostakowitsch vorzutragen. – Wer wagt, gewinnt! Nachdem ich meine choreographischen Notizen mit der Hand ins Reine geschrieben hatte, übergab ich das Manuskript Dmitri Dmitrijewitsch. Er schien aufrichtig an der Sache interessiert zu sein.
»Wissen Sie, Maija Michailowna, das ist eine sehr gute Thematik für ein Ballett. Und Sie haben alles anschaulich gemacht. Ich werde darüber nachdenken.«
Schostakowitsch erweckte den Eindruck eines sanften, schüchternen Menschen, aber hinter dieser Fassade verbarg sich ein unbeugsamer Charakter. Es war unmöglich, ihn gegen seinen Willen zur Arbeit an einem Projekt zu bewegen.
Ein paar Tage später rief Dmitri Dmitrijewitsch an, um Rodion

und mich zu einem Besuch auf seiner Datscha in Schukowka einzuladen. »Ich möchte mit Ihnen über Ihre Ideen zu ›Carmen‹ sprechen.«

Wir machten uns auf den Weg.

1964 hatten wir den Sommer mit Dmitri Dmitrijewitsch und seiner Frau Irina Antonowna in den armenischen Bergen, unweit des Sewan-Sees, verbracht. Es war ein Urlaub in einer geradezu biblischen Landschaft.

Schon vorher waren unsere Beziehungen freundschaftlich gewesen, denn Rodion vergötterte den großen Komponisten, und Rodions Vater, Konstantin Michailowitsch, hatte sogar kurze Zeit in Kuibyschew als Schostakowitschs Sekretär gearbeitet. Dmitri Dmitrijewitsch war der Familie häufig zu Hilfe gekommen. Er hatte dafür gesorgt, daß Rodions Mutter von der Stalinschen Arbeitsfront zurückkehren konnte, hatte ihr nach ihrer Entlassung einen neuen Arbeitsplatz verschafft und es sogar fertig gebracht, Rodions Onkel, Viktor Michailowitsch, eine neue Wohnung in Tula zuweisen zu lassen.

Nach dem gemeinsam verbrachten Sommer waren wir einander noch nähergekommen, und nur deshalb hatte ich es gewagt, mich mit meiner fixen Idee an Schostakowitsch zu wenden.

Die Datscha der Schostakowitschs in Schukowka lag der des Akademiemitglieds Sacharow fast genau gegenüber. Zwischen den Büschen und Gräben gingen allerlei Männer von durchschnittlichem Äußeren gern und häufig spazieren. Sie beobachteten genau, wer eintraf und wer abfuhr. Und als sich der verstoßene Solschenizyn später in der Nachbarschaft, in Mstislaw Rostropowitschs Datscha, ansiedelte, wimmelte es überall in der Umgebung von solchen »Frischluftliebhabern«.

Dmitri Dmitrijewitsch weigerte sich sanft, doch unnachgiebig, die Musik für »Carmen« zu komponieren. Sein Hauptargument war (laut meinem Tagebuch): »Ich habe Angst vor Bizet.« Sein Tonfall war ein wenig scherzhaft. »Alle haben sich so sehr an die Musik der Oper gewöhnt, daß man sie nur enttäuschen kann. Die Oper ist unübertrefflich. Vielleicht könnte sich Rodion Konstantinowitsch etwas Besonderes ausdenken?«

Das Jahr 1964 ist mir noch durch ein weiteres Ereignis im Gedächtnis geblieben: Ich erhielt den Leninpreis, die höchste Auszeichnung für Künstler in der Sowjetunion. Die Entscheidung wurde damals durch eine geheime Abstimmung des Preiskomitees (dem Schriftsteller, Architekten, Musiker usw. angehörten) getroffen, und ein Kandidat mußte mehr als zwei Drittel der Stimmen erhalten. Danach wurde das Ergebnis durch das Staatsoberhaupt bestätigt. Man verkündete die Namen der Preisträger feierlich im April, an Lenins Geburtstag. Diese Methode hatte Chruschtschow in den Jahren des nachstalinschen »Tauwetters« eingeführt. (Für Chruschtschow selbst sollte 1964 das Jahr werden, in dem ihm die Hebel der Macht entrissen wurden.)

Nur drei Kandidaten – Mstislaw Rostropowitsch, der Schauspieler Nikolai Tscherkassow und ich – erhielten mehr als zwei Drittel der Stimmen. In jenem Jahr hatte man auch Solschenizyn wegen seines Romans *Ein Tag im Leben des Iwan Denissowitsch* vorgeschlagen. Da man von offizieller Seite aber befürchtete, daß die künstlerischen Sympathien der meisten Komiteemitglieder dem aufsässigen Schriftsteller gehören würden, veröffentlichte die Parteizeitung *Prawda* am Tag der Abstimmung einen vernichtenden Artikel, in dem sie Solschenizyn sämtlicher Todsünden bezichtigte. Daraufhin wurde er von der Kandidatenliste gestrichen.

Damit nicht genug. Chruschtschow weigerte sich, die geheime Entscheidung der Komiteemitglieder zu bestätigen, da alle drei erfolgreichen Kandidaten nicht selber Kunstwerke schufen, sondern lediglich die Werke anderer umsetzten. Es wurde eine zweite Abstimmung anberaumt, doch Alexander Twardowski, Dichter und Chefredakteur der Zeitschrift *Nowy mir*, erhob lautstark Einspruch. Die mutigeren Komiteemitglieder unterstützten ihn. Aber schließlich wurden mit Ach und Krach auch noch drei »schöpferisch Tätige« – ein Schriftsteller, ein Maler und ein Journalist – zu Preisträgern gemacht.

Aus heutiger Sicht mag man spötteln: Maija Plissezkaja als Leninpreisträgerin – wie ist das möglich? Aber ich will nicht heucheln, ich war stolz und glücklich, daß ich diese höchste sowjetische Auszeichnung erhielt. Vor mir hatten nur zwei Personen in der

Ballettwelt den Leninpreis bekommen: Ulanowa und Wachtang Tschabukiani. Unter den Musikern waren Prokofjew, Schostakowitsch, Chatschaturjan, Oistrach, Richter und Gilels geehrt worden – und nun, im selben Jahr wie ich, auch Mstislaw Rostropowitsch. (Der Stalinpreis wurde mir nicht zuteil. Golowanow hatte einmal dafür gesorgt, daß ich für »Chowanschtschina« in die Anwärterliste aufgenommen wurde. Doch meine politisch mißliche Familienbiographie hatte die Kandidatur sogleich scheitern lassen.)

Ich kehre zu »Carmen« zurück. Nach Schostakowitschs Absage trat ich an Chatschaturjan heran. Unsere Datschas in der bei Moskau liegenden Siedlung Snigiri waren nicht weit voneinander entfernt. Auf Spaziergängen setzte ich Aram Iljitsch mein Vorhaben auseinander, aber wir kamen nicht über vorläufige Gespräche hinaus.

Nun erschien eine weitere handelnde Person. Ende 1966 gab das kubanische Nationalballett ein Gastspiel in Moskau. Meine Mutter, die unermüdliche Theaterbesucherin, sah sich die Vorstellungen an und riet begeistert, »die Kubaner nicht zu versäumen«. Die Gäste traten in Luschniki auf. Schnee, Dunkelheit, Glatteis. Trotz meiner Unlust sah ich mir ein von Alberto Alonso inszeniertes Ballett an.

Gleich bei der ersten Bewegung der Tänzer hatte ich das Gefühl, von einer Schlange gebissen zu werden. Ich konnte kaum bis zur Pause auf meinem Platz sitzen bleiben. Das war die Körpersprache Carmens, ihre Figur, ihre Welt.

In der Pause rannte ich hinter die Kulissen.

»Alberto, wollen Sie ›Carmen‹ inszenieren? Für mich?«

»Das ist mein Traum.«

Wir hatten einander nicht begrüßt, waren einander nicht vorgestellt worden. Ein Blitz aus heiterem Himmel.

Alberto mußte in den nächsten Tagen nach Kuba zurückkehren, aber er wollte, sobald die offizielle Einladung des sowjetischen Ministeriums eintraf, von neuem nach Moskau fliegen.

»Mit einem fertigen Entwurf«, versprach er.

Am nächsten Morgen saß ich bereits um neun Uhr in Furzewas Vorzimmer. Ihre Sekretärin Ljubow Panteleimonowna (die Besucher hatten ihr den Spitznamen Ljubow Pantelefonowna gegeben) runzelte die Stirn.
»Was soll denn das, Maija Michailowna, ohne anzurufen. Jekaterina Alexejewna...«
Aber zu meinem Glück erschien die Ministerin auf der Schwelle ihres Zimmers und fragte freundlich: »Wieso kommen Sie um diese Zeit zu mir? Sie verpassen doch Ihr Training.«
»Jekaterina Alexejewna, ich muß unbedingt mit Ihnen sprechen. Es ist sehr wichtig...«
Überstürzt und mit etwas unzusammenhängenden Worten bat ich Furzewa, Alberto Alonso zur Inszenierung von »Carmen« ins Bolschoi-Theater einzuladen.
Ausländische Ballettmeister wurden bei uns nicht gern gesehen; schließlich konnten sie das jungfräuliche Bolschoi-Ballett durch ihren unheilvollen westlichen Einfluß verderben. Aber Alonso war Kubaner, ein Volksdemokrat, dessen Truppe die Völkerfreundschaft der Länder des sozialistischen Lagers gerade untermauert hatte.
»Ein Einakter, sagen Sie? Vierzig Minuten lang? Also ein kleiner ›Don Quixote‹, stimmt's? Spanische Motive? Ich werde mich mit den Genossen beraten. Es dürfte keine ernsthaften Einwände geben. Die sowjetisch-kubanische Freundschaft muß gestärkt werden.«
Furzewas rasches Einverständnis hatte mit meiner gerade erfolgten Auszeichnung zu tun. Zwei oder drei Jahre lang würde ich von dem Bonus zehren können. Es hätte der Etikette widersprochen, einer Leninpreisträgerin ein kleines, außerplanmäßiges Ballett abzuschlagen. Die Minister verstanden es, den Mantel nach dem Wind zu hängen! Mein Ruf als klassische Tänzerin war makellos, und man brauchte nicht mit bösen Streichen nach Art des modernen Tanzes zu rechnen. Außerdem war die Verbrüderung mit dem bärtigen Fidel in ein Stadium rasender Euphorie getreten.

Alberto traf an einem vor Frost klirrenden Tag in Moskau ein – mit einem einmonatigen Visum. In seiner Jugend hatte er im russischen Ballett von Monte Carlo getanzt und beherrschte noch ein paar Brocken unserer Sprache.

»Ein Monat. Visum. Schlecht fürs Ballett.«

Er hatte unseren russischen Winter in tropischem Leichtsinn mißachtet und war ohne Mütze gekommen, da er meinte, daß seine üppige Haarpracht ihn vor dem Frost schützen würde. Ein Irrtum. Schon am ersten Tag erkältete sich der heißblütige Alberto so sehr, daß wir ihm nicht nur eine Pelzmütze mit Ohrenklappen besorgen, sondern ihn auch zum Arzt schleppen mußten. Dieser stellte nicht weniger als eine Hirnhautentzündung fest.

Also gut, eine neue »Carmen«. Morgen fangen wir an, aber mit welcher Musik?

Schtschedrin hatte versprochen, die Musik für mich zu komponieren. Allerdings hatte er nicht erwartet, daß es gelingen würde, Alberto Alonso so mühelos nach Moskau zu holen. Aber nun war schon für morgen um zwölf Uhr die erste Regieprobe angesetzt. Was sollte die Pianistin spielen?

Ich wußte, daß Schtschedrin mit Arbeit überhäuft war. Auf seinem Schreibtisch lagen Stapel mit Partituren. Er war in seine »Poetorija«, ein Orchesterkonzert für einen Dichter (Wosnessenski), und in Filmaufträge vertieft. Filmarbeiten sind immer dringend und sollen meistens »schon gestern« fertig sein.

Er beruhigt mich. »Halten wir uns an Bizet. Weißt du noch, was Schostakowitsch gesagt hat?«

»Aber welche Teile der Oper sollen wir nehmen?« frage ich.

Bis tief in die Nacht sitzen wir bei uns in der Gorki-Straße: Alberto, Rodion und ich. Alberto bemüht sich, in einem Gemisch aus Russisch, Englisch und Spanisch sein Vorhaben zu erklären. Er interpretiert die Geschichte Carmens als den verhängnisvollen Widerstand eines seiner Natur nach frei geborenen Menschen gegen ein totalitäres System, in dem gemeine Tyrannei und Untertänigkeit herrschen und das von verlogenen persönlichen Beziehungen, einer perversen Moral und demütigender Feigheit gekennzeichnet ist.

Rodion versichert: »Maija bringt morgen die Noten mit. Mach dir keine Sorgen, Alberto. Nach Bizet. Heute nacht stelle ich eine Musikmontage in deinem Sinne her. Mach dir keine Sorgen!« Aber es ist schon zwei Uhr nachts.

»Womit fangt ihr an?«

Wir fingen mit dem Paartanz an: Carmen und der Stierkämpfer, also ich und Sergei Radtschenko. Alberto inszenierte selbstvergessen. Alles war völlig originell. Nichts, was ich bis dahin getanzt hatte, ließ sich damit vergleichen.

Eine Stockung. Bizets Musik wurde schneller – dieser Teil stammte aus »L'Arlésienne«. Doch Alberto brauchte etwas Verborgenes, Zauberhaftes. Er zeigte uns ein gedämpftes, wachsames, leises Spiel der Beine, der Augen und Schultern. Aber dazu paßte die Musik nicht.

Nach der Probe, beim Essen, beklagte ich mich bei Schtschedrin. Am Abend kam Alberto. Wir saßen fest. Rodion versprach, am nächsten Tag beim Training zu erscheinen.

Wir zeigten ihm unsere bisherige Arbeit, und ich sah im Spiegel, daß Schtschedrin beeindruckt war. Auch den Teil, der nicht zu der Beschleunigung bei Bizet paßte, führten wir ihm vor. Die Choreographie verlangte Stille, Besinnlichkeit. Rodion nahm die Noten und veränderte Bizets Vorlage so, daß sie unserem Tanz entsprach.

So begann »Carmen-Suite« von Bizet und Schtschedrin – ein Stück, das noch heute in fast allen Ländern der Erde gespielt wird: bei den Meisterschaften von Eiskunstläufern und Turnern, beim Synchronschwimmen ... Zu der Musik gibt es unterschiedliche, eigenständige Choreographien (1992 etwa bot Mats Ek eine blendende Inszenierung dar). Und alles begann im zweiten Übungssaal des Bolschoi-Theaters in der vierten Etage, auf der Spiegelbank.

In jenem Jahr – 1967 – war das Genre der musikalischen Bearbeitung völlig in Vergessenheit geraten. Aber das Schicksal bewog Schtschedrin, dieses Genre wiederzubeleben.

Die Proben gingen rasch voran.

Boris Messerer schuf ein durchbrochenes, rot-schwarz-gelbes Bühnenmodell. Fadejetschew studierte den Don José, Lawrenjuk den Corregidor und Kassatkina die Zigeunerin ein. Die drei Mädchen aus der Zigarettenfabrik waren Kochanowskaja, Ryschenko und Domaschewskaja. Zehn Männer hatten begleitende Rollen. Insgesamt waren wir achtzehn Personen, und es gab keine zweite Besetzung, da uns das Theater keine weiteren Künstler zugeteilt hatte. Wenn jemand ernstlich erkrankte, hatten wir uns vergeblich abgemüht.

Aber der Himmel war uns hold. Unter größten Schwierigkeiten konnten wir Albertos Visum verlängern lassen. Wir bezahlten sein Hotelzimmer, aber Sowjetbürger durften nicht für Ausländer aufkommen. Deshalb war er stets von der Ausweisung bedroht, doch diese wurde zum Glück immer wieder verzögert.

Die Ausstattungsateliers arbeiteten zu langsam, bis zu den Orchesterproben. Erst am Morgen vor der Premiere waren die Kostüme fertig, so daß die Tänzer sie nicht mehr anprobieren konnten. Die Beleuchtungs-, die Dekorations- und die Generalprobe mußten gleichzeitig durchgeführt werden. Einen Tag davor bat Schtschedrin die Mitwirkenden, auf die Oberbühne zu steigen, damit wir uns den Orchesterklang anhören konnten. Das Bolschoi-Orchester wurde von Gennadi Roschdestwenski dirigiert, und zwar vorzüglich.

Rodion hatte seine Partitur für Saiten- und Schlaginstrumente geschrieben (die Arbeit nahm, so verblüffend es sich anhört, nur zwanzig Tage in Anspruch – und davon verbrachte Schtschedrin vier Tage in Ungarn bei der Beerdigung von Zoltán Kodály). Ich tanzte in unserer engen Küche – während des Essens, mit einem Stück Huhn im Mund – jede neue, von Alberto choreographierte Episode. Schtschedrin betrachtete meine angedeuteten Bewegungen, als suche er darin nach geheimnisvollen Akzenten. Warum?

Erst bei der Orchesterprobe wurde meine Frage beantwortet. Die Musik klang so ungewohnt, kühn, klar, modern, kraftvoll, aufwühlend, malerisch, prophetisch, erhaben, daß wir alle erstarrten. Das war es!

»Genial«, flüsterte mir Natascha Kassatkina ins Ohr.

Das Orchester spielte mit unverhohlener Begeisterung. An den Gesichtern der Musiker war abzulesen, wieviel Freude sie an dem Stück hatten. Die Violinbögen schwangen auf und nieder, die

Schlagzeuger droschen auf ihre Trommeln und ließen die Schellen klingen; exotische Instrumente, die ich vorher noch nie gesehen hatte, zirpten, kratzten und pfiffen. Das war es!

Die Musik küßt die Musik, wie die hoheitsvolle Dichterin Bella Achmadulina später über »Carmen-Suite« sagen sollte.

»Wir müssen uns genauso anstrengen«, wurde Fadejetschew väterlich von Radtschenko ermahnt.

Bei der Premiere überboten wir uns selbst, aber das Publikum im Bolschoi-Theater war kühler als sonst. Nicht nur Ministerin Furzewa und ihre Helfershelfer, sondern auch die mir gewogenen Moskauer Zuschauer hatten einen zweiten »Don Quixote« – angenehme Variationen eines vertrauten Themas, anspruchslose Unterhaltung – erwartet. Und plötzlich war alles ernst, neu, aus dem Rahmen fallend. Man applaudierte eher aus Höflichkeit, aus Respekt gegenüber vergangenen Aufführungen. Aber wo waren die Pirouetten? Die Chaînés? Die Fouettés? Die Drehungen? Das schöne Tutu der schalkhaften Kitri? Ich spürte, wie sich Unverständnis im Saal breitmachte.

(Zu den wenigen, die das Stück bereits bei der Premiere rückhaltlos akzeptierten, gehörten der große Schostakowitsch, der sonst immer zu Kritik aufgelegte Jakobson, Lilja Brik und W. A. Katanjan sowie die Musikwissenschaftlerin Irina Straschenkowa. Alle übrigen schwiegen oder sprachen über Nebensächliches: über das vorzeitige Frühlingswetter, die abschreckenden Marktpreise . . .)

Die zweite Vorstellung war für den 22. April angesetzt. Am selben Tag planten wir ein Bankett für die Mitwirkenden; dazu hatten wir das Restaurant im Haus der Komponisten gemietet (eine Anzahlung war bereits geleistet worden).

Aber es kam zu Komplikationen. Am Morgen des 21. April 1967 hörte ich die Baritonstimme von Direktor Tschulaki am Telefon. »Maija Michailowna, Rodion Konstantinowitsch, eigentlich dürfte ich Sie nicht anrufen. Aber die morgige Vorstellung von ›Carmen‹ wird abgesetzt. Statt des Dreierprogramms [gemeint waren drei Einakter, unter denen ›Carmen-Suite‹ als letzter gezeigt wurde] läuft ›Der Nußknacker‹.«

»Wieso? Mit welchem Recht?« fragte ich verblüfft.
»Die Anordnung kommt von Wartanjan. Ich muß gehorchen. Bitte, beziehen Sie sich nicht auf mich, aber versuchen Sie, mit Furzewa zu reden. Vielleicht können Sie sie umstimmen. Viel Erfolg.«

Wartanjan war ein kleiner, gebeugter Armenier, der sämtliche musikalischen Einrichtungen der Sowjetunion leitete. Nur die stellvertretenden Minister und Furzewa selbst standen über ihm.

Wir warfen uns unsere Mäntel über, schnürten die Stiefel im Lift zu und eilten zum Kulturministerium. Ljubow »Pantelefonowna«, die von der Reaktion auf »Carmen-Suite« noch nichts erfahren hatte, vertraute uns ein Staatsgeheimnis an: Die Ministerin sei im Kreml-Kongreßpalast bei der Durchlaufprobe des »Leninschen Konzerts«. (Jeder Geburtstag Lenins wurde mit einem langen, ermüdenden Vortrag und – nach der Pause – mit einem »Konzert von Meistern der Künste« gefeiert.)

Vom hellen Tageslicht geblendet, tasteten wir uns in den verdunkelten Zuschauersaal vor. Die Ministerin und ihr Gefolge widmeten sich einer bedeutenden Regierungsangelegenheit: Eine gute Stunde lang erörterten sie, wann der Chor der alten Bolschewiki sein Revolutionslied vortragen solle – am Beginn oder am Ende des Konzerts. Wir nahmen leise hinter den gekrümmten Rücken Platz, die der klugen Ministerin zugeneigt waren. Man legte den Disput bei: Die alten Bolschewiki würden am Ende, vor der feierlichen Schlußszene, singen. Im Saal ging das Licht an. Wir nutzten die Gelegenheit und trugen Furzewa unsere Argumente vor.

Aber die Ministerin bleibt unnachgiebig. »Das war ein großer Mißerfolg, Genossen. Das Stück ist unfertig. Zuviel Erotik, die Musik der Oper ist entstellt – das Konzept muß geprüft werden. Ich habe große Zweifel daran, daß sich das Ballett fertigstellen läßt. Das ist ein uns fremder Weg.«

Sie spricht eine ganz andere Sprache als wir.

Furzewa eilt zum Ausgang, und als sie bereits an der Tür ist, bringt Schtschedrin sein letztes Argument an. »Jekaterina Alexejewna, wir haben schon für ein Bankett im Haus der Komponisten bezahlt. Die Mitwirkenden und das ganze Orchester sind morgen eingeladen. Wahrscheinlich wird die ›Stimme Amerikas‹ nun dafür sorgen, daß sich die Sowjetmacht vor der ganzen Welt blamiert.«

»Ich nehme das Liebes-Adagio heraus, alle schockierenden Hebungen werden gestrichen«, biete ich der Ministerin an.

»Und das Bankett kann nicht mehr abgesagt werden?« Sie bleibt hinter der Tür stehen.

»Alle sind benachrichtigt, Jekaterina Alexejewna. Ob die Aufführung stattfindet oder nicht, die Leute werden kommen. Aber dann gibt es keine Geburtstags-, sondern eine Leichenfeier. Wollen Sie das etwa?«

Man kann nie wissen, welche Geschütze man auffahren muß, um unsere hohen Würdenträger umzustimmen ...

»Ein Bankett – das ist tatsächlich nicht gut. Aber Sie versprechen mir, die Hebungen herauszunehmen? Morgen früh wird sich Wartanjan Ihre Probe ansehen und mir dann Meldung machen. Und ziehen Sie sich einen Rock an, Maija, bedecken Sie Ihre nackten Schenkel. Das ist die Bühne des Bolschoi-Theaters, Genossen.«

Ich habe nicht die Kraft, die ganze Skala unserer Gefühle an jenen beiden unglückseligen Tagen zu beschreiben. Dies ist nur eine kurze Skizze.

Auch Schostakowitsch kam uns zu Hilfe. Er rief im Ministèrium an und drückte sein Entzücken über »Carmen-Suite« aus. Bitte sehr!

»Der Nußknacker« wurde abgesetzt, und »Carmen-Suite« stand wieder auf dem Plan. Die zweite Vorstellung würde trotz allem stattfinden!

Aber ohne eine Vielzahl glücklicher Umstände – wenn Tschulaki es nicht mit der Angst bekommen und uns angerufen, wenn Ljubow »Pantelefonowna« sich nicht verplappert hätte, wenn wir Furzewa nicht im dunklen Saal des Kongreßpalastes erwischt hätten, wenn Schostakowitsch nicht für uns eingetreten wäre – hätte unser Ballett nie wieder das Tageslicht erblickt.

Das Moskauer Publikum gewöhnte sich allmählich an unsere

Schöpfung. Mit jedem Abend wuchs der Erfolg. Nikolai Fjodorowitsch Kudrjawzew, ein aristokratischer Sproß der ersten Generation und mittlerweile Impresario in Kanada, organisierte eine Sommertournee des Balletts aus Anlaß der »Expo 67«. Er beschloß, »Carmen-Suite« in das kanadische Repertoire aufzunehmen – das Stück sei genau das Richtige für die »Expo«.

Wie in Rußland üblich, wußte die Rechte nicht, was die Linke tut. Die »Carmen«-Dekorationen wurden nach Kanada verschifft, doch dann schlug Wartanjans Behörde Alarm.

In Furzewas Büro fand eine Konferenz von fünfzehn bis zwanzig Personen statt. Die Ministerin hatte einen einfachen Plan: Plissezkaja gesteht die Mangelhaftigkeit des neuen Balletts öffentlich ein und bittet, das unreife Opus auf der Auslandsreise nicht zu zeigen und es durch etwas Klassisches zu ersetzen. Vielleicht durch »Schwanensee« – das ist das wahre Gesicht des Bolschoi-Theaters! Furzewa hatte fünfzehn bis zwanzig Minuten für meine Selbstkritik veranschlagt. Unterdessen sollte Kudrjawzew die Entscheidung im Vorzimmer, unter den Fittichen von Ljubow »Pantelefonowna«, abwarten. Bevor ich das Büro betrat, begrüßte ich meinen abgezehrten, blassen Impresario, der nervös an seiner üppigen, getüpfelten Fliege zupfte.

Die Konferenz bei der Ministerin beginnt mit heftigen Ausfällen: Man habe die Vorführung eines äußerst umstrittenen Balletts gestattet, doch dies bedeute nicht, daß man ein experimentelles Stück auch ausländischen Zuschauern zeigen solle. Und wieder ist von der Reputation des Bolschoi-Theaters die Rede.

»Verstehen Sie denn nicht, Maija Michailowna, daß Sie sich von dem Ballett distanzieren und die Gründe hierfür Ihrem Herrn Kudrjawzew erklären müssen?« bedrängt mich W. I. Popow, Furzewas Stellvertreter in ausländischen Fragen.

»Ohne ›Carmen‹ werde ich nicht nach Kanada fahren. Meinen ›Schwanensee‹ hat man dort schon dreimal gesehen. Ich möchte etwas Neues zeigen«, erwidere ich.

»Ich selbst habe mir das Ballett nicht angeschaut«, säuselt Popow, »aber alle sind sich darin einig, daß die Aufführung nicht geglückt ist. Sie haben sich vertan.«

»Und Sie, Wladimir Iwanowitsch, urteilen nach dem Hörensagen.«

Furzewa schaltet sich ein. »Die Aufführung wird ohnehin nicht überleben. Ihre ›Carmen-Suite‹ wird sterben.«

»›Carmen‹ wird dann sterben, wenn auch ich sterbe«, gebe ich heftig zurück.

Stille. Alle halten den Atem an.

»Was soll aus unserem Ballett werden, wenn das Bolschoi-Theater solche formalistischen Stücke zeigt?« ereifert sich Furzewa.

Auch ich bin aufgebracht und kann mich nicht mehr bremsen.

»Nichts wird aus ihm. Es wird weiter so vor sich hin schimmeln wie bisher.«

Furzewas Gesicht bedeckt sich mit roten Flecken. Sie wendet sich schroff an den wie eine Wachsfigur dasitzenden Tschulaki.

»Wie können Sie schweigen, Genosse Tschulaki, wenn man Ihnen so etwas sagt? Antworten Sie! Solange Sie noch Direktor sind ...«

Das ist eine Drohung. Aber Tschulaki, ein massiger Mann mit einem gewaltigen kahlen Schädel, ist schon zu Stalins Zeiten durch dick und dünn gegangen. Die hysterischen Angriffe der Ministerin können ihn nicht einschüchtern. Er betrachtet Furzewa finster durch seine massive Hornbrille.

»Ich habe zwei Tabletten genommen, um schweigen zu können.«

Tschulaki schwenkt eine Arzneitüte in seinen dicken Fingern.

»Wo haben Sie denn Ihre Augen gehabt, Genosse Tschulaki? Warum haben Sie kein Zeichen gegeben? Gefällt Ihnen dieses häßliche Ballett etwa?« hakt Furzewa nach.

»Nicht alles daran ist schlecht, Jekaterina Alexejewna. Die Wahrsageszene ist sehr interessant gemacht.«

»Ach so, Sie sind ein Komplize.«

Und nun sagt unsere Kulturministerin den historischen Satz: »Sie haben drei Menschen ins Gesicht geschlagen: mir, Rodion und Tschulaki. Denn Sie haben eine Heldin des spanischen Volkes zu einem leichtlebigen Frauenzimmer verunstaltet.«

Das ist die Höhe. Furzewa hat ein Eigentor geschossen. Die Anwesenden schlagen die Augen nieder. Manche haben offenbar Mérimée gelesen. Aber sie schweigen.

»›Carmen‹ wird in Kanada nicht gezeigt. Teilen Sie das Ihrem Agenten Kudrjawzew mit«, befiehlt Furzewa.

Popow erhebt sich ein wenig von seinem Stuhl.

»Dann, Wladimir Iwanowitsch, sagen Sie Kudrjawzew auch, daß ich nicht nach Kanada fahre«, entgegne ich.

»Ist das ein Ultimatum?«

»Ja.«

»Sie *werden* nach Kanada fahren, aber ohne ›Carmen‹.«

»Und wie soll ich dort erklären, daß ich das angekündigte neue Ballett nicht tanze?«

»Sie erklären, daß ›Carmen‹ noch nicht fertig ist.«

»Nein, auf keinen Fall. Ich werde die Wahrheit sagen: daß Sie das Ballett verboten haben. Sie sollten mich besser nicht nach Kanada schicken.«

»Maija Michailowna hat recht«, wirft Schtschedrin energisch ein.

Furzewa zuckt zusammen. Sie beginnt zu schreien.

»Maija hat kein Klassenbewußtsein, aber Sie . . . Sie sind Parteimitglied!«

»Ich bin kein Parteimitglied«, sagt Rodion noch energischer.

Furzewa plumpst in ihren Sessel.

Ich lege nach: »Wenn ›Carmen‹ verboten wird, verlasse ich das Theater. Was habe ich zu verlieren? Ich tanze schon seit fünfundzwanzig Jahren. Vielleicht ist das genug. Aber ich werde den Leuten den Grund erklären.«

»Sie sind eine Verräterin des klassischen Balletts«, kreischt Furzewa.

Ich bleibe stumm. Was soll ich darauf antworten?

»Alle Musiker sind empört. Gestern hat sich der geachtete Komponist Wlassow die Haare gerauft, und Wartanjan ist verzweifelt.«

Wartanjan hat mir mit seinen puritanischen Ratschlägen zugesetzt, nun kann ich mich rächen.

»Dem Nichtskönner Wartanjan gefällt das Ballett nicht, aber das Genie Schostakowitsch ist entzückt. Wie bewerten Sie das, Jekaterina Alexejewna?«

Furzewa runzelt die Stirn, aber sie wagt es nicht, einen Stein auf den legendären Künstler zu werfen.

»Carmen-Suite« wurde in Kanada nicht gezeigt, nur die Dekorationen reisten hin und zurück und genossen die frische Seeluft. Sechs Jahre lang hatte ich nicht ausreisen dürfen, und nun war meinem Stück das gleiche widerfahren.

Auch ich flog allen Einschüchterungen zum Trotz nicht nach Kanada. Aber meine Drohung, das Theater zu verlassen, machte ich nicht wahr.

Der Sommer war für mich verloren. Die Nervenbelastung ließ mich für lange Zeit krank werden. Ich verlor die Stimme. Nur gut, daß ich keine Sängerin bin. Bis zum Beginn der Saison blieben Schtschedrin und ich wie Einsiedler in unserer Datscha in Snigiri. Wir hatten keine Lust, mit anderen Menschen zusammenzukommen.

Der arme Nikolai Fjodorowitsch Kudrjawzew, der an jenem Tag im Vorzimmer der Ministerin statt zwanzig Minuten fast drei Stunden wartete (Ljubow »Pantelefonowna« bewirtete ihn mit Tee), bezahlte eine hohe Konventionalstrafe, was seine Finanzen arg strapazierte.

Auch in Moskau konnte das Stück lange nicht gezeigt werden, da die Dekorationen fehlten. Zudem war 1967 ein Jubiläumsjahr: fünfzig Jahre seit dem Großen Oktober. Die Theater sollten dem sowjetischen Publikum in diesem Jahr nur unvergängliche, ideologisch einwandfreie Meisterwerke des sozialistischen Realismus darbieten.

Nachdem sich der allgemeine Jubiläumstrubel gelegt hatte, verankerte sich »Carmen-Suite« jedoch allmählich im Moskauer Repertoire des Bolschoi-Balletts. Es ist ein »mobiles« Stück mit wenigen Mitwirkenden, und die Ausstattung braucht nicht geändert zu werden. Dem Orchester gehören nur Streicher und fünf Schlagzeuger an. Das Publikum strömte in Scharen herbei. Allen gefiel es, mir am meisten. Ich liebte dieses Ballett bis zur Besinnungslosigkeit!

Und dann ein Happy-End.
Zu einer der Vorstellungen im Jahre 1968 erschien Ministerpräsident Kossygin. Am Ende klatschte er höflich in der Regierungsloge und entfernte sich. Was er von »Carmen-Suite« hielt, bleibt unklar.
Einen Tag später traf Rodion zufällig auf einem Empfang mit Furzewa zusammen.
»Ich habe gehört, daß sich Alexei Nikolajewitsch Kossygin ›Carmen‹ angesehen hat. Stimmt das? Wie hat er reagiert?« erkundigte sich Furzewa ein wenig furchtsam.
Schtschedrin war zu einem spontanen Bluff bereit.
»Er hat sehr positiv reagiert, Alexei Nikolajewitsch hat uns später zu Hause angerufen und uns sehr herzlich gratuliert. Ihm gefällt das Stück.«
Ein seliges Lächeln erhellte Furzewas Züge.
»Sehen Sie, sehen Sie. Wir haben nicht umsonst darauf bestanden, daß Sie weiter an dem Ballett arbeiten. Man hat mir berichtet, daß vieles besser geworden ist. Aber Sie müssen Ihre Bemühungen noch intensivieren.«
Im nächsten Jahr gaben wir ein Gastspiel in London. Ein englischer Impresario wollte von W. I. Popow wissen, ob »Carmen-Suite« gezeigt werden könne. Und plötzlich antwortete Popow, ohne mit der Wimper zu zucken: »Kein Problem, wir haben keine Einwände. Das Stück ist inzwischen ausgereift, Plissezkaja ist erwachsen geworden. Dadurch erhält das Repertoire einen schönen Farbtupfer.«
In England, fern von Wartanjan, wagten wir sogar, das Finale des Liebes-Adagios wieder aufzunehmen. Drei Jahre später führten wir es dann auch in Moskau vor. Inzwischen war genug Zeit vergangen . . .

Ich tanzte »Carmen-Suite« rund dreihundertfünfzigmal, hundertzweiunddreißigmal allein im Bolschoi-Theater. Das Ballett wurde überall auf der Welt gezeigt, zuletzt führte ich es 1990 mit einer spanischen Truppe in Taiwan auf. Und das war vielleicht die beste »Carmen« meines Lebens. Wer hätte das gedacht!

Die Presse lobte mich, die Presse schmähte mich. Aber die Zuschauer nahmen das Stück begeistert auf. War das nicht der beste Lohn für meine Hartnäckigkeit, meinen Glauben, meine unerschütterliche Überzeugung?

Am 3. September 1967 versammelte sich die Bolschoi-Truppe wieder im Theater – etwas später als gewöhnlich, wegen der »Expo 67« in Kanada. Ich begann meine fünfundzwanzigste Saison. Meine fünfundzwanzigste!

Als ich den Übungssaal betrat, begrüßten mich meine Kollegen mit einer Ovation. Zuerst glaubte ich, sie hätten von meinem Jubiläum erfahren. Doch nein, der Grund war ein anderer. Man klatschte zu lange und zu heftig. Etwa deshalb, weil ich mich geweigert hatte, ohne »Carmen-Suite« nach Kanada zu reisen?

Sergei Radtschenko flüsterte mir zu: »Der Beifall gilt deiner Zivilcourage.«

Mir blieb die Luft weg.

Die Arbeit mit Roland Petit und Maurice Béjart

Im sowjetischen Fernsehen war gezeigt worden, wie mir der französische Präsident François Mitterrand den Orden der Ehrenlegion anheftete und eine Lobrede auf mich hielt. Daraufhin meinte ein mir unbekannter hoher Sowjetfunktionär beim Neujahrsempfang im Kreml mit lauter Stimme: »Maija Michailowna, ich dachte, daß der Orden der Ehrenlegion nur an Mitglieder der Widerstandsbewegung verliehen wird. Aber Sie haben ihn trotzdem bekommen...«

»Ich habe doch mein ganzes Leben lang Widerstand geleistet«, erwiderte ich freimütig lachend.

Bei allem Widerstand hatte ich es allerdings nie gewagt, von der Arbeit mit westlichen Choreographen auch nur zu träumen. Ich hatte die Inszenierungen von Lifar, Roland Petit, Jerome Robbins und Béjart in Filmen gesehen und war von der Neuheit der Ideen, der Ausdrucksmittel und Formen überwältigt. Aber eine Zusammenarbeit mit diesen ungehemmten, kühnen Bilderstürmern war für mich angesichts unseres eingeengten Sklavenlebens undenkbar.

Während eines meiner Besuche in Paris stieß ich bei »Madame Repetto« zufällig auf Roland Petit (seine Mutter betrieb das Geschäft). Er machte mir den unerwarteten Vorschlag: »Wir müssen gemeinsam arbeiten. Ich habe eine großartige Idee für Sie, Maija: Ihre Rolle soll hauptsächlich mit Ports de bras gestaltet werden.«

Roland führte mir stürmisch seinen seltsamen Tanz vor, wobei er den Tresen streifte und das Trikot, das ich mir bei »Madame Repetto« kaufen wollte, auf den Boden fegte. Seine Arme beschrieben Muster, Schleifen, Knoten, seine Handflächen schienen miteinander zu sprechen und sich zu streiten.

»Und was machen die Beine?« fragte ich.

»Das weiß ich noch nicht. Werden Sie diesmal lange in Paris sein?«

»Nur ein paar Tage.«

»Ich werde Sie in Marseille anrufen.«

Ich hatte während meiner zweiten Pariser Saison mit Roland Petit Bekanntschaft geschlossen. Roland und Zizi Jeanmaire waren mit den Aragons befreundet, und Louis Aragon hatte Petit auf den Gedanken gebracht, Blakes Gedichte tänzerisch darzustellen. (Aragon selbst hatte Blake glänzend ins Französische übersetzt.) Aus dieser Anregung sollte meine »Rose malade« hervorgehen.

Aber das Bolschoi-Theater ließ mich nicht nach Marseille reisen – ich hatte zu Hause zu viele Auftritte. Deshalb kam Roland mit seinem Tänzer Rudy Bryans nach Moskau. Würde Rudy zu mir passen, oder war er zu klein für mich?

Auf den ersten Blick wirkte Rudy tatsächlich wie ein Knirps, zumal er der damaligen Mode entsprechend eine kurze, enge Jacke trug, die ihn kleiner machte. Aber sobald Bryans seine Ballettkleidung angelegt hatte, schien er sich in die Höhe zu rekken. Wir versuchten mehrere Hebungen, und seine Hände erwiesen sich als kräftig und klug. »Kluge Hände« – ich liebe diesen Ausdruck. Mit »dummen Händen« kann ein Mann nicht tanzen, denn dann läßt er die Partnerin fallen, hält sie zu lange oder zu kurz fest. – Also gut, wir wollten es wagen.

Die Probe war für den nächsten Tag um zwölf Uhr angesetzt. Roland hatte sich aus Anlaß des historischen Moments von Kopf bis Fuß weiß gekleidet. Er duftete nach Parfüm. In Moskau herrschte kühles Herbstwetter, und er hatte sich außerdem mit einem langschößigen Waschbärpelz ausgestattet. Einen solchen Monsieur hatten die Moskauer noch nie zu Gesicht bekommen – jedenfalls nicht seit dem Krieg von 1812! Außerdem war Roland, der sich auf seinen »Majakowski« vorbereitete, mit völlig kahlem Schädel erschienen. Elsa und Aragon hatten ihm Rodtschenkos berühmte Fotos des kahlköpfigen russischen Dichters geschickt, und Roland wollte sich in seine Rolle einleben. Er sah so exotisch aus, daß die Gaffer ihre langen Nasen unablässig durch die Türen der Ballettsäle steckten. So etwas erlebte man schließlich nicht alle Tage . . .

Roland inszenierte unseren Pas de deux im Laufe weniger Tage. Er hatte den Entwurf zusammen mit Bryans – für mich sprang ein »Double« ein – bereits in Marseille vorbereitet. Die Choreographie war gelungen, und wir brauchten nur einige Hebungen zu ändern, die sich für meinen Körper nicht eigneten. Die Musik zu »La Rose malade« stammte von Gustav Mahler: Fragmente aus der Fünften Sinfonie, das berühmte »Adagietto«.

Am 1. Januar 1973 flog ich nach Marseille. Ich hatte nur ein paar Tage Zeit, um das Adagietto zusammen mit Rudy Bryans einzustudieren und mir die Sprünge mit sechs Männern im dritten Teil des Balletts anzueignen. An dem ersten Teil, der den Titel »Garten der Liebe« trug, war ich nicht beteiligt. Die Premiere würde im Pariser Sportpalast stattfinden. Dort erwartete mich auch die Anprobe der Kostüme, die Yves Saint Laurent kreiert hatte.

Roland traute seinem Assistenten nicht und probte persönlich mit mir. Er führte mir die Bewegungen mit ungebremstem Schwung vor. Aber ich war es nicht gewohnt, so kraftvoll zu arbeiten.

Petit fragte ärgerlich: »Sind Sie nur bei mir so faul oder immer?«

»Für mich ist es am wichtigsten, mir die Partie einzuprägen. Danach wende ich mehr Energie auf.«

»Eine merkwürdige russische Schule«, meinte Roland.

»Was ist daran merkwürdig? Ich möchte tanzen, bis ich hundert bin.«

»Und wenn jemand nicht faul ist?«

»Dann tanzt er schon mit Vierzig nicht mehr.«

Zur letzten Probe in Marseille kam Bürgermeister Gaston Defferre. Unter seiner Patronage hatte Roland Petit die Truppe aufgebaut. Roland bat mich: »Faulenzen Sie heute nicht, Maija. Gaston weiß nichts von den Bräuchen der russischen Schule.«

Zum erstenmal tanzte ich die »Rose« mit voller Kraft durch. Ich schien die Stimmung eingefangen zu haben, und Roland war zufrieden.

Nach der Probe aßen wir in fröhlicher Gesellschaft in einem beliebten Restaurant, das auf Meeresfrüchte spezialisiert war: Austern, Mollusken, Seeigel, heiße Bouillabaisse. Roland, mit schneeweißen Glacéhandschuhen angetan, saß neben mir. Die Stammgäste des Restaurants kannten ihn und warfen entzückte Blicke auf seine Handschuhe.

Premiere in Paris. Zuerst »Majakowski«. Die Bühne ist mit roten Fahnen geschmückt. Wojtek Lowski schwebt als Sturmvogel der Revolution dahin. Denys Granio verkörpert den jungen Dichter, Barbara Malinowska seine Geliebte Lilja Brik. Der kahlgeschorene Roland selbst ist der Majakowski der letzten Lebensjahre. Der Selbstmord als Leitmotiv: Zwei zusammengelegte Finger stellen eine Pistole dar.

Das Publikum kann sich trotz der erlesenen Choreographie nicht für die Revolutionsthematik begeistern. Aber Roland läßt sich nicht entmutigen. Er bedenkt seine Truppe mit lauten Bravorufen aus den Kulissen und wirft den im Saal empört pfeifenden Zuschauern Kußhände zu. Wie wunderbar, wenn ein Schöpfer so von seiner Unfehlbarkeit überzeugt ist!

Dann sind wir an der Reihe: »La Rose malade«. Im ersten Teil – »Garten der Liebe« – treten drei Liebespaare auf: ein Junge und ein Mädchen, zwei sinnliche Zigeuner, zwei empfindsame Knaben.

Den zweiten Teil bestreiten Rudy Bryans und ich mit einem zwölf Minuten langen Pas de deux, der sich eng an das Motiv von Blakes Gedicht hält. Der Jüngling, unsäglich verliebt in die Rose, läßt sie durch seine Leidenschaft austrocknen, so daß sie verwelkt und ihre Blütenblätter in seiner Umarmung verliert.

Seit der Pariser Premiere habe ich Roland Petits kleines Meisterwerk mehr als zweihundertmal getanzt: im Bolschoi-Theater, in Argentinien, Australien, Japan und Amerika. Nach Bryans waren Godunow, Kowtun, Berdyschew und Jefimow meine Tanzpartner.

Dritter Teil. Ich bin von sechs Männern umgeben, die kraftvolle Sprungvariationen vorführen. Ich folge ihrem Beispiel, und dann gehen wir zu einem gemeinsamen Sprungteil über. Yves Saint Laurent hat interessante Kostüme geschaffen, auf denen Muskeln, Rippen, Lenden abgezeichnet sind. Nur ich trage einen schwarzen Chiton und eine Flamme auf dem Kopf.

Roland Petit gab übrigens auch ein Urteil über meine choreographischen Bemühungen ab.

»Wie hat Ihnen meine ›Anna Karenina‹ gefallen, Roland?«
»Darin ist alles vorzüglich – bis auf die Choreographie.«

Mit Maurice Béjart versuchte ich brieflich Kontakt aufzunehmen.

Als ich mich im Sommer 1974 einen Tag lang in Dubrovnik aufhielt – dort fand ein bedeutendes Festspiel statt –, besuchte ich einen Ballettabend, auf dem Duška Sifnis Béjarts »Boléro« tanzte. Das Stück war so unvorstellbar schön, daß ich nur noch einen Gedanken hatte: »Boléro« mußte mir gehören. Gewiß, ich war nicht die erste, aber ich würde die Rolle zu meiner machen. Das war mein Ballett!

Nach Moskau zurückgekehrt, griff ich sofort zur Feder: Lieber Maurice, ich bin entzückt, überwältigt. Könnten Sie nicht mit mir arbeiten? »Boléro« ist wie für mich geschaffen . . . Und so weiter.

Ein mehrsprachiger Freund von uns übersetzte meinen aufgeregten Brief ins Französische, besorgte mir Béjarts ungefähre Adresse (ganz Belgien mußte wissen, wo der Choreograph von »Boléro« wohnte), und der Briefkasten nahm meine Ergüsse auf. Ob die sowjetische Zensur sie zurückhalten würde?

Ich erhielt keine Antwort. Offenkundig war mein Brief nicht nach Brüssel gelangt. Die Ungeheuer bei der Post mußten ihn abgefangen haben.

Das Moskauer Leben ließ meine Ekstase allmählich abkühlen. Ich träumte seltener von dem roten Tisch, der Männerschar daneben und davon, daß ich im grellen Licht auf diesem Tisch tanzte.

Ein Jahr verging. Und plötzlich ein Blitz aus heiterem Himmel: André Tomaso von der Pariser ALAP bot mir an, bei der französisch-belgischen Fernsehproduktion von Béjarts »Boléro« in Brüssel mitzuwirken.

»Ich habe ›Boléro‹ allerdings noch nie getanzt – nur davon geträumt.«

»Aber Sie haben es gesehen? Es gefällt Ihnen?«

»Ich bin besessen davon.«

»Béjart selbst wird die Rolle mit Ihnen einstudieren. Genügt eine Woche? Vor den Aufnahmen sollen vier Vorstellungen gegeben werden.«

»Einverstanden, einverstanden, einverstanden.«

»Das Fernsehen zahlt ein sehr ordentliches Honorar. Und Goskonzert hat, falls Sie zusagen, bereits seinen Segen erteilt.«

Auf dem Brüsseler Flughafen holt mich das jugoslawische Ehepaar Dobrijević ab. Beide haben früher für Béjart getanzt, beide arbeiten nun als Repetitoren, und beide sprechen gut Russisch. Ljuba Dobrijević, die selbst in »Boléro« aufgetreten ist, wird mir das Stück erklären.

»Eine schwere Partie?« frage ich nach der Begrüßung.

»Sehr schwer für den Atem und für das Gedächtnis. Morgen fangen wir an. Eine halbe Stunde vorher möchte Béjart Sie sehen.«

Maurice und ich begrüßen einander wie alte Bekannte, obwohl wir uns zum erstenmal begegnen. Seine weißlich-blauen Pupillen mustern mich durchdringend. Ich muß seinem kühlen, fragenden Blick standhalten. Wenn Mephistopheles existiert hat, dürfte er Béjart geähnelt haben.

Ljuba dolmetscht: »Hier ist Ihr Brief, Maija. In gutem Französisch, aber ich habe gehört, daß Sie unsere Sprache nicht beherrschen.«

»Also haben Sie meinen Brief doch bekommen, Maurice? Damit hatte ich schon nicht mehr gerechnet.«

Béjart legt den Brief zurück in ein Heft, das er in den kräftigen Händen hält.

»Sie haben nur eine Woche. Richten Sie sich darauf ein. Ihre Vorgängerinnen hatten Probleme mit dem Gedächtnis. Ljuba, nennen Sie Maija die Episodentitel, die Sie der Musik gegeben haben, um sich die Arbeit zu erleichtern. Damit sollten Sie anfangen, Maija.«

Der Legende zufolge hatte Ravel nicht genug Zeit, als er »Boléro« im Auftrag der Tänzerin Ida Rubinstein schrieb, weshalb er seine spanische Melodie in der Eile endlos wiederholte und nur die Orchestrierung veränderte. Ich mag nicht an diese Legende glauben. Aber zweifellos hat Ravel den Tänzern eine anspruchsvolle Aufgabe gestellt!

Béjarts Episoden hießen:
»Krebs.«
»Sonne.«
»Fisch.«
»B. B.«
»Ungarin.«
»Katze.«
»Bauch.«
»Sambo.« . . .

Alle sechzehn Fassungen der Melodie (meine Rolle wurde im Programm übrigens genauso bezeichnet: »Melodie«) hatten einen eigenen Namen. »Sonne« hießen die wie Strahlen ausgebreiteten Arme mit gespreizten Fingern, die sich wie im Gebet zum Himmelsgestirn erhoben. Der Name »Krebs« hatte ebenfalls mit den Händen zu tun, die sich plötzlich in Zangen verwandelten und sich kreuzförmig um meine Rippen legten. »B. B.« stand für Brigitte Bardot. Sie war damals die berühmteste Frau des Planeten. Béjart hatte ihre Haltung und ihre Gesten in die choreographische Gestalt einbezogen.

Doch was folgte worauf? Vor jedem Erscheinen der Melodie gibt es bei Ravel ein zwei Takte dauerndes rhythmisches Zwischenspiel. Während dieser zwei Takte dämpfte Béjart das Feuerwerk seiner Phantasie und wiederholte hundertfach die einfache Formel elastischer Beugen zum Plié. In diesem Moment mußte sich die Tänzerin daran erinnern, welche Episode die nächste war – »Katze« oder vielleicht »Ungarin«? Du beugst dich immer wieder zum Plié und zermarterst dein Gedächtnis. Was kommt nun?

Alle Bewegungen in »Boléro« waren neu für meinen Körper. Béjart hatte sich ernsthaft mit orientalischen Tänzen – indischen, thailändischen, persischen – befaßt und einiges von ihrer Lexik in seinen choreographischen Wortschatz aufgenommen. Hinzu kamen seine teuflischen Einfälle: die Asymmetrie, das Fehlen eines quadratischen Musters, die Polyrhythmik – gleichzeitig drei Rhythmen bei Ravel, doch vier bei Béjart. Sogar die von Béjart ausgebildeten Tänzer gerieten durcheinander. Und ich, die ich an »Schwanensee« und an »Dornröschen« gewöhnt war?

Ich werde um den Schlaf gebracht. Mitten in der Nacht tanze ich all das, was ich mir tagsüber angeeignet habe, noch einmal durch. Ich habe es behalten.

Nun der Reihe nach von Anfang an. Abschlag, Beuge und nun? »Krebs« oder »Sonne«? Ich habe es wieder vergessen.

Angela Albrecht, meine Brüsseler »Vorgängerin« in »Boléro«, schenkt mir ihren Spickzettel, und die winzigen Kritzeleien helfen mir tatsächlich.

Aber bei der letzten Probe mit den Männern – dreißig begleiten mich – ist der Spickzettel wie vom Winde verweht. Ich gerate aus dem Konzept. Ein Schatten gleitet über Béjarts Gesicht.

Nein, ich muß meine Niederlage eingestehen. Es gelingt mir nicht, mir tausend Bewegungen in einer so vertrackten Reihenfolge einzuprägen. Albrecht sagt tröstend, daß sie »Boléro« drei Monate lang einstudiert habe. Ach, wenn ich wenigstens noch drei Tage hätte! Aber morgen ist Premiere.

Ich gehe zu Béjart.

»Maurice, ich reise ab. Mein Gedächtnis läßt mich im Stich.«

»Sie wollen nach Rußland zurückkehren, ohne ›Boléro‹ getanzt zu haben?«

»Ich weiß nicht, wie ich damit fertig werden soll«, stoße ich hervor.

»Ich werde mich in den Durchgang am Ende des Saales stellen«, erwidert Béjart. »In einem weißen Pullover. Man wird mich mit einer Taschenlampe anstrahlen, und ich werde Ihnen vorsagen: ›Katze‹, nun ›Bauch‹ und jetzt ›B. B.‹ In Ordnung?«

»Mit einem solchen Souffleur könnte ich schon heute tanzen.«

Ich werde manchmal gefragt, welche Vorstellung die ungewöhnlichste meines Lebens gewesen sei. Und das ist die Antwort: »Boléro« in Brüssel mit dem vor dem Publikum verborgenen, von unten her beleuchteten Souffleur im fernen Durchgang. Mit einem berühmten Souffleur namens Béjart, der einen weißen Pullover trug. Bei jedem Zwischenspiel von Ravel konzentrierte ich mich, im Plié federnd, auf den beleuchteten Fleck am Ende des Saales, wo mir Béjart wie ein Verkehrspolizist die Richtung anzeigte.

Seine Hand strich nach Katzenart über sein Ohr – »Katze« war die nächste Episode. Seine Arme erhoben sich wie zum Csárdás – »Ungarin« ...

Ich verlor nicht den Faden, denn der Souffleur kannte sein Ballett vortrefflich. Der starre Blick, mit dem ich auf sein Zeichen wartete, verlieh meinem Tanz ein rituelles Gebetselement, das dem Publikum gefiel.

Der Streß der ersten Aufführung hatte mein Gedächtnis gezwungen, das Übermaß an Informationen zu verarbeiten. Deshalb brauchte ich bei der zweiten Vorstellung keinen Souffleur mehr. Aber ich behielt die distanzierte, ein verzweifeltes Gebet andeutende Haltung bei.

Dann wurden die Fernsehaufnahmen gemacht. Béjart korrigierte meinen »Boléro« für den Film. Er hatte Vertrauen zu mir gefaßt. Als ich ihm beim Abschied sagte, daß ich gern eine neue Arbeit mit ihm machen würde, antwortete er wohlwollend: »Sehr gern. Sie brauchen nur ein Thema vorzuschlagen.«

Bei nächster Gelegenheit schickte ich Maurice eine ganze Liste mit meinen Vorschlägen, und er entschied sich für »Isadora«, eine Idee von Schtschedrin. Wir hatten damals mit Hingabe Isadora Duncans Memoiren gelesen; in Moskau waren vervielfältigte Exemplare des 1927 in Riga erschienenen Buches im Umlauf.

»Boléro« hatte ich sozusagen auf ausgetretenen Pfaden einstudiert, denn die choreographischen Notizen lagen ja bereits vor. »Isadora« dagegen wurde eigens für mich inszeniert.

Die Musik zu »Isadora« wählte Béjarts Pianistin Babetta Cooper aus. Maurice beabsichtigte, das gesamte Ballett von einem Klaviersolo begleiten und die Pianistin an der Aufführung mitwirken zu lassen. Nach einem kurzen Prolog – Isadoras Untergang – trat die Pianistin in einem schwarzen Ballkleid ohne Hast mitten auf die Bühne, betrachtete nachdenklich den ausgestreckten Körper und ging ans Klavier. Isadora kam zu sich, erhob sich vom Boden und erklärte dem Publikum: »Nicht ich habe meinen Tanz ersonnen. Aber er hat in mir geruht, und ich habe ihn geweckt.« Dann sagte sie zur Pianistin: »Exercice.«

Zuerst Chopin, dann Fragmente von Schubert, Brahms, Beethoven, Skrjabin und Liszt. Wie wurde diese Musik ausgewählt? Béjart erläuterte Babetta seinen Plan und las den Text, der jede Tanznummer einleitete. Der Text stammte von Isadora Duncan selbst – es waren Zitate aus ihren Memoiren. Daraufhin blätterte Babetta einen Stapel Noten auf dem Pult durch, spielte ein paar Takte und fragte: »Eignet sich das?«

Maurice gab sein Einverständnis – oder nicht. Ganz einfach. Die Auswahl der Musik nahm höchstens eine halbe Stunde in Anspruch.

Wie arbeitete Béjart? Er improvisierte, aber er bereitete sich auch rechtzeitig vor. Sobald er sich für die Musik entschieden hatte, paßte er ihr seine zu Hause erarbeiteten Ideen an. Falls erforderlich, schuf er eine neue Variante, ohne sich dabei aber allzusehr von seinem ursprünglichen Gedanken zu entfernen.

Wir benötigten drei Proben für »Isadora«; die vierte diente nur noch dazu, Details zu glätten. Eine Nummer – »Marseillaise« – sollte sich von der Kammermusik des Klaviers abheben und von einem Orchester begleitet werden. Auch dabei handelte es sich gleichsam um ein Zitat, um einen dokumentarischen Einschnitt. Isadora liebte es, ihre Auftritte mit einem verblüffenden Element – »Internationale« oder »Marseillaise« – zu beginnen. Dieses Fragment zeigte Béjart mir nur fünf Minuten lang, aber er hatte es ebenfalls vorher ausgearbeitet.

Wie hätten wir ohne Jessenin auskommen können? Béjart bat mich: »Maija, rezitieren Sie etwas von Jessenin. Was Ihnen gerade einfällt.«

Ich zitierte das erste, woran ich mich erinnern konnte:

»Ungesagtes,
Blaues,
Zartes ...
Still ist mein Land nach Sturm, Gewitter,
Und meine Seele – ein grenzenloses Feld –
Atmet den Duft von Honig und von Rosen.«

Béjart verstand kein Wort, doch er nickte mit seinem mephistophelischen Haupt. »In Ordnung. Das nehmen wir.«

Es gefiel mir, daß Béjart nur ein Minimum der Probedauer für seine Überlegungen verwandte. Wenn er mehr Zeit vergeudet hätte – wie unsere Moskauer Halbprofis –, wäre er niemals in der Lage gewesen, eine so große Zahl vielfältiger Ballette zu schaffen.

Die Premiere von »Isadora« fand in Monaco statt, denn dort war Isadora Duncan fünfzig Jahre zuvor von ihrem Schal erwürgt worden. Sie war fünfzig Jahre alt, ein wenig jünger als ich zur Zeit der Premiere.

Am Ende des Balletts laufen Kinder auf die Bühne. Béjart hat keinen Tanz, sondern eine dramatische Szene für sie inszeniert. Aber die Kinder sind wichtig, sie verkörpern Isadoras Schule. Ich erkläre dem Publikum: »Ich habe von meiner Schule gesprochen, aber man hat mich nicht verstanden.« Ein blondes Mädchen überreicht mir knicksend einen Strauß Feldblumen. Béjart hat sie selbst in einem Blumengeschäft besorgt. Sind es die richtigen Blumen? Auch das ist wichtig. Vom Rand der Vorbühne werfe ich sie ins Parkett. Genau wie Isadora. Die Blumen sind ihre Seele.

Das Kreischen von Bremsen, ein sechsundzwanzig Meter langer Schal bedeckt die Bühne und umhüllt die Tänzerin wie ein Seidenkokon. Finsternis ...

Die Tatsache, daß ich mit Béjart arbeitete, erregte die Moskauer Ballettwelt. Ich ließ keine Gelegenheit aus – ob in Interviews oder Fernsehsendungen –, von dem großen Choreographen aus Brüssel, dem Entdecker neuer Welten, zu schwärmen. Die Funktionäre gerieten in Rage, ebenso wie die Leitung meines Theaters, aber ich setzte meine »Volksaufklärung« hartnäckig fort.

Und meine »Propaganda« blieb nicht ohne Wirkung: Béjarts Name wurde bei uns von einem rätselhaften Nimbus umgeben.

Nach »Isadora« kam auch noch »Leda«, ein zweiundzwanzig Minuten dauerndes Ballett mit Jorge Donn. Das war 1979. Aber zunächst kurz die Vorgeschichte.

Ein Jahr zuvor hatte ich es unter größten Schwierigkeiten geschafft, Béjarts »Boléro« in das Programm zur Feier meines fünfunddreißigjährigen Wirkens auf der Bühne des Bolschoi-Theaters aufnehmen zu lassen. Der Konflikt wurde bis in die Regierung getragen, und die endgültige Entscheidung fiel erst vierundzwanzig Stunden vor der Gala. Davon wird später noch ausführlicher die Rede sein.

Mein Kampf mit den Behörden um »Boléro« hatte ein Jahr später Folgen, als ich von Maurice zur Mitwirkung an dem neuen Ballett mit Donn eingeladen worden war. Ich begann, die Dokumente für die Auslandsreise auszufüllen – vielleicht zum hundertstenmal, aber im sowjetischen Leben hatte sich nichts geändert. Wie immer benötigte ich eine Beurteilung mit drei Unterschriften: von der Direktion, dem Parteikomitee und dem Ortskomitee. Ohne diese Beurteilung und die Unterschriften konnte Goskonzert die Reise nicht genehmigen.

Sekretär des Parteikomitees war der Violoncellist Schtschenkow. Er gehorchte dem bösen Willen einer höhergestellten Person und versuchte, meine neue Begegnung mit Béjart zu durchkreuzen. Dabei griff er zu einem ganz einfachen Mittel: Er verschwand. Angeblich hatte man ihn zum Zentralkomitee gerufen. Ohnehin könne er die Entscheidung nicht allein treffen, sondern müsse sich mit den anderen Mitgliedern des Parteibüros beraten. Die Sitzung sei für nächsten Mittwoch anberaumt.

Als man mir dieses Lied in den ersten Jahren meiner Karriere vorsang, klang es abscheulich, aber es hatte eine gewisse idiotische Logik. Doch mittlerweile konnte ich den Hohn nicht mehr ertragen. Wie eine wütende Löwin rannte ich in die Büros höherer Amtsträger. Aber alle verwiesen mich von neuem an den unauffindbaren Schtschenkow. Wir dürfen dem Sekretär der Parteiorganisation keine Vorschriften machen. Heute herrscht bei uns Demokratie (oder was man sich darunter in Rußland vorstellte!). Schtschenkow wird unterschreiben. Eine unglückliche Fügung der Umstände ...

Béjarts Name half hier nicht. Die Funktionärsohren hatten ihn offenbar noch nie gehört.

Schtschenkow unterzeichnete meine Beurteilung nicht, und alles schien verloren zu sein. Ich würde auf »Leda« verzichten müssen.

In meiner Verzweiflung – ich war allein, Rodion hielt sich außerhalb Moskaus auf – wandte ich mich an meinen früheren Retter Pitowranow. Er arbeitete schon lange nicht mehr beim KGB, aber er gab mir Filipp Denissowitsch Bobkows Telefonnummer. Bobkow, der stellvertretende KGB-Vorsitzende, hätte nach der Logik des sowjetischen Lebens eine Ausgeburt der Hölle sein müssen.

Schon beim ersten Klingeln nahm er selbst den Hörer ab. Geduldig lauschte er meiner verworrenen Klage: Alles sei verloren, »Leda« müsse abgesetzt werden, übermorgen sei die erste Regieprobe mit Béjart geplant.

Ohne alle Ausflüchte erwiderte Bobkow sofort mit ruhiger Stimme: »Natürlich reisen Sie. Keine Frage. Schuld hat Ihr Direktor Iwanow mit seiner Tölpelei.«

(Ich verspreche, daß ich mich mit Iwanow noch auseinandersetzen werde.)

Wie ich aus zuverlässiger Quelle weiß, half Filipp Denissowitsch Bobkow vielen aus ihrer Not. Später mußte ich mich noch einmal an ihn wenden, damit er einen neuen Knoten aus Intrigen und Gemeinheiten durchschlug. – Es liegt nicht in meinem Wesen, gute Taten zu vergessen.

(Als ich dem Schriftsteller Wladimir Woinowitsch dieses Kapitel vorlas, bemerkte er schroff: »Einer berühmten Ballerina zu helfen fiel Bobkow leicht. Aber gleichzeitig war er für unheilvolle Dinge verantwortlich. Denken Sie darüber nach.«

Ich geriet ins Stocken. »Bobkow hat nicht nur mir geholfen. Ich könnte Ihnen eine Menge Namen nennen.«

»Ich glaube Ihnen, daß er geholfen hat. Aber er hat auch viel Schlimmes auf dem Kerbholz.«

»Mich jedenfalls hat er unterstützt! Ohne seine Einmischung wäre Béjarts ›Leda‹ nicht zustande gekommen. Ich möchte die Wahrheit schreiben.«

»Aber Sie dürfen nicht nur Ihre eigene Wahrheit schreiben. Was ist mit der Wahrheit des Landes?«

Unser Gespräch endete in peinlicher Stille.)

Ich flog tatsächlich nach Brüssel! Ohne Beurteilung, ohne die triviale Unterschrift des Violoncellisten Schtschenkow. Ist das möglich – ohne Beurteilung ins Ausland? Wahrscheinlich war es der erste Fall seit 1917. Goskonzert ließ mir eine Stunde vor dem Abflug meinen Paß und mein Flugticket übergeben.

Die Aufpasser der Botschaft, die irgend jemanden am Flughafen abholten, waren verblüfft bei meinem Anblick. »Was? Wir haben Sie nicht erwartet! Der Botschafter hatte Einwände: Plissezkaja gehört dem Bolschoi-Ballett an, nicht der Truppe von Béjart.«

Wer hatte den Botschafter zu seinem Protest veranlaßt? Hatte er wirklich so wenig zu tun, daß er sich um das Repertoire einer Moskauer Ballerina kümmern mußte?

Am Brüsseler Flughafen wurde ich von niemandem empfangen, denn man rechnete bereits nicht mehr mit mir. Ich fuhr mit einem Taxi zum Theater, dessen Adresse ich mir glücklicherweise gemerkt hatte.

Béjart freute sich und sagte dann, als wäre nichts geschehen: »Ziehen Sie sich um, machen Sie sich warm, wir wollen mit der Probe anfangen.«

Erst spät am Abend brachte mich Béjarts Sekretärin Sonja mit meinem Koffer ins Hotel. Dort wiederholte ich alles, was ich gerade mit Maurice geprobt hatte, und kam erst am Morgen zur Ruhe.

Wir probten wie besessen zweimal am Tag: um 12.30 Uhr und um 17 Uhr. Die Arbeit faszinierte mich.

Die Musik entstammte dem alten japanischen No-Theater. Kläglich schluchzte eine einsame Flöte, Trommeln dröhnten. Zu solchen Klängen hatte ich noch nie getanzt. Aber das Ballett begann mit Saint-Saëns' »Sterbendem Schwan«.

Béjart hatte zwei Mythen miteinander verwoben: den bekannten griechischen von Leda und dem Schwan und den japanischen von einem jungen Fischer, der sich in einen Vogel verliebt hat. Der Fischer will den Vogel entblößen und reißt ihm die Federn aus. Aus Japan kamen die Musik und mein Kostüm. Am Anfang trug ich ein Schwanentutu, das mir mein Partner später vom Körper riß. Gleichzeitig hüllte er seine Arme in meine Schwanenfedern (nun war der Fischer selbst zum Schwan geworden). Ich hatte jetzt eine kurze Tunika an, aber der Schwan zerriß auch sie, so daß ich nackt – das heißt in einem fleischfarbenen Trikot – dastand. Dann folgten Hebungen, die den Genossen Iwanow und den sowjetischen Botschafter, wenn sie im Ballettsaal aufgetaucht wären, bis an ihr Lebensende hätten stottern lassen.

Mein Partner – der unvergeßliche Jorge Donn – war schön wie eine Skulptur, majestätisch.

Die Premiere lief in Paris. Ich tanzte »Leda« mit keinem anderen Partner als Jorge Donn – sei es in Brüssel, Buenos Aires, São Paulo, Rio de Janeiro oder Tokio. Aber das Moskauer Publikum bekam »Leda« nie zu Gesicht. Béjart hatte ein zu freizügiges Ballett geschaffen. Und inzwischen ist Donn nicht mehr am Leben ...

Béjart und ich nahmen noch andere Projekte in Angriff. Zum Beispiel hätten wir fast – sogar die Termine standen schon fest – »Newski-Prospekt« nach Gogol auf die Bühne gebracht.

Es war nicht schwierig, Béjart für etwas Neues zu begeistern. Je unerwarteter und paradoxer ihm eine Aufgabe vorkam, desto leichter fand sie bei ihm Anklang. Als wir eines späten Abends nach der Vorstellung in Maurice' Brüsseler Haus saßen, erwähnte ich Tolstois *Tod des Iwan Iljitsch*. Béjart sprang auf und eilte in seine Bibliothek. Kurz darauf kam er mit einem aufgeschlagenen Buch zurück. Es war Tolstois Erzählung.

»›Der Tod des Iwan Iljitsch‹ ist ein Männerballett. Wenn es nur ein Frauenballett wäre«, scherzte ich.

Aber Béjart hörte mich nicht, denn er war in die Lektüre vertieft.

Béjarts Truppe wird in Rußland auftreten. Endlich! Beethovens Neunte Sinfonie, »Petruschka«, »Sacre du printemps«. Aber für mich gibt es keinen Platz in dem Programm. Wieso kann »Isadora« nicht in Moskau getanzt werden? Weshalb kann man ihrer nicht auf der Bühne gedenken, auf die sie so viele Male hinausgeschritten war, und das Publikum die Worte Jessenins, ihres eigenen Dichters, hören lassen? »Ungesagtes, Blaues, Zartes ... Still ist mein Land ...« Warum nicht?

Man setzt mir auseinander, daß das Programm seit langem mit Goskonzert abgesprochen sei. Nun könne nichts mehr geändert oder hinzugefügt werden, wenn man das Publikum nicht überfordern wolle.

Ich spreche mit Maurice, aber er will keinen Konflikt. Meine Verehrer überschütten – ganz ohne mein Zutun – das Bolschoi-Theater und Béjart mit Briefen. Die Polen in Béjarts Truppe, die meine Situation begreifen, erklären ihrem Chef, daß Maija die Möglichkeit haben müsse, wenigstens einmal mit den Gästen in Moskau aufzutreten. Denn hier werde sie geliebt...

Bei der dritten Vorstellung im Bolschoi-Theater setzt Béjart nun doch meine »Isadora« aufs Programm. Babetta Cooper ist in Brüssel geblieben, und Natascha Gawrilowa wird Klavier spielen. Wir suchen ihr ein Kleid aus, und ich studiere die Schlußszene rasch mit den Kindern ein. Ein Strauß Feldblumen steht bereits in einem Eimer in meiner Garderobe. Wir sind bereit.

Ich sorgte tatsächlich dafür, daß sich das Programm in die Länge zog. Nach »Isadora« mußte ich mich zweiunddreißig Minuten lang (nach der Uhr des Regisseurs) verbeugen: allein, mit den Kindern, mit der Pianistin, mit dem aufgeregten Béjart, wieder allein. Von den Rängen regneten verschiedenfarbige Rosenblätter auf die Bühne. Es war ein glücklicher Abend für mich. Die Moskauer erklärten mir ihre Liebe und freuten sich mit mir über den Sieg der Gerechtigkeit.

Für diese Moskauer »Isadora« erhielt ich zwei Geschenke. Béjart, ein wenig beschämt über seinen anfänglichen Kleinmut Goskonzert gegenüber, verehrte mir eine Brosche mit einem fliederfarbenen, emaillierten Stiefmütterchen, in dessen Mitte ein winziger Brillant funkelt. Es war eine alte russische Fabergé-Arbeit. Ich halte sie jetzt in den Händen, Maurice.

Jorge Donn überreichte mir bei unserem nächsten gemeinsamen Auftritt in »Leda« eine winzige Schatulle, in der sich ein Goldring mit einem Saphir verbarg.

»Das ist für ›Isadora‹ in Moskau, Maija. Erinnern Sie sich?«

Diese Zeilen schreibe ich mit dem Ring am Finger. Ich werde ihn sorgsam hüten.

Hörst du mich, Jorge Donn?

41

Exkurs

Ich rase im Galopp durch mein turbulentes Leben. Immer klarer wird, daß ich nur in verschwommenen Konturen von meinen Erlebnissen erzählen kann. Ist dieses und jenes geschehen? Ja, mein Tagebuch bestätigt es. Aber in meinem Gedächtnis vermischt es sich mit den Geschehnissen anderer Jahre. Premieren, Blumen, Kampf, Hast, vergebliche Bemühungen, aufwallende Gefühle, Begegnungen, Versammlungen, Koffer, tägliche Arbeit . . . Was möchte der Leser noch von mir wissen?

Daß ich Linkshänderin bin, aber mit der rechten Hand schreibe und mit der linken nur Spiegelschrift zustande bringe?

Daß ich mein ganzes Leben lang an Schlaflosigkeit gelitten und kiloweise Schlafmittel geschluckt habe?

Daß ich nie vor Konflikten zurückgeschreckt bin und häufig mit dem Kopf durch die Wand wollte? Ich war in der Lage, einen Menschen gedankenlos zu beleidigen, um es später dann zu bereuen.

Daß ich von Widersprüchen gekennzeichnet war? Ich konnte verschwenderisch und geizig, kühn und feige, eine Königin und eine Bettlerin sein.

Daß ich Nährcreme für mein Gesicht benutzte und, wenn ich sie dick aufgetragen hatte, gern in der Küche Patiencen legte?

Daß ich seltsame Familiennamen sammelte und sie mir aus Zeitungen ausschnitt?

Daß ich Fußballfanatikerin war (für ZSKA Moskau)?

Daß ich Hering liebte?

Daß ich niemals geraucht habe und Raucher nicht ausstehen konnte?

Daß mir schon von einem einzigen Glas Wein schwindelig wurde?

Daß ich äußerst leichtgläubig und genauso ungeduldig und impulsiv war? Warten konnte ich noch nie.

Daß ich Schtschedrin mein ganzes Leben lang verehrt und vergöttert habe? Daß ich ihm auf all meinen Gastspielreisen Tausende von Briefseiten aus jedem Land, jeder Stadt, jedem Hotel schrieb? Diese Briefe haben mir jetzt treffliche Dienste geleistet – bunte, zerknitterte Blätter, Hotelpapier mit dem Briefkopf meiner Unterkünfte: Holiday Inn, Palace, Intercontinental, Meredian, Osaka Grand, Savoy, Windsor... Tag für Tag notierte ich darauf alle möglichen Einzelheiten – von den wichtigsten bis hin zu den unsinnigsten. Die Chronik meines Lebens!

Oder möchte der Leser mehr über meine beruflichen Angewohnheiten wissen? Daß ich sowjetische Zehnkopekenstücke über der Hüfte in mein Trikot eindrehte und die Enden der Bänder straff über der Taille verschnürte? Dadurch saß das Trikot besser.

Daß ich auf keinen Fall vergessen durfte, mich vor dem Betreten der Bühne im Spiegel anzuschauen? War der Lippenstift kräftig genug aufgetragen, hatte ich mir die Augenbrauen gut nachgezogen, damit ich nicht wie eine farblose Motte vor dem Publikum erschien?

Sind das Nichtigkeiten? Oder vervollständigen diese Details das Bild von mir?

Was habe ich in meinem Leben gelernt, welche Philosophie vertrete ich?

Die allereinfachste: Die Menschen teilen sich nicht in Klassen, Rassen oder Staatssysteme, sondern in gute und schlechte, in sehr gute und sehr schlechte. Die blutgierigen Revolutionäre, die voller Inbrunst schworen, daß die guten Menschen letzten Endes alle schlechten verdrängen würden, haben gelogen. Zu allen Zeiten waren die schlechten in der Überzahl – die guten sind immer eine Ausnahme, ein Geschenk des Himmels. Blut fließt, Leben, Schicksale, Hoffnungen werden umgestürzt. Und so wird es auch in Zukunft sein, daran besteht leider kein Zweifel. Die menschliche Natur bietet keinen Ausweg. Neid, Gier, Treuebruch, Lüge, Verrat, Brutalität und Undankbarkeit. – Wie sollen Verständnis, Mitleid, Anteilnahme, Güte und Selbstlosigkeit gegen sie ankommen? Unmöglich, es ist ein zu ungleicher Kampf. Aber in jeder Generation, in jedem Winkel der Erde, selbst in den gottverlassensten Gebieten werden auch gute Menschen geboren und tragen ihr Kreuz. Von ihnen ist unsere Erde abhängig.

Es wäre leichtfertig, all meine Sorgen und Mühen nur auf das verfluchte Sowjetsystem zurückzuführen. Gewiß, es war schrecklich widerwärtig. Aber wie sehr haben mir die alltäglichen Gemeinheiten zugesetzt: Neid, Ehrgeiz, Überheblichkeit, Verleumdung, alberne Gerüchte!

Am schwersten war es für mich, *Unabhängigkeit* zu erringen. Welch ein Luxus! Dauernd versuchte man, mich Gruppen und Grüppchen zuzuordnen, mich unter wertlosen Fahnen antreten zu lassen und in die eigenen Reihen zu zwingen. Was man mir auch anlasten mag, das nicht. Ich war *unabhängig*. Darauf richteten sich all meine Bemühungen.

Niemals erhielten wir irgendwelche Privilegien – Sonderrationen, staatliche Wohnungen oder Datschas – von den Machthabern. Wir haben uns alles selbst im Schweiße unseres Angesichts erarbeitet. Ein westlicher Journalist, der ein dickleibiges Buch über das traurige Sowjetleben verfaßte, machte uns, ohne je mit Schtschedrin oder mir gesprochen zu haben, den verleumderischen Vorwurf, daß wir von Kreml-Rationen und anderen staatlichen Köstlichkeiten gelebt hätten. Dabei kannten Plissezkaja und Schtschedrin nicht einmal die Adresse dieser paradiesischen Organisation. Unsere »Kreml-Rationen« kauften wir auf Moskauer Märkten oder hin und wieder am Büfett des Bolschoi-Theaters.

Ein Neider wird sich nicht zu der Behauptung hinreißen lassen, daß Plissezkaja eine schlechte Tänzerin und Schtschedrin ein schlechter Komponist sei. Die Tatsachen sind zu leicht zu überprüfen. Aber wenn von Sonderrationen und von Establishment die Rede ist, spitzt man die Ohren, und der Mutmaßung sind Tür und Tor geöffnet. Ich, Ladies und Gentlemen, bin ein bekannter Sowjetologe, ein aufgeklärter Rußlandspezialist! (Dabei hat er nur ein paar Monate in Rußland verbracht, spricht kein Wort unserer Sprache und bringt nur das in seinem Büchlein unter, was ihm ein Verleumder zwischen Borschtsch und gefüllten Schnitzeln vorgefaselt hat.)

Ich verachte die einen wie die anderen: die Verleumder wie die Pseudoexperten.

Schön wäre es, heute noch einmal im glücklichen Island oder im Staat Connecticut geboren zu werden und ganz von vorn zu beginnen. Mit einem Paß, mit dem man nicht ständig Visa erbetteln muß, der es überflüssig macht, die Schwellen von Konsulaten und Botschaften abzutreten, dessen Besitz nicht sofort Abneigung auslöst. Ich möchte mir nicht Sorgen machen müssen, weil in meinem Paß nur noch ein paar Seiten leer sind und weil ich deshalb bald um einen neuen betteln muß. All die Demütigungen, die Strapazen, die Nervenbelastung ...

Auch in Kanada oder Luxemburg geboren zu werden, wäre nicht schlecht. Aber ich wurde in Moskau geboren, unter der Herrschaft Stalins, und dann ging mein Leben unter Chruschtschow, unter Breschnew, unter Andropow, unter Tschernenko, unter Gorbatschow, unter Jelzin weiter. Und ein zweites Mal wird man nicht geboren. Man muß mit seinem Leben vorliebnehmen!

Ich glaube, daß ich ein ehrliches Leben geführt habe, ohne Alten, Kindern oder Tieren Schaden zuzufügen. Ich habe meine Freunde nicht verraten und meine Schulden beglichen, und was mir an Gutem erwiesen wurde, habe und werde ich nicht vergessen. Ich habe nie jemanden beneidet und stets für meinen Beruf – das Ballett – gelebt. Zu etwas anderem war ich ohnehin nie fähig.

Und ich bin dankbar, daß ich die Kraft hatte auszuhalten, statt aufzugeben und zu zerbrechen.

42

Meine eigenen Ballette

Es gibt bei uns eine tänzerische Kombination, die den Namen »Iwan Awerjanowitsch« trägt. Die Erklärung ist in einer Moskauer Ballettlegende zu finden:

Es war einmal ein Tänzer am Bolschoi-Theater, der hieß Iwan Awerjanowitsch (auch sein Familienname ist überliefert: Sidorow). Er tanzte und übte. Während einer Probe vollführte Iwan Awerjanowitsch ein Grand jeté. Gerade schwebte er in der Luft und hatte sein Lächeln aufgesetzt, um sich im Spiegel zu bewundern, als jemand hinter ihm mit lauter Stimme rief:

»Iwan Awerjanowitsch!«

Es gelang ihm, sich in der Luft um hundertachtzig Grad zu drehen, zur Antwort »Ja?« zu rufen, sich von neuem umzudrehen und wohlbehalten mit einer Arabesque zu landen. So ging dieser Trick unter dem Namen seines Schöpfers in den tänzerischen Alltag ein. Unser Iwan Awerjanowitsch war durch die Umstände zum Choreographen geworden.

Mir widerfuhr etwas Ähnliches, denn auch ich hatte mich nie um den Choreographenberuf gerissen. Meinem ganzen Wesen nach bin ich Interpretin, obwohl ich stets genug Phantasie und Ideen im Überfluß hatte. Meine kleinen choreographischen Versuche waren jedenfalls von den Umständen diktiert worden. Ich habe bereits geschildert, wie ich auf einer Gastspielreise in der Tschechoslowakei Dvořáks »Melodie« inszenierte. Ich mußte etwas Slawisches tanzen, kein Choreograph war zur Hand, also übernahm ich selbst diese Aufgabe. Ich hatte es nicht auf ein Meisterwerk abgesehen, aber es kam etwas Brauchbares zustande, das die Zuschauer applaudieren ließ.

Bei den Dreharbeiten zu dem Film »Anna Karenina«, in dem ich die Rolle der Fürstin Betsy Twerskaja spielte, dachte ich bereits über die choreographische Umsetzung von Tolstois Roman nach.

Ingrid Bergmans und Jacqueline Kennedys Bemerkungen hafteten in meinem Gedächtnis. Die Musik, die Schtschedrin für den Film schrieb, war zum Tanzen geeignet. Auch das diente mir als Anstoß. Die Rolle der Fürstin Betsy war imposant, doch nebensächlich. Ich beobachtete hingerissen, wie Tanja Samoilowa Tolstois Hauptfigur in einer Szene nach der anderen verkörperte. Die Anweisungen von Regisseur Sarchi an Samoilowa erbitterten mich häufig. Mir schien, daß er die Aufmerksamkeit der Schauspielerin auf die falschen Details lenkte. Am Ende zerstritt sich auch Schtschedrin gründlich mit Sarchi, denn dieser hatte die Musik schrecklich entstellt.

»Wir werden ein Ballett machen. Nach unseren eigenen Ideen.« Wer kam als Choreograph in Frage? Ich ging die Namen alphabetisch durch. Dieser könnte es, aber er darf nicht am Bolschoi-Theater arbeiten. Jener dürfte es, aber er taugt nichts. Der dritte ist ein schwacher Dramaturg, aber der berühmte Roman macht eine eiserne Dramaturgie erforderlich . . .

Der erste, den ich ernsthaft für geeignet hielt, war Igor Belski. Ich liebe seine »Leningrader Sinfonie« nach Schostakowitsch und seine Version von Schtschedrins »Buckligem Pferdchen«, die er am Kleinen Operntheater in Leningrad inszenierte. Ich rief ihn an, und Igor kam sofort aus Leningrad nach Moskau. Wir unterhielten uns, phantasierten, diskutierten. Belski war von meinen Vorschlägen gefesselt und wollte, falls das Bolschoi-Theater ihn akzeptierte, die Aufgabe übernehmen. Wir begleiteten ihn zum D-Zug, der um 23.59 Uhr vom Leningrader Bahnhof abfuhr. »Morgen rufe ich an«, schrie Belski von der Plattform her, während der Zug bereits anrollte. Aber einen Tag später kam statt eines Anrufs ein Telegramm mit einer Absage. Seine Begründung war wenig stichhaltig. Ich vermute, daß ihn der unvermeidliche Konflikt mit dem Bolschoi-Direktor abgeschreckt hat.

Danach trafen wir uns mit Kassatkina und Wassiljow. Auch sie waren sofort einverstanden, die Choreographie zu übernehmen. Bei unserem nächsten Gespräch erklärte Wassiljow, daß die Kulissen einem Glas ähneln sollten, aus dem sich Anna während der gesamten Vorstellung nicht befreien kann. Das Ballett solle aus einem einzigen Akt von dreißig bis vierzig Minuten Länge bestehen. Ein Mädchen und zwei Jungen würden die Dreiecksgeschichte wiederholen.

Nein, dachte ich, das ist mir zu modernistisch.

In meiner Verzweiflung verkündete ich dreist: »Ich kümmere mich selbst um die Choreographie.«

Als nächstes folgte ein Treffen mit dem Bühnenregisseur Valentin Plutschek. Plutschek, ein Cousin des englischen Regisseurs Peter Brook, war uns als Schauspieler im Theater seines Freundes Meyerhold aufgefallen und hatte an den sensationellen Inszenierungen von Majakowskis Stücken mitgewirkt. Nach der Zerschlagung des Theaters arbeitete er lange für die halbprofessionelle Schauspieltruppe der Marine in Murmansk und überlebte so die schrecklichen Jahre. Nun war der begabte Plutschek als Oberspielleiter des Theaters der Satire tätig.

Wir saßen an mehreren Abenden in seinem Arbeitszimmer zusammen und spielten mit Ideen. Einer der Vorschläge Plutscheks lautete, mehr gescheite Leute in unser Team aufzunehmen.

»Wenn man gute Zutaten heranschafft, kocht sich die Suppe von selbst.«

Lwow-Anochin – »er kann das, was wir durchgesprochen haben, literarisch zusammenfassen« – und der Maler Lewental wurden von ihm empfohlen. »Waleri ist der geborene Dramaturg.«

»Sie, Maija, können nicht tanzen und gleichzeitig das ganze Ballett choreographieren. Es kostet höllische Kräfte, ein abendfüllendes Stück auf die Bühne zu bringen. Und Sie wollen auch noch selbst die Anna tanzen. Legen Sie sich unbedingt Assistenten zu, denen Sie die Massenszenen übertragen können. Das wichtigste für Sie ist die Gestalt der Anna. Und außerdem müssen Sie sich natürlich auch um die Konturen von Wronski und Karenin kümmern.«

Ich wandte mich an das Ehepaar Ryschenko/Smirnow-Golawanow. Beide waren Tänzer des Bolschoi-Balletts und hatten choreographische Erfahrungen in Fernsehfilmen gesammelt. Zudem gehörte Ryschenko meinem »Carmen«-Ensemble an, und wir verstanden uns ausgezeichnet.

Das war unser Team. Aber wo sollte es auftreten?

Ich schrieb einen ausführlichen Bittbrief an Furzewa und legte meine Argumente für das Erscheinen Anna Arkadjewna Kareninas auf der Ballettbühne des Bolschoi-Theaters dar. Dafür seien eine große Fläche und zwei Orchester (ein Blasorchester auf der Bühne und ein sinfonisches im Graben) nötig. Nach der Vorlage von Tolstois Roman habe man bereits sieben Opern, doch noch kein einziges Ballett inszeniert. Wir würden »die ersten im Kosmos« sein. Die Truppe habe in der nächsten Saison eine »Lücke« von zwei Monaten, die wir so ausfüllen könnten.

Aber nach »Carmen-Suite« war das Vertrauen zu mir gestört, und Furzewa stellte die logische Frage: »Was ist mit der Musik? Wenn Schtschedrin ein Ballett schreibt, dann können wir über die Sache reden. Denn dann können wir eine Probevorführung im Theater veranstalten. Die Spezialisten sollen ein fundiertes Urteil abgeben, nachdem Sie Ihren Plan erläutert haben. Für mich selbst kommt die Angelegenheit noch zu früh. Das Kollektiv soll entscheiden. Genossen, wir müssen der Meinung des Kollektivs vertrauen.«

Im Sommer beendete Schtschedrin seine Partitur. Damals kam auch meine Nichte zur Welt, die aus Anlaß der Beendigung des Werkes auf den Namen Anna getauft wurde – ihr Vatersname lautete allerdings nicht »Arkadjewna«, sondern Alexandrowna nach meinem Bruder Alexander.

Juri Muromzew, der damalige Direktor des Bolschoi-Theaters, setzte auf Geheiß des Kulturministeriums eine Probevorführung an. Der Beethoven-Saal des Theaters war zum Bersten gefüllt. Vor Beginn erläuterte ich die Grundidee des Balletts, wobei ich hin und wieder auf meine Notizen blickte (das ganze Team hatte in der Nacht zuvor bis zum ersten Hahnenschrei daran gearbeitet).

Lwow-Anochin ging mit wohlmodulierter Schauspielerstimme und sanfter Gestik auf Stanislawskis und Nemirowitsch-Dantschenkos Gedanken zu Tolstois Roman ein. Er hatte seinen wissenschaftlichen Vortrag ebenfalls zu Hause verfaßt. Wir mußten das Publikum davon überzeugen, daß Lew Nikolajewitsch Tolstoi während der Niederschrift des Werkes intuitiv an eine Ballettinszenierung gedacht hatte. Die Zuhörer zeigten Interesse.

Die geschraubte Rede Lwow-Anochins trug Früchte. Besonders gerührt waren die Versammelten von den sentimentalen Erinnerungen Tolstois an die Entstehung seines Romans. Er habe im Halbschlaf nach dem Essen eine schwarze Locke auf dem schneeweißen Hals der Gräfin Hartung, der Tochter Puschkins, gesehen. Dies sei der erste Anstoß zu *Anna Karenina* gewesen. Einige Damen griffen nach ihren Taschentüchern. Auch eine Probevorführung bedarf einer Dramaturgie!

Wir unterstrichen unverhohlen jene Zeilen Tolstois, in denen er von den Bewegungen seiner Heldin, von ihrem leichten Gang und ihrem Verhalten auf dem Moskauer Ball spricht. Außerdem hoben wir die Gestalt des Streckenwärters hervor, der beim Eisenschmieden die unheilvolle Prophezeiung ausstößt, daß Anna im Kindbett sterben werde. Diese Gestalt ist in der Tat seltsam und unerklärlich. Bis heute bin ich überzeugt davon, daß nur die Ballettkunst fähig ist, Tolstois geheimnisvolle Phantasien wirkungsvoll umzusetzen.

Danach sprach Rodion von Tolstois Verehrung für Tschaikowski und umgekehrt. Er erzählte, wie Lew Nikolajewitsch bei den Klängen eines Streichquartetts von Pjotr Iljitsch geweint habe. Er selbst, Schtschedrin, habe für seine Komposition winzige Zitate aus den Werken Tschaikowskis verwendet, die in denselben Jahren wie Tolstois Roman entstanden seien. So werde eine Verbindung zur Atmosphäre der damaligen Zeit hergestellt!

Darauf setzte sich Rodion ans Klavier und spielte das gesamte Ballett von Anfang bis Ende vor – bis zu jenem Ende, an dem sich das Pochen der Eisenbahnräder im Nichts auflöst. Diese Geräusche brachte er hervor, indem er mit den Fingerknöcheln auf das Holz des Klavierdeckels klopfte.

Wir hatten uns gut auf die Probevorführung vorbereitet und schienen die erste Runde gewonnen zu haben. Die meisten Anwesenden, vor allem die Musiker, unterstützten unseren Plan, lobten die Musik und sprachen sich dafür aus, das Ballett so rasch wie möglich ins Theaterprogramm aufzunehmen. Die Sängerin Irina Archipowa, die am Theater über erhebliche Autorität verfügte – sie war Deputierte des Obersten Sowjets der UdSSR –, setzte sich leidenschaftlich dafür ein, sofort mit den Probearbeiten zu beginnen.

»Das ist sehr interessant. Wenn wir nur in der Oper so etwas hätten!«

Direktor Muromzew versuchte, die Debatte ins Ungewisse zu lenken, aber er erhielt von den anderen Rednern keine Unterstützung. Mit jedem Jahr lockerten sich die Parteifesseln in der Kunst, und nicht alle waren so gehorsam wie früher.

Ich saß neben Ulanowa und erklärte ihr flüsternd, wie die Szenen von Schtschedrins Musik begleitet werden würden. Galina Sergejewna schwieg während der Diskussion, aber da sie keine Einwände erhob, hoffte ich, daß sie auf unserer Seite war.

Die erste Regieprobe. Am 25. Oktober 1971 im dritten Saal. Wir waren zu zweit: die Pianistin Irina Saizewa und ich. Als erstes versuchte ich – mit einem Sträußchen Stiefmütterchen im Haar, um Tolstois Beschreibung gerecht zu werden – Annas Solo zu einer Mazurka auf dem Moskauer Ball. Es ist nicht schwer, eine Mazurka zu choreographieren. Aber dies war Anna Kareninas Mazurka, deshalb mühte ich mich vier Tage lang mit den verschiedensten Varianten ab.

Dann skizzierte ich meine Fassung des »Schneesturms« – ein Echo zu Tolstois Szene auf dem verschneiten Bahnsteig. Die unerwartete Begegnung mit Graf Wronski. Danach widmete ich mich den Schlußzenen des dritten Aktes und meinen Monologen. Wie bereits geschildert, reiste ich anschließend allein nach Leningrad, um Jakobson meine bisherige Arbeit zu zeigen.

Die Inszenierung eines jeden Balletts ist eine unsichere Sache. Eine Probe steht an, aber ein Akteur, der am Vortag erkrankt ist, muß ersetzt werden. Alle sind nervös. Ein anderer ist von einem Moment zum anderen verreist, obwohl die Hälfte der Partie von ihm abhängt. Tage verstreichen, bevor ein neuer Tänzer die Rolle einstudiert hat. Das Corps de ballet hat plötzlich alles vergessen und gerät aus dem Konzept. – Die Tage vergehen so rasch, daß ein gräßliches Gefühl der Panik aufkommt.

Aber schließlich lag die Choreographie in groben Zügen vor. Ich konnte es selbst nicht glauben. Die Proben wurden aus den

Übungssälen auf die Bühne verlegt. Ein Akt nach dem anderen, zunächst unter Klavier-, dann unter Orchesterbegleitung.

Doch die größten Probleme standen uns noch bevor. Zur ersten Durchlaufprobe von »Anna Karenina« erschien unverhofft eine Kommission des Ministeriums mit Furzewa an der Spitze. Die »Richter« verteilten sich im Parkett. Ich war bereits kostümiert und geschminkt und lockerte mich auf der Bühne auf. Plötzlich hörte ich nervöse Rufe von Mitarbeitern der Kostümschneiderei und Angehörigen meiner zweiten Besetzung: »Maija Michailowna, die Saaltüren sind abgeschlossen. Am Haupteingang gibt es eine Kontrolle, und niemand wird hereingelassen.«

»Setzt euch in die Logen.«

»Wie denn! Die sind auch abgeschlossen.«

»Steigt zum Rang hinauf.«

»Abgeschlossen.«

»Sind die etwa übergeschnappt?«

»Es wimmelt von Theaterdienern wie bei einer Abendvorstellung.«

»Wartet. Ich gehe zum Direktor.«

Aber die Tür von der Bühne zur Direktorenloge war ebenfalls verschlossen. Ich drückte auf den Klingelknopf und trommelte unter lauten Rufen an die Tür. Vergeblich.

Sascha Sokolow, der die Probe leitete, holte mich. »Majetschka, der Dirigent ist im Orchestergraben. Es geht los.«

Ich hörte schon die ersten traurigen Klänge des Balletts, die hinter dem zugezogenen Brokatvorhang hervordrangen. Das Problem konnte bis zur Pause warten. Ich mußte tanzen.

Mein Duett mit Maris Liepa (er spielte die Rolle Wronskis), das wir »Annas Fall« nannten, ist beendet, und mit ihm der erste Akt.

Ich bemerke Schtschedrin auf der Bühne.

»Wie ist das möglich?«

Ohne eine Antwort abzuwarten, frage ich: »Waren die Türen wirklich abgeschlossen? Wie bist du in den Saal gekommen?«

Rodion schmunzelt. »Ich bin über die Orchesterschranke geklettert.«

»Machst du Witze?«

»Leider nicht.«

»Was geht hier vor? Wie kann man die zweite Besetzung aussperren? Die Leute müssen doch unbedingt sehen, was sich abspielt.«

»Es heißt, der Befehl stamme von Kucharski.«

»Die sind wirklich übergeschnappt.«

Sofort danach beginnt die Beurteilung im Büro von Direktor Muromzew. Die allgemeine Tonlage ist finster. Der Versuch sei mißlungen, Tolstois Roman könne nicht als Grundlage für ein Ballett dienen, die Musik sei zu laut, das Stück wirke unfertig. Und wieder zuviel Erotik: Anna Karenina stürze sich im Negligé auf Wronski (wie immer ist es Furzewa, die sich in dieser Hinsicht Sorgen macht).

»Aber so etwas kommt vor, Jekaterina Alexejewna«, scherzt Rodion, um die Sexophobie zu mildern.

Die Ministerin wird ärgerlich. »An dem Ballett muß noch sehr lange gearbeitet werden, Genossen. In dieser Saison kommt eine Premiere nicht in Frage. Ob in der nächsten, das bleibt abzuwarten.«

Aber wir geben uns noch nicht geschlagen. Ich gehe zum Angriff über. »Warum waren die Saaltüren abgeschlossen? In meinem ganzen Leben hat man die zweite Besetzung noch nie daran gehindert, sich die Durchlaufprobe anzusehen.«

»Ja, das war eine Verfügung des Ministeriums«, faucht Furzewas Stellvertreter Kucharski, der bisher geschwiegen hat. »Es hat keinen Zweck, Moskau mit Gerüchten zu überschwemmen.«

»Mit was für Gerüchten? Hier geht es doch nur um ›Anna Karenina‹, nicht um Politik. Wovor haben Sie Angst? Vor welchen Gerüchten?«

»Wir haben Angst davor, daß Tolstois großer Name diskreditiert wird, Maija Michailowna.«

Vor solchen Verteidigern wäre Tolstoi davongelaufen – nicht nur aus Jasnaja Poljana, sondern aus Rußland.

Golowkina, die sich virtuos darauf verstand, das Vertrauen und die Freundschaft jeder neuen Generation der höchsten sowjetischen Nomenklatura zu erwerben (die »tanzenden Enkelinnen« sorgten für enge Beziehungen zur Elite), zupft Furzewa am Ärmel. Es ist Zeit aufzubrechen. Das Stück ist erörtert und beurteilt worden, und nun warten viel wichtigere Angelegenheiten. (Auch Furzewas Enkelin Marina besuchte Golowkinas Schule. Das Mädchen war talentiert, aber nach Furzewas Selbstmord wurde sie von Golowkina ausgeschlossen.)

Plötzlich wendet sich Furzewa an Ulanowa, die bisher kein Wort geäußert hat.

»Galina Sergejewna, sagen Sie Ihre Meinung.«

Ulanowa gerät in Verlegenheit. »Das fällt mir schwer. Wenn man beim erstenmal beurteilen soll . . .«

»Wir alle sind in der gleichen Lage. Aber Sie sind eine Expertin.«

»Mag sein, aber ich kann noch nicht . . .«

Furzewa hält sich etwas auf ihre Fähigkeit zugute, die ungeschminkte Wahrheit ans Licht zu fördern.

»Dann, Galina Sergejewna, wiederholen Sie wenigstens, was Sie mir in der Pause gesagt haben.«

Die Ministerin braucht eine qualifizierte Person, die ihre Ablehnung bestätigt.

Ulanowa scheint zu frösteln. »Wir haben einmal versucht, ein Ballett nach Balzacs *Verlorene Illusionen* zu produzieren. Und dabei ist auch nichts herausgekommen«, erwidert Galina Sergejewna zaghaft.

Ich bleibe stumm, aber das Wörtchen »auch« trifft mich ins Mark.

Wie unlogisch die Entscheidungen unserer Staatsmacht waren! Zuerst gestattete sie uns, ein Ballett zu inszenieren, und nun wollte sie es schon vor seiner Geburt abwürgen. Bereits nach der allerersten Durchlaufprobe mit Orchesterbegleitung war ein Urteil gefällt worden. Dabei hatten die Tänzer das Orchester zum erstenmal gehört. Zudem hatten das plötzliche Auftauchen der Kommission und die dröhnende Leere in den fünf Rängen des zweitausend Zuschauer fassenden, abgesperrten Saales allen die Stimmung

verdorben. Und auch die Mitglieder des Orchesters waren abgelenkt: Neugierig reckten sie die Hälse aus dem Graben, um die für sie neuen Geschehnisse auf der Bühne beobachten zu können. Dirigent Simonow mußte seine Leute dauernd zur Ordnung rufen.
Die Kulissen waren zwar aufgestellt, aber nicht beleuchtet. Schmutzig-graues Notlicht übergoß die Bühne. Auch die Kandelaber der Diener – ein wesentlicher Teil der Choreographie – waren nicht erleuchtet, da sie noch keine Batterien enthielten. Die Diener schritten im Halbdunkel mit Gebilden hin und her, die an dreifache Phalli erinnerten. Manche tanzten in halbfertigen Kostümen, andere in zerschlissenen Trainingsanzügen. Die Pelze der Fahrgäste auf dem Bahnsteig – man hatte sie nach Zeichnungen von Lewental angefertigt – waren so schwer und plump, daß Ryschenko mit einer Schere die Nähte auftrennte und die Rockschöße abschnitt.

Der erste Durchlauf wird im Theater »Höllenprobe« genannt. Und unser Ballett hatte so viele Komponenten und Mitwirkende, daß es mehr als ungerecht war, nach einer solchen Probe ein Urteil zu fällen.

(Nachdem wir »Anna Karenina« ein Jahr später in Belgrad aufgeführt hatten, erzählte Rodion mir, er habe von Probe zu Probe mit dem Eintreffen einer Kommission gerechnet. Unmittelbar vor der Premiere habe er es nicht mehr ausgehalten und den Dirigenten Dušan Miladinović gefragt: »Wann wird das Stück begutachtet, wann erscheint die Kommission?«

»Aber wir sind doch die Kommission: du, der Choreograph Parlić und ich.«

So sehr hatte man uns in unserer Heimat deformiert.)

Als alle auseinandergingen, wartete ich vor der Tür des Direktors. Nachdem er Furzewa zu ihrer schwarzen Limousine geleitet hatte, kam er die Treppe herauf.

»Juri Wladimirowitsch, darf ich nicht mehr für ›Anna‹ proben?« fragte ich bekümmert.

»Wieso denn nicht? Sie können die Proben fortsetzen.«

»Und was ist mit dem Orchester und der Bühne?«

»Das Orchester und die Bühne sind besetzt. Proben Sie in den

Übungssälen unter Klavierbegleitung.« Ich blickte Muromzew in die Augen. Er fuhr fort: »Aber das Stück wird nicht gezeigt, Maija Michailowna.«

»In dieser Saison?«

»In der nächsten haben wir für ›Anna Karenina‹ keinen Platz.«

»Also nie?«

Muromzew wollte ohne eine Antwort in sein Büro gehen, doch ich hielt ihn am Arm fest.

»Wozu sollen wir dann proben, Juri Wladimirowitsch?«

Der Direktor entzog mir seinen Arm und verschwand hinter der hohen Tür.

Das ganze Karenina-Team saß bekümmert bei uns in der Gorki-Straße. Wir tranken Tee und aßen Katjas belegte Schnitten. Sollten wir weiterproben oder aufgeben? Alle waren so deprimiert, daß kein Gespräch zustande kam. Morgen würden wir über die Sache reden. Einige öffneten eine Flasche Wodka, »um sich zu entspannen«.

Am nächsten Morgen wurde ich beim Training an das interne Theatertelefon gerufen. Nina Georgijewna, die Sekretärin des Direktors.

»Maija Michailowna, rufen Sie nach dem Training bitte Kucharski im Ministerium an. Es ist dringend.«

Was erwartete mich? Was für eine Gemeinheit? Es war stets Kucharski, der uns wie ein schwarzer Dämon die finstersten Sorgen bescherte. Er war in den ersten Kriegstagen schwer verwundet worden und hatte ein Bein verloren. Kein Wunder, daß er reizbar und bösartig war.

Als ich mit anderen Angehörigen der Intelligenzija einen an Breschnew gerichteten Brief unterzeichnete, in dem wir forderten, den schleichenden Prozeß der Rehabilitierung Stalins nach Chruschtschows Sturz zu stoppen, wurde das Schreiben weithin verbreitet und stündlich von der »Stimme Amerikas« verlesen. Das brachte Kucharski gegen mich auf. Er konnte es nicht ertragen, wenn die Faust gegen seinen Götzen Stalin erhoben wurde. Ich fiel in Ungnade.

Wenn Kucharski danach Listen mit berühmten Namen für

Kollektivbriefe zusammenstellte, in denen politische Aktionen unterstützt oder Proteste geäußert wurden, benutzte er häufig auch meinen Namen, ohne mich um Erlaubnis zu fragen oder mich auch nur zu unterrichten. Diese Briefe hatten immer etwas Beschämendes an sich, und Kucharski, der dies spürte, nahm mich stets in das Verzeichnis mit auf. Seine Freunde vergaß er bei solchen Anlässen gewöhnlich. Als unsere Truppen in Afghanistan einmarschiert waren, mußte sich unsere Intelligenzija sofort im Schmutz wälzen und die »Weisheit« der verbrecherischen Entscheidung begrüßen. Der Aufstand in der Tschechoslowakei wurde niedergeschlagen, und die Intelligenzija hatte ihrer Regierung zu applaudieren. Ich bin sicher, daß die meisten Kollektivbriefe nie existiert haben, sondern in Kucharskis Büro verfaßt wurden.

Ich rief aus der Direktorenloge an. Kucharskis Sekretärin wollte wissen: »Sind Sie im Theater, Maija Michailowna?«

»Ja, bei Nina Georgijewna.«

»Ich verbinde Sie mit Wassili Feodosjewitsch.«

Zufällig bemerkte ich im Spiegel, wie aufgebracht meine Miene war. Dann hörte ich Kucharskis freundliche, herzliche Stimme: »Maija Michailowna, vielen Dank für Ihren Rückruf. Könnten Sie um vierzehn Uhr zu mir kommen? Nur Sie. Erzählen Sie Rodion nichts von unserem Treffen. Ich bitte Sie nachdrücklich darum.«

Das könnte dir so passen, murmelte ich vor mich hin, während ich bereits die Nummer unseres eigenen Telefons wählte. Hastig erzählte ich Rodion von meinem Gespräch mit Kucharski.

»In zwanzig Minuten bin ich am ersten Eingang«, erwiderte er.

Gemeinsam betreten wir Kucharskis Bärenhöhle. Der stellvertretende Kulturminister W. F. Kucharski versucht, seine Intrige ins Scherzhafte zu ziehen. »Ich wollte Ihnen – ohne Ihren Mann – eine Liebeserklärung machen. Nun muß ich bis zum nächstenmal warten.«

Wir lächeln nicht.

»Was ich Ihnen sagen möchte: Jekaterina Alexejewna ist heute nach Vietnam geflogen. Sie hat mich beauftragt, Ihnen, Maija Michailowna, mitzuteilen, daß die Theaterproben zu ›Anna‹ ein-

gestellt werden müssen. Sie können die Vorbereitungen mit Ihren Assistenten fortsetzen, aber wir sind nicht in der Lage, Ihnen eine Truppe, ein Orchester oder eine Bühne zur Verfügung zu stellen.«
»Anna Karenina« war verboten worden.

Bei unserem abendlichen »Kriegsrat«, wieder in der Gorki-Straße, beschlossen wir, uns an Demitschew zu wenden, der im Zentralkomitee für Wissenschaft und Kunst zuständig war (mit anderen Worten, er fungierte als Kulturminister höheren Ranges). Vielleicht würde er uns helfen. Der starrsinnige Kucharski würde sich schwerlich erweichen lassen. Und Furzewa sollte von Vietnam aus entweder nach Singapur oder nach Malaysia weiterreisen. Auf sie konnten wir nicht warten.

Das ganze menschliche Leben besteht aus Zufällen. Wenn Furzewa nicht nach Vietnam geflogen wäre, hätten wir nicht Demitschew über ihren Kopf hinweg um einen Termin bitten können. Vielmehr hätten wir versuchen müssen, Furzewa umzustimmen. Aber würden wir zu Pjotr Nilowitsch vordringen können? Er hatte eine sehr hohe Position inne: die eines ZK-Sekretärs.

Ein Rat an die Angehörigen künftiger Generationen: Gebt euch nie geschlagen – niemals! Kämpft bis zur letzten Sekunde. Greift zum Telefon, schickt Telegramme, setzt immer wieder nach! Sogar totalitäre Regime weichen manchmal zurück, wenn sie auf Besessenheit, Überzeugung und Hartnäckigkeit treffen. Meine Siege beruhen auf nichts anderem. Auch der Charakter bestimmt das Schicksal.

Demitschew empfing uns sehr bald. Rodion und ich erklärten ihm unsere Situation. Die Solisten, das Corps de ballet, das Orchester und die Ateliers hätten bereits gewaltige Arbeit geleistet. Wir müßten das Ballett unbedingt fertigstellen. Es sei unerträglich, wenn bereits nach der ersten »Höllenprobe« ein Todesurteil gefällt werde. Wenn wir erst in der nächsten Saison zu dem Stück zurückkehren könnten, werde alles vergessen sein. Wir müßten sofort weitermachen, damit die Mitwirkenden nicht aus der Übung kämen. »Anna« enthalte weder Politik noch Sex – die Kleider seien lang, die Schenkel bedeckt. Unser Ziel sei nichts anderes, als schöpferische Arbeit zu leisten.

Der ZK-Sekretär hörte uns aufmerksam zu. Wir saßen ihm zum erstenmal gegenüber. Aus der Nähe wirkte er einfacher und sanfter als auf seinen Porträts während der Maidemonstrationen.

Demitschew sprach leise, ohne Eile, beschwichtigend. Hin und wieder war seine Stimme so gedämpft, daß wir ihn nicht verstehen konnten. Wir verdrehten den Hals und strengten uns an, den Sinn seiner Worte von seinen Lippen abzulesen.

Eine Kellnerin in gestärkter Uniform brachte aromatischen Tee und Kringel herein.

»Ich teile Ihre Auffassung. Sogar wenn der Versuch, ›Anna Karenina‹ in Form eines Balletts zu inszenieren, nicht sehr erfolgreich wäre, müßte das Ministerium Sie allein wegen Ihrer Kühnheit fördern. Die Sache muß zu Ende gebracht werden. Ich werde die entsprechende Anordnung geben.«

Wir gingen beschwingt hinaus. War das wirklich die Rettung?

In jenen Jahren war der Gehorsam in Rußland noch nicht ausgestorben. Direktor Muromzew lud mich in sein Büro ein. Er war die Verbindlichkeit in Person. Wie leicht das Leben für Menschen ohne Prinzipien sein muß! Wenn sich der Wind gedreht hat, darf man sich ohne weiteres widersprechen.

»Die Arbeit an ›Anna‹, Maija Michailowna, muß zu Ende geführt werden. Das Ballett hat einige beeindruckende Szenen. Das ›Pferderennen‹ ist besonders gelungen. Ich habe veranlaßt, daß Sie genug Zeit für die Bühnenproben erhalten.«

Plötzlich standen das Orchester und die Beleuchter zur Verfügung, und auch die Bühne war mit einemmal leer.

Es war eine besondere Freude für mich, daß so großartige Solisten an »Anna« mitwirkten. Wie sehr hatten sie mich bei meinen Schlachten unterstützt!

Maris Liepa und Sascha Godunow waren feurige Wronskis. Nikolai Fadejetschew und Wladimir Tichonow stellten finstere, aristokratische Karenins dar. Marina Kondratjewa war die zweite Anna. Juri Wladimirow verkörperte den bedrohlichen Streckenwärter. Nina Sorokina und Natascha Sedych tanzten die Kitty, und Alla Boguslawskaja war die distanzierte, hochmütige Fürstin Betsy. (Ich erwähne nur diejenigen, die an den Premieren teilnahmen.) Euch gilt mein Dank dafür, daß ihr nicht den Glauben verloren und das zunächst zum Untergang verurteilte Stück nicht im Stich gelassen habt.

Aber ich bin vorausgeeilt. Der Reihe nach . . .

Die Proben wurden wieder aufgenommen, und das Stück gewann langsam an Gestalt. Generalprobe. Wieder eine Kommission, wieder Furzewa mit ihren Stellvertretern. Aber diesmal hatten wir ein Publikum aus Theaterhandwerkern, Pensionären, Verwandten, Freunden, Musikern, Kritikern und Moskauer Theaterenthusiasten. Diesmal war der Saal nicht tot, und wir konnten viel unbeschwerter tanzen als bei der ersten »Höllenprobe«.

Eine neue Diskussion im Büro von Direktor Muromzew. Doch diesmal schienen die Redner ihren Pessimismus abgelegt zu haben, denn sie alle wußten nur zu gut, daß Demitschew selbst es gewesen war, der unsere Schöpfung gerettet hatte.

Aber wir hatten sehr viel Zeit verloren. Es war bereits Juli, und in anderthalb Wochen würde die Saison des Bolschoi-Theaters beendet sein. Wenn unsere zweite Besetzung ebenfalls eine Generalprobe durchlief, würden wir die Premiere auf den Herbst verschieben müssen. Und bis dahin konnte allerlei geschehen. Die Sache war zu gefährlich.

Die Kommissionsmitglieder, plötzlich sehr umgänglich geworden, erklärten nur: »Entscheiden Sie selbst. Sie müssen es am besten wissen.«

Die ganze Karenina-Mannschaft versammelte sich im leeren Parkett. Es kam zu hitzigen Auseinandersetzungen, und ich mußte den Streit beenden. »Schtschedrin soll die Entscheidung treffen. Wir machen das, was er für richtig hält.«

Alle erstarrten. Rodion schwieg eine ganze Minute lang. Er wog das Für und Wider ab.

»Wir geben übermorgen die Premiere. Ein Aufschub lohnt sich nicht.«

Wir teilten Direktor Muromzew unsere Entscheidung mit.

An der gläsernen Anschlagtafel des Bolschoi-Theaters, neben dem Haupteingang und hinter den Säulen, werden die nächsten Vorstellungen bekanntgemacht: »›Die Zarentochter‹, Oper, Musik N. Rimski-Korsakow; ›La Traviata‹, Oper, Musik G. Verdi; ›Eugen Onegin‹, Oper, Musik P. Tschaikowski; ›Madame Butterfly‹, Oper, Musik G. Puccini . . .« Zum 10. Juni heißt es: »Aufführung wird gesondert angekündigt.«

Am Telefon höre ich die sich überschlagende Stimme von Schura Krasnogorowa: »Maija Michailowna, ›Anna‹ ist angekündigt. In der Zeile vom 10. Juni steht: ›Anna Karenina‹, Ballett, Musik R. Schtschedrin, Premiere.«

»Wann war das? Haben Sie es selbst gesehen?«

»Vor fünf Minuten. Ich rufe von einem öffentlichen Telefon am Theaterplatz an.«

»Ganz bestimmt?«

»Wirklich, ich habe es gerade gelesen. Und ich bin auch jetzt nur ein paar Schritte von der Kasse entfernt.«

Alles ist normal – genauso, wie es sein soll. Aber die Freude erstickt mich. Das Glück läßt mich nicht atmen. Noch zwei Tage, nur noch zwei Tage, und dann . . .

Rodion und ich zwängen uns, kreischend und einander knuffend wie kleine Kinder, ins Auto. Wir rasen mit unzulässiger Geschwindigkeit zum Bolschoi-Theater.

Ein warmer Juniabend. Es ist noch hell. Wir laufen lärmend zu den Säulen. Ein paar Passanten blicken sich mißbilligend nach uns um. Was sind das für Subjekte? Der steinerne Apollo zwinkert mir von seinem Kampfwagen her verschwörerisch zu. Kann man vor Glück verrückt werden?

Schura hat recht gehabt. Wir müssen es nur noch zwei Tage aushalten!

Gewöhnlich bin ich zweieinhalb Stunden vor der Aufführung im Theater. Am Tag der Premiere von »Anna Karenina« komme ich vier Stunden vorher. Heute ist auch Pierre Cardin, den wir benachrichtigt haben, mit seiner japanischen Sekretärin aus Paris eingeflogen. Er hat sich vom Flughafen aus direkt ins Theater aufgemacht. Ich muß ihm seine großartigen Kostüme »am Objekt«

vorführen, bevor das Publikum sie sieht. Ob Pierre beleidigt sein wird, weil sein Name nicht im Programmheft steht? Direktor Muromzew hat sich auf Anweisung des Ministeriums brüsk geweigert, Cardins Namen drucken zu lassen.

Geigen und Flöten stimmen ihre traurige Melodie an. Das Stück hat begonnen. Hilf uns, gütiger Himmel!

Ich stehe – in einem schwarzen Pelzkostüm von Cardin mit einer eleganten Schleife an der Taille – in der zweiten Kulisse. Dazu trage ich einen winzigen Hut mit einem dünnen Schleier. Der Hut ähnelt demjenigen, den ich bei meiner Begegnung mit Jacqueline Kennedy im Weißen Haus getragen habe. Ein Omen! Meine Hände stecken in einem Samtmuff von Cardin mit einer schwarzen Rose. Die Projektion des am Bahnhof auf die gebeugten Laternenpfähle fallenden Schnees wird eingeschaltet... Flocken, Schneeflocken... Ich setze zum Pas de bourrée an.

Schtschedrin verfolgt das Stück vom Kämmerchen der Beleuchter im Zwischenrang aus. Das Ballett wird noch »mit heißer Nadel gestrickt«. Rodion macht den Beleuchter Boris Leljuchin auf die Einstellungen aufmerksam, welche die Partitur erfordert. Auch Waleri Lewental sitzt dort oben.

Meine Assistenten Ryschenko und Smirnow rennen in den Kulissen hin und her; sie zeigen den Künstlern ihr Entree an und sorgen für den Wechsel der Dekorationen. Ryschenko hält einen Klavierauszug in den Händen – sie kann mühelos Noten lesen.

»Bahnhof«. – Alles geht seinen Gang. Die erste Begegnung mit Wronski liegt hinter mir. Der Streckenwärter mit der Leiche...

»Ball«. – In Ordnung. Die schweren Lüster werden rechtzeitig, genau im Einklang mit der Musik, heruntergelassen. Die Kandelaber der Diener leuchten auf. Mein Solo zur Mazurka mit den violetten Stiefmütterchen gelingt. Kein Problem mit den Drehungen.

Nun der *»Schneesturm«*. Ich tanze eine zügige Variation in der Dunkelheit, im Wirbel der Schneeflocken. Die vorderen Scheinwerfer blenden mich gnadenlos. Nur keinen Fehler machen. Alles geht glatt.

»*Betsys Salon*« ist nicht schwer. Aber hat man den weißen Flügel rechtzeitig hereingerollt? Da ist er. Ausgezeichnet.

Ich höre die Musik zu »*Karenins Arbeitszimmer*«. Ein heiteres Kontrabaßsolo. Wie kann Fadejetschew dort seine Schachzüge vollführen?

Ein schmachtender Flötenton. Mein Auftritt, unsere gemeinsame Szene. Wir schaffen es. Nun mein langer, rascher Abgang im Pas de bourrée von der Vorbühne bis zum Rand der Hinterbühne. Ich bedecke das Gesicht mit den Händen. »Es ist spät, schon spät.«

»*Annas Traum*« – mit meinen vier Doubles. Ich kann Atem schöpfen. Unverwandt schaue ich von rechts aus den Kulissen auf die Bühne. Die Maskenbildnerin Nina Nestratowa befeuchtet mein Gesicht mit einem Handtuch. Ich winke ab. »Nina, störe mich nicht.« Wunderbar, die Mädchen haben nichts vergessen, nichts durcheinandergebracht. Eine neue Lichteinstellung. Maris-Wronski allein in seinem Schlafzimmer . . .

Der für mich schwerste Teil des ersten Aktes: »*Annas Fall*«. Ich muß alle Kräfte aufbieten. Das ist der Höhepunkt des Aktes. Maris hält mich gut fest. Alle Hebungen gelingen. Nach der Aufwallung der Emotionen die Erschlaffung. Ich schwinge auf Liepas Armen hin und her wie ein Pendel an der Uhr der Ewigkeit . . .

Langsam schließt sich der Vorhang.

Im Saal bricht Beifall aus. Das Publikum ist heute schwierig: ganz Moskau – solche, die an uns glauben, scharfzüngige Skeptiker, kalte Zyniker, die alles im voraus wissen. Unbedarfte, nette Ausländer, denen die Dolmetscherinnen die Handlung des Balletts aus dem Programmheft vorgelesen haben: Wie endet diese Geschichte denn? Und mein eigenes, geliebtes Moskauer Publikum. Mein Publikum, das die ganze Nacht hindurch an den Kassen des Bolschoi-Theaters Schlange gestanden hat, um einen Platz auf der Galerie zu ergattern. Zu meiner Premiere.

Bis zur letzten Szene ist alles gutgegangen. Wir haben besser getanzt als bei den Proben. Nur das Finale bleibt noch.

Ich bin allein. Mein Monolog vor dem Tod. Jetzt hängt alles von mir ab. Mit dieser Szene entscheidet sich das Schicksal des Balletts . . .

»Und in den Häusern überall Menschen, Menschen ... Wie viele, endlos, und alle hassen einander. Wozu diese Kirchen, dieser Klang? ... Alles ist Unwahrheit, Lüge, Betrug, Bosheit. Wo bin ich? Was tue ich? Warum? Gott, vergib mir ...«

Das Kreuzeszeichen.
Ich stürze auf die Knie.
Das Funkeln des Lokomotivscheinwerfers.
Die sich entfernenden Lichter des Zuges, der mich getötet hat.
Das Klopfen der Räder.
Die Musik der Schwellen.

Die Vorstellung ist zu Ende.
Wir scheinen gesiegt zu haben!

43
Meine eigenen Ballette
(Fortsetzung)

Ich tanze in der französischen Stadt Rennes in der Bretagne. »Die Irre von Chaillot« an zwei Abenden hintereinander. Welches Datum ist heute? Der zweite. Und der Monat? April. 1993, da bin ich sicher. Also tanze ich heute seit genau fünfzig Jahren »im Rang« einer Ballerina. Vor genau fünfzig Jahren bin ich in die Truppe des Bolschoi-Balletts aufgenommen worden. Fünfzig Jahre vor einem Publikum zu tanzen scheint mir in der Tat eine beachtliche Leistung zu sein. Die Frage ist natürlich, ob es sich lohnt, mir zuzuschauen. Solange ich zum Tanzen aufgefordert werde, muß es sich wohl lohnen.

Hier in Rennes setze ich meine Arbeit an diesem Buch fort. Von »Anna Karenina« habe ich bereits erzählt. Ich möchte noch hinzufügen, daß das weitere Bühnenschicksal des Balletts sehr glücklich war. Es lief mehr als hundertmal im Bolschoi-Theater, wurde auf Gastspielreisen gezeigt und in anderen Ländern inszeniert. Außerdem hat es als Vorlage für einen erfolgreichen Ballettfilm der Regisseurin und Kamerafrau Margarita Pilichina gedient.

Es war ihre letzte Arbeit. Der Krebs hatte ihren Körper und ihre Seele bereits zerfressen. Assistenten trugen Margarita für die Dreharbeiten auf einem Sessel herein, hoben sie auf verschränkten Händen an die Kamera und halfen ihr behutsam vom Boden auf, wenn sie entkräftet zusammengebrochen war. Pilichina, die Nichte von Marschall Georgi Schukow, war ein starker Mensch, und sie fand sich stoisch mit ihrem Schicksal ab. Ihre schöpferische Kraft wurde, ungeachtet ihrer körperlichen Qualen, nicht vergeudet. Der unbarmherzige Tod hinderte sie jedoch daran, die beiden letzten Szenen zu Ende zu drehen. Deshalb wurden Probeaufnahmen für den Film verwendet. Aber auch dies tat dem Film keinen Abbruch.

Die Rolle Wronskis spielte Godunow. Als der Film bereits

abgedreht war, begaben wir uns wieder einmal auf eine Amerikatournee. Im Flugzeug teilte mir Sascha mit, daß er nicht in die UdSSR zurückkehren wolle.

»Aber dann haben wir ›Anna Karenina‹ umsonst gedreht. Warte noch, bis der Film in den Kinos läuft. Und bleib beim nächstenmal im Westen.«

Sascha Godunow war ein Mann, der zu seinem Wort stand.

»Na gut. Ich warte. Und vielleicht bleiben wir beim nächstenmal gemeinsam im Westen?«

Godunow hielt sein Wort. Aber für uns beide gab es kein »nächstes Mal« mehr.

Das »nächste« war für mich Tschechows »Möwe«.

Wie viele Vögel habe ich im Ballett getanzt. Sie sind kaum zu zählen. Der Sterbende Schwan, das weise Vogel-Mädchen Suimbike, der Feuervogel . . . Feen und Vögel sind für uns das tägliche Brot – ein »Leckerbissen« für jeden Choreographen.

In dieser Hinsicht bot Tschechows Drama viele interessante Möglichkeiten: mehrere Flüge der Möwe, die den Fluß der Handlung unterbrechen; der Flug der verletzten Möwe; die tote Möwe auf den Wellen des Zaubersees; der Tanz auf den Armen eines unsichtbaren Partners oder mehrerer Partner? Vielleicht weiße Armflügel und ein weißer Hals, die im Raum schweben, weil die Tänzerin in schwarzen Samt gehüllt ist?

Außerdem Ninas Liebesgeschichte, Trepljows, Maschas, Medwedenkos Liebe. »Zwei Pud Liebe«, wie Anton Pawlowitsch Tschechow selbst schrieb. Alle lieben, alle sind ungeliebt. Arkadinas Eifersucht. Kostjas dekadentes Stück auf den Theaterbrettern der Datscha. Theater im Theater. Schwermütiges Lottospiel an langen Herbstabenden. Krocket. Ninas Ankunft in einer Gewitternacht. Der von Wind und Regen zerrissene Vorhang auf der alten, halbverfallenen Datscha-Bühne. Der Selbstmord des Dichters . . . All das ließ sich überzeugend in tänzerische Bewegungen umsetzen.

Diesmal beschloß ich, das Ballett allein zu choreographieren. Bei »Anna Karenina« hatte ich noch wenig Erfahrung gehabt. Doch bei Tschechow gab es keine Massenszenen, sondern nur dreizehn Personen. Nur das schnatternde, den Autor verhöhnende Publikum, das sich vor Lewentals Bühnenbild mit den idiotischen Texten der damaligen Rezensenten drängte. Eine ganz kurze Episode, jedes Zwischenspiel dauerte nur zwei oder drei Minuten. Die Dekoration wurde gewechselt, und die Menschen hasteten wieder ruckhaft hin und her – gleichsam wie in den ersten Kinoexperimenten der Brüder Lumière.

Welche Hindernisse mußte ich überwinden, bevor die Inszenierung auf der Bühne des Bolschoi-Theaters zugelassen wurde? – Eine lange, öde Vorgeschichte, mit der ich den Leser verschonen möchte. Das letzte Stadium war die Anhörung der Musik in Pjotr Nilowitsch Demitschews Büro. Furzewa war aus dem Leben gegangen, und man hatte Demitschew wegen irgendwelcher Verstöße gegen die Parteivorschriften vom ZK-Sekretär zum Minister degradiert, und zwar – etwas Niedrigeres gab es kaum – zum Kulturminister. Er war jetzt unser direkter Vorgesetzter, und ich hatte wenig Bedenken, da ich mich an sein verständnisvolles Eingreifen bei der Inszenierung von »Anna Karenina« erinnerte.

Im Bolschoi-Theater hatten wir Musik und Text von »Die Möwe« nicht vorführen können, denn es war zum Lager unversöhnlicher Feinde geworden. Der Kult um den Chefballettmeister hatte einen Höhepunkt erreicht. Alles, was außerhalb der ihm gewidmeten Lobhudeleien lag, schien nicht zu existieren. Andere Ballettmeister als ihn gab es nicht und würde es nie geben. Sein Genie war einmalig, der einzige Stern am Firmament. – Unser System, das Stalin hervorgebracht hatte, erzeugte auch zahlreiche Mini-Stalins, kleine Tyrannen, die sich auf den verschiedensten Gebieten austobten.

Außerdem war Iwanow, der Bolschoi-Direktor, emsig darum bemüht, unsere choreographische Sonne von allen Bittstellern abzuschirmen. Ein solcher Schutzwall war nicht zu überwinden, und ich hatte bereits Gespräche mit dem Stanislawski-Theater eingeleitet. Aber mein Stolz verbot mir aufzugeben. Wir würden kämpfen. Das Bolschoi-Theater war *meine* Alma mater.

Demitschew war neu in seinem Amt, kam aus einem anderen Bereich (er hatte Chemie studiert) und hatte keine Erfahrung mit Theaterintrigen. Gewiß war ihm zugeflüstert worden, daß man mir kein neues Ballett anvertrauen dürfe. Doch da wir Demitschew mit »Anna Karenina« keineswegs bloßgestellt hatten, schenkte er uns auch diesmal Vertrauen. Daher fand die Anhörung nicht im Theater, sondern im Ministerium statt – sozusagen auf neutralem Boden. Gott sei mit uns!

Nur wenige Ballettleute waren gekommen: unerschrockene Helden oder kriecherische Spitzel, die die frische Neuigkeit als erste – wie ein Hund einen Knochen – hinaustragen wollten. Eifer und Gewandtheit waren am Zarenhof seit jeher geschätzt. Vielleicht würde mal wieder eine Auslandsreise bei der Sache abfallen ...

Hauptsächlich waren Opernkünstler, die ersten Solisten des Bolschoi-Orchesters und andere Musiker erschienen. (Nicht jeden Tag wurde ein Orchestermitglied in Demitschews Büro gerufen. Vielleicht würde sich der Besucher am ministerlichen Tee laben und seine Physiognomie in Erinnerung bringen können.) Daneben ein paar unabhängige Kritiker (unabhängig vom Chefballettmeister).

Schtschedrin spielte die gesamte Ballettmusik auf dem Klavier vor, und ich erläuterte das choreographische Vorhaben.

Die Äußerungen waren sehr wohlwollend: Das Ballett müsse unbedingt produziert werden. Aber kein einziger der wenigen Ballettvertreter öffnete den Mund. Demitschew war so naiv, dies für seltsam zu halten.

»Und wieso schweigt man beim Ballett? Ich möchte auch Ihre Meinung hören.«

»Das arme, eingeschüchterte Ballett«, flüstert Schtschedrin vor sich hin.

Demitschew hat die Bemerkung aufgefangen.

»Ist das wahr?«

Und plötzlich erhebt sich Sascha Bogatyrjow, den ich in meiner Aufregung gar nicht bemerkt habe, ruckartig von seinem Platz.

»Darf ich das Wort ergreifen?«

In den Mienen der Anwesenden spiegelt sich Interesse wider.
»Mir hat es großartig gefallen. Ich möchte die Rolle Trepljows tanzen.«

Der Bühnenbildner Lewental, der neben mir sitzt, wispert mir ins Ohr: »Sascha ist ein Selbstmörder. Nun werden sie ihn verfaulen lassen. Ein Moskauer Kamikaze.«

Alexander Bogatyrjow übernahm in der Tat die Rolle des Trepljow. Bei der Premiere war er wunderbar. Sein Äußeres – sein Adel und seine Beseeltheit – erinnerte mich an den Dichter Alexander Blok. Dadurch wurde der Konflikt des Stückes noch deutlicher, noch fühlbarer. Aber Sascha mußte dafür einen ungeheuer hohen Preis bezahlen!

Ich begann die choreographische Arbeit mit der allerersten Nummer der Partitur. Außer Nina, Arkadina und Trigorin treten alle Personen gleichzeitig auf. Zwischen ihnen liegt nur ein Schritt, doch sie sind getrennt, auf tragische Weise einsam. Ist dies nicht eines der Hauptthemen von Tschechows rätselhaftem Drama?

Gewöhnlich wird der Symmetrie im Ballett Tribut gezollt. Zwei, vier, acht Personen, zweiunddreißig Schwäne. Wie oft hat der Zuschauer das erlebt? Wenn die Tänzer einen vollkommenen Synchronismus erzielen, gilt das als ein Zeichen hoher Kunst.

In meiner »Möwe« ging ich vom Gegenteil aus. Meine Personen sollten nicht durch die Symmetrie der Bewegungen, sondern durch die Musik vereint werden. Die Musik ist ihre innere Welt, ihr Geheimnis. Jeder hält sich an seine eigene Linie und erzählt von seinem unglücklichen Schicksal.

Bei Tschechow sind alle Personen auf ihre Art unglücklich. Alle sind verliebt, doch ihre Liebe wird nicht erwidert. War diese Unfähigkeit zur Kommunikation, die den russischen Adel und die russische Intelligenzija kennzeichnete, vielleicht der Hauptgrund für die blutige Revolution, durch die das Land in Schutt und Asche gelegt wurde? Oder ist meine Hypothese allzu weit hergeholt?

Der Schrei einer Möwe, fast wie ein Stöhnen, das die Musik durchzieht. Trepljow erstarrt auf der Vorbühne. Es schaudert ihn. Gibt es die Möwe wirklich, oder ist sie ein Trugbild? Die Personen verlieren sich mit Lemurenschritten in der Dunkelheit. Hoch am Himmel über dem Zaubersee steigt eine Möwe auf. Das bin ich. Ich trage ein Trikot, mein Rumpf und meine Arme sind weiß, meine Beine pechschwarz geschminkt. Vier unsichtbare Kavaliere in schwarzen Samtkostümen, Masken und Handschuhen tragen mich in einem geschlossenen schwarzen Würfel. Durchdringendes Licht von der Seite her. Ich entreiße mich ihren Umarmungen, schwebe über dem See und stürze im Seewind wie ein Stein in die Tiefe.

Jedesmal – und ich habe »Die Möwe« rund sechzigmal getanzt – spüre ich bei diesem ersten Flug meine Nähe zu den Elementen, zur Ewigkeit, zum Wasser, zum Himmel.

Das Moskauer Publikum nahm unsere Premiere sehr freundlich auf. Aber diejenigen, die nach alten Maßstäben urteilten – wie viele Drehungen, wie viele Chaînés wurden ausgeführt? –, waren enttäuscht. In Plissezkajas neuem Ballett gebe es wenig Tanz. Aber was ist Tanz, Herrschaften? Ich bewunderte einmal den genialen, bewegungslosen Tanz der Japanerin Inoue Yachiyo aus Kyoto. Mehr als eine Stunde lang war sie an derselben Stelle festgefroren; nur ihre Finger, Brauen, Wangenknochen und Augen tanzten. Für einen solchen »Nichttanz«, verehrte Herrschaften, würde ich alle Chaînés und Fouettés der Welt hingeben.

Großes Verständnis fand unser Ballett bei den Tschechow-Experten und den Bühnenschauspielern. Jewgenija Michailowna Tschechowa, die Nichte des Autors, besuchte eine Vorstellung nach der anderen. Und jedesmal rief sie mich spätabends an, um mir immer wieder neue, verborgene Botschaften des Stückes mitzuteilen, die sie mit Hilfe des Balletts erschlossen hatte. Mit Hilfe meines *wortlosen* Balletts! Zu einem weiteren Enthusiasten wurde der berühmte Tschechow-Experte S. Paperny. Durch seine Artikel und seine an mich gerichteten Briefe wurden mir nachträglich viele Zusammenhänge klar. Natalja Krymowa, bekannt für die Schärfe ihres Urteils, akzeptierte das Ballett nach der Premiere vorbehaltlos und veröffentlichte einen eindrucksvollen Artikel in der *Literaturzeitung*. Ich konnte zufrieden sein.

Und wieder Tschechow: »Die Dame mit dem Hündchen«.

Als »Die Möwe« im schwedischen Göteborg gezeigt wurde, setzten uns die dortigen Journalisten mit ihren Interviews zu. Was ist Ihr Lieblingsgetränk, welche Speisen bevorzugen Sie, wo verbringen Sie Ihren Sommerurlaub ...

Einer der Musikjournalisten – er hieß Borg – interviewte Schtschedrin. Mit einemmal drückte Borg auf die Stopptaste seines Aufnahmegeräts und unterbrach das Gespräch.

»Warum, Herr Schtschedrin, hat sich keiner der russischen Komponisten bisher Tschechows ›Dame mit dem Hündchen‹ gewidmet? Meiner Ansicht nach ist das eine prächtige Vorlage für eine Oper oder ein Ballett.«

»Warum? Ich weiß es nicht. Ich muß mir die Erzählung noch einmal durchlesen«, wehrte Schtschedrin nachdenklich ab.

Unsere »Möwe« fand in Göteborg viel Zuspruch. Die Schweden verstehen sich auf die Theaterarbeit. Nichts mußte wiederholt werden, alles wurde ohne Verzögerung realisiert. Vom Bolschoi-Theater nahmen nur einige Solisten sowie der Bühnenbildner Lewental und mein treuer Korrepetitor Boris Mjagkow an der Inszenierung teil.

In Schweden tanzte Viktor Barykin mit mir. Später übernahm er in meinen Balletten auch die Rolle Karenins und Don Josés. Sein Trepljow unterschied sich von Bogatyrjows Interpretation. Sascha verlagerte Trepljows Drama in die Zeit von Alexander Blok, also an den Anfang des zwanzigsten Jahrhunderts, als die russische Kunst einen Hang zur Dekadenz hatte. Barykin dagegen spielte eine der jüngeren Vergangenheit entsprechende Rolle, die eher an Majakowski denken ließ. Oder an Jessenin?

»Die Möwe« war nach dem Geschmack des schwedischen Publikums, denn Tschechows Stücke werden dort hoch geschätzt. Wir mußten sogar zusätzliche Vorstellungen geben. Nach unserer Abreise konnte die Göteborger Balletttruppe über »Die Möwe« verfügen.

Der Weg zur »Dame mit dem Hündchen« war nicht kurz. Zwischen den beiden Premieren vergingen 2003 Tage.

»Die Möwe« feierte am 27. Mai 1980, »Die Dame mit dem Hündchen« am 20. November 1985 Premiere – genau an meinem sechzigsten Geburtstag.

An jenem Tag tanzte ich im Bolschoi-Theater zwei Ballette: die Premiere von »Die Dame mit dem Hündchen« und nach der Pause »Carmen-Suite«.

In meinem ganzen künstlerischen Leben habe ich nie so fleißig und leidenschaftlich geprobt. Ich wollte unbedingt bis zu meinem Geburtstag fertig werden. Durch den feierlichen Anlaß hatte ich endlich einmal Gelegenheit, ungestört zu arbeiten. Zum erstenmal brauchte ich kein Übermaß an Energie aufzuwenden, um immer wieder Steine aus dem Weg zu räumen. Die bestehenden Probleme waren allein schöpferischer Art.

Im übrigen wurde die Aufgabe dadurch erleichtert, daß aus der Balletttruppe nur zwei von uns an der »Dame« mitwirkten: Boris Jefimow (Dmitri Dmitrijewitsch Gurow) und ich selbst (Anna Sergejewna). Alle anderen Akteure waren Statisten des Bolschoi-Theaters. Einerseits brauchte ich nicht dauernd im Ballettbüro zu antichambrieren, andererseits handelte es sich hier um eine prinzipielle Idee: Liebende erheben sich über die Alltäglichkeit, die Kleinlichkeit des Lebens, sie existieren in einer anderen Dimension.

Zu diesem Einfall war ich von Chagall inspiriert worden. Seine Verliebten schweben stets über Siedlungen und Städten am Himmel. Ihnen wachsen gleichsam Flügel. Und der Tanz ist mit dem Flug verwandt ...

Deshalb war die formale Konstruktion des Balletts der Aufgabe untergeordnet, die gesamte Handlung in Form von fünf großen Pas de deux zu gestalten (»Prolog-Duett«; zweites Duett: »Spaziergänge«; drittes Duett: »Liebe«; viertes Duett: »Vision«; fünftes Duett: »Begegnung«). Alles übrige diente nur als Hintergrund, als Begleitung, als Bewußtseinsströmung. Das am Kai promenierende Publikum von Jalta: Statisten. Anna Sergejewna mit dem Spitz am Pier des Schwarzen Meeres: Statisten, ein Double. Der Nachtwächter, der die Helden heimlich beobachtet: ein Statist. Die Bilder des winterlichen Moskauer Lebens: wiederum Statisten. Die bunte, gleichsam Walzer tanzende Menge der Mitbürger, die weder von Anna Sergejewna noch von Gurow bemerkt werden. Ein guter Kontrast, der für Atmosphäre sorgt. Gleichzeitig können Jefimow und ich uns ausruhen. Auch daran muß gedacht werden. Wir sind Tänzer, keine Götter.

Tschechow schrieb seine herrliche Erzählung, als er bis zur Besinnungslosigkeit in die junge Schauspielerin Olga Knipper vom Künstlertheater verliebt war. Vielleicht deshalb ist die überschäumende Leidenschaft so herzzerreißend dargestellt, vielleicht rührt daher die freimütig-empfindsame Beziehung zwischen Anna Sergejewna und Gurow, die durch triste, althergebrachte Ehebande gefesselt sind. In ihren Ehen gibt es seit langem keine Liebe mehr. Oder hat es sie überhaupt nie gegeben?

Mir zieht es jedesmal unwillkürlich die Kehle zusammen, wenn ich Tschechows Zeilen lese:

»Anna Sergejewna und Gurow liebten einander wie Menschen, die sich sehr nahestehen, die sich ganz und gar gehören, wie Mann und Frau, wie zärtliche Freunde ... Man konnte sie mit zwei Zugvögeln vergleichen ...«

Ich kann Tschechow aus dem Gedächtnis zitieren, seine Worte fast laut singen. »Die Dame mit dem Hündchen« ist, wie mir scheint, eher in Versen als in Prosa geschrieben. Noch ein paar Beispiele:

»Anna Sergejewna, diese ›Dame mit dem Hündchen‹, verhielt sich zu dem Geschehenen ganz eigenartig, sehr ernsthaft, und das war merkwürdig und in diesem Augenblick unangebracht ... Niedergeschlagen und in Gedanken versunken saß sie da – wie eine Sünderin auf einem alten Gemälde ...

›Mag Gott mir verzeihen!‹ sagte sie, und ihre Augen füllten sich mit Tränen. ›Das ist entsetzlich.‹

Sie verbarg ihr Gesicht an seiner Brust und schmiegte sich an ihn ...

Er blickte in ihre starren, erschrockenen Augen; er küßte sie, sprach leise und zärtlich auf sie ein, und allmählich beruhigte sie sich, sie gewann ihre Fröhlichkeit zurück, und dann lachten sie beide.«

Und damit nicht genug. Jeder Augenblick dieser Geschichte ist von Kummer erfüllt. Ich träumte davon, die Unendlichkeit der Tschechowschen Nuancen durch den Tanz wiederzugeben, die unvergleichliche »Gesinnung« der Erzählung, ihren Ton, ihre Poesie, ihren unausgesprochenen Sinn, ihre Trauer, ihre Geheimnisse und die Einfachheit der Tschechowschen Musik: Gurow »zog Anna Sergejewna an sich und küßte ihr Gesicht, ihre Wangen, ihre Hände ...

Sie weinte vor Aufregung, in dem schmerzlichen Bewußtsein, daß ihr Leben sich so traurig gestaltete; sie sahen einander nur heimlich, versteckten sich vor den Leuten wie Diebe! War ihr Leben etwa nicht zerstört?«

Jefimow und ich begannen unsere Proben im Operetten-Theater, der früheren Bolschoi-Filiale. Wir trafen uns am Mittag, wenn niemand mehr in den Übungssälen war.

Boris betrat den Saal, wobei er fleißig an seinem belegten Brot kaute. Nach der morgendlichen Probe im Bolschoi-Theater waren seine Muskeln noch aufgewärmt. Während ich wartete, hatte ich mich ebenfalls aufgelockert, und wir vertieften uns sofort in unsere Arbeit.

Wir arbeiteten bis zur Erschöpfung, bis zur Benommenheit, vor allem an den zentralen Hebungen. Ich verbrachte den größeren Teil der Ballettdauer auf Jefimows Armen. Manchmal war Boris so ausgepumpt, daß er sich in seinem schwarz-roten Trainingsanzug für ein paar Minuten auf den Boden legen mußte. Und wenn er aufstand, blieb der feuchte Umriß seines mächtigen, schweißüberströmten Körpers auf den Brettern zurück. Sogar seine zerzausten Haare hinterließen eine nasse Spur: eine neue Richtung der Malerei.

»Bist du zu abgespannt, Boris?« fragte ich mitfühlend und besorgt. Würde er durchhalten?

»Alles in Ordnung, Maija Michailowna«, gab Jefimow immer kurzangebunden zurück. »Wir können weiterproben.«

Ich hatte bei allen Proben ein Ballettrikot an, doch darüber befestigte ich den abgeschabten Rock von »Anna Karenina«: um meine Silhouette hervorzuheben und um dem Partner die Arbeit zu erleichtern. Natürlich hatte ich Cardin gebeten, Anna Sergejewnas Kleider für mich zu entwerfen. Er versprach es mir wiederum, nachdem er mich schon bei »Anna Karenina« und »Die Möwe« mit seiner königlichen Großzügigkeit verwöhnt hatte. Aber die Zeit verging, und die Kostüme blieben aus. Ich wollte nicht aufdringlich sein, aber einmal hielt ich es doch nicht mehr aus, rief Cardins Sekretärin an und wies in meinem barbarischen Englisch auf das Datum der Premiere hin: »20. November.«

Sie versicherte mir, daß Cardin weder meinen Traum noch das Datum vergessen habe. »Machen Sie sich keine Sorgen, Maija, das Kostüm wird rechtzeitig fertig. Pierre arbeitet daran.«

Am späten Abend des 18. November, am Tag vor der letzten Probe (ich zerbrach mir bereits verzweifelt den Kopf darüber, wie wir uns aus der Klemme befreien konnten), klopfte ein ausländischer Herr, der nur drei russische Worte beherrschte, an unsere Wohnungstür. Der Weihnachtsmann. Wie war es diesem Franzosen ohne Russischkenntnisse nur gelungen, unsere Moskauer Zuflucht in der dunklen Stadt zu finden?

Ein Karton von Cardin. In dem Karton lag ein Briefchen mit einer darangehefteten Übersetzung (eine der Mitarbeiterinnen in Cardins Boutique sprach ausgezeichnet Russisch). Pierre schrieb, daß Anna Sergejewna nur ein einziges Kostüm tragen solle, allerdings mit verschiedenen Gürteln. Drei Varianten kämen, je nach den Motiven der Erzählung, in Frage: ein strenger, gerader Gürtel, der oben und unten mit einem Silberfaden durchwirkt war; ein etwas breiterer, verschnörkelterer Gürtel mit einer riesigen, meterlangen Schleife und bis zum Boden reichenden luftigen Bändern. Die dritte Möglichkeit – der Übergang in die Abstraktion, wie Cardin schrieb – bestand darin, das Kleid ganz ohne Gürtel, wie eine Art Chiton, zu tragen.

Ich probierte das Geschenk meines Pariser Weihnachtsmannes vor dem Spiegel an. Nun begriff ich, weshalb er nur ein einziges Kostüm geschickt hatte: Ich mußte es zusammen mit dem Trikot überstreifen, und für einen Kleiderwechsel hätte ich mich nackt ausziehen müssen. Nun dachte ich über die »Kleiderordnung« nach: Den ersten Pas de deux – das Motto der Aufführung – würde ich ohne Gürtel tanzen, was auch für Jefimow leichter war, denn hier gab es Dutzende von Hebungen. Die »Spaziergänge« waren statischer, und ich würde die Schleife umbinden können. Der »Liebes«-Pas de deux mit seiner rasenden Leidenschaft verlangte den Chiton und die »Vision« den strengen Gürtel. Bei der Begegnung in der Stadt S. und im Finale mußte ich zu meiner anfänglichen Erscheinung zurückkehren. Eine Reprise.

Meinen fünfzigsten Geburtstag hatte ich mit der Premiere von Béjarts »Boléro« in Brüssel gefeiert, meinen sechzigsten feierte ich mit der Premiere von »Die Dame mit dem Hündchen«.

Gemeinhin begehen Ballerinen dieses üble Alter, indem sie stolz im Strahl der Scheinwerfer in einer drapierten Loge dicht neben der Bühne thronen. Und jeder der an dem Tanzabend zu Ehren der erlauchten Jubilarin Mitwirkenden überreicht ihr mit einer gezierten Verbeugung einen üppigen Blumenstrauß. Gegen Ende des Abends ist die Erlauchte dann wie ein Leichnam bis zum Kinn mit Blumen zugedeckt.

Ich dagegen mußte mich an jenem Abend abmühen: Die »Dame« dauert fünfzig, »Carmen-Suite« sechsundvierzig Minuten. Zudem war ich fast ständig auf der Bühne, aber ich schaffte es. Dies möchte ich ohne falsche Bescheidenheit betonen – für die künftigen Sammler von Theaterchroniken.

Über den Theaterlautsprecher höre ich die gewohnten, anfeuernden Worte des Regisseurs: »Achtung, der Dirigent ist beim Orchester, es geht los!« Alexander Lasarew gibt den Geigen das Zeichen zum Einsatz. Schtschedrin hat ihm das Schicksal der »Dame« – wie vorher jenes der »Möwe« – anvertraut. Die erste beklemmende Phrase erklingt. Für mich symbolisiert sie Anton Pawlowitschs Zeilen: »Man konnte sie mit zwei Zugvögeln vergleichen, einem Männchen und einem Weibchen, die man gefangen und gezwungen hatte, in getrennten Käfigen zu leben.«

Jefimow und ich stehen einander einen Meter vor dem noch geschlossenen Vorhang gegenüber: er mit dem Rücken, ich mit dem Gesicht zum Saal. Wir rühren uns nicht und hören der Musik zu. Das Seufzen der Violoncelli. Das Tröpfeln des Pizzicatos. Nur keinen Fehler machen! Einen Takt später öffnet sich ganz langsam der Vorhang. Gurow hebt Anna Sergejewna hoch und drückt ihre Beine an seine Brust. Wie glücklich ich bin, diese so lyrische, herrliche Tschechowsche Erzählung tanzen zu dürfen! Der weiße Spitz, der bald mit Anna Sergejewna am Pier von Jalta spazierengehen wird, winselt leise in der Kulisse. Schtschedrins Musik läßt also auch ihn nicht gleichgültig, beunruhigt ihn, wühlt ihn auf.

Mit der gleichen Hebung endet das Stück. Ich strecke die Arme zum Krim-Himmel, zum Schwarzen Meer, zu den sich ballenden Wolken, zu allen Menschen aus, die unsere göttliche, unvergleichliche Erde bewohnen. War Anna Sergejewnas und Gurows Leben nicht zerstört? Wie sollten sie weiterleben?

Alle Mitwirkenden treten nacheinander hinaus, um den Beifall entgegenzunehmen: Jefimow und ich, der Dirigent Lasarew, der Bühnenbildner Lewental, die Repetitoren Boris Mjagkow und Tatjana Legat sowie der Komponist, der die kristallene, empfindsame Musik geschaffen hat.

Schtschedrin umarmt mich lächelnd auf der Bühne und sagt verschwörerisch: »Diese Musik ist dein Geburtstagsgeschenk. Brauche ich dir jetzt keinen Brillantring mehr zu schenken?«

44

Ich will Gerechtigkeit

Auf den Titelblättern von Rodion Schtschedrins vier Balletten steht mein Name:
»Das bucklige Pferdchen« – für Maija Plissezkaja.
»Anna Karenina« – fortwährend für Maija Plissezkaja.
»Die Möwe« – immer für Maija Plissezkaja.
»Die Dame mit dem Hündchen« – auf ewig für Maija Plissezkaja ...

Keine herkömmliche Ziererei wird mich daran hindern, über die Musik meines Mannes das zu sagen, was ich fühle.

Schtschedrin stand stets im Schatten meiner Erfolge, aber er litt zu meiner Freude niemals darunter. Sonst hätten wir nicht so viele ungetrübte Jahre gemeinsam durchleben können. Dies lag sowohl an seinem glücklichen, von Neidgefühlen freien Charakter als auch an seinem festen Glauben an die Kraft seiner großen, angeborenen schöpferischen Fähigkeiten. Hinzu kam seine ständige Versenkung in die Musik.

Jelena Michailowna Iljuschtschenko fragte mich einmal, als ich Schtschedrin gerade geheiratet hatte: »Wie kann man sich mit einem Mann ins Bett legen, der dauernd Musik im Kopf hat?« Man kann es, Jelena Michailowna. Man kann es – und zwar sehr gut!

Aber im Grunde ist es nicht einfach, wenn zwei Künstler Seite an Seite leben. Der eine muß dem anderen Tag um Tag Platz machen. Wenn er dies dauernd unwillig, mit zusammengebissenen Zähnen tut, dann wird das Gleichgewicht letzten Endes gestört, und die Verbindung zerbricht.

Und was ist mit der Musik zu meinen Balletten?

Die Spießbürger zischelten: Der Mann ist ein »Ballettkomponist«, er schreibt Ballette unter dem Diktat seiner unberechenbaren Primadonna, »er macht Karriere«. In Wirklichkeit war es genau umgekehrt. Eine gewisse Selbstaufopferung – ich fürchte mich nicht, es zu sagen – spielte zwar mit. Aber Schtschedrin ist ein Professioneller höchsten Ranges. Er versteht sich ausgezeichnet darauf, Ballette und Opern, aber auch alles mögliche andere zu komponieren. Er schrieb Ballette, *um mir zu helfen*, um mich vor dem näherrückenden Alter zu schützen. Ein neues Repertoire führt zwangsläufig zur nächsten Stufe der Kunst. Nur ein neues Repertoire kann den Tänzer vor der Gehässigkeit der Theaterwelt, vor Wiederholungen und vor Untätigkeit schützen.

Natürlich begeisterte ihn jede neue, anspruchsvolle Aufgabe, deren Hindernisse er überwinden konnte. Aber ihn motivierten auch die aufrichtige Sorge um mich, sein Mitgefühl. Oder, einfacher gesagt, seine Liebe. Während ich diese Zeilen schreibe, erfüllt mich ein tiefes Gefühl der Zärtlichkeit.

Mein Buch wäre unvollständig, wenn ich all dies verschweigen würde.

In der Musikwelt kennt man Schtschedrins Namen sehr gut. Allerdings halte ich es für bedauerlich, daß man seinen Namen besser kennt als seine Musik. Rodion Schtschedrin? Ja, natürlich, »Carmen-Suite« – ein Ballett nach der Oper von Bizet.

»Carmen-Suite« ist tatsächlich eine wunderbare, virtuose Arbeit! Aber wenn Schtschedrin so vortrefflich mit jedermann bekannten Motiven umgehen konnte, wieso fühlten sich die Herren Dirigenten dann nicht veranlaßt, auch seine anderen, ureigenen Werke durchzublättern? In ihnen ist viel Hervorragendes zu entdecken! »Carmen-Suite« stellt nur einen winzigen Teil dessen dar, was Schtschedrin geschaffen hat.

Ich bin erstaunt darüber, daß das Ballett »Die Dame mit dem Hündchen« nicht die Aufmerksamkeit der Choreographen erregt hat. Ein für das Ballett wahrhaft geeignetes Thema. Der Zauber Tschechows. Die wundervolle Gestalt der Heldin. Die Straffheit: nur ein einziger Akt. Die Länge: eine Dreiviertelstunde. Die Orchesterbesetzung: minimal. Nur Streicher und drei oder vier andere Instrumentalisten. Und vor allem eindringliche, aufwühlende Musik, frisch und saftig wie ein herrlicher Apfel. Warum, zum Teufel, ist das Stück den Choreographen entgangen? Wie kann ich die Schläfer aufrütteln?

Wo immer ich das Ballett nach meiner eigenen Inszenierung tanzte, fand es ein spontanes Echo beim Publikum. Irgendwann einmal, Madame. Aber warum nicht jetzt?

Ich besuchte die Premiere von Schtschedrins »Alte russische Zirkusmusik« in Chicago. Das berühmte Chicagoer Orchester, an jenem Abend von dem glänzenden Lorin Maazel geleitet, schwelgte geradezu in den Köstlichkeiten der Partitur. Dieses Stück müßte jedes von Selbstachtung erfüllte Orchester spielen! Aber man schläft wiederum . . .

Die Premiere des Vierten Klavierkonzerts im Kennedy Center mit Nikolai Petrow und Mstislaw Rostropowitsch. Anerkennung. Lob von allen Seiten. Überzeugende Kritiken. Und dann? Erklären sich etwa viele bereit, das neue Konzert zu spielen?

Der Choral »Der eingeprägte Engel«. Welch reine, kristallklare Musik! Und was für ein Ballett man aus dem »Engel« machen könnte! (Man nehme mir nicht übel, daß ich dauernd vom Ballett rede, aber schließlich . . .)

Gewiß gibt es auch Werke von Schtschedrin, die für mich nicht so leicht faßbar sind. Ich bemühe mich, unvoreingenommen zu sein. Da ist zum Beispiel die »Musikalische Gabe« für Orgel und Blasinstrumente. Für mich war es qualvoll, das Stück bis zu Ende anzuhören, und es nimmt mehr als zwei Stunden in Anspruch. Nur weiblicher Gehorsam hielt mich bis zum Finale in meinem Sessel.

Dieses Kapitel schreibe ich heimlich, in strenger Abgeschiedenheit von Schtschedrin. Ich weiß, daß er sich ärgern und mich auffordern würde, es zu streichen. Aber dazu bin ich um keinen Preis bereit. Ich will Gerechtigkeit.

Zum Beispiel wäre es gerecht, Schtschedrins Musik nur nach ihrer Qualität zu beurteilen. Doch neidische Kollegen haben statt dessen versucht, seinen Namen in den Schmutz zu ziehen. – Sie haben gute Gründe, Schtschedrin zu beneiden. Daran besteht kein Zweifel!

Er ist ein brillanter, von Gott und den Musen gesegneter Mann mit einer bezaubernden Ausstrahlung. Seine Großzügigkeit hat nicht ihresgleichen. Er mußte einfach Aufmerksamkeit erregen. Schtschedrin brauchte nicht auf der Leiter der Anerkennung emporzuklimmen. Sie fiel ihm von allein zu. Sogar der Komponistenverband nahm seinerzeit den zwanzigjährigen Konservatoriumsstudenten Schtschedrin wie selbstverständlich, ohne Antrag oder Formalitäten, in seine Reihen auf.

Anfang der sechziger Jahre, im letzten Stadium des Chruschtschowschen »Tauwetters«, gründete Dmitri Schostakowitsch dann den Komponistenverband Rußlands als Alternative zum Komponistenverband der UdSSR. Er wurde zum ersten Vorsitzenden gewählt und forderte Rodion mehrere Male auf, seine Nachfolge anzutreten und die gute Sache weiterzuführen.

Schostakowitsch und Schtschedrin – der berühmte Klassiker und der zu großen Hoffnungen berechtigende junge Komponist – wurden oft in hohe ZK-Büros geschleppt. Man versuchte mit Zukkerbrot und Peitsche, sie zum Eintritt in die Kommunistische Partei zu bewegen. Der Druck wurde über einen langen Zeitraum hinweg fortgesetzt, und Dmitri Dmitrijewitsch gab ihm schließlich nach. Schtschedrin hingegen blieb standhaft und parteilos. Wer meint, das sei einfach gewesen?

Ich kann Schostakowitsch daher vollauf verstehen. Wie viele Qualen von seiten der Sowjetmacht mußte er erdulden. Als Stalin ihm in nicht allzu ferner Vergangenheit einen öffentlichen Verweis erteilte, trennte ihn nicht viel von der physischen Vernichtung. Schostakowitsch fürchtete um seine Kinder und seine Werke. Wie hätte sich eine solche Furcht spurlos auflösen können? Allen hervorragenden Musikern aus Schostakowitschs Generation war das gleiche Los beschieden: Auch Oistrach, Chatschaturjan, Gilels, Flijer und Kogan wurden Parteimitglieder. Unsere eigene Generation entschloß sich manchmal zu einem kühneren Verhalten, denn der Bazillus der Furcht war nicht mehr ganz so mächtig. Aber eben nur »manchmal«.

1973 überredete man Schtschedrin im Moskauer Säulensaal nach zweistündigen Bemühungen, seine Kandidatur für den Vorsitz nicht zurückzuziehen. Nur zwei von mehreren hundert Stimmen wurden gegen ihn abgegeben. Damit übernahm Rodion den Vorsitz des Komponistenverbandes von Rußland und »Schostakowitschs Sessel«.

Ich kenne den Hauptgrund dafür, daß sich Schtschedrin zur Kandidatur durchrang. Es war meine Person. Meine Situation im Theater war immer schwieriger geworden, ich mußte für meinen »Platz an der Sonne« kämpfen. Und welche Trümpfe hatte ich in diesem Kampf? Einen weiten Schritt, Biegsamkeit und ähnliches? Oder künstlerische Begabung? Die Besessenheit vom Ballett? Die Zuneigung des Publikums?

Schtschedrins Ehrenamt im Komponistenverband diente der Abschreckung, damit man mir seltener Steine in den Weg legte, mich seltener verletzte. Ist das so schwer zu verstehen? Wenn ein Kompromiß um einer Hundertdollarnote willen geschlossen wird, so ist das eine Sache. Aber wenn es um die schöpferische Arbeit, um einen geliebten Menschen geht? Gibt es da nicht einen Unterschied?

Die »Sechziger« Rußlands (zu denen auch Schtschedrin gehörte) gingen den Weg zur Wahrheit des künstlerischen Schaffens, zur Wahrheit des Lebens stets auf gewundenen Wegen – man denke an die Dichter Jewtuschenko und Wosnessenski. Und jeder beschritt seinen eigenen Pfad, um das Ziel zu erreichen. Das brutale System sorgte dafür, daß sie Kompromisse nicht vermeiden konnten. Man mußte überleben, man durfte seine schöpferische Arbeit nicht abwürgen lassen. Aber man mußte gleichzeitig ein *anständiger* Mensch bleiben. Die »Sechziger« versuchten außerdem, die Welt zu ändern, das System umzustürzen, die Menschen wachzurütteln und an ihr Gewissen zu appellieren. Heute wissen wir, wie naiv das war. – Die Don Quixotes der sechziger Jahre!

In den Jahren, in denen Schtschedrin den Vorsitz innehatte, konnte er viel Gutes tun. Aber wer erinnert sich noch daran? Kaum jemand. Ein Glück, daß es wenigstens ein paar dankbare Menschen gibt, die nicht wie die Dinosaurier und Mammuts vom Erdboden verschwunden sind. Trotzdem meinen gerade jene, denen er am meisten Gutes tat, für die er sich unerschütterlich einsetzte, heute oftmals: Wohin gehört Schtschedrin? Zum Establishment.

Ein schönes Establishment, dessen Mitglieder ihre Wohnung wie wir mit ihrem *eigenen* Geld kaufen mußten. Die »verfolgten« Komponisten dagegen erhielten Wohnungen und andere Vergünstigungen *kostenlos* vom Komponistenverband (den sie heute verfluchen). Das ist die Wahrheit.

Schtschedrin blieb stets seinen Prinzipien treu. 1968 wagte er es, den Brief zur Unterstützung des sowjetischen Einmarsches in die Tschechoslowakei nicht zu unterschreiben. Die »Stimme Amerikas« nannte seinen Namen zusammen mit denen der kühnen Schriftsteller Twardowski und Simonow, die ihre Unterschrift ebenfalls verweigert hatten.

Schtschedrin war 1989 Gründungsmitglied der »Moskauer Tribüne« und der Internationalen Deputiertengruppe, jenes winzigen Kreises unerschrockener Menschen, der von dem Akademiemitglied Andrei Sacharow und von Boris Jelzin geleitet wurde. Schtschedrin war also einer derjenigen, die dem Regime offen Widerstand leisteten. – Ein schönes Establishment!

Und was unternahmen die »verfolgten« Komponisten damals? Besuchten auch sie die aufständische Tribüne? Nein, sie bewirteten ausländische Journalisten mit Plinsen und Kaviar und fuhren diese nicht etwa in Taxis, sondern in ihren Privatwagen zu den Sehenswürdigkeiten der Moskauer Umgebung: Kolomenskoje, Archangelskoje, Sagorsk ... Und dabei flüsterten sie, wie sehr sie verfolgt würden, daß man sie nicht anerkenne und nicht würdige.

Bei uns gehörte ohnehin plötzlich die halbe Bevölkerung zu den Dissidenten. Diejenigen, die auf die übliche Frage des Interviewers: »Welches Buch ist unentbehrlich für Sie?«, stets geantwortet hatten: »Die Werke Lenins«, behaupten nun unisono: »Die Bibel, die Bibel!« Was für Chamäleons!

Es gibt einige einfache, unterhaltsame Märchen, die viel tiefsinniger und weiser sind als die dicken Bände der Philosophen. Ich meine zum Beispiel Puschkins »Märchen vom Popen und seinem Knecht Trottel« oder Andersens »Des Kaisers neue Kleider«. Etwas Ähnliches wie die Sache mit den neuen Kleidern spielt sich heute bei uns ab.

In diesem Zusammenhang soll auch der »verfolgte« Regisseur Juri Ljubimow erwähnt werden, der Freundschaft mit den kommunistischen Bossen pflegte, selbst Parteimitglied war, dem NKWD-Club eifrige Dienste leistete, kommunistische Ehrentitel einsammelte und in Stalins Lieblingsfilm »Kubankosaken« in der Hauptrolle herumstolzierte. Heute jedoch teilt er Nackenschläge nach links und rechts aus und behauptet, er sei der einzige pflichtbewußte Kämpfer für die Wahrheit gewesen, alle anderen hingegen Speichellecker.

Schtschedrin schrieb eine originelle Sinfonie mit dem Titel »Selbstporträt«, die er sich selbst widmete. Sie entstand 1984, vor der Perestroika, bevor alle übrigen aus ihrem lethargischen siebzigjährigen Schlaf erwachten und plötzlich kühn und unabhängig wurden. Man höre sich dieses Werk an, denn es ist eine musikalische Beichte. Und wer nicht taub ist, möge den Schiedsrichter spielen: Wer ist Schtschedrin, woran glaubte er damals, was haßte er? Es ist so einfach – man braucht sich die Sinfonie nur anzuhören!

Es bekümmert mich, daß Wahrheit und Lüge heute bewußt vertauscht werden, daß sich in manchen Köpfen nur Bruchteile der Wahrheit eingenistet haben. In ein oder zwei Generationen – das steht fest – wird man die Dinge so beurteilen, wie Gott es verfügt hat: nach dem Talent, nicht nach der Politik.

Wie der Dichter schrieb:

»Wenn man ein Aug' nur öffnen könnte,
 Nur einen Blick sich auf das gönnte,
 Was uns von Künft'gem trennte ...
 Welche Kleidung wird uns blenden,
 Wem Beifall wird man dann wohl spenden?«

45

In Italien

Die Hausmeisterin am Lift unseres Hauses in der Gorki-Straße – bei den Franzosen gibt es das schöne Wort »Concièrge« – hat ein so rundes Gesicht, daß man sich dauernd vorstellt, die Natur habe ihre Physiognomie mit einem Zirkel gezeichnet. Eines Tages erhob sich die freundliche Vera Dmitrijewna von ihrem Stuhl und eilte mir besorgt entgegen.

»Als sie nicht zu Hause waren, Maija Michailowna, hat Ihnen der Briefträger ein Telegramm gebracht. Ein auslän-di-sches. Aus Rom. Ich hab's angenommen. Hier.«

Vera Dmitrijewna war die fleißigste der Hausmeisterinnen in unserem Aufgang und geriet immer sichtlich in Erregung – ihre Wangen bedeckten sich dann mit purpurroten Flecken –, wenn sie es in ihrer Schicht mit Ausländern zu tun bekam.

Nachdem ich die Wohnungstür hinter mir geschlossen hatte, warf ich einen Blick auf das Telegramm. Es stammte tatsächlich aus Italien, aber ich konnte außer dem Ort und dem Namen des Absenders nichts verstehen. Die Unterschrift schien die eines bedeutenden Mannes zu sein: Antonioni. Ob der berühmte Filmregisseur mich engagieren wollte? Wohl kaum! Erst später enträtselte ich die Schrift mit Hilfe sämtlicher Hausgenossen. Antiniani, Direktor des Opernhauses von Rom. Aber wie hatte der römische Direktor meine Moskauer Adresse erfahren?

Ich ließ mir den Text von Freunden übersetzen. Er enthielt eine Einladung, »in die Stadt Rom zu reisen und die Möglichkeit zu erörtern, den Posten des künstlerischen Leiters der Ballettruppe des römischen Opernthearers zu übernehmen«. (»Eine Kopie der Einladung ist der Staatlichen Konzertvereinigung der UdSSR übersandt worden ...«)

Alles klärte sich nach einem Anruf von Paola Belli auf, einer Solistin des römischen Balletts, die in Moskau ein Praktikum absolvierte. Sie hatte meine Adresse nach Rom weitergegeben.

»Stimmen Sie zu! Kommen Sie! Es wird interessant sein.«

»Aber Goskonzert?«

»Antiniani hat schon mit dem Parlamentsabgeordneten Corghi gesprochen, dem Vorsitzenden des Italienisch-Sowjetischen Freundschaftskreises. Er hat die Einladung veranlaßt. Ihr Goskonzert wird unserem Corghi keine Abfuhr erteilen.«

Paola besaß trotz ihrer jungen Jahre ein hohes Maß an Reife. Später wurde sie die Frau unseres virtuosen Tänzers Wladimir Derewjanko und schaffte es ohne weiteres, ihn in den Westen zu bringen.

Damals, 1983, galt eine solche Einladung, wie sie mir gegenüber ausgesprochen worden war, noch als Kuriosum. Ohne Genehmigung des Kulturministeriums waren Auslandsreisen weiterhin unmöglich. Ich machte mich also daran, an die Türen aller möglichen Funktionäre zu klopfen. Das größte Hindernis bildete der stellvertretende Minister Iwanow, der kurz zuvor Bolschoi-Direktor gewesen war und sich gut darauf verstand, meine Nerven zu strapazieren. Ich hatte versprochen, gründlicher auf ihn einzugehen. Also dann:

Iwanow war wie ein Panzer, ein übler Panzer ohne Rückwärtsgang. Schon an seinem Gesicht ließen sich Verbissenheit, Ehrgeiz, Glaube an die eigene Unfehlbarkeit und Selbstzufriedenheit ablesen. In meinem ganzen Leben bin ich nie einem Menschen begegnet, dessen Äußeres nicht seinen Charakterzügen entsprochen hätte! Das Gesicht verrät vieles über seinen Besitzer. Nase, Ohren, Brauen, Nasenlöcher, Wangenknochen, die Linie des Mundes, Muttermale, Zähne, Falten – sie alle können kaum etwas verbergen. Und die Augen, besonders die Pupillen, sind die schlimmsten Verräter. Wenn es jemandem plötzlich einfallen sollte, dem typischen Bonzen ein Denkmal zu errichten – hier ist Ihr Modell, meine Herren Bildhauer.

Nachdem Signor Corghi den sowjetischen Botschafter in Italien, Lunkow, überredet hatte, die Einladung vorbehaltlos zu unterstützen, beschloß Iwanow, mich in eine finanzielle Sackgasse zu treiben. Er hoffte, daß es dann heißen würde: Plissezkaja selbst hat abgesagt.

Dazu hätte ich gute Gründe gehabt, denn das Ministerium gestand mir pro Tag achtzehn Dollar zu – für sämtliche Ausgaben. Diese erhielt ich von der sowjetischen Botschaft in Rom, an die das Theater gemäß dem von Iwanow geschlossenen Vertrag alle Gelder überweisen mußte. Der Rest der Zahlungen floß in die sowjetische Staatskasse. (Der Objektivität halber muß ich anmerken, daß das Tagegeld gegen Ende meines römischen Abenteuers und nach zahlreichen schriftlichen Protesten auf sechsunddreißig Dollar erhöht wurde.) Die Italiener mußten außerdem für volle zwölf Monate ein Honorar zahlen, während ich nur dann Tagegelder bekam, wenn ich mich tatsächlich in der Oper aufhielt. Prächtige Bedingungen, nicht wahr? Zusätzlich wurde die »Neunzig-Tage-Regel« strikt angewendet: Ein sowjetischer Künstler durfte im Laufe eines Jahres nicht mehr als neunzig Tage im Ausland weilen. Sonst hätte er sich womöglich an die freie Luft im Westen gewöhnt ... Das hieß, daß meine Rom-Aufenthalte automatisch meine sonstigen Reisemöglichkeiten einschränkten. Wer konnte da noch zusagen?

Ich. Die Leitung einer eigenen Truppe war etwas Neues und Faszinierendes für mich.

In Rom wohnte ich bei Paola; sie beförderte mich auch mit ihrem kleinen »Käfer« zum Theater und zurück.

Für die Sommerfestspiele in den Caracalla-Thermen bereitete ich »Raymonda« vor.

Die Caracalla-Thermen bieten eine riesige, von der brennenden Sonne aufgeheizte Theaterbühne für die Römer und, vor allem, für die unersättlichen Touristen, die im Sommer in die Stadt strömen. Die gewaltige Bühne, die achtzehn Jahrhunderte alt ist, wirkt unter dem samtenen italienischen Nachthimmel mit seinen glänzenden Sternen und der Milchstraße wie erleuchtet.

An fast alles konnte ich mich im traurigen Moskau gewöhnen, mit vielem vermochte ich mich abzufinden. Aber an die klirrende

Kälte der Moskauer Nächte konnte ich mich nie gewöhnen. Welch ein Luxus hier: laue Nächte, in denen die Wärme in jede Pore des Körpers eindringt und den Menschen mit Freude und Wonne erfüllt. Da sind die Caracalla-Thermen! Hier veranstalteten die drei berühmten Tenöre – Pavarotti, Domingo, Carreras – ihre Supershow. Es dürfte kein günstigeres Klima für Tenöre geben als dieses!

Aber wie sollte ich den naiven, verschwommenen Inhalt von »Raymonda« auf dieser uralten Bühne darbieten? Vielleicht auf ernste Weise?

Ich hatte vor, das Sujet gewissermaßen auszuklammern. Vor dem Beginn jedes Aktes sollten in stummen Bildern nur die Konturen der Handlung angedeutet werden: Der Ritter Jean de Brienne begibt sich auf einen Feldzug. Verabschiedung von Raymonda, Angriff der Sarazenen, Gefangenschaft, Abderans stürmische Werbung um Raymonda, die Weiße Dame, de Briennes Rückkehr, Zweikampf, Hochzeit, glückliche Apotheose...

Glasunows Musik ist so rein und lyrisch, daß man gar nicht aufhören möchte zu tanzen – allerdings ohne sich allzu streng an die wirre Szenengestaltung zu halten.

Wie auch immer, meine Truppe konnte nicht über Unterbeschäftigung klagen. Etliche Solovariationen vertraute ich zwei, drei oder sogar vier Tänzern an, damit alle in der Vorstellung eingesetzt werden konnten.

Raymonda selbst wurde von drei Tänzerinnen interpretiert. Besonders selbstvergessen und technisch ausgefeilt zeigte sich Margarita Parilla in dieser Rolle. Als ich sie nach der Premiere (am 20. August 1984) umarmte und aufrichtig lobte, war sie so gerührt, daß sie mir ihren Regenmantel schenkte. Weshalb sie in der unglaublichen Hitze einen Regenmantel mitgenommen hatte, blieb unerfindlich.

Ich zog auch andere Choreographen heran. »Petruschka« inszenierte Nikolai Berjosow, Svetlanas Vater, in deren Londoner Wohnung ich Rudi Nurejew nach dessen Flucht in den Westen zum erstenmal heimlich begegnet war. Berjosow besaß ein außergewöhnliches Gedächtnis. Er konnte der Truppe nicht nur Fokines

Version des Balletts von Strawinski vorführen, sondern auch eine Vielzahl von Bewegungen amüsant kommentieren. Sein fortgeschrittenes Alter hinderte ihn keineswegs daran, jeden »Pas« persönlich vorzumachen. Das war die alte Schule! Die Truppe war sehr angetan von Berjosow.

»Phèdre« wurde von Jean Sarelli auf die Bühne der römischen Oper gebracht. Er hatte lange Jahre mit Serge Lifar zusammengearbeitet und kannte nahezu dessen ganzes Repertoire auswendig. In der Ballettwelt galt Sarelli als Lifars engster Vertrauter. Er ließ die klassische Choreographie des Stückes unberührt. Aber bei unserer nächsten Begegnung begrüßte Lifar mich kühler als sonst. Was hatte ihn verärgert?

»Warum, Maija, haben Sie mich nicht eingeladen, meine eigene ›Phèdre‹ zu inszenieren! Ich kenne das Ballett nicht schlechter als Sarelli.«

»Aber ich dachte, daß Sie keine Zeit hätten.«

»Für mein Lieblingskind werde ich mir immer Zeit nehmen. Merken Sie sich das für die Zukunft.«

Das Ballett »Les Biches« (Musik: Francis Poulenc), mit dem sich Bronislawa Nijinska, die Schwester des legendären Waslaw, Anfang der zwanziger Jahre hervortat, wurde von ihrer Tochter Irina inszeniert. Ich staunte wieder einmal darüber, wie modern und aggressiv das Ballett schon 1923 von Nijinska choreographiert worden war.

Für andere Inszenierungen jener Saison waren Brjanzew und Alberto Alonso verantwortlich. Außerdem zeigte ich Béjarts »Isadora«. – Die Balletttruppe der römischen Oper brachte unter meiner Leitung ein sehr ereignisreiches Jahr hinter sich.

Als nächstes stand »Der Nußknacker« auf meinem Plan. Dieses Ballett wird im Westen traditionsgemäß zu Weihnachten aufgeführt.

Ich verabredete mit Irina Kolpakowa, daß sie die Inszenierung übernehmen solle. Wainonens »Nußknacker« lief seit langem am Marien-Theater, und Kolpakowa hatte häufig in dem Stück getanzt. Ich selbst mußte mich im Herbst der Premiere von »Die Dame mit dem Hündchen« widmen. Zudem waren meine »neunzig Tage« bereits ausgeschöpft. Die Italiener waren einverstanden, die Termine paßten allen Beteiligten – es gab keine Probleme.

Weihnachten war noch fern, aber dann hatte ich einen bedrückenden Traum:

Die langerwartete Premiere des »Nußknackers« auf der Bühne der römischen Oper. Ich trage ein neues Kleid von Golizyna und sitze in der Loge. Neben mir Irina Kolpakowa, ebenfalls in einem eleganten Kleid, das wahrscheinlich auch von Golizyna stammt. Im Haar blitzende Schneeflocken. Mascha – offenbar von Margarita Parilla verkörpert – tanzt vortrefflich. Sie bekommt eine Nußknackerpuppe geschenkt. Das Publikum ist verzaubert. Die Musik – teuflische Tremoli und Crescendi – verrät Unruhe. Der Weihnachtsbaum nimmt gigantische Ausmaße an. Ich habe entsetzliche Angst. Nun tritt der Mäusekönig auf. Wer tanzt ihn? O nein, mit einem großen Jeté springt Georgi Alexandrowitsch Iwanow auf die Bühne. Er trägt ein enganliegendes Trikot und Ballettschuhe mit hellroten Bändern. An seinem Kopf – kahl, rund, ernst, ganz ungeschminkt – fehlt die übliche Mäusemaske. Er sieht genauso aus wie in seinem Büro im Kulturministerium. Die Zuschauer springen verständnislos auf. Protestschreie auf italienisch. Iwanow hört auf zu tanzen und tritt an die Rampe. Er bildet mit den Fingern einen Trichter.

»Signori, ich stehe vor Ihnen, um unser großes russisches, sowjetisches Ballett vor dem unheilvollen Einfluß des Westens zu schützen.«

Jemand aus dem Parkett schleudert eine reife Tomate. Iwanow kann nicht ausweichen, und ich höre, wie die Tomate an der glattrasierten Wange des stellvertretenden Ministers zerplatzt.

Dieses Geräusch weckte mich auf. Schtschedrin hob den Kopf von seinem Kissen. »Hast du einen Alptraum gehabt?«

»Iwanow verdirbt mir den ›Nußknacker‹.«

Der Traum traf zu. Denn nun begann ein widerwärtiges bürokratisches Gerangel um Kolpakowas Reisegenehmigung.

Wo war der Haken? Woran konnte man Anstoß nehmen? Tschaikowski. »Der Nußknacker«. Die klassische Inszenierung von Wainonen. Kolpakowa war Heldin der Sozialistischen Arbeit,

Volkskünstlerin der UdSSR und Primaballerina des Marien-Theaters. Der Vorrat ihrer Reisetage war kaum angebrochen. Die Staatskasse würde vom Teatro dell'Opera eine Menge Devisen erhalten. Konnte es sich wirklich nur um Rache handeln? An mir? Weil ich nicht kroch und dienerte?

Meine unerfreuliche Beziehung zum Genossen Iwanow hatte eine lange Vorgeschichte. 1978 erreichte der Kampf seinen Höhepunkt. Mein Jubiläumsabend am Bolschoi-Theater zur Feier meines fünfunddreißigjährigen Wirkens stand bevor.

Traditionsgemäß kann die Jubilarin ihr Programm selbst bestimmen. Das Beste aus dem früheren Repertoire und etwas ganz Neues – so ist es Brauch. Ich wünschte mir den zweiten Akt von »Schwanensee« sowie Béjarts »Isadora« und »Boléro«. In Moskau – überhaupt in der Sowjetunion – hatte man meine Interpretation des »Boléro« noch nicht gesehen, aber unsere Moskauer Tänzer kannten die begleitenden Rollen. Für eine Australientournee war Pietro Nardelli, ein Solist von Béjarts Truppe, auf Wunsch des Impresarios Michael Edgley nach Sydney geflogen. Innerhalb weniger Tage hatte er mit unseren Tänzern die gesamte Partie einstudiert, und wir führten »Boléro« sechsmal mit großem Erfolg in Australien auf – allerdings heimlich, ohne die Erlaubnis Moskaus.

Auch der Einfältigste hätte erraten können, daß Theaterdirektor Iwanow die Aufführung von »Boléro« nicht gestatten würde.

»Tanzen Sie etwas anderes.«
»Wieso?«
»Den Moskauern ist das fremd.«
»Es ist mein Abend. Mir zu Ehren.«
»Im Theater gibt es keinen entsprechenden Tisch.«
»Die Anfertigung eines Tisches werde ich aus eigener Tasche bezahlen.«
»Béjarts ›Boléro‹ kann auf der Bühne des Bolschoi-Theaters nicht gezeigt werden.«
»Warum nicht?«
»Treten Sie statt dessen in ›Carmen-Suite‹ auf. Ist das nicht eines Ihrer Lieblingsstücke?«

»Aber ich möchte an meinem Jubiläumsabend etwas Neues tanzen. Etwas, das ich mir selbst ausgesucht habe.«

»›Isadora‹ reicht doch.«

»Moskau hat ›Isadora‹ schon gesehen.«

»Béjarts ›Boléro‹ darf auf keinen Fall auf der Bühne des Bolschoi-Theaters gezeigt werden!«

»Aber warum nicht?«

Mein Dialog mit Iwanow schien kein Ende zu nehmen. Wenn Iwanow einmal nein gesagt hatte, ließ er sich nicht mehr davon abbringen. Ein Rückwärtsgang existierte für ihn nicht. Genosse Iwanow war von pathologischer Sturheit.

Von Pjotr Chomutow, unserem Ballettdirektor (und früheren Tänzer), erfuhr ich den wahren Grund für das kategorische Verbot von »Boléro«: »Dieses enthemmte, pornographische Ballett des Modernisten Béjart kann dem Publikum des Bolschoi-Theaters nicht zugemutet werden. Eine halbnackte Frau auf einem Tisch und gaffende Männer um sie herum. Nichts als Striptease! ›Boléro‹ eignet sich fürs ›Folies-Bergère‹ und ›Moulin Rouge‹, aber nicht für uns. Solange ich Direktor bin, werde ich unseren Kunsttempel nicht verschandeln lassen.« So ähnlich klangen Iwanows Argumente nach Chomutows zuverlässiger Wiedergabe.

»Hat Iwanow ›Boléro‹ jemals gesehen?« fragte ich verwundert.

»Wohl kaum. Aber einer von denen, die mit Ihnen in Australien waren, hat ihm einen Bericht geschrieben und Fotografien beigelegt.«

»Wer war so gewissenlos? Einer der Tänzer? Einer der Begleiter?«

»Fragen Sie nicht, Majetschka. Das kann ich Ihnen nicht sagen«, erwiderte Chomutow.

Ich rannte etliche Türen ein, doch überall stieß ich auf unbeugsame Ablehnung. Später fand ich heraus, daß sich Iwanow die Hilfe Simjanins, des ZK-Sekretärs für ideologische Fragen, gesichert hatte. Damit waren mir alle Wege verschlossen. Entweder mußte ich mir treu bleiben und den Galaabend absetzen lassen, oder ich mußte »Carmen-Suite« statt »Boléro« tanzen. Ich konnte mich zu keiner Entscheidung durchringen. Das Datum der Veranstaltung kam erschreckend nahe, und beim Theater wartete man gespannt: Was würde aus Plissezkajas Jubiläumsabend werden?

Aber dann fand sich doch ein Ausweg. Wer stand in der Hierarchie des Systems höher als Simjanin? Nur Breschnew. Ich mußte zu ihm vordringen – oder zu einem seiner engsten Mitarbeiter.

Unter allergrößten Mühen gelang es mir, ein Treffen mit Andrei Michailowitsch Alexandrow zu arrangieren. Er war die rechte Hand Breschnews. Ein Berufspolitiker und ein gebildeter Mann, der sich mit Fremdsprachen auskannte. Ihm brauchte – und das war selten – niemand zu erklären, was »Boléro« ist, wer Maurice Ravel war und was Maurice Béjart mit diesem Ballett zu tun hatte.

Auch einige Auslandskorrespondenten kamen mir zu Hilfe. Kurz vor meinem Jubiläum roch es im Theater »nach Angebranntem«, und die Journalisten begannen, mich um Interviews zu bitten. Die Telefone wurden natürlich abgehört, und das Interesse der Ausländer wurde zur Kenntnis genommen. Reine Politik!

Aber die entscheidende Rolle dabei, daß das finstere Tandem Iwanow-Simjanin ins Wanken gebracht wurde, spielte Alexandrow. Er erzählte, wie ich später von ihm hörte, Breschnew von meiner Verzweiflung. Dieser murmelte etwas Ermutigendes zur Antwort, und Alexandrow konnte sich danach auf die Autorität des ersten Mannes im Staate berufen.

Ich tanzte »Boléro«! Und mein Peiniger Iwanow schlich eine gute Woche lang mit dem aschgrauen, violetten Gesicht eines Ertrunkenen durchs Theater. Vernichtung. Verschüttung von Pompeji. Untergang der »Titanic«. Plissezkaja untergräbt die Stützen des Sowjetstaates.

Wie konnte Genosse Iwanow seine schmähliche Niederlage jemals vergessen? Mein Kampf mit ihm hatte sich schließlich vor den Augen des ganzen Theaters abgespielt. Und nun dürstete es ihn nach Rache.

Das war es also, was sich »Der Nußknacker«, Pjotr Iljitsch Tschaikowski und Irina Kolpakowa hatten zuschulden kommen lassen. Hier lag die Erklärung für die seltsamen Ereignisse.

Diesmal siegte Iwanow, und ich verlor. »Der Nußknacker«

mußte auf eine russische Choreographin verzichten, Kolpakowa reiste nicht nach Rom.

Was sollte das Teatro dell'Opera tun? Es war zu spät, das Repertoire zu ändern. Man hatte bereits Reklame dafür gemacht, und die Weihnachtsvorstellungen waren ausverkauft. Die römischen Mütter hatten ihren Kindern das Weihnachtsmärchen in der Oper versprochen . . . Signor Antiniani mußte wohl oder übel einen »Nußknacker« hervorzaubern. Deshalb lud er einen Choreographen aus Prag ein – sozusagen als Feuerwehrmann.

Und noch ein Verlust. Iwanow sorgte dafür, daß der Fernsehfilm meines erfolgreichen »Boléro« spurlos verschwand. Schade! Wer weiß, sonst hätten die unachtsamen Fernsehangestellten möglicherweise die Aufzeichnung meines Jubiläumsabends in den Äther gesandt, und dann wäre die Sowjetunion innerhalb einer Stunde von Béjarts pornographischen Phantasien vergiftet worden.

Das Teatro dell'Opera war der Ungewißheit müde geworden: Würde ich kommen oder nicht, würde man mich reisen lassen oder nicht? Ein ständiges Rätsel. Aber mein Vertrag mit Rom wurde nicht offiziell annulliert. Man schwieg einfach, alles schien einzufrieren. Sogar die Abrechnungen gerieten ins Stocken.

Als ich selbst die Isadora und die Phaedra tanzte, hatte das Theater mir mein Honorar als Interpretin extra gezahlt – über Goskonzert. Drei Jahre später – damals arbeitete ich bereits in Madrid – fühlte sich die Perestroika-Zeitschrift *Ogonjok* bemüßigt, vorgeblich zu meiner Verteidigung anzutreten. Gegen Iwanow? Gegen das Sklavenhaltersystem? Jedenfalls ließ man M. Kortschagins umfangreichen Artikel »Plissezkajas Millionen« (Juli 1988) vom Stapel. Der Uneingeweihte konnte aus dem Artikel nicht schlau werden, nur die Schlagzeile über meine »Millionen« war unmißverständlich.

Ich las Michail Baryschnikow den *Ogonjok*-Artikel vor, und er sagte kopfschüttelnd: »Welch ein Glück, daß ich dort nicht mehr bin.«

Der *Ogonjok*-Bericht kam für mich völlig unerwartet, und ich war mit seinem Inhalt keineswegs einverstanden. Deshalb schrieb ich sofort einen Brief an Witali Korotitsch, den Chefredakteur der Zeitschrift. Er gehörte zu den wahren Kindern der Perestroika, die sich krampfhaft verbogen, um auf zwei Stühlen gleichzeitig sitzen zu können. Deutlicher gesagt, Korotitsch war ein kühner Feigling.

Mein Brief wurde nicht gedruckt. Die Verantwortlichen der Zeitschrift nahmen sich in acht – schließlich trieb Iwanow immer noch sein teuflisches Spiel im Kulturbereich – und beschränkten sich wieder einmal auf einen ausweichenden Redaktionskommentar zu den Leserbriefen. Ich besitze noch eine Kopie des Schreibens an Korotitsch und möchte den Inhalt dem Leser vorlegen, damit er sich ein Bild von der Absurdität der damaligen Verhältnisse machen kann.

»Sehr geehrter Genosse Chefredakteur,

In M. Kortschagins Artikel ›Plissezkajas Millionen‹ (Nr. 31) sind Einzelheiten ausgelassen worden, die den Sinn der Vorfälle erhellen würden.

1. Die Rede ist von meinem Arbeitslohn – von dem Lohn für *meine Arbeit* – und von den Abgaben, mir fällt kein anderes Wort ein, an Goskonzert. In den langen Jahren meiner ausländischen Gastspiele habe ich dem Sowjetstaat mehr als zwei Millionen Dollar übergeben. Da sind die Millionen! Das werde ich auch in Zukunft tun: Mein Honorar als künstlerische Direktorin des Spanischen Nationalballetts beträgt heute siebentausendfünfhundert US-Dollar im Monat. Goskonzert ›gewährt‹ mir ein Tagegeld – je nach dem Tag der An- und Abreise, der Grenzüberschreitung usw. Eine mittelalterliche Kabale, nichts anderes.

Zu den Proportionen: Für einen dreiminütigen Fernsehauftritt wurden mir zehntausend Dollar netto gezahlt; Goskonzert erlaubte mir gütig, hundertsechzig Dollar davon zu behalten. Aber vorher mußte ich einen Riesenstapel Papiere vorlegen: Kopien, beglaubigte Rechnungen, Quittungen, sogar Auskünfte der Madrider Bank über den Börsenkurs des amerikanischen Dollars am Tag der Honorarauszahlung. Die Forderung nach all diesen Papieren würde dem Normalbürger die Augen aus dem Kopf treten lassen! Ganz zu schweigen davon, daß man Säcke voll Geld vor der Abgabe an Goskonzert über ausländische Grenzen befördern muß, was zum Beispiel in Frankreich, Italien oder Spanien gesetzlich verboten ist . . .

Ein Ende – oder wenigstens die Stabilität – meiner Leibeigenschaft ist nicht abzusehen. Die abzugebende Summe schwankt jedesmal (manche Künstler, etwa der Pianist Andrei Gawrilow, sind sogar von jeder Abgabe befreit). Für meine ›italienischen‹ Honorare galt nichts anderes. Mehrere Monate nach meiner Abrechnung mit der Goskonzert-Buchhaltung wurde die Abgabesumme plötzlich geändert, das heißt erhöht. Ich reagierte empört. Daraufhin nahm der Betrag bedrohliche Ausmaße an – man wollte mich offenbar zermalmen. Die Briefträger brachten schriftliche Vorladungen . . .

Im Laufe eines Jahres wurden von Goskonzert *sechs* verschiedene Beträge gefordert: von zwei- bis neuntausend Dollar und umgekehrt. Ich konnte beobachten, wie ausgekochte Direktoren und ihre Stellvertreter in nicht so fernen Zeiten mit demselben Impresario zwei verschiedene Verträge abschlossen – einen offiziellen und einen geheimen. Dann steckten sie sich vor meinen Augen Tausende von Dollar in die eigene Tasche. Allerdings möchte ich der Gerechtigkeit halber anmerken, daß sie sich ihre Beute untereinander und mit ihren Vorgesetzten brüderlich teilten. (Als ich dies öffentlich, auch in Anwesenheit von stellvertretenden Kulturministern, anprangerte, schlugen alle nur die Augen nieder und rührten sich nicht.) Welche Veranlassung haben sie mir gegeben, an ihre Gewissenhaftigkeit, Anständigkeit und Ehrlichkeit zu glauben?

2. ›Italienische Millionen‹ – das klingt nach viel. Aber ein Dollar, also siebenundsechzig Kopeken, entspricht heute tausendzweihundert Lire. Die jetzigen italienischen Millionen sind also nichts als Schall und Rauch. Aber es macht Spaß, einen leichtgläubigen Menschen irrezuführen.

3. Zur Vorgeschichte. Mein dreijähriger Vertrag mit dem römischen Operntheater wurde nach fast zweijähriger Arbeit nicht offiziell aufgelöst. Genosse G. A. Iwanow, der frühere stellvertretende Kulturminister der UdSSR, der Goskonzert leitete, wünschte jedoch nicht – für ihn waren stets ›staatliche‹ Erwägungen im Spiel –, die Heldin der Sozialistischen Arbeit und Volkskünstlerin der

UdSSR, Irina Kolpakowa, zur Inszenierung des ›Nußknackers‹ nach Rom reisen zu lassen, obwohl dies vorher abgesprochen und in den Arbeitsplan der Oper so eingetragen worden war (ich selbst hatte mich in Moskau um die Choreographie für ›Die Dame mit dem Hündchen‹ zu kümmern). Weder Dutzende von Anrufen noch Appelle an den gesunden Menschenverstand, noch elf panische Telegramme der Römer, die ohne jede Antwort blieben, noch ein persönliches Gespräch I. Kolpakowas mit P. N. Demitschew hatten irgendeine Wirkung – Genosse Iwanow, der Lenker unserer Geschicke, blieb unbeugsam. Nachdem die Römer *keine einzige* Antwort vom Kulturministerium oder von Goskonzert erhalten hatten, waren sie gezwungen, für den ›Nußknacker‹ einen Choreographen aus einem anderen Land heranzuziehen. Damit brachen die Kontakte natürlich ab ... Übrigens hatte auch ich jedesmal größte Mühe, Reisegenehmigungen zu erhalten – es ging nie ohne Streitereien ab, ich mußte immer bis zur letzten Minute nervös warten und die vielköpfige römische Truppe im ungewissen darüber lassen, ob ich kommen würde oder nicht.

Wenn es bei der Abrechnung tatsächlich einen Irrtum gegeben hat – was ich bis heute bezweifle –, so ist Genosse G. A. Iwanow daran schuld. Als Urheber der Verwirrung sollte er die Suppe auslöffeln und Schadenersatz leisten. Wieso ist ein hoher Funktionär nicht für seine eigenen Handlungen verantwortlich?

4. Und schließlich: Bevor man einen aufsehenerregenden Artikel wie diesen druckt, sollte man eine moralische Verpflichtung verspüren, ihn der Hauptperson des Berichts vorzulegen. Der betreffende Journalist war ein Außenstehender und hatte keine Möglichkeit, sich mit all den komplexen Details unserer leidvollen Auseinandersetzungen mit Goskonzert vertraut zu machen. Ich bin Ihrer Zeitschrift dankbar für den Wunsch, mich zu verteidigen, aber es wäre besser gewesen, dies nicht in Form einer flotten Detektivgeschichte zu tun, sondern in Form einer präzisen, dokumentarischen Chronik unserer gramvollen Jahre.

Hochachtungsvoll
Maija Plissezkaja
28. August 1988«

Aber die Italiener hatten meine kurze Arbeit an der römischen Oper nicht vergessen. 1989 erhielt ich zusammen mit Leonard Bernstein den bedeutenden »Via-Condotti«-Preis. Die Redner lobten meine Verdienste um die Förderung italienischer Tänzer. Vielleicht hatte ich den Menschen der Ewigen Stadt ja doch etwas von bleibendem Wert hinterlassen?

Wieder trat ich hinaus auf die brodelnden Straßen, in den Glanz der heißen römischen Sonne. Die Wipfel der Pinien zeichneten seltsame Schatten auf die warme Erde. Es war Juni. Durch die vertrauten Gassen näherte ich mich dem wuchtigen Gebäude *meiner* Oper. Irgend etwas, vielleicht ein Hauch von Kummer, hinderte mich daran einzutreten. Hier ruhten so viele meiner Hoffnungen und Pläne, meiner Pläne und Hoffnungen. Aber gleichzeitig hatte ich einen Teil meiner Energie für die dummen, absurden Kämpfe mit dem Moskauer Ungeheuer aufbringen müssen. Welch ein Irrsinn!

Danach schaute ich in einem kleinen Restaurant vorbei, das kaum fünfzig Meter von der Oper entfernt ist. Der Besitzer erkannte mich sofort: »Oh, Signora Maija!« Ein Wortschwall, der von heftigen italienischen Gesten begleitet wurde. Eine zauberhafte Sprache. Ich setzte mich – es waren kaum Gäste im Restaurant – an einen Tisch am Fenster, wo ich zwischen den Proben immer einen Mozzarella mit Tomaten gegessen hatte. Kurz darauf stellte der Wirt – er hatte mich gar nicht nach meinen Wünschen zu fragen brauchen – das gewohnte Gericht vor mich hin. Der scharfe Geruch frischen Basilikums stieg von dem Teller auf.

»Campari, bitte.«

»Einen Moment, Signora Maija.«

Ein Schluck von dem bittersüßen, granatroten Getränk. Wie köstlich...

Ist das Leben nicht herrlich?

46

IN SPANIEN

Weshalb fühle ich mich so sehr zu Spanien hingezogen? Zu allem Spanischen. Liegt es am Flamenco, den Corridas, dem Kamm oder der Blume im Haar, den Mantillen oder den Münzketten? An nichts Bestimmtem. Aber es gibt irgendeine geheime Beziehung zwischen Spanien und mir.

Ich konnte mich am Tanz von Lope de Vegas Laurencia, Cervantes' Dulcinea-Kitri oder an Kasjan Goleisowskis spanischen Tänzen berauschen. Und nichts hatte mich davon abgehalten, meine eigene Carmen auf die Bühne zu bringen. Zufall oder Schicksal?

Als die Umrisse Spaniens für die Sowjetbürger wieder auf der Karte Europas erschienen waren, wurde ich mehrere Male dorthin eingeladen. Aber da die Briefe an Goskonzert gerichtet waren, erfuhr ich entweder erst mit unverzeihlicher Verspätung oder überhaupt nichts von ihnen. Heute lese ich voll Kummer die vergilbten Kopien der damaligen Telexe. Immerhin hatte ich Spanien und das spanische Publikum zweimal erlebt: Ich war mit dem Theater von Odessa dorthin gereist, um meine »Anna« und meine »Carmen« vorzuführen, und später mit der gespaltenen (davon wird noch die Rede sein) Bolschoi-Truppe. Mit dem Bolschoi-Ballett trat ich in »Die Möwe« und in »Die Dame mit dem Hündchen« auf; außerdem zeigte ich Solopartien: »La Rose malade«, »Isadora«, »Der Sterbende Schwan«. Auch »Carmen-Suite« stand wieder auf dem Programm. Mein spanisches Ballett war während meiner ersten Spanientournee so erfolgreich gewesen, daß es, wie ich stolz unterstreichen möchte, den Hauptanlaß für die neuerliche Einladung lieferte.

Spanien den Spaniern zeigen zu wollen ist eine schreckliche Herausforderung. Wie oft hatten wir die Stirn gerunzelt und gelästert, wenn Ausländer uns das russische Leben auf der Bühne zeigten.

Vor der ersten »Carmen« war ich so aufgeregt, daß ich unsere Schneiderin um einen Kräuteraufguß bitten mußte – was für mich nicht typisch ist. Aber als das Madrider Publikum am Schluß während meiner Verbeugungen »Olé!« zu rufen begann, wurden mir die Augen feucht.

Dann kam Señor Garrido, der stellvertretende spanische Kulturminister, nach Moskau. Die klassische Truppe des Nationaltheaters in Madrid hatte in jenem Jahr keine künstlerische Leitung, und man wollte mir den Posten anbieten.

Garrido kam zu uns nach Hause in die Gorki-Straße. Er wurde von dem aufrichtigen, tüchtigen Sergei Seliwanow begleitet, der damals bei Goskonzert für die spanischsprachigen Länder zuständig war. Das zweite Perestroika-Jahr hatte bereits begonnen, und die Sache war rasch abgewickelt. Der Vertrag war bereits unterzeichnet, und Goskonzert hatte mir ein Merkblatt mit seinen Bedingungen ausgehändigt (danach würde es wieder sämtliche Honorare einstreichen und mir nur ein lumpiges Tagegeld gönnen). In den nächsten Tagen flog ich nach Madrid.

Flughafen Barajas. Ich hatte ihn häufig in Landschaftsfilmen und Fotoalben gesehen. Aber wie soll man den Geschmack der heißen, trockenen Madrider Luft wiedergeben, die sich in die »klimatisierte« Lunge des Ankömmlings brennt?

Der livrierte Chauffeur Carlos öffnet den Schlag des dunkelblauen Mercedes. Wir fahren zum »Palace Hotel«. Von dort ist es nur ein Katzensprung zum Teatro de la Zarzuela. Hier vereinen sich die Oper, die spanische klassische Operette, das Ballet del Teatro Nacional de España (mit einer phantastischen Flamenco-Truppe) und das Ballet del Teatro Lírico Nacional unter einem Dach. Ich würde mit dem letzteren – der klassischen Balletttruppe – zusammenarbeiten.

Das Ensemble war noch sehr jung, aber vielversprechend. Ich merkte sofort, daß alle Tänzer es ernst meinten. Sie lauschten konzentriert jedem meiner Worte. Wir studierten Ballette von Fokine, Balanchine, Béjart, Mendez und Alberto Alonso ein und führten sie dem Publikum vor. Außerdem einzelne Akte aus alten Klassikern wie »Schwanensee«, »Raymonda« und »Paquita« sowie natürlich mehrere Werke zeitgenössischer spanischer Choreographen.

Meine besondere Aufmerksamkeit galt den Arbeiten von José Granero. Seine glänzende »Medea« hatte ich mir bereits in Moskau angeschaut, als die Truppe des Ballet del Teatro Nacional de España sie im Stanislawski-Theater zeigte. Granero vermochte das Sujet des antiken Dramas und die tragischen Charaktere hinreißend in der Sprache des Flamenco darzustellen. Ich mußte Granero unbedingt hinzuziehen. Er würde vermutlich etwas Ungewöhnliches, Frisches auf der Grundlage des klassischen Tanzes schaffen.

Granero und ich sitzen in unserer Theaterkantine. Wir trinken pechschwarzen Kaffee und weiches Madrider Eiswasser. Ohne besonderen Anlaß komme ich auf Maria Stuart zu sprechen. Ich bin gerade dabei, Stefan Zweigs Buch über die schottische Königin zu lesen, und das Drama ihres Lebens und ihres Todes auf dem Schafott wühlt mich auf. Aber damit nicht genug: Seit langem verfolgt mich der verrückte Gedanke, daß Maria Stuart die großartigen Werke geschaffen haben könnte, die gemeinhin Shakespeare zugeschrieben werden.

Granero bittet um Indizien.

»Meinetwegen. Maria Stuart interessierte sich für Literatur und Drama, spielte Musikinstrumente und schrieb während ihrer langen Einkerkerung wunderbare Sonette, poetische Briefe, Tagebücher – und vielleicht auch Theaterstücke?«

»Etwa ›Othello‹ und ›Romeo und Julia‹?«

»Warum denn nicht? Sie war in Italien gewesen, kannte die italienische Sprache und las Matteo Bandellos Novellen im Original. Seine Themen sind die gleichen wie in Shakespeares Dramen.«

»Aber Shakespeare las Bandello in der englischen Übersetzung.«

»Unsinn. Zu Shakespeares Lebzeiten waren Bandellos Novellen noch nicht ins Englische übersetzt worden. Außerdem war ich in Verona, und niemand wird mir einreden, daß ›Romeo und Julia‹ von jemandem geschrieben wurde, der Italien und

Verona überhaupt nicht kannte. Jeder weiß, daß Shakespeare England kein einziges Mal verließ und keine Fremdsprachen beherrschte.«

Granero lächelt skeptisch.

»José, lassen Sie uns ein Ballett über Maria Stuart produzieren.«

»Also, ein Ballett, das ist etwas anderes. Aber nur mit Ihnen in der Rolle der Maria. Das ist meine Bedingung.«

»Ich habe nichts dagegen. Und wird darin eine Truhe mit Dramen vorkommen, die Maria gestohlen werden?«

»Wenn Sie darauf bestehen – sicher.«

Bereits am nächsten Tag sprach ich im Büro von Theaterdirektor Campos vor – es ist mir immer schwergefallen, Dinge auf die lange Bank zu schieben. Campos war bereit, den Spielplan zu ändern, wenn ich im Kulturministerium zusätzliche Mittel lockermachen konnte. Auch er hatte Vertrauen zu Granero.

Garrido erfüllte unsere Wünsche, und bald machten wir uns an die Arbeit.

Meiner Ansicht nach schufen wir ein interessantes Stück. Die Musik stellten Graneros langjährige Mitarbeiter Emilio de Diego und Victor Rubio mit Hilfe eines Computers her, die Dekorationen und Kostüme stammten von Hugo de Ana, einem Künstler, der in Spanien für seine Ausstattung von Wagner-Opern berühmt ist.

Und wie war die Choreographie?

Die Frauentänze in Schnürsandalen; Spitzentänze gab es bei Granero nicht. Vieles wurde der Ausdrucksfähigkeit der Hände überlassen. Maria Stuart hatte vier Schatten, vier Marien. Wir wechselten einander ab, wiederholten nacheinander tänzerische Phrasen wie in einem Wettbewerb. Was die Schatten darstellten, ist schwer zu beschreiben: manchmal Botinnen, die tragische Ereignisse ankündigten; manchmal einen kleinen griechischen Chor, der die Handlung begleitete; Hofdamen; königliche Kammerzofen und schließlich Garnspinnerinnen. Am Ende des Stückes nahm ihr Garn die Größe eines Menschenkopfes an: des abgehackten Hauptes der Königin. Zum Klang elektronischer Lauten und Dudelsäcke schleuderte mir einer der Schatten das blutverschmierte Knäuel vor die Füße. Ich stolperte über meinen eigenen Kopf. Und dann das Schafott...

Am besten gefiel mir Graneros dramatisches Gespür. Er verstand sich darauf, bunte Handlungsbrocken zusammenzufügen und Akzente zu setzen. Königin Elisabeth wurde natürlich von einer anderen Ballerina (Mabel Cabrera) getanzt, aber für Sekunden trat ich plötzlich in ihrer Gestalt auf. Sämtliche Duette und der große Pas de trois fanden heftigen Zuspruch. Maria Stuart hatte zu Lebzeiten keinen Mangel an Ehemännern und Liebhabern, und die besten Tänzer der Truppe teilten diese Rollen untereinander auf: Ricardo Franco, Hans Tino, Manuel Armas, Antonio Fernandez und Raul Tino.

Aber ich legte auch Wert auf eigene Soli. Granero hatte sich ausgiebig Videoaufzeichnungen meiner Tänze angesehen, um sich mit meinen Fähigkeiten vertraut zu machen. Danach baute er diese Elemente bewußt oder unbewußt in seine eigene Arbeit ein. Diese »Plissezkaja-Zitate« hatten gewisse Dissonanzen zur Folge. Aber ich glaube, daß die Harmonie des Ganzen gewahrt blieb.

Nach der Vorstellung kam die gestrenge Herzogin von Alba mit einer gewaltigen Orchidee in meine Garderobe und erklärte: »Señora, Maria Stuart ist meine Ahnin, und wenn Sie sich nur gedreht hätten und auf den Spitzen herumgesprungen wären, würde ich solche Ballettexperimente gerichtlich verbieten lassen. Aber Sie haben mich gerührt. Es war so schön und tragisch.«

»Maria Estuardo«... 1988.

Ende November 1991 fuhr mein spanischer Freund Ricardo Cue uns in die Umgebung von Madrid, wo Graneros neues Ballett-Theater eröffnet wurde. Wir gerieten häufig vom Weg ab und irrten lange durch die gewundenen Gassen der stillen Orte in der Nähe der Hauptstadt. Endlich tauchte die beleuchtete Fassade eines kleinen Gemeindetheaters aus dem Abenddunst auf. Wir parkten in einiger Entfernung und eilten auf das Gebäude zu. Es war ein naßkalter Dezembertag.

»In Madrid kann man weder im Sommer noch im Winter leben. Im Sommer ist die Schwüle und im Winter die feuchte

Kälte unerträglich«, sagte Ricardo fröstelnd und zog seinen Regenmantel enger um sich.

Granero hatte seine neue Truppe mit eigenen finanziellen Mitteln zusammengestellt. Dazu mußte er nicht nur sämtliche Ersparnisse ausgeben, sondern sich auch in ein Spinnennetz von Bankkrediten verstricken.

»Wenn José keinen Erfolg hat, wird er zum Bettler«, meinte Ricardo.

Welcher unserer Choreographen hätte so gehandelt? Granero gehört zum Stamm der Fanatiker. Seine neue Arbeit war wie immer überraschend. Wiederum konnte er dem Flamencostil viel Neues abgewinnen: ein in unsere Tage versetzter »Hamlet« in der Sprache des Flamenco. Zur Musik von Ravels »Boléro« erzählte Granero ein Gleichnis über das Ende der Welt. Ich war begeistert von seinem neuen Theater, aber das Publikum und die Kritik? Ich möchte auf keinen Fall, daß José Granero zum Bettler wird . . .

Von meinen eigenen Arbeiten ist vor allem Puccinis Ballettoper »Le villi« (»Die Willis«) zu erwähnen, denn dabei konnte ich mit Montserrat Caballé zusammenarbeiten. Sie war es, die das Jugendwerk des Komponisten ausfindig gemacht hatte.

Während wir – das Ballett – in himmelblauen Chitons die Qualen unerwiderter Liebe, die Eifersucht und das Mitleid darstellten, ertönten die Stimmen der Sängerinnen, mit der glänzenden Caballé an der Spitze, aus der ersten Etage eines auf der Bühne errichteten Gestells. In hervorragend geschneiderten Kostümen sangen sie zur Begleitung eines prächtig eingestimmten Orchesters genau das, was wir mit tänzerischen Mitteln auf der Bühne zeigten.

Wie ich hörte, soll »Der goldene Hahn« zu Diaghilews Zeiten in ähnlicher Weise als Opernballett inszeniert worden sein. Darüber kann ich kein Urteil abgeben, aber die Kombination der beiden Künste hat wirklich viel für sich.

Wir bereiteten »Le villi« für die Sommerfestspiele in Perelada vor. Das Städtchen liegt eine Autostunde von Barcelona entfernt.

Alte Schlösser, gepflegte Parks, in der Nähe das Meer, schwüle Nächte. Salvador Dalís reich ausgestattetes Museum in Figueras liegt in der Nachbarschaft. Es wimmelte von Touristen. Das Publikum erschien zu Freiluftvorstellungen in schwarzen Smokings und langen Ballkleidern. Der Parfümduft drang bis auf die Bühne vor. Aber die Zuschauer geizten nicht mit Beifall.

Ich hatte einige Mühe mit »Le villi«, doch die Arbeit mit Caballé war ein Genuß. Zum Zeichen unserer Freundschaft nahm Montserrat für mich ein Phonogramm von Saint-Saëns' »Sterbendem Schwan« auf. Früher hatte ich zu Geigensoli, zu Violoncelli oder zu Flöten getanzt, doch nun »starb« ich zur Begleitung von Montserrat Caballés bezaubernder Stimme.

Nach der Premiere fuhr ich mit Montserrat und ihrem Bruder Carlos, dem Produzenten von »Le villi«, in ein kleines Fischrestaurant, um die Geburt des Stückes zu feiern. Einige der Solisten hatten sich uns angeschlossen.

In Spanien hält man sich an folgende Lebensweise: morgens Arbeit, danach Essen und dann eine selige dreistündige Siesta. Nach der Ruhepause wieder Arbeit, aber nicht lange. Die Vorstellungen beginnen nach mitteleuropäischen Begriffen sehr spät. Danach wieder ein appetitliches, reichhaltiges Essen. Die Restaurants haben fast die ganze Nacht hindurch regen Besuch. Ein fröhliches Nachtleben!

Ich reiste mit der Truppe durch das ganze Land, und wir machten auch weite Gastspielreisen nach Italien, Japan, Israel und Taiwan. Aber diese waren alltäglicher als unsere Auftritte in Murcia, San Sebastián, Almería, Alicante, Málaga, Valencia, Sevilla, Granada, Zamora, Oviedo, Santander...

Jede spanische Stadt hat ihre Eindrücke bei mir hinterlassen. Natürlich, die Architektur. Natürlich, das Bergpanorama. Natürlich, die endlosen Weiden für die Stiere der Corrida. Natürlich, die Klöster, die Oliven- und Zitronenhaine. Die alten Wachtürme der Araber an der Küste des Mittelmeers. Die letzte Wohnstätte von El Greco in Toledo. Die geheimnisvollen Gemälde von Velázquez im Prado. Die bedrohliche Serpentinenstraße von Granada nach

Almuñécar. Und natürlich, das Genie des Flamenco ... Wie mich diese Darbietungen faszinierten!

Einige Male wurde ich von Flamenco-Stars auf die Bühne zum Tanz gebeten. Mir blieb nichts anderes übrig, als die Herausforderung anzunehmen – schließlich war ich in Spanien.

Lucera Tena, mit der ich bereits einmal im Pariser Sportpalast gastiert habe – wir waren beide zur Mitwirkung an einer Jubiläumsgala für Picasso eingeladen worden –, ruft mich mit ihrer Gestik auf die Bühne. Ich steige die Stufen hinauf. Gitarren, Geige, Kastagnetten, Stimmen. Lucera vollführt ihr Solo und erstarrt. Nun bin ich an der Reihe. Flamenco ist stets ein Wettkampf, ein Duell. Ich beginne zu improvisieren. Meine Füße trommeln den Takt, meine Arme runden sich zu Ports de bras – ich habe mir einiges von Luceras Bewegungen abgeschaut. Mein Rückgrat dehnt sich, ich mache ein hochmütiges Gesicht. Kreis, Wendungen, Akzente. Ich habe keine Kastagnetten, aber meine Finger imitieren sie. Hohe, kehlige Töne des Sängers. Die Musik wird schneller. Ein Wirbel von Bewegungen. Das Publikum unterstützt mich durch rhythmisches Klatschen. Die Schlußpose. Uff! Rasender Beifall ...

1964, in einem Lokal in den winterlichen Bergen Armeniens, begann ein Lastwagenfahrer, nachdem er sich die trockene Kehle mit einer Flasche Bier angefeuchtet hatte, die Muster eines armenischen Volkstanzes neben unserem Tisch vorzuführen. Schtschedrin, sein Freund Arno Babadschanjan und ich hatten dort eine Rast eingelegt. Ich war die einzige Frau in dem vollen, verräucherten Saal. Ich stand auf, betrachtete meinen ungebetenen Kavalier und beantwortete seinen Tanz. Die lauten Gespräche der Speisenden und das Klirren des Geschirrs verklangen. Irgend jemand hatte bereits eine traurige armenische Melodie angestimmt. Ich weiß nicht, wieso, aber der Tanz war ein Erfolg – mein kleiner Raststätten-Triumph!

Arno fragte ungläubig: »Wo, Maija, hast du unsere armenischen Tänze gelernt?«

Und 1992 wollte Lucera Tena bei Schtschedrin ein Kastagnettenkonzert in Auftrag geben. Sie wußte nicht, daß er mein Mann ist. O Gott, wie klein ist unsere Welt! Aber Schtschedrin lehnte ab. Er hatte zuviel Arbeit.

Ritual, Musik und Theatralik liegen jedem Spanier im Blut. Ich erinnere mich daran, wie sämtliche Einwohner des winzigen andalusischen Städtchens Vélez Málaga die Osterwoche feierten. Unter dem hypnotischen Rhythmus von Baßtrommeln, mit schweren, mannsgroßen, bemalten Holzfiguren Christi und der Madonna auf den Schultern, marschierten die männlichen Einwohner von Vélez Málaga in Zehnerreihen mit Tanzschritten vorbei. Den Wellen der Tänzer – sie trugen mittelalterliche Mönchskutten und wurden von den geschmückten Balkons aus von Alten und Kindern mit frischen Rosenblättern überhäuft – folgten die übrigen Bürger des Ortes in Gruppen. Sie taten Abbitte für ihre früheren und künftigen Sünden. Manche gingen drei bis vier Stunden lang barfuß über das kalte Straßenpflaster, andere hielten Ketten oder eine brennende Kerze in der Hand . . .

Unser Freund José Anderique, der uns zu dieser Feier eingeladen hatte – ein gutherziger, schüchterner Mensch –, schleppte ein riesiges Holzkreuz über die Steine hinter sich her; er hatte sich den Querbalken auf den Rücken gelegt. Wenn die Prozession stehenblieb – die Männer, welche die Skulpturen trugen, mußten hin und wieder Atem schöpfen –, hüllte ein Blasorchester die umliegenden Straßen mit Marschmusik ein. Aber es war eine traurige Marschmusik, wie ich sie bis dahin noch nie gehört hatte.

Am nächsten Abend besuchten uns José Anderique und seine hübsche Frau Carmen (wiederum Carmen und José) in dem Dörfchen oberhalb von Nerja, wo wir Quartier bezogen hatten.

»Na, Pepe, war das Kreuz schwer?« fragte Rodion. (José wurde von all seinen Freunden Pepe genannt.)

»Ja, sehr schwer.«

»Also mußtest du für viele Sünden büßen?«

»Bist du etwa ohne Sünde?«

»Vielleicht für die Sünden deiner Festspiele?«

José Anderique war der Leiter der alljährlichen Festspiele in den Stalaktitenhöhlen von Nerja. Ich hatte einige Male in diesem unterirdischen Naturwunder getanzt, das man in einen geräumigen Theatersaal verwandelt hatte. Die vor Jahrhunderten erstarrten Stalaktiten, die hohen, mit phantastischen Mustern verzierten Gewölbe und das rhythmische Tröpfeln, das dumpf in der Höhle widerhallt, rufen bei den Interpreten und beim Publikum rätselhafte Empfindungen hervor. Hier haben Rostropowitsch und Menuhin gespielt, hier haben die angesehensten europäischen Ensembles getanzt und gesungen. Es ist eine Freude, in Nerja aufzutreten.

Aber ich habe in Spanien nicht nur gute Erfahrungen gemacht.
Auftritte in Bilbao. Nach dem letzten steht mir eine lange Reise bevor, die ich bereits ungeduldig erwarte. In einigen Tagen findet in New York eine Wohltätigkeitsgala für Martha Grahams Truppe statt. Ich habe bereits ein Flugticket für die Strecke Madrid–New York–Madrid in der Tasche und ein amerikanisches Visum im Paß. Die Einladung stammt von Martha Graham selbst. Sie hat mir eine Videoaufzeichnung des kleinen Soloballetts »Weihrauch« geschickt, das sie 1916 zusammen mit ihrer Mitkämpferin Ruth Saint Denis realisiert hatte. An der Gala, choreographiert von Graham selbst, werden noch zwei weitere Tänzer aus Rußland teilnehmen, nämlich die beiden Flüchtlinge Nurejew und Baryschnikow. Sie werden zum erstenmal gemeinsam auf der Bühne stehen.

Den ganzen Sommer hindurch habe ich mich damit abgeplagt, das neue Ballett nach dem Videoband einzustudieren. Es fällt mir leichter, meine Rollen unter »lebendiger« Anleitung zu erlernen. Aber Graham hat mir versprochen, der Partie in Amerika den letzten Schliff zu geben.

Am Vortag meiner Abreise klingelt das Telefon. Eine russische Männerstimme aus Madrid:
»Guten Tag, Maija Michailowna. Hier ist der Kulturattaché der sowjetischen Botschaft in Spanien. Ich heiße Pitschugin.«
Ich spüre, daß der Anruf mit Amerika zu tun hat.
»Guten Tag.«
»Ich störe Sie doch nicht?«
»Nein. Ist ein Unglück geschehen?«
»Ich muß mich mit Ihnen treffen.«

»Wenn Sie mit mir über meinen Auftritt in Amerika sprechen wollen, dann sollten Sie keine Zeit verschwenden. Ich fliege auf jeden Fall.«

»Trotzdem müssen wir uns treffen.«

Ich will um jeden Preis zu Martha Graham reisen. Aber wenn man mich fesselt, mir eine Spritze gibt? Warum bin ich so bestürzt? Das ist doch jetzt eine ganz andere Zeit: Perestroika. Aber bei unseren Botschaftsangehörigen muß man mit allem rechnen. Nach der Vorstellung – sie endet um Mitternacht – will mich der örtliche Impresario mit seinem Auto zum Flughafen Barajas fahren. Die Maschine startet am frühen Morgen. Der Weg nach Madrid ist weit, die Fahrt wird die ganze Nacht dauern. Und wenn man den Impresario einschüchtert? Dann werde ich weder mit dem Zug noch mit dem Flugzeug rechtzeitig in Madrid eintreffen. Panik ergreift mich. Ich muß mich rückversichern. Wen kann ich um Hilfe bitten? Rasch überprüfe ich die Liste meiner hiesigen Bekannten, die russische Sprachkenntnisse haben und ein Auto besitzen.

»Spanische Kinder von 1937« – so nannten sich die zur Zeit des Bürgerkriegs mit Dampfern nach Rußland beförderten Sprößlinge von Republikanern, die später, als sich das politische Klima aufgehellt hatte, in die Heimat zurückgekehrt waren. Von ihnen gibt es einige auch hier in Bilbao. Aber die Antwort des ersten, den ich anrufe, verstört mich: »Machen Sie keine Dummheiten. Reisen Sie auf keinen Fall. – Das ist gefährlich. Die Botschaftsleute würden Sie überall aufstöbern. Finden Sie sich lieber mit der Lage ab. Ich werde Ihnen nicht helfen.«

Die zweite Antwort lautet ähnlich. Was ist aus eurem berühmten spanischen Wagemut geworden, Hidalgos? Hat er sich ganz im sowjetischen Schmutz aufgelöst?

Ich muß Nachkommen der ersten Emigration suchen. Sie dürften mutiger sein. Aber vorher noch ein letzter Versuch bei den »spanischen Kindern«. Eine Ballettliebhaberin, deren Namen ich leider vergessen habe, unterbricht mich bereits beim ersten Satz und erklärt sich bereit, mir bei meinem Unterfangen zu helfen.

»Maija, mein Neffe hat ein Auto, und er kann Sie zum Flugplatz fahren. Keine Sorge.«

Der letzte Tag in Bilbao. Niemand von der Botschaft ist erschienen. Wahrscheinlich hat man es sich anders überlegt ...
Aber weit gefehlt. Genau um zwölf Uhr reicht der Empfangschef dem gerade eingetroffenen Pitschugin den Telefonhörer.
»Guten Tag. Ich bin unten im Foyer. Gestatten Sie mir, Maija Michailowna, zu Ihnen hinaufzukommen?«
Wirklich ein guter Tag!
Für mich ist es immer schwerer gewesen, die Lippen zusammenzupressen, als mit meiner Meinung herauszuplatzen. Das mag unvernünftig sein, aber ich kann meinen Charakter nicht ändern.
Pitschugin ist ein konfuser, bleicher Mann von mittlerer Größe und mittlerem Alter. Ich merke, daß ihn sein Auftrag sehr belastet.
»Sie sind gekommen, um mich von meinem Flug nach Amerika abzuhalten?«
»Ja.«
»Ist das ein Verbot?«
»Ja.«
»Aber warum? Weil Baryschnikow und Nurejew mit mir auftreten?«
»Ja.«
»Und wer hat Ihnen diesen Befehl gegeben?«
»Die Botschaft hat ein Telegramm von Dubinin, unserem Botschafter in den USA, und aus Moskau erhalten. Aus dem Kulturministerium. Und unser Botschafter in Spanien, Genosse Romanowski, ist auch strikt dagegen.«
»Und wo sind diese Telegramme?«
»Ich habe sie in Madrid gelassen.«
»Dann kann ich Ihnen nicht glauben.«
»Sie fliegen also?«
»Ganz bestimmt. Ich hoffe, Sie werden mich nicht fesseln oder mir eine Spritze geben?«
Pitschugin gerät völlig aus der Fassung. Er tut mir sogar ein bißchen leid.
»Aber was soll ich dem Botschafter sagen?«
»Sagen Sie ihm, daß ich für die Perestroika bin, während er sie bekämpft.«

»Genau so?«

»Genau so.«

Pitschugins aschfahles Gesicht läßt plötzlich Lebenszeichen erkennen. Er schaut sich vorsichtig in meinem Hotelzimmer um und wirft einen kurzen Blick an die Decke. Dann sagt er kaum hörbar: »Also in Ordnung, Maija Michailowna. Aber...«

Mein Ungehorsam hatte zur Folge, daß man meinen Namen mehrere Monate lang nicht in der sowjetischen Presse oder im Fernsehen erwähnte. Ich mußte sogar einen Brief an Gorbatschow schreiben, um ihn auf das Verbot aufmerksam zu machen. Doch Pitschugin, der unschuldige Pitschugin, wurde dafür entlassen, daß er »Plissezkajas ideologische Sabotage« nicht hatte verhindern können. Davon erfuhr ich allerdings erst sehr viel später.

Ich habe mein Gespräch mit Pitschugin anhand meines Tagebuchs wiedergegeben. Aber falls ich allzu heldenhaft wirke, muß ich zugeben, daß ich in jenen Tagen an starkem Herzklopfen litt und daß mir die Knie heftig zitterten. Immer wieder rief ich Schtschedrin in Trakai an, wo er sich in jenem Monat aufhielt, um mir von ihm Ratschläge geben zu lassen. Außerdem brauchte ich seine Ermutigung: »Laß dich nicht einschüchtern. Besorg dir ein Auto und fahr unbedingt zum Flughafen. Die Zeiten haben sich geändert; man wird nicht wagen, Gewalt anzuwenden.«

Auch mein Impresario war unerschrocken. Ob man ihm vielleicht doch nicht zugesetzt hatte? Ich brauchte nicht auf das freundliche Angebot der Ballettliebhaberin zurückzugreifen. Der Chauffeur des Impresarios fuhr mich über Nacht von Bilbao nach Madrid, so daß ich rechtzeitig am Flughafen eintraf.

Damals schrieben die amerikanischen Journalisten in ihren Zeitungen, wie bemerkenswert glatt sich die Perestroika in der Sowjetunion vollziehe. Plissezkaja tanze wie selbstverständlich zusammen mit den Flüchtlingen Baryschnikow und Nurejew auf Martha Grahams Gala. Im Reich des Bösen seien endlich Freiheit und Glasnost eingezogen. – Welche Naivität! Wie viele Nervenzellen diese hübsche Perestroika-Idylle mich gekostet haben mag! Vor der Premiere und danach. Allein der Gedanke daran ist entsetzlich.

Vor dem Theater und im Foyer betrachtete ich die feilgebotenen Baumwoll-T-Shirts mit unseren vier Profilen – Marthas, Rudis, Mischas und meinem –, die an Marx, Engels, Lenin und Stalin erinnerten. Dabei dachte ich mir: Einem Amerikaner wird nie klarzumachen sein, daß jede gewagte individuelle Handlung zumeist unabhängig von der jeweiligen politischen Situation ist und daß Veränderungen allein von Menschen bewirkt werden, die Risiken auf sich nehmen ...

Von New York aus kehrte ich nach Spanien zurück.

Unterdessen hatte der »Madrider Hof« meiner Assistenten – es macht mir Kummer, darüber zu schreiben – meine Reisen wie immer genutzt, um am Theater alle möglichen Intrigen heranzuzüchten. Jeder hoffte offenbar, den höchsten Ballettposten zu übernehmen, sobald ich das Teatro de la Zarzuela verließ. Meine Unkenntnis der Sprache erleichterte ihnen das Geschäft. Wie allen Herrschern auf Erden – großen wie ganz kleinen – teilten meine Assistenten mir nur das mit, was sie für nötig hielten. Sie beriefen sich ohne mein Wissen auf mich, um einem Künstler eine Rolle zu entziehen, ihn zu bestrafen oder ihm eine Gehaltserhöhung zu versagen: Das hat Plissezkaja angeordnet, das will Plissezkaja, Plissezkaja hat mich beauftragt, Ihnen zu sagen ... Plissezkaja, Plissezkaja, Plissezkaja ... Und ich erfuhr nichts davon. Manchmal kam die Wahrheit zufällig heraus, und die Intrige wurde bloßgelegt, aber meistens hatte ich den Schaden zu tragen.

Ich hätte die Ärmel aufkrempeln, mich in den Kampf werfen und Bundesgenossen anwerben müssen. Aber ich begann, müde zu werden. Es war mir unerträglich, immer allein – ohne Schtschedrin – zu sein. Das Telefon genügte nicht. Anscheinend wollte das Schicksal, daß ich mich von Spanien trennte.

Mein Vertrag lief aus. Zwei Jahre gingen ihrem Ende entgegen. Das Kulturministerium hatte mich um eine Verlängerung von sechs weiteren Monaten gebeten, doch auch sie waren verstrichen. Es wurde Zeit aufzubrechen.

Aber es tat mir weh, Spanien zu verlassen. Es war mein Land – hierher gehörte *meine* »Carmen«!

Kapitel ohne Überschrift

Wie soll ich dieses Kapitel nennen? Ich denke laut nach (wie immer spreche ich mit mir selbst, was diejenigen, die mich nicht kennen, zusammenschrecken läßt).

»Nicht mein Bolschoi-Theater?« Oder: »Wie das Bolschoi-Ballett unterging?« Oder vielleicht noch länger: »Hohe Herrschaften, schickt eure Enkelinnen und Enkel nicht zum Bolschoi-Ballett«?

Der Vorgänger unseres heutigen Chefballettmeisters war Leonid Michailowitsch Lawrowski. Er war zweimal an der Reihe. Zuerst flickte man ihm aus politischen Gründen irgend etwas am Zeug und enthob ihn seines Postens. Und beim zweitenmal mußte er seinen Platz an einen Jüngeren abtreten. An ein junges Talent! Aber der heutige Chef (das frühere junge Talent) wird seinen Stuhl erst dann freimachen, wenn er sich ins Jenseits begibt. Und das wird noch lange dauern, denn sein EKG ist, wenn man seinen Worten glauben darf, vortrefflich.

Aber auch ich trug Schuld an den Geschehnissen. Auch ich ereiferte mich darüber, daß Lawrowski das Bolschoi-Ballett schon so lange leitete. Erst jetzt weiß ich es besser ...

Ich tanzte häufig in Lawrowskis Meisterwerk »Romeo und Julia« nach der Musik von Sergei Prokofjew. Während mir die Choreographie eintönig vorkam, war der dramaturgische Aspekt des Stückes wunderbar gestaltet. Heute heißt es, daß der Theaterregisseur Sergei Radlow bei der Dramaturgie des Balletts Hand angelegt habe. Aber Radlow war dem Stalinschen Terror zum Opfer gefallen, und man durfte seinen Namen damals nicht erwähnen. Doch auch andere Arbeiten Lawrowskis sind unvergessen: Das Divertissement »Walpurgisnacht« nach Gounods Oper »Faust« erfreut sich noch heute überall auf der Welt unverminderter Beliebtheit. Ich habe dieses Ballett unzählige Male mit größtem Genuß getanzt. Auf meiner ersten Amerikatournee wurde meine Bacchantin von der Kritik und vom Ballettpublikum wahrscheinlich am höchsten bewertet.

Ich möchte mit diesem Rückblick auf das hinweisen, was wir hatten, ohne damit zufrieden zu sein. Wir wünschten uns – es mag nicht für alle gegolten haben, aber unzweifelhaft für mich – neue Ideen, neue Bewegungen, andere Horizonte.

»Die steinerne Blume« erwies sich in Moskau als Mißerfolg – darin stimmten alle Ballettliebhaber überein. Doch dann drang die Kunde nach Moskau, daß ein junger Choreograph (er hatte früher in Lawrowskis »Walpurgisnacht« die Rolle des sprungstarken Pan übernommen) die »Blume« im Leningrader Kirow-Theater auf originelle und betont tänzerische Art inszeniert habe. Viele Neugierige fuhren nach Leningrad und kehrten begeistert zurück: Ein solches Ballett sei in Moskau nötig! Ein neuer Name sorgt stets für Enthusiasmus, und man leitete eine Kampagne dafür ein, Grigorowitschs Ballett vom Kirow- ins Bolschoi-Theater zu holen. Auch ich war daran beteiligt, zumal es lange Jahre üblich gewesen war, das gleiche Stück zuerst in Moskau und dann in Leningrad oder zuerst in Leningrad und dann in Moskau zu zeigen.

Schließlich wurde die Leningrader Inszenierung auch in Moskau umgesetzt. Lawrowski dürfte es nicht gerade angenehm gewesen sein, daß vier Jahre nach der verunglückten Premiere seiner eigenen »Steinernen Blume« nun ein noch unbekannter Choreograph auf derselben Bühne, in demselben Theater und mit derselben Truppe (die weiterhin von Lawrowski geleitet wurde) an demselben Stück arbeitete. Aber Lawrowski – ich kann nur vermuten, welche düsteren Gedanken ihm wirklich durch den Kopf gingen – verhielt sich würdevoll und loyal.

Ich wirkte bei der Premiere beider »Blumen« als Königin des Kupferbergs mit. Auch ich bemühte mich um Loyalität, aber vielleicht nicht mit solcher Würde wie Lawrowski, denn die Königin des neuen Choreographen war für mich einfach viel interessanter: die Frische der tänzerischen Kombinationen, die Nähe zu Baschows Märchen, die das Ballett inspiriert hatten, die Vielfalt der Seelenzustände. Das neue Stück wurde auf einer Amerikatournee gezeigt und fand großen Zuspruch. Ich schickte Grigorowitsch sogar ein Glückwunschschreiben nach Leningrad.

Einige Jahre sollten noch vergehen, bevor der Choreograph der zweiten »Steinernen Blume« Leonid Michailowitsch Lawrowski ablöste und im Rang des Chefballettmeisters ans Bolschoi-Theater kam. Das war 1964. Grigorowitsch brachte aus Leningrad ein weiteres seiner gefeierten Stücke mit: »Legende von der Liebe«, in dem ich ebenfalls mit Begeisterung auftrat. So wolkenlos gestalteten sich unsere Beziehungen am Anfang. Bis heute habe ich meine Meinung nicht geändert, was »Die steinerne Blume« und »Legende von der Liebe« betrifft. Dies waren die Höhepunkte in Grigorowitschs choreographischem Schaffen. All seine folgenden Werke sind für mich nur Beweise seines Absturzes.

Was ist die Hauptursache unseres Haders? Vielleicht die banale, alte Theatergeschichte: Die Frau des »Gebieters« ist Solistin, und er braucht außer ihr keine anderen Ballerinen? Oder das Umschalten auf den Nachwuchs? Ich selbst und sogar die Solisten der mir nachfolgenden Generation gehörten ja bereits zu den »Veteranen«, zur Vergangenheit. Auch das wäre ein äußerst banaler Grund gewesen.

Nein. Es war etwas anderes.

Ich habe in meinem Leben sehr oft erfahren, welche Versuchung die Macht darstellt. Nur ganz wenige Individuen sind dieser Versuchung gewachsen.

Die Macht verwandelt, entstellt den Menschen. Plötzlich versinkt er in einem Sumpf aus Rachsucht, Gehässigkeit und üblen Machenschaften und lauscht nur noch Lobhudeleien. Machtliebe trocknet den schöpferischen Menschen nach und nach aus und beraubt ihn seiner Begabung. Dieses Schicksal ereilte auch Grigorowitsch!

Außerdem vervielfacht sich jegliche Macht in einem totalitären System. Deshalb hat unser sklavisches – und später halbsklavisches – Leben so viele kleine Stalins hervorgebracht.

Das Baumaterial der Sowjetgesellschaft war die Furcht. Sie hielt das System zusammen, und im Bolschoi-Theater gab es manchen Grund zur Furcht.

Seit dem Ende der fünfziger Jahre rückten Auslandsreisen in den Mittelpunkt unseres gesamten Theaterlebens. Sogar die kümmerlichen, in Devisen ausgezahlten Tagegelder boten einem Tänzer, wenn er findig und gewandt war, die Möglichkeit, sich ein Auto oder Videogeräte zu kaufen, sich gefälliger zu kleiden, die Familie anständig zu ernähren und aus einer Kommunal- in eine separate Kooperativwohnung umzuziehen. Der Unterschied zwischen einem Rubel und einem Dollar war stets astronomisch. Und wer nicht ins Ausland fahren durfte, sondern in Moskau bleiben mußte, konnte nur ohnmächtig fluchen und sich die tränenreichen Vorwürfe seiner Frau anhören.

Wenn die Sicherheitsorgane jemanden nicht ins Ausland reisen ließen, so hatte er das Gefühl, an einer unheilbaren Krankheit zu leiden. Und wenn man vom Chefballettmeister nicht benötigt wurde, wenn er einem keine Rolle gab und einen aus den Reiselisten herausstrich? Um das zu vermeiden, mußte man ihm rechtzeitig Gefälligkeiten erweisen und ihm Honig um den Bart schmieren.

Seltsamerweise waren unsere Möchtegern-Stalins auf nichts so sehr erpicht wie auf Schmeicheleien. Dabei wußte jedes Kind, daß sie belogen und hintergangen wurden. Aber nichts funktionierte besser ...

Ich weise noch einmal darauf hin, daß Auslandsreisen für das Bolschoi-Ballett zum Dreh- und Angelpunkt geworden waren. Mit diesem Druckmittel wurden die Tänzer unterjocht und pervertiert. Auch westliche Ensembles gehen auf Tournee, aber davon hängt die Existenz der Tänzer nicht ab. Angehörigen von Béjarts Truppe kann es gleichgültig sein, wo sie ihre Stiefel, ihre Strumpfhosen und Büstenhalter kaufen – ob in Brüssel, Lausanne oder Detroit. Aber all das wurde in Moskau nicht angeboten, jedenfalls nicht, wenn man nur ein paar »hölzerne« Rubel besaß. Also mußte man unbedingt nach Detroit oder Brüssel fliegen. Sogar jede neue Premiere wurde von den Mitwirkenden nur nach den damit verbundenen Reisemöglichkeiten eingestuft. Wenn eine Auslandstournee bevorstand, galt die Premiere als interessant, wenn nicht, dann erzeugte sie nur wenig Engagement.

Leider Gottes läßt sich wieder alles auf die Politik zurückführen. Denn unser Sowjetsystem ermöglichte Grigorowitsch, die Truppe des Bolschoi-Theaters auf die Knie zu zwingen, von sich abhängig zu machen und in ständige Furcht zu versetzen. Und er ließ sich von seiner uneingeschränkten Macht berauschen. Grigorowitsch war ein Produkt des Sowjetsystems. Ebendeshalb verwandelte er sich von einem Choreographen in einen sturen Diktator, einen winzigen Stalin. Ebendeshalb gestaltete er die guten alten Klassiker immer wieder um, wenn auch nur mit geringen Retuschen, um dann seinen eigenen Namen in den Vordergrund stellen zu können. Petipa, Perrot, Iwanow oder Gorski wichen plötzlich hinter Grigorowitsch zurück.

In den letzten zehn Jahren gestaltet er die Klassiker nicht einmal mehr um, sondern er tut überhaupt nichts mehr. Er reist mit seinen vor langer Zeit geschaffenen Werken durch die Welt, verneigt sich vor dem Publikum und repräsentiert, mit Smoking angetan, das Theater auf Empfängen. Dabei rafft er unaufhaltsam neue Machtbefugnisse an sich. Eine Ballettenzyklopädie wird gedruckt. Wer ist der Herausgeber? Grigorowitsch. Ein Jubiläumsband über das Bolschoi-Ballett kommt heraus. Wer ist der Herausgeber? Grigorowitsch. Ein Ballettwettbewerb wird in Moskau abgehalten. Wer ist der Vorsitzende der Jury? Grigorowitsch...

Der Kritiker Gajewski beschloß, Grigorowitsch in einem Buch aufs Korn zu nehmen. Wie konnte er es wagen? Die Sonne mag Flecke haben, nicht jedoch Grigorowitsch – von ihm geht nur ein göttliches Leuchten aus. Auf Gajewskis Buch hin erschienen in der Zeitung *Sowjetkultur*, dem Organ des ZK der KPdSU, wie in Stalins Zeiten zwei vernichtende Angriffe von Grigorowitschs Hofbiographen Wanslow (der sich früher ein Buch mit dem Titel *Prinzipien der marxistisch-leninistischen Ästhetik* zusammengeschmiert hatte): ideologische Sabotage, Verleumdung, gemeine Anschläge. Sofort verbot man Gajewskis Buch, stampfte die Auflage ein und entließ den Lektor Nikulin. Verlagsdirektor Wischnjakow erhielt einen strengen Verweis. Und das geschah wohlgemerkt nicht 1937, sondern 1981. Deshalb nenne ich Grigorowitsch einen kleinen Stalin.

Im Fernsehen reagiert Grigorowitsch weinerlich auf den Vorwurf, daß er seit langem nichts mehr inszeniert habe und daß seine Truppe untätig sei. »Die Oppositionellen des Balletts hindern mich an der Arbeit. Sie lassen nicht zu, daß ich mich Neuschöpfungen widme.«

Du, Juri, bist der mit allen Vollmachten ausgestattete Chef einer mehr als zweihundertköpfigen Truppe. Wenn tausend Proben nötig sind, dann halt sie ab, aber bring endlich etwas Neues auf die Bühne. Zweitausend Proben, ein, zwei, drei, vier Jahre Arbeitszeit – egal, der Staat bezahlt dir alles. Schließlich bist du ein absoluter Herrscher!

Bald versprichst du in der Öffentlichkeit diese Neuinszenierung, dann jene. Danach Schweigen. Stille. Alle müssen sich verhört haben.

Wirklich an der Arbeit gehindert wurden – und zwar nicht von fünf oder sechs unzufriedenen »Oppositionellen«, sondern vom gesamten Sowjetstaat – Menschen wie Schostakowitsch, Achmatowa, Goleisowski, Jakobson, Soschtschenko oder Prokofjew. Aber sie schufen trotzdem immer wieder Neues. Hinter dir dagegen steht eine Supermacht, deren Regierung dir ihre Gunst schenkt. Eine bis an die Zähne bewaffnete Supermacht mit Raketen, Panzern und Flugzeugträgern. Was brauchst du denn noch?

Wenn jedoch die ganze Energie nicht für schöpferische Arbeit verbraucht wird, sondern für die Abrechnung mit Andersdenkenden innerhalb des Balletts und für göttliche Selbstdarstellungen, dann steht einem der Sinn natürlich nicht nach Neuinszenierungen!

Der Schriftstellerverband der Sowjetunion hatte einmal einen Vorsitzenden namens Stawski. Er fragte sämtliche Literaten, was sie benötigten. Einer beschwerte sich über seine Wohnung – sie sei zu laut zum Arbeiten. Ein zweiter erklärte, seine Datscha sei zu eng. Ein dritter wünschte sich ein Auto. Aber niemand – kein einziger – beklagte sich darüber, zu wenig Talent zu haben. Aber das nur am Rande.

Außerdem war es sehr nützlich, immer eine Rücktrittserklärung in der Tasche zu haben. Man legte sie im Ministerium auf den

Tisch und konnte dann drohen: Ich gebe meinen Posten auf – es sei denn, liebe Genossen, ihr ruft die und die zur Ordnung! Und sogleich beeilten sich die Funktionäre, etwa der neue Kulturminister Sacharow, dem Beleidigten, Verletzten, Unersetzlichen beizuspringen, der seine Drohung nie wahrzumachen brauchte.

Völlig unerträglich ist es, daß Grigorowitsch allen eintrichtern möchte, nur er selbst sei das Bolschoi-Theater (nach Majakowski: »Die Partei und Lenin sind Zwillinge«, oder nach Ludwig XIV.: »L'état c'est moi!«). Auf Gastspielreisen dürfen nur die heiligen Werke des Allerhöchsten gezeigt werden, nichts anderes.

Béjart gründete, nährte und zog sein »Ballett des zwanzigsten Jahrhunderts« heran. Er hat das Recht, der Truppe seinen eigenen Namen zu geben. Aber das Bolschoi-Ballett hat schon vor Grigorowitsch zweihundert Jahre lang existiert – unter der Leitung von Iwanow, Gorski, Tichomirow, Moissejew, Wainonen, Sacharow, Lawrowski ... Aber davon ist keine Rede mehr! Grigorowitsch scheint über zweihundert Jahre alt zu sein.

Sam Nifold aus der New Yorker Zweigstelle von »Columbia Artists« berichtete mir einmal, man habe das Bolschoi-Ensemble zu einer Tournee einladen wollen, auf der mehrere Ballette von Grigorowitsch sowie meine »Anna Karenina« gezeigt werden sollten.

»Ich habe Ihnen bisher nicht erzählt, wie Grigorowitsch auf den Vorschlag reagierte. Er hatte einen hysterischen Anfall.«

Das wunderte mich nicht.

»Er wurde blaß wie eine Leiche und schrie mit sich überschlagender Stimme: Entweder ich oder Plissezkaja. Wir konnten ihn kaum beruhigen. Natürlich Sie, Maestro. Schließlich ist er der Leiter der Truppe. Aber schade, es wäre eine schöne Saison geworden. Die Amerikaner hatten auf ›Anna‹ gewartet.«

Noch eine typisch sowjetische Methode: Lautstark wird Demokratie vorgespielt. Das geht folgendermaßen: Im Ballettbüro liegt ein »Unterschriftenblatt« aus, auf dem die Künstler ihre Teilnahme an den Aufführungen bestätigen. Wer seine Unterschrift neben seinen auf das Blatt getippten Namen setzt, der ist »für« Grigorowitsch. Wer nicht unterschreibt, muß »gegen« ihn sein. Natürlich entscheiden sich fast alle »dafür«. Nur ein paar selbstmörderische Wahrheitssucher sind »dagegen«.

Und man muß es verstehen, Entzücken zu bekunden. Wer es nicht kann, sollte es lernen! Mattes und spärliches Lob genügt nicht. Nicht wenige fähige junge Leute sind Opfer ihrer noch nicht völlig ausgemerzten Menschenwürde geworden, ihres normalen, nicht liebedienerischen Verhaltens. Vor dem Diktator muß sich der Sklave auf den Boden werfen.

Worauf stützt sich das diktatorische Regime im Bolschoi-Ballett?

Vor ein paar Jahren weigerte sich der Chefredakteur der in der Zeit der Perestroika wahrhaft liberalen und kühnen Zeitung *Moskowskije nowosti*, die Bitte einiger Ballettkünstler zu erfüllen und ihren offenen Brief an Grigorowitsch zu drucken. Immerhin fragte er nach.

»Ich habe nichts mit dem Ballett zu tun. Aber erklären Sie mir bitte, wer hinter Grigorowitsch steht? Doch wohl nicht nur der Operettenminister Sacharow? Nicht einmal ein Genie würde auf seinem Posten bleiben, wenn es jahrelang überhaupt nichts täte. Also muß er von ganz oben unterstützt werden. Nimmt Gorbatschows Enkelin nicht Ballettunterricht?«

»Sie sind sehr scharfsichtig. Gorbatschows Enkelin nimmt tatsächlich Ballettunterricht.«

Die Enkelinnen der Politbüromitglieder – das war der undurchdringliche Schutzschild, der Juri Nikolajewitsch Grigorowitsch und Sofja Nikolajewna Golowkina, die Direktorin der Moskauer Ballettschule, so lange vor allen Gefahren bewahrte.

Für Gorbatschows sechsjährige Enkelin Ksjuscha richtete Golowkina eine spezielle Vorbereitungsklasse ein. Bei unserer unbezähmbaren russischen Kriecherei hätte die Enkelin des Präsidenten auch schon früher mit dem Unterricht beginnen können. Warum nicht schon in der Wiege? Aber wenn Anna Pawlowa oder Olga Spessiwzewa die Enkelinnen Gorbatschows oder Andropows gewesen wären? Hätten sie dann etwa nicht Ballettunterricht nehmen sollen?

In einem Land, dessen Präsident dein Großvater ist, lieber

nicht. In einem Land, in dem die Schule und das Theater ausschließlich vom Staat finanziert werden, lieber nicht. Und wenn es sich um das verkrüppelte Land der Sowjetpartei handelt, dann bitte ich dreimal so inständig: Nehmt keinen Ballettunterricht!

Allein die Ankunft der bescheiden und freundlich lächelnden Raissa Maximowna in ihrer schwarzen, gepanzerten Limousine und mit einem Dutzend Leibwächtern verleiht der Direktorin eine so unermeßliche Macht, flößt den Pädagogen und den Klassenkameradinnen der kleinen Ksjuscha eine solche Furcht ein und sorgt für ein solches Ungleichgewicht der Beziehungen, daß jegliche Vernunft und Objektivität verlorengehen. Später dann läßt Sofja Nikolajewna plötzlich die Bemerkung fallen, daß sie gestern mit Raissa Maximowna im Dampfbad gewesen sei, und diese habe verlangt ... Grigorowitsch (der vom gleichen Schlag wie Golowkina ist) verhält sich ähnlich. Er sei bei Gorbatschow gewesen, und dieser habe ihm gesagt: »Tun Sie, was Sie für nötig halten, Juri Nikolajewitsch. Entlassen oder pensionieren Sie, wen Sie wollen.« Carte blanche also. Bei solchen Reden rutscht Sowjetfunktionären aller Ränge das Herz in die Hose. Schließlich haben sie siebzig Jahre voller Gemeinheiten und Speichelleckerei hinter sich. So ist das mit den Enkelinnen der Würdenträger!

Ich schreibe diese Worte reinen Herzens. Die kleine Ksjuscha – heute ist sie schon herangewachsen, und ich hoffe, daß ihr Glück und Erfolg beschieden sind – erklärte deutschen Journalisten in einem Interview, daß sie zwei Ideale habe: Anna Pawlowa und Maija Plissezkaja. Vielen Dank, Ksjuscha. Aber ich bleibe bei meiner Ansicht. Die Einmischung des Präsidenten und seiner Frau in unsere Ballettangelegenheiten war äußerst schädlich. Es wäre besser gewesen, wenn Sie, Michail Sergejewitsch, in einem entscheidenden Moment der Geschichte nicht die Nase ins Ballett gesteckt, sondern sich energischer der Wirtschaft oder wenigstens der Absicherung unserer Waffenarsenale gewidmet hätten.

Wie sehr sich die sowjetischen Machthaber irrten, wenn sie annahmen, daß ihre Position sie in allen Bereichen mit den besten Kenntnissen ausstatte! So verteilten sie denn Ratschläge und Hinweise nach rechts und links, und die Untergebenen nickten unterwürfig, pflichteten ihnen bei und rissen heuchlerisch die Mäuler auf – ach, welch ein wunderbarer Staatsmann. Vieles von seiner angeborenen Sowjetmentalität hatte Gorbatschow überwinden können, aber hier blieb er stecken: Raissa Maximowna und ich sind eben auch Ballettexperten. Das Bolschoi-Theater soll sich nach uns richten!

Eine Kuriosität: Man übersetzt mir eine sensationelle Meldung aus der *Bild-Zeitung*. Direktorin Golowkina habe Ksjuscha vor einer Entführung gerettet (eine »Entführung aus dem Serail«?). Sofja Nikolajewna sei aus ihrer berühmten Tanzakademie hinausgetreten und habe ein am Trottoir stehendes Auto mit drei finsteren Kerlen darin bemerkt. Sie habe sofort geahnt, daß dies drei Räuber waren, die auf Ksjuscha Jagd machten. Mutig sei sie auf die Übeltäter zugegangen und habe Alarm geschlagen. Die Männer hätten natürlich erschrocken das Weite gesucht. Danach sei Golowkina in die Schule gelaufen, habe Ksjuscha an ihre Brust gedrückt, ihr den Kopf gestreichelt und ihr fast unter Tränen versichert: »Ich liefere dich niemandem aus, meine Kleine.« Dann sei auch schon Raissa Maximowna in einer schwarzen Limousine herbeigeeilt. Ksjuscha war gerettet. Ehre sei der kühnen Golowkina!

Dieses Kapitel schreibe ich in Litauen. Zur Zeit ist gerade der Papst hier. Jeden Tag verfolge ich seine Reise durch das Land. Heute besucht er den Kreuzberg in der Nähe von Schaulen. Dort hat man unter Stalin bei Nacht und Nebel fünfundvierzigtausend Kreuze in die Erde gepflanzt, wobei die Menschen keinem Befehl, sondern nur ihrem eigenen Gewissen folgten.

Der Papst sagt erhabene Worte über Herzensgüte, Reinheit der Gedanken und allumfassende Vergebung. Aber weder von Herzensgüte noch von Reinheit der Gedanken, noch von allumfassender Vergebung kann die Rede sein, solange Grigorowitsch nichts anderes im Kopf hat, als Rache zu nehmen und Rechnungen zu begleichen.

Seine Rachsucht zeigte sich besonders deutlich nach einigen Premieren, die Wassiljew und ich im Bolschoi-Theater inszeniert hatten. Dabei hatten wir uns über den Wunsch des Monopolisten hinwegsetzen müssen, in seinem Privattheater keine weiteren Choreographen zuzulassen.

Unsere Solisten wurden später bestraft und durften nicht in Grigorowitschs Truppe zurückkehren. Dadurch bildeten sich im Theater gleichsam drei Ensembles heraus: ein großes, von Grigorowitsch geleitetes, und zwei kleine, gleichberechtigte, von Wassiljew und Plissezkaja geleitete. Etliche Impresarios wollten dem westlichen Publikum nun aber nicht nur Grigorowitschs Arbeiten zeigen – um so mehr, als die Kritiker den endlosen »Spartacus« sowie die »Schwanensee«- und »Iwan-der-Schreckliche«-Varianten kaum noch ertragen konnten. Unser Diktator erhielt mittlerweile von westlichen Zeitungen eine Ohrfeige nach der anderen (zum Beispiel trug eine amerikanische Rezension von »Iwan der Schreckliche« den Titel: »IWAN IS TERRIBLE«).

Die Verrisse der westlichen Presse erbitterten Grigorowitsch noch mehr, wobei er seinen Unmut in erster Linie gegen die Solisten von Wassiljews und Plissezkajas Balletten richtete. Beispielsweise wurde der junge Tänzer Viktor Barykin, dem Wassiljew eine der Hauptrollen in seinem »Icare« anvertraut hatte, von Grigorowitsch für immer ausgestoßen. Nun konnte er nur noch in »feindlichen« Balletten auftreten: etwa in »Anna Karenina«, »Macbeth«, »Die Möwe« oder »Carmen-Suite«. Auch die Karrieren Bogatyrjows (von dem ich bereits berichtet habe), Radtschenkos, Buzkowas, Lagunows und Nesterowas wurden in Mitleidenschaft gezogen. Anscheinend hat Grigorowitsch den Predigten des Papstes nie gelauscht.

Das Schicksal des Bolschoi-Balletts läßt mich nicht gleichgültig, denn ihm gehört jede Faser meines Lebens. Es tut mir in der Seele weh, daß es ausgerechnet von Menschen beherrscht wird, für die nicht die schöpferische Arbeit, nicht das Ballett, sondern die MACHT selbst das wichtigste ist. Ihr Würgegriff dauert nun schon drei Jahrzehnte.

Maris Liepa, der ebenfalls einiges auszustehen hatte und dem Grigorowitsch derart zusetzte, daß Liepa trotz seines kräftigen, guttrainierten Herzens schließlich einem Infarkt erlag, meinte einmal im Scherz zu mir: »Reg dich nicht auf, Maija. Freu dich lieber darüber, daß unsere Moskauer Schule so elend unterrichtet. So wird es wenigstens in den nächsten zwanzig Jahren keine guten Ballerinen mehr geben.«

Ich freue mich aber keineswegs darüber. Mir fällt auf, wie falsch die Tänzerinnen den Rücken halten, wie die Knie ihre Aufgaben nicht erfüllen, wie der Armschwung die Pirouetten nicht erleichtert, sondern behindert. Und was ist aus der Musikalität, der Artistik, dem Stil geworden? Es ist schrecklich. Das bedeutet nicht, daß es in der Schule keine professionellen Pädagogen gäbe. Es bedeutet jedoch, daß in der Schule die Diktatur Golowkinas herrscht, die sich niemals belehren läßt und deren angebliche pädagogische Begabung dauernd besungen wird. – Wer mit Raissa Maximowna ins Dampfbad geht, muß zweifellos ein großer Pädagoge sein.

Die Zeiten ändern sich. Neue Staatsmänner rücken nach – aber natürlich auch ihre Enkel, Enkelinnen und Nichten ... Und Freundschaften werden genau wie früher geknüpft: ins Dampfbad mit Furzewa, ins Dampfbad mit Raissa Maximowna. Wer möchte als nächstes schwitzen?

Mit welcher Truppe man heute auch zusammentrifft, überall gibt es Flüchtlinge aus dem Bolschoi-Ballett. Sie sind vor der schalen Luft, vor der künstlerischen Armut und vor Grigorowitschs Krallen geflohen.

Ich fürchte mich fast vor der Frage: War es vor Grigorowitsch wirklich besser? Oder trauere ich einer nur vermeintlich goldenen Vergangenheit nach?

Nein, etwas ist faul im Staate Dänemark. Wie lange noch?

Wanderjahre

Und nun Deutschland.
Ich ziehe mit meinen Siebensachen nach München, zu Rodion. Er hat hier seine Zelte aufgeschlagen. Da er Arbeitsverträge besitzt, gibt es mit den Visa keine Schwierigkeiten. Außerdem entfaltet sich in Moskau ja immer noch die Perestroika. Aber die Sorge über den weiteren Weg meines Vaterlandes läßt mich nachts nicht schlafen. Die Sache wird kein gutes Ende nehmen, denn die Kommunisten werden nicht ohne Blutvergießen abtreten. Am wahrscheinlichsten ist eine Diktatur. Irgendein bisher unbekannter General wird mit überzeugender Miene im Fernsehen eine aufrührerische Rede halten. Man wird Gorbatschow verhaften, sämtliche Neuerungen der Perestroika rückgängig machen und die Flughäfen schließen. Wer zu lange zögert, wird für immer in Moskau festsitzen. Deshalb sind wir nun hier, in München.

Die Stadt ist wunderbar. Überall grünt es, und die Straßen sind sauber wie vor einer Parade. Ich liebe den Ordnungssinn und den Fleiß der Deutschen.

Wir haben eine Zweizimmerwohnung in der Theresienstraße gemietet. Das ist genau im Zentrum – alles läßt sich bequem erreichen.

In Deutschland kennt man mich weniger gut als in Frankreich, Amerika, Spanien, Japan und Argentinien. Und viel weniger gut als in Rußland. Das mag sich ändern, denn bisher weiß noch kaum jemand, daß ich mich in München niedergelassen habe. Nur Ballettomanen bitten mich um ein Autogramm.

Das Leben ist leichter, aber ungewohnt. Wenn ich eine Einladung habe und reisen möchte, bekomme ich jetzt sofort ein Visum.

Ein neues Ballett im Teatro Colón in Buenos Aires: »Der Hahnenkampf« – ein Stück, das der Elektra-Dramatik nachempfunden ist.

Die handelnden Personen sehen herausfordernd modern aus. Sie tragen Straßenkleidung mit Halstüchern und Hüten, wie sie einst von Hollywoodstars wie Gary Cooper und Humphrey Bogart aufgesetzt wurden. Nehmen sie die Hüte ab, so erkennen wir, daß das Haar der Männer stark pomadisiert ist. Die männlichen Tänzer bewegen sich in Lackschuhen, die weiblichen in hochhackigen Schuhen oder in Sandalen über die Bühne. Ich hebe mich von allen dadurch ab, daß ich Spitzenschuhe trage.

Die Handlung wird häufig von stilisierten Personen mit unverhältnismäßig großen Masken unterbrochen. Diese vierzehn schiefbeinigen Gestalten dienen als Hofnarren. Sieben von ihnen treten manchmal auch in moderner Straßenkleidung auf. Gleichzeitig stellen die anderen sieben Szenen aus einer griechischen Tragödie dar.

Das Ganze hat einen sehr ausgeprägten argentinischen Akzent, der vor allem in der Ballettmusik zum Ausdruck kommt. Sie stammt von dem berühmten Pianisten Astor Piazzola, der eigenhändig ein unvergleichliches Solo auf dem Akkordeon gespielt hat, das bei den Aufführungen vom Band läuft. Über allem – der Musik und der Choreographie – schwebt der Geist des argentinischen Tangos.

Der Konflikt ist jener Elektras: ein ermordeter Ehemann, eine grausame Mutter (das ist meine Rolle; im Ballett heiße ich Nelida Morales), ein blutsaugerischer Liebhaber (sein Anzug ist himbeerrot), trauernde Kinder, welche die Mutter und den Liebhaber am Ende umbringen, eine wahnsinnig gewordene Tochter . . .

Der Choreograph ist Julio López, ein stiller, bescheidener, doch außergewöhnlich begabter Mann. Aber heutzutage muß jeder, der bemerkt und anerkannt werden will, ins eigene Horn stoßen, sich extravagant und unverschämt aufführen. Wir Menschen sind seltsam . . .

Ich erscheine zuerst auf dem Rücken eines Stieres vor dem Publikum und mustere die Reihe aller Mitwirkenden aus der Höhe. Der erste Tanz: ein Tango auf Spitze. Das ist die choreographische Sprache des ganzen Balletts.

Piazzolas Musik mit ihren nervösen Akkordeonklängen stachelt mich auf. Das ganze Stück hindurch heizt sie die zügig ablaufende Handlung an. Beim Tanzen scheinen die Bein-, Arm- und Rückenmuskeln diesen Klängen wie von selbst zu gehorchen.

Die Musik wird vom Band gespielt, aber ich lausche jedesmal begierig darauf, wo die Hand des Tonregisseurs heute am Mischpult haltmacht. Sogar die Erhöhung oder Verringerung der Lautstärke beeinflußt meine Reaktion auf die unterschiedlichen Töne. Die Aufnahme ist die gleiche, das Tempo unverändert, nur die Nuancen am Mischpult wandeln sich. Trotzdem tanze ich immer wieder anders als am Vortag. Man stelle sich vor, wir hätten einen neuen Dirigenten und neue Musiker – dann würde ich ein völlig neues Ballett tanzen.

Astor Piazzola konnte an der Premiere nicht teilnehmen. Er lag in einer Privatklinik in Buenos Aires im Sterben. Ein langes, hoffnungsloses Koma. Doch seine Frau sah sich das Stück an – eine schöne, vollbusige Blondine, deren Haarpracht von einem schwarzen Samtnetz gebändigt wurde. Die Fernsehkamera fing ihre Tränen erbarmungslos ein.

Dies war meine erste Begegnung mit dem argentinischen Publikum und dem Teatro Colón, nachdem ich mir hier ungefähr zehn Jahre zuvor eine schreckliche Rückenverletzung zugezogen hatte. Ich hielt mich unbewußt zurück und setzte hin und wieder nur drei Viertel meiner Kraft ein. Der Körper wollte sich dem Befehl des Gehirns nicht fügen. Er erinnerte sich noch an den rasenden, unmenschlichen Schmerz und konnte nicht glauben, daß alles ausgeheilt und in Ordnung war.

Dastoli, der Dirigent des Teatro Colón, der einst den Stab bei »Carmen-Suite« und »Schwanensee« geführt hatte, kam in meine Garderobe.

»Es ist ein Wunder, Maija, daß Sie wieder hier sind, wieder tanzen. Ich hatte solche Angst, daß Sie vielleicht nicht einmal mehr gehen könnten.«

Etliche Male flog ich von München nach Japan. Man hatte mich zu mehreren großen Galavorstellungen eingeladen. Mittlerweile bin ich neunzehnmal in Japan gewesen, und ich habe das Gefühl, daß dies ebenfalls mein Land ist. Das japanische Publikum scheint Gefallen an mir gefunden zu haben.

Die Japaner haben fast mein gesamtes Repertoire gesehen: von »Schwanensee« bis hin zu »Maria Stuart«. Und nun auch »Die Irre von Chaillot«. Der Impresario Tokishi Takada, der die Pariser Premiere miterlebt hatte, beeilte sich, das neue Ballett nach Tokio und Osaka zu holen. Und wieder war das riesige Kulturzentrum Bunka Kaikan bis zum letzten Platz gefüllt. Die wißbegierigen Japaner kauften die aparten bunten Programmhefte auf und vertieften sich vor dem Beginn der Vorstellung mit erstaunlicher Gründlichkeit in den Inhalt des Balletts. Sie wollten unbedingt erfahren, wer Jean Giraudoux war und welcher Teil von Paris Chaillot heißt.

Hier in Japan stellte ich meinen persönlichen Rekord auf, als ich den »Sterbenden Schwan« viermal wiederholen mußte. Allerdings ist mir das gleiche dann auch später in Lissabon, New York und Paris gelungen.

In Moskau nimmt die Spannung immer weiter zu. Bei meinen kurzen Besuchen kann ich, sobald ich den Flughafen Scheremetjewo betrete, das Gefühl der Angst und des ausweglosen Grauens fast mit Händen greifen. Sämtliche Freunde, die Moskau noch nicht verlassen haben, erteilen den Ratschlag: »Ihr müßt abreisen, haltet euch hier nicht lange auf! Wer weiß, wann die Mausefalle zuschnappt.«

Alle sind der Erwartung der Explosion, der Katastrophe müde. Wenn es nur endlich geschähe. Nichts zermürbt stärker als die Ungewißheit.

Ich fliege nach München.

Völlig unverhofft – ich hatte Rodion nach Chicago begleitet, ohne dort eigene Verpflichtungen zu haben – trat ich zusammen mit der Chicagoer Truppe in »By Django« auf, einem Stück des Choreographen Gordon Schmidt. Es war ein Genre, zu dem ich mich schon seit langem hingezogen fühlte – nämlich Jazz. Django Reinhardt war in den dreißiger, vierziger und fünfziger Jahren einer der großen Stars der Jazzwelt: ein belgischer Zigeuner, ein virtuoser Gitarrist, das Idol von Paris und bereits zu Lebzeiten eine Legende. Unser guter Freund, der Dirigent Mario di Bonaventura, erzählte mir ausführlicher von ihm. Mario hatte in jenen Jahren in Paris studiert und Djangos Konzerte häufig besucht. Reinhardt – rauschgiftsüchtig, ein Verschwender, Raufbold, Trinker, Bohemien und Genie – leistete sich erst wenige Tage vor seinem Tod einen Ausgehanzug. 1928 waren der dritte und der vierte Finger seiner Greifhand als Folge eines Wohnwagenbrandes verkrüppelt worden. Aber auch mit drei Fingern beherrschte er seine Gitarre wie kein anderer.

Meine Rolle war klein – schließlich hätte ich innerhalb von zwei Tagen kaum einen umfangreichen Part lernen können –, doch ausgeprägt und effektvoll. Nun tanzte endlich auch ich einmal in hochhackigen weißen Atlasschuhen. Mein Kleid, mit tiefen Ausschnitten bis zur Taille, war bodenlang, mein Haar mit Kristalltröpfchen geschmückt. Ich hatte eine mächtige Konzertboa um den Körper geschlungen, denn ich tanzte einen Gesangsstar. Eine interessante Aufgabe: Mein Tanz sollte den Gesang des Stars wiedergeben.

Vier Partner, wie ein Quartett aus einer Jazzhall, begleiteten mich behutsam. Die Rolle der Sängerin war humorvoll und überzeugend choreographiert. Djangos Originalaufnahme, zu der ich tanzte, elektrisierte mich.

Den Sommer 1991 verbringen Rodion und ich in Amerika. Er ist »Composer in Residence« der Festspiele in Lancaster, Ohio. Danach reisen wir nach Florida – es ist für uns beide der erste Besuch in dem heißen US-Staat. Das Atlantic Arts Center hat Rodion eingeladen, den Komponistennachwuchs zu unterrichten. Ich habe unterdessen keine beruflichen Verpflichtungen.

Auch diesmal erhielten wir die amerikanischen Visa erst im allerletzten Moment. Einen Tag vor dem geplanten Abflug erklärte man uns kühl, daß die Visa in unseren sowjetischen Pässen in ein paar Tagen ausgestellt sein würden. In meiner Verzweiflung – die

Tickets würden verfallen, das Eröffnungskonzert der Festspiele würde nicht stattfinden – hatte ich plötzlich den rettenden Gedanken, Shirley MacLaine in Kalifornien anzurufen. Bereits nach dem ersten Läuten hörte ich die vertraute, freundliche Stimme auf der anderen Seite des Ozeans.

»Hallo, Maija. Du bekommst kein Visum? Gib mir deine Telefonnummer. Ich werde unseren Botschafter anrufen und mich dann bei dir melden.«

Fünf Minuten später war der amerikanische Botschafter in Spanien persönlich am Apparat.

»Das ist ein Mißverständnis. Natürlich können Sie fliegen. Ich warte mit den Pässen auf Sie.«

So flogen wir doch noch rechtzeitig nach Amerika. Vielen Dank, Shirley.

Auch Lancaster und vor allem Florida brachten neue Eindrücke mit sich. In New Smyrna Beach lernten wir Lew Tolstois Enkelin Vera Iljinitschna kennen, die mit ihren fast neunzig Jahren immer noch munter mit einem schnittigen Wagen durch die Gegend fuhr und am Mittagstisch nicht auf ein Gläschen Wodka verzichtete. Ich zeigte ihr Fotos von der »Anna-Karenina«-Aufführung im Bolschoi-Theater, und Vera Iljinitschna erwähnte, daß ihre Tante Alexandra Lwowna ihr bereits von meinem Ballett erzählt habe, wobei beide Frauen zunächst erstaunt über eine choreographische Umsetzung des berühmten Romans waren.

Die unbeschwerten Tage in Florida gehen zu Ende. Wir müssen nach Hause zurückkehren. Aber wo ist jetzt unser Zuhause?

Wir treffen am frühen Morgen in München ein und setzen uns in ein Taxi. Der Fahrer hat das Radio auf volle Lautstärke gedreht. Mit einemmal sehe ich, daß Rodion das Gesicht verzieht. Was wird da in den deutschen Nachrichten gemeldet?

In Rußland ist ein Umsturz eingeleitet worden. Panzer auf den Straßen. Gorbatschow soll krank sein und die Staatsgeschäfte nicht mehr führen können. Nun ist also geschehen, was wir in den letzten Monaten so angstvoll erwartet haben! Die Chancen, daß es glimpflich abgeht, stehen schlecht. Die Putschisten haben Armee, Miliz und KGB hinter sich. Die Machthaber wollen also im Grunde das, was sie ohnehin schon besitzen. In Rußland läuft immer alles dem gesunden Menschenverstand zuwider.

Die Korrespondenten mehrerer amerikanischer Zeitungen machen uns in München ausfindig. Wir beschimpfen die Putschisten nach Strich und Faden, aber was kann das nützen? An den Rundfunkempfänger geschmiegt, lauschen wir den neuesten Informationen aus Moskau. Ja, es steht schlecht. Und plötzlich – o göttliche Fügung – fliegen die Putschisten zu Gorbatschow auf die Krim. Jelzin unterzeichnet einen Haftbefehl für die Umstürzler. Die Armee ist nicht bereit, die Kommunisten zu verteidigen. Aber wenn irgend jemand mit Mumm in den Knochen an der Stelle dieser politischen Impotenzler gewesen wäre, dann hätten wir nichts zu lachen gehabt...

Zwei Abende in der Wiener Oper. Dezember 1991. Die Einladung stammt von Lena Tschernyschowa, die hier seit kurzem die künstlerische Leitung innehat. Wieder mein treuer »Sterbender Schwan«...

Aber ich schien irgend etwas eingebüßt zu haben. Die letzten »Schwäne« (Los Angeles, London, New York) waren einförmiger als sonst verlaufen. Ich spürte, daß das Publikum nicht völlig von meiner tänzerischen Darstellung gefesselt wurde. Die vier Minuten vergingen nicht wie ein Augenblick, wie ein einheitliches Ganzes, sondern sie zerfielen in mehrere Bestandteile. Das gleiche galt für die Choreographie: Nur Bewegungen, nur Arabesques oder Drehungen ohne tieferen Sinn waren auf der Bühne zu sehen.

Nun, vor Wien, schaute ich mir die Videoaufzeichnung einer meiner mißlungenen letzten Vorstellungen an. Ich mußte eine vernünftige Erklärung finden – jedenfalls für mich selbst – oder das Tanzen unwiderruflich aufgeben. Eine Vorstellung kann mißlingen, aber eine ganze Reihe hintereinander?

Da wurde mir der Grund klar: Es war mir langweilig geworden, stets das gleiche zu wiederholen. Und die Plissezkaja-Imitationen des »Sterbenden Schwanes«, die ich so häufig auf der Bühne oder in Filmen zu Gesicht bekam, hatten mir endgültig den Appetit verdorben und mich zu spontanen Änderungen angeregt.

Wie verständlich mir die Klage des Komponisten Claude Debussy geworden war: »Herr, rette mich vor den Debussisten!«

Schon früher, wenn Zugaben verlangt wurden, hatte ich bewußt versucht, den »Sterbenden Schwan« anders, gegensätzlich zu gestalten. Ich kam aus einem anderen Teil der Kulisse, verschob die Akzente und gab die Endpose oftmals spiegelbildlich wieder. Wenn es für mich jedoch zum Selbstzweck geworden war, einen immer wieder neuen »Schwan« zu tanzen, so hatte ich im Überschwang vielleicht das Wesentliche der Partie verfälscht. In Wien würde ich zu meinen Anfängen zurückkehren! Allerhöchstens würde ich nach Art Picassos ein paar scharfe Striche und gebrochene Linien hinzufügen. Das übrige sollte so sein wie früher.

Mitte Dezember. Starker Frost. Abends und in der Morgenkälte höllischer Wiener Nebel. Rodion hat sich einen Opel gemietet und trifft gerade noch rechtzeitig zur Vorstellung aus München ein. Ich halte mich an meinen Plan und spüre triumphierend, daß das Publikum der Wiener Oper in meiner Gewalt ist. Vielleicht kann ich doch noch weitertanzen – solange ich eingeladen werde.

Wir beschließen, Rodions Geburtstag, den 16. Dezember, und gleichzeitig meinen Sieg über mich selbst zu zweit zu feiern. Und zwar in Eisenstadt, wo Haydn als Dirigent wirkte. Auch er wurde im Jahre '32 geboren, allerdings zwei Jahrhunderte vor Schtschedrin. Und etliche Komponisten erblickten am 16. Dezember das Licht der Welt, darunter Beethoven. Aber es gelingt uns nicht, im dichten Nebel nach Eisenstadt zu finden. Dreimal kehren wir zu derselben Kreuzung zurück. Schicksal. Wir gehen zu Fuß in ein japanisches Restaurant. Die japanische Küche ist ideal für eine Ballerina.

So vergehen die Jahre. Interessant. Turbulent. Manchmal faszinierend. Keineswegs langweilig. Aber hin und wieder möchte ich nach Hause zurückkehren, um Atem zu schöpfen und mich auszuruhen. Aber wo ist mein Zuhause? Unser Zuhause?

Moskau wird mir immer ferner. Man lädt mich nicht mehr ein, dort aufzutreten. Das Bolschoi-Theater ist in feindlicher Hand. All meine Ballette sind abgesetzt worden. Die Dekorationen verfaulen unter dem Schnee, die Kostüme werden billig verkauft. Mein Wunsch, ein neues Ballett zu inszenieren, stößt auf Grabesstille. Die Bolschoi-Direktion tut so, als hätte sie nichts von mir gehört. Besorgt schreibe ich einen Brief an Gorbatschow. Ich erkläre, daß man mir an meinem heimischen Theater sämtliche Arbeitsmöglichkeiten entzogen habe. Keine Antwort. In einem vierzigminütigen Gespräch mit Raissa Maximowna Gorbatschowa stößt Schtschedrin auf eisige Ablehnung. Sie will die Haltung Präsident Gorbatschows zum Konflikt am Bolschoi-Theater nicht erörtern. Mein Gehalt wird mir nicht mehr ausgezahlt. Auch von einer Pension ist keine Rede.

Wo ist mein Zuhause? Offenbar nicht in Moskau. Wo also?

Vielleicht in Litauen, in dem Dörfchen Koselkischkes, in unserer Lieblingsunterkunft direkt an einem Seeufer? In den Frühlings- und Sommermonaten ist es dort paradiesisch. Und die Nachbarn sind freundlich und aufgeschlossen. Aber wenn die Landschaft strenger wird, wenn sich Wind, Nebel und Regen einstellen, wenn sich die Tage verkürzen und Kälte durch jeden Spalt dringt, dann müssen wir in ein Winterquartier umziehen, um nicht von Depression überwältigt zu werden. Hier wohl auch nicht?

Vielleicht in München? In unserer kleinen möblierten Wohnung in der Theresienstraße? Wo ich nicht einmal einen Schreibtisch habe, auf dem ich dieses Buch zu Papier bringen könnte? Wo ich nach dem Essen die mir nicht gehörenden deutschen Teller abräume, das hellgelbe – ebenfalls nicht mir gehörende – Tischtuch trockenwische, um mich an den Küchentisch zu setzen und diese Zeilen zu schreiben?

Oder braucht der Mensch vielleicht gar kein Zuhause? Auch der Schriftsteller Nabokov und der Maler Burljuk hatten kein eigenes Heim. Und trotzdem lebten sie nicht schlecht, diese Obdachlosen. Denn sonst hätten sie nicht so viele Werke schaffen können.

Es hat also den Anschein, daß ich ein altmodischer, nicht in die Gegenwart oder Zukunft passender Mensch bin. Ich brauche ein Zuhause, ein Dach über dem Kopf. Einen geräumigen Kleiderschrank, einen großen Spiegel und einen Schreibtisch ... Von Schostakowitsch hörte ich jedoch einmal, daß man sogar in einer Hundehütte schreiben könne, wenn es an Gedanken nicht fehle.

Ich weiß nicht, ich weiß nicht ...

Ich weiß, daß alle, die in der ehemaligen Sowjetunion geboren wurden, ein schweres, mühseliges Leben führen. Der böse Koloß auf den tönernen, in Militärstiefeln steckenden Füßen kracht zusammen. Ein Erdbeben. Und ein Erdbeben verschont niemanden. Das weiß ich. Aber trotzdem hätte ich gern ein eigenes Dach über dem Kopf.

Am 3. Januar 1993, einem Sonntag, fahren Rodion und ich zum Flughafen Scheremetjewo, um nach München zurückzukehren.

Zu Schtschedrins sechzigstem Geburtstag ist in Moskau und St. Petersburg ein kleines Musikfest abgehalten worden. Außerdem hat man ihm den Staatspreis Rußlands verliehen. Des neuen Rußland! Sehr feierlich im Kreml.

Wir sind in gehobener Stimmung und werden von Freunden mit Blumensträußen in der Hand begleitet. Wir reichen dem adretten jungen Grenzsoldaten unsere Pässe. Er hat uns erkannt, lächelt freundlich und beugt sich in seinem Wächterhäuschen konzentriert über unsere Dokumente.

»Sie kann ich abfliegen lassen«, sagt er an Schtschedrin gewandt. »Aber Sie, Maija Michailowna, nicht. Ihr Paß ist seit dem 1. Januar ungültig.«

»Wieso ungültig?« Ich beginne, mich aufzuregen. »Wie kann das sein? Er läuft erst im November 1996 ab. Sehen Sie doch. Und ich habe eine Ausreisegenehmigung. Da ist der Stempel. – Ich darf bis zum 1. November 1993 jederzeit reisen. Auch er gilt noch.«

Aber der Grenzsoldat gibt mir den Paß zurück.

»Das sehe ich alles. Aber ich wiederhole, daß Ihr Paß seit dem 1. Januar 1993 ungültig ist.«

»Wieso? Bringen Sie da etwas durcheinander?«

»Am 31. Dezember, während meiner letzten Schicht, hätte ich Sie hinausgelassen. Der Paß war gültig. Aber heute kann ich es nicht mehr. Der Paß ist ungültig.«

»Und was soll ich tun?«

»Versuchen Sie, sich an den Konsul im Flughafen Scheremetjewo zu wenden. Hier ist seine Telefonnummer.«

Rodion notiert sich die Ziffern auf der Bordkarte. Er verliert die Beherrschung. »Begreifen Sie jetzt, weshalb alle von hier verschwinden?«

»Schreien Sie mich nicht an. Ich führe nur meine Anweisungen aus.«

Wir wählen die Nummer des Konsuls. Folgender Dialog:

»Ja, bitte?«

»Guten Tag. Hier spricht Plissezkaja.«

Schweigen.

»Man will mich nicht abfliegen lassen. Mein Ticket verfällt. Übermorgen habe ich einen Auftritt in Brüssel. Was nun?«

»Ich kann Ihnen nicht helfen.«

Am anderen Ende der Leitung fällt der Hörer auf die Gabel.

Es ist lange her, daß man in diesem Land in so eisigem Tonfall mit mir sprach.

Wir suchen fieberhaft nach einem Ausweg. Wen sollen wir anrufen? Wessen Nummer kennen wir auswendig? Aber selbst wenn wir jemanden antreffen – heute ist Sonntag!

Die Passagiere werden bereits zum Einsteigen aufgerufen. In einer halben Stunde erhebt sich die Maschine in die Lüfte. Am besten fliegt Rodion allein. Am besten nimmt er meinen Koffer und mein Schwanentutu mit. Ich werde morgen durch die Ministerien rennen, um mir einen neuen Paß ausstellen zu lassen. Vielleicht kommt man mir entgegen. Aber wie soll ich mir ein deutsches Visum in den neuen Paß stempeln lassen? Die deutsche Botschaft wird von Tausenden belagert.

Endlich erfahren wir über drei oder vier Bekannte die Telefonnummer des Diensthabenden im Außenministerium. Eine liebenswürdige Stimme.

»Ja, das stimmt. Ihre Art Paß, Maija Michailowna, ist nicht mehr gültig. Sie müssen ihn umtauschen.«

»Ist das morgen möglich?«

»Nein, morgen nicht.«

»Warum nicht?«
»Vor April werden die neuen Pässe nicht fertig sein.«
Welch ein fauler Zauber! Nichts hat sich in unserem Leben geändert. Nicht einmal die sklavische Abhängigkeit von den unvermittelten Launen der Machthaber. Ein Land der Absurditäten! Armes Rußland!
Während des Telefonats taucht mir gegenüber ein nicht mehr junger Grenzsoldat mit Majorsschulterstücken auf. Er tritt von einem Bein aufs andere und wartet auf das Ende des Gesprächs.
»Man hat mir Bescheid gegeben, Maija Michailowna ... Haben Sie mit dem Konsul gesprochen? Was hat er gesagt? Ich werde es riskieren, Sie auf meine eigene Verantwortung fliegen zu lassen. Bitte, machen Sie sich keine Sorgen. Ich bin der Schichtleiter. Ihre ›Dame mit dem Hündchen‹ habe ich im Fernsehen gesehen – hat mir sehr gut gefallen.«
Durch eine Aluminiumröhre betreten wir das Flugzeug der Lufthansa. Wir haben es geschafft.
Noch eine unnötige Belastung. Noch eine Demütigung. Noch eine idiotische Nervenprobe. Aber auch noch eine weitere gute Seele auf meinem Lebensweg. In der Eile habe ich den verständnisvollen Major nicht einmal nach seinem Namen fragen können.
Ob man mich noch zurückholen wird? Der vertraute, furchtsame Gedanke. Aber nein. Die Maschine zittert ein wenig, als sie über die Fugen der Betonpiste rollt, und entfernt sich vom Flughafengebäude. Die Motoren heulen auf. Dort ist die Startbahn.
Wir steigen in die Höhe.

Und wo ist nun mein Zuhause?

49

Polizeistunde

Zu Ehren Galina Wischnewskajas, die nach Moskau zurückgekehrt war, wurde ein Gala-Abend abgehalten, auf dem ich sie mit meinem »Sterbenden Schwan« begrüßte. Danach, auf einem Empfang im Chorsaal des Bolschoi-Theaters, schlug der Petersburger Bürgermeister Anatoli Sobtschak mir halb im Scherz, halb im Ernst vor, mein bevorstehendes Bühnenjubiläum in der Stadt an der Newa zu feiern. Ich akzeptierte ebenfalls halb im Scherz, halb im Ernst. Fünfzig Jahre auf der Bühne sind schließlich eine Feier wert. Allerdings fiel mir ein, daß Igor Fjodorowitsch Strawinski, den ich zusammen mit meiner amerikanischen Freundin Lena Atlas in Los Angeles besucht hatte, über derartige Künstlerjubiläen gespottet hatte: »Da hebt man den Genossen in den Himmel, aber in Wirklichkeit wünscht man dem Kollegen nichts anderes als ewige Pein im Höllenfeuer.« (Strawinski verwendete das Wort »Genosse« in seinem alten, nicht in seinem sowjetischen Sinn.)

Aber konnte eine solche Feier ohne kluge Reden auskommen, ohne jegliche Ansprache? Ich wollte, daß nur getanzt wurde.

Sobtschak bat mich, das Programm des Abends zu skizzieren und es ihm zu schicken. Nach München zurückgekehrt, schrieb ich es nieder und vertraute es einem, wie ich dachte, zuverlässigen Boten zur Übermittlung nach Petersburg an. Aber leider fügten sich die Dinge so, wie es in Rußland oft ist, und mein Brief erreichte Sobtschak nicht. Damit schlief die Sache ein. Später boten mir die Litauer an, meine Feier zu veranstalten, doch dieser Plan scheiterte ebenfalls – genauso wie ein Vorhaben, den Abend in der Pariser Opéra auszurichten.

Ich hatte mich bereits damit abgefunden, auf meine Jubiläumsfeier zu verzichten, als eines schönen Junitages in unserer Datscha in Litauen, wo wir den Sommer 1993 verbrachten, das Telefon klingelte. Es war Wladimir Pantschenko aus Moskau.

»Was würden Sie davon halten, Maija Michailowna, wenn GOSKO [das frühere Goskonzert] gemeinsam mit dem Bolschoi-Theater Ihre Jubiläumsfeier auf der Bolschoi-Bühne abhielte?«

»Das Bolschoi dürfte schwerlich dazu bereit sein. Dort wird Plissezkaja schon seit langem nicht mehr geschätzt.«

»Und wenn man doch dazu bereit ist? Wie könnte das Programm aussehen?«

»Das Programm habe ich im Kopf. Aber stellt das Theater seine Bühne zur Verfügung?«

»Das lassen Sie unsere Sorge sein, Maija Michailowna. Eine vorläufige Zusage habe ich schon.«

Ich holte den Entwurf meines verlorengegangenen Briefes an Sobtschak hervor und gab Pantschenko meinen Vorschlag durch.

Erster Teil.

Orchesterouvertüre.

»Der sterbende Schwan« (vier Ballerinen, die nacheinander auftreten).

»Der sterbende Schwan« (nun ich).

Zwei oder drei klassische Pas des deux. (Es wäre schön, wenn wir Gäste einladen könnten, zum Beispiel von der Pariser Opéra.)

Flamenco (Spanier).

»Isadora« (ich).

Zweiter Teil.

»Carmen-Suite«.

Nicht in ganzer Länge, sondern in Form einer zwanzigminütigen Zusammenfassung. Ich brauche eine Helferin, um Kraft für den dritten Teil des Abends zu sparen und um das Publikum zu verblüffen: zwei Carmen, also auch zwei Don Josés, ein kleiner Wettstreit.

Dritter Teil.

»Die Irre von Chaillot«.

Meine letzte Arbeit. Den Moskauern steht immer der Sinn nach etwas Neuem. Dazu muß Gigi Katschiljanus Truppe aus Rennes hinzugezogen werden. In voller Besetzung, mit Dekorationen.

Pantschenko nahm das Programm entgegen.

»Wird's Ansprachen geben?«
»Bitte, kein einziges Wort, Wladimir Wsewolodowitsch. Nichts als Tanz.«
»Schön, Maija Michailowna, wir machen uns ans Werk.«
Werde ich eine solche Belastung aushalten? Sogar eine Zwanzigjährige hätte damit ihre Probleme.
Carmen und Isadora hatte ich seit langem nicht mehr getanzt. Aber die Erinnerung kehrte sehr schnell zurück. Eine gute Choreographie haftet im Gedächtnis. Wenn sich die Bewegungen logisch miteinander verknüpfen wie die Glieder einer Halskette, dann scheint eine Kombination dem Körper bereits die nächste zu suggerieren. Trotzdem war es wichtig, beizeiten in Moskau einzutreffen.

Was spielte sich dort eigentlich ab?
Wir achteten darauf, keine Nachrichtensendungen aus Moskau zu verpassen. Zum Glück konnten die beiden russischen Programme in Litauen empfangen werden. Es sah übel aus. In dem aufgepeitschten Obersten Sowjet, der sich den berauschenden Titel »Parlament« verliehen hatte, wurden Reden gehalten, die nur Übelkeit erregen konnten. Vertraute Reden. Frechheit und Dunkelmännertum. Man sehnte sich wieder nach dem Kommunismus. Also war es ein Fehler von mir, den Kommunismus in einem der vorhergehenden Kapitel für tot zu erklären – er war vielmehr gesund und munter.
Wenn man hörte, welche Weltanschauung im Parlament geäußert wurde, geriet man in Versuchung, ein schweres Objekt gegen die Mattscheibe zu schleudern. In jedem Wort schwang mit: Gebt uns die Macht. Und jene, die eine Rückkehr in die Vergangenheit ablehnten, wurden unverhohlen bedroht. Aber solche Unverschämtheit trägt nicht selten den Sieg davon.
In jenem Frühjahr verabschiedete unser Oberster Sowjet ein neues Gesetz: Die Sowjetbürger mußten ihre Auslandspässe abermals umtauschen. Die neuen Pässe waren ebenfalls mit Hammer und Sichel geschmückt und trugen die Aufschrift »UdSSR« in der Mitte. Der einzige Unterschied bestand darin, daß man die Zif-

fernserie verändert und den Stempel eines anderen Ministeriums auf das Paßfoto gedrückt hatte. Welch eine Neuerung! Und welche Strapazen sie zur Folge hatte!

Schtschedrin und ich reichten unsere Unterlagen ein. Ein Monat verging, der zweite neigte sich seinem Ende zu, und wir hatten noch immer keine neuen Pässe.

Wieso nicht? Die offizielle Antwort: »Wir sind dabei, Sie zu überprüfen.« Plissezkaja wird zwei Monate lang überprüft, Schtschedrin wird zwei Monate lang überprüft. Haben sich unsere Umstände etwa geändert? Man verhöhnt und erniedrigt den Bürger. Nein, der Kommunismus ist keineswegs tot.

Das Gefühl der Bedrohung nimmt zu. Ob es in Rußland zu einem neuen Bürgerkrieg kommen wird? Der Tag unserer geplanten Reise nach Moskau nähert sich. Das Ticket ist bereits gekauft – für den 29. September. Und wenn der Tumult früher ausbricht? Dann ist es vorbei mit meinem Jubiläum. Und wenn er ausbricht, während ich in Moskau bin? Auch das wäre schlimm. Aber es hat keinen Zweck, sich Mutmaßungen hinzugeben: Ich fliege.

Ich betrete mein heimisches, aber mir inzwischen fremd gewordenes Bolschoi-Theater. Am 4. Januar 1990 habe ich hier meine letzte Vorstellung gegeben: »Die Möwe«. Danach, im März 1992, habe ich auf Wischnewskajas Gala den »Sterbenden Schwan« getanzt. Doch heute ist schon der 30. September 1993. Eine lange Zeit.

Über die Bühne hinweg – dort proben Angehörige der Oper – gehe ich zu meiner Garderobe – derselben Garderobe, die Valentina Lopuchina vor fünfzig Jahren für mich eingerichtet hat. Generationen von Ballerinen sind gekommen und gegangen. Das Ballett ist schnellebig. Nur ich habe mich noch gehalten ...

Die Proben und das Training beginnen. Zuerst nehme ich »Isadora« mit der Pianistin Natascha Gawrilowa durch. Sie erinnert sich an mein Tempo und spielt vortrefflich. Morgen werde ich mit den Kindern – nicht aus der Moskauer Ballettschule – proben. Mischa Krapiwin, der schon vor meiner Ankunft mit ihnen gearbeitet hat, nennt sie »die Zöglinge der Choreographischen Schule des Fonds zur Unterstützung der Ballettkunst«. Ich hatte nicht geahnt, daß es einen solchen Fonds in Moskau gibt. Die Kinder sind gewandt und rührend. Sogar Béjart wäre mit ihnen zufrieden.

Mischa Krapiwin – vor kurzem noch der glänzende erste Solotänzer am Stanislawski-Theater – hilft mir sehr bei der Realisierung meiner Pläne. Er hat nicht nur die Kinder vorbereitet, sondern auch die vier Solistinnen des »kollektiven Schwanes« trainiert. Auch die Solistinnen (Ryschowa, Popowa, Makarowa, Krapiwina) kommen vom Stanislawski-Theater. Ich möchte keine Anleihen beim Bolschoi-Ballett machen. Die Kränkung schmerzt immer noch. Vielleicht wird die Wunde irgendwann verheilen...

Wann sollen die Franzosen eintreffen? Etwas früher oder in letzter Minute? Neben dem Tanztheater von Rennes werden zwei erstklassige Paare von der Pariser Opéra erwartet. Langsam nimmt mein Abend Gestalt an.

Aber dann kommt der 2. Oktober. Am Morgen habe ich ausgiebig geprobt, es geht zügig voran. Doch am Abend werden im Fernsehen die abscheulichen Bilder einer Versammlung der Neobolschewiki auf dem Smolensker Platz gezeigt. Manche Teilnehmer halten Porträts von Stalins Physiognomie in den Händen. Die Liebhaber von »Gleichheit und Brüderlichkeit« haben die Ringstraße mit allem möglichen Krempel abgesperrt und den Plunder dann in Brand gesteckt. Die Flammen lodern. Die Rotbraunen werfen sich mit Eisenstangen auf die Miliz. Wahrscheinlich zum erstenmal in meinem Leben habe ich aufrichtiges Mitgefühl mit den Milizionären. Die Kameras fangen entmenschte Gesichter, Schläge, Blut, die Grimassen der Verwundeten ein. Hat das Chaos nun begonnen? Oder ist dies bereits das Ende der Unruhen?

3. Oktober. Am Morgen arbeite ich wieder im Bolschoi-Theater. Die Fortschritte sind gut. Doch gegen Abend kann ich meine Besorgnis nicht mehr unterdrücken. Die Milizbarrieren sind hinweggefegt worden. Eine brodelnde, entfesselte Menge besetzt das Rathaus und zieht dann nach Ostankino, zum Fernsehen. Die Sendung des ersten Programms wird mitten im Satz abgebrochen. Ob mich meine Vorahnungen nicht getrogen haben?

Was danach geschieht, ist weithin bekannt. Das Fernsehen ist heute der ideale Chronist. Durch die vielstündigen, brillanten Reportagen von CNN wurde die Welt über die kleinsten Einzelheiten des Putsches und über die blutigen Folgen unterrichtet. Was, wenn man die Eroberung von Kasan durch Iwan den Schrecklichen oder des türkischen Stützpunktes Ismail durch Suworow hätte filmen können? Wie wird die Welt in Zukunft unter dem durchdringenden Auge des Fernsehens leben?

Man führt eine Polizeistunde ein. Der Sturm auf Ostankino ist anscheinend abgewehrt worden. Eine schlaflose Nacht vor dem Fernseher. Auf der Straße sind Schüsse zu hören. Von dem Balkon unserer Wohnung im fünften Stockwerk ist in der Ferne Feuerschein zu erkennen. Menschenmengen bewegen sich direkt unter meinen Fenstern am Twerskoi-Boulevard entlang, um die Demokratie zu verteidigen. Ich höre das Trappeln von Schritten auf dem Asphalt des Fahrdamms.

Der quälende Morgen des nächsten Tages, der Morgen des Sturmes auf das Weiße Haus.

Nachdem ich mir im Fernsehen die Schlacht und die Verhaftung der Rädelsführer angeschaut habe, gehe ich zu Fuß ins Theater. Das Training ist heute gestrichen, aber ich kann nicht darauf verzichten.

Rodion ruft mich aus Stockholm an (er verhandelt mit der Königlichen Oper über die Aufführung seiner »Lolita«). Was wird aus meinem Jubiläum? Soll er nach Moskau kommen? Oder soll er nach München zurückkehren?

Ich habe keine Antwort. Niemand weiß etwas. Die Polizeistunde ist in Kraft.

Im Theater treffe ich niemanden an – keine Seele. Das Bolschoi wirkt wie ausgestorben. Ich bin die einzige, die heute übt. In meinen fünfzig Theaterjahren habe ich mich nie so verlassen gefühlt.

Am folgenden Tag sind die Straßen geräumt. Allmählich kehrt das Getümmel des Moskauer Alltags zurück. Dazwischen Milizpatrouillen mit Panzerwesten und Maschinenpistolen. Aufdringlicher Brandgeruch weht vom – ehemals – Weißen Haus herüber. Panische Berichte über Scharfschützen auf Hausdächern ...

Am späten Abend ein unerfreulicher Anruf von Pantschenkos Assistentin: Die Pariser Stars haben Angst, nach Moskau zu fliegen. Beim Ansturm der Rebellen auf Ostankino ist der Korrespondent einer französischen Zeitung getötet worden. Ich muß über einen Ersatz nachdenken und entscheide mich für den Moskauer Nachwuchs. Aber wenn nun die Truppe aus Rennes auch nicht kommt? Dann muß ich das gesamte Programm umbauen. Die Spanier sind bereits erschienen, als erste. Nur ein Sänger des Flamenco-Ensembles ist dem Pariser Beispiel gefolgt und zu Hause geblieben. Macht nichts, Joaquin Cortes wird trotzdem tanzen.

Katschiljanus Künstler sind, wie sich herausstellt, kühner als ihre Kollegen aus Paris. Sie werden bereits morgen in Moskau sein. Das heißt, die Moskauer werden »Die Irre von Chaillot« sehen. Wenn der Abend stattfindet ...

Schtschedrin fliegt aus Stockholm ein. Ich hole ihn kurz nach meiner ersten Probe mit Gigi in Scheremetjewo ab. Nun, da »Die Irre von Chaillot« mit Sicherheit auf dem Programm steht, wird die Vorstellung, die Pausen zwischen den Balletten eingerechnet, mehr als drei Stunden dauern. Hinzu kommen noch die Verbeugungen und der Beifall. Die Zuschauer werden es nicht schaffen, vor dem Beginn der Polizeistunde nach Hause zu fahren. Und wenn wir um achtzehn Uhr anfangen? Nur: Die Kartenbesitzer müssen irgendwie benachrichtigt werden.

Die endgültige Bestätigung, daß mein Jubiläum am 10. Oktober auf der Bühne des Bolschoi-Theaters gefeiert werden wird, erhalte ich einen Tag vorher.

Also am Zehnten um achtzehn Uhr.

Generalprobe.

Wir nehmen sämtliche Programmpunkte nacheinander durch. Das Orchester probt den Entr'acte zum dritten Akt von »Raymonda«. Ich selbst habe dieses Stück ausgewählt. »Raymonda« ist mein Ballett. Glasunows Musik ist feierlich und erhaben, und der Entr'acte klingt besinnlich aus. Die Aufmerksamkeit des Publikums verlagert sich ganz natürlich vom Orchester auf die Bühne.

Rostropowitsch erscheint. Er möchte als Geschenk für mich den »Sterbenden Schwan« spielen. Dazu ist er nach Moskau gekommen. Heute hört sich »Der sterbende Schwan« so an, wie Saint-Saëns es sich wünschte. Das Original ohne Zusätze: Violoncello und Klavier. Mstislaw hat dieses Stück seit langem nicht mehr gespielt, und ich spüre, daß er ein bißchen nervös ist. Doch er konzentriert sich. Ich tanze die Partie mit halber Kraft. Erstaunlich bequem. Wie ausdrucksvoll Saint-Saëns' Melodie unter dem Bogen des großen Musikers wird. Es könnte nicht besser sein!

Später, als das Orchester verstummt ist, höre ich leise Töne durch die angelehnte Tür des Übungssaales neben der Bühne: Rostropowitsch spielt Saint-Saëns immer wieder von neuem. Das ist der Unterschied zwischen einem Meister und einem Handwerker. Der Handwerker wäre längst verschwunden, doch der Meister ist selbst mit Vollkommenheit nicht zufrieden.

Später tanze ich »Isadora«. Von Anfang bis Ende, ohne mich zu schonen. Ich rezitiere Verse ihres Liebhabers Jessenin und überprüfe meine Atmung.

Nun machen wir uns an »Carmen-Suite«. Hier ist mehr Arbeit erforderlich. Arantxa Arguelles, die junge spanische Primaballerina, mit der mich eine starke Sympathie verbindet, wird heute abend die zweite Carmen sein. Arantxa mit ihrem wahrhaft spanischen Charakter hat keine Angst vor dem Putsch gehabt. Sie ist frühzeitig gekommen und hat sogar an den gefährlichen Tagen, in denen so viele Schüsse aus dem Hinterhalt abgegeben wurden, unerschrocken die ganze Stadt durchstreift.

Als ich über die Kurzfassung des Balletts nachdachte, war mir die Idee amüsant vorgekommen, und jetzt, auf der weiten Bühne des Bolschoi-Theaters, ist meine Phantasie vollends von allen Fesseln befreit. Zwei Carmen; zwei Don Josés, Barykin und Gediminas Taranda. Der unvermeidliche Sergei Radtschenko als Stierkämpfer. Wir lassen uns hinreißen, improvisieren, fügen Details hinzu, lassen das eine oder andere fallen. Es klappt wirklich! Welch eine Freude, mit Gleichgesinnten schöpferisch zu arbeiten ...

Mein Blick fällt auf die Uhr und das fragende Gesicht von Gigi Katschiljanu, der nicht weit entfernt in der Kulisse steht. Mein Gott, schon zwei Uhr. Wir haben »Die Irre von Chaillot« noch nicht durchgenommen. Und für 15.30 Uhr habe ich bereits den Dienstwagen des Theaters bestellt, der mich zur Vorstellung bringen soll. Soll ich vielleicht im Theater bleiben, um »Die Irre von Chaillot« zu proben? Soll ich nicht nach Hause fahren?

Nein, eine Pause tut not. Und ich möchte meinen kleinen Triumph auskosten, wenn ich zur Abendvorstellung am Theater eintreffe. Das ist für mich immer ein besonderer Genuß gewesen.

Außerdem muß ich meine Beine wenigstens eine Stunde lang ausruhen! Um ehrlich zu sein, kurz vor dem Abflug nach Moskau habe ich mir beim Training den Oberschenkelmuskel gezerrt. Unser wunderbarer bayerischer Arzt Rudolf Englert hat mir eine Spritze in die schmerzende Stelle gegeben. Mit Erfolg. Aber bei den Moskauer Proben und bei meinen Spaziergängen über die Barrikaden habe ich den Oberschenkel wieder belastet. Ich will den Leser nicht mit weiteren Geschichten über meine Verletzungen anöden. Aber wie kann man ihnen in fünfzig Bühnenjahren entgehen? Vorgestern hat mir der Moskauer Chirurg Jestifejew eine weitere Spritze verabreicht. Und heute werde ich den Oberschenkel zwanzig Minuten vor dem Entree mit Chloräthyl vereisen, um dem Schmerz vorzubeugen. Der Kolben mit Chloräthyl erwartet mich bereits auf dem Schminktisch in der Garderobe.

Man hat mich oft gefragt, wie mein Tagesablauf bis zum Abend der Vorstellung aussieht. Folgendermaßen: Generalprobe, eine Stunde Ruhe, Vereisung. Aber natürlich nicht immer. Keine Sorge. Nur einmal in fünfzig Jahren ...

Es wird Zeit. Das Auto wartet.

Im Theater merke ich plötzlich, daß ich mein weißes Trikot und die Schwanenfedern vergessen habe. Rasch zum Telefon. Die Sachen müssen mir nachgeschickt werden. Habe ich vielleicht sonst noch etwas vergessen?

Ich halte mich an die gleiche Routine wie seit fünfzig Jahren: Schminke, Frisur, Beintrikot, Obertrikot, Schuhe, Stulpen. Dann wärme ich mich auf.

Hoffentlich braucht wegen der Polizeistunde nichts gerafft zu werden. Es wäre schade, sich beeilen oder die Pausen kürzen zu müssen.

Dann wird mir ein weiteres Geschenk gemacht, diesmal vom Militär: Heute beginnt die Polizeistunde in Moskau erst um Mitternacht. Nun schaffen wir es. Die Zeit reicht sogar noch für ein Bankett nach der Vorstellung.

Es ist soweit. Ich stehe in der Kulisse auf der Männerseite. Die jubelnden Fanfarenstöße von »Raymonda« erfüllen das Theater. Hinter mir erhebt sich einer meiner kleinen Schwäne zum vierzigstenmal auf die Zehenspitzen, um sich vor dem Pas de bourrée zu lockern.

Seit flüchtigen fünfzig Jahren, seit langen, langen, langen fünfzig Jahren warte ich auf mein Entree in der hintersten Gasse am Ende der Kulissen.

Ob heute meine Sternstunde schlägt?

Moskau, den 26. November 1993

Personen- und Ortsregister

Abolimow 217
Abramowa, Anastassija (genannt: Tusja) 83, 94
Achmadulina, Bella Achatowna 390
Achmatowa, Anna Andrejewna 140, 491
Adam, Adolphe Charles 100
Adenauer, Konrad 193
Afanasjewski, N. N. 135
Agranow (Stellvertreter von GPU-Chef Jagoda) 249
Akmolinsk 62
Albéniz, Isaac Manuel Francisco 144
Alberti (Theaterdirektor) 293 f.
Albrecht, Angela 406
Alexander der Große (König) 42
Alexandrow, Andrei Michailowitsch 466
Alexandrow, Georgi Fjodorowitsch 196 ff.
Alfons XIII. (König) 349
Alicante 478
Alma-Ata 94
Almería 478
Almuñécar 478 f.
Alonso, Alberto 385-389, 462, 473
Altgausen (Geographielehrer) 52
Amiel, Josette 303
Ana, Hugo de 475
Anastasia (Zarentochter) 307
Anastasjew, Michail Nikolajewitsch 372 ff.
Anderique, José 480
Andersen, Hans Christian 456
Andropow, Juri Wladimirowitsch 92, 418, 493
Androwskaja (Tänzerin) 85
Anissimow, Alexander Iwanowitsch 195 f.
Anissimow, Georgi 177

Antiniani (Direktor des Opernhauses von Rom) 458 f., 467
Antonow, Alexander Innokentjewitsch 91
Apostolow 217
Apuchtin, Nikolai 123
Aragon, Louis 249, 252 ff., 303 ff., 313, 341, 400
Archangelskoje 224, 456
Archipowa, Irina Konstantinowna 423
Archipowka 243
Argueles, Arantxa 517
Armas, Manuel 476
Arsamas 247
Asarin, Asari 22 f.
Asarin, Mattani 22 f.
Asarjan (Trompeter) 246
Assafjew, Boris Wladimirowitsch 78
Atlas, Lena 510
Auric, Georges 302
Auschwitz 57 f.

Babadschanjan, Arno Arutjunowitsch 479
Babilée, Jean 304
Bach, Tatjana Jakowlewna 85
Baku 116
Balakschejew (Dirigent) 150
Balanchine, George 45, 160, 342, 375 f., 473
Balantschiwadse, Andrei Melitonowitsch 160
Balzac, Honoré de 427
Bandello, Matteo 474
Bank, Ljubow 83, 94
Barabasch (stellvertretender Kulturminister der UdSSR) 294
Barcelona 477
Bardot, Brigitte 405
Barentsburg 34, 36 f., 39 f., 47
Barron, John 274
Barsowa, Walerija Wladimirowna 148

Barykin, Viktor 444, 496, 517
Baryschnikow, Michail 335, 467, 481, 483 ff.
Baschow, Pawel Petrowitsch 487
Beethoven, Ludwig van 23, 47, 182, 408, 413, 505
Begak, Dmitri Jewgenewitsch 233, 241
Beibutow, Raschid 184, 189
Béjart, Maurice 305, 310, 314, 399, 403-414, 449, 462, 464-467, 473, 489, 492, 514
Belgorod 243
Belgrad 116, 428
Belli, Paola 458, 460
Belski, Igor Dmitrijewitsch 420
Berdyschew (Tänzer) 402
Bergman, Ingrid 305-308, 420
Berija, Lawrenti Pawlowitsch 91, 148, 191
Beriosova, Svetlana 332, 334, 461
Berjosny, Viktor 292 ff.
Berjosow, Nikolai 116, 461 f.
Berkowitsch (Tänzer) 52
Berlin 33 f., 47, 96, 116, 127, 129, 183
Bernstein, Leonard 282, 374, 471
Beskow (Fußballer) 115
Bespalow, N. N. 177, 183 ff., 198
Bilbao 481-484
Birobidschan 180
Bizet, Georges 382 f., 387 f., 452
Bjochowo 143
Blake, William 400, 402
Blok, Alexander Alexandrowitsch 49, 304, 320, 442, 444
Bobkow, Filipp Denissowitsch 411
Bobrow, Wsewold Michailowitsch 115

Bogart, Humphrey 283, 499
Bogatyrjow, Alexander 123, 441 f., 444, 496
Boguslawskaja, Alla 432
Bolotowa, Walja 57
Bom (Professor) 131
Bom, Tata 131
Bombay 187 ff.
Bonaventura, Mario di 502
Bondarenko, Fjodor Pimenowitsch 140
Boquier, Georges 341
Borissenko, Veronika 155 f.
Borowskaja (Sängerin) 96, 98
Boston 350 f., 370
Brahms, Johannes 307, 408
Breschnew, Leonid Iljitsch 21, 32, 133, 160, 316 f., 418, 429, 466
Brik, Lilja Jurjewna 21, 106, 144, 237 f., 248–256, 313, 390, 402
Brjansk 159, 225
Brjanzew, Alexander Alexandrowitsch 462
Brjuschkow, Juri 144, 184, 189
Brook, Peter 421
Brüssel 403 f., 406, 411–414, 449, 489, 508
Bryans, Rudy 400 ff.
Bucharin, Nikolai Iwanowitsch 54, 57, 313
Budapest 116, 127, 183
Buenos Aires 116, 135, 413, 498, 500
Bukarest 116
Bulganin, Nikolai Alexandrowitsch 201, 203, 208, 216, 218, 223
Burljuk, David 506
Burmeister, Wladimir Pawlowitsch 69, 116, 302
Butrowa 314
Buzkowa (Tänzerin) 496

Caballé, Montserrat 477 f.
Cabrera, Mabel 476
Callas, Maria 281
Campos (Theaterdirektor) 475
Canaris, Wilhelm 273
Cannes 274
Cardin, Pierre 37, 227, 229 ff., 314, 434 f., 448
Carena, Giancarlo 294
Carreras, José 461
Castro, Fidel 287, 386

Cervantes Saavedra, Miguel de 472
Chagall, Marc Sacharowitsch 249, 303, 320, 340, 342–348, 378, 445
Chagall, Valentina Grigorjewna (genannt: Wawa) 340, 343, 345, 347
Chanel, Coco 310–313
Chaplin, Charlie 238
Charkow 116, 159, 242
Chatschaturjan, Aram Iljitsch 114, 133, 140, 154, 177, 186, 233 f., 237, 318, 385, 454
Chauviré, Yvette 304
Cheister (Physiklehrer) 52
Chenkin (Tänzer) 85
Chicago 116, 349, 453, 501
Chikmet, Nasym 249
Chlebnikow, Welemir 249
Chochlowa 341
Cholschtschewnikowa, Maija 52, 56
Chomitsch (Fußballer) 115
Chomutow, Pjotr 465
Chopin, Frédéric 142, 144, 189, 408
Chraptschenko 198
Chruschtschow, Nikita Sergejewitsch 29 f., 32, 191, 193, 202 f., 208, 212 ff., 216, 218, 223 f., 226, 228, 250–254, 256, 276, 279, 316, 337, 384, 418, 429, 454
Cleveland 349
Cliburn, Van 127 f.
Cooper, Babetta 407 f., 414
Cooper, Gary 499
Corghi (Parlamentsabgeordneter) 459
Cortes, Joaquin 516
Cue, Ricardo 476 f.

Dachau 58
Dalí, Salvador 15, 308 f., 341, 478
Danilowa, Alexandra 347
Dante Alighieri 56
Dargomyschski, Alexander Sergejewitsch 37
Dastoli (Dirigent des Teatro Colón) 500
Daud Khan, Mohammed 120, 223
Dawydowa, Ljusja 375 f.
Dawydowa, Vera Alexandrowna 147, 155
Debussy, Claude 505

Defferre, Gaston 298, 401
Delhi 184 f., 187, 190
Delibes, Léo 18
Demitschew, Pjotr Nilowitsch 314, 326, 431 ff., 440 f., 470
Derewjanko, Wladimir 459
Detroit 116, 349, 489
Diaghilew, Serge Pawlowitsch 310, 349, 477
Diego, Emilio de 475
Diki, Alexei 23
Dmitri Pawlowitsch (Großfürst) 313
Dobrijević, Ljuba 404
Dobrynin, Anatoli Fjodorowitsch 350 f., 371
Dolin, Anton 347
Dolinskaja, Jewgenija Iwanowna 44 f., 48
Domaschewskaja (Tänzerin) 389
Domingo, Plácido 461
Donn, Jorge 409 f., 413 f.
Dserschinski, Felix Edmundowitsch 338
Dubinin, Juri Wladimirowitsch 483
Dubrovnik 403
Dudinskaja, Natalja Michailowna 180
Dunajewski, Isaak Ossipowitsch 59
Duncan, Isadora 249, 407 ff.
Dvořák, Antonín 240 f., 419

Edgley, Michael 464
Edison, Thomas Alva 212
Einstein, Albert 190
Eisenstadt 505
Eisenstein, Sergei Michailowitsch 120, 249
Ek, Mats 388
Elisabeth I. (Königin) 476
Engels, Friedrich 485
Englert, Rudolf 518

Fadejetschew, Nikolai Borissowitsch 122, 233, 280, 297, 302 f., 316, 332 ff., 388, 390, 432, 436
Faijer, Juri Fjodorowitsch 30, 99, 105, 108, 114, 141 f., 210, 233, 281, 346
Faijer, Miron 30
Fedjajewa, Musa 52, 69
Fedorenko, Nikolai Trofimowitsch 374
Fedotow (dramatischer Tenor) 97

521

Fedotow, Rudik 98
Feldman, Walja 181
Fernandez, Antonio 476
Figueras 15, 478
Fitzgerald, Ella 282
Flijer, Jakow Wladimirowitsch 454
Florenz 137, 292 f.
Fokine, Michail Michailowitsch 86, 379, 461, 473
Fonda, Henry 283
Fonteyn, Margot 332 f., 335
Foster, Frank 136
Franco, Ricardo 476
Freud, Sigmund 239
Frunse, Michail Wassiljewitsch 42
Furzewa, Jekaterina Alexejewna 92, 217 ff., 221 f., 244, 326, 341, 386, 390 bis 397, 422, 425–428, 430 f., 440, 497

Gable, Clark 283
Gabowitsch, Michail Markowitsch 83, 103, 160, 177, 184
Gabowitsch, Michail Michailowitsch 138
Gajewski (Kritiker) 490
Galezkaja, Tina 106
Gandhi, Indira 120, 186
Gandhi, Rajiv 186
Garbo, Greta 73
Garrido (stellvertretender spanischer Kulturminister) 473, 475
Gauk, Alexander Wassiljewitsch 49, 51, 114
Gawrilow, Andrei 469
Gawrilowa, Natascha 414, 513
Gelzer, Jekaterina Wassiljewna 85, 90, 93, 142, 280
Gerdt, Jelisaweta Pawlowna 48–52, 69, 80, 89, 93, 111, 114, 118, 376
Gerdt, Pawel Andrejewitsch 49
Gerhardsen, Einar 200
Getling, Pawel 52
Gilels, Emil Grigorjewitsch 98, 127, 385, 454
Giraudoux, Jean 501
Glasunow, Alexander Konstantinowitsch 49, 111, 461, 516
Glinka, Michail Iwanowitsch 84

Gluck, Christoph Willibald 85 f., 231
Godard, Benjamin 89
Godunow, Alexander 122, 325 f., 402, 432, 438 f.
Gofman, Juri 123, 184
Gogh, Vincent van 179
Gogol, Nikolai Wassiljewitsch 14, 203, 413
Goleisowski, Kasjan Jaroslawowitsch 72 f., 142 ff., 205, 238, 327, 472, 491
Goleisowski, Vera Wassiljewa 72 f.
Golizyna (Modeschöpferin) 463
Goljachowski (Chirurg) 138
Golowanow, Nikolai Semjonowitsch 141, 152, 154–157, 385
Golowin (stellvertretender Goskonzert-Direktor) 291
Golowina, Irina Michailowna 150
Golowizer, Waleri 223
Golowkina, Sofja Nikolajewna 83, 92, 141, 426 f., 493 ff., 497
Golubin, Wjatscheslaw 69, 71, 84 f., 122, 125, 130
Gomel 28 f.
Gontar, Viktor Petrowitsch 212 ff.
Gorbatschow, Michail Sergejewitsch 93, 418, 484, 493 ff., 498, 503 f., 506
Gorbatschowa, Raissa Maximowna 93, 494 f., 497, 506
Gorki 248
Gorki, Maxim 250
Gorski, Alexander Alexejewitsch 84, 117, 319, 490, 492
Göteborg 444
Gotowizki (Masseur) 138
Gounod, Charles 73, 486
Goya y Lucientes, Francisco José de 334
Graham, Martha 347, 481 f., 484 f.
Granada 478
Granero, José 474–477
Granio, Denys 402
Greco, El 478
Grigorowitsch, Juri Nikolajewitsch 487 f., 490–497
Gromyko, Andrei Andrejewitsch 92

Grumant-City 36
Gussew, Pjotr Alexandrowitsch 91, 111 ff.
Gussew, Pjotr Andrejewitsch 97, 99, 201 f., 206, 232
Gussewa, Tanja 97

Haile Selassi I. (Kaiser) 120
Hatoyama, Ichiro 223
Haydn, Joseph 505
Hayter, William 206
Helsinki 116, 295 ff.
Hepburn, Audrey 283
Hitler, Adolf 310
Hollywood 67 f., 97, 124, 142, 159, 233, 283
Hurok, Sol 251, 278, 283, 288, 291, 318, 345 f., 348, 371, 374, 377

Ibárruri Gómez, Dolores (genannt: La Pasionaria) 203
Ignatjew, Alexander 155
Iljuschtschenko, Jelena Michailowna 106 f., 153, 281, 376, 451
Ismail 515
Iwan (Zarewitsch) 347
Iwan IV. Wassiljewitsch, der Schreckliche 515
Iwanow, Georgi Alexandrowitsch 411, 413, 440, 459 f., 463–470, 490, 492
Iwanow, Lew Iwanowitsch 117
Iwanowna, Artemija (genannt: Atotschka) 56

Jagoda, Genrich Georgijewitsch 249
Jakir, Iona Emmanuilowitsch 57
Jakobson, Irina 322, 326 f.
Jakobson, Leonid Wenjaminowitsch 46, 69, 72 f., 133, 180, 194, 316–328, 390, 424, 491
Jakobson, Nikolai 328
Jakowlew, Alexander Sergejewitsch 142, 181
Janschin (Tänzer) 85
Janson-Maniser, Jelena Alexandrowna 345
Jarullin (Komponist) 194
Jasnaja Poljana 426
Jeanmaire, Zizi 400
Jefimow, Boris Jefimowitsch 292 ff., 402, 445 ff., 449 f.

522

Jelabuga 179
Jelzin, Boris Nikolajewitsch 418, 456, 504
Jerewan 116, 158
Jermolajew, Alexei Nikolajewitsch 83, 112 ff., 194
Jermolowa, Maria 25
Jerschow, Pjotr Pawlowitsch 34
Jeschow, Nikolai 63, 220
Jeserskaja, Era 32, 206, 324
Jeserski, Mark 31
Jessenin, Sergei Alexandrowitsch 317, 408, 413, 444, 517
Jestifejew (Moskauer Chirurg) 518
Jewdokimow, Gleb 72
Jewtuschenko, Jewgeni Alexandrowitsch 455
Juan Carlos I. (König) 43
Jurtschenko (Klavierlehrerin) 72
Juskewitsch, Igor 347
Jutkewitsch, Sergei Issifowitsch 107

Kafka, Franz 121
Kaftanow 198
Kaganowitsch, Lasar Moissejewitsch 56, 199
Kairo 116
Kálmán, Emmerich 78
Kaluga 159
Kamenew, Lew Borissowitsch 313
Kapu, Raji 185
Kapustina, Nadja 58
Kapustjanski, G. 115
Karamsin, Nikolai Michailowitsch 297
Karatschi 184, 190
Karelskaja (Tänzerin) 207
Karmen, Roman 98
Karsawina, Tamara Platonowna 49
Kasan 116, 515
Kassatkina, Natalija Dmitrijewna 388 f., 420
Katajew, Valentin Petrowitsch 98
Katanjan, Wassili Abragowitsch 106, 248 f., 251 bis 255, 390
Katharina die Große (Zarin) 90
Katja (siehe: Schamkowa, Jekaterina Alexejewna)
Katschalow 85
Katschiljanu, Gigi 511, 516, 518

Kawersnewa (Violinistin) 184
Kekkonen, Urho Kaleva 193
Kelly, Gene 282
Kennedy, Caroline 351 f.
Kennedy, Edward M. 371
Kennedy, Ethel 376 f.
Kennedy, Jacqueline 307, 351 f., 369, 372, 374 ff., 418, 435
Kennedy, John F. 29, 284, 307, 352, 372, 377, 380
Kennedy, Robert F. 350 f., 369–381
Kiew 19, 68, 116, 123, 125, 159, 212, 310, 316
Kirilenko, Andrei Pawlowitsch 287
Kirow, Sergei Mironowitsch 30, 39
Kirsanow, Semjon Isaakowitsch 98
Kischinjow 322
Klemperer, Otto 49
Knipper, Lew Konstantinowitsch 45
Knipper(-Tschechowa), Olga Leonardowna 446
Kochanowskaja (Tänzerin) 389
Kodály, Zoltán 389
Kogan, Leonid Borissowitsch 224 f., 454
Köln 116
Kolomenskoje 456
Kolpakowa, Irina Alexandrowna 462 f., 466 f., 470
Kondraschin, Kirill Petrowitsch 98
Kondraschow (Goskonzert-Direktor) 294
Kondratjewa, Marina Viktorowna 432
Kondratow, Juri Grigorjewitsch 83 f., 91, 122, 125, 153, 194–197
Konowalow (Regieassistent) 88
Koren, Sergei Gawrilowitsch 156
Korjus, Miliza 67 f.
Korotitsch, Witali 468
Korowin, Konstantin Alexejewitsch 49
Kortschagin, M. 467 f.
Koschuba, Valentina 349, 378
Koselkischkes 506
Koslowski, Albert 85, 147

Kossiorow 57
Kossygin, Alexei Nikolajewitsch 92, 397
Kowaljowa, Serafina Jakowlewna 108
Kowrow 225, 231
Kowtun, Waleri 123, 136, 402
Kraft, Robert 10
Krapiwin, Mischa 513 f.
Krapiwina (Tänzerin) 514
Krasnogorowa, Schura 223, 434
Kriger, Viktorina Wladimirowna 83, 93 f.
Krymowa, Natalija 443
Kucharski, Wassili Feodosjewitsch 198, 426, 429 ff.
Kudrjawzew, Nikolai Fjodorowitsch 393, 395 f.
Kuibyschew 27, 78, 83, 383
Kuprin, Alexander Iwanowitsch 49, 78
Kursk 51
Kusma (Hauswart) 15, 107
Kusnezow, Boris 75, 97
Kusnezowa, Nelja 71 f.
Kuwatli, Schukri al-K. 226
Kyoto 443

Lagunow (Tänzer) 496
Lancaster/Ohio 502 f.
Lapauri, Alexander Alexandrowitsch 144
Lasarew, Alexander 449 f.
Laskin (Satiriker) 98
Lausanne 489
Lawrenjuk, Alexander Alexandrowitsch 297, 388
Lawrowski, Leonid Michailowitsch 73, 94, 100, 102 f., 105, 111 f., 114, 118, 120, 122, 140, 148, 155 f., 160, 195 f., 201, 210, 232, 486 ff., 492
Le Corbusier (d. i. Charles-Edouard Jeanneret) 344
Lebedew, Viktor Dmitrijewitsch 144 ff.
Lebedew, Wladimir 177, 253, 256
Legat, Tatjana 450
Léger, Fernand 249, 341, 344
Léger, Nadja (geb. Nadeschda Chodassewitsch) 228 f., 297 f., 340–344
Legnani, Pierina 50
Leljuchin, Boris 435
Lemeschew (Tänzer) 85

523

Lemeschew, Sergei 142, 192
Lenin, Wladimir Iljitsch 22, 33, 42, 211, 218, 291, 308, 384 ff., 391, 456, 485, 492
Leningrad 31 f., 39, 49 f., 78, 80, 86, 94, 96, 100 bis 103, 107, 111 f., 116, 123, 125, 143, 154, 159, 178, 206, 230, 232, 237, 297, 318, 321-325, 327, 420, 424, 487 f., 507, 510
Leonow, Leonid Maximowitsch 98
Leontjewa, Maria Michailowna 80 f.
Lepeschinskaja, Olga Wassiljewna 83 f., 91, 106, 120, 125, 148, 150, 157
Leskow, Nikolai Semjonowitsch 62, 225, 289
Lewaschow, Wladimir 46, 71, 194
Lewental, Waleri 421, 428, 435, 440, 442, 444, 450
Lewitan, Juri Borissowitsch 81, 181
Lewitin, Grigori 203 f., 209
Lewizki, Ilja 31
Liepa, Maris-Rudolf Eduardowitsch 123, 425, 432, 436, 496
Lifar, Sergei Michailowitsch (genannt: Serge) 305, 309-312, 342, 399, 462
Lima 116
Lissabon 501
Liszt, Franz 110, 408
Ljadow, Anatoli Konstantinowitsch 144
Ljubimow, Juri Petrowitsch 457
Logwina, Vera 52
London 116, 205, 207 ff., 211, 213, 215 f., 223, 225, 227, 291, 310, 330, 332, 335 f., 344, 397, 461, 504
Lope de Vega (d. i. Lope Félix de Vega Carpio) 202, 472
López, Julio 499
Lopuchina, Valentina 79, 88 f., 104, 513
Lopuchow, Fjodor Wassiljewitsch 92
Los Angeles 67, 116, 282, 349, 379, 504, 510
Lothar (Dolmetscherin) 305 ff., 310
Lowski, Wojtek 402
Ludwig XIV. (König) 492

Lunkow (Botschafter der UdSSR in Italien) 459
Lutschkow, Wladimir Iwanowitsch 135, 137
Lwow-Anochin 421 ff.

Maazel, Lorin 453
MacLaine, Shirley 503
Madatow (Violinist) 98
Madrid 12, 202, 318, 349, 378, 467, 473 f., 476, 481-485
Magadan 58
Mahler, Gustav 401
Mailand 116, 280
Majakowski, Wladimir Wladimirowitsch 248 ff., 255, 305, 320, 323, 400, 402, 421, 444, 492
Makarowa (Tänzerin) 514
Maksakowa 85
Málaga 478, 480
Malenkow, Georgi Maximilianowitsch 199
Malinowska, Barbara 402
Malraux, André 342
Malyschew (Tänzer) 52
Mao Tse-tung 120 f., 151
Maria Stuart (Königin) 474 ff.
Marie-Antoinette (Königin) 313
Markova, Alicia 347
Markowski, John 123, 323
Marseille 295, 298, 400 f.
Marshall, George 120
Martin, John 276, 346
Marx, Karl 33, 218, 485
Maslennikowa, Leokadija 184, 186
Maximowa, Jekaterina Sergejewna 24, 135, 294
Mazesta 242, 244, 246
Melbourne 116, 135
Mendelssohn Bartholdy, Felix 344, 348
Mendez (Regisseur) 473
Menschowa, Lida 52
Menuhin, Yehudi 344, 481
Mérimée, Prosper 382, 395
Messerer, Aminadaw 22, 27
Messerer, Asari (siehe: Asarin, Asari)
Messerer, Assaf Michailowitsch 12, 22, 24, 26 f., 47, 62, 67, 73, 75, 83 f., 89, 376
Messerer, Boris 67, 388
Messerer, Elischewa (ge-

nannt: Jelisaweta oder Elia) 22, 25, 104
Messerer, Emanuil 22, 26 f.
Messerer, Erella 22, 27
Messerer, Mattani (siehe: Asarin, Mattani)
Messerer, Michail Borissowitsch 14 f., 21, 27
Messerer, Pnina 22
Messerer, Rachil (siehe: Plissezkaja, Rachil)
Messerer, Sulamith Michailowna (genannt: Mita) 22, 24 ff., 41, 47, 57, 59 f., 62 f., 67, 75 f., 78, 80, 83, 97, 203, 228
Mexiko-Stadt 116
Meyerbeer, Giacomo 78
Meyerhold, Wsewolod Emiljewitsch 22, 39, 249, 421
Michael (Erzengel) 370
Michailow 147, 186, 189
Michailow, Maxim Dormidontowitsch 155, 184
Michailow, Nikolai Alexandrowitsch 197 f., 207-212, 214, 218, 240, 251
Michailowna, Raissa Timofejewna 211 f., 214
Michelangelo 346
Mikojan, Anastas Iwanowitsch 42, 202 f., 208, 372
Miladinović, Dušan 428
Mille, Agnes de 347
Minsk 116, 159
Mirkin (Theaterkürschner) 228
Mitschurin, Iwan Wladimirowitsch 159
Mitterrand, François 314, 399
Mjagkow, Boris 444
Mjaskowski, Nikolai Jakowlewitsch 177
Mjunster, German 52
Mladsinskaja, Nina 78
Moissejew, Igor Alexandrowitsch 133, 205, 224, 232 ff., 236 f., 317, 492
Moissejewa, Olga 184
Mollet, Guy 203
Molotow, Wjatscheslaw Michailowitsch 199 f., 208
Monachow, A. (Repetitor) 86, 88
Monroe, Marilyn 377
Monte Carlo 377, 387
Montreal 116

Mordkin, Michail Michailowitsch 13
Morgan, John 205f., 208f.
Moskau 10, 13f., 16, 18, 21, 23, 26f., 30, 34, 40f., 43f., 47ff., 51f., 56, 59, 61, 63-68, 70ff., 75f., 79, 81, 84f., 87, 92, 94ff., 100ff., 106, 109, 116, 119f., 122, 125-128, 130, 133, 136ff., 142f., 147f., 154, 156, 158f., 179, 184f., 190f., 193, 195f., 200, 205, 207, 209f., 212, 214-217, 219, 221f., 225ff., 229f., 232, 236f., 239, 241f., 244ff., 249, 251f., 256, 277, 279, 282, 284f., 288, 291, 293-296, 300, 302f., 306, 310, 313f., 316, 320f., 324ff., 330, 334ff., 345, 350, 352, 372, 378, 385, 387, 390, 392, 396f., 400, 403, 407, 409, 411-414, 417-420, 423, 426, 436, 442f., 446, 454, 456, 458, 460, 464f., 470f., 473f., 483, 487, 489f., 493, 497f., 501, 504-507, 510-519
Moskwin, Iwan 85, 109
Moszkowski, Moritz 91
Mozart, Wolfgang Amadeus 319
München 116, 498, 500f., 503-507, 510, 515
Muradelli, Wano Iljitsch 177
Murcia 478
Murmansk 48, 421
Muromzew, Juri Wladimirowitsch 422, 424, 426, 428f., 432f., 435
Mussorgski, Modest Petrowitsch 157, 250
Mzensk 242

Nabokov, Vladimir 506
Napoleon I. (Kaiser) 15, 42
Nardelli, Pietro 464
Nargis (Filmschauspielerin) 185
Nasser, Gamal Abd el-N. 120
Nehru, Jawaharlal 120, 186f.
Nemirowitsch, Wladimir Iwanowitsch 22, 422
Nerja 55, 380, 480f.
Neruda, Pablo 249
Neschdanowa, Antonina Wassiljewna 141f., 154, 157
Nesterowa (Tänzerin) 496
Nestratowa, Nina 436
New Smyrna Beach 503
New York 29, 32, 43, 116, 276, 278f., 281, 283f., 291, 309, 321, 331, 333, 342, 345, 347, 349, 372, 374f., 377f., 481, 485, 492, 501, 504
Newton, Sir Isaak 105
Nichols, Mike 374
Nifold, Sam 492
Nijinska, Bronislawa Fominitschna 462
Nijinsky, Waslaw Fomitsch 93, 110, 462
Nikitina 318
Nikolaus II. (Zar) 313, 338
Nikulin (Lektor) 490
Nischni Nowgorod 247
Norzow (Tänzer) 85
Nossowa, Nelja 223
Nowikow, Anatoli 126
Noworossisk 242f.
Nowotscherkassk 337
Nurejew, Rudolf 154, 330 bis 335, 461, 481, 483ff.
Nurik, Boris Alexejewitsch 52
Nürnberg 101

Odessa 116, 472
Oistrach, David Fjodorowitsch 291f., 385, 454
Orjol 159
Orlow, Wladimir 144
Orlowa, Ljusja 144
Osaka 116, 501
Oslo 34
Ossipenko, Alla Jewgenjewna 323
Oviedo 478

Pachomow, Wassili Iwanowitsch 211
Padutschew (Ingenieur) 76
Paganini, Niccolò 110
Pahlewi, Mohammed Resa (Schah) 120
Panteleimonowna, Ljubow 386, 391f., 396
Pantschenko, Wladimir Wsewolodowitsch 510ff., 516
Paperny, S. 443
Parilla, Margarita 461f.
Paris 10, 30, 101, 116, 135, 143, 198, 228f., 240f., 253, 302f., 305f., 309f., 313 bis

316, 330, 341f., 345, 399-402, 413, 434, 448, 479, 501f., 510f., 514, 516
Parlić, Dimitrije 428
Pasternak, Boris Leonidowitsch 249, 380
Pavarotti, Luciano 461
Pawlow, Pawel Andrejewitsch 50
Pawlowa, Anna Pawlowna 13, 41, 73, 93, 110, 179, 340, 346f., 493f.
Pearson, Lester Bowles 199f., 202
Peck, Gregory 282
Peck, Veronica 282
Peking 116
Penkowski, Oleg 251
Perelada 477
Perm 87
Perper, Edward 283f.
Perrot, Jules 490
Perwuchin, Michail Georgijewitsch 199f., 223
Petipa, Marius 117, 119, 280, 490
Petit, Roland 16, 295, 304f., 310, 399-403
Petrow, Nikolai 380, 453
Philadelphia 116, 349
Philipe, Gérard 237
Piazzola, Astor 499f.
Picasso, Pablo 303, 341, 479, 505
Pickford, Mary 283
Pilichina, Margarita 438
Pineau, Christian 203
Pisa 92
Pitowranow, Jewgeni Petrowitsch 256, 273ff., 337, 411
Pitowranowa, Jelisaweta Wassiljewna 273
Pitschugin (Kulturattaché der sowjet. Botschaft in Spanien) 481, 483f.
Pittsburgh 116
Pjatakow, Georgi (Juri) Leonidowitsch 57
Pjatigorsk 137
Plesent, Emanuel 29, 32
Plesent, Lester 29f., 32, 276, 283
Plesent, Stanley 29, 32, 283f.
Plissezkaja, Anna Alexandrowna 422
Plissezkaja, Jelisaweta (genannt: Lisa) 31f.
Plissezkaja, Maria (genannt: Manja) 31
Plissezkaja, Rachil 22ff.

525

Plissezki, Alexander 26, 33, 52, 67, 75, 206, 297, 422
Plissezki, Michail E. 40, 283
Plissezki, Wladimir 31
Plutschek, Valentin 421
Poddubny, Iwan 131
Podgorezkaja, Ljubow 83
Pogrebow, Boris 106
Pokarschewski 349, 351 f., 371
Polech (Waldhornist) 207
Polikarpow, Dmitri Alexejewitsch 221 f.
Poljakow, Jewgeni 293
Pompeji 466
Ponomarenko, Panteleimon Kondratowitsch 183, 196
Popow, Wladimir Iwanowitsch 393 ff., 397
Popowa (Tänzerin) 514
Poulenc, Francis 462
Prag 116, 124 f., 127, 183, 240, 246, 467
Preobraschenski, Wladimir Alexejewitsch 118, 121 f., 194, 318
Primakow, Witali 249
Prochorowa-Elvin, Violetta 71 f., 205
Prokofjew, Sergei Sergejewitsch 94, 102, 105 f., 114, 140, 177, 193 f., 385, 486, 491
Pronin, Jura 223
Pruschinskaja, Galja 52, 56
Puccini, Giacomo 434, 477
Puschkin, Alexander Sergejewitsch 37, 98, 207, 310 f., 338, 423, 456

Rachmaninow, Sergei Wassiljewitsch 49, 69, 85 f.
Radlow, Sergei 486
Radtschenko, Sergei 296 bis 299, 388, 390, 398, 496, 517
Radunski, Alexander 238 f.
Raisinger, Julius 116
Ravel, Maurice 69, 404 ff., 466, 477
Reichmann (NKWD-General) 91
Reinhardt, Django 501 f.
Rekunkow (Staatsanwalt der UdSSR) 93
Rennes 438, 511, 514, 516
Ribbentrop, Joachim von 100 f.
Richter, Swatoslaw Teofilowitsch 224, 385

Riga 116, 159, 222, 407
Rimski-Korsakow, Nikolai Andrejewitsch 58, 155, 434
Rio de Janeiro 413
Rjasan 159, 225
Robbins, Jerome 128, 347, 374, 399
Rochlin (Schachspieler) 79
Rodin, Auguste 377
Rodtschenko, Alexander Michailowitsch 400
Rogoschan (Detektiv) 40
Rogoschin (Detektiv) 40
Rom 116, 184 f., 190, 282, 318, 458 ff., 467, 470
Romanowski, Sergei Kalistratowitsch 483
Roosevelt, Franklin Delano 84, 88
Roschdestwenski, Gennadi Nikolajewitsch 389
Rostow 242 f., 328
Rostropowitsch, Mstislaw Leopoldowitsch 125, 380, 383 ff., 453, 481, 517
Rubens, Peter Paul 196
Rubinstein, Arthur 282
Rubinstein, Ida Lwowna 404
Rubio, Victor 475
Rudenko, Alexander 83, 89, 111, 113 f., 130
Rykow, Alexei Iwanowitsch 57
Ryschenko (Tänzerin) 389, 421, 428
Ryschkow, Nikolai Iwanowitsch 92
Ryschowa (Tänzerin) 514

Sacharow (Kulturminister) 492 f.
Sacharow, Andrei Dmitrijewitsch 383, 456
Sacharow, Rostislaw Wladimirowitsch 105, 129, 141, 198, 492
Sadoul, Georges 237
Sagorjanka (Siedlung bei Moskau) 30
Sagorsk 456
Saint Denis, Ruth 481
Saint Laurent, Yves 401 f.
Saint-Paul-de-Vence 340, 345
Saint-Saëns, Camille 346, 379, 412, 478, 517
Saizewa, Irina 424
Saizewa, Njura 322

Saltykow-Schtschedrin, Michail Jewgrafowitsch 124
Samara (siehe: Kuibyschew)
Samoilowa, Tanja 420
San Francisco 116, 283, 349
San Sebastián 478
Sankt Petersburg (siehe: Leningrad)
Santander 478
São Paulo 413
Sarchi (Regisseur) 420
Sarelli, Jean 462
Sawadski, Juri 25, 94
Schaburowa, Nelli 52
Schaljapin, Fjodor Iwanowitsch 110, 346
Schamkowa, Jekaterina Alexejewna (genannt: Katja) 96, 246 ff., 255, 285, 296, 372, 429
Schamschewa, Maria Nikolajewna 318 f.
Schaporin, Juri Alexandrowitsch 191
Schaposchnikowa (Ballerina am Marien-Theater) 49
Scharow (Tänzer) 85
Schaschkin, Sergei Wladimirowitsch 111 f., 114, 122, 147, 152, 181, 184, 196
Schaulen 495
Schauro, Wassili Filimonowitsch 198, 221
Schdanow, Andrei Alexandrowitsch 155
Schdanow, Juri 177
Schdanow, Leonid 123
Schechtel, Fjodor (Franz) Ossipowitsch 53
Schelepin, Alexander Nikolajewitsch 32, 251 f., 254 ff., 273–276
Schelest, Alla Jakowlewna 178 ff.
Schemtschugowa, Praskowja Iwanowna 90
Schepilow, Dmitri Trofimowitsch 199, 208, 216
Schlichting, Jekaterina 69
Schmidt, Gordon 501
Schmidt, Otto Juljewitsch 33
Schönberg, Arnold 344
Schostakowitsch, Dmitri Dmitrijewitsch 27, 51 f., 106, 140, 154, 177, 250, 382, 385, 387, 390, 392, 396, 420, 454 f., 491, 507

Schostakowitsch, Irina Antonowna 383
Schtschedrin, Konstantin Michailowitsch 142, 246, 383
Schtschedrin, Rodion Konstantinowitsch 21, 23, 35, 51, 106, 135, 142 ff., 156, 224 f., 237 ff., 241-248, 251-256, 276 f., 282, 285, 296, 298, 316, 323, 326 f., 329 f., 335 ff., 340 f., 343 ff., 371, 380, 382 f., 387-391, 395 ff., 407, 411, 416 f., 420, 422-426, 428, 430, 433 ff., 441, 444, 450-457, 479 f., 484 f., 498, 501 ff., 505 bis 508, 513, 515 f.
Schtschedrin, Viktor Michailowitsch 383
Schtschenkow (Violoncellist) 410 f.
Schtschepkin, Michail Semjonowitsch 95
Schtscherbakow (Mitarbeiter der Staatssicherheit) 184-189, 203
Schtschussew, Alexei Viktorowitsch 53
Schubert, Franz 179, 408
Schukow, Georgi Konstantinowitsch 191, 438
Schukowka 51, 383
Schulschenko, Klawdija 31
Schum, Nikita Grigorjewitsch 131 ff.
Schwatschkin, Ljona 45, 72
Seattle 116
Sedych, Natascha 432
Seliwanow, Sergei 473
Sembino 340, 342
Semitschastny (Fußballer) 115
Semjonow, Semjon 377
Semjonow, Viktor Alexandrowitsch 43 f.
Semjonowa, Marina Timofejewna 43, 83, 87, 90, 100, 106, 130, 141, 246, 179, 376
Semjonowitsch, Alexander (Fliegergeneral) 109
Sergejew, Konstantin Michailowitsch 100, 123, 180
Serow, Iwan Alexandrowitsch 210, 212 ff., 219 ff., 224 f., 236, 251, 253, 337
Serpuchow 159
Sevilla 478
Shakespeare, William 102, 474 f.

Sidorow, Iwan Awerjanowitsch 419
Sifnis, Duška 403
Sihanouk, Norodom 120
Silotti, Alexander Iljitsch 49
Simatschow, Nikolai 208
Simjanin, Michail Wassiljewitsch 198, 465 f.
Simonow, Juri Iwanowitsch 428
Simonow, Konstantin Michailowitsch 456
Sinatra, Frank 283
Sinowjew, Grigori Jewsejewitsch 56
Skibine, George 342
Skrjabin, Alexander Nikolajewitsch 144, 408
Smirnow (Assistent von M. Plissezkaja) 435
Smirnow-Golawanow (Tänzer) 421
Smolensk 159
Snigiri 385, 396
Sobolew, Jura 52
Sobtschak, Anatoli Alexandrowitsch 510 f.
Sofia 116
Sokolow, Sascha 219, 425
Solikamsk 23
Solodownikow, Alexander Wassiljewitsch 139-142, 152, 177, 198
Solotoi (Buchhalter) 48
Solschenizyn, Alexander Issajewitsch 328, 383 f.
Somer 335
Sonina, Ida 52
Sonja (Sekretärin von M. Béjart) 412
Sorokina, Nina Iwanowna 432
Sortawala 241, 246
Soschtschenko, Michail Michailowitsch 140, 491
Sotschi 242, 244
Spessiwzewa, Olga Alexandrowna 43, 179, 309 f., 493
Spitzbergen 33, 36, 39 ff., 47 f., 77, 185
Stachanow, Alexei Grigorjewitsch 41
Stalin, Jakow Jossifowitsch 42
Stalin, Jossif Wissarionowitsch 18, 23 f., 30 f., 33, 39-42, 49, 53 f., 56 f., 61, 65, 68, 94, 108 f., 120 f., 124, 126, 131, 143, 145 f.,

148-155, 158 ff., 178, 180 bis 183, 185, 188, 191 ff., 197, 203, 213, 220 ff., 249 f., 273, 278, 299, 383 ff., 394, 418, 429, 440, 454, 457, 485 f., 488, 490, 495, 514
Stalin, Wassili Jossifowitsch 42
Stanislawski, Konstantin Sergejewitsch 22, 422
Stawski, Wladimir Petrowitsch 491
Steinbeck, John 282
Stepanow, Wladimir Timofejewitsch 211, 213 f.
Stern, Isaac 346
Stockholm 515 f.
Stoljarow (Mitarbeiter der Staatssicherheit) 184 f., 189
Straschenkowa, Irina 390
Strauß, Johann 67, 205
Strawinski, Igor Fjodorowitsch 10, 253, 462, 510
Strojewa, Vera Pawlowna 250 f.
Strutschkowa, Raissa Stepanowna 196 f.
Subkowskaja, Inna Borissowna 71
Sudakewitsch, Anel 26, 67
Sukarno, Ahmad 210
Sumac, Yma 283
Suworow, Alexander Wassiljewitsch 515
Swerdlow, Jakow Michailowitsch 284
Swerdlowsk 76-81, 185
Swjagina, Susanna 120
Sydney 116, 464

Taglioni, Marie 154
Takada, Tokishi 501
Tallin 159
Tambow 225
Tamerlan 42
Taranda, Gediminas 517
Tarassowa, Alla Konstantinowna 30, 109
Taschkent 116, 125
Taylor, Robert 97
Tbilissi 116, 125, 127, 146, 236, 239
Tena, Lucera 479
Terry, Walter 281
Thorez, Maurice 203, 303
Tichomirnowa, Irina 83, 198
Tichomirow, Wassili Dimitrijewitsch 492

527

Tichonow, Nikolai Alexandrowitsch 92, 141
Tichonow, Wladimir Petrowitsch 123, 347, 432
Tino, Hans 476
Tino, Raul 476
Tito, Josip 120
Togliatti, Palmiro 203
Tokio 51, 116, 413, 501
Toledo 478
Tolstaja, Alexandra Lwowna 503
Tolstaja, Vera Iljinitschina 503
Tolstoi, Alexei Nikolajewitsch 155, 250
Tolstoi, Lew Nikolajewitsch 229, 256, 307, 413, 419 f., 422 ff., 426, 503
Tomaso, André 403
Ton, Konstantin Andrejewitsch 53
Toronto 116
Trakai 484
Triolet, Elsa 249, 252 ff., 303 ff., 307, 313, 341, 400
Trotzki, Lew Dawidowitsch 39
Trubtschikow, Ljowa 137
Tschabukiani, Wachtang Michailowitsch 97, 116, 146, 202, 236, 385
Tschaikowski, Pjotr Iljitsch 45, 66, 70, 72 f., 89, 116, 119, 122, 127, 191, 240, 304, 316, 423, 434, 463, 466
Tschechow, Anton Pawlowitsch 229, 256, 439 f., 442 ff., 446 f., 449 f., 452
Tschechow, Michail 22
Tschechowa, Jewgenija Michailowna 443
Tschelnokow, Sergei 96
Tscheremschanskaja, Tata 52, 113
Tscherkasskaja, Nina 96 f.
Tscherkassow, Nikolai Konstantinowitsch 384
Tscherkassowa, Ljulja 106, 147
Tschernenko, Konstantin Ustinowitsch 418
Tschernobyl 19
Tschernyschow (Mitarbeiter der Staatssicherheit) 281
Tschernyschowa, Lena 504
Tscherwonenko, Stepan Wassiljewitsch 314
Tschiang Kai-schek 46

Tschidson (Tänzerin) 106
Tschikwaidse, Jelena 94, 160
Tschimkent 61, 63–66, 69 ff., 75, 185
Tschitschinadse, Alexei 69, 123
Tschkalow (Pilot) 42
Tschulaki, Michail Iwanowitsch 201, 206, 390, 392, 394
Tuchatschewski, Michail Nikolajewitsch 57
Tula 225, 242, 383
Tumanowa, Tamara 347
Turgenew, Iwan Sergejewitsch 201, 230
Turgunbajewa, Mukarram 184
Tuschino 42
Twardowski, Alexander Trifonowitsch 384, 456
Twerdochlebow 198

Uborewitsch, Jeronim Petrowitsch 57
Ufa 116
Ulanowa, Galina Sergejewna 24, 49, 94, 100 bis 107, 110, 120, 132, 146, 154, 159, 178 f., 194, 200, 204, 210, 277, 279, 330, 385, 424, 427
Uspenskoje bei Arsamas 247
Ustinow, Dmitri Fjodorowitsch 92

Valencia 478
Vancouver 116
Velázquez, Diego Rodriguez de Silva y V. 351, 375, 478
Vélez Málaga 480
Verdi, Giuseppe 96, 434
Vergil 310
Verona 474 f.
Vilar, Jean 304
Vilnius 21, 283

Wachtangow, Jewgeni Bagrationowitsch 22
Waganowa, Agrippina Jakowlewna 43, 50, 78, 87–90, 102 ff., 178, 187, 207, 273, 318
Wagner, Richard 475
Wainonen, Wassili Iwanowitsch 462 f., 492
Wanke, Ljalja 103
Wanslow (Biograph) 490

Warja (Kindermädchen) 15, 17 f.
Warschau 33, 116, 275, 341
Wartanjan 198, 217, 391 ff., 395 ff.
Warwara (Hausverwalterin) 55 f.
Washington 116, 284, 349 ff., 369, 380
Wassilenko, Nikita 143
Wassilenko, Sergei Nikiforowitsch 142, 154
Wassiljew, Wladimir Viktorowitsch 24, 495 f.
Wassiljewa, Margarita Wassiljewna 58
Wassiljewa, Vera Pawlowna 143
Wassiljow, Wladimir 420
Wassilsursk 78
Wdowtschenko (Tänzer) 52
Wien 67, 179, 184, 190, 504 f.
Wischnewskaja, Galina Pawlowna 10, 510, 513
Wischnewski, Wsewolod Witaljewitsch 98
Wischnjakow (Verlagsdirektor) 490
Witebsk 342, 344
Wladimir 225
Wladimirow (Partner von Anna P. Pawlowa) 347
Wladimirow, Juri 432
Wladiwostok 63
Wlassik (General) 150
Wlassow (Komponist) 395
Wlassow, Mai 52, 69
Woinowski, Wladimir Nikolajewitsch 328, 411
Wolkowa, Warja 97
Wolodin, Erik 52
Workuta 57
Worobjowa (Tänzerin) 187 f.
Woroschilow, Kliment Jefremowitsch 200, 203
Wosnessenski, Andrei Andrejewitsch 117, 387, 455
Wrbska, Alissa 281

Yachiyo, Inoue 443

Zabel, Alla 195 f., 206 f.
Zamora 478
Zarman, Alexander 89 f.
Zelikowski 217
Zfasman, Alexander 14
Zweig, Stefan 474
Zwetajewa, Marina Iwanowna 179